Inteligencja społeczna

Tytuł oryginału
Social Intelligence

Redaktor
Katarzyna Raźniewska

Projekt okładki, opracowanie graficzne oraz ilustracja na okładce
Zbigniew Mielnik

Wydanie I

ISBN 978-83-7301-939-3

Dom Wydawniczy REBIS Sp. z o.o.
ul. Żmigrodzka 41/49, 60-171 Poznań
tel. 0-61-867-47-08, 0-61-867-81-40; fax 0-61-867-37-74
e-mail: rebis@rebis.com.pl
www.rebis.com.pl
Skład: *AKAPIT*, Poznań, tel. 0-61-879-38-88

DANIEL GOLEMAN

Inteligencja społeczna

Przekład
Andrzej Jankowski

DOM WYDAWNICZY REBIS
Poznań 2007

Kochanemu Artkowi z okazji
25 urodzin z najlepszymi
życzeniami miłości, spokoju,
ciepła i radości każdego
dnia!

Twoja Danusia!

Toruń 19.12.2008

Dla wnuków

Spis treści

Wstęp

Przedstawienie nowej nauki

W pierwszych dniach drugiej amerykańskiej inwazji na Irak grupa żołnierzy udała się do meczetu w pewnej miejscowości, by nawiązać kontakt z najwyższym miejscowym duchownym. Chcieli poprosić go o pomoc w organizacji rozdziału pomocy humanitarnej. Wokół meczetu zebrał się jednak tłum wiernych, obawiających się, że żołnierze przybywają po to, by aresztować ich duchowego przywódcę albo zniszczyć świątynię.

Kilkuset pobożnych muzułmanów otoczyło żołnierzy, wymachując rękami i krzycząc, naciskając na uzbrojony po zęby pluton. Oficer dowodzący oddziałem, podpułkownik Christopher Hughes, szybko myślał.

Podniósłszy megafon, rozkazał swoim żołnierzom przyklęknąć na jednym kolanie. Następnie rozkazał im skierować lufy karabinów w dół. Kolejny rozkaz brzmiał: Uśmiechnąć się!

Na ten widok zmienił się nastrój tłumu. Parę osób nadal wrzeszczało, ale większość uśmiechała się w odpowiedzi. Kilku poklepało żołnierzy po plecach, kiedy Hughes wydał rozkaz do powolnego odwrotu tyłem, nadal z uśmiechem na ustach[1].

To błyskotliwe posunięcie było efektem szeregu przeprowadzonych w ułamku sekundy kalkulacji społecznych. Hughes musiał wyczytać z zachowania tłumu stopień jego wrogości i wyczuć, co by go uspokoiło. Musiał postawić na zdyscyplinowanie swoich ludzi i siłę zaufania, jakim go darzyli. I musiał zaryzykować wybór właściwego gestu, który przełamałby bariery języka i kultury, czego kulminacją stały się te podjęte pod wpływem chwili decyzje.

Ta dobrze obliczona siła i stanowczość, w połączeniu z umiejętnością odczytywania nastrojów innych osób, wyróżnia wybitnych oficerów służb ochrony porządku publicznego – i z pewnością oficerów wojska – w postępowaniu ze wzburzonymi cywilami[2]. Bez względu na to, co ktoś sądzi o samej kampanii w Iraku, incydent ów ukazuje, jak społecznie błyskotliwie działa mózg nawet w chaotycznej i napiętej sytuacji.

Tym, co pozwoliło Hughesowi wyjść z opałów, były te same obwody nerwowe, na których polegamy wtedy, kiedy spotykamy potencjalnie groźnego obcego i momentalnie podejmujemy decyzję, czy mamy uciekać czy stawić mu czoło. Ten interpersonalny radar ocalił na przestrzeni dziejów niezliczone rzesze ludzi i jeszcze dzisiaj ma decydujące znaczenie dla naszego przeżycia.

Obwody społeczne mózgu kierują naszym postępowaniem nie tylko w tak pilnym trybie, ale podczas każdego kontaktu z innymi osobami, zarówno w szkole, w sypialni, jak i podczas rozmów handlowych. Włączają się one, kiedy po raz pierwszy spotykają się spojrzenia i usta kochanków albo kiedy wyczuwamy, że ktoś ma ochotę się rozpłakać, nawet jeśli powstrzymuje łzy. Wyjaśniają one, dlaczego czerpiemy przyjemność z rozmowy z przyjacielem, podczas której czujemy się pokrzepieni.

Ten układ nerwowy działa podczas każdej interakcji, w której ważną rolę odgrywają dostrojenie się i synchronizacja. Daje on prawnikowi pewność, że chce, by dana osoba znalazła się w składzie ławy przysięgłych, negocjatorowi intuicyjne wyczucie, że oferta drugiej strony jest ostateczna, pacjentowi poczucie, że może zaufać lekarzowi. To on tłumaczy, dlaczego na spotkaniu wszyscy, jak za dotknięciem magicznej różdżki, przestają przeglądać papiery, milkną i skupiają się na tym, co ktoś mówi.

A teraz nauka jest w stanie dać szczegółowy obraz działania tego mechanizmu neuronalnego.

Towarzyski mózg

W tej książce chcę podnieść zasłonę zakrywającą nową dziedzinę nauki, która niemal codziennie ujawnia zadziwiające szczegóły naszego świata interpersonalnego.

Najbardziej fundamentalnym objawieniem owej dyscypliny jest to, iż nasze obwody nerwowe są tak skonstruowane, byśmy się ze sobą łączyli.

Neurobiologia odkryła, że sam układ naszego mózgu sprawia, iż jest on towarzyski i nieuchronnie daje się wciągnąć w intymny związek z drugim mózgiem za każdym razem, gdy kontaktujemy się z inną osobą. To połączenie nerwowe pozwala nam wpływać na mózg – a zatem również na ciało – każdego, z kim nawiązujemy kontakt, a jemu wpływać na nasz mózg i ciało.

Nawet najbardziej rutynowe kontakty działają jak regulatory mózgu, torując drogę naszym emocjom, i pożądanym, i niepożądanym. Im bardziej jesteśmy związani z kimś emocjonalnie, tym większa jest siła tego wzajemnego oddziaływania. Najsilniej działają na nas kontakty z osobami, z którymi spędzamy codziennie, rok po roku, najwięcej czasu – zwłaszcza z tymi, które najbardziej nas obchodzą.

W trakcie tych nerwowych związków nasze mózgi łączą się w emocjonalnym tangu, tańcu uczuć. Nasze interakcje społeczne działają jak modulatory, pełniąc jakby rolę interpersonalnych termostatów, które wciąż ustawiają na nowo kluczowe aspekty funkcjonowania mózgu, kierując naszymi emocjami.

Wynikające stąd uczucia mają dalekosiężne konsekwencje, które ogarniają cały nasz organizm, uruchamiając kaskady hormonów regulujące działanie układów biologicznych, od sercowo-naczyniowego poczynając, na komórkach odpornościowych kończąc. Co najbardziej chyba zdumiewające, nauka śledzi obecnie związki między najbardziej stresującymi kontaktami i działaniem konkretnych genów, które regulują pracę układu odpornościowego.

A zatem związki z innymi osobami kształtują w zadziwiającym stopniu nie tylko nasze doświadczenia, ale również biologię organizmu. Dzięki owemu kontaktowi mózgu z mózgiem nasze najsilniejsze związki z innymi wpływają nie tylko na sprawy tak błahe jak to, czy śmiejemy się z tych samych dowcipów, ale również na tak poważne jak to, które geny pobudzane są (lub nie) w limfocytach T, „piechocie" układu odpornościowego, podczas nieustającej walki z atakującymi nas bakteriami i wirusami.

Kontakty te są jak obosieczny miecz: krzepiące związki mają dobroczynny wpływ na nasze zdrowie, natomiast związki toksyczne mogą je niszczyć niczym działająca powoli trucizna.

Praktycznie wszystkich ważniejszych odkryć naukowych, na które powołuję się w niniejszej książce, dokonano po ukazaniu się *Inteligencji emocjonalnej* w 1995 roku, i stale, w coraz szybszym tempie, pojawiają się nowe. Kiedy pisałem *Inteligencję emocjonalną*, skupiałem się na ważnym zbiorze ludzkich cech, które posiadamy jako jednostki, na naszej zdolności kierowania własnymi emocjami i na naszej wewnętrznej zdolności do nawiązywania pozytywnych związków z innymi. Tutaj obraz wychodzi poza ramy psychologii jednej osoby – możliwości, które ma jednostka – i obejmuje psychologię dwóch osób: to, co się dzieje, kiedy wiążemy się z drugą osobą[3].

Moim zamiarem jest, by książka ta stała się uzupełnieniem *Inteligencji emocjonalnej*; bada ona ten sam obszar ludzkiego życia z innego punktu widzenia, który pozwala na szersze zrozumienie naszego osobistego świata[4]. Światło reflektora przesuwa się na te ulotne chwile, które pojawiają się, kiedy wchodzimy w interakcje z innymi ludźmi. Nabierają one głębokiego znaczenia, gdy uświadamiamy sobie, jak dzięki ich całkowitej sumie tworzymy siebie nawzajem.

Nasze dociekania przynoszą odpowiedzi na takie pytania, jak: Co sprawia, że psychopata jest niebezpiecznym manipulatorem? Czy możemy tak pomóc naszym dzieciom, by wyrosły na osoby szczęśliwe? Co czyni małżeństwo krzepiącą podstawą naszego życia? Czy związki z innymi mogą uodpornić nas na choroby? W jaki sposób nauczyciel czy przywódca może wpłynąć na mózg uczniów lub pracowników, by funkcjonował jak najlepiej? Co pomaga nienawidzącym się grupom żyć razem w pokoju? I co te odkrycia podpowiadają, jeśli chodzi o społeczeństwo, które jesteśmy w stanie zbudować, oraz o to, co naprawdę się liczy w życiu każdego z nas?

Erozja społeczna

W czasach obecnych, akurat kiedy nauka ukazuje, jak bardzo ważne są krzepiące stosunki międzyludzkie, związki między ludźmi wydają się coraz bardziej zagrożone. Erozja społeczna ma wiele twarzy.

- Sześcioletnia dziewczynka w jednym z teksańskich przedszkoli, poproszona przez wychowawczynię o odłożenie zabawek, dostaje napadu złości, wrzeszczy i kopie swoje krzesło, po czym wczołguje się pod biurko przedszkolanki i kopie je tak mocno, że wypadają z niego szuflady. Jej wybuch złości zapoczątkowuje epidemię podobnych wybryków wśród przedszkolaków, udokumentowanych w jednym rejonie szkolnym w Fort Worth w Teksasie[5]. Te napady złości zdarzały się nie tylko dzieciom z biedniejszych, ale i z zamożniejszych rodzin. Niektórzy tłumaczą, że ten gwałtowny wzrost agresji wśród najmłodszych spowodowany jest czynnikami ekonomicznymi zmuszającymi rodziców do dłuższej pracy, przez co dzieci spędzają wiele godzin po zajęciach przedszkolnych czy szkolnych w ośrodkach opieki dziennej, a rodzice wracają do domu tak zestresowani, że z byle przyczyny wpadają w złość. Inni odsyłają do danych pokazujących, że 40 procent amerykańskich dwulatków ogląda telewizję przez co najmniej trzy godziny dziennie, a więc każdego dnia przez trzy godziny nie ma kontaktu z ludźmi, którzy mogą im pomóc lepiej sobie radzić. Im więcej oglądają telewizji, tym bardziej są niesforne, kiedy osiągną wiek szkolny[6].

- W pewnym niemieckim mieście dochodzi do kolizji drogowej, w wyniku której motocyklista pada na jezdnię. Leży bez ruchu. Obok niego przechodzą piesi, a kierowcy przyglądają mu się, czekając na zmianę świateł, ale nikt nie zatrzymuje się, by mu pomóc. W końcu, po piętnastu długich minutach, pasażer samochodu, który zatrzymał się na światłach, opuszcza szybę i pyta motocyklistę, czy nie jest ranny, proponując, że zadzwoni z telefonu komórkowego po pomoc. Kiedy wydarzenie to pokazuje telewizja, która je zainscenizowała, nabiera ono posmaku skandalu, bo w Niemczech każdy, kto ma prawo jazdy, został przeszkolony w zakresie udzielania pierwszej pomocy, właśnie z myślą o takich wypadkach. Lekarz z pogotowia ratunkowego skomentował to tak: „Ludzie po prostu odchodzą, kiedy widzą innych w niebezpieczeństwie. Chyba mają to w nosie".
- W 2003 roku najpowszechniejszą formą gospodarstw domowych w Stanach Zjednoczonych stały się gospodarstwa osób samotnych. Niegdyś rodziny zbierały się wieczorem razem, teraz dzieciom, rodzicom i małżonkom coraz trudniej jest spędzać wspólnie czas. *Bowling Alone*, ciesząca się uznaniem analiza prującej się amerykańskiej tkanki społecznej pióra Roberta Putnama, wskazuje na trwające od dwudziestu lat zmniejszanie się kapitału społecznego. Jednym ze sposobów szacowania tego kapitału jest obliczenie publicznych

zebrań i członków różnych klubów. W latach siedemdziesiątych ubiegłego wieku dwie trzecie Amerykanów należało do organizacji odbywających regularne spotkania, natomiast w latach dziewięćdziesiątych liczba ta spadła do około jednej trzeciej. Liczby te, dowodzi Putnam, odzwierciedlają zanikanie kontaktów międzyludzkich w amerykańskim społeczeństwie[7]. Jak grzyby po deszczu wyrastają jednak organizacje nowego rodzaju – w latach pięćdziesiątych było ich zaledwie osiem, a pod koniec lat dziewięćdziesiątych ponad dwadzieścia tysięcy[8]. Ale, w odróżnieniu od dawnych klubów, ze spotkaniami twarzą w twarz i rozwijającą się siatką kontaktów towarzyskich, te nowe organizacje trzymają ludzi na dystans. Członkostwo uzyskuje się za pośrednictwem poczty elektronicznej albo zwykłej, a główna działalność sprowadza się do przesyłania pieniędzy, a nie nawiązywania i podtrzymywania kontaktów towarzyskich.

Trzeba do tego dodać niewiadome w sposobach łączenia się – i rozłączania – ludzi na całym świecie, które pojawiają się w równaniu, w miarę jak technika oferuje coraz więcej odmian nominalnej komunikacji w rzeczywistej izolacji. Wszystkie te tendencje sygnalizują powolny zanik okazji do kontaktowania się z innymi. To nieubłagane oddziaływanie techniki na nasze życie jest tak potężne, że nikt jeszcze nie policzył jego społecznych i emocjonalnych kosztów.

Postępujące wyobcowanie

Weźmy ciężki los Rosie Garcia, która prowadzi jedną z najruchliwszych piekarni na świecie, Hot & Crusty na nowojorskim dworcu centralnym. Tłumy podróżnych przewijających się przez dworzec dają pewność, że w każdy dzień roboczy będzie tam stała długa kolejka klientów.

Rosie stwierdza, że coraz więcej klientów, których obsługuje, wydaje się kompletnie roztargnionych. Gapią się z nieobecnym wyrazem twarzy w przestrzeń. Rosie pyta: „Czym mogę służyć?", a oni nic nie zauważają. „Czym mogę służyć?", powtarza, a oni nie zwracają na nią uwagi. Krzyk: „C z y m m o g ę s ł u ż y ć? – zwykle do nich dociera[9].

Rzecz nie w tym, że klienci Rosie są głusi, lecz w tym, że w uszy mają wetknięte dwie małe słuchawki iPoda. Są oszołomieni, zatopieni w morzu dźwięków z ułożonych przez siebie list nagrań, nieświadomi tego, co się wokół nich dzieje, i – co bardziej łączy się z naszym tematem – ignorują wszystkich, których mijają.

Oczywiście na długo przedtem, nim iPody, walkmany i telefony komórkowe przyżegły uszy ludziom chodzącym ulicami, ucinając ich kontakt ze zgiełkiem życia, proces ten zapoczątkował samochód – sposób przemieszczania się w przestrzeni publicznej, we wnętrzu pojazdu zupełnie odizolowanego od otoczenia szkłem, półtoną albo więcej stali i usypiającym dźwiękiem radia. Zanim samochód stał się dobrem powszechnie dostępnym, typowe sposoby podróżowania – od poruszania się pieszo, przez jazdę zaprzęgiem konnym, po wóz ciągnięty przez woły – zapewniały podróżnym bliski kontakt z otaczającym ich ludzkim światem.

Jednoosobowa skorupa stworzona przez słuchawki zwiększa izolację społeczną. Nawet jeśli ten, kto je nosi, spotyka kogoś sam na sam i staje z tą osobą twarzą w twarz, to zakorkowane uszy dostarczają łatwej wymówki, by potraktować tę osobę jako przedmiot, raczej jako coś, co należy ominąć, niż kogoś, kogo należy powitać czy przynajmniej zauważyć. Chociaż życie piechura daje szansę przywitania się z kimś, kto się zbliża, albo ucięcia krótkiej pogawędki ze znajomym, nosiciel iPoda może łatwo każdego zignorować, patrząc z lekceważeniem nie na niego, lecz przez niego.

Z pewnością z własnego punktu widzenia użytkownik iPoda ma z kimś kontakt – z piosenkarzem, zespołem muzycznym czy orkiestrą podłączoną do uszu. Jego serce bije w jednym rytmie z ich sercami, ale ci wirtualni inni nie mają nic wspólnego z ludźmi, których istnienia prawie nie dostrzega. Technika znieczula nas na osoby, które są obok, w takim stopniu, w jakim wciąga nas w rzeczywistość wirtualną. Będący tego skutkiem autyzm społeczny staje się jeszcze jedną pozycją na stale wydłużającej się liście niezamierzonych i niepożądanych konsekwencji ciągłego podboju naszego życia codziennego przez technikę.

Stała łączność cyfrowa oznacza, że praca nie daje nam spokoju nawet wtedy, kiedy jesteśmy na urlopie. Ankieta przeprowadzona wśród amerykańskich pracowników wykazała, że podczas urlopu 34 procent z nich kontaktuje się ze swoim biurem tak często, że wracają z wakacji równie – albo nawet bardziej – zestresowani jak przed wyjazdem na nie[10]. Poczta elektroniczna i telefony komórkowe przenikają przez bariery chroniące życie prywatne i rodzinne. Komórka może zadzwonić, kiedy jesteśmy na majówce z dziećmi; nawet w domu mama czy tata mogą być nieobecni duchem, kiedy co wieczór przeglądają pracowicie swoją pocztę elektroniczną.

Oczywiście dzieci właściwie tego nie zauważają, bo skupione są na własnej poczcie, grze internetowej albo na ekranie telewizyjnym w swoim pokoju. Wyniki przeprowadzonej przez Francuzów na całym świecie ankiety, która objęła 2,5 miliarda widzów w siedemdziesięciu dwóch krajach, pokazały, że w 2004 roku każdy z nich spędzał średnio 3 godziny i 39 minut dziennie przed telewizorem; najwięcej czasu poświęcali na oglądanie telewizji Japończycy – średnio 4 godziny i 25 minut – a na drugim miejscu, z niewiele „gorszym" wynikiem, uplasowali się mieszkańcy Stanów Zjednoczonych[11].

Telewizja, jak ostrzegał poeta T. S. Eliot w 1963 roku, kiedy nowy wówczas środek przekazu coraz bardziej rozpowszechniał się w gospodarstwach domowych, „pozwala milionom ludzi słuchać w tym samym czasie tego samego dowcipu, a mimo to pozostawać samotnym".

Taki sam wpływ mają Internet i poczta elektroniczna. Ankieta, którą przeprowadzono wśród 4830 osób w Stanach Zjednoczonych, wykazała, że wielu z nich Internet zastąpił jako sposób wykorzystywania wolnego czasu telewizję. A oto proste obliczenie: każda godzina korzystania z Internetu to krótszy o 24 minuty czas poświęcony na kontakty z przyjaciółmi, współpracownikami i rodziną. Pozostajemy ze sobą w kontakcie na dystans. Jak ujął to szef zespołu, który opracował i przeanalizował tę ankietę, dyrektor Stanford Institute for the Quantitative Study of Society, Norman Nie: „Przez Internet nie możesz nikogo uściskać ani pocałować"[12].

Neurobiologia społeczna

Książka ta ukazuje rewelacyjne odkrycia rodzącej się dziedziny nauki, neurobiologii społecznej. Kiedy jednak zacząłem zbierać do niej materiały, nie wiedziałem, że istnieje ta dziedzina. Początkowo mój wzrok przykuwały to artykuł naukowy tutaj, to krótka wiadomość tam, które wskazywały na dokładniejsze naukowe zrozumienie neuronalnej dynamiki kontaktów międzyludzkich:

- Nowo odkryty rodzaj neuronów, komórki wrzecionowate, działa najszybciej ze wszystkich, kierując nami przy podejmowaniu pośpiesznych decyzji; udowodniono, że w mózgu ludzkim jest ich więcej niż w mózgu osobnika należącego do jakiegokolwiek innego gatunku.
- Innego rodzaju komórki mózgowe, komórki zwierciadlane, wyczuwają zarówno, jaki ruch ma wykonać inna osoba, jak i jej uczucia i natychmiast przygotowują nas do naśladowania tego ruchu i współodczuwania z tą osobą.
- Kiedy oczy kobiety, którą mężczyzna uważa za atrakcyjną, patrzą wprost na niego, jego mózg wydziela wywołujący uczucie przyjemności związek chemiczny, dopaminę, ale poziom dopaminy się nie zwiększa, kiedy kobieta patrzy w inną stronę.

Każde z tych odkryć było czymś w rodzaju pojedynczego zdjęcia ukazującego pracę „mózgu społecznego", połączeń nerwowych, które uaktywniają się, kiedy nawiązujemy kontakty z innymi osobami. Samo w sobie żadne z nich nie ogarniało całości, ale w miarę jak gromadziło się ich coraz więcej, zaczęły się wyłaniać zarysy nowej dziedziny nauki.

Dopiero długo po tym, jak zacząłem tropić te pojedyncze punkty, zrozumiałem, jaki ukryty wzór je łączy. Na nazwę tej dziedziny – „neurobiologia społeczna" – natrafiłem przypadkowo, czytając o konferencji naukowej na ten temat, która odbyła się w 2003 roku w Szwecji.

Najwcześniejsze użycie terminu „neurobiologia społeczna", jakie znalazłem, poszukując jego genezy, pochodzi z początku lat dziewięćdziesiątych ubiegłego wieku, z pism Johna Cacioppa i Gary'ego Berntsona, którzy byli wówczas samotnymi prorokami wieszczącymi narodziny tej śmiałej nowej nauki[13]. Kiedy ostatnio rozmawiałem z Cacioppem, wspominał: „Wśród neurobiologów panował duży sceptycyzm wobec badania czegokolwiek, co znajduje się poza czaszką. Dwudziestowieczna neurobiologia uważała po prostu, że zachowanie społeczne jest zbyt złożone, by można je było badać".

„Dzisiaj – dodaje Cacioppo – jesteśmy w stanie zacząć pojmować, jak mózg kieruje zachowaniami społecznymi i jak z kolei nasz świat społeczny wpływa na nasz mózg i biologię". Cacioppo, obecnie dyrektor Center for Cognitive and Social Neuroscience na University of Chicago, był świadkiem całkowitej zmiany – w dwudziestym pierwszym wieku dyscyplina ta stała się modną dziedziną nauki[14].

Jej przedstawiciele zaczęli już rozwiązywać niektóre stare zagadki naukowe. Na przykład pierwsze badania Cacioppa doprowadziły do odkrycia zależności między trwaniem w przygnębiającym związku z drugą osobą i podniesieniem się stężenia hormonów stresowych do poziomu, który powoduje uszkodzenia pewnych genów sterujących pracą komórek zwalczających wirusy. Brakującym elementem tej układanki były drogi nerwowe, za których pośrednictwem kłopoty w związku mogą prowadzić do takich konsekwencji biologicznych, i na tym, między innymi, skupiła się neurobiologia społeczna.

W tej nowej dziedzinie istnieje symboliczne partnerstwo badawcze między psychologami i neurobiologami, którzy wspólnie wykorzystują czynnościowe MRI (czyli fMRI), urządzenie używane dotąd zwykle w szpitalach do diagnostycznego obrazowania mózgu. W MRI wykorzystuje się potężne magnesy w celu uzyskania zdumiewająco szczegółowych obrazów mózgu; w gronie specjalistów aparaty do MRI nazywa się nawet magnesami (mówiąc na przykład: „Nasze laboratorium ma trzy magnesy"). Czynnościowe MRI ma dużą moc obliczeniową, dzięki czemu otrzymujemy odpowiednik wideo, pokazujący, które części mózgu rozświetlają się w danej sytuacji międzyludzkiej, na przykład kiedy słyszymy głos starego przyjaciela. Z podobnych badań płyną odpowiedzi na takie pytania, jak: co dzieje się w mózgu osoby, która patrzy na swojego ukochanego czy ukochaną, w mózgu kogoś, kto kieruje się uprzedzeniami, czy kogoś, kto przygotowuje plan, jak zwyciężyć w grze.

Mózg społeczny jest sumą mechanizmów nerwowych, które kierują naszymi interakcjami, oraz myśli o innych i naszych związkach z nimi, a także uczuć, które do nich żywimy. Najbardziej wymowne jest być może to, że mózg społeczny jest jedynym układem biologicznym w naszym organizmie, który stale dostraja nas i z kolei ulega wpływowi stanu wewnętrznego osób, z którymi jesteśmy[15]. Wszystkie pozostałe układy biologiczne, od gruczołów limfatycznych po śledzionę, regulują swoje działanie głównie w reakcji na sygnały płynące z wnętrza ciała. Ze względu na swoją wrażliwość na świat zewnętrzny drogi nerwowe mózgu społecznego są czymś wyjątkowym. Kiedy kontaktujemy się z kimś twarzą w twarz (albo za pośrednictwem głosu lub dotyku), łączą się nasze mózgi społeczne.

Interakcje społeczne odgrywają nawet pewną rolę w przekształcaniu naszego mózgu. Dzieje się tak dzięki neuroplastyczności, która oznacza, że powtarzające się doświadczenia rzeźbią kształt, rozmiar i liczbę komórek nerwowych i synaptycznych połączeń między nimi. Poprzez ciągłe nastawianie naszego mózgu na dany rejestr nasze najważniejsze związki z innymi mogą stopniowo kształtować w nim pewne połączenia nerwowe. Jeśli więc codziennie przez całe lata spędzamy czas z kimś, kto wciąż nas rani i doprowadza do złości albo – przeciwnie – emocjonalnie nas pokrzepia, może to w efekcie „przemeblować" nasz mózg.

Te nowe odkrycia pokazują, że związki z innymi mają na nas trudno dostrzegalny, ale potężny, trwający przez całe życie wpływ. Może to być niemiła wiadomość dla kogoś, czyje związki nie układają się dobrze. Pocieszające jest jednak, że te same odkrycia świadczą o naprawczych możliwościach naszych kontaktów osobistych w każdym okresie życia.

A zatem to, w jakich stosunkach pozostajemy z innymi, ma niewyobrażalną wagę. I tak dochodzimy do tego, co w świetle tych odkryć może znaczyć inteligencja społeczna.

Mądre postępowanie

Już dość dawno temu, bo w roku 1920, tuż po wybuchu entuzjazmu wywołanego świeżo opracowanymi testami ilorazu inteligencji, psycholog Edward Thorndike stworzył pierwszą koncepcję „inteligencji społecznej". Wedle jednej z podanych przez niego definicji jest to „zdolność rozumienia i kierowania mężczyznami i kobietami", umiejętność, której wszyscy potrzebujemy, by dobrze żyć.

Definicja ta pozwala jednak przyjąć, że oznaką talentu interpersonalnego jest czyste manipulowanie ludźmi[16]. Jeszcze teraz niektóre opisy inteligencji społecznej nie uwzględniają żadnego rozróżnienia między zdolnościami wyprowadzania ludzi w pole, które posiada bezwzględny oszust, a autentycznie przyjaznymi działaniami, które wzbogacają zdrowe związki. Moim zdaniem manipulowanie innymi – cenienie tylko tego, co można uzyskać kosztem drugiej osoby – w ogóle nie powinno być postrzegane jako inteligencja społeczna.

Zamiast tego moglibyśmy potraktować „inteligencję społeczną" jako skrótowe określenie bycia inteligentnym nie tylko w o b e c naszych związków z innymi, ale również w n i c h[17]. Ujęcie to rozszerza przedmiot inteligencji społecznej na dwie osoby, na to, co powstaje, kiedy ktoś angażuje się w związek z drugą osobą. Poszerzanie w ten sposób naszego punktu widzenia pozwala nam spojrzeć poza jednostkę, by zrozumieć, co się naprawdę rodzi, kiedy ludzie nawiązują wzajemne kontakty, i by poza wąskim własnym interesem dojrzeć również interes innych.

Ten szerszy punkt widzenia prowadzi do włączenia w zakres inteligencji społecznej zdolności, które wzbogacają związki między ludźmi, takich jak empatia i troska. A zatem rozważam w tej książce drugą, szerszą, również zaproponowaną przez Thorndike'a zasadę: „mądre postępowanie w związkach międzyludzkich"[18].

Społeczna wrażliwość mózgu wymaga, byśmy byli mądrzy, byśmy zdawali sobie sprawę z tego, że inni ludzie odgrywający jakąś rolę w naszym życiu kształtują nie tylko nasze nastroje, ale także naszą biologię, oraz byśmy robili bilans tego, jak my z kolei wpływamy na emocje i biologię innych. W samej rzeczy możemy wyrobić sobie zdanie o związku z jakąś osobą, biorąc pod uwagę to, jaki wpływ wywieramy na nią, a ona na nas.

Ten biologiczny wpływ jednej osoby na drugą wskazuje nowy wymiar dobrze przeżytego życia: postępowanie w sposób, który nawet na tym trudno dostrzegalnym poziomie jest dobroczynny dla tych, z którymi się wiążemy.

Same związki z innymi nabierają nowego znaczenia, a zatem musimy myśleć o nich w sposób radykalnie odmienny od dotychczasowego. Implikacje tego wykraczają poza przemijające zainteresowanie teorią – zmuszają nas do ponownej oceny tego, jak przeżywamy nasze życie.

Zanim jednak zbadamy te doniosłe implikacje, wróćmy do początku opowieści – owej zadziwiającej łatwości, z jaką łączą się nasze mózgi, szerząc emocje niczym wirus.

Część I

Zaprogramowany dla łączenia

Rozdział 1

Emocjonalna gospodarka

Pewnego dnia, spóźniony na spotkanie w środku Manhattanu, szukałem skrótu. Wszedłem do wewnętrznego atrium na parterze wieżowca, mając zamiar skorzystać z drzwi wyjściowych, które zauważyłem po drugiej stronie, dzięki czemu przeszedłbym szybciej przez ten kwartał.

Zaledwie jednak dotarłem do holu tego budynku, z rzędami wind po obu stronach, rzucił się do mnie umundurowany strażnik, wymachując rękami i krzycząc:

– Nie może pan tędy przejść!

– Dlaczego? – zapytałem zaskoczony.

– Własność prywatna! To własność prywatna! – krzyknął, wyraźnie wzburzony.

Wyglądało na to, że niechcący wszedłem do nieoznakowanej strefy bezpieczeństwa.

– Byłoby dobrze – zasugerowałem, podejmując niepewną próbę wniesienia odrobiny rozsądku do tej wymiany zdań – gdyby na drzwiach wisiała tabliczka „Wejście zabronione".

Moja uwaga jeszcze bardziej go rozzłościła.

– Wynoś się! Wynoś się! – wrzeszczał.

Wycofałem się zdenerwowany, a jego złość rozbrzmiewała w mojej głowie echem jeszcze przez kilka przecznic.

Kiedy ktoś wyładowuje na nas swoje toksyczne emocje – wybucha złością albo miota pogróżki, okazuje odrazę albo pogardę – aktywują one u nas obwody nerwowe odpowiedzialne za powstawanie tych samych uczuć.

Jego postępowanie ma poważne konsekwencje neurologiczne – emocje są zaraźliwe. Łapiemy silne emocje tak samo jak wirusa grypy, a zatem może się to dla nas skończyć jej emocjonalnym odpowiednikiem.

Każdy kontakt z drugą osobą ma emocjonalny podtekst. Wraz z tym, co robimy, możemy sobie nawzajem nieco, a nawet bardzo poprawić samopoczucie albo nieco czy – jak przydarzyło się mnie – bardzo je pogorszyć. Oprócz tego, co dzieje się w takim momencie, możemy jeszcze długo po spotkaniu pozostawać w nastroju, w które nas wprawiło, co jest miłą (albo – jak w moim przypadku – niemiłą) jego emocjonalną konsekwencją.

Te zawierane po cichu transakcje napędzają swoistą emocjonalną gospodarkę, urastają do rangi wewnętrznych zysków i strat netto, które przynosi nam kontakt z daną osobą, dana rozmowa czy dany dzień. Wieczorny bilans uczuć, które wymieniliśmy, w znacznym stopniu decyduje o tym, jaki w naszym odczuciu mieliśmy dzień – „dobry" czy „zły".

Bierzemy udział w tej interpersonalnej wymianie za każdym razem, kiedy kontakt towarzyski kończy się transferem uczuć, czyli praktycznie zawsze. To interpersonalne judo ma odmian bez liku, ale wszystkie sprowadzają się do naszej zdolności zmienienia nastroju innej osoby i do jej zdolności zmienienia naszego nastroju. Kiedy sprawiam, że przybierasz zachmurzoną minę, przysparzam ci trochę zmartwienia; kiedy sprawiasz, że się uśmiecham, czuję się szczęśliwy. Podczas tej potajemnej wymiany emocje przechodzą od jednej osoby do drugiej, z zewnątrz do wewnątrz – przy odrobinie szczęścia z pożytkiem dla obu stron biorących w niej udział.

Z minusem emocjonalnego zarażenia mamy do czynienia wtedy, kiedy wchodzimy w toksyczny stan uczuciowy tylko z tej przyczyny, że znaleźliśmy się w nieodpowiednim czasie w towarzystwie nieodpowiedniej osoby. Stałem się mimo woli przedmiotem wściekłości owego strażnika. Podobnie jak bierne palenie, wyciek emocji może spowodować, że osoba postronna stanie się niewinną ofiarą czyjejś toksycznej emocji. W chwilach takich jak ta, którą przeżyłem podczas zetknięcia się z tym strażnikiem, kiedy stajemy wobec czyjejś złości, nasz mózg automatycznie bada otoczenie, sprawdzając, czy nie sygnalizuje ona dalszego zagrożenia. Będącą rezultatem tego nadmierną czujność wywołuje ciało migdałowate, struktura znajdująca się w śródmózgowiu, która – w obliczu zagrożenia – uruchamia reakcję walki, ucieczki lub zastygnięcia w bezruchu[1]. Z całego wachlarza uczuć ciało migdałowate najbardziej pobudza strach.

Zaalarmowana przez niepokój sieć połączeń ciała migdałowatego z innymi strukturami mózgu bierze pod swoją komendę jego kluczowe punkty, kierując nasze emocje, uwagę i postrzeganie na to, co nas przestraszyło. Instynktownie zaczynamy uważniej przyglądać się twarzom otaczających nas osób, poszukując na nich uśmiechu lub grymasu, który da nam lepsze pojęcie o tym, jak interpretować oznaki niebezpieczeństwa, albo może sygnalizować czyjeś zamiary[2].

Ta zwiększona, wywołana przez ciało migdałowate czujność wzmaga nasze baczenie na sygnały emocjonalne wysyłane przez innych ludzi. Z kolei wytężona uwaga z większą siłą wywołuje w nas przeżywane przez nich uczucia, torując drogę zarażeniu się ich emocjami. A zatem chwile niepokoju zwiększają naszą wrażliwość na emocje odczuwane przez drugą osobę[3].

W sensie ogólniejszym ciało migdałowate działa jak radar mózgu, zwracając jego uwagę na coś nowego, zastanawiającego czy ważnego, o czym trzeba zdobyć informacje. Ciało migdałowate kieruje systemem wczesnego ostrzegania mózgu, badając wszystko, co się wokół nas dzieje, zawsze wyczulone na emocjonalnie istotne wydarzenia, a zwłaszcza na potencjalne zagrożenia. Chociaż rola ciała migdałowatego jako wartownika i sygnalizatora niebezpieczeństwa jest od dawna znana neurobiologii, to jego rola społeczna, jako części mózgowego układu odpowiedzialnego za zarażenie emocjonalne, ujawniona została dopiero niedawno[4].

Droga niska – centrala zarażenia

Mężczyzna, nazywany przez lekarzy Pacjentem X, przeszedł dwa udary mózgu, które zniszczyły połączenia między jego oczami i resztą układu widzenia w korze wzrokowej. Chociaż jego oczy nadal odbierały sygnały, mózg nie potrafił ich odczytać ani nawet zarejestrować ich nadejścia. Pacjent X był całkowicie ślepy, a przynajmniej tak się wydawało.

Kiedy podczas badań przedstawiano mu różne kształty, takie jak kółka i kwadraty, albo zdjęcia twarzy mężczyzn i kobiet, nie miał pojęcia, na co patrzą jego oczy. Kiedy jednak pokazano mu zdjęcia ludzi z minami wyrażającymi złość albo zadowolenie, udało mu się nagle odgadnąć, jakie emocje malują się na ich twarzach, a odsetek poprawnych odpowiedzi był wyższy, niż gdyby odpowiadał losowo. Jak to możliwe?

Obrazowanie mózgu wykonane podczas odgadywania przez Pacjenta X tych uczuć wykazało, że istnieje droga alternatywna dla zwykłych dróg wzrokowych biegnących od oczu do wzgórza – pierwszego miejsca w mózgu, do którego docierają informacje z naszych narządów zmysłów – a potem do kory wzrokowej. Ta druga droga przesyła informacje ze wzgórza wprost do ciała migdałowatego (w mózgu znajdują się po dwie takie struktury, w lewej i w prawej półkuli). Następnie z tego niewerbalnego przekazu – bez względu na to, czy jest to grymas niezadowolenia, czy nagła zmiana postawy albo tonu głosu – ciało migdałowate wydobywa znaczenie emocjonalne, a dzieje się to nawet na parę tysięcznych sekundy przedtem, nim w ogóle uświadomimy sobie, na co patrzymy.

Chociaż ciało migdałowate jest niezwykle uwrażliwione na takie przekazy, nie ma bezpośredniego dostępu do ośrodków mowy; w tym sensie jest ono dosłownie nieme. Kiedy rejestrujemy jakieś uczucie, sygnały płynące z naszych obwodów mózgowych zamiast zaalarmować obszary werbalne, gdzie słowa mogą wyrazić to, co wiemy, naśladują tę emocję w naszym ciele[5]. Tak więc Pacjent X nie tyle *widział* te emocje na twarzach ze zdjęć, ile *czuł* je, będąc w stanie, który zwany jest „ślepotą afektywną"[6].

W mózgu nieuszkodzonym ciało migdałowate wykorzystuje tę samą drogę do odczytania emocjonalnego aspektu tego, co postrzegamy – radości w czyimś tonie głosu, oznaki złości wokół oczu, postawy ponurej klęski – a następnie opracowuje te informacje podprogowo, pod poziomem naszej świadomości. Ta działająca odruchowo podświadomość sygnalizuje tę emocję, torując drogę temu samemu uczuciu (albo reakcji na nie, takiej jak strach na widok złości) u nas, co jest kluczowym mechanizmem „łapania" uczucia od kogoś innego.

Fakt, że możemy w ogóle wzbudzić *jakąkolwiek* emocję w kimś innym – albo ten ktoś w nas – świadczy o sile mechanizmu, za którego pośrednictwem uczucia jednej osoby przenikają do drugiej[7]. Tego rodzaju zarażenie jest w emocjonalnej gospodarce główną transakcją, wzajemną wymianą uczucia, która towarzyszy każdemu kontaktowi, jaki nawiązujemy z innym człowiekiem, bez względu na to, w jakiej pozornie sprawie się z nim kontaktujemy.

Weźmy na przykład kasjera w supermarkecie, który optymistyczną gadaniną zaraża każdego klienta. Zawsze rozśmiesza ludzi – nawet najwięksi ponuracy wychodzą ze sklepu z uśmiechem na ustach. Ludziom podoba się, że ten kasjer działa jak emocjonalny odpowiednik *Zeitgeber**, tych sił w przyrodzie, które dostosowują nasze rytmy biologiczne do swojego tempa.

Tego rodzaju zarażeniu emocjonalnemu może ulec jednocześnie wiele osób, w doskonale widoczny sposób, jak np. widzowie, którym oczy zachodzą łzami podczas oglądania tragicznej sceny filmowej, albo w sposób ledwie zauważalny, gdy na przykład atmosfera zebrania staje się nieco cierpka. Chociaż możemy dostrzegać widoczne konsekwencje tego zarażenia, to nie zdajemy sobie sprawy, jak dokładnie rozprzestrzeniają się emocje.

Zarażenie emocjonalne jest przykładem tego, co można nazwać działaniem „niskiej drogi" w mózgu. Tworzą ją połączenia nerwowe, które działają pod progiem naszej świadomości, automatycznie i bez trudu, z niezwykłą szybkością. Większością tego, co robimy, zdają się sterować rozległe sieci połączeń nerwowych wykorzystujących niską drogę, zwłaszcza w naszym życiu emocjonalnym. Kiedy urzeknie nas ładna twarz albo wyczujemy sarkazm w rzuconej przez kogoś uwadze, musimy podziękować za to drodze niskiej.

Natomiast „droga wysoka" biegnie przez struktury mózgu, które pracują bardziej metodycznie i krok po kroku, niespiesznie. Jesteśmy świadomi jej istnienia i daje nam ona przynajmniej pewną kontrolę nad naszym życiem wewnętrznym, czego odmawia nam droga niska. Kiedy rozmyślamy nad sposobami zbliżenia się do tej atrakcyjnej osoby albo szukamy zręcznej riposty na sarkazm, wybieramy drogę wysoką.

Drogę niską można postrzegać jako „mokrą", ociekającą emocjami, drogę wysoką zaś jako względnie „suchą", „chłodno racjonalną"[8]. Na drodze niskiej odbywa się obrót czystymi uczuciami, na wysokiej – rozumienie tego, co się dzieje. Droga niska pozwala myśleć o tym, co czujemy. Zwykle łączą się one gładko. Naszym życiem społecznym rządzi ich wzajemne oddziaływanie na siebie [w sprawie szczegółów, zobacz Dodatek A][9].

Emocja może przejść od jednej osoby do drugiej cicho, tak że nikt niczego świadomie nie zauważy, ponieważ połączenia nerwowe odpo-

---

* *Zeitgeber* – synchronizatory zewnętrzne rytmów biologicznych (przyp. tłum.).

wiedzialne za to zarażenie znajdują się na drodze niskiej. Upraszczając, droga niska wykorzystuje połączenia biegnące przez ciało migdałowate i podobne, automatyczne węzły, natomiast droga wysoka wysyła dane do kory przedczołowej, ośrodka wykonawczego mózgu, w którym mieści się nasza zdolność do intencjonalności – dzięki niemu możemy myśleć o tym, co się nam przydarza[10].

Informacje biegną tymi dwiema drogami z bardzo różną prędkością. Droga niska jest szybsza, ale nie pozwala nam ogarnąć szczegółów; droga wysoka, chociaż wolniejsza, pozwala nam uzyskać dokładniejszy obraz tego, co się dzieje[11]. Tą pierwszą informacje przekazywane są błyskawicznie, ale byle jak, tą drugą wolno, ale świadomie. Mówiąc słowami dwudziestowiecznego filozofa Johna Deweya, na jednej wszystko odbywa się „trzask-prask, najpierw działaj, potem myśl", na drugiej jesteśmy „ostrożniejsi i bardziej spostrzegawczy"[12].

Różnica szybkości między tymi dwoma układami – ten natychmiastowy, emocjonalny działa kilka razy prędzej, licząc w czasie mózgowym, niż ten bardziej racjonalny – pozwala nam podejmować błyskawiczne decyzje, których później możemy żałować albo które musimy usprawiedliwić. Czasami, kiedy układ niskiej drogi zareaguje, układ drogi wysokiej może tylko starać się nie pogarszać sprawy. Jak zauważył zgryźliwie pisarz science fiction Robert Heinlein: „Człowiek nie jest zwierzęciem racjonalnym, lecz racjonalizującym".

Wyzwalacze nastroju

Pamiętam, jak będąc w pewnym regionie naszego kraju, zostałem przyjemnie zaskoczony przyjaznym tonem odtwarzanego przez telefon z taśmy magnetofonowej głosu, który poinformował mnie: „Nie ma takiego numeru".

Wierz mi lub nie, ale ciepło tego suchego komunikatu wprawiło mnie w dobry nastrój, głównie dlatego, że od lat doprowadzał mnie do irytacji ten sam komunikat przekazywany głosem wykreowanym komputerowo przez mojego lokalnego operatora sieci telekomunikacyjnej. Z jakiegoś powodu technicy, którzy zaprogramowali ten komunikat, uznali, że działający na nerwy, napastliwy ton ma właściwe brzmienie, być może jako natychmiastowa kara za błędny wybór numeru.

Nabrałem urazy do wstrętnego tonu tamtego komunikatu – wywoływał w moim umyśle obraz nadętego, krytykującego wszystkich intryganta. Niezawodnie wprawiał mnie, choćby na chwilę, w zły nastrój.

Siła emocjonalnego oddziaływania takich sygnałów bywa zdumiewająca. Weźmy sprytny eksperyment przeprowadzony na studentach ochotnikach na uniwersytecie w Würzburgu w Niemczech[13]. Studenci słuchali odtwarzanego z taśmy nagrania najnudniejszego tekstu intelektualnego, jaki można sobie wyobrazić, niemieckiego przekładu *Badań dotyczących rozumu ludzkiego* Davida Hume'a. Tekst nagrano w dwóch wersjach, czytany wesołym i smutnym głosem, ale różnica była tak subtelna, że jeśli ktoś nie słuchał specjalnie po to, by ją wychwycić, nie zdawał sobie z niej sprawy.

Ponieważ tony wyrażające te uczucia były stłumione, studenci wychodzili albo nieco bardziej radośni, albo nieco bardziej ponurzy, niż byli przed wysłuchaniem taśmy. Nie mieli jednak pojęcia, że ich nastrój się zmienił, nie mówiąc już o tym, że nie wiedzieli, dlaczego tak się stało.

Do zmiany nastroju dochodziło nawet wtedy, kiedy studenci, słuchając nagrania, wykonywali zadanie odrywające od niego uwagę – wkładali metalowe bolce w otwory w desce. Wydaje się, że to rozproszenie uwagi powodowało zakłócenia w przepływie informacji drogą wysoką, utrudniając zrozumienie filozoficznego tekstu. Nie zmniejszało jednak ani odrobinę zaraźliwości tych nastrojów, bo droga niska pozostawała szeroko otwarta.

Psycholodzy twierdzą, że nastroje różnią się od wyraźniej przeżywanych emocji między innymi tym, że trudno znaleźć ich przyczyny – chociaż na ogół wiemy, co wywołało nieskrywaną emocję, często wpadamy w taki czy inny nastrój, nie wiedząc, co jest jego źródłem. Eksperyment würzburski świadczy jednak o tym, że nasz świat może być pełen wyzwalaczy nastrojów, których nie zauważamy, od przesłodzonej muzyki płynącej z głośnika w windzie do gorzkiego tonu czyjegoś głosu.

Weźmy na przykład ekspresje emocji, które widzimy na twarzach innych ludzi. Jak odkryli szwedzcy badacze, już samo zobaczenie zdjęcia szczęśliwej twarzy wyzwala chwilową aktywność mięśni, które rozciągają usta w uśmiechu[14]. Prawdę mówiąc, ilekroć patrzymy na fotografię kogoś, czyja twarz wyraża silną emocję, taką jak smutek, odraza czy radość, mięśnie naszej twarzy zaczynają automatycznie odzwierciedlać wyraz twarzy tej osoby.

To odruchowe naśladowanie otwiera nas na subtelny wpływ emocjonalny otaczających nas osób, dodając jeden pas ruchu do pasów biegnących po moście łączącym mózg z innym mózgiem. Osoby szczególnie wrażliwe ulegają temu zarażeniu łatwiej niż inne, chociaż nieczułe mogą przejść obojętnie przez najbardziej toksyczny kontakt. W obu wypadkach wymiana ta zwykle odbywa się niezauważalnie.

Naśladujemy zadowolenie widoczne na uśmiechniętej twarzy, układając mięśnie własnej twarzy w ledwie zauważalną replikę ekspresji, mimo że możemy sobie nawet nie zdawać sprawy, że zobaczyliśmy ten uśmiech. Ten naśladowczy, niewyraźny uśmiech może być niedostrzegalny dla nieuzbrojonego oka, ale naukowcy śledzący pracę mięśni twarzy wyraźnie widzą to odzwierciedlenie ekspresji emocji[15]. Jest tak, jakby nasza twarz była z góry nastawiona, przygotowana do wyrażenia emocji w pełnym kształcie.

Mimikra ta ma pewne konsekwencje biologiczne, ponieważ wyraz naszej twarzy wyzwala w nas uczucia, które okazujemy. Możemy przywołać każdą emocję, układając mięśnie twarzy w jej wyraz – ściśnij ołówek zębami, a zmusisz swoją twarz do uśmiechu, który niezauważalnie wywoła pozytywne uczucie.

Zasadę tę wyczuwał intuicyjnie Edgar Allan Poe. Pisał on: „Kiedy chcę odkryć, jak dobry lub nikczemny jest ktoś albo jakie są jego myśli w tej chwili, przybieram wyraz twarzy jak najdokładniej zgodny z jego miną, a potem czekam, by się przekonać, jakie myśli czy uczucia pojawią się w moim umyśle lub w sercu, jakby po to, by odpowiadać temu wyrazowi albo do niego pasować”[16].

Łapanie emocji

Miejsce akcji: Paryż w 1895 roku. Garstka odważnych zaryzykowała udział w pokazie braci Lumière, pionierów fotografii. Po raz pierwszy w dziejach bracia przedstawiają publiczności „ruchomy obraz”, krótki film ukazujący – w zupełnej ciszy – wtaczający się na stację pociąg, buchającą dymem lokomotywę, szarżującą na kamerę.

Reakcja publiczności: krzyczy z przerażenia i chowa się pod fotele.

Nigdy wcześniej nie widziano poruszających się obrazów. Ta zupełnie naiwna publiczność potraktowała niesamowite widmo na ekranie jako „rzeczywisty" pociąg. Ów pierwszy pokaz w Paryżu był prawdopodobnie najbardziej magicznym wydarzeniem w historii filmu, ponieważ żaden z widzów nie zdawał sobie sprawy, że to, co zobaczyły jego oczy, jest zwykłą iluzją. Dla nich – i dla układu postrzegania w ich mózgach – obrazy na ekranie były rzeczywistością.

Jak zauważa pewien krytyk filmowy, „Dominujące wrażenie, że to jest rzeczywiste, jest dużą częścią pierwotnej siły tej formy sztuki", nawet obecnie[17]. Wrażenie obcowania z rzeczywistością nadal zniewala kinomanów, ponieważ mózg reaguje na stwarzaną przez film iluzję tymi samymi obwodami nerwowymi co na życie. Zaraźliwe są nawet emocje pokazywane na ekranie.

Część mechanizmów nerwowych biorących udział w tym przekazywaniu emocji z ekranu została zidentyfikowana przez zespół badaczy izraelskich, którzy pokazywali ochotnikom badanym za pomocą fMRI fragmenty ze spaghetti westernu *Dobry, zły i brzydki*. W jedynym zapewne artykule w annałach neurobiologii, w którym autorzy dziękują za pomoc Clintowi Eastwoodowi, doszli oni do wniosku, że ów film poruszał pewnymi rejonami mózgów widzów jak neuronalny lalkarz[18].

Podobnie jak w przypadku owych ogarniętych paniką uczestników paryskiego pokazu z 1895 roku, mózgi widzów poddanych tym badaniom zachowywały się tak, jakby wyimaginowana historia na ekranie przydarzała się im. Kiedy kamera pokazywała zbliżenie twarzy, uaktywniały się w ich mózgach obszary zajmujące się rozpoznawaniem twarzy. Kiedy na ekranie pojawiał się budynek lub krajobraz, przystępowała do działania inna okolica mózgu, która opracowuje informacje o naszym otoczeniu fizycznym.

Gdy scena przedstawiała delikatne ruchy ręki, wzbudzeniu ulegał rejon mózgu kierujący dotykiem i ruchem, a przy maksymalnie ekscytujących scenach – strzałach z broni palnej, wybuchach, zaskakujących zwrotach akcji – pracowały na najwyższych obrotach ośrodki emocjonalne. Krótko mówiąc, filmy, które oglądamy, obejmują nasz mózg we władanie.

W tym neuronalnym teatrze marionetek bierze udział publiczność. To, co działo się w mózgu jednego widza, powodowało identyczne reakcje u pozostałych podczas całego filmu. Akcja ukazywana na ekranie pełniła rolę choreografii swoistego tańca, w którym uczestniczyły mózgi wszystkich widzów.

Jak głosi jedna z maksym nauk społecznych, „Coś jest rzeczywiste, jeśli ma rzeczywiste konsekwencje". Kiedy mózg reaguje na wymyślone scenariusze w taki sam sposób jak na rzeczywistość, to, co jest wymyślone, ma konsekwencje biologiczne. Droga niska zabiera nas na emocjonalną przejażdżkę.

Jedynym większym wyjątkiem od tego spektaklu kukiełkowego jest to, co się dzieje w należących do drogi wysokiej obszarach kory przedczołowej, w których mieszczą się ośrodki wykonawcze mózgu ułatwiające krytyczne myślenie (włącznie z myślą „To tylko film"). A zatem dzisiaj nie uciekamy w panice, kiedy na ekranie pędzi ku nam pociąg, mimo iż czujemy wzbierającą w nas trwogę.

Im bardziej istotne albo znamienne jest wydarzenie, tym więcej uwagi poświęca mu mózg[19]. Reakcję mózgu na dowolną rzeczywistość pozorną, taką jak film, potęgują dwa czynniki: „głośność" percepcyjna i emocjonalnie silne momenty, takie jak krzyk czy płacz. Trudno się dziwić, że tak wiele filmów pokazuje sceny awantur – oślepiają one jako głośność sensoryczna[20].

Mimo to nastroje są tak zaraźliwe, że możemy „złapać" posmak emocji od czegoś tak ulotnego jak mignięcie uśmiechu czy marsowej miny albo tak suchego jak przeczytanie fragmentu tekstu filozoficznego.

Radar nieszczerości

Dwie nie znające się kobiety obejrzały właśnie wstrząsający dokument, film o ofiarach bomb atomowych zrzuconych na Hiroszimę i Nagasaki podczas II wojny światowej. Obie są bardzo poruszone tym, co zobaczyły, czują wzbierającą mieszaninę odrazy, złości i smutku.

Kiedy jednak zaczęły rozmawiać o tym, co czują, stało się coś dziwnego. Jedna z nich mówiła zupełnie szczerze o doznanym wstrząsie, natomiast druga tłumiła swoje emocje, udając obojętność. Tej pierwszej wydawało się, że druga – o dziwo – nie wykazuje żadnej reakcji emocjonalnej; jeśli było po niej coś widać, to zdawała się jedynie nieobecna duchem.

Tak właśnie miała przebiegać ta rozmowa – obie kobiety uczestniczyły jako ochotniczki w eksperymencie przeprowadzanym na Stanford University, którego celem było zbadanie społecznych skutków tłumienia emocji, i jedną z nich poinstruowano, by ukrywała swoje prawdziwe uczucia[21]. Jej emocjonalnie otwarta rozmówczyni czuła, co zrozumiałe, pewien dyskomfort podczas tej konwersacji – prawdę mówiąc, miała wrażenie, że nie jest to ktoś, z kim chciałaby się zaprzyjaźnić. Natomiast ta, która tłumiła swoje prawdziwe uczucia, czuła się spięta i skrępowana, zdenerwowana i zakłopotana. Znamienne było to, że podczas rozmowy stale wzrastało jej ciśnienie krwi. Tłumienie nieprzyjemnych uczuć odbija się niekorzystnie na fizjologii organizmu; podniesione ciśnienie krwi odzwierciedlało jej emocjonalny wysiłek.

Oto jednak ogromna niespodzianka: u kobiety, która mówiła szczerze i otwarcie, doszło do takiego samego stałego wzrostu ciśnienia krwi. Napięcie jej rozmówczyni było nie tylko wyczuwalne, ale również zaraźliwe.

Szczerość jest standardową reakcją mózgu – nasz układ nerwowy przenosi każdą, nawet drobną zmianę naszego nastroju na mięśnie twarzy, dzięki czemu nasze uczucia stają się natychmiast widoczne. Ten pokaz emocji odbywa się automatycznie i bez udziału naszej świadomości, a zatem stłumienie uczuć wymaga świadomego wysiłku. Maskowanie tego, co czujemy – próba ukrycia strachu czy złości – wymaga sporo trudu i rzadko kończy się całkowitym powodzeniem[22].

Znajoma powiedziała mi na przykład, że już podczas pierwszej rozmowy „po prostu wiedziała", iż nie powinna zaufać mężczyźnie, któremu podnajęła swoje mieszkanie własnościowe. I oczywiście, kiedy miała się tam z powrotem wprowadzić, człowiek ów powiedział jej, że się nie wyniesie. Tymczasem sama nie miała gdzie się podziać. Natknęła się na gąszcz przepisów chroniących prawa najemców, co oznaczało, że będzie bezdomna, dopóki adwokat nie odzyska jej własnego lokalu.

Spotkała tego mężczyznę tylko raz, kiedy przyszedł obejrzeć jej mieszkanie. „Było w nim coś, co mówiło mi, że będą z nim problemy", rozpamiętywała później.

To „coś w nim" odzwierciedla pracę obwodów nerwowych wysokiej i niskiej drogi, które służą nam jako system wczesnego ostrzegania przed nieszczerością. Obwody te, wyspecjalizowane w podejrzliwości, różnią się od obwodów, które biorą udział w odczuwaniu empatii i nawiązywaniu dobrych stosunków. Ich istnienie świadczy o tym, jak ważne jest wykrywanie dwulicowości. Teoria ewolucji głosi, że zdolność wyczuwania, kiedy powinniśmy być podejrzliwi, jest równie istotna dla naszego przetrwania jak zdolność do zaufania i współpracy.

Ten szczególny radar neuronalny ujawniły badania obrazów mózgu ochotników przeprowadzone podczas oglądania kilku aktorów opowiadających tragiczną historię. W poszczególnych uaktywniających się rejonach mózgu występowały duże różnice, w zależności od ekspresji twarzy aktora recytującego tekst. Jeśli na twarzy aktora widniał odpowiedni do treści historii smutek, pobudzeniu ulegało ciało migdałowate słuchacza i powiązane z nim obwody odpowiedzialne za powstawanie uczucia smutku. Jeśli jednak aktor miał podczas opowiadania tej historii uśmiechniętą twarz, co stwarzało emocjonalną dysharmonię, mózg słuchacza aktywował miejsce wyspecjalizowane w wychwytywaniu sygnałów o zagrożeniach społecznych lub sprzecznych informacji. W tym przypadku słuchacze odczuwali antypatię do narratora[23].

Ciało migdałowate automatycznie i kompulsywnie bada każdą osobę, z którą się stykamy, poszukując informacji o tym, czy można jej zaufać: Czy bezpiecznie jest podejść do tego faceta? Czy jest on niebezpieczny? Czy mogę na niego liczyć czy nie? Pacjenci oddziałów neurologicznych, którzy mają rozległe uszkodzenia ciała migdałowatego, nie są w stanie ocenić, w jakim stopniu ktoś zasługuje na zaufanie. Kiedy pokazuje się im zdjęcie mężczyzny, którego zwykli ludzie uważaliby za bardzo podejrzanego osobnika, oceniają go na równi z mężczyzną, którego inni uznaliby za bardziej zasługującego na zaufanie[24].

Nasz system ostrzegania o tym, czy możemy komuś ufać, ma dwie gałęzie: wysoką i niską[25]. Droga wysoka działa wówczas, kiedy celowo wydajemy sąd o tym, czy ktoś godny jest zaufania. Bez względu na to jednak, czy myślimy o tej kwestii intencjonalnie, poza naszą świadomością trwa cały czas kierowany przez ciało migdałowate proces oceny.

Upadek Casanovy

Giovanni Vigliotto miał niesamowite powodzenie jako Don Juan, dzięki swemu urokowi dokonywał jednego romantycznego podboju za drugim. No, niezupełnie jednego po drugim, bo w rzeczywistości był żonaty z wieloma kobietami jednocześnie.

Nikt nie wie na pewno, ile razy Vigliotto się ożenił, ale w swej miłosnej karierze – a wydaje się, że była to bogata kariera – mógł poślubić setkę kobiet. Z ożenków z bogatymi paniami zrobił sobie źródło utrzymania. Kariera ta raptownie dobiegła końca, kiedy jedna z niedoszłych ofiar jego miłosnych podbojów, Patricia Gardner, oskarżyła go o bigamię.

Podczas procesu napomknięto o tym, co sprawiało, że zachwycało się nim tyle kobiet. Gardner przyznała, że w tym czarującym bigamiście pociągało ją m.in. coś, co nazwała „tą uczciwą cechą", a mianowicie fakt, że uśmiechał się i patrzył jej prosto w oczy, nawet kiedy łgał jak z nut[26].

Podobnie jak Gardner, specjaliści z dziedziny emocji wiele wyczytują w spojrzeniu. Zwykle, powiadają, kiedy jesteśmy pogrążeni w smutku, spuszczamy wzrok; odwracamy oczy, kiedy czujemy odrazę; kierujemy je w dół lub w bok, gdy się wstydzimy albo mamy poczucie winy. Większość ludzi wyczuwa to intuicyjnie, a zatem mądrość ludowa mówi, byśmy sprawdzali, czy ktoś „patrzy nam w oczy", bo jeśli nie, jest to wskazówka, że może kłamać.

Najwidoczniej Vigliotto, jak wielu innych oszustów, wiedział o tym aż za dobrze i posiadł umiejętność pozornie szczerego patrzenia w oczy ofiarom swoich podbojów.

Coś w tym było, ale być może bardziej polegało to na nawiązywaniu dobrych stosunków niż na kłamaniu. Według Paula Ekmana, światowej klasy specjalisty w zakresie rozpoznawania po czyimś zachowaniu, czy osoba ta kłamie, owo spojrzenie w oczy, komunikujące „uwierz w to, co mówię", w rzeczywistości niezbyt dobrze pokazuje, czy ktoś mówi prawdę.

Badając przez wiele lat to, jak wyrażamy emocje ruchami mięśni twarzy, Ekman zafascynował się sposobami wykrywania kłamstw. Jego bystre oko potrafi odkryć niezgodność między przywdziewaną przez kogoś maską udawanych emocji a subtelnymi oznakami tego, co osoba ta faktycznie czuje[27].

Kłamanie wymaga świadomej, celowej aktywacji drogi wysokiej, zawiadującej systemem kontroli wykonawczej, który dba o to, by nasze słowa i czyny układały się w gładki ciąg. Jak zauważa Ekman, kłamcy poświęcają najwięcej uwagi doborowi słów, poddając cenzurze to, co mówią, mniej natomiast wyrazowi emocji pojawiającemu się na ich twarzach.

To tłumienie prawdy wymaga zarówno wysiłku umysłowego, jak i czasu. Kiedy ktoś kłamie, odpowiadając na pytanie, zaczyna około dwóch dziesiątych sekundy później niż osoba mówiąca prawdę. Różnica ta sygnalizuje wysiłek włożony w dobre skomponowanie kłamstwa i zapanowanie nad emocjonalnymi i fizycznymi kanałami, którymi może niechcący wyciec prawda[28].

Skuteczne kłamanie wymaga koncentracji. Miejscem, w którym łgarz dokonuje tego umysłowego wysiłku, jest droga wysoka, ale zasoby uwagi są ograniczone, a mówienie nieprawdy wymaga jej dodatkowej dawki. To dodatkowe przemieszczenie zasobów sprawia, że okolice przedczołowe mają mniej środków dla wykonania innego zadania – zahamowania mimowolnego pokazu emocji, które mogą zdradzić kłamstwo.

Kłamstwo mogą zdradzić same słowa, ale najczęściej wskazówką tego, że ktoś próbuje wyprowadzać nas w pole, będzie niezgodność między jego słowami a wyrazem twarzy, co dzieje się choćby wtedy, kiedy ktoś zapewnia nas, że „czuje się wspaniale", a tymczasem jego drżący głos zdradza niepokój.

„Nie istnieje stuprocentowo pewny wykrywacz kłamstw – powiedział mi Ekman. – Ale można wykryć gorące miejsca", punkty, w których emocje wyrażane przez kogoś nie pasują do jego słów. Te oznaki dodatkowego wysiłku umysłowego wymagają sprawdzenia, bo wachlarz możliwych powodów tych zakłóceń jest szeroki – od zwykłej nerwowości po kłamanie w żywe oczy.

Mięśnie twarzy kontroluje droga niska, decyzję o skłamaniu droga wysoka, a zatem przy kłamstwie, któremu towarzyszą emocje, twarz przeczy słowom. Droga wysoka ukrywa, droga niska ujawnia.

Obwody drogi niskiej tworzą wiele pasm ruchu na owym cichym moście, który łączy nas, mózg z mózgiem. Pomagają nam one żeglować między ławicami naszych związków z innymi, wykrywając, komu można ufać, a kogo należy unikać, albo zaraźliwie rozprzestrzeniając dobry nastrój.

Miłość, władza i empatia

W interpersonalnym przepływie emocji liczy się władza. Jeden z partnerów wnosi większy emocjonalny wkład w zbliżenie się do drugiego; jest to ten, który dysponuje mniejszą siłą lub ma mniejszą władzę[29]. Zmierzenie względnej siły każdej z dwojga osób pozostających we wzajemnym związku jest sprawą skomplikowaną, ale w związku romantycznym można ją z grubsza oszacować w kategoriach praktycznych: na przykład które z partnerów ma większy wpływ na to, jak czuje się druga strona, kto ma więcej do powiedzenia przy podejmowaniu wspólnych decyzji w takich sprawach jak finanse albo szczegóły życia codziennego, np. czy iść na przyjęcie.

Z pewnością małżeństwa czy, ogólniej, osoby tworzące związaną jakimiś sprawami parę milcząco negocjują, która z nich będzie miała większą władzę w której dziedzinie; jedna może dominować w sprawach finansowych, druga w ustalaniu harmonogramu spotkań towarzyskich. Jednak w sferze emocji mający mniejszą władzę partner dostosowuje się, ogólnie rzecz biorąc, bardziej do silniejszego partnera.

Takie dostosowanie można lepiej wyczuć, jeśli jedno z partnerów przyjmuje neutralną postawę emocjonalną, z czym mamy do czynienia w psychoterapii. Od czasów Freuda psychoterapeuci zauważają, że ich ciało odzwierciedla emocje odczuwane przez pacjentów. Jeśli pacjentka płacze, bo przypomniała sobie coś bolesnego, terapeuta czuje, że jemu też zbiera się na płacz, jeśli przeraża ją traumatyczne wspomnienie, on czuje w żołądku skurcz strachu.

Freud wykazał, że dostrojenie się do własnego ciała daje psychoanalitykowi wgląd w świat emocjonalny pacjenta. Chociaż prawie każdy potrafi wykryć otwarcie wyrażane emocje, wielcy terapeuci idą o krok dalej, wychwytując u pacjentów echa i odcienie emocji, których nawet nie dopuścili do swojej świadomości[30].

Dopiero prawie sto lat po tym, jak Freud po raz pierwszy zauważył te subtelne, wspólnie przeżywane doznania, naukowcy opracowali rzetelną metodę śledzenia takich równoczesnych zmian w fizjologii dwóch osób, dokonujących się podczas zwykłej rozmowy[31]. Przełom przyniosły nowe metody statystyczne i moc obliczeniowa komputerów, co pozwala uczonym na analizowanie ogromnej liczby danych, od rytmu serca i tym podobnych poczynając, zbieranych na żywo podczas interakcji.

Badania te wykazały na przykład, że w czasie kłótni małżeńskiej ciało jednego z partnerów naśladuje zakłócenia w organizmie drugiego. W miarę rozwoju konfliktu wprowadzają się oni nawzajem w coraz silniejszy stan złości, zranienia i smutku (to odkrycie naukowe nikogo nie zaskoczy).

Bardziej interesujące było to, co badacze zrobili potem – nagrali kłócących się małżonków na kasety wideo, a następnie poprosili zupełnie obce dla nich osoby o obejrzenie tych nagrań i odgadnięcie, jakie emocje przeżywał jeden z małżonków w trakcie kłótni[32]. Kiedy ci ochotnicy starali się wykonać swoje zadanie, zachodzące w ich organizmach procesy fizjologiczne upodabniały się do stanu osób, które oglądali.

Im bardziej ciało widza naśladowało zachowanie ciała oglądanej osoby, tym dokładniej wyczuwał on, co czuła ta osoba, a ów efekt był najwyraźniejszy w przypadku emocji negatywnych, takich jak złość. Empatia – wyczuwanie emocji drugiej osoby – zdaje się mieć charakter zarówno fizjologiczny, jak i psychiczny, i nadbudowuje się na przeżywaniu tego samego stanu wewnętrznego, w którym znajduje się ta osoba. Ten biologiczny taniec zaczyna się, kiedy ktoś wczuwa się w nastrój kogoś innego – wczuwający się osiąga niezauważalnie stan fizjologiczny osoby, do której się dostraja.

Najtrafniej ochotnicy odgadywali uczucia innych osób, których twarze najsilniej wyrażały emocje. Zasada ogólna: im bardziej podobny jest w danym momencie stan fizjologiczny dwojga osób, tym łatwiej wyczuwają one wzajemnie swoje emocje.

Kiedy dostrajamy się do kogoś, nie możemy nic poradzić na to, by nie współodczuwać z nim, choćby odrobinę. Nadajemy i odbieramy na tak podobnych falach, że wnikają w nas emocje tej osoby, nawet jeśli tego nie chcemy. Krótko mówiąc, emocje, które „łapiemy", mają dla nas pewne konsekwencje. A to jest wystarczającym powodem, byśmy spróbowali zrozumieć, jak zmieniać je na lepsze.

Rozdział 2

Przepis na wzajemne zrozumienie

Trwa sesja psychoterapeutyczna. Psychiatra siedzi w drewnianym fotelu, zachowuje się sztywno i oficjalnie. Jego pacjentka siedzi na skórzanej kozetce jak obraz nędzy i rozpaczy. Nie nadają na tej samej fali.

Psychiatra popełnił terapeutyczną gafę, niezręcznie interpretując to, co przed chwilą powiedziała pacjentka. Proponuje przeprosiny:

– Obawiałem się, że robię coś, co może mieć destrukcyjny wpływ na przebieg terapii.

– Nie... – zaczyna pacjentka.

Terapeuta ucina jej, podaje inną interpretację.

Pacjentka zaczyna odpowiadać, a terapeuta mówi dalej, nie dopuszczając jej do głosu.

Mogąc w końcu wtrącić słowo, pacjentka zaczyna narzekać na wszystko, co przez lata musiała znosić ze strony matki, co jest zawoalowanym komentarzem na temat tego, co teraz robi terapeuta.

I tak toczy się ta sesja – opornie, niemrawo – a terapeuta i pacjentka nie mogą znaleźć wspólnego języka.

Przeskok do innej sesji. Pacjent i terapeuta pogrążeni są w ożywionej, pełnej wzajemnego zrozumienia rozmowie.

Pacjent Numer Dwa opowiedział właśnie terapeucie, że poprzedniego dnia oświadczył się dziewczynie, z którą od dawna się spotykał, a która teraz jest już jego narzeczoną. Terapeuta od kilku miesięcy pomagał mu zgłębić i pokonać lęk przed życiem intymnym, by zebrał się w końcu na odwagę i zawarł małżeństwo. Obaj więc przeżywają chwilę tryumfu. Są w optymistycznym nastroju, rozradowani.

Łącząca ich nić porozumienia jest tak silna, że postawa i ruchy każdego z nich są wiernym odbiciem postawy i ruchów drugiego. Zachowują się tak, jakby grali według scenariusza – kiedy terapeuta przesuwa nogę, a później drugą, pacjent natychmiast robi to samo.

W obu tych sesjach terapeutycznych, utrwalonych na kasecie wideo, jest coś dziwnego – między terapeutą i jego pacjentem stoją dwie prostokątne metalowe skrzynki, rozstawione jak wieże aparatury stereofonicznej, a z każdej wychodzi kabel prowadzący do metalowego zacisku na końcu palca każdego z nich. Kablami tymi płynie od terapeuty i pacjenta strumień informacji ukazujących drobne zmiany w ilości potu wydzielanego podczas rozmowy.

Sesje te były częścią badań niewidzialnego biologicznego tańca, w którym bierze udział nasz organizm podczas codziennych interakcji jako ich nieodłączny, choć ukryty składnik[1]. Nagrania tych sesji psychoterapeutycznych przedstawiają owe ciągłe odczyty reakcji gruczołów potowych w postaci linii wijących się pod obrazami obu osób – niebieskiej pod pacjentem, zielonej pod terapeutą. Linie te falują w rytm to rosnących, to opadających emocji.

Podczas niespokojnej, irytującej wymiany zdań na pierwszej opisanej tu sesji obie linie poruszają się jak spłoszone ptaki, z których każdy wzbija się i opada, kreśląc własną, odmienną trajektorię lotu. Przedstawiają one obraz rozbieżności.

Natomiast podczas drugiej sesji, odbywającej się w atmosferze wzajemnego zrozumienia, linie te tworzą zgodny szyk, niczym ptaki wykonujące pełne gracji, skoordynowane podniebne piruety. Gdy dwie osoby czują, że się rozumieją, ich procesy fizjologiczne przebiegają zgodnym rytmem.

Owe sesje terapeutyczne torują drogę nowym metodom badania niewidzialnej w inny sposób aktywności mózgu podczas starań znajdowania wspólnego języka. Chociaż reakcja gruczołów potowych może się wydawać odległa od pracy mózgu, analiza konstrukcji ośrodkowego układu nerwowego pomaga nam postawić hipotezę na temat tego, które struktury mózgu biorą udział w tym interpersonalnym tangu i czym się zajmują.

Tych neuronalnych obliczeń dokonywał Carl Marci, psychiatra z Harvard Medical School, który prowadził badania, targając ze sobą walizę sprzętu pomiarowego do gabinetów chętnych do współpracy terapeutów w całym rejonie bostońskim. Dołączył w ten sposób do elitarnej grupy pionierów, którzy wynajdują odkrywcze sposoby przeniknięcia przez barierę niemożliwą niegdyś dla nauki o mózgu do pokonania, a mianowicie przez czaszkę. Do niedawna neurobiologia badała tylko jeden mózg naraz. Obecnie analizuje pracę dwóch, odkrywając niewyobrażalny wcześniej neuronalny duet mózgów ludzi, którzy nawiązują ze sobą kontakt.

Na podstawie zebranych danych Marci ułożył coś, co nazwał „logarytmem empatii", ukazującym specyficzną wzajemną zależność reakcji gruczołów potowych dwojga osób w sytuacji, kiedy cieszą się z wzajemnego kontaktu. Logarytm ten sprowadza do postaci równania matematycznego dokładny obraz ich procesów fizjologicznych w owym momencie, kiedy każda z nich czuje, że druga ją rozumie.

Nić sympatii

Pamiętam, że wiele lat temu, kiedy byłem magistrantem na Harvardzie, czułem taką nić porozumienia łączącą mnie z Robertem Rosenthalem, wykładowcą metod statystycznych. Bob (jak wszyscy go nazywali) był w zgodnej opinii najbardziej chyba lubianym profesorem na całym wydziale. Kiedy ktoś z nas wchodził do jego gabinetu, bez względu na powód, dla którego chciał się z nim spotkać, i niezależnie od tego, jaki niepokój odczuwał na początku, wychodził, czując się wysłuchany, zrozumiany i – co już zakrawało niemal na magię – lepszy.

Bob miał dar podnoszenia ludzi na duchu, ale trudno się dziwić, że był mistrzem w wywoływaniu nastroju odprężenia, obszarem jego naukowych zainteresowań były bowiem niewerbalne więzi łączące ludzi. Wiele lat później opublikował ze swoją współpracowniczką przełomowy artykuł, ukazujący podstawowe składniki magii związków międzyludzkich, swego rodzaju przepis na wzajemne zrozumienie[2].

Może ono istnieć tylko między ludźmi; wiemy, że łączy nas ono z kimś, kiedy kontakty z tą osobą sprawiają nam przyjemność, kiedy się w nie angażujemy i kiedy przebiegają bez zgrzytów. Znaczenie wzajemnego porozumiewania wykracza wszakże daleko poza te ulotne, przyjemne chwile. Osoby, które się nawzajem rozumieją, są wspólnie zdolne do większej kreatywności i podejmowania bardziej racjonalnych decyzji, bez względu na to, czy są małżeństwem i układają plany wakacyjne, czy kierownictwem firmy opracowującym strategię jej działania[3].

Wzajemne zrozumienie wprawia nas w dobry nastrój, napełniając poczuciem, że druga osoba jest sympatyczna, i stwarzając atmosferę życzliwości, w której każda strona czuje, że partner odnosi się do niej ciepło i szczerze. Ta obopólna sympatia umacnia więzi, choćby były tylko chwilowe.

Rosenthal odkrył, że na ów szczególny związek dwojga osób składają się zawsze trzy elementy: uwaga, jaką sobie nawzajem poświęcają, pozytywne uczucie, które budzi każdy ich kontakt ze sobą, i zgrany niewerbalny duet. Gdy elementy te występują łącznie, rodzi się wzajemne zrozumienie[4].

Pierwszym istotnym składnikiem jest zatem obopólna uwaga. Kiedy każdą ze stron zajmuje to, co mówi i robi druga, obie nabierają przekonania, że łączy je zainteresowanie, że mają wspólny temat, co staje się jakby spajającym je perceptualnym klejem. Ta dwukierunkowa uwaga wywołuje u obu osób takie same uczucia.

Jednym ze wskaźników wzajemnego zrozumienia jest obopólna empatia – każda strona czuje, że partner podziela jej uczucia. Tak właśnie się czuliśmy, rozmawiając z Bobem – był zawsze obecny ciałem i duchem i poświęcał nam całą uwagę. Na tym polega różnica między swobodą w kontaktach towarzyskich a pełnym wzajemnym zrozumieniem; w pierwszym przypadku czujemy się dobrze, ale nie mamy poczucia, że partner dostraja się do naszych uczuć.

Rosenthal przytacza wyniki badań, w których ludzi dobierano w pary. Jedna osoba z każdej pary, która w tajemnicy przed drugą współpracowała z naukowcami, miała bandaż na palcu, co sugerowało, że się skaleczyła. W pewnym momencie udawała, że ponownie uraziła się w ten palec. Jeśli druga patrzyła akurat w oczy rzekomej ofiary, krzywiła się, naśladując wyraz bólu pojawiający się na jej twarzy. Natomiast te osoby, które nie patrzyły ofierze w oczy, krzywiły się znacznie rzadziej, mimo iż zdawały sobie sprawę z jej bólu[5]. Kiedy mamy podzieloną uwagę, trochę się wyłączamy i nie zauważamy ważnych szczegółów, zwłaszcza emocjonalnych. Patrzenie w oczy otwiera drogę empatii.

Dla wzajemnego zrozumienia nie wystarczy sama uwaga. Następnym składnikiem jest dobre uczucie, wywoływane głównie tonem głosu i wyrazem twarzy. Do stworzenia miłej atmosfery bardziej niż to, co mówimy, przyczyniają się wysyłane przez nas sygnały niewerbalne. To niezwykłe, ale w eksperymencie, w którego ramach przełożeni wyrażali podwładnym niepochlebne opinie o ich pracy, okazując jednak tonem głosu i wyrazem twarzy, że mimo to żywią do nich ciepłe uczucia, krytykowani oceniali całą rozmowę pozytywnie[6].

Trzecim istotnym składnikiem wzajemnego zrozumienia jest w formule Rosenthala zgranie, czyli dopasowanie zachowań. Najlepiej dopasowujemy się do siebie za pomocą przekazów wysyłanych kanałami komunikacji niewerbalnej, takimi jak rytm i tempo rozmowy oraz ruchy ciała. Ludzie rozumiejący się wzajemnie są ożywieni i swobodnie wyrażają emocje. Ich spontaniczne, natychmiastowe reakcje sprawiają wrażenie tańca w precyzyjnej choreografii, jakby każdy zew i odzew został celowo zaplanowany. Spotykają się spojrzeniami, zbliżają ciałami, przysuwając krzesła, nawet ich nosy są bliżej siebie niż podczas typowej konwersacji. Przerwy w rozmowie, chwile milczenia nie są dla nich nieprzyjemne.

Rozmowa, która się nie klei wskutek niedopasowania się rozmówców, jest dla obu stron nieprzyjemna, obfituje w spóźnione odpowiedzi albo momenty krępującego milczenia. Rozmówcy się wiercą albo zastygają w bezruchu.

Znalezienie wspólnego języka

W miejscowej restauracji pracuje kelnerka, przez którą każdy lubi być obsługiwany. Ma niesamowity talent do dostrajania się do nastroju i zachowań klientów.

Krząta się cicho i dyskretnie wokół ponurego mężczyzny sączącego drinka przy stoliku w ciemnym kącie. Wobec hałaśliwego grona kolegów z pracy pokładających się ze śmiechu w przerwie obiadowej jest towarzyska i otwarta. A podszedłszy do młodej mamy z dwojgiem nadpobudliwych maluchów, daje się wciągnąć w wir żywiołowej zabawy, urzekając je śmiesznymi minami i żartami. Łatwo zrozumieć, dlaczego właśnie ona dostaje największe napiwki[7].

Ta kelnerka, wyczuwająca odpowiednią długość fali, na jakiej nadają klienci, jest żywym przykładem zasady, że dostrojenie się do innych przynosi korzyści obu stronom. Im bardziej dwie osoby nieświadomie zharmonizują podczas rozmowy swoje zachowania, tym lepsze będą miały zdanie o tym spotkaniu i o sobie nawzajem.

Niezauważalny, lecz silny wpływ tego tańca ukazała seria pomysłowych eksperymentów przeprowadzonych w New York University na studentach, którzy zgłosili się do weryfikacji – jak myśleli – nowego testu psychologicznego. Siadali po kolei przy biurku z innym studentem – w rzeczywistości współpracownikiem naukowców – i oceniali szereg zdjęć[8]. Przy oglądaniu tych fotografii ów współpracownik miał się uśmiechać lub nie, kiwać stopą albo pocierać się po brodzie.

Ochotnicy z reguły naśladowali to, co robił tajny współpracownik naukowców. Pocieranie brody wywoływało pocieranie brody, uśmiech torował drogę uśmiechowi. Po dokładnym przepytaniu ochotników okazało się jednak, że żaden z nich nie zdawał sobie sprawy z tego, że się uśmiecha czy kiwa stopą, nie zauważyli też wyreżyserowanych zachowań, które naśladowali.

W drugiej części eksperymentu owa podstawiona osoba niezbyt podobała się rozmówcy, jeśli celowo naśladowała jego ruchy i gesty. Kiedy jednak naśladownictwo to było mimowolne, osoba badana uważała ją za bardziej sympatyczną[9]. A zatem – wbrew temu, co doradzają popularne książki na ten temat – celowe dopasowywanie się do kogoś, powiedzmy naśladowanie ułożenia rąk na poręczach fotela czy przybieranie jednakowej pozycji, samo w sobie nie wpływa na lepsze wzajemne zrozumienie. Takie czysto mechaniczne udawane dopasowanie się odstręcza partnera.

Psychologowie społeczni co i rusz odkrywają, że im więcej wykonujemy naturalnie zharmonizowanych ze sobą ruchów – jednoczesnych, w podobnym tempie albo zgranych w inny sposób – tym silniejsze pozytywne uczucia nas ogarniają[10]. Jeśli obserwujemy dwóch rozmawiających ze sobą przyjaciół z odległości, z której nie słyszymy, co mówią, lepiej dostrzegamy ten przepływ komunikatów niewerbalnych: eleganckie zgranie ich ruchów, gładko przebiegające zmiany ról mówcy i słuchacza, nawet koordynację spojrzeń[11]. Pewien nauczyciel gry aktorskiej poleca swoim uczniom, by oglądali całe filmy z wyłączonym dźwiękiem, studiując ten cichy taniec.

Szkiełko uczonego potrafi ukazać to, czego nie dostrzeże nieuzbrojone oko, a mianowicie, że kiedy jeden z przyjaciół mówi, oddech drugiego niezauważalnie wpada w rytm dostrojony do oddechu pierwszego[12]. Podczas badań pogrążonych w rozmowie przyjaciół, którym założono czujniki śledzące rytm oddychania, odkryto, że oddech słuchającego z grubsza odzwierciedla oddech mówiącego, przy czym albo na fazę wydechu jednego przypada faza wdechu drugiego, albo odpowiednie fazy się pokrywają.

Ta oddechowa synchronizacja staje się dokładniejsza, kiedy zbliża się chwila zmiany ról mówcy i słuchacza. Do jeszcze większego dostrojenia dochodzi w często zdarzających się podczas rozmowy bliskich przyjaciół momentach wesołości – obaj zaczynają się śmiać praktycznie w tej samej chwili, a podczas śmiechu ich oddychanie przybiera jednakowy rytm.

Zgranie jest jednym z zabezpieczeń towarzyskich podczas spotkań twarzą w twarz, ponieważ dopóki trwa, dzięki dopasowaniu ruchów, synchronizacja między rozmówcami, dopóty krępujące w innej sytuacji momenty nie wprawiają ich w zakłopotanie. To dodające otuchy zharmonizowanie pozwala spokojnie pokonać rafy i mielizny konwersacji, takie jak długie pauzy, przerywanie rozmówcy czy mówienie równoczesne. Nawet kiedy rozmowa się rwie albo milknie, fizyczna synchronizacja podtrzymuje wrażenie, że spotkanie mimo to wciąż trwa. Oznacza ona, że między rozmówcą i słuchaczem istnieje cicha zgoda albo zrozumienie.

Rozmowa, której brakuje owej uspokajającej synchronizacji fizycznej, musi przebiegać jeszcze płynniej w warstwie koordynacji słownej, jeśli ma się toczyć harmonijnie. Na przykład kiedy rozmówcy się nie widzą – jak podczas rozmowy przez telefon czy intercom – zamienianie się rolami mówiącego i słuchającego jest ściślej skoordynowane niż wtedy, kiedy siedzą naprzeciw siebie.

Już samo dostosowywanie pozycji ciał zadziwiająco się przyczynia do stworzenia klimatu wzajemnego zrozumienia. Na przykład w jednym z badań śledzono zmiany pozycji uczniów podczas lekcji. Im były podobniejsze do pozycji nauczyciela, tym większe było wzajemne zrozumienie między nim a nimi i tym większe zaangażowanie. Faktycznie, obserwując dopasowanie się postaw, można szybko odczytać, jaka atmosfera panuje w klasie[13].

Synchronizacja ruchów może dostarczać instynktownej przyjemności, a w im większej dzieje się to grupie, tym lepiej. Estetycznym wyrazem grupowego zgrania ruchów jest cieszący się powszechną popularnością taniec czy wspólne poruszanie się do rytmu. Ta sama przyjemność z masowej synchronizacji wprawia w ruch ręce, które kołyszą się w równym tempie przepływającą przez stadion falą.

Wydaje się, że w układ nerwowy człowieka wbudowany jest obwód wywołujący taki rezonans, bo nawet płód w łonie matki dostraja swoje ruchy do rytmu mowy, ale do innych dźwięków już nie. Roczne dzieci dostosowują rytm i długość gaworzenia do rytmu mowy matki.

Synchronizacja języka i ruchów między dzieckiem i matką czy między dwiema obcymi osobami spotykającymi się po raz pierwszy jest komunikatem informującym „Jestem z tobą", czyli pośrednim zaproszeniem do kontynuacji rozmowy.

Przekaz ten podtrzymuje zaangażowanie drugiej osoby. Kiedy rozmowa dwojga ludzi zbliża się do końca, przestają synchronizować swoje zachowania, wysyłając tym samym cichy sygnał, że pora kończyć spotkanie. A jeśli nie zsynchronizowali wcześniej swoich zachowań – jeśli jeden mówi przez drugiego albo nie dostroili się do siebie w inny sposób – tworzy się atmosfera zakłopotania czy skrępowania.

Każda rozmowa toczy się na dwóch poziomach, niskim i wysokim. Droga wysoka jest domeną racjonalności, słów i znaczeń. Natomiast drogą niską odbywa się przepływ bezpostaciowej witalności, kryjącej się pod warstwą słów i spajającej rozmówców dzięki bezpośrednio odczuwanemu związkowi. Poczucie związku zależy w mniejszym stopniu od tego, co się mówi, niż od tej bardziej bezpośredniej, nie wyrażonej słowami, emocjonalnej więzi.

Owa podpowierzchniowa więź nie powinna być dla nikogo tajemnicą, wszak zawsze wyrażamy uczucia spontanicznie przybieranymi minami, gestami, spojrzeniem i tym podobnymi zachowaniami. Na tym subtelnym poziomie wygłaszamy stale bezgłośny monolog, który jest czymś w rodzaju głośnego myślenia, opowieścią snutą między wierszami, pozwalającą drugiej osobie zorientować się, jak się czujemy, i odpowiednio się do tego dostosować.

Kiedy rozmawiają ze sobą dwie osoby, widzimy ten emocjonalny menuet, odgrywany uniesieniem brwi, błyskiem oka, szybkimi gestami rąk, przelotnie pojawiającymi się minami, szybkim dostosowywaniem tempa mowy, przenoszeniem spojrzenia i tak dalej. Ta synchronizacja pozwala nam się dopasowywać i znajdować wspólny język, a jeśli robimy to dobrze, odczuwamy pozytywne emocjonalne współbrzmienie z rozmówcą.

Do im większej dochodzi synchronizacji, tym bardziej upodabniają się emocje partnerów; znalezienie wspólnego języka stwarza emocjonalną jedność. Kiedy, na przykład, dziecko i matka przechodzą wspólnie z niskiego poziomu ożywienia na wyższy, odczuwają oboje stale wzrastającą przyjemność. Zdolność do takiego współbrzmienia, wykazywana nawet przez niemowlęta, świadczy o istnieniu w mózgu obwodu, dzięki któremu cała ta synchronizacja jest tak naturalna.

Wewnętrzne chronometry

– Zapytaj mnie, dlaczego nie potrafię opowiedzieć dobrego dowcipu.

– Dobrze. Dlaczego nie potrafisz...

– Nie teraz.

Najlepsi komicy odznaczają się bezbłędnym wyczuciem rytmu, wyczuciem odpowiedniego momentu, dzięki czemu ich dowcipy naprawdę śmieszą. Podobnie jak muzycy koncertowi przeglądający partyturę, zawodowcy w świecie komedii potrafią precyzyjnie ocenić, na ile sekund zawiesić głos przed wygłoszeniem puenty (albo kiedy dokładnie przerwać, jak w powyższym dowcipie). Uchwycenie właściwego momentu daje gwarancję, że dowcip zostanie umiejętnie opowiedziany.

Przyroda kocha zgranie. Nauka odkrywa je tam, gdzie jeden proces naturalny sprawia, że drugi się z nim synchronizuje albo przebiega w tym samym rytmie. Gdy fale na powierzchni wody powstają w różnym czasie, znoszą się wzajemnie, ale kiedy poruszają się jednocześnie, rosną.

W świecie przyrody dostosowywanie tempa obejmuje wszystko, od fal oceanu po bicie serc; w sferze stosunków międzyludzkich dostrajają się do siebie nasze rytmy emocjonalne. Kiedy człowiek pełniący rolę zewnętrznego synchronizatora naszego rytmu biologicznego wprawia nas w optymistyczny nastrój, wyświadcza nam przysługę. A kiedy my wywołujemy taki sam nastrój u kogoś innego, przekazujemy ten dar dalej.

Aby się naocznie przekonać, jak dochodzi do takiego zgrania rytmów, wystarczy się przyjrzeć wirtuozowskiemu wykonaniu jakiegoś utworu muzycznego. Sami muzycy wydają się oczarowani, kołysząc się zgodnie w rytm muzyki. Ale pod tą widzialną warstwą zgrania łączą się oni w sposób, o jakim publiczność nigdy się nie dowie – w swoich mózgach.

Gdyby podczas tego oczarowania zbadano dowolnym dwóm spośród tych muzyków aktywność ośrodkowego układu nerwowego, okazałoby się, że jest ona zadziwiająco zsynchronizowana. Na przykład kiedy dwóch wiolonczelistów gra ten sam utwór, rytmy wzbudzania neuronów w ich prawych półkulach mózgowych są niezwykle podobne. Synchronizacja pracy tych rejonów – w których umiejscowione są zdolności muzyczne – w mózgach obu muzyków jest o wiele większa niż synchronizacja pracy obu półkul mózgu każdego z nich[14].

Za każdym razem kiedy osiągamy taką harmonię w stosunkach z kimś innym, możemy dziękować „oscylatorom", jak nazywają to neurobiolodzy, układom nerwowym, które działają podobnie jak zegary, stale regulując tempo wzbudzania komórek nerwowych, by skoordynować je z okresowością dochodzącego sygnału[15]. Może być to tak prosty sygnał, jak tempo, w którym przyjaciółka wręcza do wytarcia umyte przez siebie talerze, albo tak złożony, jak ruchy dwojga osób w tańcu w dobrej choreografii.

Chociaż uważamy taką codzienną koordynację za coś oczywistego, stworzono eleganckie modele matematyczne opisujące logarytmy, które pozwalają na takie mikrodostosowania[16]. Ta neuronalna matematyka ma zastosowanie za każdym razem, gdy dostosowujemy czas wykonywania naszych ruchów do otaczającego nas świata, nie tylko do zachowań innych ludzi, ale także, powiedzmy, wtedy, kiedy podczas gry w futbol przejmujemy lecącą z ogromną prędkością piłkę albo podczas gry w bejsbol uderzamy w piłkę zmierzającą ku nam z prędkością dziewięćdziesięciu pięciu mil na godzinę.

Rytmiczne niuanse i płynna synchronia najskromniejszych nawet interakcji mogą być równie złożone jak improwizowana koordynacja dźwięków różnych instrumentów w utworze jazzowym. Gdyby takie dopasowywanie odnosiło się tylko, na przykład, do kiwania głową, nie byłoby w tym nic zaskakującego, ale jego zasięg jest znacznie większy.

Weźmy rozliczne sposoby dostosowywania naszych ruchów[17]. Kiedy dwoje ludzi pogrążonych jest w rozmowie, ruchy ich ciał zdają się odzwierciedlać rytm i strukturę ich rozmowy. Przeprowadzana klatka po klatce analiza filmu, który przedstawia rozmawiające pary osób, ukazuje, jak ruchy każdej z nich dostosowują się niczym znaki interpunkcyjne do rytmu rozmowy: gesty rąk i głowy zbiegają się w czasie z akcentowaniem pewnych słów i wahaniem się w czasie mówienia[18].

To niezwykłe, że taka synchronizacja ruchów ciała z mową odbywa się w ułamku sekundy. Kiedy te synchronizacje zazębiają się podczas naszej rozmowy z drugą osobą, myśli nie są w stanie prześledzić ich złożoności. Ciało jest niczym marionetka, za której sznurki pociąga mózg – zegar mózgu tyka co tysięczną część sekundy, a nawet częściej, natomiast świadome przetwarzanie informacji, a zatem nasze myśli o tym, wloką się w żółwim tempie, mierzonym w sekundach.

A jednak nasze ciało, działając poza świadomością, dostosowuje swój rytm do niedostrzegalnego schematu ruchów osoby, z którą rozmawiamy. Nawet skąpe widzenie peryferyjne dostarcza dosyć informacji o związku ciała z ciałem, by doprowadzić do wzajemnej oscylacji, cichej interpersonalnej synchronii[19]. Możesz to zauważyć, idąc z kimś – po paru minutach będziecie poruszali rękami i nogami w doskonałej harmonii, zupełnie jak dwa kołyszące się swobodnie wahadła, które wpadają w jeden rytm.

Oscylatory rozbrzmiewają neuronalnym odpowiednikiem rymowanki z *Alicji w krainie czarów*: „Przyłączysz się czy nie, przyłączysz się czy nie, przyłączysz się do tańca?" Kiedy jesteśmy z inną osobą, te czasomierze synchronizują bez udziału świadomości nasze zachowania, czego przykładem może być płynność, z jaką zakochani się obejmują albo, idąc ulicą, biorą się w tym samym momencie za ręce. (Z drugiej strony, znajoma powiedziała mi, że kiedy umawiała się z jakimś facetem na randkę, to ilekroć spacerując z nim, gubiła krok, niepokoiła się, że czekają ich kłopoty.)

Każda rozmowa wymaga od mózgu przeprowadzania niezwykle skomplikowanych obliczeń, przy czym oscylatory kierują ciągłym strumieniem przystosowań, dzięki którym znajdujemy wspólny język z drugą osobą. Kiedy uczestniczymy w przeżyciach naszego rozmówcy, z tej mikrosynchronii rodzi się sympatia. Nawiązujemy tę więź mózgu z mózgiem tak łatwo po części dlatego, że przez całe życie, od chwili kiedy nauczyliśmy się podstawowych kroków, ćwiczymy tę bezgłośną rumbę.

Protokonwersacja

Wyobraź sobie matkę trzymającą na ręku niemowlę. Matka przybiera czuły wyraz twarzy, wysuwając usta do pocałunku. Na to dziecko wciąga usta, co nadaje mu nieco poważny wygląd.

Matka rozciąga usta w lekkim uśmiecha, a dziecko rozluźnia mięśnie swoich, pokazując, że chce zrobić to samo, i obydwoje uśmiechają się do siebie. Potem dziecko rozpromienia się, przechylając główkę w bok i unosząc ją nieco do góry, niemal kokieteryjnie.

To wszystko trwa niespełna trzy sekundy. Chociaż niewiele się w tym czasie wydarzyło, było to niewątpliwie porozumienie. Takie prymitywne kontakty noszą nazwę „protokonwersacji" i są pierwowzorem wszystkich interakcji, komunikacją na najbardziej podstawowym poziomie.

Podczas protokonwersacji działają oscylatory. Mikroanaliza pokazuje, że niemowlęta i ich matki precyzyjnie synchronizują początek, koniec i przerwy podczas tej komunikacji, tworząc jej wspólny rytm. Każde z nich koordynuje to, co robi, z zachowaniami komunikacyjnymi drugiej strony[20].

„Rozmowy" te odbywają się na poziomie niewerbalnym, a jedynymi wydawanymi podczas nich dźwiękami podobnymi do mowy są werbalizacje[21]. Prowadzimy protokonwersację z małym dzieckiem za pomocą spojrzeń, dotyku i tonu głosu. Przekazujemy komunikaty uśmiechami i gaworzeniem, zwłaszcza w „języku matczynym", który jest używanym przez dorosłych dopełnieniem dziecięcego gaworzenia.

Przypominające bardziej piosenkę niż zdania „wypowiedzi" w języku matczynym wykorzystują prozodię, melodyczne dźwięki mowy, które wykraczają poza granice kultur i są prawie takie same bez względu na to, czy matka mówi dialektem mandaryńskim języka chińskiego, urdu czy po angielsku. Matczyny język zawsze brzmi przyjaźnie i radośnie, ma wysoki ton (o częstotliwości około 300 herzów, ujmując to w terminach fizycznych), którego wykresem jest linia falista o krótkich, ostrych załamaniach.

Matka synchronizuje często swój język z rytmicznym poklepywaniem albo głaskaniem dziecka. Ruchy jej głowy zgrane są z ruchami rąk i tonem głosu, a dziecko odpowiada jej uśmiechami, gaworzeniem oraz ruchami szczęk, ust i języka, zsynchronizowanymi z ruchami rączek. Takie piruety matki z dzieckiem trwają krótko – zaledwie sekundy, a nawet tysięczne sekundy – i kończą się, kiedy oboje znajdą się w takim samym nastroju, zazwyczaj radosnym. Matka i dziecko osiągają stan, który wydaje się czymś w rodzaju duetu jednocześnie albo na przemian występujących tancerzy, pląsających w stałym tempie adagio, w rytmie około 90 uderzeń na minutę.

Tego rodzaju obserwacje prowadzi się skrupulatnie, badając przez nieskończenie wiele godzin nagrane na kasetach wideo interakcje matek i dzieci, a zajmują się tym psycholodzy rozwojowi, np. Colwyn Trevarthen na University of Edinburgh. Dzięki tym żmudnym badaniom stał się on światowej klasy specjalistą w zakresie protokonwersacji, duetu, w którym oboje wykonawców „szuka – jak to opisuje – harmonii i kontrapunktu w jednym tempie, by stworzyć melodię"[22].

Ale w jeszcze większym stopniu niż tworzeniem melodii tych dwoje zajętych jest pewnego rodzaju dyskusją, której głównym tematem są emocje. Częsty dotyk matki i dźwięk jej głosu przekazują dziecku uspokajający komunikat, że je kocha, co prowadzi, jak ujmuje to Trevarthen, do „bezpośredniego, bezsłownego, bezpojęciowego wzajemnego zrozumienia".

Wymiana tych sygnałów tworzy więź matki z dzieckiem, dzięki której może ona sprawić, że będzie szczęśliwe i podekscytowane, ciche i spokojne – albo zdenerwowane i zapłakane. Podczas radosnej protokonwersacji matka i dziecko czują się szczęśliwi i dostrojeni do siebie. Kiedy jednak ona albo ono nie podtrzymują tej rozmowy, skutki są zupełnie inne. Jeśli, na przykład, matka poświęca dziecku za mało uwagi albo „odpowiada" bez entuzjazmu, reaguje ono zamknięciem się w sobie. Jeśli reakcje matki są spóźnione, dziecko wygląda na zdumione, a potem przygnębione. A jeśli to dziecko nie reaguje, denerwuje się z kolei matka.

Sesje te są czymś w rodzaju lekcji – protokonwersacja uczy dziecko, jak ma nawiązywać kontakty z innymi. Uczymy się, jak synchronizować się emocjonalnie, na długo przedtem, zanim poznamy słowa na nazwanie tych uczuć. Protokonwersacje pozostają dla nas podstawowym wzorem interakcji, wiedzą, która pozwala nam równać krok, kiedy z kimś rozmawiamy. Zdolność znajdowania wspólnego języka, którą nabyliśmy w niemowlęctwie, służy nam przez całe życie, kierując nami podczas każdej interakcji.

A uczucia, główne tematy protokonwersacji, które toczyliśmy jako niemowlęta, pozostają podstawą komunikacji w życiu dorosłym. Ten niemy dialog o uczuciach jest podłożem, na którym budujemy wszelkie inne kontakty, i ukrytą tematyką każdej interakcji.

Rozdział 3

Neuronalna dokładność bezprzewodowa*

Kiedy umościłem się na miejscu w wagonie nowojorskiego metra, zdarzyła się jedna z tych wieloznacznych, być może złowieszczych chwil, charakterystycznych dla życia miejskiego – usłyszałem wrzask dobiegający z tyłu, z przeciwnego końca wagonu.

Byłem zwrócony plecami do źródła wrzasku, ale siedziałem naprzeciwko dżentelmena, którego twarz przybrała nagle wyraz lekkiego zaniepokojenia.

Mój umysł pracował gorączkowo, by pojąć, co się dzieje i co – jeśli w ogóle coś – powinienem zrobić. Czy to była bójka? Czy ktoś wpadł w szał? Czy zbliżało się do mnie niebezpieczeństwo? A może był to okrzyk zachwytu, może hałaśliwie bawiła się grupa nastolatków?

Odpowiedź nadeszła szybko, wyczytałem ją z twarzy tego mężczyzny, który widział, co się dzieje – ściągnięte niepokojem rysy jego twarzy się wygładziły i spokojnie wrócił do czytania gazety. Bez względu na to, co się działo za moimi plecami, nie było to nic strasznego.

Mój początkowy lęk uśmierzył widok odprężenia na jego twarzy. W takich chwilach jak ta zaczynamy instynktownie zwracać większą uwagę na twarze otaczających nas osób, szukając na nich uśmiechu albo gniewnej miny, które pomogłyby nam lepiej się zorientować, jak interpretować oznaki niebezpieczeństwa, albo mogłyby sygnalizować czyjeś zamiary[1].

---

* *WiFi – wireless fidelity*, dokładność bezprzewodowa, zespół norm budowy bezprzewodowych sieci komputerowych (przyp. tłum.).

W naszych pradziejach horda pierwotna, dzięki wielu oczom i uszom, mogła wykryć zagrożenie nieporównywalnie szybciej niż pojedynczy osobnik. A w pełnym walki na zęby i pazury świecie pierwszych ludzi ta zdolność mnożenia wartowników – i mechanizm mózgowy nastawiony na automatyczne wychwytywanie oznak niebezpieczeństwa i budzenie strachu – miała niewątpliwie ogromne znaczenie dla przetrwania.

Chociaż kiedy ogarnie nas krańcowy niepokój, możemy być zbyt zdjęci strachem, by w ogóle się dostroić do innych, na większej części swojej skali ułatwia on wymianę emocji, wskutek czego osoby, które czują się zagrożone albo niespokojne, są szczególnie podatne na złapanie emocji od innych. Bez wątpienia w hordzie pierwotnej przerażona twarz osobnika, który dostrzegł tygrysa krążącego w poszukiwaniu łupu, wystarczyła, by wywołać panikę u każdego, kto zobaczył tę minę, i mobilizowała całą grupę do ucieczki.

Popatrz przez chwilę na tę twarz.

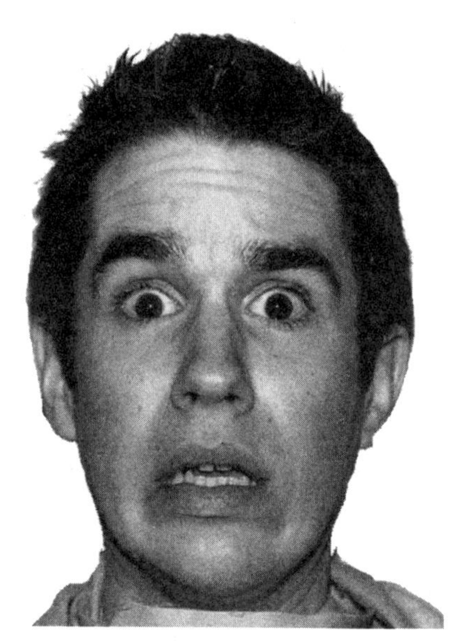

Ciało migdałowate reaguje natychmiast na takie zdjęcie, a im silniejsza jest ukazana na nim emocja, tym silniejsza reakcja ciała migdałowatego[2]. Obraz mózgu ludzi patrzących na takie zdjęcia podczas badania fMRI wygląda, jakby to o n i ogarnięci byli strachem, chociaż mniejszym[3].

Kiedy dwie osoby stykają się z sobą twarzą w twarz, wirusy emocji rozprzestrzeniają się przez liczne obwody nerwowe pracujące równolegle w mózgach ich obu. Te układy emocjonalnego zarażenia kierują całym zakresem uczuć, od smutku i niepokoju po radość.

Chwile zarażenia są niezwykłym wydarzeniem neuronalnym – utworzeniem się między dwoma mózgami funkcjonalnej pętli, która swobodnie przenika przez barierę skóry i czaszki między dwoma ciałami. W kategoriach teorii systemów podczas tego połączenia dane wyjściowe jednego mózgu stają się danymi wejściowymi kierującymi pracą drugiego, tworząc na pewien czas coś, co urasta do rangi obwodu międzymózgowego. Kiedy dwie jednostki połączone są pętlą sprzężenia zwrotnego, zmiana jednej wywołuje zmianę drugiej.

Mózgi połączonych w ten sposób ludzi wysyłają i odbierają płynący bez przerwy strumień sygnałów, które pozwalają im osiągnąć cichą harmonię, a jeśli przepływ ten odbywa się właściwą drogą, pozwalają zwiększyć rezonans. Dzięki tej pętli mogą się zsynchronizować nasze uczucia, myśli i działania. Na dobre czy złe, wysyłamy i odbieramy stany wewnętrzne – czy to śmiech i czułość, czy napięcie i urazę.

W fizyce własnością definiującą rezonansu jest drganie harmonizujące, skłonność jednej części układu do wzmacniania swojego tempa drgania poprzez dostosowywanie rytmu drgania innej części*. Taki rezonans wywołuje najsilniejszą i najdłuższą z możliwych reakcji między dwoma uczestniczącymi w tym mechanizmie częściami – miłe wspomnienie.

Mózgi łączą się poza naszą świadomością i nie wymaga to z naszej strony żadnej szczególnej uwagi ani intencji. Możemy wprawdzie celowo starać się naśladować kogoś, by stworzyć poczucie bliskości, ale takie próby wypadają niezdarnie. Synchronia daje najlepsze efekty wtedy, kiedy jest spontaniczna, nie zaś tworzona z ukrytych pobudek, takich jak chęć przypochlebienia się, czy w innych świadomych zamiarach[4].

Automatyzm funkcjonowania drogi niskiej pozwala na szybkie przesyłanie informacji. Na przykład oznaki strachu na czyjejś twarzy ciało migdałowate „dostrzega" w ciągu 33 tysięcznych sekundy, a u niektórych osób zaledwie w ciągu 17 milisekund (czyli w niespełna dwie setne sekundy)[5]. Ten szybki odczyt dowodzi niezwykłej szybkości drogi

---

* Według *Ilustrowanej encyklopedii dla wszystkich. Fizyka* (Wydawnictwa Naukowo-Techniczne, Warszawa 1987), *rezonans* to „zjawisko narastania amplitud ustalonych drgań harmonicznych w miarę, gdy częstotliwość wymuszona zbliża się do jednej z częstotliwości drgań własnych układu drgającego" (przyp. tłum.).

niskiej, tak ogromnej, że świadomy umysł nie zdoła tego nawet zarejestrować (chociaż możemy odczuć będący tego wynikiem nieokreślony niepokój).

Możemy nie zdawać sobie sprawy z tego, że synchronizujemy pracę mózgu z pracą mózgu innej osoby, ale robimy to ze zdumiewającą łatwością. To spontanicznie powstałe duo społeczne jest dziełem szczególnej kategorii komórek nerwowych.

Neuronowe lustra

Musiałem wtedy mieć zaledwie dwa albo trzy lata, ale wspomnienie tego jest nadal żywe. Kiedy szedłem u boku matki alejką hipermarketu spożywczego, dostrzegła mnie – bystrego malucha – jakaś pani i posłała mi ciepły uśmiech.

Wciąż pamiętam, jak zaskoczyły mnie moje własne usta, układając się mimowolnie w reakcji na to w wyraz uśmiechu. Odniosłem wrażenie, jakby moja twarz stała się marionetką pociąganą przez tajemne sznurki, które rozciągnęły mięśnie wokół moich ust i wydęły mi policzki. Wyraźnie czułem, że ten uśmiech pojawił się nieproszony, kierowany nie przeze mnie, ale przez coś z zewnątrz.

Ta nieproszona reakcja sygnalizowała bez wątpienia aktywność tak zwanych „neuronów lustrzanych" w moim młodym mózgu. Neurony „lustrzane" robią właśnie to: odzwierciedlają działanie, które obserwujemy u kogoś innego, sprawiając, że je naśladujemy albo przynajmniej odczuwamy impuls do naśladowania. Te neurony, mówiąc „zrób to, co ona robi", napędzają mechanizm mózgowy, który wyjaśnia słowa starej piosenki: „Kiedy się uśmiechasz, uśmiecha się z tobą cały świat".

Przez tego rodzaju neurony przebiegają na pewno główne pasy drogi niskiej. Mamy wiele układów neuronów lustrzanych, a odkrywa się ich coraz więcej. Wydaje się, że jest mnóstwo nie zlokalizowanych jeszcze takich układów neuronalnych. Wyjaśniają one sporo z tego, co się dzieje w naszym życiu, od zarażenia emocjonalnego i synchronii towarzyskiej po mechanizm uczenia się u małych dzieci.

Na tę neuronalną dokładność bezprzewodową naukowcy natknęli się przypadkiem w 1992 roku. Sporządzali mapę obszaru czuciowo--ruchowego kory mózgowej małp, używając tak cienkich elektrod, że można je było wszczepiać w pojedyncze komórki nerwowe mózgu i sprawdzać, która z nich rozjarzy się na ekranie fMRI podczas konkretnego ruchu zwierzęcia[6]. Neurony w tym rejonie okazywały się bardzo precyzyjne; na przykład niektóre z nich zapalały się tylko wtedy, kiedy małpa chwytała coś ręką, inne wtedy, kiedy to rozrywała.

Jednak do naprawdę niespodziewanego odkrycia doszło pewnego gorącego popołudnia, kiedy jeden z asystentów wrócił po przerwie, liżąc loda w waflu. Naukowcy się zdumieli, widząc, że uaktywnia się jedna z komórek czuciowo-ruchowych, gdy małpa patrzy, jak ów asystent podnosi loda do ust. Stwierdzili z osłupieniem, że gdy małpa t y l k o o b s e r w u j e, jak inna – albo jeden z eksperymentatorów – wykonuje dany ruch, uaktywnia się wyraźnie określona grupa neuronów.

Od czasu kiedy po raz pierwszy zobaczono neurony lustrzane u małp, odkryto takie same układy w mózgu ludzkim. W godnych uwagi badaniach, podczas których cienka elektroda śledziła reakcje pojedynczego neuronu u świadomej osoby, neuron ten ulegał aktywacji zarówno wtedy, kiedy osoba ta spodziewała się bólu – ukłucia szpilką – jak i wtedy, kiedy tylko w i d z i a ł a, jak ktoś inny otrzymuje takie ukłucie, co jest neuronalnym zdjęciem pierwotnej empatii w chwili jej powstawania[7].

Wiele neuronów lustrzanych znajduje się w korze przedruchowej, która kieruje mnóstwem czynności, od mówienia i ruchu po zamiar przystąpienia do działania. Ponieważ przylegają one do neuronów ruchowych, oznacza to, że obszary mózgu, które inicjują ruch, mogą łatwo zacząć się uaktywniać nawet wtedy, kiedy widzimy, jak ktoś inny robi taki sam ruch[8]. Kiedy przygotowujemy się w myślach do wykonania jakiejś czynności – dokonując próby generalnej przemówienia, które mamy wygłosić albo wyobrażając sobie szczegóły uderzenia piłeczki kijem golfowym – w korze przedruchowej uaktywniają się te same neurony, które uległyby wzbudzeniu, gdybyśmy wypowiedzieli te słowa albo wykonali to uderzenie. Dla mózgu symulacja czynności jest tym samym, co jej wykonanie, tyle że to ostatnie jest w jakiś sposób powstrzymane[9].

Nasze neurony lustrzane uaktywniają się, kiedy – na przykład – widzimy, jak ktoś drapie się po głowie albo ociera łzę, tak że część neuronów w naszym mózgu naśladuje wzbudzenie neuronów tej osoby. Dzięki temu informacje o tym, co widzimy, odwzorowywane są w naszych nerwowych komórkach ruchowych, to zaś pozwala nam uczestniczyć w czynnościach tej osoby tak, jakbyśmy s a m i je wykonywali.

W ludzkim mózgu znajduje się wiele układów neuronów lustrzanych, zajmujących się nie tylko naśladowaniem czynności innych osób, ale również odczytywaniem ich zamiarów, wyciąganiem wniosków co do konsekwencji społecznych tego, co robi dana osoba, oraz odczytywaniem jej emocji[10]. Kiedy na przykład ochotnicy badani za pomocą fMRI oglądali nagrania wideo pokazujące, jak ktoś się uśmiecha albo robi nachmurzoną minę, większość pobudzonych obszarów mózgów osób oglądających była identyczna z obszarami aktywnymi u osób pokazujących te emocje, chociaż wzbudzenie nie było aż tak silne[11].

To neurony lustrzane odpowiedzialne są za to, że emocje są zaraźliwe, to one pozwalają przepływać przez nas uczuciom, których ekspresji jesteśmy świadkami, pomagają nam znaleźć się na tej samej fali i zorientować, co się dzieje. „Czujemy" drugą osobę w najszerszym znaczeniu tego słowa: wyczuwając jej emocje, jej ruchy, jej doznania, kiedy powstają w nas ich imitacje.

Umiejętności społeczne zależą od neuronów lustrzanych. Po pierwsze, powtarzanie tego, co obserwujemy u innej osoby, przygotowuje nas do szybkiej i odpowiedniej reakcji. Po drugie, nasze neurony reagują na samą zapowiedź z a m i a r u wykonania jakiegoś ruchu i pomagają nam odkryć możliwy motyw tego działania[12]. Wyczuwanie tego, co – i dlaczego – zamierzają zrobić inni, pozwala nam, niczym kameleonom społecznym, wyprzedzać to, co się zdarzy.

Okazuje się, że neurony lustrzane odgrywają zasadniczą rolę w uczeniu się dzieci. Od dawna uznawano, że uczenie się przez naśladowanie jest jedną z głównych dróg rozwoju dziecka, ale dopiero odkrycia dotyczące neuronów lustrzanych wyjaśniają, w jaki sposób dziecko może coś biegle opanować jedynie na podstawie obserwacji. Otóż przyglądając się, dzieci żłobią w swoim mózgu formy dla całego repertuaru emocji, zachowań i wiedzy o tym, jak funkcjonuje świat.

Ludzkie neurony lustrzane są dużo bardziej elastyczne i różnorodne niż tego samego rodzaju neurony u małp, co odzwierciedla nasze wyrafinowane zdolności społeczne. Naśladując to, co robi lub czuje druga osoba, neurony te stwarzają wspólną wrażliwość, uwewnętrzniając w nas to, co dzieje się na zewnątrz – by zrozumieć innego człowieka, stajemy się tacy jak on, przynajmniej częściowo[13]. Owo wirtualne poczucie tego, czego doświadcza ktoś inny, zgadza się z wyłaniającą się właśnie w filozofii umysłu koncepcją, zgodnie z którą rozumiemy innych, przekładając ich działania na neuronalny język, który przygotowuje nas do takich samych działań i pozwala nam przeżywać to samo co oni[14].

Rozumiem twoje poczynania dzięki temu, że stworzyłem w swoim mózgu ich szablon. Jak wyjaśnia Giacomo Rizzolatti, włoski neurobiolog, który odkrył neurony lustrzane, układy te „pozwalają nam pojąć [co się dzieje] w umysłach innych nie przez rozumowanie pojęciowe, ale przez bezpośrednie imitowanie, uczuciem, nie myślą"[15].

To uruchamianie równoległych obwodów w dwóch mózgach pozwala nam natychmiast wspólnie wyczuć, co się liczy w danej chwili. Wytwarza się dzięki temu poczucie bezpośredniości, wspólnego przeżywania tego momentu. Neurobiolodzy nazywają ten stan wzajemnego współbrzmienia „rezonansem empatycznym", łącznością mózgu z mózgiem, dzięki której tworzy się za pośrednictwem drogi niskiej dwuosobowy obwód nerwowy.

Zewnętrzne oznaki tych wewnętrznych więzi zostały szczegółowo opisane przez amerykańskiego psychologa pracującego na Uniwersytecie Genewskim, Daniela Sterna, który przez kilkadziesiąt lat prowadził systematyczne obserwacje matek i małych dzieci. Stern, psycholog rozwojowy ze szkoły Jeana Piageta, bada również interakcje między dorosłymi, takie jak np. między psychoterapeutą i jego klientem albo między zakochanymi.

Dochodzi on do wniosku, że nasze układy nerwowe „są tak skonstruowane, by mogły nimi zawładnąć układy nerwowe innych osób, żebyśmy mogli ich doświadczać jakby w ich ciele"[16]. W takich chwilach rezonujemy ich przeżyciami, a oni naszymi.

Nie możemy już dłużej, dodaje Stern, „postrzegać naszych umysłów jako tak niezależnych, oddzielnych i odosobnionych", lecz musimy patrzeć na nie jako na „przenikalne", stale nawiązujące kontakty z innymi, jakby łączyły je z nimi niewidzialne więzi. Na poziomie nieświadomości prowadzimy nieustanny dialog z każdym, z kim wchodzimy w kontakt, a wszystkie nasze uczucia i sam sposób poruszania dostrajają się do nich. Przynajmniej przez tę chwilę nasze życie psychiczne jest współtworzone we wzajemnie powiązanej dwuosobowej macierzy.

Neurony lustrzane sprawiają, że w chwili, kiedy ktoś dostrzeże emocję wyrażoną na twojej twarzy, ogarnia go natychmiast to samo uczucie. I tak nasze emocje przeżywamy nie tylko my sami, w odosobnieniu, ale przeżywają je również osoby wokół nas, zarówno ukradkiem, jak i otwarcie.

Stern sugeruje, że za każdym razem, gdy wyczuwamy stan umysłu innej osoby i rezonujemy jej uczuciem, jest to dziełem neuronów mimikry. To połączenie międzymózgowe sprawia, że nasze ciała poruszają się zgodnie, myśli płyną tym samym torem, a emocje pędzą tą samą drogą. Łącząc mózgi, neurony lustrzane tworzą nieme duo, które otwiera drogę ku nieuchwytnym, ale mającym na nas ogromny wpływ wymianom.

Korzyści z zadowolonej miny

Kiedy w latach osiemdziesiątych minionego wieku poznałem Paula Ekmana, miał on za sobą rok ćwiczeń przed lustrem, podczas których uczył się dowolnie kierować każdym z prawie dwustu mięśni twarzy. Wymagało to niemal heroicznych badań naukowych – musiał się poddawać łagodnym wstrząsom elektrycznym, by umiejscowić pewne, trudne do wykrycia, mięśnie twarzowe. Po tym wyczynie z zakresu samokontroli udało mu się precyzyjnie ustalić, jak poruszają się różne grupy tych mięśni, by okazać każdą z podstawowych emocji i jej odmiany.

Ekman wyróżnił osiemnaście rodzajów uśmiechu, będących wynikiem różnych kombinacji ruchu piętnastu mięśni biorących w tym udział. Wymieńmy choć kilka: uśmiech żałosny nakłada się na nieszczęśliwą minę, jak komentarz „znieś to z uśmiechem" na temat ponurego nastroju. Uśmiech okrutny pokazuje, że osoba, na której twarzy się pojawił, upaja się tym, że jest zła i podła. No i jest jeszcze ten wyniosły uśmiech, który był znakiem firmowym Charliego Chaplina, wymagający zaangażowania mięśni, którymi większość ludzi nie potrafi poruszać intencjonalnie, uśmiech, który – jak ujmuje to Ekman – „uśmiecha się do uśmiechu"[17].

Oczywiście są też szczere uśmiechy spontanicznego rozbawienia czy przyjemności. To one właśnie najczęściej wywołują uśmiech w odpowiedzi. Reakcja ta wskazuje na pracę neuronów lustrzanych zajmujących się wykrywaniem uśmiechów i wyzwalających uśmiech u nas[18]. Jak powiada tybetańskie porzekadło, „Kiedy uśmiechasz się do życia, połowa tego uśmiechu jest dla twojej twarzy, druga dla twarzy kogoś innego".

Uśmiechy mają przewagę nad ekspresją wszystkich pozostałych emocji; mózg ludzki preferuje radosne twarze, rozpoznając je chętniej i szybciej niż te, które wyrażają emocje negatywne. Jest to efekt zwany „korzyścią z zadowolonej miny"[19]. Niektórzy neurobiolodzy sugerują, że w mózgu istnieje układ nastawiony na emocje pozytywne, który cały czas przygotowany jest do działania, dzięki czemu jesteśmy częściej w nastroju optymistycznym niż ponurym i mamy bardziej pozytywny pogląd na życie.

Wynika z tego, że natura popiera pozytywne związki międzyludzkie. Mimo nazbyt widocznego miejsca agresji w ludzkich sprawach nie jesteśmy genetycznie zaprogramowani tak, by nie lubić innych od pierwszego wejrzenia.

Nawet między osobami zupełnie sobie obcymi chwila wesołości, choćby kompletny wygłup, tworzy natychmiastowy rezonans. W eksperymencie, który można uznać za jeszcze jeden przykład próby dowiedzenia przez psychologię tego, co oczywiste, parom nieznajomych zadano rozegranie serii głupich gier. Podczas tych gier jedna z osób badanych mówiła przez słomkę, polecając drugiej, mającej przepaskę na oczach, rzucać w tę i z powrotem piłkę. Te obce sobie osoby nieodmiennie zaczynały się pokładać ze śmiechu z powodu swojej bezradności.

Kiedy jednak nie znające się osoby grały w tę samą głupią grę bez przepaski na oczy i bez słomki, żadna z nich nawet się nie uśmiechnęła. A jednak śmiejąc się, pary miały od razu, nawet po kilku spędzonych wspólnie minutach, silne poczucie bliskości[20].

W samej rzeczy śmiech może być najkrótszą drogą łączącą dwa mózgi, niepowstrzymanie rozszerzającą się infekcją, która tworzy więź społeczną[21]. Weźmy dwie chichoczące nastolatki. Im weselsze się stają, tym bardziej są z sobą zsynchronizowane i ożywione i tym lepiej się razem czują – innymi słowy, są we wzajemnym rezonansie[22]. To, co rodzicom może się wydawać nieludzkim harmidrem, dla tych nastolatek jest jednym z momentów najbardziej cementujących ich więź.

Wojny memów

Od lat siedemdziesiątych dwudziestego wieku piosenki rapowe gloryfikują życie bandziora z jego spluwami i dragami, przemocą i mizoginią, i pragnienie alfonsa i dziwki. Wydaje się jednak, że to się zmienia, podobnie jak życie niektórych z tych, co pisali takie teksty.

„Zdaje się, że hip-hop był przeważnie o zabawach, spluwach i kobietach", przyznał Darryl McDaniels, który był DMC w grupie rapowej Run-DMC. Zaraz jednak McDaniels, który sam woli słuchać klasycznego rocka niż rapu, dodaje: „To jest dobre, jeśli jesteś w klubie, ale od dziewiątej rano do chwili, kiedy w nocy położyłem się spać, ta muzyka nie miała mi nic do powiedzenia"[23].

Jego narzekania zwiastują narodziny nowej odmiany rapu, takiej, która opowiada się za zdrowym, choć nadal naturalistycznie szczerym spojrzeniem na życie. Jak przyznaje jeden z tych reformowanych raperów, John Stevens (znany jako Legend), „Nie czułbym się dobrze, robiąc muzykę, która gloryfikuje przemoc i takie rzeczy"[24].

Legend, podobnie jak inny reformowany raper, Kanye West, przeszedł na teksty w pozytywnej tonacji, w których z cierpkimi komentarzami na tematy społeczne łączy się samokrytyka. Ta zniuansowana wrażliwość odzwierciedla ich doświadczenia życiowe, które są wyraźnie odmienne od doświadczeń gwiazd gangsta rapu z przeszłości. Stevens ma dyplom ukończenia University of Pennsylvania, a Kanye jest synem profesora college'u. Jak sam zauważa, „Moja mama jest nauczycielką i ja też jestem pewnego rodzaju nauczycielem".

Jest w tym coś na rzeczy. Teksty rapowe, podobnie jak każdy wiersz, esej czy artykuł w gazecie, można postrzegać jako systemy przekazywania „memów", idei, które rozprzestrzeniają się między umysłami w bardzo podobny sposób jak emocje. Pojęcie memu wzoruje się na pojęciu genu: jest to jednostka, która się powiela przez przekazywanie jej od osoby do osoby.

Memy o szczególnej sile oddziaływania, takie jak „demokracja" czy „czystość", skłaniają nas do specyficznych działań[25]. Niektóre memy stoją w naturalnej opozycji do innych i w takich sytuacjach mamy do czynienia z wojną memów, walką idei.

Memy zdają się czerpać siłę z drogi niskiej, z powiązania z silnymi emocjami. Dana idea jest dla nas ważna w takim stopniu, w jakim nas porusza, a tak właśnie działają emocje. Uzyskana na drodze niskiej siła słów piosenki rapowej (czy jakiejkolwiek innej), spotęgowana uruchamiającym oscylatory rytmem, może mieć ogromne oddziaływanie, na pewno większe, niż gdyby czytało się ten tekst z kartki.

Być może pewnego dnia okaże się, że memy są rezultatem pracy neuronów lustrzanych. Wiele rzeczy robimy nieświadomie, zwłaszcza wtedy, gdy jesteśmy na „autopilocie", postępując według pisanego przez nie scenariusza. Jednak dyskretne kierowanie przez memy naszymi zachowaniami jest często niewykrywalne.

Weźmy ich zadziwiającą moc torowania interakcji społecznych[26]. W ramach eksperymentu jedna grupa ochotników usłyszała listę słów-wskazówek odnoszących się do nieuprzejmości, takich jak „niegrzeczny" i „arogancki", natomiast inna słowa takie, jak „taktowny" i „uprzejmy". Następnie postawiono ich w sytuacji, w której musieli przekazać wiadomość komuś rozmawiającemu z inną osobą. Dwie na trzy osoby spośród tych, którym utorowano drogę do gburowatości, przerywały bezceremonialnie tę rozmowę, natomiast osiem na dziesięć osób, którym utorowano drogę do uprzejmości, czekało pełne dziesięć minut na zakończenie rozmowy, żeby się odezwać[27].

W innej postaci torowania niezauważony świadomie sygnał doprowadzić może do zaskakujących zbieżności. Jak inaczej wytłumaczyć to, co przydarzyło się mnie i mojej żonie podczas pobytu na tropikalnej wyspie. Pewnego ranka zauważyliśmy na horyzoncie cudowny widok: przepływający obok wyspy uderzająco piękny czteromasztowiec. Żona zaproponowała, żebym zrobił zdjęcie, wydobyłem więc aparat i pstryknąłem fotkę. Było to pierwsze zdjęcie, jakie zrobiłem od dziesięciu dni, które tam spędziliśmy.

Parę godzin później, kiedy poszliśmy na obiad, postanowiłem wziąć aparat i włożyłem go do plecaka. Kiedy szliśmy w stronę chaty obiadowej na pobliskiej plaży, przyszło mi do głowy, żeby powiedzieć żonie, że zabrałem aparat. Zanim zdążyłem wyrzec choćby słowo, żona ni z tego, ni z owego zapytała: „Wziąłeś aparat?" Zupełnie jakby czytała w moich myślach.

Takie zbieżności zdają się wynikać z werbalnego odpowiednika zarażenia emocjonalnego. Ciągi naszych skojarzeń biegną utartymi szlakami, obwodami uczenia się i pamięci. Kiedy jeden z takich szlaków został utorowany, nawet jedną wzmianką, utrzymuje się w naszej nieświadomości, poza zasięgiem aktywnej uwagi[28]. Jak ujął to w słynnym powiedzeniu rosyjski dramaturg Antoni Czechow, nie wieszaj w drugim akcie strzelby na ścianie, jeśli w trzecim nie wypali, bo publiczność będzie się spodziewała strzałów.

Ponieważ już samo myślenie o jakiejś czynności przygotowuje umysł do jej wykonania, torowanie pozwala nam przebrnąć przez codzienne czynności rutynowe bez potrzeby zdobywania się na wysiłek umysłowy i zastanawiania się, co powinniśmy następnie zrobić. Jest to coś w rodzaju umysłowej listy rzeczy do zrobienia. Rano widok szczoteczki do zębów nad umywalką sprawia, że automatycznie po nią sięgamy i zaczynamy myć zęby.

Ten popęd do odgrywania takich czy innych czynności kieruje nami we wszystkich sferach życia. Kiedy ktoś mówi do nas szeptem, odpowiadamy mu tak samo. Jadąc z kimś autostradą, powiedz mu o wyścigach grand prix, a na pewno przyspieszy. To zupełnie tak, jakby jeden mózg wszczepiał drugiemu podobne uczucia, myśli i bodźce.

Na podobnej zasadzie równoległe ciągi myśli mogą sprawić, że dwie osoby będą myślały, robiły czy mówiły praktycznie to samo w tej samej chwili. Kiedy moja żona i ja pomyśleliśmy o tym samym, stało się tak przypuszczalnie dlatego, że równocześnie spostrzegliśmy coś, co uruchomiło identyczne ciągi skojarzeń, przywodząc na myśl aparat fotograficzny.

Taka zażyłość psychiczna świadczy o emocjonalnej bliskości; im bardziej zadowolona ze współżycia i komunikatywna jest dana para, tym dokładniej każde z nich czyta w myślach drugiego[29]. Kiedy znamy kogoś dobrze albo doskonale się z nim rozumiemy, istnieją prawie optymalne warunki dla zbieżności naszych myśli, uczuć, spostrzeżeń i wspomnień[30]. Znajdujemy się w stanie, który można by określić jako połączenie mózgów, kiedy postrzegamy, myślimy i czujemy w taki sam sposób jak ta druga osoba.

Do takiej zbieżności dochodzi nawet wtedy, kiedy zaprzyjaźniają się ze sobą osoby, które wcześniej się nie znały. Badacze z Berkeley śledzili emocje studentów, którym przyszło mieszkać we wspólnym pokoju, wyrażane przez nich podczas oglądania oddzielnie krótkich filmów. Jeden z tych filmów był komedią z Robinem Williamsem, drugi, wyciskacz łez, przedstawiał chłopca opłakującego śmierć ojca. Podczas pierwszego oglądania tych filmów nowi współlokatorzy reagowali tak odmiennie, jak każda para obcych sobie osób. Kiedy jednak siedem miesięcy później naukowcy zaprosili ich do obejrzenia podobnych krótkich filmów, ich reakcje były zadziwiająco zbieżne[31].

Szaleństwo tłumu

Nazywają ich chuliganami. Są to bandy zagorzałych kibiców drużyn piłkarskich, które wszczynają burdy i bójki na europejskich stadionach podczas meczów. Bez względu na kraj, wszystkie zamieszki przebiegają w ten sam sposób. Mała, zgrana grupa „kiboli" przybywa na kilka godzin przed meczem i zaczyna pić, śpiewając piosenki wysławiające ich klub i dobrze się bawiąc.

Potem, kiedy zbierają się tłumy widzów przybyłych na mecz, bandy te zaczynają wymachiwać flagami, śpiewając buńczuczne piosenki i skandując obelgi pod adresem zawodników i kibiców drugiego klubu, co rozszerza się na rosnącą ciżbę. W pewnym momencie kibice obu klubów mieszają się ze sobą i obelgi przeradzają się w otwarte pogróżki. I wreszcie nadchodzi krytyczna chwila, w której przywódca bandy atakuje kibica zespołu rywali, czym wyzwala w innych chęć przyłączenia się do bójki. I wtedy zaczyna się walka.

Ta zbiorowa, wyzwalająca agresję histeria powtarza się, z tragicznymi konsekwencjami, od początku lat osiemdziesiątych ubiegłego wieku[32]. W pijanym, wojowniczym tłumie istnieją idealne warunki dla szerzenia agresji – alkohol osłabia kontrolę nad impulsami, a więc w chwili, kiedy przywódca bandy daje wzór jatki, zarażenie emocjonalne toruje pozostałym drogę do pójścia w jego ślady.

Elias Canetti w studium *Masa i władza* zauważa, że tym, co spaja masę jednostek w tłum, jest opanowanie ich przez „jedną namiętność", odczuwaną przez wszystkich emocję, która prowadzi do wspólnego działania – zbiorowego zarażenia[33]. Nastrój może bardzo szybko ogarnąć całą grupę, co jest zadziwiającym przejawem równoległego ustawienia podsystemów biologicznych, które wprowadzają wszystkich jej członków w stan fizjologicznej synchronii[34].

Szybkość, z jaką zachodzą zmiany zachowania tłumu, wygląda na pisaną dużymi literami koordynację neuronów lustrzanych. Podejmowanie przez tłum decyzji odbywa się w ciągu sekund – przypuszczalnie tyle czasu zajmuje przekazanie przez komórki lustrzane od jednej do drugiej sygnałów o synchronizacji działań (chociaż na razie pozostaje to w sferze spekulacji).

Zarażenie grupowe w spokojniejszych formach możemy zaobserwować na każdym wspaniałym występie czy przedstawieniu, podczas którego artyści tworzą efekt pola, grając na emocjach publiczności jak na instrumentach. Sztuki teatralne, koncerty i filmy pozwalają nam wkroczyć na teren wspólnych emocji, które dzielimy z dużą rzeszą osób nieznajomych. Łączenie się w optymistycznym nastroju jest, jak lubią mówić psycholodzy, „z natury wzmacniające", to znaczy wprawia wszystkich w dobry humor.

Do zarażenia „tłumnego" dochodzi nawet w najmniejszych grupach, w sytuacji, kiedy trzy osoby siedzą przez kilka minut w milczeniu, zwrócone do siebie twarżami. Gdy nie ma ustalonej hierarchii władzy, wspólny ton nadaje osoba o emocjonalnie bardziej ekspresyjnej twarzy[35].

Zarażenie przenika do prawie każdego skoordynowanego zespołu. Weźmy eksperyment z zakresu podejmowania ważnych decyzji, w którym grupa ludzi ma zdecydować, jak wysoką premię wypłacić każdemu pracownikowi z pozostałych na koniec roku pieniędzy. Każda z osób biorących udział w zebraniu starała się dać możliwie jak najwyższą premię temu czy innemu pracownikowi, dokonując jednak najlepszego możliwego podziału dla całej grupy. Przeciwstawne zamiary doprowadziły do napięcia i pod koniec zebrania wszyscy czuli się przygnębieni. Natomiast wynik zebrania w identycznym celu innej grupy wprawił wszystkich w dobry nastrój.

Te dwa zebrania były symulacjami sytuacji biznesowych w klasycznym już studium przeprowadzonym na Yale University[36]. Żaden z ochotników biorących udział w tym eksperymencie nie wiedział, że jednym z uczestników każdego zebrania był doświadczony aktor, który miał za zadanie zachowywać się w pewnych grupach konfrontacyjnie i być ponury, w innych zaś promieniować optymizmem i być uczynny. W którąkolwiek stronę podążyły emocje aktora, reszta szła za jego przykładem; członkowie grupy wykazywali wyraźną zmianę nastroju, ulegając, odpowiednio, przygnębieniu albo czując się przyjemnie. Żaden z nich zdawał się jednak nie wiedzieć, dlaczego zmienił się jego nastrój. Zostali nieświadomie wciągnięci w pętlę zmiany.

Uczucia, które przenikają grupę, mogą zniekształcić u wszystkich jej członków sposób przetwarzania informacji, a przez to wpłynąć na podejmowane przez nich decyzje[37]. Wynika z tego, że podczas dochodzenia do wspólnej decyzji każda grupa dobrze zrobi, zwracając uwagę nie tylko na to, co się mówi, ale również na wspólne emocje.

Zbieżność ta świadczy o istnieniu niedostrzeganego magnetyzmu, któremu nie można się oprzeć, o podobnej do grawitacji sile, która popycha ludzi pozostających w dowolnego rodzaju ścisłym związku – członków rodziny, kolegów z pracy i przyjaciół – do podobnego myślenia i czucia we wszystkich sprawach.

Rozdział 4

Instynkt altruizmu

Pewnego popołudnia w seminarium duchownym w Princeton czterdziestu kleryków czekało na wygłoszenie krótkiego kazania, za które każdy z nich miał otrzymać ocenę. Połowie z nich przydzielono na chybił trafił różne tematy z Biblii. Druga połowa miała oprzeć kazanie na przypowieści o dobrym Samarytaninie, który zatrzymał się, by udzielić pomocy leżącemu przy drodze rannemu, mijanemu obojętnie przez rzekomo pobożne osoby.

Seminarzyści pracowali nad przygotowaniem kazań w pokoju, z którego co piętnaście minut wychodził jeden i szedł do sąsiedniego budynku, by wygłosić tam swoje. Żaden z nich nie wiedział, że biorą udział w eksperymencie z altruizmu.

Droga prowadziła obok wejścia, w którym leżał jęczący z bólu człowiek. Dwudziestu czterech z tej czterdziestki przeszło, nie zważając na błagalne jęki. Ci, którzy zastanawiali się nad nauką płynącą z przypowieści o dobrym Samarytaninie, nie byli ani trochę bardziej skłonni do zatrzymania się niż reszta[1].

Dla seminarzystów liczył się czas. Spośród dziesięciu, którzy myśleli, że się spóźnili na wygłoszenie kazania, zatrzymał się tylko jeden; spośród innych dziesięciu, którzy byli przekonani, że mają mnóstwo czasu, pomoc zaproponowało sześciu.

Z wielu czynników, które składają się na altruizm, decydującym wydaje się zwykłe poświęcenie czasu na zwrócenie uwagi na inną osobę; najsilniejszą empatię czujemy wtedy, kiedy w pełni skupimy się na kimś i w ten sposób połączymy się z nim emocjonalnie. Ludzie różnią się oczywiście zdolnością, chęcią i zainteresowaniem zwracaniem uwagi na innych – ponury nastolatek może być głuchy na zrzędzenie matki, a chwilę potem skupić się całkowicie na rozmowie telefonicznej ze swoją dziewczyną. Seminarzyści spieszący się, by wygłosić swoje kazania, najwidoczniej nie chcieli albo nie mogli zwrócić uwagi na jęczącego człowieka, przypuszczalnie dlatego, że byli pogrążeni w myślach i pod presją czasu, a więc nie dostroili się do niego, nie mówiąc już o tym, że mu nie pomogli[2].

Ludzie na ruchliwych ulicach wielkich miast na całym świecie są mniej skłonni zauważyć czy powitać kogoś innego albo zaproponować mu pomoc z powodu tego, że znajdują się, jak się to określa, w „miejskim transie". Socjolodzy twierdzą, że na zatłoczonych ulicach wpadamy w ów stan pochłonięcia swoimi sprawami choćby po to, by odgrodzić się od nadmiaru bodźców, od których aż kipi otoczenie. Strategia ta, jak łatwo przewidzieć, pociąga za sobą pewne koszty – izolujemy się nie tylko od tego, co po prostu rozprasza naszą uwagę, ale również od sygnałów o ważnych potrzebach innych osób. Jak ujął to poeta, „zgiełk ulicy oszałamiał i ogłuszał".

W dodatku zasłaniają nam oczy podziały między różnymi warstwami społecznymi. Bezdomny siedzący ponuro na ulicy dużego amerykańskiego miasta i proszący o pieniądze może nie wzbudzać uwagi przechodniów, którzy parę kroków dalej chętnie wysłuchają dobrze ubranej, otwartej kobiety, proszącej o podpis pod jakąś petycją polityczną i spełnią jej prośbę. (Oczywiście, w zależności od naszych sympatii, może być też odwrotnie: okażemy współczucie bezdomnemu, a odmówimy złożenia podpisu pod petycją.) Krótko mówiąc, nasze priorytety, socjalizacja i tysiąc innych czynników społecznych i psychicznych mogą sprawić, że albo skierujemy na coś naszą uwagę i emocje, a zatem również empatię, albo je od tego odwrócimy.

Już samo zwrócenie uwagi na inną osobę pozwala nam nawiązać z nią więź emocjonalną. Przy braku uwagi empatia nie ma szans.

Kiedy trzeba zwracać uwagę

Porównaj wydarzenia z seminarium w Princeton z tym, co zdarzyło się pewnego dnia w godzinie szczytu w Nowym Jorku, kiedy zmierzałem po pracy na przystanek metra przy Times Square. Jak zwykle, betonowymi schodami płynął potok ludzi, śpieszących się na najbliższy pociąg.

Wtedy zauważyłem coś niepokojącego: na środku schodów leżał bez ruchu, z zamkniętymi oczami, wynędzniały mężczyzna bez koszuli. Zdawało się, że nikt go nie dostrzega. Ludzie po prostu przechodzili nad jego ciałem, by jak najszybciej dostać się do domu. Ja jednak, wstrząśnięty tym widokiem, zatrzymałem się, by sprawdzić, co mu się stało. I w chwili, kiedy się zatrzymałem, stało się coś zdumiewającego – zatrzymali się też inni ludzie.

Prawie natychmiast utworzył się wokół niego krąg zatroskanych osób. Równie spontanicznie rozbiegli się wśród zebranych posłannicy miłosierdzia – jeden mężczyzna podszedł do kiosku z hot dogami, żeby kupić nieszczęśnikowi coś do jedzenia, jakaś kobieta przyniosła mu butelkę wody, inna wezwała policjanta z metra, który z kolei wezwał przez radio pomoc.

Po paru minutach ów mężczyzna odzyskał przytomność, jadł z apetytem i czekał na karetkę pogotowia. Okazało się, że mówi tylko po hiszpańsku, nie ma centa przy duszy i włóczy się po ulicach Manhattanu, przymierając głodem. Zemdlał na tych stopniach z głodu.

Co spowodowało tę zmianę postaw? Przede wszystkim sam fakt, że mężczyzna został zauważony. Zatrzymując się, by ocenić jego ciężkie położenie, wytrąciłem, jak się zdaje, przechodniów z miejskiego transu i zwróciłem ich uwagę na tego człowieka. Kiedy dostroiliśmy się do jego ciężkiej sytuacji, odezwało się w nas pragnienie, by mu pomóc.

Bez wątpienia my wszyscy, prawi obywatele, wracający po pracy do domu, przyjęliśmy milcząco pewne założenia o tym człowieku, stereotypy wytworzone na podstawie mijanych setek bezdomnych, którzy, choć smutno to powiedzieć, zaludniają ulice Nowego Jorku i tylu innych śródmieść współczesnych wielkich miast. Ich mieszkańcy uczą się bowiem opanowywać niepokój wywołany widokiem kogoś w takim tragicznym położeniu, poprzez odwracanie od niego odruchowo uwagi.

Myślę, że u mnie odruch ten stłumił artykuł, który krótko przed tym zdarzeniem napisałem dla „The New York Times", a który mówił o tym, że zamknięcie szpitali dla umysłowo chorych zamieniło ulice miasta w oddziały psychiatryczne. Zbierając materiały do tego artykułu, spędziłem parę dni w furgonetce z pracownikami pewnej instytucji zajmującej się bezdomnymi, dostarczającymi im jedzenie, oferującymi miejsca w schroniskach i namawiającymi tych spośród nich, którzy byli psychicznie chorzy – a był to wstrząsająco duży odsetek – do pójścia do kliniki i wzięcia leków. Potem przez pewien czas patrzyłem na bezdomnych świeżym spojrzeniem.

W innych badaniach wykorzystujących sytuację dobrego Samarytanina naukowcy stwierdzają, że osoby, które się zatrzymują, by pomóc komuś, mówią na ogół, że widząc cierpienie innej osoby, też je odczuwają, a wraz z nim empatyczną czułość[3]. Kiedy jedna osoba zwróci na drugą uwagę w stopniu wystarczającym, by poczuć empatię, istnieje duże prawdopodobieństwo, że zaproponuje jej pomoc.

Już sama opowieść o tym, że ktoś podał komuś innemu pomocną dłoń, może wywrzeć wyjątkowy wpływ, podnosząc nas na duchu. Na określenie uczucia wywołanego widokiem lub opowieścią o czyjejś dobroci psycholodzy używają terminu uniesienie. Według ciągle powtarzających się relacji różnych osób, uniesienie jest stanem, który odczuwały, widząc spontaniczny akt odwagi, tolerancji czy współczucia. Większość ludzi jest w takich sytuacjach poruszona, nawet zachwycona.

Aktami najczęściej wymienianymi jako te, które podnoszą nas na duchu, są pomaganie biednym i chorym oraz pomoc udzielona komuś, kto znalazł się w trudnym położeniu. Te dobre uczynki nie muszą być tak wymagające, jak przyjęcie całej rodziny pod swój dach, ani tak bezinteresowne jak praca Matki Teresy wśród biedoty w Kalkucie. Na duchu może nas trochę podnieść zwykła życzliwość. Na przykład podczas badań prowadzonych w Japonii ludzie chętnie sypali przykładami *kandou*, sytuacji, w których raduje się serce, jak choćby wtedy, kiedy wyglądający na zakapiora członek gangu ustępuje w pociągu miejsca staruszkowi[4].

Uniesienie, sugerują badacze, może się udzielać innym. Kiedy ktoś widzi akt dobroci, na ogół staje się to dla niego impulsem do podobnego zachowania. Te pożytki społeczne mogą być jednym z powodów tego, że mityczne opowieści na całym świecie pełne są postaci, które swoimi odważnymi czynami ratują innych. Psycholodzy przypuszczają, że wysłuchanie opowieści o podobnej dobroci – jeśli jest ona barwnie przedstawiona – ma taki sam wpływ emocjonalny jak zobaczenie tego czynu na własne oczy[5]. To, że uniesienie może być zaraźliwe, świadczy, iż porusza się ono drogą niską.

Dostrajanie się

Podczas pięciodniowego pobytu z synem w Brazylii zauważyliśmy, że ludzie zdają się z każdym dniem odnosić do nas życzliwiej. Zmiana ta była uderzająca.

Na początku wyczuwaliśmy u spotykanych Brazylijczyków wyniosłość albo rezerwę. Ale trzeciego dnia spotkaliśmy się z wyraźnie cieplejszym przyjęciem. Czwartego dnia ta życzliwość towarzyszyła nam już wszędzie. A na koniec ściskaliśmy się z ludźmi, który odprowadzili nas na lotnisko.

Czy to mieszkańcy Brazylii się zmienili? Na pewno nie. Tym, co stopniało, była nasza, *gringo*, sztywność w obcej nam kulturze. Obronna rezerwa, z jaką odnosiliśmy się do Brazylijczyków, nie pozwalała nam dostrzec ich otwartego, przyjaznego zachowania i mogła być też dla nich sygnałem, żeby trzymali się na dystans.

Na początku naszej wyprawy byliśmy – niczym radio nastawione niedokładnie na jakieś pasmo – zbyt pochłonięci swoimi sprawami, by zauważyć życzliwość ludzi, których spotykaliśmy. Kiedy się odprężyliśmy i dostroiliśmy do otaczających nas osób, stało się tak, jakbyśmy nastawili radio na właściwą stację, na ciepło, które cały czas nas otaczało. Kiedy jesteśmy niespokojni albo zbyt czymś pochłonięci, nie zauważamy iskry w czyimś oku, cienia uśmiechu czy ciepłego tonu głosu – głównych kanałów przesyłowych komunikatów o życzliwości.

Techniczne wyjaśnienie tej dynamiki ukazuje ograniczenia samej uwagi. Pamięć robocza, czyli zakres pamięci znajdujący się w każdej chwili w polu naszej uwagi, mieści się w korze przedczołowej, cytadeli na drodze wysokiej. Obwód ten odgrywa ważną rolę w skupieniu naszej uwagi, kierując podczas interakcji procesami zakulisowymi. Przeczesuje na przykład naszą pamięć w poszukiwaniu informacji o tym, co mamy mówić i robić, chociaż w tym samym czasie wychwytuje nadchodzące sygnały i odpowiednio zmienia nasze zachowanie.

W miarę zwiększania się tych wyzwań owe rozliczne wymogi wystawiają na coraz cięższą próbę naszą zdolność zwracania uwagi. Płynące z ciała migdałowatego sygnały niepokoju zalewają korę przedczołową, objawiając się zaabsorbowaniem, które odwraca uwagę od tego, czym się w danej chwili zajmujemy. Niepokój albo napięcie nadmiernie obciążają uwagę; wystarczy być sztywnym *gringo*, żeby do tego doszło.

Natura wysoko ceni płynne porozumiewanie się osobników danego gatunku, rzeźbiąc mózg tak, by się do tego dobrze nadawał – czasami natychmiast. Na przykład u pewnych ryb mózg samicy wydziela podczas godów hormony, które czasowo zmieniają jej obwody słuchowe, by mogła się lepiej dostroić do częstotliwości zewu samca[6].

Coś podobnego można zaobserwować u dwumiesięcznego dziecka, które odkrywa, że zbliża się matka: instynktownie nieruchomieje, ścisza nieco oddech, odwraca się ku niej i patrzy na jej twarz, koncentrując się na oczach lub ustach, i nadstawia uszu na wszelkie dochodzące od niej dźwięki, mając cały czas wyraz twarzy, który badacze określają jako „ściągnięte brwi i opuszczona szczęka". Każdy z tych ruchów zwiększa spostrzeżeniową zdolność dziecka do dostrojenia się do tego, co mówi lub robi matka[7].

Im jesteśmy uważniejsi, tym lepiej wyczuwamy wewnętrzny stan innej osoby – zrobimy to szybciej i na podstawie mniej dostrzegalnych sygnałów, w bardziej wieloznacznych okolicznościach. I odwrotnie, im większy jest nasz niepokój, tym mniej jesteśmy zdolni do wczucia się w nastrój kogoś innego.

Krótko mówiąc, skupienie się na sobie we wszystkich formach zabija empatię, nie mówiąc już o współczuciu. Kiedy koncentrujemy się na sobie, nasz świat się kurczy, bo nasze problemy i zaabsorbowanie nimi przesłaniają wszystko inne. Kiedy natomiast skupiamy się na innych, nasz świat się powiększa. Nasze własne problemy odsuwają się na peryferie umysłu, przez co wydają się mniejsze, wzrasta natomiast nasza zdolność do łączenia się z innymi albo do działań wynikających ze współczucia.

Instynktowne współczucie

- Szczur laboratoryjny, zawieszony w powietrzu w uprzęży, piszczy i stara się uwolnić. Zauważywszy szczura narażonego na niebezpieczeństwo, jeden z jego towarzyszy z klatki również zaczyna się niepokoić i stara się przyjść mu na ratunek, naciskając pręt, który bezpiecznie opuszcza go na ziemię.
- Sześć rezusów nauczono zdobywać pożywienie pociągnięciami łańcucha. W pewnym momencie siódma małpa, którą inne doskonale

widzą, zaczyna otrzymywać bolesny wstrząs za każdym razem, kiedy któraś z nich pociągnie za łańcuch. Widząc jej cierpienie, cztery z tej szóstki zaczynają pociągać za inny łańcuch, w związku z czym dostają mniej pokarmu, ale nie aplikują tamtej wstrząsu. Piąta małpa nie pociąga za żaden łańcuch przez pięć, a szósta przez dwanaście dni, to znaczy obie przymierają głodem, żeby zaoszczędzić bólu siódmej.

- Praktycznie od urodzenia niemowlę, które widzi lub słyszy, jak inne płacze z bólu czy niepokoju, zaczyna również płakać, jakby przeżywało to samo. Niemowlęta rzadko jednak wybuchają płaczem, kiedy słyszą nagranie własnego płaczu. Po ukończeniu mniej więcej czternastu miesięcy dzieci nie tylko płaczą w reakcji na płacz innego dziecka, ale próbują też jakoś ulżyć jego cierpieniu. Im starsze są dzieci, tym mniej płaczą i tym bardziej starają się pomóc.

Szczury laboratoryjne, małpy i niemowlęta odczuwają ten sam automatyczny impuls, który przykuwa ich uwagę do cierpienia innego osobnika, wyzwala u nich te same bolesne uczucia i popycha je do prób udzielenia mu pomocy. Dlaczego u bardzo różnych gatunków odkrywamy tę samą reakcję? Odpowiedź jest prosta: przyroda zachowuje to, co się sprawdza.

W strukturze mózgu cechy ważne dla przetrwania są wspólne dla różnych gatunków. Mózg ludzki ma, co zostało dowiedzione, duże fragmenty architektury neuronalnej identyczne jak u innych ssaków, zwłaszcza naczelnych. Międzygatunkowe podobieństwo pełnego współczucia niepokoju, połączonego z impulsem do spieszenia z pomocą, dobitnie świadczy o istnieniu w mózgu podobnych połączeń nerwowych. W przeciwieństwie do ssaków, gady nie okazują najmniejszych oznak współczucia i pożerają nawet własne potomstwo.

Chociaż ludzie potrafią też nie zwracać uwagi na osobę znajdującą się w potrzebie, ta nieczułość zdaje się tłumić bardziej pierwotny, automatyczny impuls przyjścia z pomocą innej, cierpiącej, osobie. Obserwacje naukowe wskazują na istnienie w mózgu układu reagowania – niewątpliwie obejmującego neurony lustrzane – który przystępuje do działania, kiedy widzimy, jak ktoś cierpi, sprawiając, że natychmiast zaczynamy z nim współodczuwać. Im silniejsze jest współodczuwanie, tym bardziej chcemy temu komuś pomóc.

Instynkt współczucia zapewne przynosi korzyści w zakresie sprawności ewolucyjnej, prawidłowo zdefiniowanej w kategoriach „sukcesu reprodukcyjnego", to znaczy tego, ilu potomków jednego osobnika będzie żyło dostatecznie długo, by dochować się własnych potomków. Ponad sto lat temu Charles Darwin postawił hipotezę, że empatia, preludium do działania dyktowanego współczuciem, była bardzo pomocnym instrumentem przetrwania w torbie z narzędziami Natury[8]. Empatia umacnia życie społeczne, a my, ludzie, jesteśmy zwierzętami *par excellence* społecznymi. Wedle nowych poglądów towarzyskość była pierwotną strategią przetrwania naczelnych, w tym naszego gatunku.

O pożytkach płynących z życzliwości można przekonać się dzisiaj, obserwując życie naczelnych w naturze, zamieszkujących świat, w którym toczy się ustawiczna walka na kły i pazury, podobny do świata z ludzkiej prehistorii, kiedy względnie niewiele osobników dożywało wieku, w którym zdolni byli do spłodzenia dzieci. Weźmy około tysiąca małp zamieszkujących Cayo Santiago, odległą wyspę na Morzu Karaibskim; wszystkie są potomkami jednego stada, przesiedlonego w latach pięćdziesiątych ubiegłego wieku z ojczystych Indii. Makaki te żyją w małych grupach. Kiedy młode osiągną wiek dojrzewania, samice zostają w stadzie, a samce odchodzą, by znaleźć sobie miejsce w innej grupie.

To przejście jest naprawdę niebezpieczne – kiedy młode samce starają się wejść do obcej grupy, do 20 procent z nich ginie w walkach. Naukowcy pobrali próbki płynu mózgowo-rdzeniowego od stu młodych makaków. Stwierdzili, że najbardziej towarzyskie małpy mają najniższy poziom hormonów stresowych i większą odporność oraz – co najważniejsze – najlepiej sobie radzą z podchodzeniem do osobników z nowego stada i zaprzyjaźnianiem się z nimi albo rzucaniem im wyzwania. Bardziej towarzyskie rezusy mają największe szanse przetrwania[9].

Inne dane dotyczące życia społecznego naczelnych pochodzą z obserwacji pawianów żyjących w rejonie Kilimandżaro w Tanzanii. Dzieciństwo tych pawianów pełne jest zagrożeń – w dobrych latach umiera około 10 procent niemowląt, w złych do 35 procent. Na podstawie obserwacji pawianich matek biolodzy stwierdzili, że największe szanse na przeżycie mają dzieci tych, które są najbardziej towarzyskie – spędzają najwięcej czasu na iskaniu i innych formach kontaktów z pozostałymi samicami.

Badacze podają dwa powody, dla których życzliwość matek może pomagać ich dzieciom przetrwać. Po pierwsze, są członkiniami „klubu", pomagającymi sobie nawzajem w obronie dzieci przed napastowaniem czy w znajdowaniu lepszego pożywienia i schronienia. Po drugie, im więcej świadczą sobie wzajemnych usług pielęgnacyjnych, tym bardziej są odprężone i zdrowsze. Towarzyskie pawiany są lepszymi matkami[10].

Nasze naturalne ciążenie ku innym może sięgać korzeniami warunków niedostatku, które ukształtowały ludzki mózg. Możemy się łatwo domyślić, że członkostwo w grupie ułatwiało przeżycie w trudnych czasach, a rywalizacja w pojedynkę z grupą o skąpe zasoby pożywienia mogła mieć tragiczne konsekwencje.

Cecha o tak dużym znaczeniu dla przetrwania mogła stopniowo kształtować obwody nerwowe w mózgu, ponieważ to, co skutecznie pomaga przekazywać geny następnym pokoleniom, coraz bardziej dominuje w puli genowej.

Jeśli towarzyskość była w pradziejach zwycięską strategią dla ludzi, to taką samą przewagę zapewniają układy nerwowe w mózgu, dzięki którym funkcjonuje życie społeczne[11]. Nie może zatem dziwić, że nasza skłonność do empatii, istotnego spoiwa, jest tak silna.

Anioł

W wyniku zderzenia czołowego jej samochód został zgnieciony jak kartka papieru. Uwięziona we wraku, z dwiema złamanymi kośćmi prawej nogi, leżała w bólu i szoku, bezradna, z mętlikiem w głowie. Wtedy podszedł do niej przechodzień – nigdy nie dowiedziała się, jak się nazywał – i ukląkł przy jej boku. Wziął ją za rękę i pocieszał, podczas gdy ekipa ratownicza starała się ją uwolnić. Mimo bólu i obaw kobiety pomógł jej zachować spokój.

„On był – powiedziała później – moim aniołem"[12].

Nigdy się nie dowiemy, jakie dokładnie uczucia skłoniły tego „anioła", by ukląkł przy kobiecie i ją pocieszał, ale tego rodzaju współczucie jest konsekwencją zrobienia decydującego pierwszego kroku – wczucia się w przeżycia innej osoby, czyli empatii.

Empatia wymaga pewnego emocjonalnego współprzeżywania, które stanowi warunek wstępny prawdziwego zrozumienia wewnętrznego świata innej osoby[13]. Jak ujmuje to pewien naukowiec, tym, „co daje ci bogactwo empatii, podstawowego mechanizmu, który sprawia, że boli cię widok czyjegoś bólu"[14], są neurony lustrzane.

Konstantyn Stanisławski, rosyjski aktor i reżyser, twórca Metody – słynnego systemu kształcenia aktorów, uważał, że aktor wcielający się w graną postać może przywołać swoje przeżycia emocjonalne z przeszłości, by w teraźniejszości wytworzyć u siebie silne uczucie. Te wspomnienia, nauczał Stanisławski, nie mogą się jednak ograniczać do naszych osobistych przeżyć. Aktor może również, dzięki współprzeżywaniu, czerpać z emocji innych osób. Ów legendarny pedagog radził: „Musimy obserwować innych ludzi i jak najbardziej zbliżać się do nich emocjonalnie, dopóki współczucie dla nich nie przekształci się w nasze własne uczucia"[15].

Rada Stanisławskiego była prorocza. Badania z obrazowaniem mózgu ujawniają, że kiedy odpowiadamy na pytanie „Jak się czujesz?", uaktywniamy znaczną część połączeń nerwowych, które rozjarzają się na ekranie monitora, gdy pytamy: „Jak o n a się czuje?" Mózg zachowuje się niemal identycznie zarówno wtedy, kiedy przeżywamy własne uczucia, jak i wtedy, kiedy przeżywamy uczucia innych[16].

Gdy prosi się osoby badane, by naśladowały pojawiający się na czyjejś twarzy wyraz szczęścia, strachu czy odrazy, pobudza to te same obwody nerwowe, które uaktywniają się, kiedy tylko obserwujemy tę osobę (albo spontanicznie odczuwamy tę samą emocję). Jak rozumiał Stanisławski, obwody te jeszcze bardziej się ożywiają, kiedy empatia jest intencjonalna[17]. Zauważając emocję u innej osoby, dosłownie z nią współodczuwamy. Im większy wkładamy w to wysiłek albo im intensywniejsze są wyrażane uczucia, tym silniej czujemy je u siebie.

To wymowne, że niemieckie słowo *Einfühlung*, którego znaczenie po raz pierwszy oddano w języku angielskim w 1909 roku, tworząc neologizm *empathy*, w bardziej dosłownym przekładzie znaczy tyle, co „wczuwanie się", sugerując wewnętrzne naśladowanie uczuć innej osoby[18]. Jak ujął to Theodore Lipps, który wprowadził termin *empathy* do angielskiego: „Kiedy obserwuję cyrkowca na linie, czuję, że jestem w nim". To tak, jakbyśmy przeżywali emocje innej osoby w naszym ciele. I robimy to – neurobiolodzy twierdzą, że im aktywniejszy jest układ neuronów lustrzanych danej osoby, tym silniejsza jest jej empatia.

Dziś w psychologii termin empatia używany jest w trzech różnych znaczeniach, jako: w i e d z a o tym, co czuje inna osoba, o d c z u w a n i e tego, co osoba ta czuje, i reagowanie ze współczuciem na ból tej osoby. Te trzy rodzaje empatii zdają się opisywać ciąg 1-2-3: zauważam cię, czuję razem z tobą, działam więc tak, by ci pomóc.

Wszystkie trzy rodzaje zgadzają się z wiedzą, którą zdobyła neurobiologia o tym, jak działa mózg, kiedy się dostrajamy do innej osoby. Spostrzeżeniem tym dzielą się z nami Stephanie Preston i Frans de Waal w ważnej teorii łączącej spostrzeganie interpersonalne z działaniem[19]. Oboje naukowców ma wyjątkowe kwalifikacje do postawienia tej hipotezy. Preston zapoczątkowała wykorzystywanie metod neurobiologii społecznej w badaniu empatii u ludzi, a de Waal, dyrektor Living Links (Żyjących Ogniw) w Yerkes Primate Center, od dziesiątków lat wyciąga z systematycznych obserwacji naczelnych wnioski na temat ludzkiego zachowania.

Preston i de Waal dowodzą, że w chwili empatii zarówno nasze emocje, jak i myśli biegną tym samym torem co emocje i myśli innej osoby. Słysząc czyjś krzyk przerażenia, samorzutnie myślimy o tym, co mogło wywołać ów stan. Z poznawczego punktu widzenia, mamy tę samą umysłową „reprezentację" sytuacji, zbiór obrazów, skojarzeń i myśli o trudnym położeniu tej osoby.

Przejście od empatii do działania wykracza poza funkcje neuronów lustrzanych; wydaje się, że empatia rozwinęła się z zarażenia emocjonalnego, a zatem biorą w niej udział te same mechanizmy neuronalne. Pierwotna empatia nie zależy od jakiegoś wyspecjalizowanego obszaru mózgu, ale raczej od pobudzenia wielu obszarów, w zależności od tego, co współodczuwamy. Stawiamy się na miejscu innej osoby, by dzielić z nią to, co przeżywa.

Preston odkryła, że jeśli ktoś przypomina sobie jedną z najszczęśliwszych chwil w swoim życiu, a potem wyobraża sobie taką samą chwilę z życia któregoś ze swoich najbliższych przyjaciół, mózg aktywuje w tych dwóch aktach umysłowych praktycznie te same obwody nerwowe[20]. Innymi słowy, po to by zrozumieć, co przeżywa ktoś inny – by z nim współodczuwać – wykorzystujemy te same połączenia mózgowe, które są aktywne, kiedy sami przeżywamy coś podobnego[21].

Cała komunikacja wymaga, by to, co jest ważne dla nadawcy, było też ważne dla odbiorcy. Dzieląc się myślami oraz uczuciami, dwa mózgi posługują się swego rodzaju stenografią, dzięki czemu obie osoby znajdują się natychmiast na tej samej stronie bez marnowania czasu albo słów na dokładniejsze wyjaśnianie, co jest w danej chwili ważne[22].

Do odzwierciedlenia dochodzi zawsze wtedy, kiedy nasze spostrzeżenie kogoś automatycznie wywołuje w naszym mózgu obraz albo poczucie tego, co osoba ta robi i wyraża[23]. To, czym zaprzątnięty jest jej umysł, zaprząta nasz umysł. Opieramy się na tych wewnętrznych przekazach, żeby wyczuć, co może się dziać z tą osobą. W końcu czym jest uśmiech czy puszczenie oka, spojrzenie albo nachmurzona mina, jeśli nie wskazówką, co dzieje się w umyśle innej osoby?

Odwieczny spór

Większość obecnie żyjących ludzi pamięta siedemnastowiecznego filozofa Thomasa Hobbesa jako autora twierdzenia, że nasze życie w stanie naturalnym – bez silnego rządu – jest „okropne, brutalne i krótkie", bo każdy walczy z każdym. Jednak mimo tej surowej, cynicznej opinii, Hobbes sam miał miękkie serce.

Pewnego dnia, spacerując ulicami Londynu, natknął się na starszego, chorowitego człowieka, który błagał o jałmużnę. Tknięty współczuciem, Hobbes od razu wspomógł go hojnym datkiem.

Zapytany przez znajomego, czy postąpiłby tak samo, gdyby nie nakazywały tego żadne zasady religijne czy filozoficzne, odparł, że tak. A oto jego wyjaśnienie: kiedy zobaczył, w jak opłakanym stanie znajduje się ów człowiek, sam poczuł jego ból, a więc danie jałmużny nie tylko zmniejszyło nieco cierpienie tego nieszczęśnika, ale „ulżyło również mnie"[24].

Opowieść ta świadczy, że w łagodzeniu niedoli innych mamy też pewien własny interes. Jedna ze szkół współczesnej ekonomii, idąc za Hobbesem, twierdzi, że ludzie łożą na cele dobroczynne częściowo z powodu przyjemności, jaką sprawia im wyobrażenie sobie albo ulgi, którą czują ci, którzy korzystają z ich pomocy, albo ulgi, którą im samym sprawia ulżenie ich wynikającemu ze współczucia cierpieniu.

Najnowsze wydania tej teorii próbują sprowadzić akty altruizmu do egoistycznych zachowań w przebraniu miłosierdzia[25]. Według jednej z tych wersji, współczucie jest maską, za którą kryje się „samolubny gen", który stara się zmaksymalizować szanse przekazania go, gromadząc zobowiązania innych wobec jego nosiciela albo faworyzując jego bliskich krewnych, którzy też go mają[26]. Takie wyjaśnienia mogą wystarczać w szczególnych przypadkach.

Jednak bardziej bezpośrednie – i uniwersalne – wyjaśnienie znajdujemy w innym poglądzie; jak pisał w trzecim wieku przed naszą erą, na długo przed Hobbesem, chiński mędrzec Mengzi (zwany też Mencjuszem): „Wszyscy ludzie mają umysł, który nie może znieść widoku cierpienia innych"[27].

Neurobiologia potwierdza obecnie słuszność stanowiska Mengzi, wzbogacając ten odwieczny spór o nowe dane. Kiedy widzimy cierpiącą osobę, podobne obwody w naszym mózgu zaczynają rozbrzmiewać czymś w rodzaju empatycznego rezonansu, który staje się wstępem do współczucia. Jeśli niemowlę płacze, mózgi jego rodziców rozbrzmiewają w bardzo podobny sposób, co z kolei automatycznie skłania ich do zrobienia czegoś dla ukojenia cierpienia dziecka.

Nasz mózg został zaprogramowany na dobroć. Automatycznie przychodzimy z pomocą dziecku, które krzyczy ze strachu, równie automatycznie chcemy uściskać śmiejące się dziecko. Takie impulsy emocjonalne wyzwalają w nas niezaplanowane, natychmiastowe reakcje. To, że przejście od empatii do działania następuje tak szybko i automatycznie, zdaje się świadczyć o istnieniu obwodu nerwowego wyspecjalizowanego w uruchamianiu takiego ciągu zdarzeń. Odczucie cierpienia wyzwala chęć pomocy.

Kiedy słyszymy krzyk bólu, aktywuje to te same części naszego mózgu, które biorą udział w doświadczaniu bólu, oraz korę przedczołową, co jest oznaką, że przygotowujemy się do działania. I podobnie przysłuchiwanie się komuś opowiadającemu smętnym tonem nieszczęśliwą historię pobudza korę ruchową – która kieruje ruchem – oraz ciało migdałowate i powiązane z nim obwody smutku[28]. Stan ten sygnalizuje następnie okolicy ruchowej mózgu, gdzie przygotowujemy naszą reakcję, podjęcie odpowiednich działań. Początkowe spostrzeżenie przygotowuje nas do działania – zobaczyć znaczy być gotowym do akcji[29].

Neuronalne sieci spostrzegania i działania posługują się w języku mózgu wspólnym kodem. Dzięki temu to, co widzimy, niemal natychmiast prowadzi do odpowiedniej reakcji. Widok ekspresji emocji na twarzy, ton głosu czy skierowanie uwagi na dany temat od razu pobudza neurony, na które wskazuje ten komunikat.

Ów wspólny kod przewidział Charles Darwin, który w 1872 roku napisał rozprawę o uczuciach, nadal wysoko ocenianą przez uczonych[30]. Chociaż pisał on o empatii jako czynniku przetrwania, powszechna –

błędna – interpretacja jego teorii ewolucji podkreślała „przyrodę czerwoną od kłów i pazurów" (jak Tennyson ujął pojęcie bezlitosnego zabijania słabych), pogląd preferowany przez „darwinistów społecznych", którzy wypaczyli myśl o ewolucji, by usprawiedliwić chciwość.

Darwin postrzegał każde uczucie jako skłonność do działania w jedyny w swoim rodzaju sposób: strach jako motywację do znieruchomienia lub ucieczki, złość jako motywację do walki, radość jako uczucie skłaniające nas do uściskania kogoś, i tak dalej. Badania z wykorzystaniem obrazowania mózgu pokazują, że jeśli chodzi o to, co się dzieje na poziomie neuronalnym, miał rację. Odczuwanie dowolnej emocji jest impulsem do związanego z nią działania.

Dzięki drodze niskiej ten związek uczucia z działaniem jest interpersonalny. Kiedy, na przykład, widzimy, że ktoś wyraża strach – choćby tylko sposobem poruszania się albo pozycją ciała – nasz mózg pobudza obwody strachu. Równocześnie z tym natychmiastowym zarażeniem uaktywniają się obwody mózgu, które przygotowują nas do strachliwego działania. Tak samo jest z każdą emocją – złością, radością, smutkiem i tak dalej. A zatem zarażenie emocjonalne nie tylko szerzy uczucia, ale również przygotowuje automatycznie mózg do odpowiedniego działania[31].

Praktyczna zasada przyrody jest taka, że układ biologiczny powinien zużywać minimalną ilość energii. W tym przypadku mózg uzyskuje tę wydajność, pobudzając te same neurony zarówno podczas spostrzegania, jak i wykonywania czynności. Ta oszczędność dotyczy również kontaktów między mózgami. W szczególnym przypadku osoby cierpiącej związek między spostrzeganiem i działaniem sprawia, że przyjście jej z pomocą jest naturalną skłonnością mózgu. Współodczuwanie z kimś motywuje nas do działania na rzecz tej osoby.

Oczywiście niektóre dane świadczą, że w wielu sytuacjach mamy skłonność do przedkładania pomocy osobom, które kochamy, nad pomoc osobom obcym. Mimo to emocjonalne dostrojenie się do cierpiącego obcego skłania nas do udzielenia mu pomocy tak, jak byśmy pomogli osobom przez nas kochanym. W pewnych badaniach stwierdzono, że im bardziej zasmucała ludzi niedola wysiedlonej z domu sieroty, tym bardziej byli skłonni ofiarować jej pieniądze albo tymczasowo dach nad głową, bez względu na dystans, jaki czuli wobec tego dziecka.

Preferowanie pomagania osobom podobnym do nas znika, kiedy znajdziemy się twarzą w twarz z kimś, kto cierpi katusze albo znajduje się w tragicznym położeniu. W bezpośrednim kontakcie z taką osobą pierwotne połączenie mózgu z mózgiem sprawia, że przeżywamy jej męki jak własne i natychmiast przygotowujemy się, by jej pomóc[32]. Ten bezpośredni kontakt z cierpieniem był niegdyś, w czasach, kiedy kontaktujące się osoby dzieliło parę stóp czy kroków, regułą.

Wróćmy do zagadki, dlaczego nie zawsze pomagamy, skoro w ludzkim mózgu istnieje układ, którego zadaniem jest dostrajanie nas do cierpień innej osoby i przygotowywanie do przyjścia jej z pomocą. Możliwe są różne odpowiedzi, zaproponowane przez wyniki niezliczonych eksperymentów z psychologii społecznej, ale najprostsza może być taka, że na przeszkodzie temu staje współczesny sposób życia: przeważnie dzieli nas od osób w potrzebie duża odległość. To oddalenie oznacza, że czujemy raczej empatię „poznawczą" niż bezpośrednie skutki zarażenia emocjonalnego. Albo, co gorsza, mamy tylko współczucie, żal nam człowieka, ale w najmniejszym stopniu nie odczuwamy jego cierpienia[33]. Ten kontakt na dużą odległość osłabia wrodzony impuls pomagania.

Jak zauważają Preston i de Waal: „W dzisiejszej erze poczty elektronicznej, dojazdów do pracy, częstych przeprowadzek i dzielnic będących sypialniami szala przechyla się zdecydowanie na niekorzyść automatycznego i dokładnego dostrzegania stanów emocjonalnych innych osób, bez czego empatia jest niemożliwa". Współczesny dystans społeczny, towarzyski i wirtualny spowodował anomalię w ludzkim życiu, chociaż uważamy ją teraz za normę. To odosobnienie tłumi empatię, bez której altruizm słabnie.

Od dawna dowodzi się, że – mimo okresów podłości – ludzie są z natury skłonni do współczucia i empatii, ale przeczy temu nawałnica złych wieści przetaczająca się przez nasze dzieje, a twierdzenie to poparło niewiele rzetelnych badań naukowych. Przeprowadźmy jednak taki oto eksperyment myślowy. Wyobraź sobie liczbę okazji, które ludzie na całym świecie m o g l i mieć dzisiaj, by dopuścić się zachowania aspołecznego, od gwałtu czy morderstwa po zwykłe chamstwo i nieuczciwość. Zrób z tego mianownik ułamka. Teraz jako licznik wstaw liczbę takich aktów aspołecznych, do których f a k t y c z n i e dzisiaj doszło.

Ten stosunek potencjalnej do rzeczywistej podłości jest każdego dnia roku bliski zeru. A jeśli w mianowniku wstawisz liczbę aktów dobroci, do których dochodzi danego dnia, to stosunek dobroci do okrucieństwa będzie zawsze świadczył o przewadze tych pierwszych. (Inna sprawa, że wiadomości, które do nas dochodzą, sprawiają wrażenie, jakby proporcje te były odwrotne.)

Jerome Kagan z Harvardu proponuje to ćwiczenie umysłowe, byśmy doszli do prostego wniosku na temat natury człowieka: suma dobroci ogółem znacznie przewyższa sumę zła. „Chociaż ludzie dziedziczą biologiczną skłonność, która pozwala im czuć złość, zazdrość, egoizm i zawiść oraz być chamskimi, agresywnymi i posuwać się do przemocy – zauważa – to dziedziczą jeszcze silniejszą biologiczną skłonność do dobroci, uprzejmości, współczucia, współpracy, miłości i opieki, zwłaszcza wobec potrzebujących". To wrodzone poczucie etyki, dodaje, jest „biologiczną cechą naszego rodzaju"[34].

Odkrywszy, że nasze „oprogramowanie" neuronalne przechyla szalę na korzyść zaprzężenia empatii w służbę współczucia, neurobiologia daje filozofii mechanizm, który wyjaśnia powszechność altruistycznych impulsów. Zamiast starać się uzasadniać akty bezinteresowności, filozofowie mogliby kontemplować zagadkę, dlaczego nieskończenie wiele razy nie dochodzi do aktów okrucieństwa[35].

Rozdział 5

Neuroanatomia pocałunku

Ta para doskonale pamięta chwilę swojego pierwszego pocałunku, przełomowy moment w ich stosunkach.

Od wielu lat byli przyjaciółmi. Pewnego popołudnia umówili się na herbatę. Podczas rozmowy oboje przyznali, że trudno jest znaleźć właściwego partnera. Potem nastąpiła znacząca przerwa, podczas której spotkały się ich spojrzenia. Przez sekundę czy dwie patrzyli na siebie w zamyśleniu.

Potem, kiedy stali na ulicy, żegnając się, znowu spojrzeli sobie w oczy. Ni z tego, ni z owego każde z nich poczuło, jakby jakaś tajemnicza siła łączyła ich usta w pocałunku. Żadne z nich nie uważało, że to zainicjowało, ale nawet po latach oboje wyraźnie pamiętali wrażenie, jakby coś ich popychało do tego romantycznego aktu.

Te długie spojrzenia mogły być koniecznym wstępem neuronalnym do pocałunku. Neurobiologia mówi coś podobnego do poetyckiego określenia, że oczy są oknami duszy – pozwalają zajrzeć w nasze najbardziej intymne uczucia. Ujmując to dokładniej, w oczach znajdują się wypustki nerwowe, które prowadzą bezpośrednio do struktury mózgowej odgrywającej kluczową rolę w empatii i dopasowywaniu emocji, a mianowicie do okolicy oczodołowej kory przedczołowej.

Spotkanie spojrzeń nas łączy. Sprowadzając romantyczną chwilę do pewnego aspektu neurologii, trzeba powiedzieć, że kiedy spotykają się spojrzenia dwóch osób, łączą się ich obszary oczodołowe, które są szczególnie wrażliwe na spotkania twarzą w twarz, takie jak kontakt wzrokowy. Te społeczne drogi nerwowe odgrywają decydującą rolę we wzajemnym rozpoznawaniu naszych stanów emocjonalnych.

Podobnie jak w handlu nieruchomościami, w topografii mózgu duże znaczenie ma położenie. Kora oczodołowa, znajdująca się tuż za i nad oczodołami (stąd nazwa), zajmuje strategiczne miejsce na skrzyżowaniu najwyższej części ośrodków emocji i najniższej części mózgu myślowego. Jeśli porównać mózg do dłoni, pomarszczona kora byłaby mniej więcej tam, gdzie są palce, ośrodki podkorowe tam, gdzie wnętrze dłoni, a kora oczodołowa w miejscu, gdzie łączy się ono z palcami.

Kora oczodołowa łączy bezpośrednio, neuron z neuronem, trzy ważne rejony mózgu: korę (czyli „mózg myślący"), ciało migdałowate (strukturę zapoczątkowującą wiele reakcji emocjonalnych) i pień mózgu („gadzie" strefy odpowiedzialne za reakcje automatyczne). To ścisłe powiązanie ułatwia natychmiastową koordynację myśli, uczucia i działania. Na tej neuronalnej autostradzie mieszają się dostarczane drogą niską dane wejściowe z ośrodków emocji, ciała i narządów zmysłów z danymi przekazywanymi drogą wysoką, które znajdują w nich znaczenie, tworząc intencjonalne plany kierujące naszymi działaniami[1].

Dzięki połączeniu znajdujących się na górze mózgu obszarów korowych i położonych niżej regionów podkorowych kora oczodołowa jest punktem zbornym informacji docierających drogami niską i wysoką, ośrodkiem, w którym nadajemy sens otaczającej nas rzeczywistości społecznej. Zbierając razem nasze doświadczenia wewnętrzne i zewnętrzne, kora oczodołowa przeprowadza natychmiastowy rachunek społeczny, którego wynik mówi nam, jakie uczucia budzi w nas osoba, z którą jesteśmy, jakie uczucia my w niej budzimy i co mamy zrobić, by zgadzało się to z jej reakcją.

Od tego obwodu nerwowego zależą w dużej mierze finezja, wzajemne zrozumienie i gładki przebieg interakcji[2]. W korze oczodołowej znajdują się na przykład neurony nastawione na wykrywanie wyrazu emocji na czyjejś twarzy albo odgadywanie jej z tonu głosu tej osoby i łączenie tych przekazów społecznych z naszym przeżyciem wewnętrznym – dwie osoby czują, że się lubią[3].

Obwody te tropią znaczenie afektywne – ile coś lub ktoś znaczy dla nas emocjonalnie. Kiedy matki noworodków oglądały zdjęcia swoich dzieci i dzieci innych kobiet, odczyty fMRI pokazały, że kora oczodołowa rozjarzała się w reakcji na zdjęcia ich dzieci, ale nie zdjęcia obcych dzieci. Im bardziej pobudzona była ich kora oczodołowa, tym silniejsze były uczucia ciepła i miłości[4].

Ujmując to w kategoriach „technicznych", kora oczodołowa przypisuje naszemu światu społecznemu „wartość hedonistyczną", dzięki czemu wiemy, że ją lubimy, ich nie znosimy, a jego uwielbiamy, a zatem odpowiada na pytania, które mają istotne znaczenie podczas przygotowywania się do pocałunku.

Kora oczodołowa ocenia też społeczne doznania estetyczne, na przykład to, czy podoba się nam zapach danej osoby, pierwotny sygnał wzbudzający zdumiewająco silną sympatię albo antypatię (co jest biologiczną reakcją leżącą u podłoża powodzenia każdej perfumerii). Pamiętam, jak znajomy powiedział mi kiedyś, że by pokochać jakąś kobietę, musi polubić smak jej ust podczas pocałunku.

Zanim takie nieświadome spostrzeżenia przenikną do naszej świadomości, zanim zdamy sobie w pełni sprawę z tego, jakie podskórne uczucia zostały w nas poruszone, zaczynamy już działać pod ich wpływem. Stąd wzięło się wrażenie wspomnianych na wstępie osób, że coś popycha je do pocałunku.

Oczywiście biorą w tym udział również inne obwody nerwowe. Kiedy napotykamy poruszający się obiekt, oscylatory zaczynają do niego dostosowywać i koordynować z nim nasze ruchy. Przypuszczalnie to ich ciężka praca kierowała dwojgiem ust z właściwą prędkością i po właściwym torze, by zamiast do zderzenia zębów doszło do łagodnego spotkania się warg. Nawet podczas pierwszego pocałunku.

Prędkość na drodze niskiej

Oto, jak pewien znany mi profesor wybrał asystentkę, osobę, z którą spędza w pracy większość czasu:

„Wszedłem do poczekalni, gdzie siedziała, i natychmiast poczułem, że się uspokajam. Od razu wiedziałem, że z nią będzie mi się pracowało łatwo. Oczywiście zerknąłem na jej życiorys i tak dalej. Ale od pierwszej chwili byłem pewien, że właśnie ją powinienem zatrudnić. I ani przez chwilę tego nie żałowałem".

Intuicyjne wyczucie, czy podoba się nam osoba, którą właśnie poznaliśmy, jest równoznaczne z odgadnięciem, czy znajdziemy wspólne zrozumienie albo czy przynajmniej będziemy się ze sobą zgadzali w miarę trwania znajomości. Jak jednak odróżniamy wśród wszystkich osób, które mogłyby potencjalnie zostać naszymi przyjaciółmi, partnerami w interesach albo małżonkami, te, które nas pociągają, od tych, które pozostają dla nas obojętne?

Wydaje się, że decyzja o tym zapada już w pierwszych chwilach znajomości. W ramach wiele mówiących o tym badań studenci uniwersytetu poświęcali od trzech do dziesięciu minut na poznanie się z kolegami i koleżankami. Tuż potem oceniali prawdopodobieństwo tego, czy inna osoba pozostanie znajomym (lub znajomą), z którym będą się witali skinieniem głowy czy też się z nią zaprzyjaźnią. Dziewięć tygodni później okazało się, że te pierwsze wrażenia wpływały zdumiewająco dokładnie na ich późniejsze stosunki[5].

Dokonując takiej natychmiastowej oceny, polegamy w znacznym stopniu na niezwykłym zbiorze neuronów, komórek mózgowych w kształcie wrzeciona, z dużą cebulką na jednym i długą, grubą wypustką na drugim końcu. Neurobiolodzy podejrzewają, że sekret szybkości intuicji społecznej spoczywa właśnie w tych komórkach wrzecionowatych. To dzięki nim szybko dokonujemy oceny.

Kluczem jest ich wrzecionowaty kształt: ciało takiej komórki jest około czterech razy większe od ciała innych komórek mózgu; z bardzo szerokiego, długiego pnia wychodzą dendryty i akson, które łączą ją z innymi komórkami nerwowymi. Szybkość przekazywania informacji innym komórkom wzrasta wraz z długością wypustek łączących je z innymi neuronami. Gargantuiczne rozmiary komórki wrzecionowatej zapewniają przekaz o bardzo dużej szybkości.

Komórki wrzecionowate tworzą szczególnie gęste połączenia między korą oczodołową i najwyższą częścią układu limbicznego: przednią częścią zakrętu obręczy. Zakręt obręczy kieruje naszą uwagą i koordynuje nasze myśli, emocje i reakcje naszego ciała z uczuciami[6]. Połączenie to jest swego rodzaju neuronalnym ośrodkiem dowodzenia. Z tego decydującego skrzyżowania komórki wrzecionowate sięgają do najróżniejszych części mózgu[7].

O głównej roli, którą odgrywają w kontaktach społecznych te komórki, świadczą przesyłane przez ich aksony związki chemiczne. Komórki wrzecionowate mają mnóstwo receptorów serotoniny, dopaminy i wazopresyny. Przekaźniki te pełnią zasadniczą rolę w nawiązywaniu przez nas więzi z innymi, w rodzeniu się miłości, w doświadczaniu dobrych i złych nastrojów i w odczuwaniu przyjemności.

Niektórzy neuroanatomowie przypuszczają, że to właśnie komórkom wrzecionowatym nasz rodzaj zawdzięcza swoją wyjątkowość. Mamy ich prawie tysiąc razy więcej niż nasi najbliżsi krewni z rzędu naczelnych, małpy człekokształtne, które mają ich zaledwie kilkaset. Wydaje się, że komórek wrzecionowatych nie zawiera mózg żadnego innego ssaka[8]. Niektórzy spekulują, że to właśnie te neurony mogą tłumaczyć, dlaczego niektórzy ludzie (albo małpy człekokształtne) są bardziej świadomi czy wrażliwi społecznie niż inni[9]. Badania z wykorzystaniem obrazowania mózgu wykazały większe pobudzenie zakrętu obręczy u osób, które są bardziej świadome interpersonalnie, które nie tylko właściwie oceniają sytuację społeczną, ale potrafią również wyczuć, jak postrzegaliby ją inni, gdyby się w niej znaleźli[10].

Komórki wrzecionowate koncentrują się w rejonie kory oczodołowej, który ulega pobudzeniu podczas naszych reakcji emocjonalnych na inne osoby, zwłaszcza podczas natychmiast rodzącej się empatii[11]. Na przykład kiedy matka słyszy, że jej dziecko płacze, albo kiedy wyczuwamy obecność osoby, którą kochamy, obrazy mózgu pokazują, że ten obszar się rozjarza. Uaktywnia się również w chwilach mających duży ładunek emocjonalny, na przykład kiedy patrzymy na zdjęcie kogoś, kogo darzymy miłością, czy na zdjęcie osoby, którą uważamy za atrakcyjną, albo kiedy oceniamy, czy zostaliśmy potraktowani sprawiedliwie czy oszukani.

Innym miejscem, w którym znajduje się mnóstwo komórek wrzecionowatych, jest obszar kory oczodołowej odgrywający równie istotną rolę w życiu społecznym. Kieruje on okazywaniem i rozpoznawaniem ekspresji emocji na twarzy i uaktywnia się, kiedy odczuwamy intensywną emocję. Obszar ten ma silne powiązania z ciałem migdałowatym, strukturą wyzwalającą wiele z tych uczuć i miejscem, gdzie zaczynają się formować nasze pierwsze osądy emocjonalne[12].

Wydaje się, że droga niska zawdzięcza swą szybkość właśnie tym neuronom, wysyłającym pędzące na złamanie karku impulsy. Na przykład zanim znajdziemy słowo na określenie tego, co spostrzegamy, wiemy już, czy się to nam podoba[13]. Komórki wrzecionowate mogą pomóc wyjaśnić, w jaki sposób droga niska podejmuje osąd o tym, co się podoba albo nie podoba, na parę tysięcznych sekundy, zanim zdamy sobie dokładnie sprawę z tego, czym to coś jest[14].

Takie podejmowane w mgnieniu oka oceny mogą mieć największe znaczenie w kontaktach z innymi osobami. Komórki wrzecionowate splatają się w sieć, która urasta do rangi naszego układu społecznego orientowania się.

Zobaczył, co ona widzi

Tuż po swoim ślubie Maggie Verver, bohaterka powieści Henry'ego Jamesa *The Golden Bowl*, odwiedza dawno owdowiałego ojca w posiadłości wiejskiej, gdzie są też inni goście. Wśród nich jest kilka wolnych dam, które wydają się zainteresowane jej ojcem.

Spojrzawszy przelotnie na ojca, Maggie pojmuje nagle, że chociaż dopóki nie dorosła, żył jak kawaler, teraz uważa, że może się powtórnie ożenić. W tej samej chwili ojciec poznaje po wyrazie oczu córki, że w pełni zrozumiała, co on czuje, chociaż nie powiedział tego. Mimo że nie padło ani słowo, Adam, ojciec Maggie, ma poczucie, że „zobaczył, co ona widzi".

Podczas tego niemego dialogu: „Jej twarz nie mogła przed nim tego ukryć; poza tym wszystkim zobaczyła szybko to, co oboje widzieli".

Opis krótkiego momentu wzajemnego rozpoznania swoich uczuć zajmuje kilka stron na początku powieści, a jej reszta ukazuje reperkusje chwili obopólnego zrozumienia, kiedy Adam w końcu żeni się powtórnie[15].

Tym, co Henry James tak dobrze uchwycił, było bogactwo wzajemnego wglądu w swoje umysły, który możemy uzyskać w wyniku drobnego spostrzeżenia, rzutu oka, jednej miny, mówiącej tyle, co całe tomy. Tego rodzaju oceny innych osób pojawiają się tak spontanicznie po części dlatego, że obwody nerwowe, w których się one rodzą, wydają się zawsze „włączone", zawsze gotowe do działania. Nawet gdy reszta mózgu jest spokojna, cztery jego rejony pozostają aktywne, niczym silniki na jałowym biegu, gotowe do reakcji. Znamienne, że trzy z tych czterech obszarów biorą udział w wydawaniu osądów o innych[16]. Zwiększają swoją aktywność, kiedy myślimy o interakcjach między ludźmi albo je widzimy.

Obszary te badał za pomocą fMRI zespół naukowców z University of California w Los Angeles pod kierunkiem Marco Iacoboniego, odkrywcy neuronów lustrzanych, i Matthew Liebermana, współtwórcy neurobiologii społecznej[17]. Doszli oni do wniosku, że kiedy nie dzieje się zbyt wiele, mózg przestawia się automatycznie na aktywność standardową i zdaje się rozmyślać nad naszymi związkami z innymi osobami[18].

Większe tempo metabolizmu w tych „wrażliwych na osobę" sieciach nerwowych ukazuje szczególne znaczenie, jakie mózg przypisuje światu społecznemu. Przegląd naszego życia towarzyskiego można uznać za ulubioną rozrywkę mózgu w czasie przestoju, coś w rodzaju najwyżej ocenianego przezeń programu telewizyjnego. I rzeczywiście, obwody te wyciszają się tylko wtedy, kiedy mózg przystępuje do wykonania jakiegoś bezosobowego zadania, takiego jak zbilansowanie książeczki czekowej.

Natomiast analogiczne obwody, które dokonują oceny przedmiotów, muszą zwiększyć obroty, żeby zacząć działać. Może to wyjaśniać, dlaczego ocen ludzi dokonujemy około jednej dziesiątej sekundy szybciej niż ocen rzeczy – po prostu te części mózgu są stale „rozgrzane". Obwody te przystępują do działania przy każdym naszym kontakcie z inną osobą, kształtując nasze upodobania i uprzedzenia, które wytyczają kierunek naszego z nią związku, a przede wszystkim to, czy w ogóle będziemy z nią utrzymywali stosunki.

Rozwój aktywności mózgu zaczyna się od szybkiej decyzji powstającej w zakręcie obręczy, która przenika następnie przez komórki wrzecionowate do gęsto połączonych ze sobą obszarów, zwłaszcza do kory oczodołowej. Te sieci drogi niskiej rozprzestrzeniają się szeroko, sięgając rozbrzmiewających echem przesyłanych przez nie impulsów obszarów emocjonalnych. W wyniku ich aktywności powstaje wrażenie ogólne na temat danej osoby czy jej poczynań, które z pomocą drogi wysokiej może się przerodzić w bardziej świadomą reakcję, bez względu na to, czy będzie ona bezpośrednim działaniem, czy tylko, jak w przypadku Maggie Verver, cichym zrozumieniem.

Obwód łączący korę oczodołową z zakrętem obręczy wkracza do akcji za każdym razem, kiedy z wielu możliwych reakcji wybieramy najlepszą. Ocenia on wszystko, czego doświadczamy, przypisując temu wartość – sympatię lub antypatię – i kształtując w ten sposób nasze zdanie o tym, co ma dla nas znaczenie, co się liczy. Niektórzy twierdzą, że ten rachunek emocjonalny przedstawia fundamentalny system wartości wykorzystywany przez mózg do organizowania naszego działania, choćby tylko przez określanie naszych priorytetów w danej chwili. Dzięki temu ów węzeł nerwowy odgrywa kluczową rolę w podejmowaniu przez nas decyzji społecznych – owych domysłów i przypuszczeń, które stale snujemy, a które decydują o naszych sukcesach i porażkach w związkach z innymi osobami[19].

Pamiętajmy o oszałamiającej prędkości, z jaką mózg przeprowadza rozpoznanie w życiu społecznym. W pierwszej chwili kontaktu z jakąś osobą obszary te dokonują jej wstępnej, pozytywnej lub negatywnej, oceny w ciągu zaledwie jednej dwudziestej sekundy[20]. Następnie pojawia się kwestia, jak mamy zareagować na daną osobę. Kiedy w korze oczodołowej utrwali się decyzja o tym, czy osoba ta się nam podoba czy nie, kieruje ona przez następną jedną piątą sekundy aktywnością neuronalną tego obszaru. Pracujące równolegle pobliskie obszary kory przedczołowej dostarczają informacji o kontekście społecznym, a ich większe wyczulenie na ów kontekst podpowiada, jakie reakcje są w danej chwili stosowne.

Opierając się na danych dotyczących kontekstu, kora oczodołowa opracowuje kompromisowe rozwiązanie między pierwotnym impulsem („wynoś się stąd") a najlepszym w danej chwili zachowaniem („wymyśl możliwe do przyjęcia usprawiedliwienie, żeby stąd wyjść"). Decyzji kory oczodołowej nie doświadczamy jako świadomego zrozumienia zasad kierujących ich podjęciem, lecz jako poczucia ich słuszności.

Krótko mówiąc, kora oczodołowa pomaga nam kierować naszym postępowaniem, kiedy wiemy, co do kogoś czujemy. Hamując pierwszy impuls, planuje ona działania, które dobrze nam służą, powstrzymując nas co najmniej przed zrobieniem czy powiedzeniem czegoś, czego moglibyśmy później żałować.

Nie jest to bynajmniej coś, co zdarza się tylko raz. Ten ciąg procesów powtarza się podczas każdej interakcji społecznej. A zatem podstawowe mechanizmy kierujące naszymi zachowaniami społecznymi opierają się na ogólnych skłonnościach emocjonalnych: jeśli lubimy tę osobę, uruchamiamy jeden repertuar zachowań; jeśli jej nie cierpimy, uruchamiamy zupełnie inny. A jeśli w miarę rozmowy z daną osobą zmieniają się nasze uczucia względem niej, mózg społeczny odpowiednio dostosowuje do tego to, co mówimy i robimy.

To, co dzieje się w tych ułamkach sekund, ma decydujące znaczenie dla przyjemnego życia społecznego.

Wybory drogi wysokiej

Znajoma opowiedziała mi, jak trudno układają się jej stosunki z siostrą, która z powodu zaburzeń psychicznych ma skłonność do napadów złości. Chociaż ich kontakty są czasami ciepłe i bliskie, siostra potrafi bez ostrzeżenia stać się napastliwa i obrzucać ją paranoicznymi oskarżeniami. Jak ujęła to ta znajoma: „Rani mnie za każdym razem, kiedy się do niej zbliżam".

Zaczęła więc chronić się przed zachowaniami, które traktuje jako „napaść emocjonalną", przestając odbierać od razu telefony od siostry i przeznaczając na spotkania z nią mniej czasu, niż zwykła była przeznaczać. A jeśli odsłucha wiadomość nagraną przez siostrę na sekretarce automatycznej i rozpozna w jej głosie złość, czeka dzień lub dwa, by siostra ochłonęła, zanim do niej oddzwoni.

A jednak zależy jej na siostrze i chce pozostać z nią w bliskich stosunkach, kiedy więc w trakcie rozmowy siostra wybucha złością, mówi sobie, że przyczyną tego są zaburzenia psychiczne, co pomaga jej nie odbierać tego nazbyt osobiście. To umysłowe judo chroni ją przed toksycznym zarażeniem.

Chociaż z powodu automatycznego charakteru zarażenia emocjonalnego jesteśmy podatni na przygnębiające emocje, jest to zaledwie początek historii. Mamy bowiem także zdolność do wykonywania strategicznych posunięć zapobiegających zarażeniu, kiedy jest to potrzebne. Jeśli związek z inną osobą staje się destrukcyjny, dzięki tej taktyce umysłowej możemy stworzyć między nami a tą osobą bezpieczny dystans emocjonalny.

Na drodze niskiej wszystko dzieje się superszybko, w mgnieniu oka, ale nie jesteśmy zdani na łaskę i niełaskę wszystkiego, co do nas dociera. Kiedy natychmiastowe połączenia tej drogi sprawiają nam ból, może nas ochronić droga wysoka.

Droga wysoka daje nam wybór głównie dzięki obwodom nerwowym połączonym z korą oczodołową. Jeden strumień informacji płynie do i od ośrodków drogi niskiej, które wywołują nasze reakcje emocjonalne. W tym samym czasie kora oczodołowa wysyła strumień informacji do góry, by wywołać u nas myśli o tej reakcji. Ta biegnąca w górę odnoga pozwala nam na subtelniejsze działanie, które przygotowujemy, biorąc pod uwagę dokładniejsze zrozumienie tego, co się dzieje. Te równoległe drogi kierują przebiegiem każdego kontaktu z inną osobą, a kora oczodołowa jest stacją przekaźnikową między nimi.

Droga niska, ze swoimi superszybko działającymi neuronami lustrzanymi, pełni rolę czegoś w rodzaju szóstego zmysłu, nakłaniając nas do współodczuwania z inną osobą, mimo iż możemy sobie prawie nie zdawać sprawy z tego, że się do niej dostroiliśmy. Wywołuje ona u nas podobny stan emocjonalny bez korzystania z pośrednictwa jakichkolwiek myśli – pierwotną natychmiastową empatię.

Natomiast droga wysoka otwiera się, kiedy obserwujemy u siebie taką zmianę nastroju i zwracamy uwagę na to, co mówi ta osoba, by lepiej zrozumieć, co się stało. Włącza to do gry nasz mózg myślący, zwłaszcza ośrodki w korze przedczołowej. Dzięki temu nasze reakcje mogą być bardziej elastyczne, niż gdybyśmy korzystali tylko z dość stałego i ograniczonego repertuaru drogi niskiej. W miarę upływu milisekund i aktywacji szerokiego wachlarza odgałęzień drogi wysokiej, możliwości reakcji rosną w postępie geometrycznym.

A zatem podczas gdy droga niska rodzi natychmiastową więź emocjonalną, droga wysoka daje lepszą orientację społeczną, która z kolei umożliwia wybór odpowiedniej reakcji. Elastyczność ta opiera się na zasobach kory przedczołowej, ośrodka kierowniczego mózgu.

Lobotomia przedczołowa, modna w latach czterdziestych i pięćdziesiątych dwudziestego wieku interwencja chirurgiczna, polegała na przecięciu połączeń kory oczodołowej z innymi rejonami mózgu. (Był to często zabieg prymitywny, medyczny odpowiednik wbicia śrubokręta przez oko w mający konsystencję masła mózg.) W owym czasie neurolodzy mieli niewielkie pojęcie o konkretnych funkcjach różnych rejonów mózgu, nie mówiąc już o funkcjach, które pełni kora oczodołowa. Stwierdzali jednak, że poprzednio pobudzeni pacjenci stawali się po lobotomii spokojni, co z punktu widzenia osób kierujących zakładami dla psychicznie chorych i oddziałami psychiatrycznymi szpitali było dużą zaletą tej operacji.

Chociaż zdolności poznawcze pacjentów po lobotomii pozostawały niezmienione, zaobserwowano dwa tajemnicze „skutki uboczne": ich emocje się wyciszały albo w ogóle się ulatniały i osoby te traciły orientację w nowych dla nich sytuacjach społecznych. Obecnie wiadomo, że działo się tak, ponieważ kora oczodołowa dyryguje oddziaływaniami między naszymi stosunkami ze światem społecznym i naszym emocjonalnym samopoczuciem. Pacjenci po lobotomii byli więc całkowicie zdezorientowani w każdej nowej sytuacji społecznej.

Ekonomiczna wściekłość na drodze

Powiedzmy, że razem z obcą osobą dostajesz dziesięć dolarów, którymi macie się podzielić w dowolny sposób, na jaki się zgodzicie. Osoba ta proponuje ci dwa dolary i na tym koniec. Każdy ekonomista powie, że decyzja wzięcia tych pieniędzy wydaje się rozsądna. Ale jeśli przyjmiesz dwa dolary, osoba, która złożyła ci tę propozycję, zatrzyma dla siebie osiem. A więc mimo iż byłaby to decyzja rozsądna, większość ludzi oburza się na taką propozycję, a jeśli zaofiaruje się im tylko jednego dolara, czują się wręcz znieważeni.

Dzieje się tak stale podczas gry zwanej przez ekonomistów behawioralnych grą ultymatywną, kiedy jeden z partnerów czyni propozycje, które drugi może tylko przyjąć lub odrzucić. Jeśli zostaną odrzucone wszystkie oferty, obie strony niczego nie osiągają.

Oferta bardzo niskich zysków może wywołać coś, co jest ekonomicznym odpowiednikiem drogowej wściekłości[21]. Grę ultymatywną, stosowaną od dawna w symulacjach podejmowania decyzji ekonomicznych, włączył do badań z zakresu neurobiologii społecznej Jonathan Cohen, dyrektor Center for the Study of Brain, Mind, and Behavior na Princeton University. Jego zespół skanuje mózgi osób badanych podczas tej gry.

Cohen jest pionierem „neuroekonomiki", analizy ukrytych sił neuronalnych, kierujących podejmowaniem przez nas zarówno racjonalnych, jak i nieracjonalnych decyzji ekonomicznych – areny, na której odgrywają ogromną rolę obie drogi, wysoka i niska. Duża część tych badań koncentruje się na rejonach mózgu, które aktywne są w sytuacjach interpersonalnych. Ich wyniki są ważne dla zrozumienia irracjonalnych sił, które kierują rynkami ekonomicznymi.

„Jeśli ten pierwszy facet zaproponuje tylko jednego dolara – mówi Cohen – reakcją drugiego mogłoby być: «Idź do diabła». Ale zgodnie z ogólnie przyjętą teorią ekonomiczną jest to nieracjonalne, bo jeden dolar jest lepszy niż nic. Teoria ta doprowadza ekonomistów do szaleństwa. Faktycznie jest tak, że ludzie są czasami gotowi poświęcić swoje miesięczne zarobki, by ukarać kogoś za niesprawiedliwą ofertę".

Kiedy gra ultymatywna ogranicza się do jednej rundy, nierealistycznie niskie oferty wywołują często złość. Jeśli jednak graczom pozwala się na rozegranie wielu rund, jest bardziej prawdopodobne, że osiągną satysfakcjonujący obie strony kompromis.

Gra ultymatywna nie tylko przeciwstawia jedną osobę drugiej; powoduje ona, że w układach poznawczym i emocjonalnym każdej z nich trwa ustawiczna rywalizacja między drogami niską i wysoką. Droga wysoka opiera się w ogromnym stopniu na funkcjonowaniu kory przedczołowej, odgrywającej decydującą rolę w racjonalnym myśleniu. Kora oczodołowa, jak się przekonaliśmy, leży u dołu obszarów przedczołowych, patrolując granicę oddzielającą ją od emocjonalnie impulsywnych ośrodków drogi niskiej, takich jak ciało migdałowate, znajdujące się w śródmózgowiu.

Dzięki obserwacjom pozwalającym stwierdzić, które obwody nerwowe są aktywne podczas tych mikroekonomicznych transakcji, kiedy drogi wysoka i niska przeciwstawiają się sobie, Cohenowi udało się oddzielić wpływ racjonalnej kory przedczołowej od przejawiającej się owym „idź do diabła" impulsywności drogi niskiej, w tym przypadku wyspy, która podczas przeżywania przez nas pewnych emocji może reagować równie silnie jak ciało migdałowate. Uzyskane przez Cohena obrazy mózgu pokazują, że im silniejsza jest reaktywność drogi niskiej, tym mniej racjonalne z ekonomicznego punktu widzenia są reakcje graczy. A im aktywniejszy jest obszar przedczołowy, tym bardziej zrównoważony będzie wynik gry[22].

W eseju zatytułowanym „Wulkanizacja mózgu" (co jest nawiązaniem do pana Spocka ze *Star Trek*, hiperracjonalnej postaci z planety Wulkan) Cohen skupia się na wzajemnych oddziaływaniach między abstrakcyjnym przetwarzaniem informacji w obwodach drogi wysokiej, gdzie są one wartościowane jako przemawiające za daną decyzją lub przeciw niej, a następnie dokładnie i rozważnie analizowane, a operacjami dokonywanymi na drodze niskiej, gdzie rządzą emocje i predyspozycje do pochopnego działania. To, która droga zdobędzie przewagę, zależy – dowodzi Cohen – od siły obszaru przedczołowego, owego mediatora racjonalności.

W trakcie ewolucji ludzkiego mózgu rozmiary kory przedczołowej stały się tym, co w przeważającym stopniu oddaliło nas od innych naczelnych, które mają te obszary dużo mniejsze. W odróżnieniu od innych części mózgu, które wyspecjalizowane są w pełnieniu poszczególnych funkcji, temu ośrodkowi wykonawczemu pełnienie swojej funkcji zajmuje trochę więcej czasu. Z drugiej jednak strony obszar przedczołowy, niczym jakiś wielozadaniowy wzmacniacz mózgu, jest wyjątkowo elastyczny i może brać udział w wykonywaniu szerszego zakresu zadań niż którakolwiek inna struktura neuronalna.

„Kora przedczołowa – powiedział mi Cohen – tak zmieniła ludzki świat, że w sensie fizycznym, ekonomicznym, społecznym nic nie jest już takie samo, jak było".

Chociaż ludzki geniusz sypie jak z rękawa oszałamiającym bogactwem stale rozwijanych wynalazków – samochodami żrącymi paliwo i wojnami naftowymi, uprzemysłowioną hodowlą zwierząt i roślin i nadmiarem kalorii, pocztą elektroniczną i kradzieżą tożsamości – przedczołowe obwody nerwowe pomagają nam omijać te same niebezpieczeństwa, do których powstania się przyczyniły. Wiele z tych zagrożeń i pokus bierze się z bardziej prymitywnych pragnień rodzących się na drodze niskiej, kiedy stajemy przed obfitością okazji do folgowania sobie i nadużywania możliwości stworzonych przez drogę wysoką.

Jak ujął to Cohen: „Mamy dużo łatwiejszy dostęp do wszystkiego, czego pragniemy, na przykład do cukru i tłuszczu. Ale musimy równoważyć nasze krótko- i długofalowe korzyści".

Do tego zrównoważenia dochodzi za pośrednictwem kory przedczołowej, która władna jest powiedzieć impulsowi „nie" – tłumiąc chęć sięgnięcia po drugą porcję musu czekoladowego albo gwałtownego odwetu za afront[23]. W takich chwilach droga wysoka zdobywa panowanie nad niską.

Nie dla impulsu

Pewien mężczyzna z Liverpoolu co tydzień wypełniał skrupulatnie kupon loterii krajowej, skreślając zawsze te same liczby: 14, 17, 22, 24, 42 i 47. Któregoś dnia, oglądając telewizję, zobaczył, że wylosowano właśnie te liczby, a na szczęśliwy kupon przypada wygrana w wysokości dwóch milionów funtów. Niestety, akurat w tym tygodniu zapomniał odnowić kupon, który stracił ważność zaledwie przed paroma dniami. Pechowiec był tak przybity tym niepowodzeniem, że się zabił.

Wiadomość prasową o tej tragedii przytoczono w artykule naukowym o przeżywaniu żalu z powodu podjęcia złej decyzji[24]. Uczucia takie rodzą się w korze oczodołowej, wywołując wyrzuty sumienia i najprawdopodobniej prowadząc do samoobwiniania, które tak rozstroiło psychicznie owego nieszczęsnego gracza. Jednak pacjenci z uszkodzeniami kluczowych obwodów kory oczodołowej nie znają uczucia żalu; bez względu na to, jak złego dokonali wyboru, w ogóle się nie przejmują zaprzepaszczonymi szansami.

Kora oczodołowa wywiera łagodzący wpływ na ciało migdałowate, źródło nagłych przypływów emocji i impulsów[25]. Pacjenci ze zmianami w tych hamujących obwodach są jak małe dzieci – tracą zdolność powściągania impulsów emocjonalnych i nie mogą na przykład się powstrzymać od naśladowania czyjejś chmurnej miny. Ponieważ brakuje im tego bezpiecznika emocjonalnego, ich niesforne ciało migdałowate hasa do woli.

Pacjenci ci nie przejmują się też tym, co inni ludzie uznaliby za straszliwe gafy. Mogą na przykład powitać zupełnie obcą osobę uściskiem i pocałunkiem albo robić psikusy, które wydałyby się zabawne tylko trzyletniemu dziecku. Beztrosko ujawniają każdemu, kto tylko znajdzie się na tyle blisko, by mógł ich słyszeć, najbardziej żenujące szczegóły ze swojego życia, nie zdając sobie sprawy, że robią coś bardzo niestosownego[26]. Mimo iż potrafią racjonalnie wyjaśnić właściwe zasady przyzwoitości, nie zważają na nie, kiedy je łamią. Przy upośledzonej funkcji kory oczodołowej droga wysoka zdaje się bezsilna wobec niskiej[27].

Kora oczodołowa przestaje normalnie funkcjonować również u tych weteranów, którzy widząc w wieczornych wiadomościach scenę bitwy albo słysząc wystrzał gaźnika ciężarówki, ulegają zalewowi traumatycznych wspomnień o koszmarze, który przeżyli w czasie wojny. Winowajcą jest nadpobudliwe ciało migdałowate, które, błędnie reagując na sygnały trochę przypominające przyczynę doznanego przez nich urazu, wywołuje fale paniki. Normalnie kora oczodołowa oceniłaby to pierwotne uczucie przerażenia i wyjaśniłaby, że słyszymy nie karabiny nieprzyjaciela, ale wystrzały z gaźnika albo dźwięki towarzyszące obrazowi telewizyjnemu.

Kiedy układy drogi wysokiej utrzymują ciało migdałowate w ryzach, nie może ono odgrywać roli złego ducha mózgu. Kora oczodołowa zawiera neurony, które mogą powstrzymać wysyłane przez ciało migdałowate fale emocji, powiedzieć „nie" limbicznym impulsom. Podczas gdy obwody drogi niskiej wysyłają pierwotne impulsy emocjonalne („Chce mi się wyć" albo „Ona tak mnie denerwuje, że chcę stąd zmiatać"), kora oczodołowa ocenia je w kategoriach racjonalnych, kierując się bardziej finezyjnym zrozumieniem danej chwili („Jestem w bibliotece" albo „Przecież to dopiero nasza pierwsza randka"), i odpowiednio do tego je modyfikuje, działając jako hamulec emocji.

Kiedy te hamulce zawodzą, zachowujemy się niestosownie. Weźmy wyniki badań, w ramach których nie znających się studentów zaprowadzono do laboratorium i wirtualnie połączono w pary w kanale dyskusyjnym, by się poznali[28]. Prawie jedna na pięć z tych internetowych rozmów przybrała szybko zdumiewająco seksualny charakter, z niedwuznacznymi terminami, obrazowymi opisami aktów seksualnych i otwartym zabieganiem o seks.

Późniejsza lektura zapisów rozmów wprawiła eksperymentatora, który prowadził te badania, w oszołomienie. Kiedy bowiem przyprowadzał i odprowadzał studentów z kabin, wszyscy byli powściągliwi, skromni i bez wyjątku uprzejmi, co stanowiło jaskrawy kontrast z ich nieskrępowaną rozwiązłością w sieci.

Przypuszczalnie żaden z nich nie ośmieliłby się wdać w rozmowę o tak otwarcie seksualnym charakterze, gdyby prowadził konwersację twarzą w twarz z osobą, którą poznał zaledwie parę minut wcześniej. W tym właśnie rzecz – podczas osobistych interakcji nawiązujemy kontakt emocjonalny, odczytując głównie z wyrazu twarzy i tonu głosu rozmówcy jego reakcje, które natychmiast mówią nam, kiedy jesteśmy na właściwym torze, a kiedy z niego zbaczamy.

Coś podobnego do tych niestosownych rozmów o seksie w laboratorium badawczym notuje się od pierwszych lat istnienia Internetu i jest to tzw. „flaming", czyli zamieszczanie przez dorosłych w sieci infantylnie obraźliwych komentarzy[29]. Normalnie droga wysoka nie pozwala nam przekraczać pewnych granic, ale w Internecie nie widzimy tego rodzaju reakcji, których potrzebuje kora oczodołowa, by pomóc nam trzymać się towarzysko dopuszczalnych tematów.

Po namyśle

Jakie to smutne. Ta biedna kobieta, stojąca zupełnie sama przed kościołem, szlochająca. W środku musi odbywać się ceremonia pogrzebowa. Ta kobieta musi strasznie odczuwać brak osoby, którą straciła...

Po zastanowieniu, to nie jest pogrzeb. Przed kościołem stoi biała limuzyna udekorowana pięknymi kwiatami – to ślub! Jakie to miłe...

Takie były myśli kobiety przyglądającej się zdjęciu nieznajomej, szlochającej pod kościołem. Pierwszy rzut oka zasugerował jej, że widzi scenę pogrzebu, i poczuła, jak ogarnia ją smutek, a do oczu napłynęły jej łzy współczucia. Jednak bliższe przyjrzenie się zdjęciu i chwila namysłu całkowicie zmieniły jego wpływ. Dostrzeżenie w tej kobiecie uczestniczki ślubu i wyobrażenie sobie tej radosnej sceny przemieniły jej smutek w radość. Zmieniając nasze spostrzeżenia, możemy zmienić nasze emocje.

Ten drobny fakt z życia codziennego został zdekonstruowany w kategoriach mechaniki mózgu dzięki badaniom z wykorzystaniem obrazowania mózgu, przeprowadzonym przez Kevina Ochsnera[30]. Mający dopiero trzydzieści parę lat Ochsner został już ważną postacią w tej raczkującej dyscyplinie. Kiedy złożyłem mu wizytę w schludnie urządzonym gabinecie, oazie porządku w Schermerhorn Hall, tym zatęchłym labiryncie króliczych nor, w którym mieści się wydział psychologii Columbia University, wyjaśnił mi, na czym polegają jego metody.

Oto w fMRI Research Center Columbii leży w długim, ciemnym tunelu aparatu MRI, na wysuwanym łóżku, ochotniczka, która zgłosiła się do badań Ochsnera. Ta chętna dusza ma na głowie coś, co wygląda jak klatka dla ptaków, a co wykrywa fale radiowe emitowane przez atomy w mózgu. Namiastkę kontaktu z innymi ludźmi stwarza lustro przemyślnie umieszczone pod kątem czterdziestu pięciu stopni nad tą „klatką", które odbija obraz rzucany z drugiego końca łóżka, gdzie z masywnego urządzenia wystają stopy osoby badanej[31].

Na pewno nie są to warunki naturalne, ale dzięki nim uzyskuje się szczegółowe mapy reakcji mózgu na konkretny bodziec, czy to zdjęcie kogoś zdjętego skrajnym przerażeniem, czy też odtwarzany przez słuchawki śmiech niemowlęcia. Badania za pomocą takich metod pozwalają neurobiologom określać z bezprecedensową precyzją strefy mózgu, które łączą się w zorganizowanym działaniu podczas przeróżnych kontaktów dwóch osób.

W badaniach Ochsnera kobiety przyglądały się zdjęciu, pozwalając przepłynąć przez swój umysł pierwszym myślom i uczuciom. Następnie instruowano je, by celowo przemyślały ponownie, co może się dziać na zdjęciu, i zinterpretowały tę scenę w mniej przygnębiający sposób.

Tak oto scena pogrzebu zmieniała się w scenę ślubu. Wraz z pojawieniem się tej drugiej myśli mechanizmy neuronalne osoby badanej tłumiły aktywność ośrodków emocjonalnych, które sprawiały, że odczuwała smutek. Ujmując to precyzyjniej, sekwencja wydarzeń neuronalnych przebiegała tak: prawe ciało migdałowate, gdzie mieści się mechanizm wyzwalający przykre emocje, dokonało automatycznej, superszybkiej oceny emocjonalnej tego, co przedstawiało zdjęcie – pogrzebu – i pobudziło obwód smutku.

Ta pierwsza reakcja emocjonalna pojawia się tak szybko i samorzutnie, że kiedy ciało migdałowate pobudza inne obszary mózgu, korowe ośrodki myślenia nie skończyły nawet analizować sytuacji. Równolegle z pojawieniem się gwałtownie wzbudzonych przez ciało migdałowate uczuć układy łączące ośrodki emocjonalne i poznawcze weryfikują i doprecyzowują tę reakcję, dodając emocjonalny smak do tego, co spostrzegamy. I tak oto tworzy się nasze pierwsze wrażenie („Jakie to smutne – ona płacze na pogrzebie").

Powtórna, intencjonalna ocena zdjęcia („To ślub, nie pogrzeb") zastąpiła początkową myśl nową myślą, a pierwszy przypływ negatywnego uczucia dozą innego, weselszego, uruchamiając ciąg mechanizmów, które uspokoiły ciało migdałowate i powiązane z nim obwody. Badania Ochsnera świadczą, że im bardziej zaangażowana jest kora przedniej części zakrętu obręczy, tym skuteczniej ponowne przemyślenie sytuacji zmienia nasz nastrój na lepszy. W dodatku im większa jest aktywność pewnych obszarów przedczołowych, tym bardziej stłumione są reakcje ciała migdałowatego podczas ponownej oceny sytuacji[32]. Kiedy przemawia droga wysoka, odbiera niskiej mikrofon.

Gdy odnosimy się do niepokojącej sytuacji intencjonalnie, droga wysoka może zapanować nad ciałem migdałowatym poprzez jeden z kilku obwodów kory przedczołowej. O tym, który z nich się uaktywni, decyduje przyjęta przez nas strategia umysłowa. Jeden z obwodów przedczołowych zostaje pobudzony, kiedy patrzymy na cierpienie innej osoby – na przykład poważnie chorego pacjenta – w obiektywny sposób, z perspektywy klinicysty, jakbyśmy nie byli z nią w ogóle osobiście związani (jest to strategia typowa dla pracowników służby zdrowia). Inny obwód uaktywnia się, kiedy dokonujemy ponownej oceny sytuacji pacjenta, mając na przykład nadzieję, że wszystko się dobrze ułoży, i myśląc, że przecież nie jest śmiertelnie chory, ma silny organizm i najpewniej wyzdrowieje[33]. Zmieniając znaczenie tego, co spostrzegamy, zmieniamy też tego wpływ emocjonalny. Jak tysiące lat temu powiedział Marek Aureliusz, ból „nie wynika z samej tej rzeczy, lecz z twojej jej oceny, a tę jesteś w stanie uchylić w każdej chwili".

Pojawiające się ostatnio dane dotyczące ponownej oceny pozwalają sprostować szeroko rozpowszechnioną opinię, że w naszym życiu psychicznym nie mamy praktycznie żadnego wyboru, bo wiele z naszych myśli, uczuć i działań pojawia się automatycznie, w mgnieniu oka[34]. „Myśl, że to wszystko dzieje się automatycznie, jest przygnębiająca –

zauważa Ochsner. – Ponowna ocena zmienia naszą reakcję emocjonalną. Kiedy dokonujemy jej celowo, uzyskujemy świadomą kontrolę nad naszymi emocjami".

Już samo nazwanie emocji, które czujemy, może uspokoić ciało migdałowate[35]. Taka powtórna ocena ma przeróżne konsekwencje dla naszych związków z innymi. Przede wszystkim potwierdza to naszą zdolność do ponownego przemyślenia odruchowych reakcji na czyjeś poczynania, do wnikliwszej oceny sytuacji i do zastąpienia nierozważnego nastawienia takim, które lepiej posłuży nam i innej osobie.

Droga wysoka, droga wyboru, oznacza również, że możemy reagować, jak chcemy, nawet na niechciane zarażenie emocjonalne[36]. Zamiast dać się, powiedzmy, ogarnąć emocji emanującej od kogoś, kto histeryzuje ze strachu, możemy zachować spokój i przyjść mu na ratunek. Jeśli ktoś trzęsie się ze wzburzenia, którego nie chcemy z nim dzielić, możemy uchronić się przed zarażeniem, pozostając w nastroju, który bardziej nam odpowiada.

Bogactwo życia wciąga nas w nieskończoną liczbę symulacji. Reagując na nie, możemy skorzystać z pierwszej możliwości, proponowanej przez drogę niską, ale to droga wysoka decyduje, co zrobimy.

Przeprojektowanie drogi niskiej

David Guy miał szesnaście lat, kiedy po raz pierwszy dostał ataku tremy. Stało się to podczas lekcji angielskiego, kiedy nauczycielka poprosiła go, by przeczytał głośno swoje wypracowanie.

Na samą myśl o tym w głowie Davida pojawiły się obrazy kolegów z klasy. Chociaż chciał zostać pisarzem i eksperymentował z nowymi technikami, kolegów pisanie nic nie obchodziło. Żywili typową dla nastolatków pogardę dla udawania, a ich sarkazm był bezlitosny.

David pragnął za wszelką cenę uniknąć nieuchronnej, jak mu się wydawało, krytyki i szyderstw z ich strony. I tak stwierdził nagle, że nie potrafi wymówić ani słowa. Trema była paraliżująca: zrobił się czerwony jak burak, pociły mu się dłonie, a serce waliło tak szybko, że nie mógł złapać tchu. Im bardziej się starał, tym większa ogarniała go panika.

Trema już go nie opuściła. Chociaż zgłoszono jego kandydaturę na przewodniczącego klasy w ostatnim roku nauki, odmówił udziału w wyborach, kiedy uświadomił sobie, że jej przyjęcie oznaczałoby, iż musiałby wygłosić przemówienie. Jeszcze wiele lat później, po wydaniu pierwszej powieści, nadal unikał przemawiania publicznie, odrzucając propozycje przeczytania fragmentów swojej książki[37].

W tym lęku przed publicznymi wystąpieniami David Guy ma licznych towarzyszy niedoli. Badania pokazują, że jest to najpowszechniejsza ze wszystkich fobii, bo przyznaje się do niej jeden na pięciu Amerykanów. Obawa przed stanięciem przed publicznością jest wszakże tylko jedną z wielu form, które przybiera „fobia społeczna", jak określa ten lęk psychiatryczny podręcznik diagnostyczny. Jest ich w istocie cały wachlarz, od obawy przed poznawaniem nowych ludzi czy rozmową z nieznajomym po jedzenie w miejscu publicznym czy korzystanie ze wspólnej toalety.

Podobnie jak to było w przypadku Davida, pierwszy epizod zdarza się często w wieku dojrzewania, chociaż lęk utrzymuje się przez całe życie. Ludzie zadają sobie wiele trudu, by unikać sytuacji, które napełniają ich lękiem, ponieważ sama perspektywa znalezienia się w sytuacji budzącej strach rodzi falę niepokoju.

Trema taka jak u Davida może mieć zadziwiającą siłę oddziaływania na naszą biologię. Wystarczy sobie tylko wyobrazić drwiny publiczności, by uaktywniło się ciało migdałowate, zmuszając organizm do zareagowania zalewem hormonów stresowych.

Tego rodzaju wyuczone reakcje lękowe przyswajamy sobie częściowo w obwodzie koncentrującym się wokół ciała migdałowatego, które Joseph LeDoux lubi nazywać „centralą strachu"[38]. LeDoux zna doskonale teren ciała migdałowatego i od dziesiątków lat bada tę grupę neuronów w Center for Neural Science na New York University. Odkrył, że komórki ciała migdałowatego, które rejestrują informacje czuciowe, i przyległe do nich obszary, które przyswajają sobie reakcje lękowe w chwili, kiedy nauczyliśmy się bać czegoś, zaczynają przesyłać impulsy według nowego wzoru[39].

Nasze wspomnienia są częściowo rekonstrukcjami. Za każdym razem kiedy przywołujemy jakieś wspomnienia, mózg nieco je zmienia, dostosowując przeszłość do naszych obecnych trosk i zrozumienia. Na poziomie komórkowym, wyjaśnia LeDoux, przywołanie wspomnienia oznacza, że zostanie ono „ponownie scalone", nieco zmienione chemicznie przez nową syntezę białka, dzięki której zostanie po aktualizacji na nowo przechowane w zasobach pamięci[40].

A zatem za każdym razem kiedy odtwarzamy wspomnienie, wydobywając informacje zawarte w jego śladzie pamięciowym, zmieniamy skład chemiczny tego śladu; kiedy przywołamy je następnym razem, będzie ono miało tę zmodyfikowaną formę, którą nadaliśmy mu ostatnio. Szczegóły owego nowego scalenia zależą od tego, czego się uczymy, kiedy je odtwarzamy. Jeśli mamy tylko nawrót tego samego strachu, pogłębiamy naszą strachliwość.

Droga wysoka może jednak wnieść do niskiej rozsądek. Jeśli w czasie gdy odczuwamy lęk, powiemy sobie coś, co poluźni nieco jego kleszcze, wspomnienie to zostanie zakodowane na nowo w postaci oddziałującej na nas z mniejszą siłą. Stopniowo możemy dojść do tego, że będziemy przywoływali budzące niegdyś strach wspomnienie, nie odczuwając na nowo zagrożenia. W takim przypadku, mówi LeDoux, komórki naszego ciała migdałowatego przeprogramowują się w sposób, który sprawia, że znikają skutki pierwotnego warunkowania strachu[41]. A zatem jako jeden z celów terapii postrzegać można stopniowe zmienianie neuronów będących miejscem przechowywania wyuczonego strachu[42].

Podczas leczenia czasami naprawdę wystawia się osobę cierpiącą na zaburzenia lękowe na to, co budzi w niej strach. Sesje zaczynają się od zrelaksowania pacjenta, często metodą kilkuminutowego powolnego oddychania brzusznego. Następnie stawia się go w sytuacjach budzących u niego lęk, przechodząc stopniowo od najłagodniejszych do najstraszniejszych.

Pewna policjantka z nowojorskiej drogówki wyznała, że wpadła we wściekłość na kierowcę, który nazwał ją „suką z marginesu". A więc podczas terapii wystawiającej powtarzano jej to określenie, najpierw beznamiętnym tonem, potem z coraz większym negatywnym ładunkiem emocjonalnym, a na koniec z dodatkiem obscenicznych gestów. Terapia kończy się sukcesem, kiedy – bez względu na to, jak ohydnie brzmi to powtarzane określenie – potrafi ona zachować spokój i przypuszczalnie, kiedy znalazłszy się z powrotem na służbie, potrafi spokojnie, mimo obelg, wypisać mandat[43].

Niektórzy terapeuci zadają sobie wiele trudu, by odtworzyć scenę, która wyzwala lęk społeczny, chociaż czynią to w bezpiecznym otoczeniu gabinetu. Pewien terapeuta kognitywny, znany z wprawy w leczeniu zaburzeń lękowych, wykorzystuje grupę terapeutyczną jako „próbną" publiczność słuchającą pacjentów, którzy starają się pokonać lęk przed publicznymi wystąpieniami[44]. Pacjent stosuje zarówno metodę relaksacji, jak i myśli przeciwstawnych tym, które wywołują u niego lęk. Tymczasem terapeuta przygotowuje pozostałych członków do tego, by zachowywali się w sposób szczególnie trudny dla pacjenta, poczynając od złośliwych komentarzy, po przybieranie znudzonych albo wyrażających dezaprobatę min.

Oczywiście nasilenie wystawienia nie może przekraczać granic wytrzymałości pacjenta. Kobieta, która miała stanąć wobec takiej wrogiej publiczności, przeprosiła, mówiąc, że musi pójść na chwilę do toalety, gdzie się zamknęła i skąd nie chciała wyjść. W końcu namówiono ją do kontynuacji leczenia.

LeDoux uważa, że już samo omówienie jakiegoś bolesnego wydarzenia z przeszłości z kimś, kto pomoże nam spojrzeć na to z innego punktu widzenia, może stopniowo zmniejszyć cierpienie dzięki ponownemu zakodowaniu niepokojących wspomnień. Może to być jedną z przyczyn ulgi, którą odczuwa pacjent, kiedy wspólnie z terapeutą analizuje swoje kłopoty – sama rozmowa może zmienić sposób, w jaki mózg rejestruje informacje o tym, co było złe.

„To coś, co zdarza się naturalnie – mówi LeDoux – kiedy obracamy w myślach na wszystkie strony przyczynę naszego niepokoju i dochodzimy do nowego punktu widzenia". Wykorzystujemy drogę wysoką do przeprojektowania niskiej[45].

Mózg społeczny

Jak powie ci każdy neurobiolog, określenie „mózg społeczny" nie odnosi się do jakiegoś guza znanego frenologii ani konkretnego zbioru komórek mózgowych, lecz do szczególnego zbioru połączeń nerwowych, których aktywność zostaje skoordynowana, kiedy wchodzimy we wzajemne kontakty z innymi osobami[46]. Chociaż niektóre struktury mózgu odgrywają szczególnie dużą rolę w nawiązywaniu i utrzymywaniu stosunków międzyludzkich, nie wydaje się, by jakiś jego większy rejon zajmował się wyłącznie życiem społecznym[47].

Niektórzy badacze przypuszczają, że tak szerokie rozłożenie odpowiedzialności neuronalnej za nasze życie społeczne wynika z faktu, iż dopiero wraz z pojawieniem się naczelnych, pod koniec procesu rzeźbienia przez naturę mózgu, tworzenie grup społecznych stało się istotnym elementem repertuaru zachowań zapewniających przetrwanie. Wydaje się, że natura, kreując układ, który umożliwiłby skorzystanie z tej późno pojawiającej się okazji, musiała zadowolić się dostępnymi wówczas strukturami i połączyć istniejące już części w spójny zbiór dróg dla sprostania wyzwaniom stawianym przez te złożone związki.

Mózg wykorzystuje każdą część anatomiczną do niezliczonych zadań. Analizowanie czynności mózgu pod względem konkretnej funkcji, takiej jak interakcje społeczne, daje neurobiologom możliwość zorientowania się z grubsza w przytłaczającej liczbie 100 miliardów neuronów i ich około 100 bilionów połączeń – najgęstszej sieci połączeń, jaką zna nauka. Neurony te zorganizowane są w moduły, zachowujące się jak coś w rodzaju skomplikowanego, huśtającego się mobilu, w którym drgania jednej części rozchodzą się po całym układzie.

Kolejna komplikacja: natura jest oszczędna. Na przykład serotonina jest neuroprzekaźnikiem, który wytwarza w mózgu uczucia dobrostanu. Wiadomo, że środki przeciwdepresyjne SSRI (skrót od *selective serotonin reuptake inhibitors*, „selektywne inhibitory zwrotnego wychwytu serotoniny") podnoszą poziom serotoniny, poprawiając tym samym nastrój. Ale ten sam związek, serotonina, bierze udział w regulacji procesów trawienia. Około 95 procent obecnej w naszym organizmie serotoniny występuje w układzie pokarmowym, gdzie siedem rodzajów receptorów tego hormonu kieruje wieloma różnymi czynnościami, od napływu enzymów trawiennych po przesuwanie pokarmu w jelitach[48].

Tak jak ta sama molekuła reguluje zarówno trawienie, jak i uczucie zadowolenia, tak też praktycznie wszystkie drogi nerwowe, które łączą się w mózg społeczny, kierują szeregiem różnych czynności. Kiedy jednak działają wspólnie, powiedzmy po to, by pokierować rozmową twarzą w twarz, te szeroko rozrzucone sieci mózgu społecznego tworzą wspólny kanał nerwowy[49].

Większą część połączeń mózgu społecznego ustalono dzięki obrazowaniu jego pracy. Podobnie jednak jak turysta, który przyjeżdża na kilka tylko dni do Paryża, obrazowanie mózgu koncentruje się z konieczności na obszarach bezpośrednio interesujących badaczy i nie obejmuje wszystkich wartych uwagi obiektów. Oznacza to pomijanie szczegółów. I tak, na przykład, kiedy obrazy fMRI uwydatniają autostradę społeczną łączącą korę oczodołową z ciałem migdałowatym, nie uwzględniają detali około czternastu odrębnych jąder ciała migdałowatego, z których każde pełni inną funkcję. W tej nowej dziedzinie nauki jest jeszcze wiele do poznania (więcej szczegółów, zob.: Dodatek B).

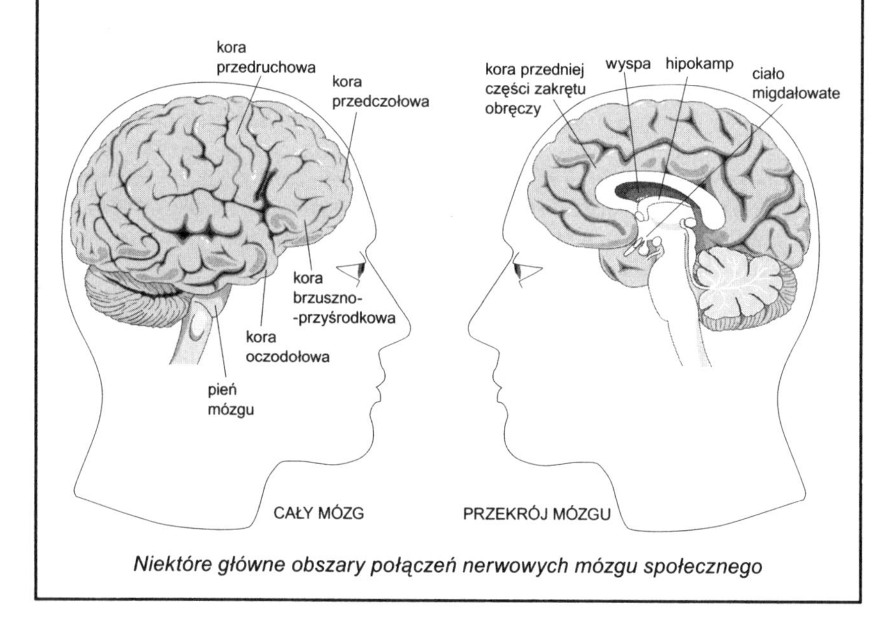

Niektóre główne obszary połączeń nerwowych mózgu społecznego

Rozdział 6

Czym jest inteligencja społeczna?

Trzech dwunastolatków zmierza na boisko piłkarskie na lekcję wychowania fizycznego. Dwóch atletycznie wyglądających chłopców idzie za trzecim, ich trochę za grubym kolegą z klasy, i drwi z niego.

– Więc chcesz spróbować zagrać w nogę – mówi jeden z tych dwóch głosem pełnym pogardy.

Jest to sytuacja, która – biorąc pod uwagę kodeks społeczny tych chłopców – może łatwo przerodzić się w bójkę.

Ten pulchny zamyka na chwilę oczy i bierze głęboki oddech, jakby przygotowywał się do czekającej go konfrontacji. Potem odwraca się do tamtych dwóch i odpowiada spokojnym, rzeczowym głosem:

– Tak, chcę spróbować, ale nie jestem w tym dobry. Po chwili dodaje: – Jestem za to dobry w plastyce – pokaż mi coś, a narysuję to naprawdę nieźle... Potem, wskazując na swojego antagonistę, mówi: – No, ale ty – ty w nogę grasz świetnie, naprawdę fantastycznie! Chciałbym tak grać, ale nie gram. Może się trochę podszkolę, jeśli będę próbował.

Na to pierwszy chłopiec, całkowicie rozbrojony, mówi przyjaznym tonem:

– No, nie jesteś aż taki zły. Może pokażę ci parę sztuczek.

Ta krótka wymiana zdań jest mistrzowskim pokazem inteligencji społecznej[1]. To, co mogło łatwo doprowadzić do bójki, teraz może rozwinąć się w przyjaźń. Pulchny artysta nie poddał się nie tylko wzburzonym prądom społecznym szkoły, ale nie uległ też w bardziej subtelnej walce – w niewidocznym przeciąganiu liny między jego mózgiem a mózgiem kolegi-sportowca.

Zachowując spokój, początkujący artysta oparł się próbie wepchnięcia go szyderstwem w złość i wciągnął drwiącego z niego kolegę w krąg własnych, bardziej przyjaznych emocji. Jest to pokaz najwyższej klasy neuronalnego jujitsu, przebłysk czystego talentu towarzyskiego.

„Inteligencja społeczna objawia się w całej krasie w przedszkolu, na placu zabaw, w koszarach, fabrykach i salonach sprzedaży, ale wymyka się formalnym, wystandaryzowanym kryteriom laboratorium badawczego". Pisał tak Edward Thorndike, psycholog z Columbia University, który jako pierwszy zaproponował to pojęcie w artykule zamieszczonym w 1920 roku w „Harper's Monthly Magazine"[2]. Thorndike zauważył, że ta interpersonalna skuteczność ma decydujące znaczenie dla odniesienia sukcesu w wielu sferach, zwłaszcza w sferze przywództwa. „Najlepszy mechanik w fabryce – pisał – może z powodu braku inteligencji społecznej zawieść jako brygadzista"[3].

Pod koniec lat pięćdziesiątych ubiegłego wieku David Wechsler, wpływowy psycholog, który stworzył jedną z najpowszechniej używanych miar ilorazu inteligencji, odrzucił jednak pojęcie inteligencji społecznej, widząc w niej tylko „inteligencję ogólną stosowaną w sytuacjach społecznych"[4].

Teraz, pół wieku później, kiedy neurobiologia zaczyna kreślić mapy obszarów mózgu, które regulują dynamikę stosunków międzyludzkich (szczegóły, zob.: Dodatek C), owo pojęcie dojrzało do tego, by je przemyśleć na nowo.

Pełniejsze zrozumienie inteligencji społecznej wymaga, byśmy włączyli do niej zdolności „niepoznawcze" – na przykład talent, który pozwala wrażliwej pielęgniarce uspokoić płaczącego malucha tylko jednym, dodającym otuchy dotknięciem, bez potrzeby zastanawiania się choćby przez chwilę nad tym, co zrobić.

Psycholodzy sprzeczają się o to, które ludzkie zdolności są społeczne, a które emocjonalne. Nic dziwnego, bo te dwie sfery zachodzą na siebie, podobnie jak społeczna nieruchomość mózgu, której teren pokrywa się częściowo z działkami ośrodków emocjonalnych[5]. „Wszystkie emocje są społeczne – zauważa Richard Davidson, dyrektor Laboratory for Affective Neuroscience na University of Wisconsin. – Nie można oddzielić przyczyny emocji od świata związków międzyludzkich – nasze interakcje społeczne kierują naszymi emocjami".

Mój model inteligencji emocjonalnej obejmował inteligencję społeczną, ale podobnie jak inni teoretycy z tej dziedziny, nie skupiałem

Inteligencja społeczna

Świadomość społeczna

Świadomość społeczna oznacza spektrum, które rozciąga się od natychmiastowego wyczucia wewnętrznego stanu innej osoby, przez zrozumienie jej uczuć i myśli, po pojmowanie złożonych sytuacji społecznych. Składają się na nią:

- *Empatia pierwotna*: współodczuwanie z inną osobą; wychwytywanie niewerbalnych sygnałów emocji.
- *Dostrojenie*: uważne słuchanie; dostrajanie się do drugiej osoby.
- *Trafność empatyczna*: rozumienie myśli, uczuć i intencji drugiej osoby.
- *Poznanie społeczne*: wiedza o tym, jak funkcjonuje świat społeczny.

Sprawność społeczna

Samo wyczuwanie tego, jak czuje się inna osoba, albo zrozumienie tego, co myśli i jakie ma zamiary, nie gwarantuje owocnych interakcji. Sprawność społeczna opiera się na świadomości społecznej, pozwalając na gładki, efektywny przebieg interakcji. Spektrum sprawności społecznej obejmuje:

- *Synchronię*: gładki przebieg kontaktu na płaszczyźnie niewerbalnej.
- *Autoprezentację*: przekonujące przedstawianie siebie.
- *Wpływ*: kształtowanie wyniku interakcji społecznych.
- *Troskę*: dbanie o potrzeby innych i działanie zgodnie z nimi.

się zbytnio na tym fakcie[6]. Zrozumiałem jednak po pewnym czasie, że wrzucanie inteligencji społecznej do jednego worka z emocjonalną hamuje świeże myślenie o ludzkiej zdolności do wchodzenia w związki z innymi, ignorując to, co się dzieje, kiedy nawiązujemy ze sobą kontakty[7]. Ta krótkowzroczność pozostawia w cieniu „społeczną" część inteligencji.

Składniki inteligencji społecznej, które tutaj przedstawiam, można ująć w dwie szerokie kategorie: świadomość społeczną, czyli to, co wyczuwamy w innych, i sprawność społeczną, czyli to, co robimy z tą świadomością.

Zarówno świadomość, jak i sprawność społeczna obejmują zdolności podstawowe, na poziomie drogi niskiej, oraz bardziej złożone ich wyrazy, z poziomu drogi wysokiej. Na przykład synchronia i empatia pierwotna są zdolnościami czysto „niskodrogowymi", natomiast trafność empatyczna i wpływ mieszaniną zdolności obu dróg. Chociaż niektóre z tych umiejętności mogą się wydawać „miękkie", istnieje już zadziwiająco duża liczba testów i skal do ich mierzenia.

Empatia pierwotna

Pewien mężczyzna przyszedł do ambasady po wizę. Podczas rozmowy z nim urzędnik ambasady zauważył coś dziwnego: kiedy zapytał go, po co mu wiza, na twarzy mężczyzny pojawił się na chwilę wyraz odrazy. Zaalarmowany tym urzędnik poprosił petenta, by poczekał parę minut, i poszedł do innego pokoju sprawdzić bazę danych Interpolu. Okazało się, że człowiek ten jest uciekinierem poszukiwanym przez policję kilku krajów.

Wykrycie przez urzędnika tej ulotnej ekspresji emocji świadczy o darze empatii pierwotnej, dużej zdolności wyczuwania emocji innych osób. Ta odmiana empatii, zdolność drogi niskiej, działa – albo nie – szybko i automatycznie. Neurobiolodzy uważają, że ta intuicyjna empatia jest w dużej mierze dziełem neuronów lustrzanych[8].

Chociaż możemy przestać mówić, to nie możemy przestać wysyłać sygnałów (tonu głosu, ulotnych ekspresji emocji) o tym, co czujemy. Nawet kiedy staramy się stłumić wszystkie oznaki swoich emocji, zawsze znajdą sobie jakąś szczelinę, by przeciec. W tym sensie nie możemy nie komunikować emocji.

Trafny test empatii pierwotnej byłby oceną dokonującego się na drodze niskiej szybkiego, samorzutnego odczytania tych niewerbalnych sygnałów. W tym celu taki test musi skłaniać nas do reakcji na przedstawienie innej osoby.

Po raz pierwszy zetknąłem się z podobnym testem, kiedy borykałem się ze zdobyciem materiałów do mojej pracy magisterskiej. Pamiętam, że dwoje innych magistrantów na drugim końcu sali zdawało się bawić lepiej niż ja. Jedną z tych osób była Judith Hall, która jest obecnie profesorem na Northeastern University, drugą Dane Archer, pracujący teraz na University of California w Santa Cruz. Wtedy byli studentami psychologii społecznej i pisali prace pod kierunkiem Roberta Rosenthala. Kiedy ich spostrzegłem, byli w trakcie kręcenia na kasetach wideo filmu z Hall w głównej i jedynej roli. Kasety te są obecnie jedną z najszerzej używanych miar wrażliwości i interpersonalnej.

Archer filmował, natomiast Hall odtwarzała różne sceny, od zwracania w sklepie wadliwego produktu po mówienie o śmierci przyjaciółki. W ramach tego testu, nazwanego profilem wrażliwości niewerbalnej (PONS, od ang. *Profile of Nonverbal Sensitivity*), osoby badane prosi się, by na podstawie dwusekundowego fragmentu danej sceny odgadły emocję przedstawionej w niej osoby[9]. Mogą one, na przykład, zobaczyć fragment pokazujący tylko twarz Hall albo jej ciało, ale mogą też jedynie usłyszeć jej głos.

Pracownicy, którzy dobrze wypadają w PONS, oceniani są z reguły przez swoich kolegów i przełożonych jako bardziej interpersonalnie wrażliwi. Klinicyści i nauczyciele z takimi wynikami otrzymują w pracy wyższe oceny. Jeśli są lekarzami, ich pacjenci są bardziej zadowoleni z opieki medycznej; jeśli są nauczycielami, postrzegani są jako lepsi pedagodzy. Ogólnie biorąc, bez względu na wykonywany zawód, są bardziej lubiani.

Kobiety wypadają lepiej w tym wymiarze empatii, uzyskując średnio wyniki o trzy procent lepsze niż mężczyźni. Bez względu na to, jak rozwinięta jest u nas ta zdolność teraz, zdaje się ona z upływem czasu zwiększać, rozwijać pod wpływem doświadczeń życiowych. Na przykład kobiety mające małe dzieci dekodują sygnały niewerbalne lepiej niż ich bezdzietne rówieśniczki. Prawie u każdego jednak zdolność ta poprawia się w okresie od dojrzewania do mniej więcej dwudziestego piątego roku życia.

Inną miarę empatii pierwotnej, test odczytywania myśli z wyrazu oczu, opracował Simon Baron-Cohen, ekspert od autyzmu, i jego zespół badawczy z Cambridge University[10]. (Na następnej stronie zamieszczone są trzy z trzydziestu sześciu zdjęć składających się na ten test.)

Osoby, które uzyskują wysokie wyniki z odczytywania komunikatów z wyrazu oczu, mają talent do empatii i do pełnienia każdej roli, która tego talentu wymaga, poczynając od dyplomacji i pracy w policji, po pielęgnowanie chorych i psychoterapię. Ci, którzy wypadają słabo, cierpią prawdopodobnie na autyzm.

Dostrojenie

Dostrojenie jest uwagą, która wykracza poza chwilową empatię i staje się krzepiącą, ułatwiającą wzajemne zrozumienie obecnością ciałem i duchem. Poświęcamy drugiej osobie całą uwagę i w pełni jej słuchamy. Zamiast mówić swoje, staramy się raczej ją zrozumieć.

Takie uważne słuchanie wydaje się zdolnością wrodzoną. Mimo to, podobnie jak w przypadku wszystkich wymiarów inteligencji społecznej, można rozwinąć swoje umiejętności dostrajania[11]. A wszyscy możemy sobie ułatwić dostrojenie się, zwracając po prostu intencjonalnie większą uwagę na to, co mówi druga osoba.

Styl mówienia danej osoby daje wskazówki co do jej zdolności uważnego słuchania. W chwilach autentycznego połączenia to, co mówimy, będzie reakcją na to, co druga osoba czuje, mówi i robi. Kiedy jednak łączność między nami szwankuje, nasze komunikaty stają się słownymi pociskami – nie zmieniają się tak, by pasować do wewnętrznego stanu rozmówcy, ale po prostu odzwierciedlają nasz stan. Słuchanie wszystko zmienia. M ó w i e n i e do kogoś, zamiast s ł u c h a n i a go, sprowadza rozmowę do monologu.

Zgadnij, który z czterech przymiotników otaczających każdą parę oczu najtrafniej opisuje, co te oczy wyrażają

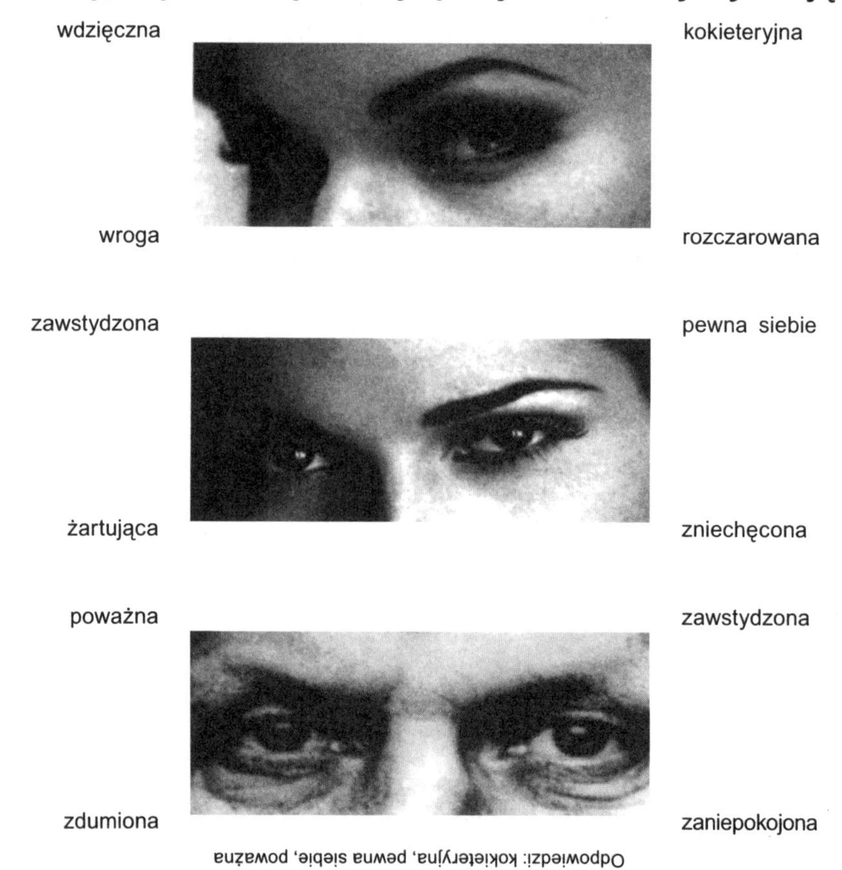

Odpowiedzi: kokieteryjna, pewna siebie, poważna

Kiedy przejmuję kontrolę nad konwersacją, mówiąc do ciebie, zaspokajam swoje potrzeby, nie zważając na twoje. Natomiast prawdziwe słuchanie wymaga, bym dostroił się do twoich uczuć, dał ci powiedzieć, co masz do powiedzenia, i pozwolił rozmowie obierać kurs, który wspólnie ustalamy. Dzięki obustronnemu słuchaniu dialog staje się wzajemny, a każdy z jego uczestników dostosowuje to, co mówi, do tego, jak odpowiada i co czuje druga strona.

Zdumiewające, że tego rodzaju pozbawioną chęci narzucenia swoich tematów postawę zaobserwować można u wielu odnoszących największe sukcesy zawodowe sprzedawców i szefów działów obsługi klientów. Gwiazdy w tej dziedzinie nie podchodzą do klienta z mocnym postanowieniem sprzedania produktu; widzą się raczej w roli pewnego rodzaju doradców, których zadaniem jest po pierwsze wysłuchanie klienta i zrozumienie jego potrzeb, a dopiero później dopasowanie do nich tego, czym dysponują. Gdyby nie mieli tego, co jest dla klienta najlepsze, powiedzieliby o tym, a nawet wzięli jego stronę w usprawiedliwionym narzekaniu na własną firmę. Raczej pielęgnowaliby związek, w którym ufa się ich radom, niż podważyli swoją wiarygodność tylko po to, by coś sprzedać[12].

Umiejętność uważnego słuchania wyróżnia najlepszych szefów, nauczycieli, przywódców[13]. Wśród osób, które zawodowo pomagają innym, takich jak lekarze i pracownicy socjalni, uważne słuchanie jest jedną z takich zdolności, którymi odznaczają się uznani przez zatrudniające ich organizacje za najlepszych pracowników[14]. Nie tylko nie szczędzą oni czasu, by wysłuchać pacjenta czy klienta i dostroić się do jego uczuć, ale sami zadają pytania, by lepiej zrozumieć sytuację danej osoby, a nie tylko problem czy dolegliwości, z którymi się do nich zgłasza.

Pełna uwaga, tak zagrożona w obecnej epoce wielozadaniowości, ulega stępieniu, ilekroć zwracamy ją na więcej niż jedną osobę. Stępiają ją też egocentryzm i pochłonięcie jakimiś sprawami, przez co trudniej nam dostrzec uczucia i potrzeby innej osoby, nie mówiąc już o reagowaniu z empatią. Cierpi na tym nasza zdolność dostrojenia się, utrudniając wspólne zrozumienie.

Pełna obecność nie wymaga jednak od nas tak wiele. „Pięciominutowa rozmowa może mieć bardzo duże znaczenie – zauważa autor artykułu w «Harvard Business Review». – Żeby to podziałało, musisz przerwać to, co robisz, odłożyć na biurko notatkę, którą czytałeś, oderwać się od laptopa, porzucić marzenia i skupić się na osobie, z którą jesteś"[15].

Dokładne słuchanie maksymalizuje synchronię fizjologiczną, dzięki czemu emocje się łączą[16]. Taką synchronię odkryto podczas sesji psychoterapeutycznych, w chwilach kiedy pacjenci czują się najlepiej rozumiani przez psychoterapeutów (jak opisano w rozdziale 2). Celowe poświęcanie komuś większej uwagi może być najlepszym sposobem na powstanie wzajemnego zrozumienia. Uważne słuchanie, bez podzielonej uwagi, skłania nasze obwody nerwowe do połączenia się, do nadawania na tej samej fali. Zwiększa to prawdopodobieństwo, że pojawią się inne istotne składniki wzajemnego zrozumienia – synchronia i pozytywne uczucia.

Trafność empatyczna

Niektórzy utrzymują, że trafność empatyczna świadczy o wprawnym posługiwaniu się inteligencją społeczną. Jak twierdzi William Ickes, psycholog z University of Texas, pionier badań w tej dziedzinie, zdolność ta wyróżnia „najtaktowniejszych doradców, najbardziej dyplomatycznych urzędników, najskuteczniejszych negocjatorów, najchętniej wybieranych polityków, najwydajniejszych sprzedawców, odnoszących największe sukcesy nauczycieli i najbardziej przenikliwych terapeutów”[17].

Trafność empatyczna opiera się na empatii pierwotnej, ale wnosi do niej jasne zrozumienie tego, co ktoś myśli i czuje. Te etapy poznawcze wyzwalają w korze nowej, zwłaszcza w okolicach przedczołowych, dodatkową aktywność, wzbogacając empatię pierwotną drogi niskiej o wyniki pracy obwodów drogi wysokiej[18].

Dokładność empatyczną możemy mierzyć za pomocą psychologicznego odpowiednika ukrytej kamery. Dwóch ochotników uczestniczących w eksperymencie wchodzi do poczekalni, gdzie sadza się ich obok siebie na kanapie. Asystent biorący udział w badaniach prosi ich, by zaczekali parę minut, aż znajdzie jakąś brakującą część sprzętu.

Ochotnicy dla zabicia czasu rozmawiają ze sobą. Po około sześciu minutach asystent wraca i obaj oczekują, że za chwilę zacznie się eksperyment. Ale eksperyment już się zaczął – kiedy obaj myśleli, że tylko czekają, byli filmowani przez ukrytą w szafie kamerę.

Potem każdego z uczestników eksperymentu wysyła się do osobnego pokoju, gdzie ogląda ten sześciominutowy film. Każdy z nich zapisuje, co myślał i czuł w kluczowych momentach utrwalonych na kasecie i co – jego zdaniem – myślała i czuła w tych chwilach druga osoba. Te podstępne badania powtórzono na wydziałach psychologii innych uniwersytetów w Stanach Zjednoczonych i w innych krajach; ich celem było zbadanie zdolności wnioskowania o niewypowiedzianych myślach i uczuciach drugiej osoby[19].

Na przykład jedna z uczestniczek wyznała, że czuła się głupio podczas rozmowy, bo nie mogła sobie przypomnieć nazwiska jednej ze swoich nauczycielek, a jej partnerka trafnie odgadła, że „może czuła się trochę dziwnie" z powodu tej chwilowej luki w pamięci. Z drugiej strony zdarzały się klasyczne gafy, kiedy pewna kobieta dla zabicia czasu przypominała sobie sztukę teatralną, a jej rozmówca wywnioskował, że: „Zastanawiała się, czy umówię się z nią na randkę".

Trafność empatyczna wydaje się kluczem do udanego związku małżeńskiego, zwłaszcza w pierwszych jego latach. Pary, które w pierwszym roku czy dwóch małżeństwa dokładniej odczytują swoje myśli i uczucia, są z niego bardziej zadowolone i istnieje większe prawdopodobieństwo, że związek ten będzie trwały[20]. Niedobór tej zdolności źle wróży – jedną z oznak chwiejnego związku jest to, że partner wprawdzie zdaje sobie sprawę z tego, że druga strona źle się czuje, ale nie ma pojęcia, co dokładnie leży jej na wątrobie[21].

Jak pokazało odkrycie neuronów lustrzanych, nasz mózg dostraja nas do tego, co zamierza zrobić druga osoba, ale dzieje się to na poziomie podprogowym. Świadome rozpoznanie czyichś intencji pozwala na trafniejszą empatię, możemy więc lepiej przewidzieć, co dana osoba zrobi. Wyraźniejsze zrozumienie motywów leżących u podłoża zachowania innych może oznaczać różnicę między życiem i śmiercią, jeśli na przykład staniemy twarzą w twarz z napastnikiem albo – jak było w przypadku opisanych na początku tej książki żołnierzy zbliżających się do meczetu – z rozzłoszczonym tłumem.

Poznanie społeczne

Poznanie społeczne, czwarty aspekt świadomości interpersonalnej, jest wiedzą o tym, jak naprawdę funkcjonuje świat społeczny[22]. Osoby biegłe w tej odmianie poznania wiedzą, jakie są oczekiwania w prawie każdej sytuacji społecznej, na przykład jakie maniery są odpowiednie w pięciogwiazdkowej restauracji. Znakomicie znają się też na semiotyce i potrafią dekodować sygnały społeczne, które ujawniają, na przykład, kto w danej grupie jest najważniejszy.

Tę przenikliwość społeczną dostrzec można u osób, które trafnie rozpoznają prądy polityczne w jakiejś organizacji, oraz np. u pięciolatka, który potrafi wymienić przyjaciół każdego dziecka w swojej grupie przedszkolnej. Odebrane w przedszkolu i szkole lekcje społeczne o polityce na boisku – o tym, jak zdobywać przyjaciół i tworzyć sojusze – sytuują się na kontinuum z niepisanymi zasadami, którymi kierujemy się, tworząc najlepszy zespół pracowniczy czy uprawiając politykę biurową.

Jednym ze sposobów, w jakie przejawia się poznanie społeczne, jest zdolność znajdowania rozwiązań dylematów towarzyskich, na przykład, jak posadzić przy jednym stole na przyjęciu rywalizujące ze sobą osoby czy jak nawiązać przyjaźnie po przeprowadzce do innego miasta. Najlepsze rozwiązania takich problemów przychodzą najłatwiej do głowy osobom, które potrafią zebrać istotne informacje i najlepiej przemyśleć te rozwiązania. Chroniczna niezdolność do rozwiązywania problemów towarzyskich nie tylko psuje związki z innymi osobami, ale jest też czynnikiem pogłębiającym zaburzenia psychiczne, od depresji poczynając, na schizofrenii kończąc[23].

Mobilizujemy poznanie społeczne, by żeglować wśród zmiennych prądów płynących pod powierzchnią interpersonalnego oceanu i odkrywać sens wydarzeń społecznych. Zrozumienie, dlaczego uwaga, którą jedna osoba uważa za dowcipny żart, może dla innej być obraźliwym sarkazmem, wszystko zmienia. Mając kiepskie rozeznanie społeczne, możemy się nie zorientować, dlaczego ktoś wydaje się zakłopotany albo dlaczego czyjś rzucony na poczekaniu komentarz może zostać poczytany przez osoby trzecie za zniewagę. Zrozumienie niepisanych norm, które rządzą stosunkami wzajemnymi, ma decydujące znaczenie dla gładkiego przebiegu kontaktów z kimś należącym do innej kultury, której normy znacznie się różnią od obowiązujących w naszej grupie.

Od dziesiątków lat uważano ową smykałkę do wiedzy interpersonalnej za podstawowy wymiar inteligencji społecznej. Niektórzy teoretycy dowodzą, że poznanie społeczne, w sensie inteligencji ogólnej zastosowanej do świata społecznego, jest jedynym prawdziwym składnikiem inteligencji społecznej. Jednak pogląd ten, skupiający się wyłącznie na tym, co wiemy o świecie interpersonalnym, ignoruje to, co faktycznie robimy podczas kontaktów z innymi ludźmi. Rezultatem tego podejścia są miary inteligencji społecznej, które sprawdzają naszą wiedzę o sytuacjach społecznych, ale nie uwzględniają tego, jak sobie w nich radzimy, co jest ich dość istotną wadą[24]. Osoba biegła w poznaniu społecznym, której jednak brakuje sprawności społecznej, będzie zachowywała się niezręcznie w kontaktach z innymi.

Zdolności składające się na świadomość społeczną oddziałują na siebie wzajemnie: trafność empatyczna opiera się na słuchaniu i empatii pierwotnej, a wszystkie trzy potęgują poznanie społeczne. Poza tym świadomość interpersonalna we wszystkich postaciach jest podstawą sprawności społecznej, drugiej części inteligencji społecznej[25].

Synchronia

Synchronia pozwala nam płynąć z wdziękiem w niewerbalnym tańcu z inną osobą. Jako podstawa sprawności społecznej jest fundamentem, na którym powstają inne aspekty tej sprawności.

Neuronalną zdolność do synchronii zapewniają układy drogi niskiej, takie jak oscylatory i neurony lustrzane. Synchronizacja zachowań wymaga, byśmy oboje odczytywali natychmiast sygnały niewerbalne i zgodnie z nimi płynnie działali, nie musząc o tym myśleć. Niewerbalne oznaki synchronii obejmują cały wachlarz harmonijnie zgranych interakcji, od uśmiechu czy skinięcia głową w odpowiednim momencie do zwykłego ustawienia naszego ciała względem drugiej osoby[26]. Ci, którzy nie potrafią zsynchronizować swojego zachowania z zachowaniem drugiej osoby, kręcą się nerwowo, zastygają w bezruchu albo po prostu nie zauważają, że nie dotrzymują kroku w tym niewerbalnym duecie.

Kiedy jedna osoba psuje synchronię, druga czuje się zakłopotana, a o znalezieniu wspólnego języka, nie mówiąc już o wzajemnym zrozumieniu, można tylko marzyć. Osoby, które mają słabo rozwiniętą tę zdolność społeczną, cierpią na ogół na „dyssemię", deficyt umiejętności odczytywania – a zatem i działania na tej podstawie – niewerbalnych sygnałów, które kierują gładkim przebiegiem interakcji[27]. Zewnętrzne wskaźniki tej subtelnej nieumiejętności społecznej są oczywiste:

dyssemicy są „wyłączeni", nie zauważają, na przykład, sygnałów, że rozmowa dobiega końca. Niepokoją ludzi, z którymi wchodzą w kontakty, ponieważ niewerbalne sygnały, dzięki którym obustronny ruch jest niezakłócony, umykają ich uwagi.

Najintensywniej bada się dyssemię u dzieci, głównie dlatego, że utrudnia życie wielu z tych, które w szkole są odtrącane przez rówieśników[28]. Dziecko, które ma ten problem, nie patrzy na przykład na osoby, z którymi rozmawia, staje zbyt blisko rozmówcy, przybiera miny nieadekwatne do swojego stanu emocjonalnego albo wydaje się nietaktowne i niewrażliwe na to, jak się czują inni. Chociaż wszystkie te objawy mogą być po prostu właściwościami „bycia dzieckiem", większość innych dzieci w tym samym wieku ich nie ma[29].

U dorosłych dyssemia przejawia się w podobnych, nie zsynchronizowanych z innymi, zachowaniach[30]. Te społeczne ślepe plamki, które dokuczają dyssemicznym dzieciom, są przyczyną konfliktowych stosunków w świecie dorosłych, od niezdolności do odczytywania sygnałów niewerbalnych poczynając, na trudnościach w zawieraniu nowych znajomości kończąc. Co więcej, dyssemia może przeszkodzić w spełnieniu oczekiwań społecznych wobec osoby przyjętej do pracy. Dyssemiczni dorośli kończą często jako osoby towarzysko izolowane.

Te niedobory zdolności społecznych nie są zwykle spowodowane zaburzeniami neurologicznymi, takimi jak zespół Aspergera czy autyzm (które omawiam w rozdziale 9). Szacunkowo 85 procent osób z dyssemią cierpi na ten niedobór, ponieważ nie nauczyły się odczytywać sygnałów niewerbalnych albo tego, jak na nie reagować, czy to z powodu niedostatecznej liczby kontaktów z rówieśnikami, czy też dlatego, że ich rodziny nie okazywały danego zakresu emocji lub stosowały się do ekscentrycznych norm społecznych. Kolejne mniej więcej 10 procent ma ten niedobór, ponieważ uraz emocjonalny przeszkodził w niezbędnym uczeniu się tych umiejętności. Tylko u około 5 procent stwierdza się zaburzenia neurologiczne[31].

Ponieważ dyssemia bierze się z braku możliwości uczenia się, opracowano specjalne programy lecznicze – zarówno dla dzieci, jak i dla dorosłych[32]. Kursy te zaczyna się od uświadomienia jego uczestnikowi niewerbalnych składników synchronii, które zwykle przemykają poza naszą świadomością, takich jak gesty i pozy, wykorzystanie dotyku, kontakt wzrokowy, ton głosu i rytm rozmowy. Kiedy osoba ta nauczy się już najskuteczniejszych sposobów używania tych sygnałów, ćwiczy je aż do czasu, gdy, powiedzmy, potrafi utrzymać kontakt wzrokowy z rozmówcą bez potrzeby wkładania w to specjalnego wysiłku.

Synchronizacja wywołuje z natury rzeczy rezonans emocjonalny[33], ale ponieważ układy drogi niskiej, które ją wytwarzają, działają poza naszą świadomością i samorzutnie, celowe próby kierowania ich pracą mogą zakłócić ich płynne działanie. Dlatego osoby uczestniczące w programach nauki sygnałów niewerbalnych muszą się ich uczyć aż do momentu, gdy nowe, harmonijne reakcje zaczną się u nich pojawiać spontanicznie.

Autoprezentacja

Szczególny talent do autoprezentacji, czy też zdolność przedstawiania siebie w sposób, który wywiera pożądane wrażenie, mają zawodowi aktorzy. W 1980 roku Ronald Reagan, ubiegający się o nominację na kandydata republikanów na prezydenta, uczestniczył w telewizyjnej debacie pretendentów do tego tytułu. W pewnym momencie dziennikarz prowadzący debatę, pilnując czasu wystąpień, wyłączył Reaganowi mikrofon, zanim ten zakończył wypowiedź. Reagan zareagował na to, zrywając się na nogi, chwytając inny mikrofon i mówiąc gniewnym tonem: „To ja zapłaciłem za to widowisko. To ja płacę za ten mikrofon".

Tłum przyjął z aplauzem ten pokaz asertywności – zwłaszcza że dał go człowiek znany z łagodności – a moment ów uznano za punkt zwrotny w kampanii Reagana. Później jego doradca wyznał, że pozornie spontaniczny wybuch został starannie zaplanowany na wypadek, gdyby pojawiła się dogodna do tego sytuacja[34].

Jednym z aspektów autoprezentacji jest charyzma. Charyzmę silnie oddziałującego na publiczność mówcy, wielkiego nauczyciela czy przywódcy tworzy jego zdolność wzbudzania w nas emocji, które z niego emanują, wciągania nas w to emocjonalne spektrum. Jesteśmy świadkami takiego pisanego dużymi literami zarażenia, kiedy przyglądamy się, jak jakaś charyzmatyczna postać urzeka tłum[35]. Osoby charyzmatyczne obdarzone są siłą ekspresji, która sprawia, że inni synchronizują się z ich rytmem i przejmują ich uczucia[36].

W najwyższej formie charyzma objawia się u mówców, którzy potrafią grać na uczuciach publiczności, przedstawiając swoją tezę czy puentę z właściwą dla wywarcia maksymalnego wrażenia mieszaniną emocji. Artyści estradowi wykorzystują kadencję rytmiczną – podnoszenie i obniżanie amplitudy głosu – by porwać publiczność. Stają się nadawcami emocji, natomiast publiczność ich odbiorcą. Wymaga to jednak umiejętności.

Pewna studentka była lubiana przez kolegów z powodu promieniującej od niej energii. Niezwykle otwarcie okazywała swoje uczucia, dzięki czemu łatwo się zaprzyjaźniała. Ale jeden z profesorów miał odmienne zdanie na jej temat. Mimo że sala, w której prowadził wykłady, była duża, jej porywy emocji były łatwo zauważalne: wzdychała z zachwytu albo wydawała dźwięki świadczące o obrzydzeniu, a te objawy sympatii lub antypatii do stawianych przez niego tez układały się w nieustanny komentarz do tego, co mówił.

W ocenie profesora owa studentka odznaczała się wprawdzie żywiołową ekspresywnością, ale miała też luki w samokontroli. Spontaniczność służyła jej dobrze w wielu sytuacjach towarzyskich, ale nie tam, gdzie potrzebna była pewna doza powściągliwości.

Zdolność „panowania nad emocjami i ich maskowania" uważa się czasami za klucz do autoprezentacji. Osoby doskonale panujące nad emocjami są pewne siebie w prawie każdej sytuacji społecznej, znają zasady postępowania. Te, którym z łatwością przychodzi panowanie nad sobą podczas wystąpień publicznych, będą się zachowywały naturalnie w każdej sytuacji, w której decydujące znaczenie ma wyważona reakcja, od handlu i usług poczynając, a na dyplomacji i polityce kończąc.

Ogólnie biorąc, kobiety są bardziej ekspresyjne emocjonalnie niż mężczyźni, ale w pewnych sytuacjach muszą utrzymywać tę ekspresywność w dopuszczalnych granicach autoprezentacji. Tam, gdzie normy społeczne nie pozwalają na zbytnią ekspresyjność, jak to jest w większości miejsc pracy, kobiety muszą powściągać to pragnienie, by się dopasować do otoczenia. W naszym społeczeństwie istnieją subtelne normy określające, kto „powinien" wyrażać jakie emocje, dyskretnie ograniczające zarówno kobiety, jak i mężczyzn. Uważa się na ogół, że w życiu prywatnym kobietom bardziej przystoi wyrażanie strachu i smutku, natomiast mężczyznom wyrażanie złości, co jest normą, która milcząco przyzwala na otwarty płacz kobiety, ale nie pozwala zaakceptować widoku mężczyzny wylewającego łzy, kiedy jest smutny[37].

Jednak w sytuacjach zawodowych tabu zabraniające płakania rozszerza się także na kobiety. A jeśli kobieta zajmuje stanowisko, które daje jej władzę, znika również zakaz okazywania przez nią złości. Przeciwnie, oczekuje się, że silny przywódca okaże złość, kiedy grupie, którą kieruje, nie uda się osiągnąć celu. Wydaje się, że kobiety alfa spełniają ten wymóg. Bez względu na to, czy złość jest w danym momencie najskuteczniejszą reakcją, nie wydaje się społecznie nie na miejscu, kiedy wyraża ją szef.

Niektórzy ludzie są cali autoprezentacją, nie mając nic na jej poparcie. Różne odmiany inteligencji społecznej nie są substytutami innych rodzajów umiejętności, których może wymagać dana rola. W barze sushi na Manhattanie podsłuchałem, jak siedzący obok mnie podczas lunchu biznesmen mówił do drugiego: „On ma zdolność takiego oddziaływania na ludzi, że go lubią. Ale nie mógłbyś wybrać gorszej osoby – brak mu uzupełniających to umiejętności technicznych".

Wpływ

W jednym z lepszych kwartałów na Manhattanie, na wąskiej, wysadzanej drzewami ulicy, stał cadillac, zaparkowany tak, że blokował wyjazd innym samochodom. Funkcjonariusz policji wypisywał właśnie mandat za złe parkowanie.

Nagle rozległ się pełen złości krzyk:

– Hej! Co pan, do diabła, robi? – To krzyczał kierowca cadillaca, zadbany mężczyzna w średnim wieku, w garniturze, który wyłonił się z pralni z naręczem rzeczy.

– Wykonuję tylko moje zadanie. Zablokował pan inne samochody – odparł policjant ze spokojem.

– Nie może mi pan tego zrobić! Znam burmistrza! Postaram się, żeby pana wylano! – groził wściekły kierowca cadillaca.

– Może pan weźmie mandat i odjedzie stąd, zanim wezwę pomoc drogową, żeby odholowali pański wóz? – odparł spokojnie policjant.

Kierowca chwycił mandat, wsiadł do samochodu i odjechał, mrucząc coś pod nosem.

Najlepsi policjanci potrafią znakomicie wpływać na ludzi, w sensie konstruktywnego kształtowania wyniku interakcji, postępując z taktem i opanowaniem. Wzorowi funkcjonariusze używają najmniejszej koniecznej siły, chociaż na poparcie swoich słów potrafią dać niezły jej pokaz. Do osób wybuchowych podchodzą z zawodowym spokojem i z uwagą.

W rezultacie udaje się im skuteczniej niż innym nakłonić ludzi do zastosowania się do ich poleceń. Na przykład funkcjonariusze nowojorskiej policji drogowej, którzy używają podejścia z zastosowaniem minimum siły, donoszą o najmniejszej liczbie incydentów z udziałem rozzłoszczonych zmotoryzowanych, które przeradzają się w akty przemocy. Tacy policjanci potrafią po prostu zauważyć, jak reaguje ich ciało na okazywany im przez kierowcę brak szacunku – złowieszczą oznakę zmiany ról między nimi – i spokojnie, lecz stanowczo pokazać „kto tu rządzi". Inne podejście, danie upustu emocjom, doprowadziłoby do katastrofy[38].

Potężna siła, jeśli zostanie mądrze użyta, może być skuteczną taktyką rozwiązywania – a jeszcze lepiej unikania – konfliktów. Umiejętne użycie ukrytej groźby agresji fizycznej nie polega wszakże na zastosowaniu siły, lecz na mechanizmach neuronalnych, które dostosowują reakcję tak, by była najodpowiedniejsza do okoliczności. Łączy ono samokontrolę (tonowanie impulsu popychającego do agresji) z empatią (odczytywaniem sygnałów wysyłanych przez drugą osobę, umożliwiającym ocenę, jaka najmniejsza siła będzie potrzebna) i poznaniem społecznym (rozpoznaniem norm obowiązujących w danej sytuacji). Uczenie leżących u podłoża tego obwodów nerwowych jest niedostrzeganym zadaniem osób, które szkolą innych, obojętnie czy cywilów czy żołnierzy, w umiejętnym używaniu siły. Kiedy ktoś zdobywa dużą biegłość w stosowaniu środków przymusu, istotna staje się umiejętność jednoczesnego hamowania agresywnych popędów.

W codziennych kontaktach społecznych korzystamy z tych samych połączeń nerwowych, by powściągać agresję, ale z bardziej subtelnymi skutkami. Uzyskiwanie konstruktywnego wpływu na innych wymaga wyrażania myśli i emocji w sposób, który daje pożądany rezultat społeczny, na przykład to, że ktoś poczuje się swobodnie. Osoby, które robią to umiejętnie, postrzegane są przez inne jako pewne siebie i sympatyczne i na ogół wywierają korzystne wrażenie[39].

Ludzie, którzy znakomicie potrafią wpływać na innych, kierują się w swoich zachowaniach świadomością społeczną; na przykład rozpoznają sytuacje, w których przymknięcie oka na postępowanie drugiej strony może być korzystne dla związku z tą osobą[40]. Sygnalizowanie swojej dokładności empatycznej mówieniem „Nie pociągam cię" czy „Nie kochasz mnie!" może przynieść skutek odwrotny do zamierzonego. W takich chwilach roztropniej jest zachować dla siebie to spostrzeżenie i postępować w milczeniu zgodnie z nim.

Wybór optymalnej dozy ekspresywności zależy, między innymi, od poznania społecznego, od znajomości norm kulturowych określających, co jest stosowne w danym kontekście społecznym (co jest kolejnym przykładem synergicznego działania zdolności składających się na inteligencję społeczną). Ściszony ton, który jest najlepszy w Pekinie, w Guadalajarze wydawałby się zbyt powściągliwy[41]. Takt równoważy siłę ekspresji. Dyskrecja społeczna pozwala nam dopasować się do każdego miejsca, w którym jesteśmy, i pozostawić za sobą jak najmniejsze fale niepożądanych emocji.

Troska

Wróćmy do tych kleryków, którzy pędzili do budynku, gdzie mieli wygłosić kazanie oparte na przypowieści o dobrym Samarytaninie. Decydujący był dla każdego z nich moment, kiedy słyszeli jęki człowieka w drzwiach, obok których musieli przejść. Nawet ci, którzy mijali go w pośpiechu, odczuwali odrobinę współczucia. Sama empatia niewiele jednak znaczy, jeśli nie przystąpimy do działania[42]. Ci studenci, którzy zatrzymali się, by pomóc nieszczęśnikowi, przejawiali inną oznakę inteligencji społecznej: troskę.

Jak przekonaliśmy się w rozdziale 4, odczuwanie potrzeb innej osoby może, dzięki odpowiednim obwodom nerwowym w mózgu, stać się bodźcem do działania. Na przykład kiedy kobiety oglądały na kasetach wideo płaczące niemowlę, te z nich, które najsilniej „złapały" smutek dziecka, miały najbardziej zatroskany wyraz twarzy, co jest wskaźnikiem empatii. Nie tylko odzwierciedlały one fizjologię dziecka, ale odczuwały też najsilniejsze pragnienie wzięcia go na ręce[43].

Im bardziej wczuwamy się w sytuację kogoś znajdującego się w potrzebie i im większą czujemy troskę, tym silniejsza jest chęć, by mu pomóc. Związek ten obserwuje się w każdej sytuacji, w której jesteśmy skłonni ulżyć ludzkiemu cierpieniu. Przeprowadzone w Holandii badania dobroczynności wykazały, że na podstawie poczucia troski społecznej osoby badanej można było przewidzieć prawdopodobieństwo złożenia przez nią datku na rzecz potrzebujących[44].

W świecie pracy troska, która skłania nas do wzięcia odpowiedzialności za to, co trzeba zrobić, przekłada się na dobrą postawę obywatelską w organizacji. Osoby, które się przejmują, najchętniej poświęcają swój czas i wysiłek, by pomóc koledze. Zamiast skupiać się tylko na swojej pracy, rozumieją potrzebę grupowej współpracy dla osiągnięcia większych celów.

Osoby, które odczuwają najsilniejsze pobudzenie fizjologiczne na widok cierpienia innych – to znaczy te, które są najbardziej podatne na zarażenie emocjonalne w tym zakresie – są również najbardziej skłonne do przyjścia z pomocą. I odwrotnie, te które najmniej porusza empatyczna troska, najłatwiej ignorują czyjeś cierpienie. W pewnych badaniach długookresowych stwierdzono, że dzieci w wieku od pięciu do siedmiu lat, które były najmniej przygnębione cierpieniem matki, najczęściej stawały się „aspołecznymi" dorosłymi[45]. Autorzy tych badań sugerują, że „rozwijanie u małych dzieci zainteresowania potrzebami innych i troski o ich zaspokojenie" może być skuteczną strategią zapobiegania późniejszemu złemu zachowaniu.

Samo odczuwanie troski o innych nie zawsze wystarcza; musimy też skutecznie działać. Zbyt wielu przywódców organizacji, które mają cele humanitarne, niezbyt dobrze sobie radzi z ich realizacją, ponieważ brakuje im podstawowych umiejętności zarządzania; muszą mądrzej czynić dobro. Przykładem takiego wyższego poziomu troski są Bill i Melinda Gatesowie – w walce z ogromnymi problemami zdrowotnymi świata nędzarzy wykorzystują najlepsze metody świata biznesu. A przy tym spotykają się z ludźmi, którym pomagają – w Mozambiku z matkami dzieci umierających na malarię, w Indiach z ofiarami AIDS – co jeszcze bardziej pobudza ich empatię.

Troska jest impulsem, który leży u podstaw zawodów nastawionych na pomaganie innym, takich jak lekarz, pielęgniarka czy pracownik opieki społecznej. W pewnym sensie zawody te są publicznym ucieleśnieniem troski o ludzi będących w potrzebie, czy to chorych, czy ubogich. Osoby pracujące w tych zawodach rozkwitają, kiedy zdolność ta wzrasta, ale wypalają się, kiedy słabnie.

Troska odzwierciedla naszą zdolność do współczucia. Manipulatorzy mogą mieć dobrze rozwinięte inne zdolności wchodzące w skład inteligencji społecznej, ale tej im nie dostaje. Braki w zakresie tego aspektu sprawności społecznej powinny najsilniej wyróżniać typy aspołeczne, które nie przejmują się potrzebami czy cierpieniem innych, nie mówiąc już o tym, by były skłonne im pomagać.

Uczenie drogi niskiej

Teraz, kiedy zbadaliśmy teren inteligencji społecznej, powstaje pytanie: czy możemy rozwinąć te niezbędne ludzkie talenty? Zadanie to może się wydawać beznadziejne, zwłaszcza jeśli chodzi o zdolności drogi niskiej. A jednak Paul Ekman, autorytet w kwestii odczytywania emocji z wyrazu twarzy (ostatnio widziany w rozdziale 3), opracował sposób zwiększania empatii pierwotnej – mimo jej natychmiastowego, odbywającego się poza świadomością działania.

Trening ten koncentruje się na mikroekspresjach, sygnałach emocji, które przemykają przez twarz w czasie krótszym niż jedna trzecia sekundy, w mgnieniu oka. Ponieważ sygnały te są spontaniczne i wysyłane nieświadomie, są wskazówką tego, co dana osoba rzeczywiście czuje w tym momencie, bez względu na to, jakie wrażenie może starać się na nas wywrzeć.

Chociaż pojedyncza mikroemocja niezgodna z tym, co dana osoba mówi, niekoniecznie świadczy o tym, że ten ktoś kłamie, to całkowite łgarstwo pociąga zwykle za sobą tego rodzaju emocjonalne demaskowanie pozorów. Im lepiej zauważa ktoś mikroekspresje, tym bardziej jest prawdopodobne, że odkryje próbę stłumienia prawdziwej emocji. Ów urzędnik ambasady, który dostrzegł wyraz obrzydzenia przemykający przez twarz przestępcy proszącego o wizę, został przeszkolony w metodach Ekmana.

Umiejętność ta jest szczególnie cenna u dyplomatów, sędziów i policjantów, ponieważ mikroekspresje ukazują, co naprawdę czuje dana osoba w danej chwili. Poza tym z odczytywania tych afektywnych sygnałów mogą mieć pożytek kochankowie, ludzie biznesu, nauczyciele – prawie wszyscy.

Te automatyczne i ulotne ekspresje emocji pojawiają się wskutek działania obwodów drogi niskiej, która charakteryzuje się automatyzmem i szybkością. A po to, by uchwycić wyniki działania drogi niskiej, musimy również skorzystać z drogi niskiej. To jednak wymaga precyzyjnego dostrojenia naszej zdolności do empatii pierwotnej.

Ekman nagrał płytę kompaktową, zwaną narzędziem treningu mikroekspresji, która – jak twierdzi – może pomóc prawie każdemu udoskonalić tę pracę mikrodetektywistyczną. Do tej pory z treningu tego, który trwa niespełna godzinę, skorzystały dziesiątki tysięcy ludzi[46].

Wypróbowałem ją dzisiejszego ranka.

Pierwsza część pokazuje serię ujęć różnych ludzkich twarzy, z których każda zastygła w obojętnym wyrazie. Potem, przez zaskakująco krótki moment, ukazują one jedną z siedmiu ekspresji emocji: smutku, złości, strachu, zaskoczenia, odrazy, pogardy albo zadowolenia.

Po każdym mignięciu musiałem odgadnąć, ekspresję jakiej emocji właśnie zobaczyłem, chociaż, na ile byłem się w stanie zorientować, widziałem tylko rozmazany ruch. Uśmiechy i zmarszczone miny pojawiają się z dużą szybkością, zaledwie przez jedną piętnastą sekundy. Ta prędkość pocisku odpowiada szybkości percepcji drogi niskiej, pozostawiając obwody drogi wysokiej w stanie zamroczenia.

Następnie przeszedłem przez serię trzech sesji typu ćwiczenie i powtórka, podczas których zaprezentowano mi sześćdziesiąt takich obrazów z szybkością do jednej trzydziestej sekundy. Po każdej próbie odgadnięcia mogłem studiować każdą minę w stop-klatce, by lepiej zapamiętać niuanse, którymi różni się smutek od zaskoczenia, odraza od złości. Co więcej, każda moja próba odgadnięcia emocji była oceniana jako udana albo nieudana, co zapewnia informacje zwrotne (których praktycznie nigdy nie otrzymujemy w rzeczywistym świecie), pozwalając chętnym obwodom nerwowym doskonalić się w wykonywaniu tego śliskiego zadania.

Kiedy zgadywałem, mogłem od czasu do czasu powiedzieć sobie, jakiej emocji ekspresję właśnie widziałem i dlaczego tak sądzę: błysk zębów wskazujący na uśmiech, pogardliwy półuśmieszek, oczy rozszerzone ze strachu. Najczęściej jednak mój racjonalny umysł był skonsternowany, szczerze zdumiony, kiedy to, co wydawało się rozpaczliwym strzelaniem w ciemno, okazywało się trafnym intuicyjnym rozpoznaniem.

Natomiast kiedy próbowałem sobie wyjaśnić, dlaczego ta niewyraźna plama, którą przed chwilą zobaczyłem, sygnalizowała tę czy inną emocję – „na pewno te uniesione brwi oznaczają zaskoczenie" – zwykle się myliłem. Częściej miałem rację, gdy ufałem intuicji. Jak wyjaśnia nam nauka o poznaniu, wiemy więcej, niż potrafimy powiedzieć. Ujmując to inaczej – droga niska wykonuje to zadanie najlepiej wtedy, kiedy wysoka się do tego nie wtrąca.

Po dwudziestu czy trzydziestu minutach ćwiczeń zrobiłem test końcowy, uzyskując budzące szacunek 86 procent poprawnych odpowiedzi, w porównaniu z 50 procentami, które osiągnąłem w teście wstępnym. Ekman stwierdza, że – podobnie jak ja – większość ludzi podczas pierwszej próby udziela przeciętnie 40 do 50 procent odpowiedzi poprawnych, ale po zaledwie mniej więcej dwudziestu minutach ćwiczeń praktycznie wszyscy dochodzą do 80–90 procent.

„Droga niska jest nadzwyczaj pojętna. Ale dlaczego nie nauczyliśmy się tego wcześniej? Bo nigdy wcześniej nie dostawaliśmy opinii o tym, czy odgadliśmy trafnie", powiedział mi Ekman. Im więcej ćwiczymy, tym jesteśmy lepsi. „Musisz się nauczyć tej umiejętności jak pacierza", dodaje Ekman – ćwicząc aż do osiągnięcia perfekcji.

Ekman odkrył, że osoby, które ćwiczą w ten sposób, mają większą wprawę w wykrywaniu mikroekspresji w świecie rzeczywistym, takich jak wyraz beznadziejnego smutku, który przemknął przez twarz angielskiego szpiega Kima Philby'ego podczas ostatniego publicznego wywiadu, którego udzielił przed ucieczką do Związku Sowieckiego, albo cień odrazy, który mignął na twarzy Kato Kaelina, kiedy zeznawał podczas procesu oskarżonego o morderstwo O. J. Simpsona.

Zrozumiałe jest, że z treningów Ekmana korzystają szerokie rzesze śledczych, negocjatorów biznesowych i przedstawicieli wielu innych zawodów, które wymagają umiejętności wykrywania nieszczerości. Istotne jest tutaj to, że ten intensywny kurs dla drogi niskiej pokazuje, iż jej obwody nerwowe bardzo chcą się uczyć. Potrzebują tylko lekcji w języku, który rozumieją, a który nie ma nic wspólnego ze słowami.

Dla inteligencji społecznej program Ekmana jest wzorem ćwiczenia zdolności drogi niskiej, takich jak empatia pierwotna i dekodowanie sygnałów niewerbalnych. Chociaż w przeszłości większość psychologów przypuszczała, że takie szybkie, automatyczne i spontaniczne zachowanie wykracza poza naszą zdolność doskonalenia się, Ekman wykazał, że tak nie jest. Nowy model uczenia się omija drogę wysoką i łączy się bezpośrednio z niską.

Nowe ujęcie inteligencji społecznej

W pierwszych latach dwudziestego wieku pewien neurolog przeprowadził eksperyment z pacjentką, która cierpiała na amnezję. Jej przypadek był tak poważny, że za każdym razem, kiedy się z nią spotykał, czyli prawie codziennie, musiał się jej na nowo przedstawiać.

Pewnego dnia ukrył w dłoni pinezkę. Jak zwykle, przedstawił się pacjentce i podał jej rękę. Pinezka ją ukłuła. Potem lekarz wyszedł, wrócił i zapytał kobietę, czy się wcześniej spotkali. Odparła, że nie, ale kiedy się ponownie przedstawił i wyciągnął do niej rękę, cofnęła swoją.

Joseph LeDoux (którego poznaliśmy w rozdziale 5) opowiada tę historię, by zilustrować różnicę między drogą wysoką i niską[47]. Niepamięć u tej kobiety spowodowana była uszkodzeniem płata skroniowego, części obwodów nerwowych drogi wysokiej. Jej ciało migdałowate, główny węzeł drogi niskiej, było nietknięte. Chociaż płat czołowy nie potrafił zapamiętać tego, w czym przed chwilą brała udział, groźba ukłucia została wdrukowana w obwód ciała migdałowatego. Pacjentka nie rozpoznawała lekarza, ale „wiedziała", że nie może mu ufać.

Możemy przemyśleć pojęcie inteligencji społecznej w świetle neurobiologii. Społeczna struktura mózgu splata drogi wysoką i niską. W zdrowym mózgu te dwa układy, stery niezbędne do żeglowania po świecie społecznym, funkcjonują równolegle.

Konwencjonalne ujęcia inteligencji społecznej zbyt często skupiały się na talentach drogi wysokiej, takich jak wiedza społeczna albo zdolności wysnuwania reguł, protokołów i norm, które kierują właściwym zachowaniem w danym kontekście społecznym[48]. Szkoła „poznania społecznego" sprowadza talent interpersonalny do tego rodzaju inteligencji ogólnej, stosowanej podczas interakcji[49]. Chociaż podejście poznawcze dobrze sprawdza się w językoznawstwie i w sferze sztucznej inteligencji, napotyka nieprzekraczalne granice, kiedy zastosuje się je do dziedziny związków międzyludzkich.

Koncentracja na poznaniu wiedzy o związkach międzyludzkich ignoruje niezbędne zdolności niepoznawcze, takie jak empatia pierwotna i synchronia, oraz zdolności potencjalne, takie jak troska. Czysto poznawczy punkt widzenia nie bierze pod uwagę tego istotnego kleju społecznego, który spaja mózg z mózgiem i tworzy podstawę do każdej interakcji[50]. Pełne spektrum zdolności składających się na inteligencję społeczną obejmuje zdolności tak drogi wysokiej, jak niskiej. Obecnie zarówno to ujęcie, jak i stworzone zgodnie z nim miary nie uwzględniają zbyt wielu pasów ruchu drogi niskiej i w ten sposób wykluczają talenty społeczne, które odgrywają decydującą rolę w przetrwaniu naszego gatunku.

W latach dwudziestych ubiegłego wieku, kiedy Thorndike zaproponował jako pierwszy mierzenie inteligencji społecznej, nie wiedziano prawie nic o neuronalnych podstawach ilorazu inteligencji, a co dopiero o podstawach umiejętności interpersonalnych. Obecnie neurobiologia społeczna stawia przed teoretykami inteligencji wyzwanie, by znaleźli definicję naszych zdolności interpersonalnych, które obejmują również talenty drogi niskiej, włącznie ze zdolnością synchronizacji, dostrojenia się do drugiej osoby i uważnego jej słuchania, oraz z empatyczną troską.

Każdy pełny opis inteligencji społecznej zawierać musi te podstawowe elementy ożywczych związków międzyludzkich. Bez nich pojęcie to pozostaje zimne, suche, doceniające kalkulujący intelekt, ale ignorujące cnoty czułego serca.

W tym względzie zgadzam się z nieżyjącym już psychologiem Lawrence'em Kohlbergiem, który dowodził, że próba wyeliminowania z inteligencji społecznej ludzkich wartości zubaża to pojęcie[51]. Taka inteligencja zdegradowana zostaje do pragmatyki wpływu i kontroli. W obecnych czasach anonimowości i izolacji musimy być stale czujni, by nie dopuścić do upowszechnienia się tego bezosobowego stanowiska.

Część II

Zerwane więzi

Rozdział 7

Ty i to

Do kobiety, której niedawno zmarła siostra, zadzwonił z wyrazami współczucia przyjaciel, który parę lat wcześniej sam stracił siostrę. Złożył jej kondolencje, a ona, poruszona jego pełnymi empatii słowami, opowiedziała mu o przejmujących szczegółach długiej choroby, na którą cierpiała jej siostra, i o tym, jaka się czuje samotna po tej stracie.

W trakcie rozmowy kobieta słyszała stukanie klawiszy komputera po drugiej stronie. Powoli zaczęło do niej docierać, że rozmawiając z nią w tej godzinie bólu, przyjaciel odpowiada jednocześnie na list elektroniczny. Jego uwagi stały się nagle puste, zdawkowe i nie na temat.

Kiedy zakończyli rozmowę, była tak przygnębiona, że wolałaby, żeby nigdy do niej nie zadzwonił. Czuła się tak, jakby uczestniczyła w interakcji, którą filozof Martin Buber nazywał relacją „ja–to".

W relacji „ja–to", pisał Buber, jedna osoba w ogóle się nie dostraja do subiektywnej rzeczywistości drugiej, nie czuje do niej żadnej empatii. Z punktu widzenia rozmówcy ten brak połączenia jest aż nadto widoczny. Ów przyjaciel mógł czuć się zobowiązany do tego, by zadzwonić i wyrazić współczucie kobiecie, której zmarła siostra, ale brak pełnego połączenia emocjonalnego z jego strony sprawił, że ten telefon stał się pustym gestem.

Buber ukuł termin „ja–to" na określenie całego wachlarza relacji, od zwykłej obojętności po skrajne wykorzystywanie. W spektrum tym inni stają się przedmiotami – traktujemy kogoś bardziej jak rzecz niż osobę.

Na określenie tego zimnego podejścia do innych, traktowania ludzi wyłącznie jako narzędzi, które możemy wykorzystać dla osiągnięcia naszych celów, psycholodzy używają terminu „instrumentalne"[1]. Traktuję cię instrumentalnie, kiedy nie obchodzą mnie twoje uczucia, a tylko to, czego chcę od ciebie.

Ta egocentryczna postawa jest przeciwieństwem „wspólnoty duchowej", stanu obopólnej empatii, kiedy twoje uczucia są nie tylko ważne dla mnie, ale mnie zmieniają. Będąc w stanie wspólnoty duchowej, mówimy tym samym językiem, jesteśmy emocjonalnie sprzężeni, natomiast traktując kogoś instrumentalnie, zrywamy z nim łączność emocjonalną.

Kiedy inne zadania odrywają naszą uwagę od osoby, z którą rozmawiamy, ta kurcząca się rezerwa, którą dla niej zostawiamy, sprawia, że działamy automatycznie, byle tylko podtrzymać rozmowę. Gdyby rozmówca potrzebował większego zainteresowania, odczuwałby tę rozmowę jako „drętwą".

Wielorakie zajęcia odbijają się niekorzystnie na rozmowie, która wychodzi poza zdawkowe uwagi, zwłaszcza jeśli wkracza na trudny emocjonalnie teren. Być może mężczyzna, który zadzwonił z kondolencjami, miał jak najlepsze intencje, ale kiedy wykonujemy wiele czynności naraz – co jest powszechnym uzależnieniem we współczesnym świecie – a rozmowa jest tylko dodatkiem do nich, przechodzimy na tryb ja–to.

Ja–ty

Podsłuchałem w restauracji taką oto opowieść dobiegającą od sąsiedniego stolika.

„Mój brat nie ma szczęścia do kobiet. Jego pierwsze małżeństwo było katastrofą. Ma trzydzieści dziewięć lat i jest durniem. Ma niesamowite zdolności techniczne, ale zero umiejętności towarzyskich.

Ostatnio skorzystał z usług agencji szybko kojarzącej pary. Przy stolikach siedzą samotne kobiety, a mężczyźni chodzą od stolika do stolika, rozmawiając z każdą z nich dokładnie przez pięć minut. Po pięciu minutach rozlega się dzwonek i oboje się oceniają, czy podobają się sobie na tyle, że chcieliby się jeszcze raz spotkać. Jeśli tak, wymieniają adresy elektroniczne, by się umówić.

Ale mój brat zaprzepaszcza swoje szanse. Wiem, co robi: jak tylko usiądzie, bez przerwy gada o sobie. Jestem pewien, że nie zadaje tej kobiecie nawet jednego pytania. Od żadnej nie usłyszał, że chce się z nim znowu spotkać".

Z tego samego powodu śpiewaczka operowa Allison Charney, kiedy była samotna, stosowała „test randkowy" – liczyła, ile minęło czasu, zanim mężczyzna, z którym się spotkała, zadał jej pytanie ze słowem „ty". Na pierwszej randce z Adamem Epsteinem, mężczyzną, za którego wyszła rok później, nie miała nawet czasu nastawić stopera – wygrał test w cuglach[2].

„Test" ten sprawdza zdolność danej osoby do dostrajania się, jej chęć zrozumienia wewnętrznej rzeczywistości drugiej strony. Psychoanalitycy używają na określenie tego zespolenia światów wewnętrznych dwojga osób nieco nieporęcznego terminu „intersubiektywność"[3]. Zwrot „ja–ty" jest bardziej lirycznym sposobem opisania tego samego związku empatycznego.

Urodzony w Austrii Martin Buber opisał to w wydanej w 1937 roku książce o filozofii relacji. Ja–ty jest szczególną więzią, zgraną bliskością, która często – ale oczywiście nie zawsze – istnieje między mężem i żoną, członkami rodziny i dobrymi przyjaciółmi[4]. W języku niemieckim forma „ty", której używał Buber – *Du* – jest najbardziej intymną; słowem tym zwracają się do siebie przyjaciele i kochankowie.

Dla Bubera, który był nie tylko filozofem, ale także mistykiem, „ty" ma wymiar transcendentalny. Związek człowieka z Bogiem jest relacją „ja–ty" i może być utrzymywany bez końca, co jest najwyższym ideałem dla niedoskonałej istoty ludzkiej. Natomiast codzienne relacje „ja–ty" obejmują cały zakres postaw od zwykłego szacunku i uprzejmości, przez sympatię i podziw, po wszystkie te niezliczone sposoby, w jakie okazujemy naszą miłość.

Emocjonalna obojętność i oddalenie charakterystyczne dla relacji „ja–to" stanowi całkowite przeciwieństwo zestrojenia się w relacji „ja–ty". Pozostając w relacji „ja–to", traktujemy innych jako środek dla osiągnięcia jakiegoś celu. Natomiast w relacji „ja–ty" nasz związek z drugą osobą jest celem samym w sobie. Dla „tego" może wystarczyć droga wysoka, ze swoją racjonalnością i poznaniem, ale „ty", kiedy się dostroimy, angażuje drogę niską.

Granica między „ty" i „to" jest płynna i nieszczelna. Każde „ty" staje się czasami „tym", każde „to" może potencjalnie stać się „tobą". Kiedy oczekujemy, że będziemy traktowani jako „ty", traktowanie jako „to" wprawia nas w straszny nastrój, jak się zdarzyło podczas opisanej rozmowy telefonicznej. W takich chwilach „ty" kurczy się do rozmiarów „tego".

Empatia otwiera drogę do relacji „ja–ty". Reagujemy nie powierzchownie, ale z głębi „ja", jak ujął to Buber: Ja–ty „można powiedzieć tylko całym bytem". Definiującą cechą związku „ja–ty" jest „uczucie bycia odczuwanym", wyraźne wrażenie, które mamy, kiedy stajemy się celem prawdziwej empatii. W takich chwilach wyczuwamy, że druga osoba wie, jak się czujemy, a więc czujemy się rozumiani[5].

Jak ujął to jeden z pierwszych psychoanalityków, pacjent i terapeuta „oscylują w tym samym rytmie", kiedy nasila się ich związek emocjonalny; jak się przekonaliśmy w rozdziale 2, dzieje się tak również na płaszczyźnie fizjologicznej. Terapeutyczna empatia, jak zaproponował teoretyk humanistycznego podejścia do osobowości, Carl Rogers, powstaje wtedy, kiedy terapeuta tak się dostraja do klienta, że w pewnym momencie klient czuje się zrozumiany – czuje, że jest znany jako „ty".

Uczucie bycia odczuwanym

Krótko po przyjeździe z pierwszą wizytą do Ameryki Takeo Doi, japoński psychiatra, znalazł się w niezręcznej sytuacji. Odwiedził w domu kogoś, komu dopiero został przedstawiony. Gospodarz zapytał, czy nie jest głodny, dodając: „Mamy lody, gdyby pan chciał".

Doi był faktycznie głodny, ale bezpośrednie pytanie o to, zadane przez kogoś, kogo ledwie znał, było irytujące. W Japonii nigdy nie zapytano by go o coś takiego.

Stosując się do reguł kultury japońskiej, Doi za nic nie mógł przyznać, że jest głodny, nie skorzystał więc z propozycji. Jednocześnie, jak sobie przypomina, żywił nadzieję, że gospodarz ją ponowi, był więc rozczarowany, gdy usłyszał, że ten mówi: „Rozumiem", i nie powrócił już do tego tematu.

W Japonii, zauważa Doi, gospodarz po prostu wyczułby, że jest on głodny i dał mu coś do jedzenia, nie pytając, czy chce tego.

To wyczuwanie potrzeb i uczuć innej osoby i reagowanie na nie bez pytania dowodzi, jaką wartość przywiązuje się w kulturze japońskiej (i ogólnie w kulturach wschodnioazjatyckich) do relacji „ja–ty". Do tej wrażliwości, empatii, którą uważa się za rzecz oczywistą i na podstawie której się postępuje, odnosi się japońskie słowo *amae*.

W orbicie *amae* czujemy, że inna osoba czuje to, co my. Takeo Doi widzi prototyp tego dostrajania w ciepłej więzi łączącej matkę z niemowlęciem, dzięki której matka intuicyjnie wyczuwa, czego potrzebuje dziecko. Obejmuje to wszystkie ścisłe związki społeczne w życiu codziennym Japończyków, tworząc intymną atmosferę bliskości[6].

W języku angielskim nie ma słowa na określenie *amae*, ale z pewnością przydałoby się dla nazwania tak dobrze zgranego związku. *Amae* wskazuje na empiryczny fakt, że najłatwiej dostrajamy się do osób, które znamy i kochamy – do członków najbliższej rodziny i przyjaciół, do kochanków czy małżonków, do starych przyjaciół. Im bliższe łączą nas z nimi stosunki, tym więcej jest u nich *amae*.

Amae zdaje się przyjmować za pewnik wzajemne wzbudzanie podobnych uczuć i myśli u osób, które są ze sobą zestrojone. Tę niewyrażaną słowami postawę można by opisać mniej więcej tak: „Jeśli to ty czujesz, powinienem też czuć to ja, nie muszę więc mówić ci, co czuję, czego chcę czy potrzebuję. Powinieneś być tak dobrze zestrojony ze mną, by wyczuć to i działać na podstawie tego wyczucia bez jednego słowa".

Pojęcie to jest sensowne nie tylko z emocjonalnego, ale również z poznawczego punktu widzenia. Im silniejszy jest nasz związek z kimś, tym większe prawdopodobieństwo, że będziemy otwarci na to, co robi ta osoba, i traktowali ją z uwagą.

Buber nie jest w dzisiejszych czasach modny w kręgach filozofów, ale jego rolę jako komentatora relacji międzyludzkich przejął w znacznym stopniu francuski filozof Emmanuel Lévinas[7]. Zauważa on, że „ja–to" implikuje relacje najbardziej powierzchowne, raczej myślenie o innej osobie niż dostrojenie się do niej. „Ja–to" pozostaje na powierzchni, „ja–ty" zanurza się w głąb. „To", wskazuje Lévinas, opisuje „ciebie" w trzeciej osobie, jedynie jako ideę, co jest odsunięciem się na wielką odległość od intymnego związku.

Filozofowie uważają, że nasze ukryte pojmowanie świata, które kieruje naszymi myślami i czynami, jest niewidzialnie zakotwiczone w naszej rzeczywistości społecznej. Wiedzą tą można się dzielić bez słów z innymi członkami grupy kulturowej, do której się należy, z rodziną i w ogóle podczas każdego spotkania umysłów. Jak zauważa Lévinas, owa wspólna wrażliwość jest „tym, co wyłania się z interakcji dwojga osób", naszym prywatnym, subiektywnym obrazem świata, który ma korzenie w naszych relacjach z innymi.

Jak ujął to już dawno temu Freud, to, co tworzy ważne wspólne punkty między ludźmi, budzi „towarzyszące [temu] uczucia", co jest faktem znanym z doświadczenia każdemu, kto rozpoczął rozmowę z atrakcyjnym potencjalnym partnerem lub partnerką, sprzedał nieznajomemu coś przez telefon albo po prostu zabijał podczas długiego lotu czas rozmową z siedzącą obok osobą. Freud dostrzegł jednak, że pod tym powierzchownym związkiem silne połączenie psychiczne może doprowadzić do autentycznej identyfikacji, poczucia, że ta druga osoba i ja jesteśmy praktycznie jednym i tym samym bytem.

Na poziomie neuronalnym to „poznanie ciebie" znaczy, że wchodzę w rezonans z twoimi schematami emocjonalnymi i umysłowymi mapami rzeczywistości. I im bardziej te mapy się ze sobą zgadzają, tym podobniej się czujemy i tym większy jest obszar tworzonej przez nas wspólnej rzeczywistości. Kiedy coraz bardziej utożsamiamy się z inną osobą, kategorie, w których myślimy, w pewnym sensie się łączą, tak że nieświadomie myślimy o tych, którzy są dla nas najważniejsi, w taki sam sposób jak o sobie. Mężom i żonom, na przykład, zazwyczaj łatwiej jest wymienić podobieństwa niż różnice między sobą – ale tylko wtedy, kiedy są ze sobą szczęśliwi. Jeśli nie, przeważają różnice.

Innym, raczej ironicznym wskaźnikiem podobieństwa map umysłowych są służące nam samym nastawienia – mamy skłonność do myślenia o osobach, które cenimy najbardziej, w taki sam, wypaczony sposób jak o sobie. Żywimy, na przykład, powszechne, nadzwyczaj optymistyczne „złudzenie niezniszczalności", to znaczy uważamy, że coś złego może się przytrafić raczej innym ludziom niż nam i tym, na których nam najbardziej zależy[8]. Na ogół oceniamy, że prawdopodobieństwo tego, iż my lub osoby, które kochamy, zachorują na raka albo zginą w wypadku samochodowym, jest dużo niższe niż w odniesieniu do innych ludzi.

Poczucie jedności, stopienie się w jedno z inną osobą albo utożsamienie się z nią, wzrasta, kiedy podzielamy jej punkt widzenia, i umacnia się tym bardziej, im bardziej postrzegamy rzeczywistość z jej perspektywy[9]. Zazębiają się wówczas umysły dwóch osób, i to do tego stopnia, że każda z nich może płynnie dokończyć zdanie, które zaczęła wypowiadać druga strona, co jest oznaką silnej więzi, którą badacze związków małżeńskich nazwali „walidacją o dużej intensywności"[10].

„Ja–ty" jest związkiem jednoczącym, w którym ta druga, szczególna osoba postrzegana jest jako wyraźnie inna niż wszelkie pozostałe i znane są nam jej wszystkie specyficzne cechy. Chwile, w których dochodzi do takich kontaktów, należą do tych, które najlepiej pamiętamy. To właśnie miał na myśli Buber, kiedy pisał: „Całe prawdziwe życie to spotkanie"[11].

Jeśli nie jesteśmy świętymi, traktowanie każdego, z kim się kontaktujemy, jako „ciebie" byłoby stawianiem sobie zbyt wygórowanych wymagań. W zwykłym życiu nieuchronnie oscylujemy między tymi dwoma postawami. Buber to widział: mamy coś w rodzaju podzielonej jaźni, „dwie prowincje o dobrze wyznaczonych granicach" – jedną jest „to", drugą „ty". „Ty" odnosi się do chwil, w których czujemy najsilniejsze zespolenie. Szczegółami codziennego życia zajmujemy się jednak w kategorii „to", porozumiewając się z innymi w praktyczny sposób, by to, co trzeba zrobić, zostało zrobione.

Użyteczność „to"

Felietonista „New York Timesa" Nicholas Kristof cieszy się opinią wybitnego dziennikarza; otrzymał za swoje reportaże śledcze Nagrodę Pulitzera. Przez ostatnich kilkadziesiąt lat, relacjonując wojny, klęski głodu i wielkie katastrofy, zachowywał dziennikarski obiektywizm.

Pewnego dnia w Kambodży ta bezstronność się jednak ulotniła. Stało się to, kiedy Kristof badał skandaliczny handel dziećmi, sprzedawanymi na całym świecie właścicielom domów publicznych[12].

Decydująca chwila nadeszła, gdy kambodżański alfons przedstawił mu drobną, drżącą nastolatkę nazwiskiem Srey Neth. Kristof zrobił wtedy, jak sam opowiada, „coś strasznie niedziennikarskiego" – kupił ją za 150 dolarów.

Zawiózł Srey Neth i jeszcze jedną dziewczynkę do wsi, z których pochodziły, i uwolnił je, pomagając im zacząć życie na nowo. Rok później Srey Neth ukończyła szkołę kosmetyczną w Phnom Penh i szukała lokalu, by otworzyć własny zakład; druga dziewczyna wróciła, niestety, do łatwego zarabiania pieniędzy. Pisząc o tych dziewczynach w swojej rubryce, Kristof poruszył wielu czytelników, którzy przekazali pieniądze organizacji dobroczynnej pomagającej takim osobom jak Srey Neth zacząć życie od nowa.

Obiektywizm jest jedną z naczelnych zasad etyki dziennikarskiej. W sytuacji idealnej dziennikarz pozostaje neutralnym obserwatorem, śledząc wydarzenia i donosząc o nich bez wtrącania się w ich przebieg. Kristof wyszedł z tej wyraźnie ograniczonej roli i przekraczając barierę bezstronności, zaangażował się w relacjonowaną historię.

Kodeks dziennikarza daje mu mandat na relacje „ja–to", podobnie jak kodeksy postępowania w wielu innych zawodach, od lekarza po policjanta. Chirurg nie powinien operować osoby, z którą łączy go silny związek, by jego uczucia nie zamazały mu jasności spojrzenia, policjant nie powinien w teorii pozwolić na to, by osobisty związek z kimś przeszkodził mu w wypełnianiu zadania.

Zasada utrzymywania „zawodowego dystansu" ma chronić obie strony przed nieprzewidywalnym wpływem emocji na wykonywanie naszych obowiązków. Utrzymywanie tego dystansu oznacza postrzeganie kogoś w kategoriach jego roli – pacjenta, przestępcy – bez dostrajania się do osoby występującej w tej roli. Chociaż droga niska natychmiast łączy nas z cierpieniem czy udręką innej osoby, obwody przedczołowe mogą spotęgować nasze emocjonalne oddalenie na tyle, byśmy jaśniej myśleli[13]. Dzięki tej równowadze empatia staje się rzeczywista.

Relacja „ja–to" przynosi nam zdecydowane korzyści w życiu codziennym, choćby tylko przez fakt, że umożliwia nam wykonywanie rutynowych czynności. Kiedy postanawiamy nie łączyć się emocjonalnie z jakąś osobą, kierujemy się niepisanymi zasadami społecznymi. Życie codziennie zdaje się w nie obfitować; za każdym razem, kiedy mamy nawiązać z kimś kontakt ze względu na rolę pełnioną przez tę osobę – z kelnerką, urzędnikiem czy sprzedawcą w sklepie – traktujemy ją jako jednowymiarowe „to", nie zwracając uwagi na „resztę" tej osoby, na jej ludzką tożsamość.

Jean Paul Sartre, dwudziestowieczny filozof francuski, postrzegał tę jednowymiarowość jako symptom szerszej alienacji we współczesnym świecie. Opisywał role społeczne jako pewnego rodzaju „ceremoniał", sposób odgrywania ich według drobiazgowego scenariusza, kiedy traktujemy innych jako „to" i sami jesteśmy przez nich tak traktowani: „Jest to taniec sprzedawcy, krawca, licytatora, za pomocą którego starają się przekonać swoją klientelę, ale są tylko sprzedawcą, krawcem, licytatorem"[14].

Sartre nic nie mówi o pożytkach, jakie odnosimy dzięki tej maskaradzie „ja–to", unikając nie mającego końca łańcucha kontaktów według relacji „ja–ty". Dostojna rezerwa kelnera oszczędza mu wtrącania się w jego życie prywatne, a jednocześnie tworzy atmosferę prywatności dla tych, których obsługuje. Trzymanie się swojej roli pozwala kelnerowi wykonywać skutecznie obowiązki i zachować wewnętrzną autonomię, dzięki której może poświęcać uwagę swoim prywatnym interesom i pasjom, nawet jeśli ograniczają się one tylko do snów na jawie i fantazji. Jego rola stwarza dla niego kokon prywatności nawet w życiu publicznym.

Pogaduszki z gośćmi nie stanowią zagrożenia dla tego kokona, dopóki pozostają pogaduszkami. A osoba w roli „tego" zawsze ma możliwość potraktowania kogoś jako „ciebie", postrzegania go jako pełnej osoby. Na ogół rola ta działa jak coś w rodzaju ekranu, zasłaniając częściowo osobę, która ją pełni. Przynajmniej na początku widzimy „to", a nie tę osobę.

Kiedy mamy z kimś przelotny kontakt, nasze wzajemne zrozumienie wzrasta tak, że oboje zaczynamy brać udział w niewerbalnym tańcu wzajemnej uwagi, uśmiechów, koordynacji naszych pozycji i ruchów i tym podobnych. Kiedy jednak spotykamy się z kimś, kto występuje w pewnej zawodowej roli, na ogół koncentrujemy się na potrzebie, która nas do tego kogoś przywiodła, albo na jakimś pożądanym przez nas wyniku spotkania. Badania ludzi wchodzących w kontakty z osobami pełniącymi formalne role pomocnicze – lekarza, pielęgniarki, psychologa, psychoterapeuty – pokazują, że standardowe składniki wzajemnego zrozumienia są w tych sytuacjach po obu stronach słabsze niż w kontaktach nieformalnych[15].

To skupienie się na celu kontaktu jest wyzwaniem dla osób zajmujących się zawodowo pomaganiem innym. W psychoterapii interpersonalna chemia między terapeutą i klientem decyduje o tym, czy wytworzy się między nimi więź umożliwiająca współpracę. W medycynie wzajemne zrozumienie pomaga pacjentowi zaufać lekarzowi na tyle, by stosował się do jego zaleceń.

Osoby pracujące w takich zawodach muszą się bardzo starać, by podczas kontaktów z ludźmi szukającymi u nich pomocy działały składniki wzajemnego zrozumienia. Ich obiektywizm musi równoważyć empatia w stopniu wystarczającym do tego, by zaczęła się przynajmniej odrobinę kształtować relacja „ja–ty".

Ból odrzucenia

Chwila prawdy dla Mary Duffy – kiedy uświadomiła sobie, że przestała być uznawana za osobę i stała się po prostu „nowotworem złośliwym w sali B-2" – nadeszła rankiem następnego dnia po operacji piersi.

Duffy była jeszcze półśpiąca, kiedy, bez żadnego ostrzeżenia, została otoczona przez grupę zupełnie obcych osób w białych kitlach – lekarza i studentów medycyny. Lekarz ściągnął z niej bez słowa koc i koszulę nocną, jakby była manekinem. Leżała naga.

Będąc zbyt słaba, by zaprotestować, Duffy zdobyła się na sarkastyczne: „No, dzień dobry", skierowane do lekarza, który ją zignorował. Zamiast odpowiedzieć na jej – było nie było – powitanie, zaczął wykład o nowotworach złośliwych dla stada studentów, którzy stali wokół jej łóżka. Gapili się potulnie na jej nagie ciało jak na przedmiot, obojętni na jej reakcje. W końcu pan doktor zwrócił się łaskawie wprost do Duffy, pytając z roztargnieniem: „Puściła już pani gazy?"

Kiedy, starając się tchnąć w tę rozmowę nieco ludzkiego ciepła, pozwoliła sobie na ciętą ripostę: „Nie, pozwalam sobie na to dopiero na trzeciej randce", lekarz zrobił obrażoną minę, jakby go zawiodła[16].

Tym, czego w tamtej chwili potrzebowała Duffy, było okazanie przez lekarza choćby skromnym gestem, który pozwalałby jej na zachowanie odrobiny godności, że traktuje ją jak człowieka. Potrzebowała chwili relacji „ja–ty". Otrzymała zimną dawkę relacji „ja–to".

Jeśli ktoś, kto – jak się spodziewamy – z takiego czy innego powodu powinien się z nami emocjonalnie połączyć, nie robi tego, jesteśmy zaniepokojeni lub zmartwieni, podobnie jak Duffy. Rezultat: czujemy się osamotnieni, zupełnie jak niemowlę, na które matka nie zwraca uwagi.

To uczucie zranienia ma podstawę neuronalną. Nasz mózg rejestruje odrzucenie społeczne w tym samym obszarze, który się uaktywnia, kiedy odniesiemy ranę fizyczną: w przedniej części kory zakrętu obręczy, o której wiadomo, że wytwarza między innymi doznania bólu fizycznego[17].

Matthew Lieberman i Naomi Eisenberger, którzy przeprowadzili badania na University of California w Los Angeles, wskazują, że przednia część zakrętu obręczy działa jako neuronalny system alarmowy wykrywający groźbę odtrącenia i pobudzający inne części mózgu do odpowiedniej reakcji[18]. Jako taki, uważają Lieberman i Eisenberger, tworzy on część „systemu przywiązania społecznego", który nadbudowuje się na istniejącym już układzie alarmowania mózgu o bólu fizycznym.

Odtrącenie ma charakter pierwotnego zagrożenia i mózg wydaje się tak skonstruowany, by zagrożenie to podkreślać. Lieberman i Eisenberger przypominają, że w czasach prehistorycznych bycie członkiem hordy miało decydujące znaczenie dla przeżycia; wykluczenie z niej mogło być wyrokiem śmierci, jakim jest nadal dla młodych ssaków w naturze. Uczeni stawiają hipotezę, że ośrodek bólu mógł rozwinąć tę wrażliwość na wykluczenie społeczne jako sygnał alarmowy ostrzegający przed potencjalnym wygnaniem i przypuszczalnie skłaniający nas do naprawienia relacji z grupą.

W świetle tej koncepcji metafory, których używamy na określenie bólu odtrącenia, takie jak „złamane serce" i „zranione uczucia", sugerujące fizyczny charakter bólu emocjonalnego, nabierają nowego sensu. Zrównanie bólu fizycznego ze społecznym jest, jak się zdaje, milcząco przyjmowane w wielu różnych językach na całym świecie – słowa, które opisują ból społeczny, zapożyczone są ze słownika dolegliwości fizycznych.

Wymowne jest, że małpiątko, które ma uszkodzoną korę przedniej części zakrętu obręczy, nie kwili z powodu cierpienia spowodowanego odłączeniem go od matki; w naturze mogłoby to stanowić zagrożenie dla jego życia. I podobnie, małpia matka z uszkodzoną korą przedniej części zakrętu obręczy nie reaguje na krzyki przygnębionego dziecka przygarnianiem go dla zapewnienia mu ochrony. U ludzi ta część kory uaktywnia się u matki słyszącej płacz dziecka.

Odczuwana przez nas w pradawnych czasach potrzeba podtrzymywania zwiazków z innymi może wyjaśniać, dlaczego ośrodki odpowiedzialne za łzy i za śmiech sąsiadują ze sobą w pniu mózgu – jego najstarszej części[19]. Śmiech i płacz są reakcjami pojawiającymi się samorzutnie w chwilach nawiązywania lub zawieszania pierwotnej więzi społecznej – narodzin i śmierci, ślubów i ponownych spotkań po wielu latach. Przygnębienie z powodu rozdzielenia i radość z powodu zawarcia przyjaźni świadczą o pierwotnej sile związków międzyludzkich.

Kiedy nasza potrzeba bliskości nie zostanie zaspokojona, mogą się pojawić zaburzenia emocjonalne. Na określenie owej szczególnej zgryzoty, spowodowanej trudnymi, zagrożonymi stosunkami z innymi psycholodzy stworzyli termin „depresja społeczna". Odtrącenie – albo obawa przed nim – jest jedną z najpowszechniejszych przyczyn niepokoju. Uczucie włączenia, przynależności do grupy, zależy nie tyle od częstych kontaktów towarzyskich czy licznych związków z innymi, ile od tego, w jakim stopniu czujemy się akceptowani w ważnych związkach, nawet jeśli są one nieliczne[20].

Trudno się dziwić, że mamy w mózgu układ, który nastawiony jest na wykrywanie groźby porzucenia, oddzielenia czy odtrącenia, skoro było to niegdyś zagrożeniem dla życia, chociaż dzisiaj jest zagrożeniem tylko symbolicznym. Mimo to, jeśli mamy nadzieję być „tobą", traktowanie nas jako „tego", jakbyśmy byli nieważni, jest szczególnie przykre.

Empatia czy projekcja?

Psychoanalityk, opowiadając o swoim pierwszym spotkaniu z nowym pacjentem, przypomina sobie, że czuł się nieco zdenerwowany: „Rozpoznałem to jako jedną z wielu odmian niepokoju, któremu łatwo ulegam".

Co właściwie sprawiło, że był zdenerwowany? Słuchając pacjenta i bacznie go obserwując, uświadomił sobie, że szczegółem, który najbardziej wyprowadzał go z równowagi, były uprasowane na kant spodnie, bez drobnej choćby zmarszczki.

Jego pacjent, jak ujął to cierpko ów psychoanalityk, wyglądał jak „główny produkt z katalogu Eddiego Bauera, a ja byłem dodatkiem na odwrocie strony, który informował, że dostępne są nietypowe rozmiary". Psychoanalityk poczuł się tak zdenerwowany, że nie przerywając kontaktu wzrokowego z pacjentem, pochylił się w fotelu, by obciągnąć mankiety swoich wymiętych spodni.

Później pacjent powiedział o silnym wspomnieniu wyrazu cichej i surowej dezaprobaty na twarzy matki. Uruchomiło to dzwonek alarmowy w głowie psychoanalityka, który przypomniał sobie, że jego matka też stale napominała go, by nosił wyprasowane spodnie.

Psychoanalityk podał to jako przykład doniosłej roli, jaką odgrywa w terapii dostrojenie się i empatia, chwile, w których – jak to ujął – terapeuta znajduje się „na tym samym poziomie co pacjent", dokładnie wyczuwając, jakie kipią w nim uczucia[21]. Niestety, część z tego, co czuje psychoanalityk, bierze się z jego własnego emocjonalnego bagażu, jest projektowaniem jego wewnętrznej rzeczywistości na rzeczywistość pacjenta. Podczas projekcji ignoruje się wewnętrzny stan drugiej osoby – przypuszczamy wtedy, że druga strona myśli i czuje to co my.

Skłonność tę zauważył już osiemnastowieczny filozof David Hume, który zaobserwował „niezwykłą inklinację" ludzkiej natury do przypisywania innym „tych samych emocji, które widzimy u siebie, i do znajdowania wszędzie tych samych myśli, które są najbardziej obecne w naszych" umysłach[22]. Jednak podczas pełnej projekcji po prostu rzutujemy nasz świat na świat drugiej osoby, w ogóle się do niej nie dostrajając ani nie dopasowując. Ludzie pochłonięci sami sobą, swoim światem wewnętrznym, nie mają innego wyboru niż rzutowanie swojej wrażliwości na tego, kogo postrzegają.

Niektórzy dowodzą, że każdy akt empatii pociąga za sobą pewną subtelną projekcję, że dostrajanie się do kogoś wywołuje u nas uczucia i myśli, które chętnie, choć błędnie, przypisujemy tej osobie. Wyzwaniem stojącym przed psychoanalitykiem jest odróżnienie własnych projekcji – ujmując to technicznie, „przeciwprzeniesienie" – od autentycznej empatii. Terapeuta może się zorientować, co naprawdę czuje pacjent, w takim stopniu, w jakim uświadamia sobie, które z jego uczuć odzwierciedlają uczucia pacjenta, a które biorą się z jego własnej historii.

Tak jak w wyniku projekcji postrzegamy inną osobę jako „to", tak w wyniku empatii widzimy w niej „ciebie". Empatia wytwarza sprzężenie zwrotne, kiedy staramy się dopasować nasze postrzeganie do rzeczywistości drugiej osoby. Psychoterapeuta śledzący swoje reakcje może najpierw zauważyć w swoim ciele uczucie, które nie narodziło się tam; powstaje ono z tego, co wyczuwa on u pacjenta. Znaczenie tego uczucia wyłoni się w trakcie wzajemnego przekazywania go między klientem i terapeutą, kiedy będą budować łączącą ich relację. Dzieląc z pacjentem ten wewnętrzny sens, może on odzwierciedlać i przekazać mu z powrotem jego przeżycia, gdy empatia zwiększy ich wzajemne dostrojenie.

Nasze poczucie dobrostanu zależy w pewnym stopniu od tego, czy inni traktują nas jako „ciebie": nasze pragnienie więzi z innymi jest pierwotną ludzką potrzebą wynikającą z instynktu przetrwania. Obecnie neuronalne echo tej potrzeby zwiększa naszą wrażliwość na różnicę między „to" i „ty" i sprawia, że odtrącenie odczuwamy równie silnie jak ból fizyczny.

Skoro traktowanie nas jako „to" tak bardzo wyprowadza nas z równowagi, osoby, które zawsze odnoszą się w taki sposób do innych, wywołują w nas szczególny niepokój.

Rozdział 8

Ponura trójca

Mój szwagier, Leonard Wolf, jest z natury człowiekiem łagodnym i troskliwym. Z wykształcenia jest badaczem twórczości Chaucera, a przy tym specjalistą z zakresu powieści i filmów grozy. Zainteresowania te sprawiły, że kilka lat temu postanowił napisać książkę o prawdziwym seryjnym mordercy.

Człowiek ten zamordował dziesięć osób, w tym troje członków własnej rodziny, zanim go ujęto. Morderstwa te wymagały bliskiego kontaktu z ofiarami, bo wszystkie je udusił.

Leonard odwiedził kilkakrotnie zbrodniarza w więzieniu. W końcu zdobył się na odwagę i zadał pytanie, które najbardziej go intrygowało: „Jak mógł pan robić z ludźmi coś tak strasznego? Nie czuł pan dla nich żadnej litości?"

Zabójca odpowiedział na to bardzo rzeczowo: „O nie, musiałem wyłączyć tę część mojej osobowości. Gdybym chociaż trochę czuł ich cierpienie, nie mógłbym tego zrobić".

Empatia jest głównym czynnikiem hamującym okrucieństwo; powstrzymywanie naszej naturalnej skłonności do współodczuwania z innymi pozwala nam traktować inną osobę jako „to".

Ta mrożąca krew w żyłach wypowiedź mordercy – „musiałem wyłączyć tę część mojej osobowości" – nawiązuje do ludzkiej zdolności celowego tamowania empatii, patrzenia obojętnym okiem i słuchania obojętnym uchem czyichś cierpień. Tłumienie naszej naturalnej skłonności do współodczuwania z inną osobą wyzwala okrucieństwo.

Osoby, które charakteryzują się nieczułością, mają na ogół jeden z typów osobowości określanych przez psychologów mianem „ponurej trójcy": osobowość narcystyczną, makiaweliczną lub psychopatyczną. Wszystkie te trzy typy mają wspólne, w różnym stopniu rozwinięte, chociaż czasami dobrze skrywane, nieprzyjemne cechy: wrogość wobec innych i dwulicowość, egocentryzm i agresywność oraz emocjonalną oziębłość[1].

Zrobilibyśmy dobrze, zaznajamiając się z charakterystycznymi cechami tej trójki, chociażby po to, by lepiej rozpoznawać te osoby. Współczesne społeczeństwo, gloryfikujące motywy, które wynikają z zasady „przede wszystkim ja", i propagujące kult gwiazd – półbogów niczym nieskrępowanej chciwości i wyidealizowanej próżności, może nieumyślnie zachęcać te typy do rozkwitu.

Większość osób, które należą do kategorii ponurej trójcy, nie zdradza objawów kwalifikujących je do badań psychiatrycznych, chociaż w krańcowych przypadkach osuwają się w chorobę psychiczną albo stają się ludźmi wyjętymi spod prawa, zwłaszcza psychopaci. Jednak o wiele powszechniejsza odmiana „podkliniczna" to osoby żyjące wśród nas, zaludniające biura, szkoły, bary i egzystujące na peryferiach życia codziennego.

Narcyz – sny o chwale

Futbolista, którego nazwiemy tu Andre, cieszy się zasłużoną opinią szpanera. Jest uwielbiany przez kibiców za twarde zagrywki w decydujących chwilach ważnych meczów. Robi, co w jego mocy, kiedy tłumy krzyczą najgłośniej, kiedy jest w świetle reflektorów, kiedy gra idzie o najwyższą stawkę.

„Kiedy mecz wisi na włosku – powiedział reporterowi jego kolega z drużyny – cieszymy się, że mamy Andre w naszym zespole". Ale zaraz dodał: „Andre jest nie do wytrzymania. Stale spóźnia się na treningi i puszy się, jakby był boskim darem dla futbolu, i chyba nigdy nie widziałem, żeby zrobił porządną blokadę dla innego gracza".

Poza tym Andre ma zwyczaj psucia łatwych zagrywek, zwłaszcza podczas treningu i mało ważnych meczów. A raz zachował się naprawdę haniebnie i omal nie pobił się z kolegą z zespołu, który podał piłkę innemu zawodnikowi zamiast jemu, mimo iż tamten zdobył punkt.

Andre jest ucieleśnieniem pospolitego narcyzmu. Osobami takimi kieruje jeden motyw: marzenia o chwale[2]. Narcyza nudzą utarte czynności, za to kiedy staje wobec trudnego wyzwania, rozkwita. Cecha ta może mieć znaczenie przystosowawcze w dziedzinach, w których liczy się sprawne funkcjonowanie w stresujących warunkach, od sporów sądowych do sprawowania przywództwa.

Ta zdrowa odmiana narcyzmu ma korzenie w wyobrażeniu ukochanego dziecka, że jest pępkiem świata, że spełnianie jego potrzeb jest dla wszystkich sprawą najważniejszą. W wieku dojrzałym postawa ta przeradza się w pozytywne zdanie o sobie, które daje tej osobie pewność siebie odpowiednią do stopnia jej talentu, co jest istotnym składnikiem sukcesu. Osoby, którym brak tego rodzaju pewności siebie, uchylają się przed wykorzystywaniem swoich zdolności czy zalet.

O tym, czy narcyzm danej osoby jest zdrowy czy niezdrowy, można wyrokować na podstawie jej zdolności do empatii. Im bardziej zdolność ta jest upośledzona, tym narcyzm mniej zdrowy.

Wielu narcyzów pociągają stresujące, ale przynoszące sławę zawody, w których mogą dobrze wykorzystać swoje talenty i zdobyć wieniec chwały, mimo związanego z ich wykonywaniem różnorakiego ryzyka. Podobnie jak Andre, wkładają najwięcej wysiłku w to, za co czeka najwyższa nagroda.

W świecie biznesu tacy narcyzi mogą stać się ekspansywnymi szefami. Michael Maccoby, psychoanalityk, który badał (i leczył) narcystycznych szefów, zaobserwował, że w czasach obecnych, kiedy wzrastają związane z rywalizacją napięcia – oraz płace i splendor kadry kierowniczej – typ ten staje się coraz powszechniejszy na najwyższych szczeblach biznesu[3].

Dziś w świecie biznesu, gdzie toczy się zaciekła walka o pieniądze, tacy ambitni i pewni siebie przywódcy mogą być bardzo skuteczni. Najlepsi są kreatywni stratedzy, którzy potrafią ogarnąć spojrzeniem całość i podjąć ryzykowną grę, umiejętnie omijając zagrożenia, by zostawić po sobie pozytywną spuściznę. Produktywni narcyzi łączą pewność siebie z otwartością na krytykę, przynajmniej ze strony osób zaufanych.

Przywódcy o zdrowej osobowości narcystycznej mają zdolność do autorefleksji i dostosowywania się do wymogów rzeczywistości. Potrafią wykształcić u siebie umiejętność spojrzenia z dystansu na to, co robią, i zachować humor, dążąc do osiągnięcia celów. Jeśli mają dostęp do nowych informacji, to jest bardziej prawdopodobne, że podejmą właściwe decyzje i że nie dadzą się zaskoczyć wydarzeniom.

Natomiast przywódcy o niezdrowej osobowości narcystycznej bardziej pragną być podziwiani niż kochani. Będąc często innowatorami w biznesie, pragną osiągać sukcesy nie dlatego, że kieruje nimi wewnętrzna potrzeba doskonałości, lecz dlatego, że chcą korzyści i chwały, które przynosi sukces. Niezbyt przejmując się tym, jak ich działania wpłyną na innych, uważają, że mogą dążyć do swoich celów agresywnie, nie licząc się z ludzkimi kosztami. Maccoby twierdzi, że w czasach zawirowań gospodarczych przywódcy tacy mogą się wydawać atrakcyjni, choćby dlatego, że mają śmiałość forsować programy, które wprowadzają radykalne zmiany.

Tacy narcyzi współodczuwają z innymi selektywnie, nie zwracając uwagi na uczucia osób, które nie są przydatne w ich dążeniu do chwały. Potrafią zamknąć lub sprzedać firmę albo zwolnić mnóstwo pracowników, nie mając ani odrobiny współczucia dla tych, dla których ich decyzje oznaczają osobistą katastrofę. Pozbawieni zdolności empatii, nie mają żadnych wyrzutów sumienia i pozostają obojętni na potrzeby i uczucia swoich podwładnych.

Ludziom z niezdrową osobowością narcystyczną brakuje na ogół poczucia własnej wartości, czego rezultatem jest niepewność, wewnętrzne rozchwianie, które na przykład u przywódcy oznacza, że chociaż roztacza porywające wizje, ma czuły punkt, który czyni go głuchym na uwagi krytyczne. Tacy przywódcy unikają nawet uwag konstruktywnych, które postrzegają jako ataki na siebie. Ich nadwrażliwość na krytykę w każdej formie oznacza też, że nie szukają informacji w szerokich kręgach; wybierają raczej selektywnie dane, które potwierdzają ich punkt widzenia, ignorując niewygodne fakty. Zamiast słuchać, wolą prawić kazania i pouczać.

Chociaż niektórzy narcystyczni przywódcy osiągają spektakularne rezultaty, inni prowadzą organizacje, którymi kierują, do katastrofy. Snując nierealistyczne marzenia, nie mając żadnych ograniczeń i ignorując mądre rady, wprowadzają firmę na niewłaściwe tory. Maccoby ostrzega, że biorąc pod uwagę dużą liczbę narcystycznych przywódców kierujących obecnie firmami, organizacje muszą znaleźć jakiś sposób, by zmusić ich do liczenia się ze zdaniem innych. W przeciwnym razie pozostaną oni odgrodzeni od rzeczywistości murem pochlebców, którzy nie licząc się z niczym, będą ich popierać.

Pewien narcystyczny szef zgłosił się do Maccoby'ego na psychoterapię, by się dowiedzieć, dlaczego tak łatwo wpada w złość na ludzi, którzy u niego pracują. Nawet życzliwe sugestie przyjmował jako zniewagi i wściekał się na tych, którzy je wysuwali. Podczas terapii odkrył korzenie swojej złości w uczuciach z czasów dzieciństwa, że jest niedoceniany przez swojego wyniosłego ojca. Bez względu na to, co udało się mu osiągnąć, na ojcu nie robiło to żadnego wrażenia. Ów dyrektor uświadomił sobie, że teraz szukał emocjonalnej rekompensaty w nieustających pochwałach ze strony podwładnych i że stale było mu ich mało. Kiedy zaś czuł się niedoceniany, wpadał we wściekłość.

Zdawszy sobie z tego sprawę, zaczął się zmieniać, a nawet nauczył się śmiać ze swojego pragnienia poklasku. Pewnego dnia oznajmił kadrze kierowniczej, że poddaje się psychoanalizie, i zapytał, co o tym sądzą. Zapadła długa cisza, aż w końcu jeden z jego podwładnych zebrał się na odwagę i powiedział, że już się tak nie złości jak przedtem, powinien więc nadal robić to, co robi.

Ciemna strona lojalności

„Moi studenci – zwierza się profesor szkoły biznesu – rozumieją, że życie organizacyjne jest swego rodzaju «targowiskiem próżności»; ci, którzy chcą się na nim wybić, mogą to osiągnąć, schlebiając próżności swoich szefów".

Studenci ci wiedzą, że udział w tej grze zapewniają lizusostwo i wazeliniarstwo. Pochlebstwa prowadzą do awansu. Jeśli robiąc to, będą musieli zatajać, bagatelizować albo zniekształcać ważne informacje, to trudno. Dzięki przebiegłości i przy odrobinie szczęścia przykre konsekwencje tego mydlenia oczu poniesie ktoś inny[4].

Ta cyniczna postawa stanowi istotę zagrożenia, jakie niezdrowy narcyzm stwarza dla funkcjonowania firmy. Narcystyczna może być cała organizacja. Kiedy liczba pracowników podzielających narcystyczny punkt widzenia osiąga masę krytyczną, cała firma nabiera tych cech, które stają się jej standardowymi procedurami działania.

Organizacyjny narcyzm stanowi oczywiste zagrożenie dla firmy. Normą staje się podkręcanie wygórowanych ambicji szefa albo koloryzowanie jakiegoś fałszywego zbiorowego jej obrazu, istniejącego w świadomości jej pracowników. Przestaje istnieć zdrowa różnica zdań.

A każda organizacja, która zostanie pozbawiona pełnego dostępu do prawdy o swoim funkcjonowaniu, traci zdolność elastycznego reagowania na twardą rzeczywistość.

Na pewno każda firma chce, by jej pracownicy byli dumni z tego, iż są w niej zatrudnieni, i czuli, że mają ważny cel – odrobina uzasadnionego zbiorowego narcyzmu jest zdrowa. Kłopoty zaczynają się wtedy, gdy duma wynika nie z prawdziwych osiągnięć, lecz z rozpaczliwego pragnienia chwały.

Kłopoty narastają, kiedy narcystyczni przywódcy oczekują tylko wieści potwierdzających ich poczucie wielkości. A gdy zwracają się przeciwko zwiastunom złych nowin, podwładni z natury rzeczy zaczynają ignorować dane, które nie pasują do tego wspaniałego obrazu. Ten zniekształcający rzeczywistość filtr nie musi być nakładany z cynicznych pobudek. Pracownicy, którzy sami mają z powodu przynależności do takiej organizacji zbyt wysokie mniemanie o sobie, zniekształcają prawdę z własnej woli, w zamian za miłe uczucie, jakim napełnia ich grupowe schlebianie sobie.

Żałosną ofiarą takiego chorego narcyzmu grupowego staje się nie tylko prawda, ale również autentyczne więzi między pracownikami. Wszyscy są uczestnikami cichej zmowy dla podtrzymania wspólnych złudzeń. Rozkwitają dwa zjawiska: stłumienie i paranoja. Praca przeradza się w farsę.

W proroczej scenie z nakręconego w 1983 roku filmu *Silkwood*, Karen Silkwood, prowadząca krucjatę przeciwko korupcji w firmach, przygląda się, jak szef pewnej fabryki retuszuje zdjęcia spawów prętów paliwowych, które mają być dostarczone do reaktorów jądrowych. Człowiek ten stara się, by wadliwe, stwarzające zagrożenie produkty wydawały się bezpieczne.

Ów szef zdaje się w ogóle nie zastanawiać nad tym, że to, co robi, stanowi potencjalne zagrożenie dla życia innych. Martwi się tylko tym, że odrzucenie przez nabywcę ostatniej dostawy prętów paliwowych może narazić na szwank finanse firmy, a przez to zagrozić ludziom, którzy w niej pracują. Uważa się za lojalnego pracownika przedsiębiorstwa.

W latach, które upłynęły od powstania tego filmu, byliśmy świadkami całej serii przekrętów podobnych do tych, przed którymi pośrednio ostrzega nas ta scena – już nie stopienia się prętów w jakichś reaktorach jądrowych, ale wręcz Czarnobyli całych korporacji. W firmach tych u podłoża jawnych kłamstw i skomplikowanych matactw finansowych tkwiło zapewne to samo schorzenie: zbiorowy narcyzm.

Narcystyczne organizacje zachęcają skrycie do takiej dwulicowości, chociaż pozornie proszą pracowników o szczerość i rzetelne dane. Wspólne iluzje rozkwitają proporcjonalnie do tłumienia prawdy. Kiedy w firmie rozprzestrzenia się narcyzm, ci, którzy sprzeciwiają się samookłamywaniu i schlebianiu sobie, zagrażają wszystkim, którzy lubią narcystyczną euforię i towarzyszący jej zanik poczucia wstydu lub porażki. W psychice narcyza instynktowną reakcją na to zagrożenie jest wściekłość. W narcystycznej firmie osoby, które stanowią zagrożenie dla wygórowanego mniemania o sobie, są z reguły degradowane, karcone albo zwalniane.

Narcystyczna organizacja staje się swoim własnym moralnym światem, światem, w którym jej cele, dobro i środki nie są kwestionowane, lecz przyjmowane jak pismo święte. To świat, w którym robienie tego, co jest nam potrzebne, otrzymywanie tego, czego chcemy, wydaje się zupełnie nienaganne. To nieustające czczenie siebie przesłania nam spojrzenie i nie pozwala dostrzec, jak bardzo stajemy się oddaleni od rzeczywistości. Reguły stosują się nie do nas, lecz do innych.

Dewiza narcyza: inni istnieją po to, by mnie wielbić

Obiecała, że przeczyta mu erotyczny fragment powieści. Teraz on był wściekły.

Na początku wszystko zdawało się przebiegać znakomicie. Zaczęła mu czytać niskim, uwodzicielskim głosem podniecający opis sceny z udziałem dwojga kochanków. Czuł, że sam zaczyna być nieco podniecony.

Jednak w miarę jak scena stawała się coraz bardziej namiętna, ona robiła się coraz bardziej nerwowa, na przemian to jąkając się i wahając, to wyrzucając siebie jak karabin maszynowy kilka zdań. Była wyraźnie wytrącona z równowagi.

W końcu nie mogła już tego wytrzymać. Usprawiedliwiając się, że od tego momentu fragment jest zbyt pornograficzny, odmówiła dalszego czytania. Co gorsza, dodała, że jest w nim „coś", co sprawia, że za bardzo się wstydzi, by kontynuować czytanie. Ba, przyznała, że innym facetom przeczytała cały ten fragment.

Scenę tę odtworzono 120 razy, za każdym razem z innym mężczyzną, w ramach eksperymentu przeprowadzonego na anonimowym uniwersytecie[5]. Kobieta czytająca tę przesyconą erotyzmem prozę była asystentką biorącą udział w badaniach nad tym, co prowokuje pewnych mężczyzn, ale większość nie, do zmuszania kobiet siłą do stosunków płciowych. Scenariusz eksperymentu został celowo napisany tak, by mężczyźni czuli się najpierw podnieceni, a potem niezaspokojeni i upokorzeni.

Po tym podstępie każdy z mężczyzn miał okazję do odpłacenia pięknym za nadobne. Proszono go, by ocenił zachowanie kobiety, ustalił, ile powinno się jej zapłacić, czy wstrzymać wypłatę, i zdecydował, czy dać jeszcze jedną szansę, czy zwolnić.

Większość badanych wybaczyła kobiecie, zwłaszcza kiedy usłyszeli, że pieniądze za to zadanie potrzebne są jej na zapłacenie czesnego. Ale, zgodnie z typem osobowości, mężczyźni o skłonnościach narcystycznych byli oburzeni afrontem, który spotkał ich z jej strony, i brali odwet. Ci narcyzi, uważając, że oszukano ich i pozbawiono tego, co się im należało, domagali się bez wyjątku ukarania nieszczęsnej lektorki. A w teście oceniającym postawy wobec przymuszania do stosunków seksualnych okazało się, że im bardziej narcystyczną osobowość miał dany mężczyzna, tym bardziej aprobował przymus. Badacze doszli do wniosku, że gdyby była to randka, na której ta kobieta obściskiwałaby się z mężczyzną, a potem chciałaby przestać, to tacy mężczyźni najprawdopodobniej zmusiliby ją, mimo jej protestów, do stosunku seksualnego.

Czasami nawet ludzie o niezdrowej osobowości narcystycznej potrafią być czarujący. Nazwa „narcyz" pochodzi z greckiego mitu o Narcyzie, młodzieńcu, którego tak oczarowała własna uroda, że zakochał się w swoim odbiciu w wodzie. Zakochała się w nim też nimfa Echo, ale została przez niego odtrącona, bo nie mogła rywalizować z jego samouwielbieniem.

Jak świadczy ten mit, wielu narcyzów pociąga i przyciąga ludzi, ponieważ pewność siebie, którą promieniują, może nadawać im aurę charyzmy. Narcyz, mimo iż łatwo deprecjonuje innych, siebie postrzega w absolutnie pozytywnych kategoriach. Najszczęśliwszy jest, co zrozumiałe, w małżeństwie z osobą, która będzie mu stale kadziła i łasiła się do niego[6]. Dewizą takiego niezdrowego narcyza mogłoby być: „Inni istnieją tylko po to, by mnie adorować".

Spośród „ponurej triady" jedynie narcyzi otwarcie wyrażają nadmierne mniemanie o sobie i przejawiają pyszałkowatość – z domieszką niezbędnej dozy samooszukiwania[7]. Ich wykrzywiony punkt widzenia sprawia, że wszystko przyjmują na swoją korzyść – sukces jest ich zasługą, ale za niepowodzenie nie ponoszą nigdy winy. Uważają, że mają prawo do chwały, domagając się nawet beztrosko, by nie rzec – bezczelnie, uznania za sukcesy innych (ale nie widzą w tym – ani w czymkolwiek innym, co mogliby zrobić – nic złego).

Według jednego ze standardowych testów, narcyzem jest osoba, która ma przesadne mniemanie o swoim znaczeniu, snuje fantazje o chwale bez granic, czuje wściekłość lub złość, kiedy jest krytykowana, oczekuje szczególnych względów i nie odczuwa empatii[8]. Ów brak empatii oznacza, że narcyz nie zdaje sobie sprawy ze swojego egocentryzmu i szorstkości, które inni tak wyraźnie w nim widzą.

Chociaż narcyz może wedle swojego wyboru stać się czarujący, równie dobrze może się zrobić nieprzyjemny. W najmniejszej mierze nie pociąga go bliskość emocjonalna, jest za to nad wyraz chętny do rywalizacji, cyniczny i nie ufa innym, a przy tym chętnie wykorzystuje innych, wywyższając się, nawet kosztem kogoś, kto jest mu bliski. Mimo to uważa się za osobę lubianą[9].

Nie mające oparcia w rzeczywistości wysokie mniemanie o sobie spotyka się częściej w kulturach, które stwarzają zachęty nie dla sukcesu grupy, lecz jednostki. Kultury, w których ważna jest grupa, przeważające we wschodniej Azji i Europie Północnej, cenią współdziałanie i dzielenie zarówno pracy, jak i sukcesu w grupie, co oznacza porzucenie nadziei, by ktokolwiek był traktowany ze szczególną atencją. Natomiast w kulturach „indywidualistycznych", takich jak w Stanach Zjednoczonych i Australii, zachęca się do osobistych osiągnięć i nagród za nie. Zgodnie z tym, amerykańscy studenci postrzegają się w większości zadań jako „lepsi" niż dwie trzecie swoich kolegów, podczas gdy studenci japońscy oceniają się jako mieszczący się dokładnie w środku[10].

Typ makiaweliczny: cel uświęca środki

Na temat dyrektora dużego oddziału jednego z europejskich gigantów przemysłowych panowały dziwnie rozbieżne opinie: podwładni bali się go i pogardzali nim, natomiast jego szef uważał, że jest bardzo czarujący. Ów towarzysko obyty dyrektor bardzo się starał wywrzeć wrażenie nie tylko na swoim szefie, ale również na klientach firmy. Kiedy jednak znalazł się w swoim gabinecie, stawał się tyranem – krzyczał na ludzi, z których pracy był niezadowolony, ale nawet słowem nie pochwalił tych, którzy się wyróżniali.

Konsultantka sprowadzona przez firmę do oceny jej kadry kierowniczej uświadomiła sobie, jak zniechęceni byli ludzie w oddziale tego autokraty. Po zaledwie paru rozmowach z jego pracownikami zorientowała się, że jest egotykiem, dbającym tylko o siebie, a nie o organizację ani nawet o ludzi, dzięki których pracy wydawał się swojemu szefowi taki godny uznania.

Konsultantka zaleciła, by zastąpiono go inną osobą, więc dyrektor naczelny firmy, chociaż niezbyt chętnie, poprosił go, by się zwolnił. Tamten zrobił to, ale natychmiast znalazł inną, równie wysoką posadę, bo zrobił dobre wrażenie na swoim nowym szefie.

Od razu rozpoznajemy tego dyrektora – manipulatora; widzieliśmy go w niezliczonych filmach, sztukach i dramatach przedstawianych w telewizji. Stereotyp tego drania – nieczuły, ale pełen ogłady na pokaz łajdak, który bez żadnych skrupułów wykorzystuje innych – jest doskonale znany w popkulturze.

Ten typ osobowości jest od wielu wieków stałym elementem utworów tworzonych dla rozrywki szerokich rzesz – jest równie stary jak demon Rawana w staroindyjskim eposie *Ramajana* i równie współczesny jak zły imperator w *Gwiezdnych wojnach*. W powtarzających się bez końca filmowych wcieleniach pojawia się jako szalony uczony, który chce zawładnąć światem, albo jako czarujący, lecz okrutny przywódca gangu. Instynktownie nie znosimy tego typa z powodu jego braku skrupułów i przebiegłości, sztuczek i matactw, do których się ucieka, by osiągnąć swój niegodziwy cel. To makiawelik, łotr, którego kochamy nienawidzić*.

Kiedy Niccolò Machiavelli pisał *Księcia*, szesnastowieczny podręcznik objęcia i utrzymania władzy dzięki chytrym manipulacjom, przyjął za pewnik, że ambitny władca ma na celu tylko własne interesy i w ogóle nie dba ani o poddanych, ani o tych, których zmiażdżył, by

---

* Angielski termin Machiavellian nie ma właściwie w jęz. pol. odpowiednika. Wprawdzie nasi pisarze romantyczni ukuli rzeczownik pospolity „makiawel", ale trąci on myszką, dlatego zdecydowałem się stworzyć – przez analogię do terminów takich jak choleryk – termin makiawelik, by uniknąć pisania o „typie makiawelicznym" (przyp. tłum.).

przejąć władzę[11]. Dla makiawelika cel uświęca środki, bez względu na to, ile bólu może sprawić innym. Etyka ta przez wieki dominowała wśród miłośników Machiavellego w cieplarni dworów królewskich (i oczywiście nadal cieszy się niesłabnącym powodzeniem w wielu kręgach politycznych i biznesowych).

Machiavelli opierał się na założeniu, że jedyną siłą kierującą naturą ludzką jest egoizm; na altruizm nie ma miejsca w jego obrazie świata. Z pewnością polityczny makiawelik może uważać, że jego cele nie są egoistyczne ani niegodziwe; może przedstawić ich przekonujące uzasadnienie i nawet sam w nie wierzyć. Każdy totalitarny władca na przykład usprawiedliwia swoją tyranię potrzebą obrony państwa przed jakimś ponurym wrogiem, nawet jeśli jest to wróg wymyślony.

Terminu makiawelik używają psycholodzy na określenie osób, których pogląd na życie odzwierciedla tę cyniczną postawę, dopuszczającą stosowanie wszelkich możliwych środków. Pierwszy test badający poziom makiawelizmu opierał się zresztą na stwierdzeniach z dzieł Machiavellego, takich jak: „Największa różnica między większością przestępców a innymi ludźmi polega na tym, że przestępcy są na tyle głupi, by dać się złapać" i „Większość ludzi szybciej zapomina o śmierci rodziców niż o stracie swojego majątku".

Ten inwentarz psychologiczny nie zawiera żadnych osądów moralnych, a w kontekstach od sprzedaży do polityki talenty makiawelika – w tym urok, spryt i pewność siebie – mogą być pożądanymi atutami. Z drugiej strony makiawelicy przejawiają skłonność do cynicznej kalkulacji i arogancji, zachowując się w sposób, który podkopuje zaufanie i utrudnia współpracę.

Chociaż w interakcjach społecznych wykazują podziwu godny spokój, nie interesuje ich zawieranie więzi emocjonalnych. Podobnie jak narcyzi, ludzie o osobowości makiawelicznej postrzegają innych w ściśle praktycznych kategoriach – jako „to", którym mogą manipulować, by osiągnąć swoje cele. Na przykład jeden z takich mężczyzn wyznał psychologowi rzeczowym tonem, że właśnie „zwolnił" swoją dziewczynę; postrzegał ludzi we wszystkich dziedzinach swojego życia jako części wymienne, z których każda jest równie dobra jak inna.

Makiawelik ma wiele wspólnych cech z pozostałymi dwoma typami tworzącymi ponurą triadę, takich jak przykry charakter i egoizm, ale w o wiele większym stopniu niż oni ocenia siebie i innych realistycznie, nie zgłaszając przesadnych roszczeń ani nie starając się wywrzeć na nikim wrażenia[12]. Woli widzieć rzeczywistość jasno, by tym lepiej ją wykorzystywać.

Niektórzy teoretycy ewolucji dowodzą, że ludzka inteligencja pojawiła się w pradziejach jako takie właśnie zręczne działanie w swoim interesie. Wedle tej argumentacji, kluczem do zwycięstwa było przejawianie chytrości wystarczającej do przejęcia lwiej części zdobyczy bez usunięcia z grupy.

Również w latach obecnych typy makiaweliczne, takie jak ów podlizujący się szefom, ale dokopujący podwładnym dyrektor, mogą odnieść pewien sukces, ale na dłuższą metę ryzykują, że ich zatrute związki z innymi i wynikająca z nich zła reputacja mogą się na nich zemścić. Dzieje życia makiawelika pełne są żywiących urazę byłych przyjaciół, byłych kochanek i byłych partnerów w interesach, z których wszyscy pałają chęcią odwetu. Mimo to bardzo mobilne społeczeństwo może oferować makiawelikowi niszę ekologiczną, w której będzie on dokonywał nowych podbojów, wystarczająco odległą od dziedziny, w której ostatnio działał, by jego złe uczynki nigdy nie wyszły na jaw.

Typy makiaweliczne mają empatię tunelową – potrafią się skoncentrować na czyichś emocjach głównie wtedy, kiedy pragną wykorzystać tę osobę dla swoich celów. Poza tym na ogół słabiej się dostrajają do emocji innych osób niż cała reszta[13]. Oziębłość makiawelika zdaje się wynikać z owego deficytu w zdolnościach przetwarzania emocji, zarówno innych osób, jak i własnych. Postrzega on świat w racjonalnych, probabilistycznych kategoriach, które nie tylko są wyprane z emocji, ale również obce poczuciu etyki biorącemu się z ludzkiej troski. Dlatego też łatwo osuwają się w nikczemność.

Ponieważ makiawelikowi brakuje pełnej zdolności współodczuwania z innymi, nie potrafi też nic czuć do nich. Podobnie jak cytowany wyżej seryjny zabójca, wyłączył on część swojej osobowości. Typy makiaweliczne wydają się tak samo zdezorientowane, jeśli chodzi o ich własne emocje; w chwilach niepokoju mogą nie wiedzieć, czy – jak ujął to pewien ekspert – czują się „smutni, zmęczeni, głodni czy chorzy"[14]. Typy te zdają się przeżywać swój emocjonalnie suchy świat zewnętrzny jako przeniknięty nieodpartymi pierwotnymi potrzebami seksu, pieniędzy czy władzy. Kłopotliwe położenie makiawelika sprowadza się do tego, jak zaspokoić te popędy, dysponując interpersonalnym zestawem narzędzi, w którym brakuje niezbędnego radaru emocjonalnego.

Mimo to ich zdolność selektywnego wyczuwania, co ktoś myśli, może być znakomita i zdają się polegać na tej przebiegłości społecznej, by radzić sobie w świecie. Typy makiaweliczne stają się bystrymi badaczami świata stosunków międzyludzkich, który potrafią przeniknąć tylko powierzchownie; dzięki wnikliwemu poznaniu społecznemu zauważają niuanse i domyślają się, jak inni mogą reagować na daną sytuację. Zdolności te zapewniają im ową legendarną społeczną zręczność.

Jak widzieliśmy, zgodnie z niektórymi powszechnie przyjmowanymi definicjami inteligencji społecznej, opierającymi się na społecznym pomyślunku, typy makiaweliczne uzyskałyby w jej pomiarach wysokie noty. Ale chociaż ich rozum wie, co robić, serce pozostaje ślepe na sygnały płynące od innych. Niektórzy uważają to połączenie wad i zalet za upośledzenie, które makiawelik przezwycięża wyrachowaniem i sprytem[15]. Zgodnie z tym poglądem, jego manipulatorstwo rekompensuje ślepotę na pełen zakres emocji. To smutne dostosowanie zatruwa jego związki z innymi.

Psychopata – inni jako przedmioty

Podczas grupowej psychoterapii w szpitalu rozmowa zeszła na jedzenie w stołówce. Niektórzy wspominali, jakie dobre są desery, inni – jak tuczące są podawane tam potrawy. Jedna z osób wyraziła tylko nadzieję, że jadłospis nie będzie zawsze taki sam.

Myśli Petera zmierzały jednak w innym kierunku. Zastanawiał się, ile pieniędzy jest w kasie, ile osób z obsługi znajdzie się między nim i wyjściem i jak daleko będzie musiał uciec, zanim uda się mu znaleźć panienkę i zabawić[16].

Peter został skierowany do szpitala wyrokiem sądu, kiedy złamał postanowienia zwolnienia warunkowego z więzienia. Od młodzieńczych lat brał narkotyki i nadużywał alkoholu, po czym stawał się często wojowniczy i rwał się do bójek. Obecny wyrok otrzymał za nękanie telefoniczne; przedtem oskarżono go o niszczenie cudzej własności i złośliwe okaleczenie. Przyznawał się bez skrępowania do okradania rodziny i znajomych.

Stwierdzono u niego psychopatię, czyli „aspołeczne zaburzenie osobowości”, jak obecnie określa ten problem psychiatryczny podręcznik diagnostyczny. Swego czasu modny był również termin „socjopatia”.

Bez względu na nazwę, oznakami tego zaburzenia są oszukiwanie i zuchwałe lekceważenie innych. Stała nieodpowiedzialność psychopaty nie rodzi u niego żadnych wyrzutów sumienia, a jedynie obojętność na ból emocjonalny, który może sprawiać innym.

Peterowi na przykład była zupełnie obca myśl, że to, co robi, może ranić uczucia innych. Podczas narad rodzinnych, kiedy matka mówiła, jakie cierpienia zadaje rodzinie, Peter był zaskoczony i przyjmował postawę obronną, nazywając siebie „ofiarą". Nie potrafił dostrzec, że wykorzystuje rodzinę i przyjaciół do swoich celów, ani zauważyć, że sprawia im ból.

Dla psychopaty inni ludzie są zawsze „tym", rzeczą, którą można wykorzystać i porzucić. Może to brzmieć znajomo; niektórzy utrzymują, że typy tworzące ponurą trójcę opisują różne punkty na tym samym kontinuum, od zdrowego narcyzmu po psychopatię. I rzeczywiście osobowość makiaweliczna i psychopatyczna wydają się szczególnie podobne, a niektórzy twierdzą, że makiawelik jest bezobjawową (albo nie karaną więzieniem) wersją psychopaty[17]. Główny test do wykrywania psychopatii zawiera miarę „makiawelicznego egocentryzmu", obejmującą takie punkty, jak zgadzanie się ze stwierdzeniami w rodzaju: „Zawsze dbam o moje własne interesy, zanim zacznę się przejmować sprawami innego faceta"[18].

W odróżnieniu jednak od osób makiawelicznych i narcystycznych, psychopaci nie czują praktycznie żadnego niepokoju. Strach zdaje się im nieznany; nie zgadzają się z takimi stwierdzeniami jak: „Skok ze spadochronem naprawdę by mnie przestraszył". Wydają się odporni na stres, zachowują spokój w sytuacjach, które u wielu innych ludzi wzbudziłyby panikę. Brak lęku u psychopatów stwierdzano wielokrotnie w eksperymentach, w których osoby badane czekają na wstrząs elektryczny[19]. Normalnie ludzie czekający na uderzenie prądem bardzo się pocą i mają przyspieszony rytm serca, czyli wykazują charakterystyczne dla układu autonomicznego objawy niepokoju. Ale nie psychopaci[20].

Opanowanie to oznacza, że psychopaci mogą być niebezpieczni na wiele sposobów rzadko spotykanych wśród osób makiawelicznych i narcystycznych. Ponieważ nie czują oni przed niczym strachu i zachowują spokój nawet w najbardziej stresujących sytuacjach, praktycznie nie zważają na groźbę kary. Ta obojętność na konsekwencje, która czyni z innych przestrzegających prawo obywateli, sprawia, że spośród ponurej trójcy psychopaci są najbardziej prawdopodobnymi kandydatami na więźniów[21].

Jeśli chodzi o empatię, psychopaci w ogóle jej nie mają; szczególną trudność sprawia im rozpoznanie strachu lub smutku na twarzach lub w głosach innych osób. Badania z wykorzystaniem obrazowania mózgu, którym poddano grupę psychopatycznych przestępców, świadczą o pewnym braku w obwodzie nerwowym, którego ośrodkiem jest ciało migdałowate, w module mózgu odgrywającym decydującą rolę w odczytywaniu tego konkretnego zakresu emocji, oraz o brakach w obszarze przedczołowym, który hamuje impulsy[22].

Więzi emocjonalne sprawiają normalnie, że odczuwamy niepokój czy cierpienie, które wyraża inna osoba, ale psychopaci nie reagują w ten sposób; ich szczególnie ukształtowane obwody znieczulają ich na cały zakres emocji w spektrum cierpienia[23]. Okrucieństwo psychopatów okazuje się prawdziwą „nieczułością", ponieważ są dosłownie odrętwiali w obliczu bólu, nie mając radaru do wykrywania ludzkiego cierpienia[24].

Podobnie jak osoby makiaweliczne, psychopaci potrafią być mistrzami w poznaniu społecznym, ucząc się, jak przeniknąć do głowy drugiej osoby i poznać jej myśli i uczucia, by „nacisnąć wszystkie właściwe guziki". Umieją sprawiać wrażenie miłych i towarzysko obytych, zgodnie z przekonaniem, że „nawet kiedy inni są na mnie zdenerwowani, zwykle potrafię ich przekonać do siebie moim czarem". Niektórzy psychopatyczni przestępcy czytają poradniki, by lepiej się nauczyć manipulowania swoimi ofiarami; stosują coś w rodzaju podejścia „maluj, nakładając farby zgodnie z przyporządkowanymi im numerami", by uzyskać to, czego chcą.

Niektórzy używają obecnie terminu „zwycięscy psychopaci" na określenie tych, którzy mają na koncie kradzieże, handel narkotykami, przestępstwa z użyciem przemocy i temu podobne, ale nigdy nie zostali oskarżeni ani aresztowani za ich popełnienie. Ich przestępcza działalność, w połączeniu z tym klasycznym wzorem powierzchownego uroku, patologicznym kłamaniem i impulsywnością, zaskarbia im status psychopatów. Są „zwycięscy" wedle tej teorii, ponieważ mimo że mają te same skłonności do zuchwałych zachowań co inni psychopaci, reagują z większym niepokojem na przewidywane zagrożenia. Ów większy niepokój sprawia, że w ich świecie wewnętrznym zupełnie brakuje zakresu emocji związanych z troską o innych[25].

Większość dzieci porusza widok innego dziecka, które jest rozzłoszczone, przestraszone albo smutne, starają się więc pomóc mu poczuć się lepiej. Początkujący psychopata nie dostrzega jednak emocjonalnego bólu innych, nie używa więc żadnych wewnętrznych hamulców dla swojej podłości czy okrucieństwa. Męczenie zwierząt przez dzieci jest zwiastunem psychopatii w wieku dojrzałym. Do innych ostrzegawczych oznak należą zastraszanie rówieśników, wszczynanie bójek, wymuszanie stosunków seksualnych, podpalanie i inne przestępstwa przeciwko własności i zdrowiu.

Jeśli traktujemy kogoś jak przedmiot, łatwiej jest nam znęcać się nad nim, wykorzystywać go albo robić z nim jeszcze gorsze rzeczy. Bezduszność ta osiąga szczyt u psychopatycznych przestępców, takich jak seryjny morderca czy nałogowy prześladowca w rodzaju tych, którzy molestują dzieci. Ich bezwzględność świadczy o tym, jak patologicznie są zdezorientowani, kiedy chodzi o współodczuwanie cierpień ich ofiar. Pewien siedzący w więzieniu gwałciciel powiedział nawet o przerażeniu swoich ofiar: „Naprawdę tego nie rozumiem. Sam się kiedyś bałem i nie było to nieprzyjemne"[26].

Zachęty moralne

Były to ostatnie minuty wyrównanego meczu, którego wynik miał zadecydować o tym, czy do finałów przejdzie jedna czy druga uniwersytecka drużyna koszykarska. Pod wpływem chwili trener zespołu Temple University, John Chaney, uciekł się do desperackich środków.

Posłał do gry mającego sześć stóp i trzy cale wzrostu i ważącego 250 funtów olbrzyma, polecając mu, by faulował członków drugiego zespołu. W wyniku jednego z tych brzydkich fauli gracz przeciwnika trafił do szpitala ze złamaną ręką, co wyeliminowało go na resztę sezonu.

Właśnie wtedy Chaney zdobył się na wyjątkowy czyn – sam zawiesił się w pracy trenera.

Potem zadzwonił do kontuzjowanego zawodnika i jego rodziców z przeprosinami i zaoferował, że zapłaci rachunki za jego pobyt w szpitalu[27]. Jak powiedział pewnemu reporterowi: „Czuję się skruszony", innemu zaś: „Mam wielkie wyrzuty sumienia".

Skrucha jest główną różnicą między ponurą trójcą a innymi osobami, które popełniają naganne czyny. Wyrzuty sumienia i wstyd – i pokrewne im zażenowanie, poczucie winy i duma – są emocjami „społecznymi" albo „moralnymi". Jeśli członkowie ponurej trójcy w ogóle odczuwają te bodźce do etycznych zachowań, to tylko w szczątkowej formie.

Emocje społeczne zakładają, że mamy tyle empatii, by wyczuć, jak nasze zachowanie zostanie odebrane przez innych. Działają one jak coś w rodzaju wewnętrznej policji, utrzymując to, co robimy i mówimy, w zgodzie z interpersonalną harmonią danej sytuacji. Duma jest emocją społeczną, ponieważ zachęca nas do zrobienia tego, co inni pochwalą, natomiast wstyd i poczucie winy trzymają nas w ryzach, będąc wewnętrznymi karami za występki.

Zażenowanie odczuwamy oczywiście wtedy, kiedy pogwałcimy jakąś konwencję społeczną, czy to pozwalając sobie na zbytnią zażyłość, czy tracąc opanowanie, czy też robiąc lub mówiąc coś niewłaściwego. Stąd wzięło się zawstydzenie pewnego dżentelmena, który nie szczędził słów krytyki, rozmawiając z mężczyzną dopiero co poznanym na przyjęciu, o występie aktorki, by dowiedzieć się, że jest ona jego żoną.

Emocje społeczne służą też naprawianiu takich potknięć. Kiedy ktoś okazuje oznaki zażenowania, takie jak zaczerwienienie się, inni mogą dostrzec, że osoba ta żałuje, że popełniła *faux pas*; mogą zinterpretować jej zażenowanie jako pragnienie naprawienia nietaktu. W badaniach stwierdzono, że jeśli ktoś, kto przewrócił towar wystawiony w supermarkecie, wydaje się tym zawstydzony, ludzie stojący obok niego są mu o wiele bardziej skłonni wybaczyć niż winowajcy, który w podobnej sytuacji zdaje się niczym nie przejmować[28].

Mózgowe podstawy emocji społecznych badano u pacjentów mających skłonność do powtarzania *faux pas*, czynienia niestosownych wynurzeń i innych pogwałceń kodeksów interpersonalnych. O społecznej lekkomyślności i gafach towarzyskich popełnianych przez tych pacjentów, którzy – jak się okazuje – mają uszkodzoną korę oczodołową, krążą legendy[29]. Niektórzy neurolodzy przypuszczają, że osoby te nie są w stanie odkrywać ekspresji dezaprobaty czy konsternacji, nie dociera więc do nich to, jak inni reagują na ich zachowanie. Inni naukowcy uważają, że ich potknięcia towarzyskie wynikają z braku wewnętrznych sygnałów emocjonalnych, które utrzymywałyby ich zachowanie w dopuszczalnych granicach.

Podstawowe emocje – złość, strach i radość – są wbudowywane w mózg przy narodzinach lub tuż po nich, ale emocje społeczne wymagają samoświadomości, zdolności, która zaczyna kiełkować w drugim roku życia, kiedy obszar oczodołowy dziecka staje się bardziej dojrzały. Około czternastego miesiąca dzieci zaczynają rozpoznawać siebie w lustrze. To rozpoznawanie siebie jako niepowtarzalnej istoty leży u podstaw zrozumienia, że również inni ludzie są oddzielnymi istotami, a zatem u podstaw zdolności do odczuwania wstydu z powodu tego, co mogą o nas pomyśleć inni.

Przed osiągnięciem drugiego roku życia maluch odnosi się z cudowną obojętnością do tego, jak inni mogą go osądzać, w związku z czym nie odczuwa żadnego skrępowania z powodu, powiedzmy, zabrudzenia pieluchy. Kiedy jednak zaczyna mu świtać świadomość, że jest oddzielną istotą, którą może zauważyć ktoś inny, ma już wszystkie składniki potrzebne do odczuwania zażenowania – pierwszej emocji społecznej pojawiającej się u dziecka. Wymaga to od niego nie tylko tego, by zdawało sobie sprawę, jakie uczucia budzi u innych, ale również świadomości tego, co ono samo powinno w zamian czuć do nich. Ta zwiększona świadomość społeczna sygnalizuje nie tylko rodzenie się u dziecka empatii, ale również kształtowanie się zdolności porównywania, klasyfikowania i pojmowania subtelności życia społecznego.

Innego rodzaju emocja społeczna mobilizuje nas do karania osób, które zrobiły coś złego, nawet jeśli stwarza to dla nas pewne ryzyko czy koszty. W „altruistycznej złości" jedna osoba karze drugą za pogwałcenie jakiejś normy społecznej, takiej jak nadużycie zaufania, nawet jeśli nie ona jest tego ofiarą. Owa słuszna złość zdaje się aktywować ośrodek nagrody w mózgu, dzięki czemu wymuszanie przestrzegania norm przez karanie osób, które je naruszają („Jak on śmie wpychać się do kolejki!"), daje nam uczucie zadowolenia[30].

Emocje społeczne działają *de facto* jak busola moralna. Czujemy, na przykład, wstyd, kiedy inni dowiadują się o tym, że postąpiliśmy źle. Z drugiej strony, kiedy mamy poczucie winy, pozostaje to naszą prywatną sprawą, przybierając formę wyrzutów sumienia, gdy uświadamiamy sobie, że zrobiliśmy coś nagannego. Poczucie winy może nas czasami skłonić do naprawienia krzywdy, natomiast wstyd częściej wywołuje postawę obronną, ponieważ poprzedza on wykluczenie społeczne, podczas gdy poczucie winy prowadzić może do pojednania. Wstyd wraz z poczuciem winy powściągają zwykle zachowania niemoralne.

Jednak w przypadku ponurej trójcy emocje te tracą siłę moralnego oddziaływania. Narcyzem kieruje duma i strach przed wstydem, ale ma on niewielkie poczucie winy z powodu swoich egoistycznych zachowań.

Również osoby makiaweliczne nie potrafią rozwinąć u siebie poczucia winy. Poczucie winy wymaga empatii, której brakuje w emocjonalnie luźnych związkach makiawelika z innymi. A wstyd niezbyt go porusza, bo istnieje u niego w formie szczątkowej.

Opóźnienie w rozwoju moralnym psychopaty wynika z nieco odmiennego zespołu braków w zakresie emocji społecznych. Ponieważ ani nie odczuwa lęku, ani nie dręczy go poczucie winy, potencjalne kary tracą moc odstraszania, co stwarza niebezpieczną sytuację w połączeniu z zupełnym brakiem współczucia dla cierpienia innej osoby. Co gorsza, nie odczuwa on ani wyrzutów sumienia, ani wstydu nawet wtedy, kiedy przyczyną tego cierpienia są jego działania.

Nawet psychopata może jednak wyróżniać się, jeśli chodzi o poznanie społeczne: to czysto intelektualne pojmowanie reakcji innych osób i zasad dobrego wychowania może kierować psychopatą w wyborze ofiar. Dobry test inteligencji społecznej powinien umożliwiać identyfikację i wykluczanie członków ponurej trójcy. Potrzebujemy takiej miary, której zastosowanie uniemożliwi dobrze przygotowanemu makiawelikowi zostanie mistrzem. Jednym z rozwiązań jest uwzględnienie w badaniach troski o innych, empatii w działaniu.

Rozdział 9

Ślepota umysłowa

Dla Richarda Borcherdsa wizyty znajomych są po prostu zbyt dezorientujące. Kiedy zaczynają trajkotać, trudno jest mu nadążyć za wymianą zdań, spojrzeń i uśmiechów, subtelnościami aluzji i podwójnych znaczeń, odnaleźć drogę w morzu słów, bo wszystko to dzieje się zbyt szybko.

Borcherds nie zauważa blefów i zręcznych fint świata towarzyskiego. Później, kiedy ktoś wyjaśni mu puentę dowcipu, dlaczego jeden z gości wyszedł nabzdyczony, a inny zaczerwienił się z zażenowania, dostrzega tego sens, ale w chwili, gdy się to dzieje, cała ta towarzyska atmosfera otacza go niczym mgła. A więc kiedy przychodzą goście, zazwyczaj czyta książkę albo wycofuje się do swojego gabinetu.

Mimo to Borcherds jest geniuszem, odznaczonym medalem Fieldsa, który jest w matematyce odpowiednikiem Nagrody Nobla. Jego koledzy matematycy z Cambridge University odnoszą się do niego z podziwem, a większość z nich ledwie rozumie szczegóły jego teorii, tak wyrafinowana jest dziedzina, którą się zajmuje. Mimo niedoboru zdolności społecznych Borcherds odniósł sukces.

Kiedy stwierdził w wywiadzie udzielonym pewnej gazecie, że podejrzewa, iż może mieć zespół Aspergera – podkliniczną odmianę autyzmu – skontaktował się z nim Simon Baron-Cohen, szef Ośrodka Badań nad Autyzmem, mieszczącego się akurat w Cambridge. Baron-Cohen opisał mu szczegółowo objawy tego zespołu, a Borcherds odparł na to rzeczowym tonem: „To ja". Genialny matematyk zaoferował się, że zostanie dowodem A w badaniach zespołu Aspergera[1].

Dla Borcherdsa komunikacja ma znaczenie czysto funkcjonalne: dowiedz się od kogoś tego, co ci potrzebne, i zapomnij o pogaduszkach, nie mówiąc już o opowiadaniu mu, jak się czujesz, czy pytaniu, co porabia. Borcherds stroni od rozmów telefonicznych – chociaż potrafi wyjaśnić, na jakich zasadach fizyki się opierają, część towarzyska wprawia go w konsternację. Korespondencję elektroniczną ogranicza do wymiany informacji związanych ze swoją pracą. Kiedy przemieszcza się z jednego miejsca w inne, biegnie, i to nawet wtedy, kiedy ktoś mu towarzyszy. Chociaż zdaje sobie sprawę z tego, że inni uważają czasami, że jest gburowaty, w swoich zwyczajach społecznych nie widzi niczego dziwnego.

Według Barona-Cohena wszystko to świadczy o klasycznym przypadku zespołu Aspergera i faktycznie, kiedy Borcherds poddał się standardowym testom na wykrywanie tego zaburzenia, dobrze pasował do profilu osoby cierpiącej na nie. Ten odznaczony medalem wybitny matematyk uzyskał niskie wyniki w pomiarach zdolności odczytywania uczuć innych z wyrazu ich oczu, empatii i zażyłości w stosunkach ze znajomymi. Ze zrozumienia fizycznej przyczynowości i zdolności systematyzowania złożonych informacji uzyskał jednak najwyższe noty.

Jak wynika z wieloletnich badań Barona-Cohena i wielu innych, obraz ten – niska zdolność empatii i wysoka zdolność systematyzowania – jest charakterystyczny dla osób z zespołem Aspergera. Chociaż Borcherds jest błyskotliwym matematykiem, brakuje mu trafności empatycznej – nie potrafi on wyczuć, co dzieje się w umyśle innej osoby.

Podła małpa

Dowcip rysunkowy pokazuje małego chłopca i jego ojca siedzących w salonie; z góry spełza po schodach budząca przerażenie istota z kosmosu, która jest poza polem widzenia ojca, ale widoczna dla syna. W podpisie ojciec mówi: „Poddaję się, Robercie. Co ma dwa rogi, jedno oko i pełza?"

Aby zrozumieć ten dowcip, musimy być w stanie domyślić się tego, co pozostaje niewypowiedziane. Po pierwsze musimy znać angielską [i polską – A. J.] strukturę językową zagadki, byśmy mogli wywnioskować, że chłopiec zadał ojcu pytanie: „Co ma dwa rogi, jedno oko i pełza?" Po drugie musimy mieć zdolność odczytywania myśli dwóch osób, chłopca i jego ojca, by zrozumieć, co chłopiec wie, i zestawić to z tym, z czego jego ojciec nie zdaje sobie jeszcze sprawy, a więc przewidzieć wstrząs, którego wkrótce dozna. Freud twierdził, że wszystkie dowcipy polegają na zestawieniu dwóch różnych ujęć rzeczywistości – tutaj jednym ujęciem jest kosmita na schodach, drugim założenie ojca, że syn zadaje mu po prostu zagadkę.

Zdolność pojmowania tego, co zdaje się przebiegać przez umysł innej osoby, jest jedną z najcenniejszych ludzkich umiejętności. Neurobiolodzy określają ją mianem „widzenia umysłowego".

Widzenie umysłowe równoznaczne jest z zajrzeniem do umysłu innej osoby w celu „odczytania" jej uczuć i wywnioskowania, o czym myśli. Jest to podstawowa zdolność trafności empatycznej. Chociaż naprawdę nie potrafimy odczytać myśli innej osoby, możemy znaleźć w ekspresji jej twarzy, wyrazie oczu i tonie głosu dosyć wskazówek, by – czytając między wierszami tego, co mówi i robi – wyciągnąć na ich temat zaskakująco trafne wnioski.

Jeśli brakuje nam tego prostego wyczucia, nie wiemy, co począć w miłości, opiece nad kimś, współpracy – nie wspominając już o rywalizacji czy prowadzeniu negocjacji – i jesteśmy skrępowani w najprostszych kontaktach społecznych. Bez widzenia umysłowego nasze związki z innymi byłyby płytkie; odnosilibyśmy się do innych ludzi, jakby byli nie mającymi uczuć i bezmyślnymi przedmiotami, czyli znaleźlibyśmy się w sytuacji osób cierpiących na zespół Aspergera albo autyzm. Bylibyśmy dotknięci „umysłową ślepotą".

Widzenie umysłowe rozwija się stale w pierwszych kilku latach życia dziecka. Każdy kamień milowy w kształtowaniu się empatii coraz bardziej przybliża dziecko do zrozumienia, co czują i myślą inni czy też jakie mogą mieć intencje. Widzenie umysłowe rozwija się etapami w miarę dojrzewania dziecka, poczynając od najprostszego rozpoznawania siebie po wyrafinowaną świadomość społeczną („Wiem, że wiesz, iż ona go lubi"). Weź pod uwagę następujące, dobrze ugruntowane testy, wykorzystywane w eksperymentach z widzeniem umysłowym dla ustalenia rozwoju dziecka[2]:

- Około osiemnastego miesiąca życia dziecka narysuj duży znak na jego czole, a potem każ mu spojrzeć w lustro. Na ogół dzieci mające mniej niż półtora roku dotykają odbicia tego znaku w lustrze, natomiast starsze swojego czoła. Młodsze dzieci nie nauczyły się jeszcze rozpoznawać siebie. Świadomość społeczna wymaga poczucia własnego ja, odróżniającego nas od innych.

- Zaproponuj dziecku w wieku około półtora roku dwie różne przekąski, takie jak krakersy i ćwiartki jabłka. Zaobserwuj, którą z nich woli. Pozwól dziecku przyglądać się, jak sam próbujesz każdej przekąski, okazując wyraźnie obrzydzenie z powodu wyboru dokonanego przez nie i przyjemność, z jaką kosztujesz drugiej. Później połóż rękę między obiema przekąskami i zapytaj: „Możesz mi dać jedną?" Dzieci poniżej osiemnastego miesiąca oferują zazwyczaj to, co *im* smakuje, starsze przekąskę, którą *ty* wolisz. Poznają one, że ich gusta i preferencje mogą się różnić od gustów i preferencji innych osób i że inni mogą myśleć inaczej niż one.
- Z dziećmi mającymi trzy i cztery lata przeprowadź inny eksperyment: podczas gdy obserwuje cię zarówno starsze, jak młodsze dziecko, ukryj gdzieś w pokoju smakołyk. Potem wyprowadź stamtąd starsze. Upewnij się, że młodsze widzi, jak zmieniasz miejsce ukrycia smakołyku. Zapytaj je, gdzie będzie go szukało starsze dziecko, kiedy wróci do pokoju. Czterolatki mówią zwykle, że będzie szukało w pierwotnym miejscu ukrycia, natomiast trzylatki, że w nowym. Czteroletnie dzieci uświadamiają sobie, że pojmowanie innej osoby może być odmienne od ich pojmowania, młodsze nie przyswoiły sobie jeszcze tej wiedzy.
- W ostatnim eksperymencie biorą udział dzieci trzy- i czteroletnie oraz pacynka zwana Podłą Małpą. Pokazujesz dzieciom jedną po drugiej kilka par nalepek i przy każdej z nich Podła Małpa pyta, którą z naklejek dziecko chce dostać. Za każdym razem małpa wybiera dla siebie nalepkę, która bardziej podoba się dziecku, zostawiając mu drugą. (Właśnie dlatego nazywa się Podłą Małpą.) Około czwartego roku życia dzieci „chwytają", na czym polega gra małpy, i szybko się uczą wskazywać nie tę nalepkę, której naprawdę chcą, dzięki czemu dostają to, czego pragną. Młodsze dzieci na ogół nie rozumieją podłych intencji małpy, a więc niewinnie dalej mówią prawdę i nigdy nie dostają tego, czego chcą[3].

Widzenie umysłowe wymaga takich oto podstawowych umiejętności: odróżniania siebie od innych, rozumienia, że ktoś inny może myśleć inaczej niż ja i postrzegać sytuację z innego punktu widzenia, oraz zdawania sobie sprawy, że jego cele mogą nie leżeć w moim interesie.

Kiedy dzieci opanują te lekcje społeczne – na ogół w czwartym roku życia – ich empatia zbliża się do empatycznych zdolności osoby dorosłej. Wraz z osiągnięciem tej dojrzałości kończy się wiek niewinności – dzieci zaczynają rozumieć różnicę między tym, co sobie tylko wyobrażają, a tym, co się naprawdę dzieje. Czterolatki zdobyły podstawy empatii, z których będą korzystać przez całe życie, aczkolwiek później na coraz wyższym poziomie złożoności psychologicznej i poznawczej[4].

Dzięki temu dojrzewaniu intelektu sprawniej poruszają się w świecie, który zamieszkują, od negocjacji z rodzeństwem poczynając, po radzenie sobie na placu zabaw. Te małe światy są z kolei szkołami życia. Z upływem lat, w miarę rozwoju poznawczego dzieci, poszerzania się sieci społecznych, w których funkcjonują, oraz zakresu kontaktów, zdobyta tu wiedza będzie pogłębiana na nowych poziomach.

Widzenie umysłowe jest niezbędnym warunkiem wykształcenia się u dzieci zdolności żartowania i chwytania żartów. Przekomarzanie się, droczenie, kłamanie, płatanie figli, stosowanie podstępów i prawienie złośliwości wymagają tego samego wyczucia wewnętrznego świata innej osoby. Brak tych zdolności odróżnia dzieci autystyczne od tych, które rozwijają normalny repertuar zdolności społecznych.

W widzeniu umysłowym decydującą rolę odgrywać mogą neurony lustrzane. Nawet u dzieci normalnych zdolność wyobrażania sobie punktu widzenia innej osoby i współodczuwania z nią koreluje z aktywnością tych komórek. Badania młodszych nastolatków z wykorzystaniem obrazowania mózgu pokazują, że w porównaniu z dziećmi normalnymi w grupie autystycznej upośledzona jest aktywność neuronów lustrzanych podczas odczytywania i naśladowania wyrazu twarzy[5].

Widzenie umysłowe może zacząć szwankować nawet u normalnych dorosłych. Weźmy coś, co niektóre studentki z Amherst College nazywają „patrzeniem na tace". Kiedy stoją w stołówce w kolejce po posiłek, kierują spojrzenia na inne kobiety – nie po to, by zobaczyć, z kim jedzą ani jak są ubrane, ale by badać, co mają na swoich tacach. Pomaga im to powstrzymać się przed wybraniem tego, co w przeciwnym razie mogłyby chcieć zjeść, ale wiedzą, że „nie powinny".

Catherine Sanderson, psycholog, która odkryła to zjawisko, dokładnie określiła leżące u jego podłoża wypaczenie widzenia umysłowego: każda z tych kobiet postrzegała inne jako dużo od niej szczuplejsze, uważała, że uprawiają więcej ćwiczeń fizycznych i bardziej troszczą się o wygląd swojego ciała, choć faktycznie nie było między nimi żadnych obiektywnych różnic.

Ten zespół wypaczonych założeń doprowadzał kobiety, które je przyjmowały, do stosowania diety, a jedną trzecią z nich dodatkowo do wywoływania u siebie wymiotów i stosowania środków przeczyszczających, czyli do praktyk, które mogły przekształcić się w zagrażające życiu zaburzenia odżywiania[6]. Im bardziej błędne były przypuszczenia tych kobiet co do postaw koleżanek, tym ścislejszą stosowały dietę.

Owe złudne spostrzeżenia biorą się z fiksacji na punkcie błędnych danych: kobiety w wieku studenckim mają skłonność do koncentrowania uwagi na najatrakcyjniejszych albo na najszczuplejszych koleżankach, więc zamiast z naprawdę przeciętnym poziomem, porównują się z najwyższym, biorąc błędnie szczyt za normę.

Nie znaczy to, że ich koledzy nie popełniają podobnego błędu, chociaż w innej dziedzinie, a mianowicie w piciu. Ci z nich, którzy mają skłonność do uczestniczenia w wielkich pijatykach, oceniają się według kryteriów ustanawianych przez największych opojów. To błędne spostrzeżenie prowadzi do tego, że są przekonani, iż muszą nadużywać alkoholu, by pasować do reszty.

Ci, którzy lepiej sobie radzą z tym codziennym czytaniem w myślach, unikają błędu brania skrajności za normę. Najpierw oceniają, na ile inna osoba jest do nich podobna. Jeśli wyczują podobieństwo, zakładają po prostu, że myśli ona i czuje w dużej mierze tak jak oni. To, czy życie społeczne toczy się gładko, zależy od stałego strumienia takich pospiesznych sądów – od widzenia umysłowego. Wszyscy jesteśmy telepatami.

Mózg męski

U Temple Grandin stwierdzono w dzieciństwie autyzm. Opowiada, że dzieci w szkole nazywały ją Magnetofonem, ponieważ w każdej rozmowie używała wciąż na nowo tych samych zwrotów, a interesowało ją bardzo mało tematów[7].

Jednym z ulubionych była zabawa w beczce śmiechu. Podchodziła do innego dziecka i oznajmiała: „Poszłam do Nantasket Park i weszłam do beczki śmiechu i bardzo mi się podobało, jak mnie przyciskało do ściany". Potem pytała: „A tobie się to podobało?"

Kiedy zagadnięte dziecko odpowiadało, Grandin powtarzała się słowo w słowo – bez przerwy, jak puszczana w kółko kaseta.

Dojrzewanie dało Temple znać o sobie jako „fala niepokoju, która nigdy nie ustawała", co jest innym objawem autyzmu. Tu niezwykle pomocna okazała się jej wyjątkowa zdolność zrozumienia sposobu, w jaki postrzegają świat zwierzęta – który porównuje do nadwrażliwości osób cierpiących na autyzm.

Przebywając w ośrodku wczasowym na farmie, który należał do jej ciotki, widziała, jak na sąsiedniej farmie przepędza się bydło przez śluzę z metalowych prętów, zwężających się w kształcie litery V o otwartym końcu. W pewnym momencie sprężarka powietrza zamyka śluzę, ściskając krowę i unieruchamiając ją, a weterynarz przystępuje do pracy. Zamiast się bać, krowy uspokajają się w tym uścisku.

Temple uświadomiła sobie, że taki mocny ucisk działa odprężająco, jak becik na niemowlę. Natychmiast się zorientowała, że coś takiego jak ta śluza pomogłoby też jej.

Tak więc z pomocą nauczyciela z liceum skonstruowała z desek i sprężarki powietrza śluzę dla człowieka na czworakach. I urządzenie to działa. Kiedy tylko Temple czuje potrzebę, żeby się uspokoić, korzysta z niego.

Grandin jest wyjątkowa pod wieloma względami, z których nie najmniej ważnym jest jej autyzm. Wystąpienie autyzmu u chłopca jest czterokrotnie, a zespołu Aspergera aż dziesięciokrotnie bardziej prawdopodobne niż u dziewczynki. Simon Baron-Cohen wysunął radykalną hipotezę, że profil neuronalny osób z tymi zaburzeniami jest skrajną wersją prototypowego „męskiego" mózgu.

Dowodzi on, że ów skrajnie męski mózg nie ma najmniejszego pojęcia o widzeniu umysłowym, że obwody leżące u podstaw empatii są w nim niedorozwinięte. Ów niedobór idzie jednak w parze z pewnymi talentami intelektualnymi, takimi jak zadziwiające zdolności „genialnych głupków", którzy potrafią rozwiązywać skomplikowane problemy matematyczne z szybkością komputera. Supermęskie mózgi, chociaż cierpią na ślepotę umysłową, mogą mieć niesamowitą zdolność rozumienia systemów, takich jak rynek akcji, oprogramowanie komputerowe i fizyka kwantowa.

Natomiast skrajna postać mózgu „kobiecego" wyróżnia się empatią i rozumieniem myśli oraz uczuć innych ludzi. Osoby z takim mózgiem błyszczą jako nauczycielki i psycholożki; jako psychoterapeutki cudownie współodczuwają z klientami i znakomicie dostrajają się do ich wewnętrznego świata. Mają one jednak trudności z systematyzowaniem, czy to w ustalaniu zasad ruchu na rozwidleniu drogi, czy też w fizyce teoretycznej. Są one, mówiąc słowami Barona-Cohena, „ślepe na system".

Baron-Cohen opracował test dla określania, jak łatwo osoba badana wyczuwa to, co czuje ktoś inny. Test ten nosi nazwę EQ, co jest skrótem „ilorazu empatii" (nie inteligencji emocjonalnej, którą EQ oznacza obecnie w kilku językach); kobiety uzyskują w nim średnio wyniki lepsze niż mężczyźni. Kobiety wypadają też lepiej w miarach poznania społecznego, takich jak zrozumienie, jakie zachowanie byłoby *faux pas* w danej sytuacji towarzyskiej, czy wyczuwanie, co inna osoba myśli lub czuje[8]. Ponadto kobiety na ogół górują nad mężczyznami w teście Barona-Cohena na odczytywanie czyichś uczuć jedynie z wyrazu oczu tej osoby (patrz rozdział 6).

Jeśli jednak chodzi o myślenie w kategoriach systemów, przewagę mają mózgi męskie. Jak wykazuje Baron-Cohen, przeciętnie biorąc, mężczyźni uzyskują wyższe wyniki w testach na intuicyjny dryg do mechaniki, orientację w skomplikowanych systemach, dokładność uwagi wykazywaną w grach typu „Gdzie jest Waldo?", odkrywanie cyfr ukrytych w złożonych wzorach i w poszukiwaniach wzrokowych w ogóle. W testach tych osoby autystyczne osiągają wyniki lepsze, niż uzyskuje większość mężczyzn, tak jak najgorzej ze wszystkich grup radzą sobie w testach empatii.

Mówienie o tak zwanym „męskim" lub „kobiecym" mózgu sprowadza nas na niebezpieczny teren polityki społecznej. Piszę o tym, akurat kiedy rektor Harvard University wywołał zamieszanie uwagami dającymi pośrednio do zrozumienia, że kobiety nie nadają się do pracy w naukach ścisłych. Baron-Cohen odżegnałby się jednak od wszelkich prób wykorzystania jego teorii do zniechęcania kobiet do zawodu inżyniera albo mężczyzn do rezygnacji z zamiaru zostania psychoterapeutą, skoro już o tym mowa[9]. Stwierdził on, że w dużej większości przypadków mózgi mężczyzn i kobiet mieszczą się w tym samym przedziale zdolności do empatii i myślenia systemowego, i – co więcej – wiele kobiet znakomicie sobie radzi z systematyzowaniem, a wielu mężczyzn wykazuje się nadzwyczajną empatią.

Być może Temple Grandin ma mózg, który Baron-Cohen nazwałby męskim. Przede wszystkim opublikowała ponad trzysta prac naukowych z dziedziny wiedzy o zwierzętach. Należy do grona wybitnych specjalistów w zakresie zachowania zwierząt. Opracowała procedury wykorzystywane przez połowę hodowców bydła w Stanach Zjednoczonych; procedury te opierają się na jej znakomitym zrozumieniu tego, jak stworzyć znośniejsze warunki dla tysięcy krów, które codziennie przechodzą przez te farmy. Dzięki tej wiedzy Grandin stała się czołową reformatorką jakości życia zwierząt hodowlanych.

Baron-Cohen twierdzi, że optymalny jest mózg „zrównoważony", który ma zarówno zdolność systematyzowania, jak i empatii. Na przykład lekarz z tymi zdolnościami potrafiłby stawiać trafne diagnozy i przygotowywać eleganckie plany leczenia, a jednocześnie jego pacjenci czuliby, że ich słucha, rozumie i troszczy się o nich.

Mimo wszystko zalety można znaleźć na każdym biegunie. Chociaż istnieje wysokie prawdopodobieństwo, że osoby o najbardziej „męskim" mózgu wykazywać będą objawy zespołu Aspergera czy autyzmu, mogą one odnosić wspaniałe sukcesy w wielu dziedzinach, jeśli, jak profesor Borcherds, znajdą odpowiednie środowisko do wykazania się swoimi talentami. Jednak zwyczajny świat społeczny wydaje się im tak obcą planetą, że jeśli w ogóle przyswoją sobie podstawowe zasady interakcji z innymi, to muszą się ich nauczyć na pamięć.

Rozumienie innych

– Och, jaka pani stara! – wyrzuciła z siebie nastoletnia córka Layne Habib, widząc sprzedawczynię sklepową w średnim wieku.

– Może ona nie chce tego słyszeć – szepnęła Habib.

– Dlaczego? – zapytała córka i dodała rzeczowo: – W Japonii starzy ludzie są szanowani.

Ta wymiana zdań jest ich typowym dialogiem. Habib poświęca mnóstwo czasu na uczenie córki reguł społecznych, dzięki którym interakcje przebiegają gładko[10]. Podobnie jak Richard Borcherds, jej córka ma zespół Aspergera i niezbyt pojmuje takie niuanse.

Szczerości dziewczyny towarzyszy jednak ożywcza jasność rozumienia. Kiedy matka powiedziała jej, że zamiast rzucać: „Chcę wyjść", powinna z zakończeniem rozmowy poczekać na przerwę, dziewczyna zrozumiała zasady konwenansu.

– Teraz chwytam, o co chodzi – stwierdziła. – Ty udajesz. Nikogo nie może aż tak interesować wszystko, co mówi jakaś osoba. Musisz po prostu poczekać na przerwę, żebyś mogła wyjść.

Te rozbrajająco szczere poglądy co i rusz wpędzają córkę Habib w kłopoty. „Muszę nauczyć ją strategii towarzyskich, żeby dobrze się jej układały stosunki z innymi – powiedziała mi Habib. – Musi nauczyć się niewinnych kłamstw, żeby nie ranić uczuć innych osób".

Habib, która uczy umiejętności społecznych dzieci mające szczególne potrzeby, takie jak jej córka, mówi, że opanowanie tych podstaw pomaga im „dołączyć do świata, dzięki czemu nie muszą pozostawać w izolacji we własnym świecie". Chociaż członkowie ponurej trójcy mogą analizować reguły społeczne, by manipulować innymi, osoby z zespołem Aspergera studiują je tylko po to, by radzić sobie w życiu.

W grupach prowadzonych przez Habib dzieci z zespołem Aspergera i autyzmem uczą się poznawać właściwy sposób taktownego przyłączania się do rozmowy. Habib instruuje je, żeby zamiast wtrącać się z ulubionym tematem, posłuchały najpierw konwersacji, by zorientować się w jej treści, a potem przyłączały się, mówiąc o tych samych sprawach co jej inni uczestnicy.

Ta trudność poruszania się w świecie interpersonalnym wskazuje na bardziej fundamentalny problem, który mają osoby z zespołem Aspergera. Weźmy taki oto obrazek:

> Marie nie cierpiała wizyt u krewnych jej męża, ponieważ byli nudni; przez większość czasu siedzieli wszyscy w krępującym milczeniu. Tym razem też nie było inaczej.
>
> W drodze do domu mąż Marie zapytał ją, jak się jej podobały odwiedziny. Marie odparła:
>
> – Och, było cudownie. Ledwie mogłam dojść do słowa[11].

Co skłoniło Marie, by to powiedziała?

Odpowiedź jest oczywista: Marie mówiła sarkastycznie, dając w rzeczywistości do zrozumienia coś dokładnie przeciwnego. Ale ten pozornie oczywisty wniosek nigdy nie nasunie się osobie z zespołem Aspergera czy autyzmem. Aby „chwycić" sarkastyczną uwagę, musimy dokonać subtelnych towarzyskich obliczeń, opierając się na założeniu, że ludzie nie zawsze mówią to, co myślą. Niedobór umysłowego widzenia u osób autystycznych oznacza, że najprostszy algorytm społeczny, taki na przykład jak to, dlaczego doznany afront wprawia kogoś w złe samopoczucie, pozostaje dla nich tajemnicą[12].

Obrazy mózgu osób autystycznych pokazują brak aktywności w rejonie zwanym „okolicą rozpoznawania twarzy zakrętu wrzecionowatego" podczas spoglądania na czyjąś twarz. Obszar ten rejestruje nie tylko twarze, ale również wszystko inne, co jest nam najlepiej znane czy co nas fascynuje. Znaczy to, że u obserwatora ptaków obszar ten uaktywnia się, kiedy przelatuje kardynał, natomiast u miłośnika samochodów, kiedy podjeżdża bmw.

U osób autystycznych rejon ten wprawdzie nie uaktywnia się, kiedy patrzą na czyjąś twarz – nawet członka rodziny – ale za to wykazuje aktywność, kiedy patrzą na coś, co je fascynuje, na przykład na numery abonentów w książce telefonicznej. W związku z tym w badaniach osób autystycznych przyjmuje się prostą regułę praktyczną: im mniejsza jest aktywacja mózgu w rejonie zajmującym się odczytywaniem twarzy, kiedy osoba taka patrzy na kogoś, tym większe jej trudności w stosunkach z innymi.

Oznaki tego niedoboru zdolności społecznych pojawiają się już we wczesnym dzieciństwie. Większość małych dzieci – ale nie dzieci autystycznych – wykazuje aktywację w rejonie rozpoznawania twarzy, kiedy patrzą komuś w oczy. U dzieci autystycznych rejon ten się uaktywnia, kiedy patrzą na jakiś cenny dla nich przedmiot, a nawet na zwykły wzór czy schemat, taki jak porządek ułożenia ulubionych kaset wideo na półce.

Z blisko dwustu mięśni twarzy szczególnie przystosowane do wyrażania emocji są te, które znajdują się wokół oczu. Podczas gdy osoby normalne, patrząc na czyjąś twarz, skupiają uwagę na okolicy oczu, osoby autystyczne unikają kierowania tam wzroku – dlatego nie docierają do nich ważne informacje emocjonalne. Unikanie kontaktu wzrokowego może być jedną z pierwszych oznak wskazujących na to, że dziecko wyrośnie na osobę autystyczną.

Osoby autystyczne, obojętne na ludzkie interakcje, prawie nie wchodzą w kontakt wzrokowy z innymi, tracąc okazję do przyswojenia sobie elementów wiedzy niezbędnej tak przy tworzeniu więzi, jak i w empatii. Chociaż umiejętność nawiązywania kontaktu wzrokowego jest pozornie błaha, odgrywa ważną rolę w uczeniu się podstaw kontaktowania się z innymi. U ludzi autystycznych będąca tego skutkiem luka w uczeniu się zachowań społecznych przyczynia się do ich niemożności wyczucia, co czuje, a zatem co prawdopodobnie myśli inna osoba.

Natomiast dzieci niewidome rekompensują sobie niezdolność widzenia twarzy innych osób, rozwijając dużą wrażliwość na sygnały emocjonalne w ich głosie, co jest możliwe dzięki temu, że ich kora słuchowa przejmuje władzę nad nieużywaną wzrokową (czyniąc z niektórych, jak Ray Charles, wspaniałych muzyków)[13]. To wyczulenie na uczucia wyrażane głosem pozwala na normalną socjalizację dzieci niewidomych, natomiast dzieci autystyczne pozostają głuche na emocje.

Jednym z powodów unikania przez dzieci autystyczne kontaktu wzrokowego wydaje się to, że kontakt ten wywołuje u nich niepokój – kiedy patrzą komuś w oczy, ich ciało migdałowate reaguje gwałtownie, co wskazuje na silny strach[14]. A zatem zamiast patrzeć w oczy rozmówcy, dzieci te patrzą na jego usta, które przekazują niewiele sygnałów o jego stanie wewnętrznym. Chociaż taktyka ta zmniejsza ich niepokój, oznacza, że dzieci autystyczne nie uczą się umiejętności synchronii twarzą w twarz, o widzeniu umysłowym już nie wspominając.

Baron-Cohen rozumiał, że ów niedobór zdolności odczytywania emocji może pomóc odkryć leżące u jej podstaw obwody nerwowe, które działają sprawnie u ludzi normalnych, ale u osób autystycznych szwankują. A zatem jego zespół badawczy porównał uzyskiwane za pomocą fMRI obrazy mózgów osób normalnych i autystycznych, które na małym monitorze wideo oglądały serię zdjęć ludzkich oczu, podobną do przedstawionych w rozdziale 6. Osoby badane naciskały guzik, by wskazać, która z dwóch par oczu wyraża ich zdaniem uczucia, takie jak „współczucie" lub „brak współczucia".

Jak można było oczekiwać, osoby autystyczne przeważnie się myliły. Co ważniejsze, to proste zadanie pokazało, które części mózgu biorą udział w tym skromnym akcie widzenia umysłowego. Oprócz kory oczodołowej do kluczowych rejonów należą tu górny zakręt skroniowy i ciało migdałowate, obszary, które – wraz z paroma innymi – w podobnych badaniach co i rusz wychodzą na pierwszy plan.

Paradoksalnie, badania mózgów osób, którym brakuje finezji, dają wskazówki na temat organizacji mózgu społecznego. Baron-Cohen dowodzi, że porównywanie różnic między aktywnością mózgów normalnych i autystycznych uwydatnia obwody nerwowe, które leżą u podstaw dużej części samej inteligencji społecznej[15].

Jak się przekonamy, te zdolności neuronalne mają ogromne znaczenie nie tylko dla bogactwa naszego życia interpersonalnego, ale też dla dobra naszych dzieci, dla dobrego kochania i naszego zdrowia.

Część III

Wychowywanie natury

Rozdział 10

Geny nie przesądzają o naszym losie

Weź czteromiesięczne dziecko, posadź je w foteliku dla niemowląt i pokaż mu zabawkę, której nigdy wcześniej nie widziało. Po dwudziestu sekundach pokaż mu drugą, po kolejnych dwudziestu trzecią, a potem jeszcze inną.

Niektóre niemowlęta lubią ten zalew nowości. Inne natomiast nie cierpią go i płaczą tak mocno, że aż się trzęsą na znak protestu.

Dzieci, które tego nie cierpią, mają pewną cechę wspólną, badaną przez psychologa z Harvardu, Jerome'a Kagana, od blisko trzydziestu lat. Jako maluchy dzieci te są nieufne wobec obcych ludzi i miejsc, „zahamowane", jak nazywa je Kagan. Kiedy osiągną wiek szkolny, ich zahamowanie przejawia się jako nieśmiałość. Nieśmiałość ta, zdaniem Kagana, wynika z odziedziczonego przez nie wzorce działania nueroprzekaźników, który sprawia, że ich ciało migdałowate jest bardziej reaktywne. Zdumiewające rzeczy i nowe wydarzenia nadmiernie je pobudzają.

Kagan należy do najbardziej wpływowych psychologów rozwojowych, jacy pojawili się od czasu, kiedy Jean Piaget jako pierwszy z zapałem obserwował zmiany zdolności poznawczych, które dokonywały się u jego własnych dzieci w miarę dorastania. Kagan cieszy się zasłużoną renomą pierwszorzędnego metodologa i myśliciela, ma przy tym rzadki dar pisania w prawdziwie humanistycznym stylu. Jego książki, o tytułach takich jak np. *Galen's Prophecy* (Proroctwo Galena), świadczą o znajomości zagadnień nie tylko naukowych, ale i filozoficznych.

Tak więc kiedy pod koniec lat siedemdziesiątych ubiegłego wieku Kagan oświadczył, że cecha temperamentu, taka jak zahamowanie, ma przyczyny biologiczne, przypuszczalnie genetyczne, wielu rodziców wydało westchnienie głębokiej ulgi. W tamtych czasach panowało bowiem przekonanie, że prawie każdy problem, który sprawia dziecko, można wywieść z jakiegoś błędu w wychowaniu. Dziecko było nieśmiałe, bo zostało zastraszone przez apodyktycznych rodziców; łobuz ukrywał wstyd wywołany przez deprecjonujących rodziców za zasłoną szorstkiego zachowania. Nawet schizofrenicy byli rzekomo produktem sprzecznych i wprawiających w rozterkę przekazów, co oznaczało, że nigdy nie mogli zadowolić rodziców.

Kiedy byłem magistrantem, Kagan piastował stanowisko profesora na wydziale psychologii Harvardu. Sugestia naukowca tak wybitnego jak on, że w kształtowaniu temperamentu mają udział czynniki raczej biologiczne niż psychiczne, była rewelacją – budzącą, jak pamiętam, spore kontrowersje w pewnych kręgach w Cambridge. W windzie w William James Hall, gdzie mieści się harwardzki wydział psychologii, słyszałem wygłaszane półgłosem opinie, że Kagan przeszedł do obozu psychobiologów, którzy w tym samym czasie podkopywali władzę psychoterapeutów nad leczeniem takich zaburzeń jak depresja, mając czelność sugerować, że ona też może mieć przyczyny biologiczne[1].

Teraz, po kilkudziesięciu latach, ten spór wydaje się osobliwym reliktem wielu naiwności. Marsz genetyki dodaje codziennie coś nowego do listy cech temperamentu czy zachowań nawykowych, którymi kieruje taka czy inna wiązka DNA. Podobnie neurobiologia stale odkrywa, które połączenia nerwowe szwankują w danym zaburzeniu psychicznym i które neuroprzekaźniki zdają się działać nie tak, jak powinny, kiedy dziecko wykazuje taki czy inny skrajny biegun jakiejś cechy temperamentu, od przewrażliwienia po pączkującą psychopatię.

A jednak, jak zawsze lubił wykazywać Kagan, nie jest to takie proste.

Przypadek gryzoni-alkoholików

W trzeciej klasie moim najlepszym przyjacielem był John Crabbe, żylasty mózgowiec, który nosił rogowe okulary w stylu Harry'ego Pottera. Często jeździłem rowerem do jego domu, gdzie spędzaliśmy leniwie płynące, miłe godziny na długich jak maraton grach w Monopol. Następnego lata jego rodzina się wyprowadziła i nie widziałem się z nim przez pół wieku.

Kiedy po tylu latach uświadomiłem sobie, że ten sam John Crabbe jest teraz genetykiem behawioralnym w Oregon Health and Science University i Portland VA Medical Center, znanym ni mniej, ni więcej, tylko z badań nad gryzoniami-alkoholikami, natychmiast do niego zadzwoniłem. Crabbe od lat prowadzi badania nad myszami z odmiany zwanej C57BL/6J, które są zupełnie wyjątkowe z powodu nieposkromionego apetytu na alkohol. Badanie ich daje nadzieję na znalezienie klucza do przyczyn i – miejmy nadzieję – metod leczenia alkoholizmu u ludzi.

Odmiana uwielbiających alkohol myszy jest jedną z około setki wykorzystywanych w badaniach przyczyn schorzeń, takich jak podatność na cukrzycę czy choroby serca. Każda mysz z takiej odmiany jest jakby klonem każdej innej takiej myszy – mają geny identyczne jak bliźnięta jednojajowe. Jedną z zalet, jakie odmiany te mają dla naukowców, jest ich niezmienność; mysz z danej odmiany poddana testom w różnych laboratoriach na świecie powinna reagować tak, jak każda inna taka mysz. Ale Crabbe, w słynnym już, prostym eksperymencie, zakwestionował tę niezmienność[2].

„Zadaliśmy sobie pytanie, jak niezmienna jest «niezmienność» – powiedział mi Crabbe w rozmowie telefonicznej. – Przeprowadziliśmy identyczne testy w trzech różnych laboratoriach, starając się, by wszystkie warunki były identyczne, od rodzaju pokarmu – Puriny – i wieku myszy po taką samą historię ich dostarczenia. Zbadaliśmy je tego samego dnia, o tej samej godzinie, za pomocą identycznej aparatury".

Tak więc w tym samym czasie – 20 kwietnia 1998 roku, między 8.30 i 9.00 czasu miejscowego – poddano testom wszystkie te myszy z ośmiu odmian, włącznie z odmianą C57BL/6J. W jednym z testów dano im do wyboru zwykłą wodę do picia i roztwór alkoholu. Zgodnie ze swoim typem, uwielbiające alkohol osobniki wybierały to mysie martini dużo częściej niż osobniki z pozostałych odmian.

Następnie przeprowadzono standardowy test mysiego lęku. W teście tym umieszcza się mysz na skrzyżowaniu dwóch wybiegów znajdujących się trzy stopy nad ziemią. Dwa ramiona tych wybiegów mają po bokach ścianki, natomiast pozostałe dwa nie mają żadnych zabezpieczeń bocznych, co może być przerażające. Lękliwe myszy przemykają chyłkiem tuż przy ściankach, podczas gdy śmielsze badają wybiegi otwarte.

Ku wielkiemu zaskoczeniu tych, którzy przekonani są, że zachowanie określają tylko geny, stwierdzono w teście lęku pewne zdecydowane różnice między osobnikami należącymi do danego gatunku, badanymi w różnych laboratoriach. Na przykład myszy z odmiany BALB/cByJ były bardzo lękliwe w Portlandzie, ale w Albany całkiem śmiałe.

Jak zauważył Crabbe, „Gdyby wszystko było dziełem genów, nie spodziewałbyś się absolutnie żadnych różnic". Co mogło spowodować te różnice? Pewnych zmiennych, jak wilgotność i woda, którą piły myszy, i, co chyba najważniejsze, osób, które zajmowały się nimi podczas eksperymentu, nie można było ujednolicić we wszystkich biorących w tym udział laboratoriach. Na przykład jeden z asystentów był uczulony na myszy i używał respiratora, kiedy trzymał je w ręku.

„Niektórzy są pewni siebie i mają wprawę w obchodzeniu się z myszami, podczas gdy inni się boją albo obchodzą się z nimi zbyt szorstko – powiedział mi Crabbe. – Moim zdaniem, myszy potrafią «odczytywać» stan emocjonalny osoby, która się nimi zajmuje, i stan ten ma z kolei wpływ na ich zachowanie".

Eksperyment ten, opisany w prestiżowym czasopiśmie „Science", wywołał burzliwą debatę wśród neurobiologów. Musieli się uporać z niepokojącą wiadomością, że drobne różnice między laboratoriami, takie jak sposób obchodzenia się z myszami, spowodowały rozbieżności w zachowaniach tych zwierząt, co implikowało różnicę w działaniu identycznych genów[3].

Eksperyment Crabbe'a, wraz z podobnymi odkryciami w innych laboratoriach, świadczy o tym, że geny są bardziej dynamiczne, niż przez ponad wiek przypuszczała większość ludzi – i nauka. Liczy się nie tylko to, z jakimi genami się rodzimy, ale również ich e k s p r e s j a.

Żeby zrozumieć, jak działają nasze geny, musimy zdać sobie sprawę z różnicy między posiadaniem danego genu i stopniem, w jakim ten gen udostępnia zawartą w nim informację o budowie danego białka, co właśnie zwane jest jego ekspresją. Proces ten wygląda w uproszczeniu tak, że cząsteczka DNA tworzy cząsteczkę RNA, która z kolei tworzy białko, które sprawia, że coś się dzieje w naszym organizmie. Niektóre z tych około trzydziestu tysięcy genów znajdujących się w ludzkim ciele ulegają ekspresji tylko w okresie rozwoju zarodka, a później na zawsze się „zamykają". Niektóre otwierają się tylko w wątrobie, inne tylko w mózgu.

Odkrycie Crabbe'a jest kamieniem milowym w rozwoju „epigenetyki", dziedziny zajmującej się badaniem sposobów, w jakie nasze przeżycia wpływają na działanie naszych genów, nie zmieniając ani odrobinę naszej sekwencji DNA. Dopiero kiedy gen kieruje syntezą RNA, prowadzi to do jakiejś zmiany w naszym organizmie. Epigenetyka pokazuje, jak nasze środowisko, przetransponowane na bezpośrednie otoczenie chemiczne danej komórki, programuje nasze geny w sposób, który decyduje o tym, na ile będą aktywne.

Badania w zakresie epigenetyki doprowadziły do odkrycia wielu spośród mechanizmów biologicznych, które regulują ekspresję genów. Jeden z nich, angażujący cząsteczkę metylu, nie tylko włącza i wyłącza geny, ale również spowalnia albo przyspiesza ich aktywność[4]. Aktywność metylu pomaga też ustalić, w których miejscach mózgu kończy się ponad 100 miliardów neuronów i z którymi innymi neuronami łączy każdy z nich dziesięć tysięcy powiązań. Molekuła metylu rzeźbi nasze ciało, włącznie z mózgiem.

Tego rodzaju obserwacje odsyłają do lamusa toczący się od stu lat spór o to, co ma na nas większy wpływ – natura czy wychowanie, czyli, mówiąc innymi słowy, polemikę, czy o tym, kim się staniemy, decydują nasze geny czy przeżycia. Okazuje się, że spór ten był bezcelowy i wynikał z błędnego przekonania, iż geny i środowisko są od siebie wzajemnie niezależne. Równie dobrze można by się spierać o to, co decyduje o powierzchni prostokąta: jego długość czy szerokość[5].

Sam fakt posiadania danego genu nie mówi wszystkiego o jego biologicznej wartości. Na przykład jedzenie, które spożywamy, zawiera setki substancji, które regulują ekspresję mnóstwa genów, włączając je i wyłączając niczym migające lampki na choince. Jeśli przez wiele lat odżywiamy się niewłaściwie, możemy uaktywnić zestaw genów, który doprowadzi do zapchania arterii i choroby wieńcowej. Z drugiej strony, kęs brokułów zapewnia dawkę witaminy B_6, która pobudza gen hydroksylazy tryptofanowej do produkcji aminokwasu L-tryptofanu, który z kolei pomaga w syntezie dopaminy, neuroprzekaźnika stabilizującego między innymi nastrój.

Jest biologicznie niemożliwe, by gen działał niezależnie od swojego środowiska: geny są tak zaprogramowane, by ich ekspresję regulowały sygnały płynące z ich bezpośredniego otoczenia, w tym hormony wytwarzane przez układ wewnątrzwydzielniczy i neuroprzekaźniki w mózgu, na których część wpływają z kolei silnie nasze interakcje społeczne[6]. Tak jak nasza dieta reguluje pewne geny, tak też nasze doświadczenia społeczne decydują o funkcjonowaniu odrębnej partii takich genowych wyłączników.

A zatem nasze geny nie wystarczają do stworzenia optymalnie działającego układu nerwowego[7]. Zgodnie z tym punktem widzenia, wychowanie czującego się bezpiecznie czy potrafiącego współodczuwać z innymi dziecka wymaga nie tylko niezbędnego zestawu genów, ale także wystarczającej opieki ze strony rodziców czy zapewnienia mu innych stosownych doświadczeń społecznych. Jak się przekonamy, tylko to połączenie zapewnia najlepsze działanie właściwych genów. Z tej perspektywy wychowanie jest przykładem czegoś, co moglibyśmy nazwać „epigenetyką społeczną".

„Epigenetyka społeczna jest elementem nowej granicy w genomice – mówi Crabbe. – To nowe wyzwanie techniczne obejmuje uwzględnienie wpływu środowiska na różnice w ekspresji genów. To kolejny cios zadany naiwnemu poglądowi determinizmu genetycznego: że nasze doświadczenia się nie liczą, że o wszystkim decydują geny".

Geny potrzebują ekspresji

James Watson – który wespół z Francisem Crickiem dostał Nagrodę Nobla za odkrycie podwójnej helisy DNA – przyznaje, że ma wybuchowe usposobienie. Zaraz jednak dodaje, że równie szybko opanowuje złość. Na koniec zauważa, że to szybkie dochodzenie do siebie po wybuchu plasuje się bliżej lepszego końca spektrum działania genów związanych z agresją.

Gen, o którym tu mowa, pomaga *hamować* złość i może działać w dwie strony. Działając w jednym kierunku, „wyciska" niezwykle małe ilości enzymu, który kontroluje agresję, w związku z czym posiadająca tak ustawiony gen osoba łatwo wpada w złość, która utrzymuje się u niej dłużej niż u większości ludzi, i jest bardziej skłonna do przemocy. Takie osoby mogą łatwo skończyć w więzieniu.

W drugiej formie działania tego genu jego ekspresja prowadzi do wydzielania się dużych ilości tego enzymu, a więc, podobnie jak Watson, osoba taka może się łatwo rozzłościć, ale szybko odzyskuje spokój. Posiadanie genu złości o tym drugim schemacie ekspresji sprawia, że życie jest nieco przyjemniejsze, a irytujące chwile nie trwają zbyt długo. Jak widać, niektórzy obdarzeni genem o takiej ekspresji mogą nawet dostać Nagrodę Nobla.

Jeśli jakiś gen nigdy nie ulega ekspresji i nie powoduje wytworzenia białek, które kierują funkcjami naszego organizmu, to równie dobrze moglibyśmy go wcale nie posiadać. Jeśli ekspresja ta jest nieduża, gen ten odgrywa niewielką rolę, a jeśli działa z pełną siłą, to ma on ogromne znaczenie.

Mózg ludzki jest tak zaprojektowany, by się zmieniać w reakcji na gromadzone doświadczenia. Ma konsystencję masła w temperaturze pokojowej, zamknięty jest w kościanej skorupie i jest równie delikatny jak skomplikowany. Ta delikatność wynika po części ze znakomitego dostrojenia mózgu do jego otoczenia.

Przez długi czas przypuszczano, że wydarzenia regulujące ekspresję genów mają wyłącznie biochemiczny charakter – że jest to kwestia właściwego odżywiania albo (w najgorszym wypadku) narażenia na przemysłowe toksyny. Teraz epigenetycy przyglądają się temu, jak rodzice traktują rosnące dziecko, by odkryć, w jaki sposób wychowanie kształtuje jego mózg.

Dziecko przychodzi na świat z mózgiem zaprogramowanym tak, by rósł i się rozwijał, ale wykonanie tego zadania zajmuje nieco więcej niż dwa pierwsze dziesięciolecia życia, wskutek czego jest on narządem, który jako ostatni staje się anatomicznie dojrzały. W tym okresie wszystkie najważniejsze w życiu dziecka osoby – rodzice, rodzeństwo, dziadkowie, nauczyciele i przyjaciele – mogą się stać aktywnymi czynnikami rozwoju mózgu, tworząc społeczną mieszankę, która kieruje rozwojem układu nerwowego. Mózg, niczym roślina przystosowująca się do bogatej lub ubogiej gleby, kształtuje się tak, by dostosować się do ekologii społecznej dziecka, zwłaszcza klimatu emocjonalnego tworzonego przez najważniejsze osoby w jego życiu.

Niektóre układy mózgowe są bardziej czułe na te wpływy społeczne niż inne. A każda sieć połączeń nerwowych w mózgu ma swój szczytowy okres rozwoju, w którym mogą ją kształtować siły społeczne. Niektóre z tych szczytów, kiedy środowisko społeczne wywiera najgłębszy wpływ, zdają się występować w pierwszych dwóch latach życia, w okresie największego gwałtownego wzrostu mózgu – od mizernych 400 gramów w momencie narodzin do solidnego 1000 gramów w dwudziestym czwartym miesiącu (po drodze do średnio 1400 gramów w dorosłości).

Od tego stadium nasze najważniejsze osobiste doświadczenia zdają się ustanawiać biologiczne reostaty, które ustalają poziom aktywności genów regulujących funkcjonowanie mózgu oraz innych układów biologicznych. Epigenetyka społeczna rozszerza spektrum czynników regulujących aktywność pewnych genów, włączając do nich związki z innymi ludźmi.

Adopcję można postrzegać jako jedyny w swoim rodzaju naturalny eksperyment, w którym jesteśmy w stanie ocenić wpływ przybranych rodziców na geny dziecka. W pewnym badaniu agresywności u dzieci adoptowanych porównano atmosferę rodzinną tworzoną przez ich rodziców biologicznych z atmosferą w domach ich przybranych rodzin. Spośród dzieci urodzonych w rodzinach znanych z agresywności, wojowniczości i przemocy, które zostały zaadoptowane przez spokojne rodziny, aspołeczne cechy po dorośnięciu wykazywało tylko 13 procent. Jeśli natomiast takie dzieci znalazły się w „złych domach" adopcyjnych – w rodzinach, w których panowała niczym niepohamowana przemoc – agresywne stało się 45 procent[8].

Życie rodzinne zdaje się zmieniać aktywność nie tylko genów agresji, ale także genów wielu innych cech. Jednym z czynników wywierających dominujący wpływ na geny wydaje się okazywanie dziecku opiekuńczej miłości – albo chłodnego braku zainteresowania. Michael Meaney, neurolog z McGill University w Montrealu, opowiada ze swadą o implikacjach wynikających z epigenetyki dla związków międzyludzkich. Ten drobnej budowy, czarujący rozmówca gotowością do wyciągania ze swoich starannych badań na myszach wniosków odnoszących się do ludzi wykazuje naukową odwagę.

Meaney odkrył istotny, przynajmniej dla myszy, sposób, w jaki wychowanie może zmienić samą chemię genów młodych osobników[9]. Ustalił otóż, że w rozwoju występuje wyjątkowy okres – pierwsze dwanaście godzin po urodzeniu się tego gryzonia – w którym zachodzi decydujący proces metylacji. To, jak często i intensywnie mysia matka liże i iska młode w tym okresie, faktycznie decyduje o tym, ile związków chemicznych w mózgu odpowiadających na stres będzie się wytwarzało u młodych przez resztę życia.

Im troskliwsza jest matka, tym sprytniejsze, pewniejsze siebie i odważniejsze będzie jej młode; im mniej je pielęgnuje, tym wolniej będzie się ono uczyć i tym bardziej bać się zagrożeń. Równie wymowny jest fakt, że intensywność matczynego lizania i iskania decyduje o tym, jak często i intensywnie jej córka będzie kiedyś lizała i iskała swoje potomstwo.

Młode oddanych matek, które wkładały najwięcej starań w lizanie i iskanie, miały po dorośnięciu gęściejsze połączenia między komórkami mózgowymi, zwłaszcza w hipokampie, siedzibie pamięci i ośrodku uczenia się. Młode te były szczególnie dobre w jednej z najważniejszych dla tych gryzoni umiejętności: odnajdywaniu drogi w terenie. Poza tym rzadziej ulegały stresom życia i szybciej dochodziły do siebie po reakcji stresowej, jeśli już coś takiego im się przydarzyło. Natomiast potomstwo mniej troskliwych matek miało rzadsze połączenia między neuronami. Radziło też sobie kiepsko w labiryncie, który dla myszy jest odpowiednikiem testu inteligencji.

Najbardziej negatywny wpływ na rozwój połączeń nerwowych w mózgu myszy ma całkowite odseparowanie ich od matek, kiedy są jeszcze dosyć młode. Kryzys ten wyłącza obronne geny, pozostawiając je na pastwę biochemicznej reakcji łańcuchowej, w wyniku której ich mózg zalewają toksyczne, wyzwolone przez stres molekuły. Takie gryzonie stają się po osiągnięciu dojrzałości płochliwe i łatwo ulegają strachowi.

Ludzkimi odpowiednikami lizania i iskania wydają się empatia, dostrojenie i dotyk. Jeśli wyniki badań Meaneya przekładają się, jak on sam przypuszcza, na to, co występuje u ludzi, sposób, w jaki traktowali nas rodzice, zostawił genetyczny odcisk przede wszystkim na tym zestawie DNA, który nam przekazali. A to z kolei, jak traktujemy nasze dzieci, ustala poziom aktywności *ich* genów. Odkrycie to świadczy o tym, że drobne akty troskliwości przejawianej przez rodziców mogą mieć trwały, znaczący wpływ – i że związki z innymi mogą odgrywać pewną rolę w kierowaniu stałym przeprojektowywaniem mózgu.

Zagadka: natura czy wychowanie

Bardzo łatwo jest mówić o epigenetyce, kiedy się zajmujesz hybrydowymi myszami w znajdujących się pod skrupulatną kontrolą warunkach laboratoryjnych. Ale spróbuj tylko uporządkować to w chaotycznym świecie ludzi.

To onieśmielające wyzwanie podjął zespół pod kierunkiem Davida Reissa z George Washington University. Reiss, słynący z wnikliwych badań nad dynamiką rodziny, połączył siły z Mavis Heatherington, ekspertem w dziedzinie rodzin z ojczymem lub macochą, i Robertem Plominem, czołowym przedstawicielem genetyki behawioralnej.

Złotym środkiem stosowanym w badaniach nad tym, czy większy wpływ na osobowość człowieka ma natura czy wychowanie, jest porównywanie dzieci adoptowanych z dziećmi wychowywanymi przez rodziców biologicznych. Pozwala to naukowcom ocenić, na ile jakaś cecha, taka jak agresywność, zdaje się zależeć od wpływu rodziny, a na ile od biologii.

W latach osiemdziesiątych dwudziestego wieku Plomin zaskoczył świat nauki danymi z badań nad adoptowanymi bliźniętami, pokazującymi, w jakim stopniu cecha czy zdolność zależy od genów, a w jakim od sposobu wychowania dziecka. Stwierdził, że zdolności do nauki zależą w około 60 procentach od genów, natomiast poczucie własnej wartości ma tylko w 30 procentach podłoże genetyczne, a moralność zaledwie w 25 procentach[10]. Jednak zarówno on, jak i inni stosujący jego metodę znaleźli się pod ogniem krytyki naukowej, ponieważ porównywali bliźnięta z ograniczonego zbioru rodzin, głównie wychowywane przez rodziców biologicznych z wychowywanymi przez rodziców przybranych.

A zatem zespół Reissa postanowił objąć badaniami dużo więcej odmian rodzin rekonstruowanych, wprowadzając do równania więcej szczegółów. Ich rygorystyczny plan wymagał znalezienia 720 par nastolatków reprezentujących cały zakres genetycznej bliskości, od bliźniąt jednojajowych po różne odmiany rodzeństwa przybranego[11].

Grupa badawcza przeczesała całą populację amerykańską, by zwerbować rodziny tylko z dwójką nastoletnich dzieci w każdej z sześciu specyficznych konfiguracji. Znalezienie rodzin z bliźniętami jedno- i dwujajowymi, standardowa procedura w tej dziedzinie, nie stanowiło problemu. Trudniej jednak było znaleźć rodziny, w których każde z rodziców było po rozwodzie z poprzednim małżonkiem i wniosło do nowej rodziny tylko jedno kilkunastoletnie dziecko. Jeszcze większą trudnością było to, że macochy lub ojczymowie musieli trwać w tym związku od co najmniej pięciu lat.

Po rozpaczliwych poszukiwaniach w celu znalezienia i nakłonienia do współpracy odpowiednich rodzin badacze poświęcili lata na analizowanie ogromnej masy danych. Wtedy pojawiły się kolejne powody do frustracji. Niektóre wynikały z nieoczekiwanego odkrycia – każde dziecko odbiera tę samą rodzinę w bardzo specyficzny sposób[12]. W badaniach nad wychowywanymi osobno bliźniętami przyjmowano za pewnik, że wszystkie dzieci w danej rodzinie odbierają ją jednakowo, że mają identyczne przeżycia i doświadczenia. Tymczasem zespół badawczy Reissa – podobnie jak zespół Crabbe'a w sferze genetyki myszy laboratoryjnych – rozbił to założenie w pył.

Weźmy sytuację starszego brata (czy siostry) i młodszego (czy młodszej). Od urodzenia starsze dziecko nie ma żadnego rywala w zabiegach o miłość i uwagę rodziców; później pojawia się młodsze. Od pierwszego dnia to młodsze musi wymyślać fortele, by móc rywalizować ze starszym o względy rodziców. Dzieci konkurują ze sobą, by każde z nich stało się wyjątkowe, co ma taki skutek, że są różnie traktowane. To tyle, jeśli chodzi o szkołę myślenia „jedna rodzina – jedno środowisko".

Co gorsza, okazało się, że te aspekty życia rodzinnego, w których jedno dziecko traktuje się wyjątkowo, mają ogromny wpływ na ukształtowanie się temperamentu każdego dziecka, większy niż jakiekolwiek wpływy genetyczne. A zatem sposób, w jaki dziecko określa swoją, jedyną w swoim rodzaju, niszę w rodzinie, może przybierać niezliczone formy, co sprawia, że stają się one epigenetycznymi niewiadomymi.

Poza tym rodzice, chociaż wywierają pewien wpływ na temperament dziecka, nie są jedynymi osobami, które go kształtują. Tak samo wpływa nań mnóstwo innych osób, zwłaszcza rodzeństwo i koledzy czy koleżanki.

Aby jeszcze bardziej skomplikować to równanie, pojawił się – jako niezależna, ale potężna siła wpływająca na los dziecka – zaskakujący czynnik: sposób, w jaki dziecko zaczyna myśleć o sobie. Oczywiście poczucie ogólnej własnej wartości u nastolatka zależy w dużym stopniu od tego, jak dziecko jest traktowane, a prawie w ogóle nie od genetyków. Mimo to, kiedy poczucie własnej wartości się uformuje, kształtuje zachowanie nastolatka niezależnie od nieudanych starań rodziców, nacisków rówieśników czy jakichkolwiek skłonności genetycznych[13].

Teraz równanie określające wpływy społeczne przybiera jeszcze inną formę. Otóż genetyczne skłonności dziecka określają z kolei sposób, w jaki traktują je inni. Rodzice, co jest naturalne, pieszczą małe dzieci, które się do nich z wzajemnością wdzięczą i przymilają; drażliwe na karesy niemowlęta są mniej pieszczone. W najgorszym wypadku, kiedy geny dziecka doprowadzają do tego, że łatwo wpada w irytację, jest agresywne i trudne, rodzice na ogół odpowiadają mu tym samym –

surową dyscypliną, mocnymi słowami i złością. To jeszcze bardziej pogarsza i tak trudną sytuację dziecka, które na zasadzie błędnego koła wywołuje bardziej negatywne nastawienie rodziców[14].

Ciepło, z jakim rodzice odnoszą się do dziecka – stwierdzili we wnioskach badacze – czy też to, jak i gdzie ustanawiane są granice tego, co wolno, a czego nie, oraz niezliczona liczba innych sposobów funkcjonowania rodziny pomagają ustanowić stopień ekspresji genów. Ale wpływ może też mieć apodyktyczny brat lub siostra czy „stuknięty" kumpel albo kumpelka.

Stara, kiedyś pozornie wyraźna, granica między tymi aspektami zachowania dziecka, które mają korzenie w jego genach, a tymi, które są skutkiem wpływu jego świata społecznego, zaczęła się zamazywać. W końcu, po tych wszystkich wyczerpujących i kosztujących miliony dolarów poszukiwaniach odpowiednich rodzin, zespół Reissa dostarczył mniej szczegółów o nieskończonych liczbach złożonych interakcji między życiem rodzinnym i genami niż zagadek, które trzeba rozwiązać.

Wydaje się, że jest zbyt wcześnie w rozwoju tej nauki, by prześledzić każdą epigenetyczną ścieżkę w chaotycznym, spowitym mgłą życiu rodzinnym. A jednak z tego oparu wyłania się parę kryształowo czystych danych. Pewne z nich zdają się świadczyć o tym, że doświadczenia życiowe mają moc zmieniania „skłonności" genetycznych w zachowaniu.

Przecieranie neuronalnych szlaków

Nieżyjący już hipnoterapeuta Milton Erickson opowiadał często, że dorastał na początku dwudziestego wieku w małym miasteczku w Nevadzie, gdzie były surowe zimy. Jedną z rzeczy, które sprawiały mu wielką radość, było obudzić się rano i stwierdzić, że w nocy spadł śnieg.

W takie dni młody Milton pośpiesznie przygotowywał się do pójścia do szkoły, by mieć pewność, że pierwszy przetrze przez śnieg drogę do niej. Potem celowo szedł zakosami i kluczył, a jego buty wyznaczały w świeżym śniegu ścieżkę. Bez względu na to, ile zrobił skrętów i zakoli, następne dziecko nieuchronnie podążało tą drogą najmniejszego oporu, za nim kolejne, i tak dalej. Pod koniec dnia był to już utarty szlak, którym szli wszyscy.

Erickson przytaczał tę opowieść jako metaforę tego, jak tworzą się nawyki. Ale historia o pierwszym szlaku przez śnieg i podążaniu nim przez innych jest również dobrym modelem procesu tworzenia się w mózgu dróg nerwowych. Pierwsze połączenia utworzone w obwodzie nerwowym są wzmacniane za każdym razem, kiedy powtarza się ta sama sekwencja, aż w końcu stają się tak silne, że droga ta zaczyna działać automatycznie i tak powstaje nowy obwód.

Ponieważ ludzki mózg mieści tak wiele obwodów w tak niewielkiej przestrzeni, istnieje ciągła presja na wymazywanie tych, których już nie potrzebuje, by zrobić miejsce dla tych, które musi mieć. Do tego bezlitosnego neuronalnego darwinizmu, bezwzględnej rywalizacji obwodów nerwowych o przetrwanie, pasuje jak ulał porzekadło: „Czego nie używasz, tego się pozbywasz". Neurony, których nie używamy, są „przycinane" i znikają jak dzikie pędy z drzewa.

Mózg, podobnie jak rzeźbiarz, który zaczyna od bryły gliny, gromadzi więcej materiału, niż potrzebuje dla osiągnięcia ostatecznego kształtu. W dzieciństwie i okresie młodzieńczym mózg będzie się selektywnie pozbywał połowy tych nazbyt licznych neuronów, zatrzymując te, których używa, w miarę jak będą go rzeźbić doświadczenia życiowe.

Nasze związki z innymi osobami, oprócz decydowania o tym, które połączenia zostaną zachowane, pomagają w ukształtowaniu naszego mózgu, kierując połączeniami tworzonymi przez nowe neurony. Również w tej sprawie stare założenia neurobiologii legły w gruzach. Jeszcze dzisiaj naucza się niektórych studentów, że kiedy się urodzimy, mózg nie może już wytworzyć nowych komórek. Wykazano na podstawie solidnych dowodów, że jest to teoria nieprawdziwa[15]. Wiemy, że mózg i rdzeń kręgowy zawierają komórki macierzyste, które przekształcają się w nowe neurony w tempie tysiąca dziennie. Tempo tworzenia się nowych neuronów jest wprawdzie najwyższe w dzieciństwie, ale proces ten trwa aż do starości.

Kiedy powstanie nowa komórka nerwowa, migruje na swoje miejsce w mózgu i w ciągu miesiąca rozwija się aż do chwili, gdy utworzy około dziesięciu tysięcy połączeń z innymi neuronami rozproszonymi po całym mózgu. W ciągu następnych mniej więcej czterech miesięcy neuron ten udoskonala owe połączenia; kiedy obwody te się połączą, zostają zamknięte.

W tym pięcio- czy sześciomiesięcznym okresie nasze doświadczenia i przeżycia decydują o tym, z którymi neuronami nowa komórka nawiąże połączenia[16]. Im częściej powtarza się jakieś przeżycie, tym silniejszy staje się ten zwyczaj i tym gęściejsza wynikająca z tego sieć połączeń. Meaney odkrył, że u myszy uczenie się „metodą powtórek" zwiększa tempo integrowania się nowych neuronów z innymi neuronami i tworzenia wspólnych obwodów. W ten sposób, w miarę powstawania nowych neuronów i ich połączeń, mózg stale się przeprojektowuje.

No dobrze, tak jest u myszy – a co z nami? Wydaje się, że ta sama dynamika obowiązuje również u ludzi, co ma ogromne konsekwencje dla kształtowania mózgu społecznego. Dla każdego układu w mózgu istnieje optymalny okres, w którym doświadczenia najintensywniej kształtują jego połączenia. Na przykład układy sensoryczne są kształtowane przede wszystkim we wczesnym dzieciństwie, układy językowe zaś dojrzewają jako następne[17]. Niektóre układy, jak hipokamp – zarówno u szczurów, jak i u ludzi ośrodek pamięci i uczenia się – są kształtowane przez doświadczenia przez całe życie. Badania na małpach wykazały, że konkretne komórki w hipokampie, które zajmują swoje miejsca tylko w niemowlęctwie, nie migrują na te miejsca, jeśli dziecko przeżywa w tym decydującym okresie duży stres[18]. I odwrotnie, czuła opieka matczyna może nasilić ich migrację.

Im częstsze są w dzieciństwie interakcje z jakąś osobą, tym silniej odciskają swój ślad w obwodach mózgowych dziecka i tym będą trwalsze w jego dorosłym już życiu. Te powtarzające się w dzieciństwie momenty staną się w mózgu automatycznie wybieranymi ścieżkami, jak szlak przetarty w śniegu przez Miltona Ericksona[19].

Weźmy jako przykład komórki wrzecionowate, te superszybkie łączniki mózgu społecznego. Badacze stwierdzają, że w ludzkim mózgu komórki te migrują do miejsca przeznaczenia – głównie w korze oczodołowej i korze przedniej części zakrętu obręczy – około czwartego miesiąca życia dziecka, kiedy to wysyłają wypustki łączące je z tysiącami innych komórek. Neurobiolodzy ci twierdzą, że to, jak bogate i z jakimi komórkami będą te połączenia, zależy od wpływu takich czynników, jak stres w rodzinie (co wychodzi im na gorsze) czy ciepła atmosfera miłości (co wychodzi im na lepsze)[20].

Pamiętajmy, że komórki wrzecionowate łączą drogi niską i wysoką, pomagając nam zgrywać nasze emocje z reakcjami. Te neuronalne połączenia leżą u podstaw ważnego zbioru umiejętności wchodzących w skład inteligencji społecznej. Jak wyjaśnia Richard Davidson (neurobiolog, którego poznaliśmy w rozdziale 6): „Po zarejestrowaniu przez nasz mózg informacji emocjonalnej kora przedczołowa pomaga nam zręcznie pokierować reakcją na nią. Kształtowanie tych obwodów przez oddziałujące na siebie wzajemnie geny i nasze doświadczenia życiowe określa nasz styl afektywny: jak szybko i silnie reagujemy na wyzwalacz emocjonalny i ile czasu zajmuje nam dojście do siebie".

Jeśli chodzi o uczenie się umiejętności samoregulacji, tak ważnych dla gładkiego przebiegu interakcji społecznych, Davidson komentuje to tak: „We wczesnym okresie życia jest dużo większa plastyczność niż później. Dowody uzyskane w badaniach prowadzonych na zwierzętach wskazują, że niektóre ze skutków wczesnych doświadczeń mogą być nieodwracalne, a więc jeśli jakiś obwód został ukształtowany przez środowisko w dzieciństwie, później staje się całkiem stabilny"[21].

Wyobraź sobie matkę w niewinnej zabawie z niemowlęciem w „akuku". W miarę jak matka zasłania i odsłania twarz, dziecko staje się coraz bardziej pobudzone, ale w szczytowym momencie odwraca nagle buzię i ssie kciuk, wpatrując się tępym wzrokiem w przestrzeń. Spojrzenie to sygnalizuje, że dziecko potrzebuje trochę czasu, by się uspokoić. Matka daje mu ten czas, czekając, aż będzie gotowe do podjęcia zabawy na nowo. Po paru sekundach niemowlę z powrotem odwraca buzię i oboje patrzą na siebie, uśmiechając się promiennie.

A teraz porównaj tę zabawę z inną – tu również dochodzi do crescendo podniecenia, chwili, w której dziecko musi się odwrócić, possać kciuk i uspokoić, zanim ponownie wciągnie matkę do zabawy. Tyle że tym razem matka nie czeka, aż dziecko się do niej odwróci. Pochyla się, by znaleźć się w jego polu widzenia, i cmoka, by ponownie zwrócić na siebie jego uwagę. Tymczasem dziecko patrzy w bok, ignorując ją. Nie zrażona tym matka jeszcze bardziej zbliża do niego głowę, co sprawia, że zaczyna ono robić grymasy: mocniej odwraca twarz. W końcu odsuwa się od matki, ssąc gorączkowo kciuk.

Czy to, że jedna matka dostosowuje się do sygnału, który wysyła jej dziecko, a druga ignoruje ten komunikat, ma jakieś znaczenie?

Jedną zabawą akuku nie można niczego udowodnić. Jak jednak świadczą wyniki wielu badań, wielokrotne, powtarzające się sytuacje, w których opiekunka nie potrafi dostroić się do dziecka, mogą mieć długotrwałe skutki. Kształtują one mózg dziecka tak, że jedno wyrośnie na zadowoloną z życia osobę, czułą i dobrze się czującą w towarzystwie, drugie natomiast na człowieka smutnego i zamkniętego w sobie albo skorego do złości i swarów. Niegdyś takie różnice mogłyby być złożone na karb „temperamentu" dziecka, pojęcia zastępczego dla genów. Teraz badania naukowe koncentrują się na tym, jak geny dziecka mogą zostać uruchomione przez tysiące codziennych interakcji, w których uczestniczy ono w procesie dorastania.

Nadzieja na zmianę

Pamiętam, jak Jerome Kagan mówił w latach osiemdziesiątych ubiegłego wieku o badaniach, które właśnie prowadził w Bostonie i dalekich Chinach. W badaniach tych na podstawie reakcji niemowląt na nowość identyfikowano te, które wyrosną na nieśmiałe osoby. Będąc obecnie emerytowanym samodzielnym pracownikiem nauki, nadal prowadzi te badania i śledzi losy niektórych „dzieci Kagana" w początkach życia dorosłego[22]. Odwiedzam go co parę lat w jego starym gabinecie na ostatnim piętrze William James Hall, najwyższego budynku w harwardzkim kampusie.

Podczas mojej ostatniej wizyty powiedział mi o swoim najnowszym odkryciu, dokonanym za pomocą fMRI u tych dzieci. Kagan, zawsze zorientowany na bieżąco w metodach badań, dołączył do tłumu naukowców korzystających z fMRI. Jak mi oznajmił, badania dwadzieściorga dwojga dzieci Kagana, obecnie dwudziestokilkulatków, które określono na początku jako zahamowane, wykazały właśnie, że ich ciała migdałowate nadal reagują przesadnie na wszystko, co się wyłamuje z normalnego porządku rzeczy[23].

Jednym z neurologicznych wskaźników tej bojaźliwości okazuje się zwiększona aktywacja wzgórka, części kory sensorycznej, która się aktywizuje, kiedy ciało migdałowate wykrywa coś nienormalnego i potencjalnie zagrażającego. Ten obwód nerwowy włącza się, kiedy dostrzegamy jakąś niezgodność, na przykład żyrafę z głową dziecka. Obrazy, które wyzwalają tę aktywację, nie muszą przedstawiać faktycznych zagrożeń – wystarczy, że coś ma dziwny albo „zwariowany" wygląd.

Dzieci o niskiej aktywacji tych obwodów są na ogół otwarte i towarzyskie, ale te, które charakteryzują się wysoką reaktywnością, stronią od wszystkiego, co ma jakiekolwiek cechy niezwykłości – nowość napełnia je strachem. Takie predyspozycje u małego dziecka mają tendencję do samowzmacniania, jeśli opiekuńczy rodzice chronią je przed kontaktami, które mogłyby pomóc im nauczyć się innych reakcji.

We wcześniejszych badaniach Kagan odkrył, że kiedy rodzice zachęcają te bojaźliwe dzieci do spędzania czasu z rówieśnikami, których w przeciwnym wypadku mogłyby unikać (a czasami rodzice muszą być bardzo stanowczy), udaje im się często pokonać genetyczną predyspozycję do bojaźliwości. Po dziesiątkach lat badań Kagan stwierdził, że tylko jedna trzecia z dzieci ocenionych po urodzeniu jako zahamowane wykazuje lękliwe zachowania po wkroczeniu w dorosłość.

Teraz Kagan zdaje sobie sprawę z tego, że zmienia się nie tyle leżąca u podstaw zachowań lękliwych nadaktywność neuronalna – bo ciało migdałowate i wzgórek nadal reagują przesadnie – ile to, co mózg robi z tym impulsem. Z czasem dzieci, które uczą się powściągać pragnienie, by się wycofać, stają się zdolne do pełniejszego angażowania się w kontakty z innymi, nie zdradzając żadnych zewnętrznych oznak zahamowania.

Na określenie sposobu przygotowania układu mózgowego neurobiolodzy używają terminu „rusztowanie nerwowe", gdyż – dzięki wielokrotnemu używaniu – jego połączenia wzmacniają się jak rusztowanie wzniesione na placu budowy. Rusztowanie nerwowe wyjaśnia, dlaczego zmiana wzorca zachowania po jego utrwaleniu się wymaga wysiłku. Ale mając ku temu okazje – a może tylko świadomość tego, co wymaga zmiany – i przykładając się, możemy wznieść i umocnić nowe rusztowanie.

Kagan powiedział mi o zahamowanych dzieciach: „Siedemdziesiąt procent dorasta i dochodzi do zdrowia. Temperament ogranicza to, co może być, ale nie decyduje o tym. Te dzieci nie są już bojaźliwe ani nadpobudliwe".

Weźmy chłopca, który w niemowlęctwie oceniony został jako zahamowany, ale zanim osiągnął wiek młodzieńczy, nauczył się działać mimo odczuwania strachu. Teraz, powiedział, nikt nie zdaje sobie sprawy z tego, że nadal czuje nieśmiałość. Wymagało to jednak od niego trochę wysiłku i trochę pomocy ze strony innych oraz szeregu drobnych zwycięstw, które – jak się wydaje – odniósł dzięki temu, że droga wysoka poskramiała niską.

Pamięta, jak pokonał strach przed zastrzykami, który w dzieciństwie był tak silny, że nie chciał chodzić do dentysty, aż w końcu trafił na takiego, który zdobył jego zaufanie. Widok siostry skaczącej do basenu natchnął go odwagą, by przezwyciężyć strach przed wodą, i tak nauczył się pływać. Chociaż początkowo musiał rozmawiać z rodzicami, by otrząsnąć się z przykrego wrażenia, jakie pozostawiał zły sen, w końcu nauczył się sam uspokajać.

„Udało mi się pokonać moje lęki – napisał ów niegdyś stale zdjęty strachem chłopiec w wypracowaniu szkolnym. – Ponieważ rozumiem teraz, że mam skłonność do ulegania lękowi, potrafię sobie wyperswadować, że w codziennych sytuacjach nie mam się czego bać”[24].

Tak oto, przy odrobinie pomocy, u tych zahamowanych dzieci może w naturalny sposób pojawić się pozytywna zmiana. Pomóc im mogą zarówno zachęty ze strony rodziny, jak i zrozumienie tego, jak przełamywać swoją powściągliwość. Podobny skutek daje wykorzystywanie naturalnych „zagrożeń” dla przeciwstawiania się swoim skłonnościom do bojaźliwego zachowania.

Kagan wspomina, jak jego własna wnuczka, która w wieku sześciu lat była bardzo nieśmiała, powiedziała mu: „Udawaj, że cię nie znam – muszę ćwiczyć, jak nie być nieśmiała”. Potem uczony dodaje: „Rodzice nie zdają sobie sprawy z tego, że chociaż biologia ogranicza pewne skutki, to nie decyduje o tym, co *może* się zdarzyć”.

Wychowanie nie jest w stanie zmienić każdego genu ani zmodyfikować każdego obwodu nerwowego, ale to, czego dzieci doświadczają dzień po dniu, rzeźbi ich układ nerwowy. Neurobiologia zaczęła określać ze zdumiewającą dokładnością, jak przebiega to rzeźbienie.

Rozdział 11

Bezpieczna baza wypadowa

Miał dwadzieścia trzy lata i właśnie ukończył znany uniwersytet, co w owym czasie było w Anglii przepustką do kariery. On jednak był w głębokiej depresji i myślał o samobójstwie.

Jak wyznał terapeucie, jego dzieciństwo było jednym pasmem niedoli. Częste kłótnie rodziców nieraz kończyły się bójką. Był najstarszym dzieckiem, ale w dniu swoich trzecich urodzin miał już dwójkę młodszego rodzeństwa. Ojciec spędzał dużo czasu poza domem, bo pracował, a matka – przytłoczona sprzeczkami swojej trzódki – zamykała się czasami w sypialni na parę godzin, a bywało, że i na parę dni.

Kiedy był małym dzieckiem i płakał, zostawiano go na długi czas samego, bo rodzice byli przekonani, że płacz dziecka jest tylko usiłowaniem, by „je zepsuli", poświęcając mu uwagę. Czuł, że większość jego podstawowych uczuć i potrzeb jest ignorowana.

Najbardziej wryła mu się w pamięć noc, kiedy dostał zapalenia wyrostka robaczkowego i leżał sam przez całą noc, jęcząc z bólu. Pamięta też, że nieraz słyszał, jak jego młodsi bracia i siostry płaczą aż do wyczerpania, przy zupełnej obojętności rodziców. I pamięta, jak ich za to nienawidził.

Najbardziej przygnębiającym wydarzeniem w jego życiu był pierwszy dzień w szkole. To, że matka go tam zostawiła, wydawało mu się jego ostatecznym odrzuceniem przez nią. Zrozpaczony, płakał przez cały dzień.

W miarę dorastania nauczył się ukrywać pragnienie miłości, nie chcąc rodziców o nic prosić. Podczas terapii bał się, że jeśli okaże swoje uczucia i się rozpłacze, terapeuta potraktuje go jako faceta naprzykrzającego się, by zwrócono na niego uwagę, i – fantazjował – zamknie się w innym pokoju, gdzie będzie siedział, dopóki on nie wyjdzie[1].

Ten kliniczny opis podał angielski psychoanalityk John Bowlby, autor prac na temat więzi emocjonalnych między rodzicami i dzieckiem, które postawiły go w rzędzie najbardziej wpływowych badaczy rozwoju dziecka, jacy wyszli ze szkoły Freuda. Bowlby zajmował się doniosłymi sprawami w życiu człowieka, takimi jak porzucenie i strata, oraz przywiązaniem emocjonalnym, które sprawia, że sprawy te oddziałują na nas tak silnie.

Chociaż Bowlby nauczony był prowadzenia terapii psychoanalitycznej zgodnie z klasycznym schematem – pacjent na kozetce – dokonał czegoś rewolucyjnego jak na owe czasy, a mianowicie, poczynając od lat pięćdziesiątych ubiegłego wieku, zamiast polegać jedynie na niemożliwych do weryfikacji wspomnieniach pacjentów, obserwował bezpośrednio matki i dzieci. Następnie przez wiele lat śledził losy tych dzieci, by się przekonać, jak pierwsze interakcje z innymi osobami ukształtowały ich zwyczajowe zachowania w kontaktach interpersonalnych.

W wyniku tych badań Bowlby stwierdził, że decydującym składnikiem dobrostanu dziecka jest zdrowe przywiązanie do rodziców. Kiedy rodzice odnoszą się do dziecka z empatią i żywo reagują na jego potrzeby, wytwarzają u niego podstawowe poczucie bezpieczeństwa. Takiej właśnie empatii i wrażliwości ze strony rodziców zabrakło opisanemu wyżej pacjentowi o skłonnościach samobójczych. Później ów pacjent także cierpiał, ponieważ na swoje aktualne związki patrzył przez pryzmat koszmarnego dzieciństwa.

Każdemu dziecku, dowodzi Bowlby, potrzebna jest w dzieciństwie przewaga kontaktów „ja–ty", by mogło się rozwijać pomyślnie. Dobrze dostrojeni rodzice dają dziecku „bezpieczną bazą wypadową", są osobami, na które może liczyć, kiedy jest przygnębione i potrzebuje uwagi, miłości i pocieszenia.

Pojęcia przywiązania i bezpiecznej bazy zostały rozwinięte przez jego najwybitniejszą amerykańską uczennicę, równie wpływowego teoretyka psychologii rozwojowej Mary Ainsworth[2]. Idąc w jej ślady, dziesiątki badaczy zgromadziło do tej pory góry danych i odkryło, że niuanse wczesnych interakcji dziecka z rodzicami mają ogromny wpływ na to, czy dziecko w całym swoim życiu będzie się czuło bezpiecznie.

Praktycznie od urodzenia dzieci nie są biernymi wałkoniami, lecz osobami aktywnie komunikującymi swoje pilne potrzeby i szukającymi sposobów osiągnięcia ich zaspokojenia. Dwukierunkowy system komunikacji emocjonalnej między dzieckiem i opiekunami jest czymś w rodzaju liny sygnałowej, którą przesyłane są wszystkie informacje niezbędne dla zaspokojenia jego podstawowych potrzeb. Małe dzieci muszą być mistrzami w kierowaniu reakcjami swoich opiekunów za pomocą złożonego, „wbudowanego" systemu nawiązywania i unikania kontaktu wzrokowego, uśmiechów i płaczu; jeśli brakuje im tego społecznego interkomu, są nieszczęśliwe i mogą nawet umrzeć z powodu zaniedbania.

Przyjrzyj się protokonwersacji między jakąkolwiek matką i niemowlęciem, a zobaczysz dobrze skoordynowany taniec emocjonalny, w którym partnerzy obejmują na zmianę prowadzenie. Kiedy dziecko uśmiecha się albo płacze, matka odpowiednio na to reaguje – emocje dziecka kierują w bardzo dosłownym sensie tym, co robi matka, tak jak matka kieruje zachowaniami dziecka. Ich niezwykła wzajemna wrażliwość wskazuje, że ta więź, pierwotna autostrada emocjonalna, jest dwukierunkowa.

Tą właśnie drogą rodzice przekazują dziecku wiedzę o podstawowych zasadach związków międzyludzkich: jak zwracać uwagę na inną osobę, jaki nadać rytm interakcji, jak brać udział w rozmowie, jak dostrajać się do uczuć innej osoby i jak panować nad własnymi uczuciami w kontaktach z innymi. Wiedza ta jest fundamentem satysfakcjonującego życia społecznego.

Zadziwiające, ale lekcje te zdają się również kształtować rozwój intelektualny – intuicyjna wiedza emocjonalna zdobyta podczas niemych protokonwersacji w pierwszym roku życia tworzy umysłowe rusztowanie prawdziwych rozmów prowadzonych w wieku dwóch lat. A kiedy dziecko opanuje umiejętność mówienia, toruje to drogę owej wewnętrznej rozmowie, którą nazywamy myśleniem[3].

Badania wykazały również, że bezpieczna baza wypadowa zapewnia coś więcej niż tylko kokon emocjonalny, zdaje się bowiem nakłaniać mózg do wydzielania neuroprzekaźników, które do uczucia bycia kochanym – i to niezależnie od tego, kto okazuje tę miłość – dodają odrobinę przyjemności. Kilkadziesiąt lat po przedstawieniu przez Bowlby'ego i Ainsworth ich teorii neurobiolodzy zidentyfikowali dwa wywołujące przyjemność neuroprzekaźniki, oksytocynę i endorfiny, które wyzwala więź z inną osobą[4].

Oksytocyna wywołuje uczucie przyjemnego odprężenia, endorfiny natomiast to samo uczucie przyjemności co heroina (chociaż nie tak intensywne). To smakowite poczucie bezpieczeństwa dają maluchowi rodzice i rodzina; towarzysze zabaw, a w późniejszych okresach życia przyjaźnie i romantyczna zażyłość aktywują te same obwody nerwowe. Układy, w których wydzielają się te związki chemiczne troskliwej miłości, obejmują znane nam już części mózgu społecznego.

Urazy obszarów, w których znajduje się najwięcej receptorów oksytocyny, bardzo upośledzają matczyną zdolność do opieki nad dzieckiem[5]. Wydaje się, że u dzieci są to w znacznej mierze te same obszary co u matek, a także, że dostarczają neuronalnego spoiwa do tworzenia owej więzi miłości. Dzieci, które są troskliwie pielęgnowane, mają poczucie bezpieczeństwa po części dlatego, że te same związki chemiczne wywołują poczucie, iż „wszystko jest w porządku" (co jest być może biochemiczną podstawą tego, co Erik Erikson postrzegał jako podstawowe zaufanie dziecka do świata).

Matki, których dzieci rosną w poczuciu bezpieczeństwa, zwracają większą uwagę i żywiej reagują na płacz niemowlęcia, są czulsze i lepiej się czują w bliskich kontaktach z dzieckiem, takich jak przytulanie. Te dobrze dostrojone matki często synchronizują swoje zachowania z zachowaniami dzieci[6]. Natomiast dzieci, których matki niezbyt potrafią to robić, wykazują nieufność lub brak poczucia bezpieczeństwa w jednej z dwóch postaci. Jeśli matka zwykle narzuca się dziecku, niemowlę reaguje aktywnymi staraniami unikania z nią interakcji. Jeśli z kolei matka wydaje się niezaangażowana, dziecko przejawia bezradną bierność z powodu niemożności zadzierzgnięcia z nią więzi i – podobnie jak myślący o samobójstwie pacjent Bowlby'ego – przenosi ten schemat reakcji w życie dorosłe.

Są też matki, które wprawdzie nie zaniedbują dzieci w sensie dosłownym, ale podchodzą do nich z dystansem emocjonalnym, unikając nawet kontaktów fizycznych z nimi albo mało mówiąc do dziecka i rzadko je dotykając. Później dzieci takie często zdają się trzymać fason albo niczym się nie przejmować, chociaż ich ciało zdradza oznaki dużego niepokoju. Spodziewają się one, że inni będą wyniośli i chłodni, i dlatego ukrywają swoje emocje. Jako osoby dorosłe, unikają zażyłości emocjonalnej i zamykają się w sobie.

Matki, które są pełne lęku i niepokoju i zaabsorbowane sobą, nie dostrajają się na ogół do potrzeb dziecka. Część dzieci, które nie zawsze mogą liczyć na to, że matka poświęci im uwagę i zajmie się nimi, reaguje lękliwością i przylepnością. Bywa tak, że one z kolei stają się zbyt pochłonięte własnymi lękami, przez co nie potrafią się dobrze dostroić do innych. W związkach zawieranych w wieku dojrzałym mają skłonność do podszytej niepokojem lepkości emocjonalnej.

Dziecko potrzebuje pogodnych, harmonijnych interakcji tak samo jak karmienia. Jeśli rodzice nie zapewniają mu ich, istnieje większe ryzyko, że przyswoi sobie niewłaściwe, zaburzone wzorce przywiązania. Ujmując to krótko, dzieci rodziców traktujących je z głęboką empatią czują się na ogół bezpiecznie i charakteryzują się ufnym przywiązaniem, natomiast wychowanie w atmosferze lęku i niepokoju sprawia, że również dzieci stają się lękliwe, natomiast rodzice powściągliwi lub wyniośli przyczyniają się do tego, że dzieci zamykają się w sobie i stronią od emocji i od ludzi. W wieku dojrzałym przejawia się to, odpowiednio, ufnym, lękliwym i „unikającym" stylem przywiązania.

Przekazywanie tych wzorców dzieciom przez rodziców zdaje się odbywać głównie poprzez zachowanie. Na przykład w badaniach bliźniąt stwierdzono, że jeśli ufnie przywiązane dziecko zostanie zaadoptowane przez bojaźliwych rodziców, najprawdopodobniej przyswoi sobie ten wzorzec nieśmiałości[7]. Na podstawie stylu przywiązania rodzica można przewidzieć styl dziecka z prawie 70-procentową trafnością[8].

Jeśli jednak nieśmiałemu dziecku uda się znaleźć napełniającego go poczuciem bezpieczeństwa i wzbudzającego zaufanie „rodzica zastępczego" – starszego brata lub siostrę, innego członka rodziny, który się o nie troszczy albo nauczyciela – jego wzorzec może się zmienić na ufne przywiązanie.

Nieruchoma twarz

Matka spędza przyjemne chwile z niemowlęciem, kiedy nagle zachodzi w niej subtelna zmiana. Jej twarz przybiera nieobecny wyraz.

Dziecko zdradza objawy lekkiej paniki, na jego buzi maluje się cierpienie.

Matka nie okazuje żadnych emocji, nie reaguje na zbolałą minę dziecka. Siedzi jak skamieniała.

Dziecko zaczyna kwilić.

Psycholodzy nazywają ten scenariusz „nieruchomą twarzą" i wykorzystują go celowo dla badania podstaw odporności psychicznej, zdolności dochodzenia do siebie po cierpieniu czy stresie. Nawet po powrocie matki do poprzedniego sposobu zachowania dziecko jeszcze przez pewien czas okazuje niepokój. To, jak szybko dojdzie do siebie, świadczy o tym, na ile opanowało podstawy samoregulacji emocjonalnej. Ta fundamentalna umiejętność kształtuje się w pierwszym-drugim roku życia, w miarę jak dzieci ćwiczą się w przechodzeniu od wstrząsu do spokoju, od braku zgrania z innymi do synchronii.

Kiedy matka przybiera nieobecny wyraz twarzy i zdaje się nagle zamykać w sobie, mobilizuje to nieodmiennie dziecko do prób nakłonienia jej do reakcji. Wysyła ono matce sygnały w każdy znany sobie sposób, od gruchania po płacz; niektóre dzieci się w końcu poddają, odwracając głowę i ssąc kciuk, by się uspokoić.

Zdaniem Edwarda Tronicka, psychologa, który wynalazł metodę „nieruchomej twarzy", im skuteczniej udaje się dzieciom naprawiać tę zerwaną więź, tym stają się w tym lepsze. Na takim gruncie wyrasta inna zaleta: takie dzieci zaczynają postrzegać ludzkie interakcje jako coś, co się da naprawić, i nabierają przekonania, że posiadają zdolność przywrócenia harmonii, jeśli coś się popsuło w stosunkach z inną osobą. Tak więc zaczynają tworzyć szkielet utrzymującego się przez całe życie, odpornego na wstrząsy i stres samopoczucia w relacjach z innymi. Dzieci takie rosną w przekonaniu, że są zdolne do nawiązywania pozytywnych interakcji i naprawiania ich, jeśli zaczną szwankować. Zakładają, że inni ludzie są godnymi zaufania partnerami i że można na nich polegać.

Półroczne dzieci zaczynają już kształtować swój typowy styl nawiązywania i utrzymywania kontaktów oraz zwyczajowy sposób myślenia o sobie i o innych. Uczenie się tych istotnych umiejętności umożliwia owo poczucie bezpieczeństwa i zaufanie – innymi słowy, wzajemne zrozumienie – które rozwinęło się w codziennych kontaktach z opiekunem. Ta relacja „ja–ty" wszystko zmienia w rozwoju społecznym dziecka.

Synchronia między matką i niemowlęciem działa od pierwszego dnia życia dziecka; im jest większa, tym cieplejsze i przyjemniejsze są ich ogólne kontakty[9]. Jednak brak synchronii sprawia, że noworodki są złe, zniechęcone albo znudzone. Jeśli niemowlę żyje ciągle na diecie składającej się z dyssynchronii i przygnębienia znoszonego w samotności, to nauczy się polegać na jakiejkolwiek strategii uspokajania się, na którą się przypadkiem natknęło. Niektóre, porzucając – jak się wydaje – wszelką nadzieję na otrzymanie pomocy z zewnątrz, skupiają się na znalezieniu sposobów na lepsze samopoczucie. W życiu dojrzałym niezliczona rzesza ludzi szuka pociechy w takich samotnych rozrywkach, jak objadanie się, picie albo kompulsywne skakanie po kanałach telewizyjnych.

W miarę upływu czasu i dorastania dziecko może się uciekać do takich strategii automatycznie i nieelastycznie, w każdej sytuacji wznosząc mur chroniący je przed spodziewanymi złymi przeżyciami, bez względu na to, czy jego przewidywania opierają się na solidnej podstawie czy nie. Tak więc, zamiast otwierać się na ludzi i podchodzić do nich pozytywnie, może się odruchowo wycofywać do swojej ochronnej skorupy, pozornie zimne i zdystansowane.

Pętla depresji

Matka Włoszka nuci swojej kilkumiesięcznej córeczce, Fabianie, wesołą piosenkę: „Klaśnij, klaśnij rączkami,/Tata zaraz będzie z nami./Przyniesie ci słodycze,/A ty je zjesz, Fabiano"[10]. Śpiewa radosnym głosem, w optymistycznej tonacji allegro, a Fabiana wtóruje jej pogodnym gruchaniem.

Kiedy inna matka śpiewa swojemu dziecku tę samą piosenkę – ale monotonnym, niskim largo – reaguje ono nie objawami radości, lecz przygnębienia.

Skąd ta różnica? Druga matka cierpi na depresję kliniczną, pierwsza nie. Ta prosta rozbieżność w sposobie śpiewania świadczy o ogromnej różnicy w otoczeniu emocjonalnym, w którym będą wzrastać ich dzieci, i dużo mówi o tym, jak będą się czuły we wszystkich innych ważnych związkach, w które będą wchodzić w późniejszych okresach życia. Zrozumiałe jest, że pogrążonym w depresji matkom trudno jest wciągać dzieci do radosnych protokonwersacji; brakuje im energii do śpiewnych tonów języka matczynego[11].

W interakcjach ze swoimi dziećmi przygnębione matki są kiepsko zsynchronizowane i nieobecne duchem albo natrętne, złe lub smutne. Niemożność zsynchronizowania zachowań z zachowaniami dziecka upośledza więź matki z dzieckiem, negatywne emocje są zaś dla dziecka sygnałem, że zrobiło coś złego i musi to jakoś naprawić. Komunikat ten przygnębia z kolei dziecko, które nie może ani skłonić matki, by je uspokoiła, ani samo skutecznie tego zrobić. W takiej sytuacji matka i dziecko mogą łatwo wpaść w spiralę braku koordynacji, negatywnego nastawienia i wzajemnego ignorowania wysyłanych przez obie strony komunikatów[12].

Depresja, jak twierdzą genetycy behawioralni, może być dziedziczna. Wiele badań poświęcono próbom obliczenia stopnia dziedziczności depresji – prawdopodobieństwa, że takie dziecko wpadnie w którymś momencie życia w depresję. Ale jak wskazuje Michael Meaney, dzieci osoby podatnej na napady depresji dziedziczą nie tylko geny tego rodzica, ale również osobę depresyjnego rodzica, który może zachowywać się w sposób wzmagający ekspresję tych genów[13].

Na przykład badania pogrążonych w depresji matek i ich dzieci wykazują, że depresyjne matki odwracają głowę od dziecka częściej niż inne, częściej też się złoszczą, są bardziej natrętne, kiedy dziecko potrzebuje czasu, by dojść do siebie po pobudzeniu, i odnoszą się do dzieci z mniejszym ciepłem. Ich dzieci protestują przeciwko temu w jedyny sposób, jaki znają – płaczem – albo zdają się poddawać, stając się apatyczne lub zamknięte w sobie.

Typowe reakcje danego dziecka mogą się różnić od reakcji innego: jeśli matka ma skłonność do złości, również dziecko może reagować złością; jeśli matka ma skłonność do biernego zamykania się w sobie, dziecko też się takie staje. Niemowlęta zdają się uczyć tych stylów interakcji z nie mającego końca ciągu momentów, w których nie potrafią znaleźć z matką „wspólnego języka". Co więcej, nauczywszy się już, że nie są w stanie naprawić stosunków z matką i że nie mogą liczyć na to, że inne osoby pomogą im odzyskać dobre samopoczucie, mogą sobie wyrobić błędne mniemanie o sobie.

Depresja matki może się stać pasem transmisyjnym przenoszącym na dziecko wszystkie osobiste i społeczne niepowodzenia, które kładą się ciężarem na jej życiu. Na przykład przygnębienie matki ma negatywny hormonalny wpływ na dziecko, ujawniający się już w niemowlęctwie. U dzieci pogrążonych w depresji matek wyższy jest poziom hormonów stresowych i niższy poziom dopaminy i serotoniny, co jest profilem chemicznym charakterystycznym dla osób depresyjnych[14]. Maluch może nie zdawać sobie sprawy z istnienia sił wywierających negatywny wpływ na jego rodzinę, ale mimo to siły te odcisną piętno na jego układzie nerwowym.

Epigenetyka społeczna daje takim dzieciom nadzieję. Wydaje się, że rodzice, którzy są wprawdzie pogrążeni w łagodnej depresji, ale potrafią zachować dobrą minę w obliczu trudności, minimalizują prawdopodobieństwo społecznego przekazania depresji[15]. A jeśli dziecko ma też innych, niedepresyjnych opiekunów, uzyskuje bezpieczną podstawę.

Niektóre dzieci depresyjnych matek uczą się czegoś innego, czegoś, co ma wartości przystosowawcze. Wiele z nich zdobywa umiejętność znakomitego odczytywania zmiennych nastrojów matki i jako osoby dorosłe potrafią one tak kierować swoimi interakcjami z innymi, by były jak najprzyjemniejsze (albo jak najmniej przygnębiające). Umiejętność ta może się przełożyć na zdobytą z trudem inteligencję społeczną[16].

Wypaczanie empatii

- Johnny pozwolił najlepszemu przyjacielowi pobawić się swoją piłką. Ale przyjaciel był nieostrożny i stracił piłkę. I nie dał Johnny'emu innej.
- Przyjaciel, z którym Johnny bardzo lubił się bawić, się przeprowadził. Johnny nie mógł już się z nim bawić.

Oba te drobne melodramaty opisują chwile, które w życiu każdego małego dziecka mają silny ładunek emocjonalny. Co właściwie odzwierciedlają te emocje?

Większość dzieci uczy się odróżniać jedno uczucie od innego i dostrzegać, co je wywołało. Ale dzieci poważnie zaniedbywane przez rodziców nie potrafią tego. Kiedy przedstawiano takim przedszkolakom powyższe przykłady, połowa z nich dawała błędne odpowiedzi, radząc sobie dużo gorzej z rozpoznawaniem emocji niż ich rówieśnicy, którzy byli otoczeni troskliwą opieką[17].

Zdolność dziecka do odczytywania emocji w różnych sytuacjach życiowych cierpi w takim stopniu, w jakim pozbawione jest ono możliwości uczestniczenia w interakcjach, które tego uczą. Dzieci pozbawione ważnych kontaktów międzyludzkich nie potrafią rozróżniać emocji; granice między nimi są rozmyte, a to, co czują inni, pozostaje niejasne[18].

Kiedy prezentowano te dwa obrazki o Johnnym przedszkolakom źle traktowanym w domu – których opiekunowie wielokrotnie ranili je albo zadawali im ból fizyczny – dostrzegały one złość tam, gdzie nie było jej ani śladu. Maltretowane dzieci widzą złość w obojętnych, niejednoznacznych, a nawet smutnych minach. Świadczy to o nadwrażliwym ciele migdałowatym. Wydaje się, że ta zwiększona wrażliwość odnosi się tylko do postrzegania złości – kiedy maltretowane dzieci patrzą na twarze wyrażające złość, ich mózgi reagują silniejszą aktywacją niż mózgi innych dzieci, chociaż na twarze wyrażające radość lub strach reagują normalnie[19].

To wypaczenie empatii sprawia, że dzieci te wychwytują najdrobniejszą oznakę, która może świadczyć o tym, że ktoś jest zły. Wypatrują złości bardziej niż inne dzieci, „widzą" ją, kiedy w rzeczywistości jej nie ma, i dłużej przyglądają się takim oznakom[20]. Wykrywanie złości tam, gdzie jej nie ma, może być dla tych dzieci bardzo korzystne. W końcu w domu stykają się z prawdziwą złością, a więc ich nadwrażliwość na nią ma sens jako radar ostrzegający przed niebezpieczeństwem.

Kłopoty pojawiają się, kiedy dzieci te przenoszą ową podwyższoną wrażliwość na świat poza domem. Boiskowe łobuzy (zwykle ofiary przemocy domowej) nadinterpretują złość, wyczytując wrogość w obojętnych minach. Ich napaści na inne dzieci są często skutkiem dopatrywania się wrogich intencji tam, gdzie ich nie ma.

Radzenie sobie z wybuchami złości u dziecka jest dla każdego rodzica wielkim wyzwaniem, ale również szansą. W sytuacji idealnej matka nie pozwoli sobie na to, by sama odpowiedzieć złością, nie odganiając jej, ale i nie folgując, daje dziecku przykład, jak ma powściągać swoją irytację. Nie znaczy to, że emocjonalne otoczenie dziecka musi zawsze być spokojne, lecz tylko to, że rodzina powinna być na tyle odporna, by dojść do siebie po wstrząsie.

Środowisko rodzinne tworzy emocjonalną rzeczywistość małego dziecka. Kokon bezpieczeństwa, który pozostaje nienaruszony, może ochronić dziecko przed najtragiczniejszymi nawet wydarzeniami. To, co najbardziej niepokoi dziecko w czasie każdego wielkiego kryzysu, sprowadza się do pytania: jak oddziała to na moją rodzinę? Na przykład dzieci żyjące w strefie wojny nie będą później zdradzały objawów stresu pourazowego ani lęku, jeśli rodzicom uda się stworzyć stabilne otoczenie, dające na co dzień poczucie bezpieczeństwa.

Nie znaczy to, że rodzice powinni tłumić swój ból czy przygnębienie, by „chronić dzieci". Psychiatra ze Stanford University David Spiegel badał reakcje emocjonalne w rodzinach na zamachy z 11 września.

Zauważa on, że dzieci są bardzo wyczulone na emocjonalne prądy w rodzinie. Jak wyjaśnia, „Kokon emocjonalny spełnia swoje zadanie nie wtedy, kiedy rodzice udają, że nic się nie stało, ale wtedy, kiedy uświadamiają dzieciom, że razem radzimy sobie jako rodzina z naszym przygnębieniem".

Przeżycie „naprawcze"

Jego ojciec miał skłonność do wpadania we wściekłość i stosowania przemocy, zwłaszcza kiedy był pijany, czyli prawie co wieczór. Podczas tych napadów furii chwytał jednego ze swoich czterech synów i spuszczał mu lanie.

Wiele lat później mężczyzna ten zwierzył się żonie, że nadal nosi w sobie strach przed tym. Żywo pamiętał to wszystko. Wspominał: „Kiedy tylko zobaczyłem, że ojciec mruży oczy, my, dzieci wiedzieliśmy, że pora wyjść z pokoju".

Jego żona, opowiadając mi o tym wyznaniu, dodała, że wyciągnęła z zachowania męża pewną nauczkę: „Zdaję sobie sprawę, że w dzieciństwie nie poświęcano mężowi uwagi. A więc kiedy słyszę powtarzaną wciąż na nowo tę samą historię, mówię sobie: «Zostań tutaj»". – „Jeśli zauważy, że moja uwaga osłabnie choć na sekundę, czuje się zraniony – dorzuca. – Jest przewrażliwiony na chwile, w których zaczynam się wyłączać. Nawet kiedy *wydaje się*, że go słucham, od razu wie, że zagłębiam się w siebie".

Taką wrażliwością i ranami emocjonalnymi cechuje się prawdopodobnie każdy, kto był w dzieciństwie traktowany przez opiekunów nie jako „ty", lecz jako „to". Te czułe punkty ujawniają się najczęściej w bliskich związkach – z małżonkiem, dziećmi i przyjaciółmi. Ale w życiu dojrzałym bliskie związki mogą mieć też moc uzdrawiania, bo dana osoba, zamiast być ignorowana albo – co gorsza– bita, traktowana jest jako „ty", jak było w przypadku owego nadwrażliwego męża i jego wytrwałej w dostrajaniu się do niego żony.

Dla takich zaniedbywanych w dzieciństwie osób dobry psychoterapeuta może się stać równie bezpieczną bazą jak troskliwa matka czy żona. Wśród wielu psychoterapeutów heroiczną postacią stał się, dzięki dokładnemu przeglądowi prac neurobiologicznych, które koncentrują się na związku między pacjentem i terapeutą, Allan Schore, psycholog z University of California w Los Angeles.

Według jego teorii miejscem, w którym znajduje się główne źródło emocjonalnej dysfunkcji, jest kora oczodołowa, owa podstawa nueronalnych dróg nawiązywania i utrzymywania związków z innymi[21]. Schore dowodzi, że sam rozwój tej kory zależy od przeżyć i doświadczeń dziecka. Jeśli rodzice dostrajają się do dziecka i dają mu bezpieczną bazę, kora oczodołowa się rozrasta. Jeśli natomiast nie reagują na potrzeby i uczucia dziecka albo je maltretują, upośledza to jego rozwój, prowadząc do ograniczenia zdolności regulowania długości utrzymywania się, natężenia czy częstotliwości pojawiania się przykrych emocji, takich jak złość, strach czy wstyd.

Teoria Schore'a podkreśla fakt, że kontakty z innymi przekształcają – dzięki neuroplastyczności – nasz mózg, że powtarzające się przeżycia rzeźbią kształt, rozmiar i liczbę neuronów oraz ich synaptycznych połączeń. Silny wpływ na to przekształcanie mają nasze najważniejsze związki z innymi, ponieważ ciągle wprowadzają mózg w dany rejestr. W rezultacie to, że jesteśmy stale ranieni albo doprowadzani do złości przez kogoś, z kim przez wiele lat codziennie obcujemy, może przeformować obwody nerwowe w naszym mózgu.

Schore twierdzi też, że ożywcze stosunki z inną osobą lub osobami w późniejszym okresie życia mogą w pewnym stopniu doprowadzić do korekty neuronalnych scenariuszy zakodowanych w naszym mózgu w dzieciństwie. W psychoterapii do aktywnych składników tej pracy naprawczej należą wzajemne zrozumienie i zaufanie, które rodzą się, kiedy między terapeutą i pacjentem powstaje więź.

Terapeuta, zdaniem Schore'a, spełnia rolę ekranu projekcyjnego, na którym można wyświetlić i na nowo przeżyć doświadczenia z tych pierwszych związków z innymi. Ale tym razem pacjent może przeżyć je pełniej i bardziej otwarcie, bez osądów ze strony innych osób, poczucia winy, zdrady czy lekceważenia. W przypadku kiedy ojciec był niedostępny, terapeuta może służyć radą i pomocą; jeśli matka była zbyt krytyczna, terapeuta może wyrażać uznanie, stwarzając tym samym warunki do przeżycia naprawczego, do którego być może pacjent tęsknił, ale którego nigdy nie zaznał.

Jedną z cech skutecznej psychoterapii jest otworzenie kanału swobodniejszego przepływu emocji między terapeutą i klientem, który uczy się nawiązywać więź bez obawiania się czy hamowania przykrych uczuć[22]. Najlepsi terapeuci stwarzają atmosferę bezpieczeństwa emocjonalnego, w której pacjent może czuć i wyrażać wszelkie skrywane dotąd emocje – od morderczej wściekłości po ponury smutek. Sam akt nawiązania więzi z psychoterapeutą, a potem obustronne przekazywanie uczuć, pomaga klientowi nauczyć się, jak ma sam sobie radzić z tymi emocjami.

Dzieci uczą się panować nad swoimi uczuciami w przyjaznym otoczeniu, które tworzy bezpieczna baza, natomiast dorosłym szansę na dokończenie tego zadania dają psychoterapeuci. Podobne skutki może mieć związek z osobą kochaną albo dobrym przyjacielem, który stwarza możliwość skorzystania z owych ożywczych ludzkich cech. Skuteczna terapia – czy inne naprawcze związki – może zwiększyć zdolność nawiązania więzi, która sama w sobie ma właściwości uzdrowicielskie.

Rozdział 12

Stały poziom szczęścia

Trzyletnia dziewczynka w kłótliwym nastroju natyka się na wujka składającego jej rodzinie wizytę, który staje się obiektem jej dąsów.

– Nienawidzę cię – oznajmia.

– A ja cię kocham – odpowiada z uśmiechem speszony wujek.

– Nienawidzę cię – powtarza głośniej i z uporem dziecko.

– Mimo to cię kocham – mówi wujek słodszym głosem.

– Nienawidzę cię! – krzyczy dramatycznie dziewczynka.

– Mimo to cię kocham – zapewnia wujek, biorąc ją w ramiona.

– Kocham cię – przyznaje dziecko łagodnie, topniejąc w jego uścisku.

Psycholodzy rozwojowi rozpatrują takie zwięzłe interakcje w kategoriach leżącej u ich podstaw komunikacji emocjonalnej. Ów rozdźwięk między „Ja cię nienawidzę" i „Ja cię kocham" jest z tego punktu widzenia „błędem interakcji", natomiast powrót do nadawania na tej samej fali emocjonalnej jest „naprawieniem" tego błędu.

Skuteczne naprawienie, w rodzaju wzajemnego zrozumienia, do którego dochodzi w końcu między tą trzylatką i wujkiem, sprawia, że oboje partnerzy dobrze się czują. Utrzymujący się zły przebieg interakcji ma skutek przeciwny. Zdolność dziecka do naprawiania takiego błędu i usunięcia rozdźwięku – do przetrwania interpersonalnej burzy emocjonalnej i ponownego nawiązania porozumienia – jest jednym z kluczy do szczęścia. Sekret tkwi nie w unikaniu nieuchronnych zawodów i porażek, które przynosi życie, lecz w uczeniu się, jak się po nich podnosić. Im szybciej dziecko dochodzi do siebie, tym większa jest jego zdolność do radości.

Zdolność ta, podobnie jak wiele innych niezbędnych w życiu społecznym, zaczyna się kształtować w okresie niemowlęcym. Kiedy dziecko i jego opiekunka znajdują wspólny język, każde z nich odpowiada w skoordynowany sposób na komunikaty wysyłane przez drugie. W pierwszym roku życia dzieciom brakuje jednak wielu spośród połączeń nerwowych niezbędnych do osiągnięcia tej koordynacji. Pozostają skoordynowane z matką tylko przez około 30 procent albo nawet mniej wspólnie spędzanego czasu, przechodząc w naturalny sposób od synchronii do jej braku i z powrotem[1].

Brak synchronii sprawia, że dziecko czuje się nieszczęśliwe. Protestuje za pomocą oznak frustracji, prosząc w ten sposób o pomoc w powrocie do niej. Świadczy to o jego pierwszych próbach naprawienia interakcji. Opanowywanie tych niezbędnych ludzkich umiejętności zdaje się zaczynać od tych drobnych przejść od niedoli spowodowanej brakiem synchronii do spokoju, który przynosi jej ponowne osiągnięcie.

Każdy w codziennym życiu dziecka daje mu, lepszy lub gorszy, wzór, jak radzić sobie z przygnębieniem. Uczenie to odbywa się pośrednio (bez wątpienia poprzez neurony lustrzane), kiedy dziecko jest świadkiem tego, jak starsze rodzeństwo, towarzysze zabaw czy rodzice radzą sobie ze swoimi burzami emocjonalnymi. Dzięki takiemu biernemu uczeniu się obwody kory oczodołowej, których zadaniem jest uspokajanie ciała migdałowatego, „powtarzają" sobie strategię, którą widzi dziecko. To uczenie się ma również bezpośredni charakter, kiedy ktoś pomaga dziecku zapanować nad jego wzburzonymi uczuciami. Z czasem regulujące emocje obwody kory oczodołowej stopniowo się wzmacniają.

Dzieci nie tylko uczą się uspokajać i opierać impulsom emocjonalnym, ale również wzbogacają repertuar zachowań, za pomocą których wpływają na innych. Stwarza to podstawę do stania się osobą dorosłą, potrafiącą reagować w taki sposób jak wujek owej trzyletniej dziewczynki, który – zamiast ostrzec ją z surową miną: „Nie waż się tak mówić do mnie!" – doprowadził swoją czułością do tego, że przestała się dąsać.

W wieku czterech–pięciu lat dzieci potrafią już przejść od starań zapanowania nad przykrymi emocjami do zrozumienia ich przyczyn i sposobów ich usunięcia, co jest oznaką dojrzewania drogi wysokiej. Niektórzy psycholodzy przypuszczają, że nauki udzielane przez rodziców dzieciom w pierwszych czterech latach życia mogą mieć szczególnie duży wpływ na kształtowanie ich późniejszych zdolności trzymania emocji na wodzy i radzenia sobie w sytuacjach konfliktowych.

Niewątpliwie dorośli nie zawsze dostarczają najlepszych wzorów. W jednym z badań obserwowano rodziców przedszkolaków podczas sporów małżeńskich. Niektóre pary były do siebie wrogo nastawione, a ich próby rozwiązania konfliktu chaotyczne. Żadna strona nie słuchała drugiej, małżonkowie odnosili się do siebie ze złością i pogardą i w końcu, kiedy przepełniała ich nienawiść, zamykali się w sobie. Dzieci tych małżeństw naśladowały te wzorce w stosunkach z kolegami, zgłaszając wobec nich żądania i pretensje, złoszcząc się, zastraszając ich i odnosząc się do nich z wrogością[2].

Natomiast pary, które podczas sporów okazywały drugiej stronie więcej ciepła, empatii i zrozumienia, również w sprawach wychowania dzieci współdziałały ze sobą bardziej harmonijnie, podchodząc do tego nawet żartobliwie. Ich dzieci miały lepsze stosunki z towarzyszami zabaw i skuteczniej rozwiązywały spory. Na podstawie tego, jak rodzice rozwiązują spory między sobą, można przewidzieć postępowanie ich dzieci nawet wiele lat później[3].

Jeśli wszystko układa się dobrze, dziecko będzie odporne na stres, będzie potrafiło dojść do siebie po bólu czy rozpaczy i dostroić się do innych. Po to, by pomóc stworzyć, jak to określają psycholodzy rozwojowi, „pozytywny rdzeń afektywny", innymi słowy, szczęśliwe dziecko, rodzina powinna być inteligentna społecznie[4].

Cztery sposoby mówienia „nie"

Czternastomiesięczny chłopiec, skory – jak to bywa w tym wieku – do psot, pakuje się w niebezpieczną sytuację, starając się wdrapać na stół, na którym chwieje się lampa.

A oto kilka możliwych reakcji matki lub ojca:

- Rzucić stanowczo „Nie wolno!", a potem powiedzieć, że wspinać może się na podwórku, zabrać go tam i znaleźć odpowiednie do tego miejsce.
- Zignorować jego zachowanie, po to tylko, by usłyszeć trzask spadającej lampy, podnieść ją i powiedzieć mu spokojnie, żeby tego nie robił, a potem znowu nie zwracać na niego uwagi.
- Krzyknąć ze złością „Nie wolno!", ale potem czuć wyrzuty sumienia

z powodu zbyt ostrej reakcji, uścisnąć go, by zapewnić o swoim uczuciu, a potem dać mu spokój, bo sprawia taki zawód.

Reakcje te – chociaż niektóre mogą się wydawać niewiarygodne – są reprezentatywne dla stylów uczenia dziecka dyscypliny, które stale pojawiają się w obserwacjach zachowań rodziców i dzieci. Daniel Siegel, psycholog dziecięcy z University of California w Los Angeles, który podaje powyższe scenariusze, stał się jednym z najbardziej wpływowych współczesnych teoretyków w dziedzinie psychoterapii i rozwoju dziecka oraz jednym z pionierów neurobiologii społecznej. Dowodzi on, że każdy z tych typów reakcji rodziców kształtuje w odmienny sposób ośrodki w mózgu społecznym[5].

Do tego kształtowania dochodzi między innymi w chwilach, kiedy dziecko stanie wobec czegoś niepokojącego lub dezorientującego i spojrzy na rodziców, by odczytać nie tylko to, co mówią, ale całe ich zachowanie – w ten sposób dowiaduje się, jak ma się czuć i reagować. Komunikaty, które wysyłają rodzice w takich „chwilach nauczania", powoli formują u dziecka poczucie własnego „ja" i uczą je, jak odnosić się do innych i czego od nich oczekiwać.

Weźmy rodzica, który powiedział chłopcu, że nie wolno się wspinać na stół, a potem zabrał go na dwór, by skierować jego energię na coś innego. Zdaniem współpracownika Siegela, Allana Schore'a, interakcja ta optymalnie wpływa na korę oczodołową chłopca, wzmacniając jej „hamulec" emocji. W tym wypadku neuronalna maszyneria toruje początkowe pobudzenie malca, pomagając mu nauczyć się, jak lepiej panować nad swoją impulsywnością[6]. Kiedy dziecko włączy te hamulce neuronalne, rodzic uczy je, że jego pobudzenie może się kierować w bardziej odpowiednim kierunku – że może wspinać się na drabinki, ale nie na stół.

To, czego uczy się ten chłopiec, sprowadza się do: „Rodzicom nie zawsze się podoba to, co robię, ale jeśli przestanę i znajdę sobie coś lepszego, wszystko będzie w porządku". To podejście, w którym rodzice ustanawiają pewną granicę dopuszczalnych zachowań, a potem znajdują lepsze ujście dla energii dziecka, jest typowe dla stylu dyscyplinowania prowadzącego do wytworzenia się ufnego przywiązania. Ufnie przywiązane dzieci przekonują się, że rodzice się do nich dostrajają, nawet kiedy są niegrzeczne.

„Okropne dwa lata", kiedy maluchy zaczynają się przeciwstawiać rodzicom, krzycząc „Nie!", kiedy się im mówi, żeby coś zrobiły, są kamieniem milowym w rozwoju mózgu. Mózg zaczyna być zdolny do hamowania impulsów – do mówienia „nie" popędom – a zdolność ta udoskonala się do osiągnięcia przez dziecko dojrzałości[7]. Małpy człekokształtne i bardzo małe dzieci mają duże kłopoty z tym aspektem życia społecznego z tego samego powodu – otóż sieć neuronów w ich korze oczodołowej, która może je powstrzymać przed działaniem pod wpływem impulsu, jest słabo rozwinięta.

Z upływem lat kora oczodołowa stopniowo dojrzewa anatomicznie. Gwałtowny skok w rozwoju neuronalnym następuje około piątego roku, dzięki czemu więcej połączeń nerwowych w tym rejonie kory wchodzi do sieci akurat w czasie, kiedy dziecko trzeba posłać do szkoły. Ten skok trwa do mniej więcej siódmego roku, znacznie zwiększając samokontrolę dziecka i sprawiając, że w pierwszej klasie szkoły podstawowej panuje mniejszy hałas niż w przedszkolu. Podobny postęp w dojrzewaniu obszarów mózgu charakteryzuje każde stadium rozwoju intelektualnego, społecznego i emocjonalnego dziecka; ten proces anatomiczny trwa aż do około dwudziestego piątego roku życia.

To, co się dzieje w mózgu dziecka, kiedy rodzice stale nie dostrajają się do niego, zależy od charakteru tego niedostrojenia. Daniel Siegel opisuje rodzaje tego niedostrojenia i wynikające z nich trudności, które prawdopodobnie czekają dzieci[8].

Weźmy matkę, która zignorowała wspinanie się dziecka na stół. Reakcja ta jest typowa dla stosunków między rodzicami i dzieckiem, w których rzadko dochodzi do jakiegokolwiek dostrojenia, a rodzice nie są emocjonalnie z nim związani. Starając się zwrócić na siebie uwagę rodziców, dzieci takie doznają tylko zawodu.

Brak ścisłego związku – a stąd również wspólnych chwil przyjemności czy radości – zwiększa prawdopodobieństwo tego, że dziecko wyrośnie na osobę ze zmniejszoną zdolnością do odczuwania pozytywnych emocji i w późniejszym życiu będzie mu trudno nawiązywać kontakty z innymi. Dzieci takich unikających zbliżenia z nimi rodziców są nieśmiałe, skrywają swoje emocje, zwłaszcza te, które pomogłyby im nawiązać więź z partnerem. Trzymając się wzoru dostarczonego przez rodziców, unikają nie tylko ekspresji swoich uczuć, ale również związków opartych na emocjonalnej zażyłości.

Trzeci rodzic zareagował na próby wspięcia się malucha na stół najpierw złością, potem poczuciem winy, a na koniec uczuciem zawodu. Siegel trafnie określa takich rodziców jako „dwuznacznych". Czasami bywają oni ciepli i troskliwi, ale częściej wysyłają dziecku sygnały dezaprobaty albo odtrącenia, robiąc miny wyrażające odrazę lub pogardę, odwracając wzrok czy też mówiąc w języku ciała o złości albo braku więzi. Ta postawa emocjonalna może doprowadzić do tego, że dziecko będzie się nieraz czuło zranione i upokorzone.

Dzieci często reagują na takie wychowanie niekontrolowanymi zmianami nastroju, nie powściągając impulsów albo wręcz pozwalając im sobą owładnąć, jak w klasycznym przypadku „niegrzecznego chłopca", który zawsze pakuje się w kłopoty. Siegel sugeruje, że u podłoża takich niekontrolowanych zachowań leży praca mózgu dziecka, który nie nauczył się, jak mówić impulsom „nie", co jest zadaniem kory oczodołowej.

Czasami jednak poczucie dziecka, że nikt się nim nie przejmuje albo że „cokolwiek zrobię, jest złe", sprawia, że dziecko traci nadzieję, iż kiedykolwiek przyciągnie uwagę rodziców, chociaż wciąż do tego tęskni. Dzieci te zaczynają uważać, że mają jakąś podstawową wadę. W wieku dojrzałym nadają na ogół swoim bliskim związkom z innymi ten sam ambiwalentny charakter – pragnąc uczucia, ale jednocześnie bojąc się, że go nie znajdą, a jeszcze bardziej obawiając się, że zostaną zupełnie porzucone[9].

Wpływ zabawy

Jeszcze teraz, będąca już w wieku średnim poetka, Emily Fox Gordon dobrze pamięta, jak „szalenie, niepohamowanie" była szczęśliwa, dorastając pod okiem kochających ją rodziców w małej wiosce w Nowej Anglii. Kiedy ona i jej brat krążyli po uliczkach osady, „wiązy trzymały straż, witały nas miejscowe psy i nawet operatorka w centrali telefonicznej znała nas po imieniu".

Włócząc się po zaułkach na tyłach domostw, jeżdżąc po terenie miejscowego kampusu uniwersyteckiego, czuła się, jakby wędrowała po jakimś raju[10].

Kiedy dziecko czuje, że jest kochane i że ktoś się o nie troszczy, że jest skarbem dla osób szczególnie ważnych w jego życiu, biorący się stąd jego dobrostan staje się podstawą pozytywnego stosunku do siebie samego i do otaczającego je świata. To z kolei zdaje się wywoływać inny podstawowy impuls: chęć badania otoczenia.

Dzieci potrzebują czegoś więcej niż tylko bezpiecznej bazy wypadowej, czyli związku, w którym mogą znaleźć ukojenie. Mary Ainsworth, najwybitniejsza amerykańska uczennica Bowlby'ego, uważa, że potrzebna jest im też „bezpieczna przystań", emocjonalnie niezagrożone miejsce, takie jak własny pokój czy przynajmniej dom rodzinny, do którego mogą powrócić po badaniu zewnętrznego świata[11]. Może to być eksploracja fizyczna, jak jeżdżenie rowerem po okolicy, interpersonalna, jak poznawanie nowych ludzi i zawieranie przyjaźni, a nawet intelektualna, jak w zaspokajaniu szeroko pojętej ciekawości.

Prostą oznaką tego, że dziecko czuje, iż ma bezpieczną przystań, jest chęć wychodzenia na dwór, by się pobawić. Z radosnej zabawy płyną poważne pożytki, bo oddając się jej latami z zapamiętaniem, dzieci przyswajają sobie cały wachlarz umiejętności społecznych. Przede wszystkim uczą się zaradności – sposobów rozstrzygania walk o władzę, sposobów współpracy i tworzenia sojuszy oraz przegrywania z wdziękiem.

Wszystko to może się odbywać podczas zabawy, jeśli dziecko ma poczucie bezpieczeństwa i jest odprężone. W takiej sytuacji nawet pomyłka może wywołać chichot, podczas gdy w szkole ten sam błąd stałby się powodem do wyszydzania. Zabawa stwarza dzieciom bezpieczną przestrzeń, w której mogą z niewielkimi obawami wypróbowywać coś nowego z ich repertuaru zachowań.

To, dlaczego zabawa daje tyle radości, stało się jaśniejsze po odkryciu, że te same obwody nerwowe w mózgu, które stymulują zabawę, wzbudzają też radość. Identyczne połączenia leżące u podłoża swawolności znaleźć można u wszystkich ssaków, włącznie z wszechobecnymi myszami laboratoryjnymi. Droga ta ukryta jest w najstarszej części mózgu, w jego pniu, w strefie znajdującej się koło rdzenia kręgowego, która steruje odruchami bezwarunkowymi i naszymi najbardziej pierwotnymi reakcjami[12].

Naukowcem, który prowadził prawdopodobnie najszczegółowsze badania obwodów nerwowych leżących u podłoża skłonności do zabawy, jest Jaak Panksepp z Bowling Green State University w Ohio. W swoim arcydziele, *Affective Neuroscience*, Panksepp zgłębia neuronalne źródła wszystkich głównych ludzkich popędów, włącznie z popędem do zabawy, w którym widzi źródło radości[13]. Twierdzi on, że owe pierwotne obszary podkorowe, które skłaniają młode wszystkich ssaków do baraszkowania, zdają się odgrywać ważną rolę w rozwoju neuronalnym dziecka. A emocjonalnym paliwem tego rozwoju wydaje się właśnie przyjemność.

Badając w laboratorium gryzonie, zespół Pankseppa odkrył, że zabawa jest kolejną areną epigenetyki społecznej, użyźniającą grunt pod rozwój połączeń nerwowych w ciele migdałowatym i korze czołowej. Ich praca doprowadziła do rozpoznania konkretnego związku chemicznego powstającego podczas zabawy, który uruchamia transkrypcję genów w tych szybko się rozwijających obszarach mózgu społecznego młodych ssaków[14]. Odkrycia Pankseppa, które prawdopodobnie są tak samo prawomocne w odniesieniu do procesów zachodzących w mózgach innych ssaków, w tym ludzi, o tym samym krajobrazie neuronalnym, nadają nowe znaczenie pragnieniom wszystkich dzieci: „Chcę się bawić".

Zabawa rozwija się najlepiej wtedy, kiedy dziecko czuje, że ma bezpieczną przystań i może się odprężyć, wiedząc, że w pobliżu jest opiekunka lub opiekun, którego darzy zaufaniem. Już sama świadomość, że gdzieś w domu jest mama albo miła niania, daje dziecku wystarczające poczucie bezpieczeństwa, by mogło się zatopić we własnym świecie, w świecie będącym wytworem jego fantazji.

Zabawa dziecka zarówno wymaga bezpiecznej przestrzeni, jak i ją tworzy. Jest to przestrzeń, w której może ono stawić czoło zagrożeniom, obawom i niebezpieczeństwom, ale zawsze wyjść z tego cało. W tym sensie zabawa może pełnić funkcję terapeutyczną. W zabawie wszystko zawieszone jest w rzeczywistości na niby. Na przykład daje ona dziecku naturalną możliwość zapanowania nad lękiem przed rozdzieleniem z opiekunką czy porzuceniem, stwarzając szansę samopoznania. Podobnie może ono, bez strachu czy zahamowania, dać się ponieść pragnieniom lub impulsom, które w rzeczywistości byłyby zbyt niebezpieczne.

Klucz do zrozumienia, dlaczego chcemy mieć towarzysza zabawy – dlaczego zabawa we dwójkę sprawia więcej radości – leży w naszych obwodach łaskotania. Wszystkie ssaki mają skórę wrażliwą na łaskotki, usianą wyspecjalizowanymi receptorami, które przekazują komunikaty mózgu o radosnym nastroju. Łaskotanie wywołuje żywy śmiech, którego neuronalna podstawa jest inna niż podstawa uśmiechania się. U wielu gatunków ssaków można znaleźć coś podobnego do ludzkiego śmiechu, co zawsze wywoływane jest łaskotaniem.

I faktycznie, Panksepp odkrył, że młode szczury, podobnie jak nasze maluchy, garną się do osobników dorosłych, które je łaskoczą. Łaskotany szczur piszczy z rozkoszy – ów pisk wydaje się ewolucyjnym kuzynem niepohamowanego śmiechu łaskotanego trzyletniego dziecka.

(U szczurów jest to dźwięk o częstotliwości około 50 kiloherców, niesłyszalny dla ludzkiego ucha.)

U ludzi strefa wrażliwa na łaskotanie rozciąga się od szyi po boki klatki piersiowej – miejsca, których łaskotanie najłatwiej wywołuje u malucha niekontrolowane wybuchy śmiechu. Ale do uruchomienia tego odruchu bezwarunkowego potrzebna jest inna osoba. Wydaje się, że powód tego, iż sami nie możemy się łaskotać, jest taki, iż neurony reagujące na łaskotanie nastrojone są na reagowanie na nieprzewidywalność, co sprawia, że już samo poruszanie palcem skierowanym w stronę malca, któremu towarzyszy ostrzegawcze „a-ti-ti-ti" – pierwotny żart – wywołuje u niego niepohamowany śmiech[15].

Obwody radości z zabawy mają bliskie połączenia z sieciami nerwowymi, które sprawiają, że „łaskotliwe" dziecko się śmieje[16]. Tak oto nasz mózg zostaje zaprogramowany na chęć do zabawy, która przeradza się w towarzyskość.

Z badań Pankseppa wyłania się intrygujące pytanie: jak nazwać dziecko, które przejawia nadpobudliwość, impulsywność i szybko przerzuca się od jednej czynności do drugiej, nie mogąc na żadnej z nich skupić uwagi? Niektórzy mogą traktować te zachowania jako objawy zespołu nadpobudliwości psychoruchowej z zaburzeniami koncentracji uwagi (ADHD), który, przynajmniej w Stanach Zjednoczonych, osiągnął wśród dzieci w wieku szkolnym rozmiary epidemii.

Panksepp jednak, wyciągając ze swoich badań nad gryzoniami wnioski na temat ludzi, widzi w tym przerzucaniu się z jednej czynności na drugą oznaki aktywacji neuronalnego układu zabawy. Zauważa, że podawane dzieciom z ADHD leki pobudzające obniżają aktywność mózgowych modułów zabawy u zwierząt, tak samo jak zdają się tłumić skłonność do zabawy u dzieci. Panksepp proponuje radykalne, chociaż niesprawdzone, rozwiązanie: pozwólmy dzieciom się wyładować, zaspokoić pragnienie zabawy w żywiołowych przepychankach wczesnym rankiem i dopiero po zaspokojeniu tej potrzeby, kiedy łatwiej będzie im skoncentrować uwagę na lekcjach, wprowadźmy je do klasy[17]. (Przypominam sobie, że tak właśnie było w mojej szkole podstawowej, na długo przedtem, nim ktokolwiek usłyszał o ADHD.)

Na poziomie mózgu czas spędzony na zabawie daje korzyści w postaci wzrostu liczby neuronów i połączeń synaptycznych; wszystkie te praktyki wzmacniają drogi nerwowe. Poza tym zabawowe usposobienie roztacza coś w rodzaju charyzmy – dorośli, dzieci, a nawet szczury laboratoryjne wolą spędzać czas z osobnikami, które mają wprawę w bawieniu siebie i innych[18]. Niektóre pierwotne korzenie inteligencji społecznej na pewno tkwią w tych obwodach drogi niskiej.

We wzajemnych zmaganiach licznych układów kontrolnych mózgu obwody zabawy ulegają złym uczuciom – niepokojowi, złości i smutkowi – które tłumią chęć do igraszek. W rzeczy samej dziecko nie przejawia ochoty do zabawy, dopóki nie poczuje się bezpiecznie i przyjemnie z nowo poznanymi towarzyszami zabawy, swobodnie na obcym placu zabaw czy boisku. To samo hamowanie przez niepokój skłonności do zabawy, odzwierciedlające podstawowy schemat neuronalny, który niewątpliwie jest ważny dla przetrwania, obserwuje się u wszystkich ssaków.

W miarę dojrzewania dziecka układ kontroli emocji powoli tłumi żywiołowe pragnienie chichotania i baraszkowania. Kiedy w późniejszym okresie dzieciństwa i w okresie młodzieńczym rozwijają się regulacyjne obszary kory przedczołowej, dzieci zyskują większą zdolność do sprostania społecznym wymogom „bycia poważnym". Powoli energia ta kieruje się na bardziej „dorosłe" sposoby szukania przyjemności, a dziecięce zabawy stają się tylko wspomnieniem.

Zdolność do radości

Jeśli chodzi o zdolność do radości, Richard Davidson plasuje się przy jej górnej granicy. Bez wątpienia jest jedną z najbardziej optymistycznych osób, jakie znam.

Wiele lat temu byliśmy magistrantami w tej samej grupie, a potem Davidson rozpoczął znakomitą karierę zawodową. Kiedy zostałem dziennikarzem działu naukowego, nabrałem zwyczaju konsultowania się z nim w celu wyjaśnienia nowych – i dla mnie zaskakujących – odkryć w neurobiologii. Podobnie podczas pisania *Inteligencji emocjonalnej* opierałem się na jego pracach w mojej eksploracji neurobiologii społecznej. (Na przykład jego laboratorium odkryło, że im bardziej uaktywnia się kora oczodołowa, kiedy matka patrzy na zdjęcie swojego nowo narodzonego dziecka, tym silniejsze są u niej uczucia miłości i ciepła.)

Jako jeden z twórców neurobiologii afektywnej – dziedziny zajmującej się badaniem emocji i mózgu – Davidson sporządził mapę ośrodków nerwowych, które wyznaczają każdemu z nas charakterystyczny dla niego, stały punkt samopoczucia emocjonalnego. Ta neuronalna oś wytycza zakres, w którym każdego dnia wahają się nasze emocje[19].

Ten stały punkt – bez względu na to, czy jest to nastawienie ponure czy optymistyczne – jest zdumiewająco stabilny. Badania wykazały na przykład, że euforia, którą odczuwamy po wygraniu ogromnej ilości pieniędzy, stopniowo się zmniejsza i po około roku wracamy do zakresu nastroju, który odczuwaliśmy przed wygraną. To samo odnosi się do osób, które zostały sparaliżowane po wypadku – mniej więcej w rok po początkowym załamaniu większość wraca do tego samego codziennego nastroju, który miała przed wypadkiem.

Davidson odkrył, że kiedy znajdujemy się w uścisku przygnębiających emocji, dwoma najbardziej aktywnymi obszarami mózgu są ciało migdałowate i prawa kora przedczołowa. Kiedy czujemy się radośnie, obszary te są spokojne, uaktywnia się natomiast część lewej kory przedczołowej.

Aktywność w samym obszarze przedczołowym podąża za naszymi nastrojami: prawa strona uaktywnia się, gdy jesteśmy przygnębieni, lewa, kiedy mamy dobry humor.

Ale nawet kiedy jesteśmy w nastroju obojętnym, stosunek pozostającej w tle aktywności prawego i lewego obszaru przedczołowego jest zadziwiająco dokładną miarą zakresu emocji, które zazwyczaj odczuwamy. Osoby o silniejszej aktywności prawej kory przedczołowej są szczególnie skłonne do przeżywania chwil obniżonego nastroju czy przygnębienia, natomiast te, u których bardziej aktywna jest lewa strona tej kory, mają szczęśliwsze dni.

A oto dobra wiadomość: nie wydaje się, aby nasz emocjonalny termostat był nastawiony od momentu naszych narodzin. Oczywiście, każdy z nas ma pewien wrodzony temperament, który sprawia, że jesteśmy bardziej skłonni do przygnębienia lub do optymizmu, ale mimo to badania łączą rodzaj opieki, którą jesteśmy otoczeni jako dzieci, ze zdolnością naszego mózgu do radości w życiu dojrzałym. Szczęście kwitnie wraz z odpornością, zdolnością przezwyciężania niepowodzeń i wracania do spokojniejszego, weselszego stanu. Między odpornością na stres i tą zdolnością do odczuwania szczęścia czy zadowolenia zdaje się istnieć bezpośredni związek.

„Mnóstwo danych uzyskanych w badaniach zwierząt – zauważa Davidson – pokazuje, że troskliwi i opiekuńczy rodzice, na przykład szczurzyca, która wylizuje i iska młode, sprzyjają wytworzeniu się u potomstwa poczucia szczęścia i odporności na stres. Zarówno u zwierząt, jak i u ludzi wskaźnikiem pozytywnego afektu jest zdolność dziecka do eksploracji i nawiązywania kontaktów, zwłaszcza w warunkach stresujących, takich jak nieznane otoczenie. Nowość można oceniać jako zagrożenie albo jako szansę. Zwierzęta, które były troskliwiej pielęgnowane przez rodziców, postrzegają obce miejsce jako szansę. Swobodniej je badają i są bardziej towarzyskie".

Odkrycie to zgadza się z innym, którego Davidson dokonał, badając ludzi, a konkretnie osoby dorosłe po pięćdziesiątce, które od ukończenia szkoły średniej były oceniane co kilka lat. Kiedy zespół Davidsona mierzył ich ustalony poziom szczęścia, te osoby, które były najbardziej odporne na stres i miały najlepszy codzienny nastrój, wykazywały wiele mówiący schemat aktywności mózgu. Intrygujące jest to, że schemat charakterystyczny dla radośniejszego podejścia do życia pojawiał się u tych dorosłych, którzy pamiętali, że najbardziej troszczono się o nich w dzieciństwie[20].

Czy te ciepłe wspomnienia z dzieciństwa były skutkiem patrzenia na życie przez różowe okulary, które nakłada nam dobry nastrój? Być może. Ale, jak powiedział mi Davidson, „To, jak wiele czerpie maluch ze związków z innymi, okazuje się decydujące w wytyczaniu stałych mózgowych dróg szczęścia".

Odporność

Moi znajomi, zamożne nowojorskie małżeństwo, doczekali się dość późno córki. Będący w średnim wieku rodzice mają bzika na jej punkcie. Zatrudnili cały zespół niań, żeby bez przerwy ktoś nad nią czuwał, i kupili jej cały sklep zabawek.

Mimo przypominającego zamek domku dla lalek, drabinek i pokojów pełnych zabawek, wszystko to sprawia nieco żałosny widok – ta czterolatka nigdy nie miała się z kim bawić. Dlaczego? Rodzice boją się, że inne dziecko mogłoby zrobić coś, co przygnębiłoby ich pociechę.

Małżeństwo to hołduje błędnej teorii, że jeśli ich dziecku uda się uniknąć wszelkich stresujących sytuacji, wyrośnie na szczęśliwszą osobę.

Poglądowi temu zaprzeczają dane na temat odporności emocjonalnej i szczęścia – taka nadopiekuńczość jest w istocie rzeczy pewną formą deprywacji. Myśl, że dziecko powinno za wszelką cenę unikać przygnębienia, prowadzi do wypaczenia zarówno rzeczywistości, jak i sposobów, w jakie dzieci uczą się znajdować szczęście.

Badacze stwierdzili, że ważniejsze od poszukiwania jakiegoś nieuchwytnego wiecznego szczęścia jest dla dziecka nauczenie się sposobów uciszania burz emocjonalnych. Celem wychowania nie powinno być wpojenie dziecku kruchej psychologii „pozytywnej" – kurczowego trzymania się wszystkiego, co sprawia stale radość – ale raczej nauczenie dziecka, jak ma o własnych siłach wracać do stanu zadowolenia, bez względu na to, co się może zdarzyć.

Na przykład rodzice, którzy potrafią przedstawić przygnębiający moment z innej perspektywy (w myśl starego, mądrego porzekadła: „Nie ma co płakać nad rozlanym mlekiem"), uczą dziecko uniwersalnej metody pozbywania się przygnębiających emocji. Takie drobne interwencje rozwijają u dziecka zdolność dostrzegania jasnych stron w złych chwilach. Na poziomie neuronalnym zakorzenia się to w znajdujących się w korze oczodołowej obwodach radzenia sobie z przygnębieniem[21].

Jeśli w dzieciństwie nie zdołamy się nauczyć, jak radzić sobie z katastrofami, w które obfituje życie, wchodzimy w dorosłość źle przygotowani emocjonalnie. Tworzenie tych wewnętrznych zasobów umożliwiających szczęśliwsze życie wymaga, byśmy znosili ciosy zadawane nam na placu zabaw – w swoistym obozie dla rekrutów, przygotowującym nas na nieuchronne porażki w codziennych kontaktach z innymi. Biorąc pod uwagę to, w jaki sposób w mózgu rozwija się odporność społeczna, dzieci muszą przechodzić wzloty i upadki życia społecznego, a nie trwać w monotonii przyjemności.

Kiedy dziecko martwi się albo wpada w przygnębienie, uzyskuje pewną kontrolę nad tą reakcją i na tym polega wartość takich chwil. To, czy uda mu się zapanować nad uczuciem przygnębienia czy nie, znajdzie odzwierciedlenie w poziomie hormonów stresowych. Na przykład w pierwszych tygodniach roku szkolnego u najbardziej otwartych, kompetentnych społecznie i lubianych przedszkolaków wysoką aktywację wykazuje obwód mózgowy, który uruchamia wydzielanie hormonów stresowych. Odzwierciedla to wysiłek fizjologiczny, jaki wkładają w stawienie czoła wyzwaniu, którym jest wejście do nowej grupy społecznej, grona kolegów i koleżanek z przedszkola.

Jednak z upływem czasu, kiedy te najlepiej przystosowane społecznie maluchy znajdą sobie wygodne nisze w owej małej społeczności, poziom hormonów stresowych się obniża. Natomiast u ich rówieśników, którzy są nadal nieszczęśliwi i izolowani towarzysko, poziom tych hormonów pozostaje wysoki, a nawet jeszcze bardziej się podnosi[22].

Spowodowany nerwową atmosferą pierwszego tygodnia wzrost hormonów stresowych jest pomocną reakcją metaboliczną, mobilizującą organizm do poradzenia sobie w niepewnej sytuacji. Biologiczny cykl pobudzania i powrotu do normalnego stanu, kiedy sprostamy wyzwaniu, żłobi sinusoidę odporności. Natomiast u dzieci, które powoli zdobywają umiejętność panowania nad przygnębieniem, występuje zupełnie inny schemat. Ich biologia wydaje się nieelastyczna, a pobudzenie utrzymuje się na zbyt wysokim poziomie[23].

Odpowiednia dawka strachu

Kiedy jedna z moich wnuczek miała dwa lata, była przez parę miesięcy zafascynowana filmem rysunkowym *Uciekające kurczaki*, nieco ponurą komedią o drobiu próbującym uciec z farmy, na której skazany jest na zarżnięcie. Pewne fragmenty tego filmu utrzymane są raczej w przygnębiającej tonacji filmu, którego akcja dzieje się w więzieniu, niż w lekkim tonie animowanego filmu dla dzieci. Niektóre z tych scen budzą strach i przerażenie u dwuletniego malucha. Mimo to przez długi czas, tydzień po tygodniu, wnuczka upierała się, że chce znowu zobaczyć ten obraz. Otwarcie przyznawała, że *Uciekające kurczaki* są „naprawdę straszne". Zaraz jednak dodawała, że jest to jej ulubiony film.

Dlaczego tak straszny film tak bardzo ją pociągał? Odpowiedź może leżeć w tym, że oglądając wielokrotnie te przerażające sceny, doświadczała przyjemnego dreszczyku emocji; czuła się wprawdzie nadal nieco przestraszona, ale jednocześnie wiedziała, że wszystko dobrze się skończy, i tym samym uczyła się czegoś.

Część najbardziej przekonujących danych świadczących o pożytkach z doznawania odpowiednio małej dawki strachu pochodzi z badań nad sajmiri[24]. Małpki te zaczęto w wieku siedemnastu tygodni (co odpowiada wczesnemu dzieciństwu u ludzi) zabierać raz w tygodniu z ich przytulnych klatek i kontynuowano to przez dziesięć tygodni.

Umieszczano je na godzinę w innej klatce, z nie znanymi im dorosłymi małpami, co – jak wykazały liczne testy – było dla młodych sajmiri przerażającym przeżyciem.

Następnie, tuż po odstawieniu ich przez matki (od których nadal były emocjonalnie zależne) od piersi, umieszczono je razem z rodzicielkami w obcej klatce. Nie było w niej innych małp, za to mnóstwo smakołyków i miejsc do eksploracji.

Małpki, które wcześniej wystawione były na stres w nie znanych sobie klatkach, okazały się dużo odważniejsze i bardziej ciekawskie niż inne w tym samym wieku, które nigdy nie zostały odjęte od matki. Swobodnie badały nowe klatki i częstowały się znalezionymi w niej smakołykami, natomiast te, które nigdy nie opuściły bezpiecznej przystani u boku matki, bojaźliwie przywierały do niej.

Znamienne, że owe niezależne maluchy nie wykazywały żadnych biologicznych objawów strachu, chociaż robiły to we wcześniejszym okresie, gdy zabierano je do obcych klatek. Regularne wizyty w budzących strach miejscach podziałały jak szczepionka przeciw stresowi.

Naukowcy konkludują, że podobnie jest u ludzi. Jeśli małe dzieci narażone są na stres, który uczą się przezwyciężać, zdolność ta zostaje wdrukowana w ich obwody nerwowe, dzięki czemu jako osoby dorosłe są bardziej odporne na stres. Jak widać, powtarzanie owego ciągu strach–przechodzenie do spokoju kształtuje sieć nerwową odporności, tworząc istotną zdolność emocjonalną.

Richard Davidson wyjaśnia: „Możemy się nauczyć odporności, jeśli wystawia się nas na zagrożenie lub stres na poziomie, na którym możemy sobie z tym poradzić". Jeśli jesteśmy narażeni na zbyt mały stres, niczego się nie nauczymy; jeśli stres jest zbyt duży, w neuronalnym obwodzie strachu zostanie trwały ślad po niewłaściwej lekcji. Jedną z oznak świadczących o tym, że film budzi zbyt silny strach u dziecka, jest okres potrzebny do jego powrotu do fizjologicznej normy. Jeśli mózg (i ciało) trwa niepokojąco długo w stanie wzbudzenia strachu, dziecko ćwiczy się nie w odporności, lecz w niezdolności dochodzenia do siebie.

Kiedy jednak „zagrożenia", wobec których staje dziecko, mieszczą się w optymalnym przedziale – gdzie mózg chwilowo wykazuje pełną reakcję lękową, ale potem ponownie się uspokaja – możemy przyjąć, że zachodzi odmienna sekwencja zdarzeń neuronalnych. Może to wyjaśniać, dlaczego moja dwuletnia wnuczka znajdowała taką przyjemność w oglądaniu owego strasznego filmu. I być może właśnie dlatego tak wielu ludzi (zwłaszcza młodzież) tak uwielbia filmy, które budzą w nich strach.

W zależności od wieku i od dziecka, nawet średnio straszny film może być zbyt dużym obciążeniem. Obejrzenie starego, klasycznego już filmu Disneya *Bambi*, w którym umiera matka sarenki, było w swoim czasie traumatycznym przeżyciem dla dzieci, które ciągnęły tłumnie na seanse. Maluch nie powinien oczywiście oglądać budzącego przerażenie filmu w rodzaju *Koszmaru z ulicy Wiązów*, ale ten sam film może być dla mózgu nastolatka lekcją odporności. Chociaż malucha może on przytłoczyć, nastolatkowi może się podobać mieszanina zagrożenia i przyjemności.

Jeśli zbyt straszny film sprawi, że dziecko będą miesiącami nawiedzać koszmarne sny, a za dnia będzie ono bojaźliwe, to oznacza, iż mózg nie nauczył się panować nad strachem. Zamiast tego film taki toruje drogę reakcji lękowej, a może nawet nieco ją nasila. Badacze przypuszczają, że u dzieci, które wielokrotnie znalazły się pod wpływem przytłaczającego stresu – nie w ekranowej odmianie, ale w dużo straszniejszej rzeczywistości niespokojnego życia rodzinnego – ta droga neuronalna może w pewnych przypadkach prowadzić do depresji albo zaburzeń lękowych w późniejszych latach.

Mózg społeczny uczy się, naśladując wzory, na przykład rodzica spokojnie przyglądającego się czemuś, co skądinąd wydaje się groźne. Kiedy w filmie oglądanym przez moją wnuczkę dochodziło do szczególnie przerażającego momentu, ale słyszała ona od mamy przynoszące otuchę słowa: „To się dobrze skończy" (albo otrzymywała milcząco ten sam komunikat podnoszącącej na duchu obecności taty, na którego kolanach siedziała), czuła się bezpieczna i panowała nad swoimi emocjami, co dawało jej poczucie, które może się przydać w innych trudnych chwilach.

Takie podstawowe nauki odebrane w dzieciństwie zostawiają ślad na całe życie, a ich wpływ nie ogranicza się do postawy wobec świata społecznego, ale rozciąga się też na zdolność żeglowania wśród wirów miłości osób dorosłych. A miłość z kolei wyciska własne, trwałe ślady biologiczne.

Część IV

Odmiany miłości

Rozdział 13

Sieci przywiązania

Naukowcy mówią, że w sprawach sercowych biorą udział co najmniej trzy niezależne, ale wzajemnie powiązane układy mózgowe, z których każdy kieruje nami na swój sposób. By rozwiązać tajemnice miłości, neurobiologia rozróżnia neuronalne sieci przywiązania, opieki i seksu. Każdą z nich zawiaduje odmienny zespół mózgowych związków chemicznych i hormonów i każda tworzy oddzielny obwód neuronalny. Każda z nich nadaje specyficzny smak wielu odmianom miłości.

Przywiązanie określa, do kogo zwracamy się o pomoc; są to osoby, za którymi najbardziej tęsknimy, gdy ich nie ma. Opieka rodzi w nas potrzebę pielęgnowania osób, o które najbardziej się troszczymy. Kiedy jesteśmy do kogoś przywiązani, lgniemy do niego; kiedy się kimś opiekujemy, dostarczamy tej osobie wszystkiego, czego potrzebuje. A seks, hmm, to seks.

Te trzy postawy mieszają się ze sobą w eleganckiej równowadze, wzajemnej zależności, dzięki której, jeśli wszystko idzie dobrze, realizujemy przygotowany przez naturę plan podtrzymania gatunku. W końcu seks jest zaledwie początkiem tego. Przywiązanie dostarcza kleju, który spaja nie tylko małżeństwo, ale całą rodzinę, a opieka daje impuls do troszczenia się o potomstwo, by nasze dzieci dorosły i dochowały się swoich dzieci. Każdy z tych trzech aspektów uczucia wiąże ludzi w odmienny sposób[1]. Kiedy przywiązanie łączy się z troskliwością i pociągiem seksualnym, możemy się rozkoszować romansem w pełnym rozkwicie. Ale kiedy brakuje jednego z tych trzech czynników, miłość romantyczna kuleje.

Leżące u podstaw tego obwody nerwowe współdziałają w różnych kombinacjach w licznych odmianach miłości – romantycznej, rodzinnej i rodzicielskiej – a także mają wpływ na naszą zdolność do wiązania się z innymi osobami, czy to więzami przyjaźni, czy poprzez współczucie, czy hołubienie kota. A zatem te same obwody mogą wchodzić w takim lub innym stopniu w grę w bardziej abstrakcyjnych dziedzinach, takich jak pragnienia duchowe czy umiłowanie świeżego powietrza lub pustych plaż.

Wiele nerwowych szlaków miłości biegnie drogą niską; ktoś, kto pasuje do wąskiej definicji inteligencji społecznej opartej tylko na poznaniu, poruszałby się tu po omacku. Siły uczucia, które wiążą dwoje ludzi ze sobą, poprzedzały powstanie mózgu racjonalnego. Przyczyny miłości zawsze były podkorowe, chociaż jej spełnienie może wymagać starannego przygotowania planu działań. A zatem dobra miłość wymaga pełnej inteligencji społecznej, mariażu drogi niskiej z wysoką. Ani jedna, ani druga sama w sobie nie wystarczy do stworzenia silnej, satysfakcjonującej więzi.

Rozplątanie złożonej neuronalnej sieci uczucia może obnażyć część naszych problemów i przyczyn konsternacji. Trzy główne układy miłości – przywiązanie, opieka i seksualność – kierują się swoimi odrębnymi, złożonymi zasadami. W danym momencie każdy z nich może dominować nad pozostałymi, kiedy – powiedzmy – para czuje ciepłą wzajemną bliskość albo kiedy przytula swoje dziecko czy uprawia seks. Kiedy działają te trzy układy łącznie, podsycają romans w jego najbogatszej postaci: spokojny, czuły i zmysłowy związek, w którym istnieje wzajemne zrozumienie.

Pierwszy krok w tworzeniu takiego związku angażuje układ przywiązania, nastawiony na wyszukiwanie. Jak się przekonaliśmy, układ ten zaczyna działać w najwcześniejszym okresie niemowlęctwa, skłaniając dziecko do szukania opieki i ochrony u innych, zwłaszcza u matki albo innych opiekunów[2]. Między tym, jak po raz pierwszy w życiu rozwija się w nas przywiązanie do osób opiekujących się nami od chwili narodzin, a tym, jak nawiązujemy wstępną więź z romantycznym partnerem, istnieją fascynujące podobieństwa.

Sztuka flirtu

Jest piątkowy wieczór. W barze na nowojorskiej Upper East Side siedzi tłum elegancko ubranych mężczyzn i kobiet. To impreza dla samotnych i nakazem dnia jest flirt.

Koło baru paraduje kobieta, zmierzając do toalety; potrząsa włosami i kręci biodrami. Kiedy przechodzi obok mężczyzny, który wzbudził jej zainteresowanie, jej wzrok przez krótką chwilę spotyka się z jego wzrokiem, a kiedy mężczyzna odwzajemnia jej spojrzenie, szybko odwraca oczy. Jej milczący komunikat: Zauważ mnie.

To zapraszające spojrzenie, po którym następuje odwrócenie z fałszywą skromnością wzroku, naśladuje sekwencję zachęty i wycofania się, stwierdzoną u wielu gatunków ssaków, u których przetrwanie noworodków wymaga pomocy ojca; samica musi sprawdzić chęć samca do ścigania jej i zaangażowania się. Jej kokieteryjne ruchy są tak powszechne w sztuce flirtowania, że etolodzy zaobserwowali je nawet u szczurów: samica wielokrotnie podbiega do samca i odbiega albo mknie obok niego jak strzała, kręcąc głową i cały czas wydając taki sam wysoki pisk jak szczurzęta podczas zabawy[3].

Zalotny uśmiech jest jednym ze skatalogowanych przez Paula Ekmana osiemnastu rodzajów – flirciarka uśmiecha się, patrząc w inną stronę, a potem spogląda bezpośrednio na cel swoich zabiegów tylko tak długo, by to zauważył, zanim szybko odwróci wzrok. Ta taktyka fałszywej skromności wykorzystuje pomysłowy obwód nerwowy, który został umieszczony w męskim mózgu jakby specjalnie na tę chwilę. Zespół londyńskich neurobiologów odkrył, że kiedy mężczyzna zauważy skierowane bezpośrednio na niego spojrzenie kobiety, którą ocenia jako atrakcyjną, aktywuje to w jego mózgu układ dopaminergiczny, który dawkuje mu porcję przyjemności[4]. Samo patrzenie na piękne kobiety czy nawiązanie kontaktu wzrokowego z osobą, której nie uważa się za atrakcyjną, nie wzbudza tego obwodu.

Bez względu na to jednak, czy mężczyźni uważają daną kobietę za atrakcyjną czy nie, opłaca się samo flirtowanie, bo mężczyźni częściej zagadują kobiety, które są zalotne, niż bardziej atrakcyjne, które z nimi nie flirtują.

Flirtuje się w kulturach na całym świecie (jak udokumentował jeden z badaczy, robiąc z boku zdjęcia ludziom od Samoa po Paryż)[5]. Flirt jest ruchem otwierającym serię milczących negocjacji prowadzonych na każdym etapie zalotów. Pierwszym strategicznym posunięciem jest szerokie zarzucenie sieci – beztroskie danie do zrozumienia, że jest się gotową do zaangażowania.

To samo robią niemowlęta, swobodnie sygnalizując zainteresowanie kontaktami z prawie każdą przyjazną osobą, jaka się nadarzy, i uśmiechając się promiennie do każdego, kto na to zareaguje[6]. Podobieństwo flirtu dorosłych do tych zachowań obejmuje nie tylko ów zalotny uśmiech, ale również nawiązanie kontaktu wzrokowego i mówienie wysokim tonem, z ożywieniem i przesadną gestykulacją, co bardzo przypomina niemowlę szukające partnera do przyjacielskiego kontaktu.

Następnym etapem jest rozmowa. Ten istotny krok w zalotach ma, przynajmniej w amerykańskiej kulturze, niemal mityczną właściwość – prowadzi się konwersację z podtekstem, z zamiarem określenia, czy potencjalny partner będzie wart tego, by się do niego przywiązać. Krok ten daje drodze wysokiej główną rolę w procesie, który dotąd przebiegał w większej części drogą niską, staje się ona czymś w rodzaju podejrzliwego rodzica sprawdzającego sympatię nastolatki czy nastolatka.

Podczas gdy droga niska pcha nas w ramiona potencjalnego partnera, droga wysoka go ocenia – dlatego tak ważna jest rozmowa przy kawie po schadzce poprzedniego wieczoru. Przedłużające się zaloty pozwalają obojgu partnerom wyrobić sobie nawzajem zdanie w sprawach, które dla obojga najbardziej się liczą: że partner będzie taktowny i wyrozumiały, czuły i spolegliwy, to znaczy wart silnego przywiązania.

Kolejne stadia zalotów następują po sobie w takim tempie, by dać potencjalnym partnerom szansę zgadnięcia, czy druga strona może być dobrym towarzyszem, co jest wskazówką, że któregoś dnia będzie także dobrym rodzicem[7]. Tak więc podczas pierwszych rozmów partnerzy oceniają nawzajem swoje ciepło, wrażliwość, czułość i zdolność do odwzajemniania się i na tej podstawie dokonują wstępnego wyboru. Podobnie jest z niemowlętami, które około trzeciego miesiąca życia zaczynają bardziej wybiórczo szukać osób, z którymi chcą nawiązywać kontakty, koncentrując się na tych, w których obecności czują się najbezpieczniej.

Kiedy partner zda ten test, oznaką przejścia od pociągu do romantycznych tęsknot i pragnień staje się synchronia. Łatwość znajdowania wspólnego języka, zarówno u niemowląt, jak u flirtujących ze sobą dorosłych, przejawia się w czułych spojrzeniach, obejmowaniu i przytulaniu, a wszystko to odzwierciedla coraz większe poczucie bliskości. W stadium tym zakochani cofają się do okresu wczesnego dzieciństwa, gruchając, używając dziecięcych zdrobnień, kojącego szeptu i delikatnych pieszczot. Ta całkowita fizyczna swoboda w obcowaniu ze sobą wyznacza punkt, w którym każde z nich staje się dla drugiej strony bezpieczną bazą, co jest jeszcze jednym echem niemowlęctwa.

Oczywiście zaloty mogą być równie burzliwe i gwałtowne jak malec w napadzie złości. Dzieci są w końcu egocentryczne i tacy mogą być też kochankowie. Ten ogólny szablon obejmuje także wszelkie sposoby, w jakie zagrożenie i niepokój mogą łączyć ludzi w pary, poczynając od wojennych romansów i nielegalnych związków, a na kobietach, które zakochują się w „niebezpiecznych" mężczyznach, kończąc.

Neurobiolog Jaak Panksepp snuje teorię, że kiedy dwie osoby zakochują się w sobie, stają się od siebie dosłownie uzależnione[8]. Panksepp widzi neuronalny związek między dynamiką uzależnienia od opiatów i naszą zależnością od ludzi, do których czujemy najsilniejsze przywiązanie. Zgodnie z jego hipotezą wszystkie pozytywne interakcje z innymi sprawiają nam przyjemność częściowo dlatego, że wzbudzają układ opiatowy, tę samą sieć neuronów, którą aktywuje heroina i inne substancje uzależniające.

Okazuje się, że sieć ta obejmuje dwie kluczowe struktury mózgu społecznego – korę oczodołową i przednią część zakrętu obręczy. Uaktywniają się one u osób uzależnionych, kiedy łakną one narkotyku, są „naćpane" i kiedy zażywają swój ulubiony środek. Kiedy osoba uzależniona odstawi narkotyk, obszary te ulegają deaktywacji. Układ ten wyjaśnia zarówno to, dlaczego osoba uzależniona przecenia swój ulubiony narkotyk, jak też to, dlaczego znikają wszelkie zahamowania, kiedy go szuka[9]. To samo może się odnosić do obiektu pożądania, kiedy wpadamy w sidła miłości.

Panksepp sądzi, że satysfakcja, jaką czerpie narkoman z zażywania narkotyku, imituje biologicznie naturalną przyjemność, jaką sprawia nam poczucie więzi z osobą, którą kochamy; duża część obwodów nerwowych odpowiedzialnych za te doznania jest tożsama. Nawet zwierzęta, uważa Panksepp, wolą spędzać czas z tymi osobnikami, w których obecności w ich organizmie wydzielają się oksytocyna i naturalne opiaty, wywołujące odprężenie i przynoszące spokój, co zdaje się świadczyć, że te występujące w mózgu związki chemiczne cementują zarówno nasze związki miłosne, jak też więzi rodzinne i przyjaźnie.

Trzy style przywiązania

Minął prawie rok od dnia, kiedy dziewięciomiesięczna córka Brendy i Boba zmarła we śnie.

Bob siedzi, czytając gazetę, kiedy wchodzi Brenda z zaczerwienionymi oczami, trzymając w ręku kilka zdjęć. Płakała. Mówi mężowi, że znalazła zdjęcia zrobione w dniu, kiedy zabrali córeczkę na plażę.

Bob, nawet nie podnosząc głowy, mamrocze:

– Taa.

– Ma na główce ten kapelusik, który kupiła jej twoja matka – zaczyna Brenda.

– Mhm – mruczy Bob, nadal nie patrząc na nią, wyraźnie tym nie zainteresowany.

Kiedy Brenda pyta go, czy chce obejrzeć zdjęcia, odpowiada, że nie, przewracając stronę gazety i przeglądając ją bez celu.

Brenda patrzy na niego w milczeniu, po twarzy płyną jej łzy.

– Nie rozumiem cię! – wybucha. – Była naszym dzieckiem. Nie brakuje ci jej? Nic cię to nie obchodzi?

– Oczywiście, że mi jej brakuje! Po prostu nie chcę o tym rozmawiać – warczy Bob i wybiega z pokoju.

Ta przejmująca wymiana zdań pokazuje, jak różnice w stylach przywiązania doprowadzić mogą do tego, że małżeństwo nie potrafi znaleźć wspólnego języka, i to nie tylko zmagając się z urazem psychicznym, którego oboje doznali, ale praktycznie w każdej sprawie[10]. Brenda chce porozmawiać o swoich uczuciach, Bob tego unika. Ona postrzega go jako człowieka zimnego i nieczułego, on ją jako natrętną i wymagającą. Im bardziej ona się stara nakłonić go do rozmowy o tym, co on czuje, tym bardziej on zamyka się w sobie.

O tym schemacie „żądania–wycofywania się" od dawna wypowiadają się terapeuci małżeństw, do których pary takie zwracają się czasami po pomoc w przełamaniu impasu. Ale nowe odkrycia świadczą o tym, że owa klasyczna rozbieżność ma źródło w mózgu. Żaden sposób nie jest „lepszy". Jest raczej tak, że obie skłonności odzwierciedlają leżące u ich podłoża schematy neuronalne.

Nasze dzieciństwo na niczym innym nie pozostawia wyrazistszego śladu niż na naszym „układzie przywiązania", sieciach neuronalnych, które się włączają za każdym razem, kiedy odnosimy się do osób, które dla nas najwięcej znaczą. Jak widzieliśmy, dzieci, które otoczone są troskliwą opieką i czują, że rodzice współodczuwają z nimi, stają się ufnie przywiązane i ani nie lgną kurczowo do opiekunów, ani się od nich nie odsuwają. Jednak te, których rodzice ignorują ich uczucia i które czują się ignorowane, stają się nieufne i unikają kontaktu z opiekunami, jakby porzuciły wszelką nadzieję na zbudowanie z nimi więzi. Natomiast dzieci, których rodzice są ambiwalentni, przeskakując w nieprzewidywalny sposób od wściekłości do czułości, stają się lękliwe, niespokojne i nie mają poczucia bezpieczeństwa.

Bob jest przykładem typu skrytego, który unika rozmów o uczuciach; silne emocje są dla niego nieprzyjemne, stara się więc je minimalizować. Brenda jest typem niespokojnym, bojaźliwym – nie potrafi opanować swoich żywiołowych uczuć i odczuwa potrzebę rozmowy o swoich zmartwieniach.

Jest też typ ufny, czujący się bezpiecznie, któremu emocje nie przeszkadzają, ale też go nie pochłaniają. Gdyby Bob był takim typem, Brenda przypuszczalnie mogłaby porozmawiać z nim o swoich emocjach, kiedy odczuwałaby taką potrzebę. Natomiast gdyby ona czuła się bezpiecznie, nie szukałaby tak rozpaczliwie uwagi i empatii Boba.

Uformowany w dzieciństwie sposób, w jaki się przywiązujemy, pozostaje zdumiewająco stały. Te odmienne style przywiązania uwidaczniają się w pewnym stopniu we wszystkich naszych bliskich związkach z innymi, a najsilniej w związkach romantycznych. Jak wynika z serii prac Phillipa Shavera, psychologa z University of California, który prowadził rozległe badania nad przywiązaniem i związkami międzyludzkimi, każdy z tych stylów ma wyraźne konsekwencje dla naszych relacji z innymi[11].

Shaver przejął pałeczkę przekazaną przez Johna Bowlby'ego jego uczennicy, Mary Ainsworth, której pionierskie badania sposobów, w jakie dziewięciomiesięczne dzieci reagują na krótkie rozstanie z matką, doprowadziły do odkrycia, że niektóre niemowlęta są ufnie przywiązane, inne zaś nie. Shaver, przenosząc wyniki obserwacji Ainsworth w świat związków osób dorosłych, ustalił, że te same style przywiązania pojawiają się w każdym bliskim związku, bez względu na to, czy jest to przyjaźń, małżeństwo czy związek między rodzicem a dzieckiem[12].

Zespół Shavera stwierdza, że 55 procent Amerykanów (niemowląt, dzieci i dorosłych) mieści się w kategorii ufnego przywiązania, łatwo nawiązując bliskie stosunki z innymi osobami i polegając na nich. Osoba ufnie przywiązana, wchodząc w związek romantyczny, spodziewa się, że partner (partnerka) będzie emocjonalnie przystępny i dostroi się do niej (do niego) oraz że w ciężkich chwilach będzie jej służyć podporą i pomocą, tak jak ona jemu. Ma łatwość w zbliżaniu się do ludzi. Osoby te postrzegają siebie jako warte troski, opieki i uczucia, a innych jako przystępnych, wiarygodnych i mających wobec nich dobre zamiary. W rezultacie ich związki z innymi są z reguły zażyłe i oparte na zaufaniu.

Natomiast około 20 procent dorosłych jest „bojaźliwych" w związkach miłosnych, skłonnych do obaw, że partner naprawdę ich nie kocha albo nie zostanie z nimi. Czasami tym pełnym niepokoju kurczowym czepianiem się partnera i stałym szukaniem u niego otuchy niechcący go odtrącają. Osoby te postrzegają siebie jako niezasługujące na miłość i opiekę, chociaż mają skłonność do idealizowania swoich partnerów romantycznych.

Kiedy typ bojaźliwy wejdzie w związek miłosny, mogą go zacząć dręczyć obawy, że zostanie porzucony albo że okaże się, iż czegoś mu brakuje. Podatny jest na „uzależnienie od miłości" i wykazuje wszelkie tego objawy: obsesyjne skupienie na partnerze, podszyty skrępowaniem niepokój i zależność emocjonalną. Albo zamartwia się, myśląc o przyszłości swojego związku i czyhających zagrożeniach, takich jak pozostawienie go przez partnera, albo jest podejrzliwy i zazdrosny z powodu jego wyimaginowanych flirtów. Taką samą postawę przyjmuje też często wobec przyjaciół.

Około 25 procent dorosłych reprezentuje typ „unikający". Osoby takie krępuje bliskość emocjonalna, trudno jest im zaufać partnerowi czy dzielić się z nim uczuciami, a kiedy partner stara się zbliżyć do nich emocjonalnie, stają się nerwowe. Mają one skłonność do skrywania i tłumienia emocji, zwłaszcza przykrych. Ponieważ spodziewają się, że partner nie będzie emocjonalnie godny zaufania, zażyłe związki są dla nich nieprzyjemne.

Kłopot z typami bojaźliwym i „unikającym" polega na tym, że ich reakcje są sztywne. Osoby reprezentujące oba te typy stosują strategie, które są sensowne w pewnych sytuacjach, ale trzymają się ich również tam, gdzie strategie te zawodzą. Jeśli istnieje na przykład realne zagrożenie, obawa przygotowuje na nie, ale nieuzasadniony niepokój powoduje zakłócenia w funkcjonowaniu związku.

W przygnębieniu każdy z tych typów stosuje inną strategię uspokajania się. Osoby lękliwe, takie jak Brenda, zwracają się do innych ludzi, szukając u nich ukojenia. Osoby „unikające", jak jej mąż Bob, pozostają niezależne, wołąc same radzić sobie ze zmartwieniami.

Ufni partnerzy romantyczni zdają się posiadać zdolność uśmierzania obaw niespokojnych partnerów, dzięki czemu ich związek nie przeżywa zbytnich wstrząsów. Jeśli jedno z partnerów ma ufny styl przywiązania, dochodzi między nimi do względnie niewielu konfliktów i kryzysów. Jeśli jednak oboje partnerzy należą do typu bojaźliwego, zrozumiałe jest, że skłonni są do wybuchów i sprzeczek, a ich związek wymaga ustawicznych napraw[13]. W końcu lęk, niezadowolenie i przygnębienie są zaraźliwe.

Podstawa neuronalna

Każdy z tych trzech stylów odzwierciedla pewną odmianę w funkcjonowaniu układu przywiązania w mózgu, co wykazały badania prowadzone przez Shavera i neurobiologów na University of California w Davis[14]. Różnice te ujawniają się najwyraźniej w przykrych chwilach, takich jak kłótnia czy rozpamiętywanie sprzeczki albo, co gorsza, kiedy obsesyjnie myślimy o zerwaniu z partnerem.

Badania z wykorzystaniem fMRI pokazały, że podczas takich przygnębiających rozmyślań w każdym z trzech głównych stylów przywiązania wyłania się inny schemat pracy mózgu. (Chociaż badania te prowadzono tylko na kobietach, przypuszczalnie te same wnioski odnoszą się do mężczyzn, ale czy tak jest, pokażą przyszłe badania[15].)

Skłonność osób typu bojaźliwego do zamartwiania się, na przykład kiedy ktoś boi się, że utraci partnera, sprawiała, że rozjarzały się strefy obejmujące przedni biegun skroniowy, który uaktywnia się, gdy czujemy smutek, przednią część zakrętu obręczy, gdzie buzują emocje, oraz hipokamp, główna siedziba pamięci[16]. Wiele mówi to, że bojaźliwe kobiety nie potrafiły „uciszyć" tego obwodu nawet wtedy, kiedy bardzo się o to starały; ich obsesyjny niepokój przekraczał zdolność mózgu do jego usunięcia. Ta neuronalna aktywność była specyficzna dla niepokoju o związek, a nie do obaw w ogóle. Obwody uśmierzające niepokój działały u tych kobiet znakomicie, jeśli chodziło o usunięcie innych rodzajów zmartwień.

Natomiast kobietom ufnym usunięcie obaw, że ich związek może się rozpaść, nie sprawiało żadnych kłopotów. Wytwarzający smutek przedni biegun skroniowy uspokajał się, gdy tylko zajęły myśli czymś innym. Główna różnica polegała na tym, że ufnie przywiązane kobiety łatwo uruchamiały znajdujący się w korze oczodołowej neuronalny przełącznik usuwający przygnębienie wytwarzane przez przedni biegun skroniowy.

Z tego samego powodu kobiety bojaźliwe łatwiej niż pozostałe przypominały sobie jakąś wywołującą zmartwienie chwilę z ich małżeńskiego pożycia[17]. Shaver sugeruje, że ich gotowość do zaabsorbowania kłopotami w związku z partnerem upośledzała ich zdolność do obmyślenia najbardziej konstruktywnego sposobu ich usunięcia.

Zupełnie inna była historia z kobietami skrytymi – główny wątek akcji zależał od pewnego obszaru zakrętu obręczy, który ulega wzbudzeniu podczas tłumienia przygnębiających myśli[18]. Wydaje się, że u tych kobiet ów neuronalny hamulec emocji się zaciął – tak jak niespokojne kobiety nie mogły się przestać martwić, tak „unikające" nie mogły przerwać tłumienia zmartwień, i to nawet kiedy je o to proszono. Natomiast pozostałym włączanie i wyłączanie zakrętu obręczy, kiedy proszono je, by pomyślały o czymś smutnym, a potem przestały o tym myśleć, nie sprawiało najmniejszego kłopotu.

Ten neuronalny schemat nieprzerwanego tłumienia wyjaśnia, dlaczego kobiety skryte, unikające przywiązania, są emocjonalnie odległe i nie przejmują się życiem – kiedy rozpada się ich związek albo ktoś umiera, niezbyt rozpaczają, a podczas interakcji społecznych nie czują się emocjonalnie zaangażowane[19]. Pewien poziom niepokoju wydaje się ceną, którą płacimy za prawdziwą emocjonalną bliskość, choćby dlatego, że wskazuje on na problemy w związku, które trzeba rozwiązać[20]. Można by rzec, że „unikające" typy Shavera przehandlowały pełniejszą więź emocjonalną z innymi za ochronne oderwanie się od swoich przykrych uczuć. Jest wymowne, że do tych badań najtrudniej było Shiverowi znaleźć kobiety „unikające", ponieważ jednym z wymogów było pozostawanie w poważnym, długotrwałym związku romantycznym, a takich było niewiele.

Pamiętaj, że style te kształtowane są głównie w dzieciństwie, a zatem nie wydają się skłonnościami genetycznymi. Jeśli rzeczywiście są postawami wyuczonymi, powinny się w pewnym stopniu poddawać modyfikacjom, czy to poprzez psychoterapię, czy też w związku „naprawczym". Z drugiej strony wyrozumiały partner może po prostu potrafić się dostosować w pewnych granicach do tych dziwactw.

O układach przywiązania, seksu i opieki możemy myśleć jak o kinetycznych mobilach Alexandra Caldera, w których ruch jednego elementu rozbrzmiewa echem w pozostałych. Styl przywiązania kształtuje na przykład naszą seksualność. Osoby typu skrytego mają więcej partnerów seksualnych i przypadkowych stosunków seksualnych niż osoby niespokojne i ufne. Ponieważ wolą utrzymywać dystans emocjonalny wobec innych osób, zadowala je seks bez troskliwości i zażyłości. Jeśli jakimś sposobem znajdą się w trwałym związku, oscylują na ogół między utrzymywaniem tego dystansu i wymuszaniem stosunków seksualnych, a więc jest zrozumiałe, że znacznie częściej niż osoby pozostałych typów rozwodzą się lub rozchodzą... a potem – choć to dziwne – starają się wrócić do tego samego partnera[21].

Wyzwania, jakie stawiają wzajemnemu dopasowaniu się partnerów w miłości style przywiązania, są zaledwie początkiem tej opowieści. Potem jest seks.

Rozdział 14

Pożądanie – jego i jej

Na pierwszym roku studiów jednym z moich najlepszych przyjaciół był świetny, niedźwiedziowaty gracz rugby, któremu nadaliśmy przezwisko Kolos. Do dziś pamiętam radę, jaką dał mu jego urodzony w Niemczech ojciec, kiedy Kolos przygotowywał się do wyjazdu z domu.

Maksyma ta miała brechtowskie, cierpko-cyniczne, zabarwienie. W przekładzie z niemieckiego mówiła mniej więcej tak: „Kiedy penis twardnieje, mięknie mózg".

Ujmując to bardziej fachowo: obwody nerwowe leżące u podłoża zachowań seksualnych znajdują się w podkorowych obszarach drogi niskiej, które leżą poza zasięgiem mózgu myślącego. Kiedy kierują nami, z coraz większą natarczywością, te nisko ulokowane obwody, coraz mniej się przejmujemy radami, które mogą nam dawać racjonalne rejony drogi wysokiej.

W sensie ogólniejszym ta mapa obwodów wyjaśnia irracjonalność wielu wyborów partnerów romantycznych – połączenia nerwowe odpowiedzialne za logiczne myślenie nie mają z tym nic wspólnego. Mózg społeczny kocha i troszczy się, ale żądza podróżuje jedną z najniższych odnóg drogi niskiej.

Pożądanie zdaje się występować w dwóch formach – męskiej i kobiecej. Badania metodą obrazowania mózgu osób zakochanych patrzących na zdjęcia partnerów ujawniły wymowną różnicę: u zakochanych mężczyzn – ale nie u kobiet – rozjarzały się ośrodki przetwarzania informacji wzrokowych i pobudzenia seksualnego, pokazując, jak wygląd jego ukochanej rozbudza namiętność u mężczyzny. Trudno się dziwić, że – jak zauważa antropolog Helen Fisher – mężczyźni na całym świecie poszukują pornografii albo że kobiety mają skłonność do tworzenia poczucia własnej wartości na podstawie swojego wyglądu i wkładają tyle energii w jego polepszanie, by – jak to ujmuje badaczka – tym lepiej „reklamować wizualnie swoje atuty"[1].

U zakochanych kobiet patrzenie na ukochanych wzbudza jednak zupełnie inne ośrodki w społecznych obwodach mózgu – ośrodki poznawcze pamięci i uwagi[2]. Różnica ta zdaje się świadczyć, że kobiety roztropniej ważą swoje uczucia i oceniają mężczyznę jako potencjalnego partnera życiowego i żywiciela. Kobiety, które nawiązują romans, są bardziej pragmatyczne niż mężczyźni, a zatem z konieczności zakochują się wolniej. Dla kobiet, komentuje to Fisher, „Przypadkowe stosunki seksualne nie są tak przypadkowe jak dla mężczyzn"[3].

W końcu nastawiony na przywiązanie radar mózgu potrzebuje zazwyczaj szeregu spotkań, by podjąć decyzję, czy warto się zaangażować. Kiedy zakochują się mężczyźni, ruszają na oślep drogą niską. Oczywiście kobiety również podróżują drogą niską, ale krążą też drogą wysoką.

Bardziej cyniczny pogląd głosi: „Mężczyźni poszukują obiektów seksualnych, a kobiety obiektów materialnych". Chociaż kobiety pociągają oznaki władzy i bogactwa mężczyzny, a mężczyzn atrakcyjny wygląd kobiety, nie są to dla żadnej płci cechy, które mają największy powab, lecz cechy, w których ocenie obie płci najbardziej się różnią[4]. U obu na szczycie list jest życzliwość.

Aby wprowadzić jeszcze większy zamęt w naszym życiu miłosnym, obwody drogi wysokiej, czy to przez wzniosłe sentymenty, czy z powodu purytańskiej moralności, starają się stanowczo tamować rozgrzane do czerwoności podziemne strumienie żądzy. W całej historii ludzkości różne kultury używały hamulców drogi wysokiej do powściągania popędów drogi niskiej – mówiąc w kategoriach Freudowskich, kultura zawsze walczyła z tym, co budziło jej niezadowolenie. Na przykład przez całe stulecia małżeństwa zawierane przez członków europejskich wyższych klas społecznych miały na celu zachowanie majątków ziemskich w rękach poszczególnych rodów, co sprowadzało się do wchodzenia w koligacje między nimi poprzez kojarzenie małżeństw. Do diabła z pożądaniem i miłością – zawsze przecież pozostawało cudzołóstwo.

Specjaliści z zakresu historii społecznej twierdzą, że przynajmniej w Europie obecne pojęcie namiętnego, emocjonalnego, opartego na obopólnym zaangażowaniu związku miłosnego między mężem i żoną pojawiło się dopiero w okresie reformacji, było odejściem od średniowiecznego ideału czystości, zgodnie z którym małżeństwo było złem koniecznym. Dopiero w czasach rewolucji przemysłowej, kiedy zaczęła powstawać klasa średnia, miłość romantyczna stała się na Zachodzie na tyle popularnym ideałem, że samo zakochanie się zaczęto traktować jako poważny powód do wzięcia ślubu. Oczywiście w kulturach takich jak indyjska, które znajdują się w połowie drogi między tradycją a nowoczesnością, pary, które pobierają się z miłości, stanowią nadal skromną mniejszość i często spotykają się ze sprzeciwem swoich rodzin, które wolałyby małżeństwa kojarzone przez rodziców.

Poza tym biologia nie zawsze współgra ze współczesnym ideałem małżeństwa jako połączenia partnerstwa na całe życie i troskliwości z bardziej nieprzewidywalnymi rozkoszami romantycznego żaru. Nie od dziś wiadomo, że lata zażyłości osłabiają pożądanie – czasami może się to zdarzyć, gdy tylko pojawi się pewność, że partner „jest mój".

By jeszcze bardziej skomplikować sprawę, natura uznała za stosowne obdarzyć mężczyzny i kobiety odmiennymi mechanizmami wytwarzania molekuł miłości. Mężczyźni mają generalnie wyższy niż kobiety poziom związków chemicznych, które napędzają żądzę, a niższy tych, które wytwarzają przywiązanie. Te biologiczne niedopasowania są źródłem wielu klasycznych napięć między kobietami i mężczyznami w sferze namiętności.

Pomijając kulturę i płeć, najbardziej podstawowy chyba dylemat miłości romantycznej wynika z napięcia między układami mózgu leżącymi u podłoża poczucia przywiązania a tymi, które odpowiedzialne są za troskliwość i seks. Każda z tych sieci nerwowych rodzi własny zestaw motywów i potrzeb, które mogą być ze sobą w konflikcie albo się zgadzać. Jeśli się kłócą, miłość słabnie; jeśli panuje między nimi harmonia, miłość kwitnie.

Chytra sztuczka natury

Pewna pisarka, chociaż niezależna i przedsiębiorcza, zawsze podróżowała z poszewką poduszki, na której sypiał jej mąż. Gdziekolwiek pojechała, zakładała ją na poduszkę w hotelowym pokoju. Jej wyjaśnianie: czując jego zapach, łatwiej zasypiała w obcym łóżku.

Ma to biologiczny sens i daje wskazówkę co do jednej ze sztuczek wykorzystywanych przez naturę dla podtrzymania ciągłości gatunku. Pierwsze iskierki pociągu, a przynajmniej zainteresowania seksualnego pojawiają się na drodze niskiej – są to raczej wrażenia zmysłowe niż sformułowana myśl (czy choćby emocja). U kobiet to początkowe podprogowe zainteresowanie może wynikać z odczuć węchowych, u mężczyzn ze wzrokowych.

Naukowcy stwierdzili, że zapach męskiego potu może mieć zdumiewający wpływ na emocje kobiety, poprawiając jej nastrój, odprężając ją i podnosząc poziom hormonu luteinizującego, który wywołuje jajeczkowanie.

Jednak badania, które o tym świadczą, przeprowadzono w ścisłych (zdecydowanie nieromantycznych) warunkach klinicznych, w laboratorium. Próbki potu spod pach mężczyzn, nie używających przez cztery tygodnie dezodorantu, wymieszano z roztworem, a następnie kropelki tego roztworu umieszczono pod nosem młodych kobiet biorących ochotniczo udział w eksperymencie, który – jak myślały – jest badaniem woni produktów w rodzaju wosku do podłóg[5]. Kiedy zapach pochodził z potu mężczyzny, a nie z jakiegoś innego źródła, czuły się one bardziej odprężone i zadowolone.

Badacze wysuwają hipotezę, że zapachy te mogą poruszać uczucia seksualne również w bardziej romantycznym otoczeniu. Tak więc przypuszczalnie podczas tańca hormonalne obejmowanie się pary toruje drogę pobudzeniu seksualnemu, kiedy ich ciała podświadomie zgrywają warunki do rozmnażania się. Prawdę mówiąc, wspomniane wyżej badania prowadzono w ramach poszukiwań nowych metod leczenia bezpłodności, by sprawdzić, czy uda się wydzielić aktywny składnik potu; opublikowano je w piśmie „Biology of Reproduction".

U mężczyzn podobny skutek może dawać wpływ widoku kobiecego ciała na ośrodki przyjemności w mózgu. Mózg męski zdaje się posiadać czujniki sygnałów nastawione na ważne aspekty ciała kobiety, zwłaszcza na „klepsydropodobny" stosunek obwodu w piersiach do obwodu w talii i w biodrach, oznakę młodzieńczej urody, która sama w sobie wyzwolić może u mężczyzn pobudzenie seksualne[6]. Kiedy mężczyźni z różnych krajów oceniali atrakcyjność rysunków przedstawiających kobiety o różnych proporcjach wymiarów tych części ciała, większość wybierała kobiety, u których obwód w pasie wynosił około 70 procent obwodu w biodrach[7].

Od kilkudziesięciu lat trwa zażarty spór w kwestii tego, dlaczego mózg mężczyzny jest na to tak wyczulony. Niektórzy widzą w tym drobnym fragmencie obwodów nerwowych sposób na to, by biologiczne oznaki szczytu płodności u kobiet były dla mężczyzn szczególnie pociągające: skłaniały ich do ekonomicznego gospodarowania nasieniem. Bez względu na to, jaka jest tego przyczyna, są to eleganckie wzorce w biologii człowieka: jemu podoba się sam jej widok, a ją przygotowuje do miłości jego zapach. Taktyka ta niewątpliwie dobrze się sprawdzała w początkach naszej prehistorii, ale w życiu współczesnym neurobiologia miłości uległa komplikacjom.

Mózg libido

Kryterium, które musieli spełniać mężczyźni i kobiety wybierani do badania w University College w Londynie, była „prawdziwa, głęboka i szalona" miłość. Siedemnastkę, która się zgłosiła, poddano obrazowaniu mózgu w czasie, gdy patrzyli na fotografię partnerki lub partnera, a następnie na zdjęcia przyjaciół. Wniosek: ochotnicy wydawali się uzależnieni od miłości.

Zarówno u mężczyzn, jak i kobiet obiekt żarliwych uczuć – ale nie przyjaciele – wyzwalał fajerwerki w wyjątkowo połączonych sektorach mózgu, sieci tak specyficznej, że wydaje się wyspecjalizowana w miłości romantycznej[8]. Duża część tej sieci ulega wzbudzeniu podczas innego stanu euforii, wywołanego zażyciem kokainy lub opiatów, co jest zgodne z hipotezą neurobiologa Jaaka Pankseppa. Odkrycie to wskazuje, że uzależniająco ekstatyczny charakter intensywnych uczuć romantycznych ma neuronalne uzasadnienie. Intrygujące jest to, że u mężczyzn żadna część tej sieci nie angażuje się zbytnio podczas podniecenia seksualnego samego w sobie, chociaż wzbudzeniu ulegają obszary przyległe do „rejonów romansu", co sugeruje łatwy związek anatomiczny, kiedy wraz z miłością rodzi się pożądanie[9].

Za pomocą takich badań neurobiologia przeniknęła tajemnicę namiętności seksualnej, łącząc w spójną całość wiedzę na temat działania tej mieszaniny hormonów i powstających w mózgu związków chemicznych, która nadaje żądzy tak pikantny smak. Oczywiście przepis na pożądanie różni się nieco między obu płciami, ale jego składniki i czas ich dodawania podczas aktu seksualnego ukazują pomysłowy plan, który czyni proces rozmnażania naszego gatunku tak atrakcyjnym.

Obwody żądzy, gdzie budzi się libido, obejmują dużą część mózgu limbicznego[10]. Znaczna część tej sieci drogi niskiej jest wspólna dla obu płci, ale istnieje też parę wymownych różnic. Różnice te są przyczyną rozbieżności w przeżywaniu stosunku seksualnego przez mężczyzn i kobiety oraz w ocenie różnych aspektów romantycznych kontaktów.

U mężczyzn zarówno popęd seksualny, jak i agresję podwyższa hormon płciowy testosteron, działający w połączonych ze sobą obszarach mózgu[11]. Kiedy mężczyźni stają się seksualnie pobudzeni, gwałtownie wzrasta u nich poziom testosteronu. Również u kobiet ten męski hormon budzi pożądanie seksualne, ale nie tak silne jak u mężczyzn.

Poza tym jest jeszcze ta właściwość uzależniająca. Podczas kontaktów seksualnych zarówno u mężczyzn, jak i kobiet niebotycznie wzrasta poziom dopaminy – związku, który wywołuje doznania intensywnej przyjemności podczas czynności tak odmiennych, jak oddawanie się hazardowi i zażywanie narkotyków. Poziom ten rośnie nie tylko podczas pobudzenia seksualnego, ale także wraz z częstotliwością stosunków seksualnych i siłą pociągu seksualnego danej osoby[12].

W mózgu kobiet znajduje się więcej oksytocyny, chemicznego źródła opiekuńczości, a zatem ma ona większy wpływ na ich podejście do związków seksualnych niż na postawy mężczyzn. Pewną rolę w tworzeniu więzi odgrywa też wazopresyna, hormon blisko spokrewniony z oksytocyną[13]. Ciekawe, że wiele receptorów wazopresyny znajduje się w komórkach wrzecionowatych, tych superszybkich łączach mózgu społecznego. Komórki wrzecionowate włączają się na przykład wtedy, kiedy dokonujemy szybkiej, intuicyjnej oceny osoby, którą spotkaliśmy po raz pierwszy. Chociaż nie przeprowadzono jeszcze żadnych badań, które mogłyby dać nam w tej kwestii pewność, komórki te wydają się odpowiednimi kandydatami do spełniania roli części układu mózgowego, który wywołuje miłość – a przynajmniej pożądanie – „od pierwszego wejrzenia".

Podczas zabiegów mających na celu doprowadzanie do stosunku płciowego wzrasta poziom oksytocyny w mózgu męskim, podobnie jak głód hormonalny powodowany przez argininę i wazopresynę (określanych łącznie mianem AVP). Mózg męski ma więcej receptorów AVP niż mózg kobiety, a większość z nich skupia się w obwodach seksualnych. AVP, które występują w dużych ilościach w okresie pokwitania, zdają się napędzać męskie pragnienia seksualne i osiągają najwyższe stężenie, kiedy zbliża się wytrysk, a w momencie orgazmu ich poziom szybko spada.

Zarówno u mężczyzn, jak i u kobiet oksytocyna podsyca wiele z rozkosznych uczuć, które ogarniają nas podczas kontaktu seksualnego. Podczas orgazmu wydzielają się jej duże ilości, a zalew tego hormonu zdaje się pobudzać pojawiające się po stosunku ciepłe uczucia i sprawiać, że mężczyźni i kobiety unoszą się wówczas na tej samej, czułej i miłosnej, fali hormonalnej[14]. Oksytocyna wydziela się obficie również po szczytowaniu, zwłaszcza podczas „gry końcowej", przytulania się, które następuje po stosunku[15].

Ze szczególną siłą oksytocyna wzbiera u mężczyzn w okresie „oporu ciała" po orgazmie, kiedy nie są w stanie osiągnąć następnej erekcji. Ciekawe, że przynajmniej u gryzoni (a być może i u ludzi) uczuciu ogromnej satysfakcji towarzyszy aż trzykrotny wzrost poziomu oksytocyny, zmiana, dzięki której na pewien czas chemia mózgu samca bardziej upodabnia się do chemii mózgu samicy. W każdym razie ta pomysłowa końcówka stosunku seksualnego przynosi odprężenie, potrzebne do wytworzenia się przywiązania, co jest inną funkcją oksytocyny.

Obwód żądzy przygotowuje też parę do następnego spotkania. W hipokampie, strukturze mózgu odgrywającej kluczową rolę w przechowywaniu pamięci, znajdują się neurony obfitujące w receptory zarówno AVP, jak i oksytocyny. AVP, zwłaszcza u mężczyzn, zdaje się wdrukowywać w pamięć ze szczególną siłą kuszący obraz roznamiętnionej partnerki, dzięki czemu te ślady pamięciowe są wyjątkowo trwałe. Również produkowana w czasie orgazmu oksytocyna pobudza pamięć, ponownie utrwalając w wyobraźni obraz ponętnej postaci kochanki.

Podczas gdy ta pierwotna biochemia pobudza naszą aktywność seksualną, ośrodki drogi wysokiej też wywierają wpływ na nasze zachowania, nie zawsze zgodne. Układy mózgowe, które przez tysiące lat pomagały nam przetrwać, obecnie wydają się podatne na konflikty i napięcia, które mogą doprowadzić do tego, że zachody miłości – zamiast zakończyć się trwałym sukcesem – zostaną stracone.

Bezwzględne pragnienie

Weźmy piękną i niezależną młodą prawniczkę, której narzeczony, pisarz, pracuje w domu. Za każdym razem kiedy ona wraca do domu, on rzuca to, czym się akurat zajmował, i krąży wokół niej. Pewnego wieczoru, kiedy szła do łóżka, przyciągnął ją do siebie, zanim zdążyła wejść pod kołdrę[16]. „Daj mi chociaż odrobinę swobody, żebym mogła cię kochać", powiedziała, co zraniło jego uczucia. Zagroził, że pójdzie spać na kanapę.

Słowa tej kobiety świadczą o tym, że pragnienie stworzenia zbyt ścisłej więzi ma też ciemną stronę – druga osoba może się w takim związku dusić. Celem dostrojenia się nie jest po prostu stałe dopasowywanie się i poświęcanie sobie nawzajem wszystkich myśli i uczuć, ale również danie drugiej osobie swobody decydowania o tym, że zostanie sama, kiedy będzie miała taką potrzebę. Ten cykl stwarza równowagę między potrzebami jednostki i potrzebami pary. Jak ujął to pewien terapeuta rodzinny: „Im więcej jakaś para może być osobno, tym więcej może być razem".

Każda z głównych form miłości – przywiązanie, pożądanie i opiekuńczość – ma swoją niepowtarzalną biologię, która ma łączyć partnerów specyficznym dla niej chemicznym spoiwem. Kiedy formy te występują wspólnie, miłość rozkwita. Kiedy się nie zgadzają ze sobą, miłość może zwiędnąć.

Weźmy choćby wyzwanie, przed jakim staje każdy romans, kiedy te trzy biologiczne układy miłości nie działają w jednym rytmie, co zdarza się powszechnie podczas występowania napięć między przywiązaniem i seksem. Do tego rodzaju rozbieżności dochodzi na przykład wtedy, kiedy jedno z partnerów czuje się niepewnie albo, co gorsza, jest zazdrosne czy obawia się porzucenia. Z neuronalnego punktu widzenia układ przywiązania hamuje działanie pozostałych, kiedy nastawiony jest na niepokój. Dokuczliwy lęk może łatwo stłumić popęd seksualny i ostudzić troskliwość – przynajmniej na jakiś czas.

Fiksacja owego pisarza na punkcie narzeczonej, postrzeganej przez niego jako obiekt seksualny, przypomina bezwzględne pragnienie karmionego piersią niemowlęcia, które nic nie wie o uczuciach i potrzebach swojej matki. Te pierwotne pragnienia odzywają się również podczas stosunku seksualnego, kiedy dwie namiętne osoby dorosłe wnikają nawzajem w swoje ciała z zapałem niemowląt.

Jak już zauważyliśmy, tkwiące w dzieciństwie korzenie życia intymnego wydobywają się na powierzchnię w postaci dziecinnych, wysokich głosów kochanków albo w używaniu przez nich dziecinnych zdrobnień imion. Etolodzy dowodzą, że sygnały te uruchamiają w mózgach kochanków rodzicielskie reakcje opiekuńczości i czułości. Różnica między dziecięcym pragnieniem a pożądaniem, które ogarnia osobę dorosłą, polega jednak na tym, że osoba dorosła ma zdolność do empatii, dzięki czemu namiętność łączy się ze współczuciem, a przynajmniej z troską.

A zatem Mark Epstein, psychiatra owej prawniczki, zaproponował jej narzeczonemu alternatywne podejście: zwolnienie tempa na tyle, by mógł się dostroić do niej emocjonalnie, a w rezultacie dać jej tyle swobody i stworzyć taką przestrzeń psychologiczną, by pozostała w kontakcie z własnym pożądaniem. Wspólne odczuwanie pożądania – i podtrzymanie więzi między nimi – pozwoliło jej odzyskać namiętność, którą traciła.

I tak wracamy do słynnego pytania Freuda: „Czego chce kobieta?" Jak odpowiedział Epstein: „Chce partnera, który dba o to, czego ona chce".

„To" za obopólną zgodą

Anne Rice, autorka serii bestsellerów o wampirach – i literatury erotycznej publikowanej pod pseudonimem – pamięta, że już w dzieciństwie snuła barwne fantazje sadomasochistyczne.

Osią jednej z jej najwcześniejszych fantazji erotycznych były rozbudowane scenariusze, w których w starożytnej Grecji sprzedawano młodych mężczyzn jako niewolników seksualnych: fascynował ją seks uprawiany przez mężczyzn z mężczyznami. W życiu dojrzałym lubiła się przyjaźnić z homoseksualistami i pociągała ją kultura gejowska[17].

Z takiego materiału powstaje fikcja literacka; powieści Rice o wampirach, obfitujące w wątki homoerotyczne, nadały ton romantycznemu światu Gotów. A w swych powieściach erotycznych przedstawia szczegółowo praktyki sadomasochistyczne obu płci. Chociaż te fantazje seksualne nie są z pewnością tym, co wszyscy lubią najbardziej, nie ma w nich niczego, co zdaniem badaczy wykraczałoby poza typowe marzenia erotyczne zwykłych ludzi.

Opisywane szczegółowo przez Rice ekstrawaganckie sceny seksualne nie są w sensie normatywnym przejawem zachowań „zboczeńców"; należą one do tematów, na które – jak ujawniają liczne badania – snują fantazje zarówno mężczyźni, jak i kobiety. Na przykład na podstawie jednej ankiety stwierdzono, że do najczęstszych fantazji należą: powracanie we wspomnieniach do ekscytującego kontaktu seksualnego, wyobrażanie sobie uprawiania seksu ze swoją partnerką czy partnerem albo z kimś innym, uprawianie seksu oralnego, kochanie się w romantycznym otoczeniu, opieranie się i bycie zmuszonym/zmuszoną do uległości seksualnej[18].

Szeroka gama fantazji seksualnych odzwierciedlać może zdrową seksualność, stając się źródłem bodźców wzmagających pobudzenie i przyjemność[19]. Jeśli obie strony wyrażają zgodę, obejmuje to nawet bardziej dziwaczne fantazje, takie jak te, które wyszły spod pióra Rice, pozornie przedstawiające okrutne scenariusze.

Przeszliśmy długą drogę od czasu, gdy Freud ogłosił sto lat temu, że „szczęśliwa osoba nigdy nie snuje fantazji, a jedynie osoba niezaspokojona"[20]. Ale fantazja jest właśnie tym – barwnym wyobrażeniem. Jak sarkastycznie zauważa Rice, nigdy nie próbowała wcielać w życie swoich fantazji, mimo że miała ku temu okazje. Można nie odgrywać fantazji seksualnych z inną osobą, a mimo to tak czy inaczej je wykorzystywać. W pierwszych badaniach Alfreda Kinseya (które z perspektywy czasu okazały się oparte na wypaczonych danych) 89 procent mężczyzn i 64 procent kobiet przyznało się do snucia fantazji seksualnych podczas masturbacji, co było szokującym odkryciem w tamtej spokojniejszej epoce, czyli w latach pięćdziesiątych ubiegłego wieku, ale dzisiaj jest stwierdzeniem banalnym. Jak pokazał jasno poczciwy profesor Kinsey, zadziwiająco szeroki wachlarz zachowań seksualnych mężczyzn i kobiet jest o wiele powszechniejszy, niż się publicznie przyznaje.

Społeczne tabu, którym – mimo *The Jerry Springer Show* i powszechności stron pornograficznych w Internecie – jeszcze dzisiaj pozostaje częstość występowania pewnych skłonności, oznacza, że jest ona większa, niż ludzie są skłonni przyznać. I faktycznie badacze seksu rutynowo zakładają, że wszelkie statystyki oparte na własnych relacjach ludzi o ich zachowaniach seksualnych są zaniżone. Kiedy studenci zapisywali w dziennikach każdą fantazję erotyczną czy myśl seksualną, którą mieli w ciągu dnia, mężczyźni informowali o około siedmiu, a kobiety o czterech-pięciu dziennie. Ale w innych badaniach, kiedy wypełniali kwestionariusz, w którym proszono ich, by przypomnieli sobie te same informacje, mężczyźni oceniali, że snuli fantazje seksualne tylko raz na dzień, a kobiety raz na tydzień.

Weźmy mężczyzn i kobiety, którzy mają fantazje seksualne podczas stosunku. W prawie wszystkich formach zachowań seksualnych mężczyźni górują ilościowo nad kobietami, ale w sferze fantazjowania podczas stosunku proporcje zdają się wyrównywać; przyznaje się do tego aż do 94 procent mężczyzn i 92 procent kobiet (chociaż w niektórych doniesieniach odsetek ten jest dużo niższy i wynosi 47 procent u mężczyzn i 34 procent u kobiet).

W jednym z badań stwierdzono, że powszechnym marzeniem w czasie, kiedy nie angażujemy się w zachowania seksualne, jest uprawianie seksu z aktualnym kochankiem, ale podczas stosunku powszechniejsze jest snucie fantazji o seksie z kimś innym[21]. Dane te skłoniły pewnego dowcipnisia do komentarza, że kiedy partnerzy romantyczni uprawiają seks, w rzeczywistości biorą w tym udział cztery osoby: te dwie, które to fizycznie robią, i dwie, które istnieją w ich umysłach.

W większości fantazji seksualnych druga strona przedstawiana jest jako przedmiot, istota stworzona po to, by zaspokoić szczególne preferencje „widza", bez uwzględnienia tego, czego sama mogłaby chcieć w tej sytuacji. W dziedzinie fantazji wszystko jednak uchodzi.

Zgoda na odegranie fantazji seksualnej na żywo jest aktem zbliżenia, postępowania według scenariusza z chętnym do tego partnerem, a nie narzucaniem mu pewnej roli, zmuszaniem go do uczestnictwa w tej grze, a zatem uprzedmiotowienia go, zrobieniem z niego „tego". Na tym polega różnica[22]. Jeśli zgadzają się na to oboje partnerzy, to nawet pozorny scenariusz „ja–to" może stworzyć poczucie większej bliskości. W odpowiednich warunkach traktowanie kochanki czy kochanka jako „tego" – jeśli odbywa się za obopólną zgodą – może być częścią seksualnej gry.

„Dobry związek seksualny – zauważa pewien terapeuta – jest jak dobra fantazja seksualna": podniecający, ale bezpieczny. Dodaje, że kiedy partnerzy mają uzupełniające się potrzeby seksualne, będąca rezultatem tego chemia – jak zazębiające się fantazje – wywołać może podniecenie, które przeciwdziała zmniejszaniu się zainteresowania seksualnego w parach, które współżyją od wielu lat[23].

Różnicę między radosną fantazją typu „to" a fantazją raniącą partnera wyznacza empatia i wzajemne zrozumienie. Jeśli oboje traktują zabawy miłosne jako grę, swoboda, z jaką podchodzą do fantazji, rodzi dodającą otuchy empatię. Kiedy wkraczają w dziedzinę fantazji, ich związek w tej sferze zwiększa obopólną przyjemność i dowodzi ich całkowitej wzajemnej akceptacji – co jest pośrednio aktem opiekuńczości.

Kiedy seks uprzedmiotowia

Zastanówmy się nad życiem miłosnym patologicznego narcyza, tak oto opisanym przez jego psychoterapeutę:

Ma dwadzieścia pięć lat i jest samotny, łatwo zadurza się w kobietach, które poznaje, i obsesyjnie snuje wybujałe fantazje o każdej z nich po kolei. Ale po serii seksualnych schadzek z kochanką zawsze czuje się nią rozczarowany, stwierdza nagle, że jest tępa, kurczowo się go trzyma albo jest fizycznie odpychająca.

Na przykład, kiedy w Boże Narodzenie czuł się samotny, starał się nakłonić swoją ówczesną dziewczyną – z którą spotykał się dopiero od kilku tygodni – by została z nim, zamiast jechać do rodziny. Kiedy odmówiła, napadł na nią, mówiąc, że jest egocentryczką, i rozwścieczony postanowił, że nigdy już się z nią nie spotka.

Poczucie narcyza, że wszystko mu się należy, napełnia go przekonaniem, że normalne zasady i granice nie odnoszą się do niego. Jak widzieliśmy, uważa, że ma prawo do odbycia stosunku z kobietą, która go zachęca i pobudza, nawet jeśli ona wyraźnie mówi, że chce przestać. Posunie się dalej, choćby musiał użyć siły.

Pamiętaj, że na liście cech narcyza wysoko plasuje się stępiona empatia, razem ze skłonnością do wykorzystywania innych, próżnością i egocentryzmem. Nie powinno więc być zaskoczeniem, że mężczyźni o narcystycznej osobowości opowiadają się za przymuszaniem do pożycia seksualnego, wyznając poglądy takie jak ten, że ofiary gwałtu „same się o to proszą" albo że kiedy kobieta mówi „nie" na propozycję seksualną, to naprawdę myśli „tak"[24]. Narcyzi wśród amerykańskich studentów zgadzają się na ogół ze stwierdzeniem, że „jeśli dziewczyna angażuje się w pieszczoty i pozwala, żeby sprawy wymknęły się spod kontroli, to jest sama winna, jeśli partner zmusi ją do seksu". Dla niektórych mężczyzn przekonanie to jest racjonalnym uzasadnieniem gwałtu na randce, kiedy partner zmusza do stosunku seksualnego kobietę, z którą się obcałowywał i obmacywał, ale która w pewnym momencie powiedziała „dość".

Przewaga takich postaw wśród niektórych mężczyzn wyjaśnia częściowo, dlaczego w Stanach Zjednoczonych około 20 procent kobiet twierdzi, że mimo oporu z ich strony zostały zmuszone – najczęściej przez małżonka, partnera albo kogoś, w kim były w tym czasie zakochane – do aktu seksualnego, na który nie miały ochoty[25]. I faktycznie, kobiety zmuszane są do stosunków seksualnych dziesięciokrotnie częściej przez mężczyzn, których kochają, niż przez obcych. Badanie mężczyzn, którzy sami przyznali się do gwałtów dokonanych na randkach, wykazało, że zmuszali swoje ofiary do odbycia z nimi stosunku po zabawach seksualnych, które prowadzili za obopólną zgodą; gwałciciel po prostu ignorował protesty kobiety przeciwko posunięciu się dalej[26].

W przeciwieństwie do większości mężczyzn, narcyzi lubią i uważają za seksualnie podniecające filmy, w których po wzajemnych pieszczotach kobieta chce przestać, a mężczyzna, pomimo jej widocznego bólu i wstrętu, zmusza ją do stosunku seksualnego[27]. Oglądając taką scenę, narcyz jest obojętny na cierpienie kobiety i skupia się na samozadowoleniu napastującego. Ciekawe, że w badaniach tych narcyzom nie podobała się sekwencja pokazująca tylko gwałt, bez gry wstępnej i odmowy ze strony kobiety.

Brak empatii sprawia, że mężczyźni o osobowości narcystycznej są obojętni na cierpienia, które zadają swoim „dziewczynom". Podczas gdy dziewczyna przeżywa wymuszony seks jako odrażający akt przemocy, on nie rozumie, że jest to dla niej nieprzyjemne, nie mówiąc już o tym, by żywił dla niej chociaż odrobinę współczucia. I faktycznie, im bardziej empatyczny jest mężczyzna, tym jest mniej prawdopodobne, by zachował się jak drapieżca seksualny czy nawet wyobraził sobie, że to robi[28].

W wymuszonych stosunkach seksualnych może odgrywać pewną rolę dodatkowa siła hormonalna. Badania pokazują, że bardzo wysoki poziom testosteronu powoduje, że mężczyźni są bardziej skłonni traktować inną osobę jako obiekt seksualny. Sprawia też, że są dokuczliwymi mężami.

Badania poziomu testosteronu u 4462 Amerykanów pokazały niepokojącą prawidłowość u tych z nich, u których odczyt tego męskiego hormonu był wyższy[29]. Byli ogólnie bardziej agresywni, częściej bywali aresztowani i częściej wdawali się w bójki. Również jako mężowie stwarzali zagrożenie – mieli skłonność do bicia żon albo rzucania w nie różnymi przedmiotami, do pozamałżeńskich stosunków seksualnych i – co w tej sytuacji zrozumiałe – częściej byli rozwodnikami. Im wyższy był poziom testosteronu, tym gorzej wyglądał ten obraz.

Z drugiej strony, zauważają autorzy tych badań, wielu naładowanych testosteronem mężczyzn żyje w szczęśliwym związku małżeńskim. Różnica między nimi a całą resztą polega, zdaniem badaczy, na stopniu, w jakim nauczyli się oni panować nad swoimi wzbudzanymi przez testosteron impulsami. Klucze do powściągania wszelkich impulsów, zarówno seksualnych, jak i popychających do agresji, znajdują się w układach przedczołowych. I tak wracamy do drogi wysokiej i jej zdolności powściągania drogi niskiej jako przeciwwagi libido.

Wiele lat temu, jako popularyzator nauki w „New York Timesie", rozmawiałem z ekspertem FBI, który specjalizował się w analizie psychologicznej seryjnych morderców. Powiedział mi, że tego rodzaju mordercy prawie zawsze urzeczywistniają perwersyjnie okrutne fantazje seksualne, w których nawet błagania ofiar stają się pożywką dla pobudzenia. W istocie mały (na szczęście) podzbiór mężczyzn przedstawienia gwałtu pobudzają seksualnie bardziej niż sceny erotyczne, w których mężczyzna i kobieta uprawiają seks za obopólną zgodą[30]. Ich dziwaczne upodobanie do zadawania cierpienia wyodrębnia tę grupę spośród ogromnej większości mężczyzn, bo nawet gwałcących na randkach narcyzów nie podnieca czysty gwałt.

Ten absolutny brak empatii zdaje się wyjaśniać, dlaczego seryjnych gwałcicieli nie zniechęcają ani łzy, ani krzyki ofiar. Znaczna liczba skazanych sprawców gwałtów mówi, że ani nie wiedzieli, co czuje ofiara, ani ich to nie obchodziło. Prawie połowa z nich przekonywała siebie, że jej się „to podobało", chociaż ofiara była tak przygnębiona, że doprowadziła do tego, iż gwałciciel znalazł się w więzieniu[31].

Jedno z badań, którym poddano mężczyzn osadzonych w więzieniu za gwałt, wykazało, że w większości sytuacji potrafią zupełnie dobrze zrozumieć innych ludzi; jedynym godnym uwagi wyjątkiem jest to, że nie są w stanie dostrzec negatywnych emocji u kobiety, choć pozytywne nie umykają ich uwagi[32]. A zatem, chociaż w ogóle mają zdolność empatii, gwałciciele ci wydają się niezdolni albo niechętni do odczytywania sygnałów, które by ich powstrzymały. Równie dobrze owi drapieżcy mogą być selektywnie niewrażliwi i błędnie odczytywać sygnały, których nie chcą widzieć – odmowę albo cierpienie kobiety.

Najbardziej niepokojący są bardzo zboczeni mężczyźni, których ulubione, przymusowo odgrywane w rzeczywistości fantazje skupiają się na scenariuszach „ja–to", typowych dla uwięzionych sprawców przestępstw na tle seksualnym, zwłaszcza tych, którzy skazani zostali za seryjne gwałty, molestowanie dzieci i ekshibicjonizm. Mężczyzn tych bardziej podniecają fantazje o takich aktach niż zwykłe sceny seksualne[33]. Oczywiście to, że ktoś po prostu snuje jakieś fantazje, nie implikuje, że zmusi kogoś innego do realizacji tej fantazji. Ale osobnicy tacy jak sprawcy przestępstw na tle seksualnym, którzy zmuszają inne osoby do odgrywania aktów będących wytworem ich fantazji, przełamali barierę między myślą i działaniem.

Kiedy droga niska pokona barierę stawianą przez drogę wysoką pójściu za agresywnym impulsem, fantazje stają się napędem podłych uczynków, podsycając niczym nieskrępowane libido (niektórzy powiedzą: żądzę władzy), które pcha jednostkę do przestępstw na tle seksualnym. W takich przypadkach fantazje te stają się sygnałem o niebezpieczeństwie, zwłaszcza kiedy mężczyzna nie czuje empatii wobec swoich ofiar, przekonany jest, że ofierze „to się podoba", czuje do niej wrogość i jest emocjonalnie samotny[34]. Ta wybuchowa mieszanka niemal gwarantuje kłopoty.

Porównajmy zimny dystans seksualności typu „ja–to" z ciepłym związkiem typu „ja–ty". Miłość romantyczna opiera się na rezonansie; bez tej intymnej więzi pozostaje sama żądza. Przy obustronnej empatii również nasz partner jest podmiotem, dostrajamy się do niego czy do niej jako do „ciebie" i ogromnie zwiększa się nasz erotyczny ładunek. Kiedy para kochanków łączy się nie tylko fizycznie, ale i emocjonalnie, oboje zatracają poczucie odrębności w czymś, co nazwano „orgazmem ego" – spotkaniem nie tylko ciał, ale ich jestestw[35].

Mimo to nawet największy orgazm nie daje żadnej gwarancji, że rano obojgu kochankom będzie na sobie nadal zależało, że będą się autentycznie o siebie troszczyć. Troskliwość i opiekuńczość kierują się własną neuronalną logiką.

Rozdział 15

Biologia współczucia

W klasycznej piosence Rolling Stonesów Mick Jagger obiecuje kochance: „Przybędę ci na emocjonalny ratunek" – wyrażając uczucie podzielane przez romantycznych partnerów w każdym miejscu na świecie. Parę spaja bowiem nie tylko wzajemny pociąg, pewną rolę odgrywa również wzajemna troska partnerów o siebie.

Pierwowzorem takiej opiekuńczości jest matka pielęgnująca niemowlę. John Bowlby uważał, że ten sam wrodzony instynkt opiekuńczy daje o sobie znać, kiedy czujemy potrzebę zareagowania na wołanie o pomoc – bez względu na to, czy dobiega ono od naszej kochanki lub kochanka, dziecka, przyjaciela czy cierpiącej obcej osoby.

Opiekuńczość partnerów romantycznych ma dwie formy: stworzenie bezpiecznej bazy, w której partner czuje się chroniony, oraz zapewnienie bezpiecznej przystani, z której partner może wyprawiać się w świat. W idealnym układzie oboje partnerzy powinni potrafić przechodzić płynnie z jednej roli do drugiej, spiesząc – w miarę potrzeby – z otuchą i pociechą albo ją otrzymując. Ta wzajemność jest cechą zdrowego związku.

Zapewniamy bezpieczną bazę, kiedy spieszymy partnerowi na ratunek emocjonalny, pomagając mu rozwiązać kłopotliwy problem, uspokajając go albo po prostu będąc przy nim i słuchając go. Kiedy czujemy, że związek z partnerem stwarza nam bezpieczną bazę, możemy podjąć z większą energią pojawiające się wyzwania. Jak ujął to John Bowlby, „wszyscy, od kołyski po grób, jesteśmy najszczęśliwsi, kiedy życie oferuje nam szereg dłuższych lub krótszych wycieczek z bezpiecznej bazy"[1].

Mogą to być wycieczki tak proste jak spędzenie dnia w biurze albo tak złożone jak osiągnięcie na skalę światową. Jeśli pomyśli się o przemówieniach wygłaszanych przez zdobywców ważnych nagród, to z reguły zawierają one wyrazy wdzięczności wobec osób, które zapewniają im bezpieczną bazę. Dowodzi to, jak ważne dla naszej zdolności osiągnięć jest poczucie bezpieczeństwa i pewności.

Nasze poczucie bezpieczeństwa związane jest z dążeniem do badania otoczenia. Według teorii Bowlby'ego, im bezpieczniejszą przystań zapewnia nam partner, tym odważniejszych eksploracji się podejmiemy, a im bardziej onieśmielający jest ich cel, tym większą odczuwamy potrzebę znalezienia oparcia w bazie, by zebrać energię, wiarę w siebie i odwagę. Hipotezy te sprawdzono na 116 parach, z których każda była od co najmniej czterech lat w romantycznym związku[2]. Jak przewidywano, im mocniej osoba badana czuła, że jej partner jest „bazą domową", na której może polegać, tym większą przejawiała chęć wykorzystywania szans, które stwarza życie.

Kasety wideo, które przedstawiały pary rozmawiające o swoich życiowych celach, pokazały, że ważne było również to, jak partnerzy rozmawiali ze sobą. Jeśli partner był wrażliwy, podczas tej dyskusji odnosił się do drugiej strony ciepło i pozytywnie, to pod koniec rozmowy była ona – co zrozumiałe – bardziej pewna siebie, a często podnosiła sobie poprzeczkę i stawiała bardziej ambitne cele.

Jeśli jednak partner był natrętny i apodyktyczny, drugą stronę ogarniało przygnębienie i niepewność, czy zdoła osiągnąć swój cel, co często kończyło się rezygnacją z aspiracji i obniżeniem poczucia własnej wartości. Apodyktyczni partnerzy postrzegani byli przez drugą stronę jako grubiańscy krytycy, a ich rady były na ogół odrzucane[3]. Próby przejęcia kontroli są pogwałceniem kardynalnej reguły stworzenia bezpiecznej bazy, która mówi: interweniuj tylko wtedy, kiedy zostaniesz o to poproszony albo kiedy jest to absolutnie konieczne. Pozwolenie partnerowi na podążanie swoją drogą i realizację jego choćby ryzykownych wizji jest cichym wotum zaufania; im bardziej staramy się kontrolować decyzje partnera, tym bardziej wskazujemy, że mu nie ufamy. Wtrącanie się w postanowienia i zamiary innej osoby przeszkadza jej w badaniu świata.

Partnerzy różnią się stylami pomagania i przywiązania. Osoby przywiązane niespokojnie mogą mieć kłopot z odprężeniem się na tyle, by dać partnerowi wystarczającą swobodę eksploracji, chcąc – jak robią to niespokojne matki – żeby był on stale w pobliżu. Tacy nazbyt przylepni partnerzy mogą wprawdzie zapewniać bezpieczną bazę, ale nie potrafią funkcjonować jako bezpieczna przystań. Natomiast ludzie unikający bliskości emocjonalnej pozwalają swoim partnerom swobodnie buszować, ale znacznie gorzej sobie radzą ze stworzeniem dla nich bezpiecznej bazy, w której czuliby się oni pewnie, i praktycznie nigdy nie przychodzą im z ratunkiem emocjonalnym.

Biedna Liat

Mogłaby to być scena z telewizyjnego reality show *Nieustraszeni*. Liat, studentka, musiała się poddać serii ciężkich prób, z których każda była trudniejsza od poprzedniej. Wyraźnie przeraziło ją już pierwsze zadanie – oglądanie makabrycznych zdjęć strasznie poparzonego mężczyzny i groteskowo zniekształconej w wyniku urazu twarzy.

Potem, kiedy miała wziąć do ręki i pogłaskać szczura, była tak wystraszona, że omal go nie upuściła. Następnie poinstruowano ją, żeby zanurzyła po łokieć rękę w lodowatej wodzie i trzymała ją tam przez trzydzieści sekund. Ból okazał się tak silny, że wyciągnęła ją po dwudziestu sekundach.

Na koniec, kiedy miała włożyć rękę do szklanego terrarium i pogłaskać tarantulę, miarka się przebrała. Krzyknęła: „Już nie mogę!"

Oto pytanie: Czy z własnej, nieprzymuszonej woli pospieszyłbyś Liat z pomocą, proponując, że ją zastąpisz?

Pytanie to zadawano innym studentom, którzy zgłosili się ochotniczo do badań nad tym, jak lęk wpływa na współczucie, to szlachetne przedłużenie naszego instynktu opiekuńczego. Ich odpowiedzi pokazują, że styl przywiązania nie tylko może wypaczyć zachowania seksualne, ale też w specyficzny sposób wykrzywić zdolność empatii.

Mario Mikulincer, izraelski kolega Phillipa Shavera w dziedzinie badań nad stylami przywiązania, dowodzi, że wrodzony impuls altruistyczny, który jest wynikiem współodczuwania ze znajdującą się w potrzebie inną osobą, może zostać osłabiony, stłumiony albo zagłuszony, kiedy odczuwamy niepokój charakterystyczny dla nieufnego przywiązania. Za pomocą misternych eksperymentów Mikulincer wykazał, że każdy z trzech różnych stylów przywiązania ma odmienny wpływ na zdolność współodczuwania[4].

Osoby o różnych stylach przywiązania proszono, by przyglądały się udrękom biednej Liat, która, oczywiście, była współpracowniczką badaczy i tylko odgrywała przydzieloną jej rolę. Największe współczucie, zarówno w kwestii współodczuwania bólu Liat, jak i w zgłaszaniu gotowości do zastąpienia jej, okazywały osoby ufnie przywiązane. Osoby niespokojne były tak pochłonięte własnymi przykrymi reakcjami, że nie potrafiły się zmobilizować, by jej pomóc. A osoby „unikające" ani nie były przygnębione, ani nie kwapiły się z pomocą.

Optymalny dla altruizmu wydaje się styl ufny; osoby takie łatwo się dostrajają do przygnębienia innych i czynnie im pomagają. Są też bardziej od innych skłonne do zachowań opiekuńczych w związkach z innymi, czy to jako matki pomagające swoim dzieciom, czy jako partnerzy romantyczni służący drugiej stronie pociechą i podporą w przygnębieniu, czy jako opiekunowie starszych krewnych, czy wreszcie jako osoby postronne, oferujące w potrzebie pomoc nieznajomym.

Osoby niespokojne z kolei dostrajają się do innych nadwrażliwie, przez co cierpienie innych może je wprawić w jeszcze większe przygnębienie, w którym ulegną zarażeniu emocjonalnemu. Chociaż odczuwają ból innych, uczucia te mogą się nasilić i przybrać postać „empatycznego cierpienia", w którym niepokój jest tak silny, że obezwładnia. Najbardziej podatni na znużenie współczuciem wydają się ludzie niespokojni, których spala ich własny ból, kiedy są świadkami cierpień innych.

Współczucie przychodzi też z trudem osobom „unikającym". Chronią się przed bolesnymi emocjami, tłumiąc je, a więc w odruchu samoobrony mogą się zamknąć na uczucia ludzi cierpiących. Ponieważ słabo współodczuwają, rzadko przychodzą innym z pomocą. Jedynym wyjątkiem wydają się sytuacje, w których mogą jakoś skorzystać osobiście; te akty współczucia mają zabarwienie, które można ująć słowami: „A co ja będę z tego miał?"

Opiekuńczość przybiera najpełniejszą formę, kiedy czujemy się pewnie, mamy stabilną podstawę, która pozwala nam współodczuwać bez uczucia przytłoczenia. Poczucie, że ktoś się o nas troszczy, wyzwala w nas troskę o innych, a kiedy nie mamy takiego poczucia, nie potrafimy się o nich troszczyć. Obserwacja ta skłoniła Mikulincera do zbadania, czy samo zapewnienie komuś poczucia większego bezpieczeństwa może zwiększyć jego zdolność do opiekuńczości.

Wyobraź sobie, że czytasz w miejscowej gazecie o strasznym losie kobiety z trójką małych dzieci. Nie ma ona męża, pracy ani pieniędzy. Każdego dnia prowadzi swoją dziatwę do jadłodajni dla ubogich; bez tego skromnego posiłku głodowaliby, byliby niedożywieni, a nawet mogliby umrzeć.

Czy byłbyś skłonny podarować jej raz w miesiącu trochę jedzenia? Pomóc jej szukać ofert pracy? Czy posunąłbyś się tak daleko, by towarzyszyć jej podczas rozmowy z potencjalnym pracodawcą?

Te właśnie pytania zadano ochotnikom w innym przeprowadzonym przez Mikulincera badaniu współczucia. W eksperymentach tych zwiększano najpierw poczucie bezpieczeństwa u osób badanych poprzez krótką (trwającą jedną pięćdziesiątą sekundy), odbywającą się poza ich świadomością ekspozycję nazwisk ludzi, w których obecności czuły się bezpiecznie (np. tych, z którymi lubiły rozmawiać o denerwujących czy przygnębiających sprawach). Proszono je też, by celowo myślały o tych osobach, wizualizując sobie w wyobraźni ich twarze.

Jest zdumiewające, że osoby niespokojne pokonywały empatyczne przygnębienie i swoją zwykłą niechęć do pomagania. Nawet ten chwilowy zastrzyk pewności siebie sprawiał, że reagowały jak ludzie ufni, okazując więcej współczucia. Podwyższone poczucie bezpieczeństwa zdaje się wyzwalać dużo energii i troskę o potrzeby innych.

Osoby skryte nie potrafiły natomiast wczuć się w położenie innych, wskutek czego tłumiły odruch altruizmu, chyba że mogły dzięki niemu coś zyskać. Ich cyniczna postawa zgadza się z teorią, według której nie istnieje coś takiego jak prawdziwy altruizm, a w aktach współczucia zawsze kryje się co najmniej odrobina troski o własny interes, jeśli nie egoizmu[5]. Mikulincer uważa, że w tym poglądzie jest źdźbło prawdy – ale głównie w odniesieniu do osób skrytych, które przede wszystkim nie są zdolne do autentycznej empatii[6].

Spośród osób o trzech stylach przywiązania najbardziej gotowe do podania pomocnej ręki okazały się te, które były ufne. Ich współczucie jest wprost proporcjonalne do potrzeby, którą widzą – im bardziej ktoś cierpi, tym większą służą mu pomocą.

Niska droga do współczucia

Taka empatia, dowodzi Jaak Panksepp, ma korzenie w znajdującym się w drodze niskiej układzie neuronalnym opieki macierzyńskiej, który jest wspólny nie tylko nam, ale również wielu innym gatunkom. Jak wie każda matka, płacz jej dziecka działa na nią szczególnie silnie. Badania laboratoryjne pokazują, że kiedy płacze jej dziecko, wzbudzenie fizjologiczne matki jest wyraźnie silniejsze, niż kiedy słyszy łkanie innego[7].

Zdolność dziecka do wywołania u matki emocji podobnej do tego, co samo czuje, daje jej orientację w potrzebach dziecka. To, że płacz dziecka wyzwala opiekuńczość – zjawisko obserwowane nie tylko u ssaków, ale również u ptaków – świadczy, że jest to w przyrodzie powszechny schemat, który ma ogromne i dość oczywiste znaczenie dla przetrwania.

Empatia odgrywa kluczową rolę w troskliwości, która w końcu skupia się na reagowaniu raczej na potrzeby innych niż na własne. Współczucie, wspaniała rzecz, w swojej codziennej postaci może się przejawiać jako przystępność, wrażliwość lub czułość, które są oznakami dobrej opieki rodzicielskiej czy przyjaźni. A kiedy chodzi o potencjalnego partnera, pamiętaj, że zarówno mężczyźni, jak i kobiety na pierwszym miejscu wśród cech, których szukają, wymieniają dobroć.

Freud zauważył uderzające podobieństwo intymności fizycznej między kochankami do kontaktów matki z dzieckiem. Kochankowie, podobnie jak matki i niemowlęta, spędzają dużo czasu na patrzeniu sobie w oczy, obejmowaniu się, przytulaniu i całowaniu, przy czym stykają się ze sobą dużymi obszarami skóry. W obu przypadkach kontakty te dają obu stronom zadowolenie i rozkosz.

Pomijając seks, neurochemicznym kluczem do odczuwania przyjemności z takich kontaktów jest oksytocyna, molekuła miłości matczynej. Oksytocyna, która wydziela się w organizmie matki podczas porodu i karmienia piersią, jak też u obu płci podczas orgazmu, wyzwala kaskadę miłosnych uczuć, które każda matka żywi do swojego dziecka, a zatem pierwotną biochemię ochrony i troski.

Kiedy matka karmi dziecko piersią, w jej ciele wydziela się oksytocyna, co wywołuje wiele skutków. Pobudza wypływ mleka, a także rozszerza naczynia krwionośne w skórze wokół gruczołów mlekowych, dodatkowo ogrzewając dziecko. Kiedy matka czuje się odprężona, obniża się ciśnienie jej krwi. Dzięki poczuciu spokoju staje się ona bardziej towarzyska i odczuwa chęć nawiązywania kontaktów z innymi osobami, a towarzyskość ta jest tym większa, im wyższy jest u niej poziom oksytocyny.

Kerstin Uvnäs-Moberg, szwedzka endokrynolog, która prowadziła rozległe badania nad oksytocyną, twierdzi, że do tego biochemicznego zalewu dochodzi zawsze wtedy, kiedy nawiązujemy czuły kontakt z kimś, o kogo się troszczymy. Obwód nerwowy oksytocyny przebiega przez wiele węzłów niskiej drogi mózgu społecznego[8].

Dobroczynne skutki działania oksytocyny zdają się pojawiać w różnych przyjemnych interakcjach społecznych – zwłaszcza we wszystkich formach opiekuńczości – w których wymieniamy się z innymi energią emocjonalną; mogą one torować w nas drogę dobrym uczuciom, które wywołuje ten związek. Uvnäs-Moberg sugeruje, że powtarzające się kontakty z osobami, z którymi czujemy najsilniejszą więź, mogą warunkować wydzielanie się oksytocyny, dzięki czemu już sama obecność takiej osoby czy nawet myślenie o niej wyzwala przyjemną dawkę tej substancji. Trudno się zatem dziwić, że boksy nawet w najbardziej bezdusznych biurach mają ściany pokryte zdjęciami ukochanych osób.

Oksytocyna może być neurochemicznym kluczem do związku przepełnionego miłością i oddaniem. Badania wykazały, że spaja ona osobniki pewnego gatunku norników preriowych w monogamiczne pary na całe życie. Norniki innego gatunku, którym brakuje oksytocyny, parzą się ze sobą jak popadnie i nigdy nie łączą się z partnerami na stałe. W eksperymentach, w których zahamowano wydzielanie się tego hormonu, monogamiczne norniki żyjące w parach traciły nagle zainteresowanie partnerem. Kiedy natomiast podawano ten hormon ich „rozpustnym" kuzynom, którym go brakowało, zaczynały się łączyć w pary[9].

U ludzi oksytocyna może być czymś w rodzaju paragrafu 22: sama chemia długotrwałej miłości może czasami tłumić chemię pożądania. Szczegóły tego oddziaływania są skomplikowane, ale w jednej interakcji wazopresyna (bliska kuzynka oksytocyny) obniża poziom testosteronu, a w innej testosteron hamuje wydzielanie się oksytocyny. Mimo to, chociaż naukowe szczegóły tych reakcji czekają jeszcze na rozwikłanie, testosteron może niekiedy podwyższyć poziom oksytocyny, co świadczy o tym, że przynajmniej w aspekcie hormonalnym namiętność nie musi słabnąć wraz z zaangażowaniem[10].

Alergie społeczne

„Nagle uświadamiasz sobie, że na podłodze leży zbyt dużo mokrych ręczników, że on bez przerwy trzyma w ręku pilota i drapie się po plecach. W końcu stajesz twarzą w twarz z niepodważalną prawdą, że jest praktycznie niemożliwe całować się z języczkiem z osobą, która bierze nową rolkę papieru toaletowego i zostawia ją na tekturowej rurce z poprzedniej rolki".

Ta litania narzekań sygnalizuje rozkwit „alergii społecznej", silnej awersji do nawyków partnera, które – jak alergen fizyczny – przy pierwszym kontakcie nie wywołują żadnej reakcji – i u większości ludzi by nie wywołały – ale z każdym kolejnym wystawieniem na jego działanie powodują coraz większe uwrażliwienie[11]. Alergie społeczne pojawiają się na ogół wtedy, kiedy spotykająca się para spędza razem więcej czasu i obie strony coraz lepiej poznają swoje nawyki. Będąca cechą alergii społecznej irytacja nasila się, w miarę jak słabnie uodparniająca moc romantycznej idealizacji.

W badaniach amerykańskich studentów odkryto, że u kobiet większość alergii społecznych rozwija się w reakcji na prostackie lub bezmyślne zachowania ich chłopaków, takie jak ów zwyczaj nieusuwania rurki po zużytym papierze toaletowym. Mężczyzn natomiast denerwuje, kiedy ich dziewczyny wydają się pochłonięte sobą albo zbyt apodyktyczne. Alergie społeczne nasilają się wraz ze zwiększeniem wystawienia na czynniki uczulające. Kobieta, która po dwóch miesiącach znajomości ignoruje gburowate zachowania partnera, po roku może stwierdzić, że ledwie je znosi. Nadwrażliwość ta ma konsekwencje tylko w takim stopniu, w jakim toruje drogę złości i przygnębieniu – im bardziej dane zachowania drażnią partnera, tym większe staje się prawdopodobieństwo, że para ze sobą zerwie.

Psychoanalitycy przypominają, że nasze pragnienie znalezienia „idealnej" osoby, która spełni wszystkie nasze oczekiwania oraz empatycznie wyczuje i spełni każdą naszą potrzebę, jest niemożliwą do urzeczywistnienia pierwotną fantazją. Kiedy nauczymy się godzić z tym, że żaden kochanek ani żaden małżonek nie mogą nigdy zaspokoić naszych niezrealizowanych potrzeb z dzieciństwa, zaczynamy postrzegać naszych partnerów bardziej realistycznie, nie przez pryzmat naszych życzeń i projekcji.

A neurobiolodzy dodają, że przywiązanie, opiekuńczość i pożądanie seksualne są wytworami zaledwie trzech z siedmiu głównych układów nerwowych, które kierują tym, czego chcemy i co robimy. Wśród pozostałych są eksploracja (włącznie z poznawaniem świata) i tworzenie więzi społecznych[12]. Każdy z nas ustala hierarchię tych podstawowych popędów na swój sposób – niektórzy żyją po to, by wędrować, inni po to, by się udzielać towarzysko. Kiedy jednak pojawia się miłość, na górze tej listy, w takim czy innym porządku, znajdują się przywiązanie, opiekuńczość i seks.

Według Johna Gottmana, przodującego badacza emocji w małżeństwach, stopień, w jakim partner zaspokaja główne potrzeby dominujących układów nerwowych drugiej strony, pozwala przewidzieć, czy ich związek przetrwa[13]. Gottman, psycholog z University of Washington, stał się czołowym specjalistą w dziedzinie określania, co decyduje o tym, że małżeństwo jest udane albo ponosi porażkę, opracowawszy sposób, który pozwala przewidzieć z 90-procentową trafnością, czy w ciągu trzech lat od badania para się rozejdzie[14].

Teraz z kolei Gottman dowodzi, że kiedy jakaś podstawowa potrzeba – powiedzmy, kontaktów seksualnych albo troskliwości – nie jest zaspokojona, odczuwamy stałe niezadowolenie, które może się przejawiać w tak subtelny sposób jak nieokreślona frustracja albo tak widocznie jak ciągła uraza. Jeśli potrzeby te pozostają niezaspokojone, jątrzą się jak rany. Oznaki takiego neuronalnego niezadowolenia są wczesnymi sygnałami ostrzegawczymi, że związek znalazł się w niebezpieczeństwie.

Z drugiej strony, z parami, które żyją ze sobą przez kilkadziesiąt lat, znajdując szczęście w przebywaniu ze sobą, dzieje się coś zdumiewającego. Ich wzajemne zrozumienie zdaje się pozostawiać ślady nawet na ich twarzach, które zaczynają się do siebie upodabniać, co jest widocznie wynikiem rzeźbienia ich mięśni, wyrażających przez lata te same emocje[15]. Ponieważ każda emocja napina i rozluźnia ten sam, konkretny zespół mięśni twarzy, partnerzy, jednomyślnie uśmiechając się albo przybierając chmurne miny, wzmacniają odpowiadający danej emocji zespół. To stopniowo żłobi podobne linie i zmarszczki, dzięki czemu ich twarze stają się bardziej podobne do siebie.

Tego zaskakującego odkrycia dokonano w badaniu, podczas którego pokazywano dwa zbiory zdjęć par małżeńskich – pierwszy z ich ślubu, drugi zrobiony dwadzieścia pięć lat później – prosząc osoby badane o ocenę, którzy mężowie i żony są do siebie najbardziej podobni. Z upływem czasu nie tylko upodobniły się do siebie twarze małżonków, ale im większe było podobieństwo ich twarzy, tym szczęśliwsi czuli się w małżeństwie.

W pewnym sensie w miarę upływu czasu partnerzy rzeźbią się w subtelny sposób, wzmacniając u siebie nawzajem poprzez niezliczone drobne interakcje pożądane postawy i zachowania. Niektórzy badacze sugerują, że to kształtowanie zbliża ludzi do idealnego dla ich partnerów wzorca. Ów cichy nacisk na partnera, by dawał nam miłość, której chcemy, nazwano fenomenem Michała Anioła[16].

Najlepszym barometrem zdrowia związku małżeńskiego może być sama liczba pozytywnych kontaktów małżonków w dowolnym dniu. Weźmy badanie par tuż przed ślubem, które zgodziły się na drobiazgową analizę schematów ich interakcji podczas sprzeczek[17]. Przez pięć lat od pierwszej wizyty pary te wracały do laboratorium na badania kontrolne. Okazało się, że ich stosunki podczas tej pierwszej sesji, jeszcze przed ślubem, były zadziwiająco dobrym prognostykiem przebiegu ich związku w następnych latach.

Jest zrozumiałe, że negatywne kontakty wróżyły źle. Najmniej zadowolone z pożycia pary miały skłonność do dopasowywania swoich emocji podczas kłótni. Im bardziej negatywne nastawienie przejawiali partnerzy podczas tych pierwszych sprzeczek, tym mniej stabilny okazywał się ich związek. Szczególnie szkodliwe było wyrażanie odrazy lub pogardy[18]. Pogarda sprawia, że negatywne nastawienie wykracza poza czysty krytycyzm, przybierając często formę nieskrywanej zniewagi, wyrządzanej drugiej stronie tak, jakby znajdowała się na niższym poziomie. Wyrażanie pogardy dla partnera jest komunikatem, że nie zasługuje na empatię, nie wspominając nawet o miłości.

Takie toksyczne kontakty stają się jeszcze gorsze, kiedy małżonkowie wykazują się dokładną empatią. Doskonale wiedzą, jaki ból odczuwa druga strona, ale nie mają ochoty jej pomóc. Jak ujął to pewien doświadczony prawnik: „Obojętność – nieprzejmowanie się partnerem, a nawet niezwracanie na niego uwagi – jest jedną z najgorszych form okrucieństwa w małżeństwie".

Bolesny był również schemat, w którym jedno rozgoryczenie wywoływało drugie, złość rodziła cierpienie i smutek, partnerzy zachowywali się wobec siebie wyzywająco („Jak możesz mówić takie rzeczy!") i przerywali sobie, nie pozwalając drugiej stronie dokończyć wypowiedzi. Te schematy interakcji pozwalały najtrafniej przewidzieć, czy dana para się rozejdzie, przed albo po ślubie. Większość rozpadała się w ciągu półtora roku od pierwszej sesji tych badań.

John Gottman powiedział mi: „W parach umawiających się na randki najważniejszym prognostykiem tego, czy ich związek będzie trwał, jest liczba dobrych wspólnych uczuć. W małżeństwie takim prognostykiem jest to, jak dobrze para radzi sobie z konfliktami.

A w późniejszych latach długiego pożycia małżeńskiego znowu to, ile podzielają dobrych uczuć".

Kiedy mężowie i żony po sześćdziesiątce rozmawiają o czymś, co lubią, pomiary ich reakcji fizjologicznych pokazują, że w miarę trwania rozmowy stają się stopniowo coraz radośniejsi. Natomiast u małżonków po czterdziestce podobnych szczytów rezonansu fizjologicznego jest mniej. Wskazuje to, dlaczego zadowolone pary po sześćdziesiątce okazują sobie czułość bardziej otwarcie niż pary w średnim wieku[19].

Na podstawie wyczerpujących badań małżeństw Gottman opracował zwodniczo prostą miarę: stosunek toksycznych do ożywczych chwil w pożyciu ma zdumiewającą moc prognostyczną. Proporcja pozytywnych momentów do negatywnych jak pięć do jednego wskazuje, że dana para ma solidne konto emocjonalne i trwa w zdrowym związku, który prawie na pewno będzie się miał dobrze przez długie lata[20].

Stosunek ten może być prognostykiem czegoś więcej niż tylko trwałości związku – można go bowiem traktować jako wskaźnik zdrowia fizycznego, jakim cieszyć się będą partnerzy. Jak się przekonamy, same nasze związki z innymi tworzą środowisko, które może włączać lub wyłączać pewne geny. Oto nagle nasze intymne związki ukazują się w zupełnie nowym świetle: niewidzialna sieć relacji sprawia, że nasze najściślejsze więzi z innymi mają zdumiewające konsekwencje biologiczne.

Część V

Zdrowe związki

Rozdział 16

Stres ma przyczyny społeczne

Dopiero na tydzień przed ślubem rosyjski powieściopisarz Lew Tołstoj, wówczas trzydziestoczteroletni, dał do czytania narzeczonej, Soni, mającej zaledwie siedemnaście lat, swój dziennik. Była zdruzgotana, kiedy dowiedziała się z jego stron o rozwiązłym i chaotycznym życiu seksualnym Lwa, w tym o namiętnym romansie z miejscową kobietą, która urodziła mu nieślubne dziecko[1].

Sonia zapisała w swoim dzienniku: „On uwielbia dręczyć mnie i patrzeć, jak szlocham [...] Co on mi robi? Powoli zupełnie się od niego odsunę i zatruję mu życie". Podjęła to postanowienie w chwili, kiedy trwały przygotowania do ich ślubu.

Ten niepomyślny początek był emocjonalnym preludium do małżeństwa, które trwało czterdzieści osiem lat. Burzliwą i heroiczną walkę małżeńską Tołstojów przerywały długie okresy zawieszenia broni, w których Sonia urodziła trzynaścioro dzieci i sumiennie odszyfrowała i przepisała ładnym charakterem dwadzieścia jeden tysięcy stron niechlujnych rękopisów Lwa, w tym teksty *Wojny i pokoju* oraz *Anny Kareniny*.

Jednak mimo tej pełnej oddania służby Lew napisał w tamtych latach w swoim dzienniku o Soni: „Jej niesprawiedliwe traktowanie i cichy egotyzm przerażają mnie i dręczą". A Sonia ripostowała w swoim, pisząc o Lwie: „Jak można kochać owada, który nigdy nie przestaje żądlić?"

Sądząc z zapisków w ich dziennikach, małżeństwo Tołstojów w połowie życia zamieniło się w piekło dla obojga – żyli w tym samym domu jak wrogowie. Pod koniec życia, na krótko przed tym, kiedy Lew zmarł, uciekłszy w środku nocy z targanego konfliktami domu, Sonia napisała: „Codziennie świeże ciosy, które palą mi serce". Te palące ciosy, dodała, „skracają mi życie".

Czy Sonia mogła mieć rację? Czy taki burzliwy związek może skrócić życie? Z pewnością nie da się tego udowodnić na przykładzie Tołstojów – Lew dożył osiemdziesięciu dwóch lat, a Sonia zmarła dziewięć lat po nim, w wieku siedemdziesięciu czterech lat.

To, jak „łagodne" czynniki epigenetyczne, w rodzaju naszych związków z innymi, wpływają na nasze zdrowie, jest kwestią trudną do zbadania naukowego. Na pytanie, czy w ogóle wpływają, a jeśli tak, to w jakim stopniu, najlepiej jest odpowiedzieć po wielu latach obserwacji tysięcy ludzi. Wyniki niektórych istotnych badań zdawały się świadczyć, że sama liczba osób odgrywających ważną rolę w czyimś życiu zapowiada lepsze zdrowie, ale badania te pomijały sedno sprawy: liczy się nie ilość, lecz jakość. O wiele ważniejszy dla naszego zdrowia niż całkowita liczba więzi społecznych może być emocjonalny klimat tych związków.

Jak unaocznia nam przykład Tołstojów, związki z innymi mogą być równie dobrze źródłem radości, jak niepokoju. Poczucie, że osoby odgrywające ważne role w naszym życiu służą nam oparciem emocjonalnym, ma pozytywny wpływ na zdrowie. Widać to najlepiej u ludzi, których stan jest już kiepski. Na przykład w badaniu starszych osób hospitalizowanych z powodu prawokomorowej niewydolności krążenia okazało się, że u tych z nich, które nie miały się do kogo zwrócić o wsparcie emocjonalne, prawdopodobieństwo kolejnego pogorszenia się zdrowia wymagającego powrotu do szpitala było trzykrotnie wyższe niż u osób, które pozostawały w ciepłych związkach z innymi[2].

Jak się wydaje, miłość może mieć dobroczynny wpływ na zdrowie. Wśród mężczyzn poddanych angiografii w ramach leczenia choroby naczyń wieńcowych ci, którzy – według ich relacji – mieli najmniej oddane osoby ukochane, wykazywali o około 40 procent większą niedrożność tętnic niż ci, którzy twierdzili, że mają najcieplejsze stosunki z bliskimi[3]. I odwrotnie, dane z dużej liczby obszernych studiów epidemiologicznych zdają się świadczyć, że toksyczne związki są równie poważnym czynnikiem ryzyka, odpowiedzialnym za choroby i zgony, jak palenie, wysokie ciśnienie krwi czy cholesterol, otyłość i brak aktywności fizycznej[4]. Związki z innymi działają dwukierunkowo i mogą albo ochronić nas przed chorobą, albo zwiększyć spustoszenia wyrządzane przez starzenie się i schorzenia.

Oczywiście związki z innymi są tylko częścią większej całości, bo swoją rolę odgrywają też inne czynniki ryzyka, od podatności genetycznej po palenie. Ale dane umieszczają nasze więzi z innymi dokładnie wśród tych czynników. Obecnie, po odkryciu, że mózg społeczny jest brakującym ogniwem biologicznym, medycyna zaczęła szczegółowo opisywać biologiczne drogi, którymi inni mogą zajść nam za skórę[5].

Wojna wszystkich ze wszystkimi

Hobbes to imię, które nadali pawianowi, prawdziwemu macho, obserwujący go badacze, kiedy zakłócił spokój stada żyjącego w lasach Kenii. Zachowując się zgodnie z duchem poglądów swego imiennika, siedemnastowiecznego filozofa Thomasa Hobbesa, który pisał, że pod warstewką cywilizacji życie jest „wstrętne, brutalne i krótkie", samiec ów pojawił się nastawiony do walki na kły i pazury o najwyższe miejsce w hierarchii tej grupy.

Kiedy zmierzono wpływ Hobbesa na pozostałe samce, pobierając próbki kortyzolu z ich krwi, stało się jasne, że jego przybycie odbiło się na układzie wewnątrzwydzielniczym całego stada.

Pod wpływem stresu kora nadnerczy wydziela kortyzol, jeden z hormonów, które mobilizują organizm w sytuacji zagrożenia[6]. Hormony te wywołują różnorakie reakcje, między innymi takie, dzięki którym przez krótki czas nie odczuwamy bólu z powodu ran.

Normalnie potrzebujemy umiarkowanego poziomu kortyzolu, który pełni rolę biologicznego „paliwa" napędzającego nasz metabolizm i pomaga regulować układ odpornościowy. Jeśli jednak poziom kortyzolu pozostaje przez długie okresy podwyższony, organizm płaci za to wysoką cenę. Chroniczne zwiększone wydzielanie kortyzolu (i pokrewnych hormonów) przyczynia się do powstawania chorób układu krążenia, upośledza pracę układu odpornościowego, zaostrza cukrzycę i chorobę nadciśnieniową, a nawet niszczy komórki nerwowe w hipokampie, upośledzając pamięć.

Kortyzol nie tylko wyłącza hipokamp, ale również „rozpala" ciało migdałowate, pobudzając wzrost dendrytów w tym siedlisku strachu.

W dodatku podwyższony poziom kortyzolu stępia zdolność kluczowych okolic kory przedczołowej do regulowania dobiegających z ciała migdałowatego sygnałów strachu[7].

Połączony neuronalny wpływ zbyt dużej ilości kortyzolu jest trzykierunkowy. Osłabiony hipokamp uczy się dość wolno, nadmiernie uogólniając bojaźliwość wywołaną szczegółami danej sytuacji, które są bez znaczenia (takimi jak charakterystyczny ton głosu). Obwody nerwowe ciała migdałowatego wpadają w amok, a obszar przedczołowy nie jest w stanie modulować sygnałów docierających z przesadnie reagującego ciała migdałowatego. W rezultacie zaczyna ono szaleć, podczas gdy hipokamp błędnie dostrzega zbyt wiele powodów do tej trwogi.

U małp mózg zawsze pozostaje czujny na oznaki pojawienia się obcego osobnika pokroju Hobbesa. U ludzi ten stan czujności i nadreaktywności został nazwany zespołem stresu pourazowego.

Głównymi biologicznymi układami łączącymi stres ze zdrowiem są układ nerwowy współczulny i układ podwzgórzowo-przysadkowo-nadnerczowy. Kiedy odczuwamy niepokój, wyzwanie to podejmują oba układy, uwalniając hormony, które przygotowują nas do stawienia czoła zagrożeniu. Ale robią to, wykorzystując zasoby między innymi układu odpornościowego i wewnątrzwydzielniczego. Osłabia to, na chwilę albo na parę lat, te mające zasadnicze znaczenie dla naszego zdrowia układy.

Obwody układów współczulnego i podwzgórzowo-przysadkowo-nadnerczowego włączają i wyłączają nasze stany emocjonalne: przygnębienie lub niepokój, co jest dla nas złe, oraz radość lub poczucie szczęścia, co jest dobre. Ponieważ inni ludzie oddziałują tak silnie na nasze emocje (na przykład przez zarażenie emocjonalne), ten związek przyczynowy rozszerza się poza nasz organizm i obejmuje również związki z innymi[8].

Zmiany fizjologiczne związane z przypadkowymi chwilami przygnębienia, które przeżywamy w związkach z innymi osobami, nie odgrywają dużej roli. Jeśli jednak przygnębienie utrzymuje się latami, powoduje poziom biologicznego stresu (fachowo zwany „obciążeniem allostatycznym"), który może przyspieszyć początek choroby albo nasilić jej objawy[9].

To, w jaki sposób dany związek wpływa na nasze zdrowie, zależy od ogólnej sumy jego emocjonalnie toksycznego lub ożywczego wpływu w skali miesięcy czy lat. Im gorsza jest nasza kondycja – po zapadnięciu na poważną chorobę, kiedy zdrowiejemy po zawale serca albo w podeszłym wieku – tym silniejszy jest wpływ związków z innymi na nasze zdrowie.

Stale walczący ze sobą, cierpiący całymi latami, choć długowieczni Tołstojowie wydają się godnym uwagi wyjątkiem, podobnie jak ów osobliwy stulatek, który twierdzi, że długowieczność zawdzięcza temu, iż jada dużo bitej śmietany i wypala paczkę papierosów dziennie.

Toksyczność zniewagi

Elysa Yanowitz trzymała się swoich zasad, mimo iż kosztowały ją utratę pracy i być może nabawiła się przez nie choroby nadciśnieniowej. Pewnego dnia członek naczelnej dyrekcji jej firmy kosmetycznej odwiedził stoisko w jednym z najlepszych domów towarowych w San Francisco i polecił Yanowitz, regionalnej dyrektorce do spraw sprzedaży, by zwolniła jedną ze swoich najlepszych pracownic.

Powód? Uważał, że owa kobieta nie jest wystarczająco atrakcyjna czy – jak to dosłownie ujął – „pociągająca". Yanowitz, która uważała, że pracownica ta jest nie tylko gwiazdą sprzedaży, ale również doskonale się prezentuje, uznała żądanie przełożonego za bezpodstawne i odrażające. Odmówiła jej zwolnienia.

Wkrótce potem szefowie Yanowitz zaczęli się zachowywać, jakby mieli jej dość. Chociaż została niedawno uhonorowana tytułem najlepszej w firmie dyrektorki do spraw sprzedaży, nagle zaczęli jej wytykać błąd za błędem. Obawiała się, że szukają pretekstu, by zmusić ją do odejścia. W tym ciężkim czasie, a trwało to kilka miesięcy, zaczęła cierpieć na nadciśnienie. Kiedy wzięła zwolnienie lekarskie, firma ją zwolniła[10].

Yanowitz wystąpiła z pozwem przeciwko byłemu pracodawcy. Bez względu na to, jak zakończy się ta sprawa (kiedy to piszę, mielą ją młyny sądowe), nasuwa się pytanie, czy jej nadciśnienie mogło zostać częściowo spowodowane sposobem, w jaki traktowała ją dyrekcja[11].

Weźmy angielskie badania pracowników służby zdrowia, którymi kierowało na zmianę dwóch szefów – jednego lubili, drugiego się bali[12]. Kiedy w pracy był ten, przed którym czuli strach, ich średnie ciśnienie krwi wzrastało o 13 mm/Hg w fazie skurczu i o 6 mm/Hg w fazie rozkurczu (od 113/75 do 126/81). Chociaż odczyty te mieściły się w zdrowym przedziale, to gdyby tak duży wzrost utrzymywał się przez dłuższy czas, mógłby mieć istotny klinicznie wpływ, to znaczy przyspieszyć pojawienie się nadciśnienia u kogoś, kto byłby na to podatny[13].

Prowadzone w Szwecji badania pracowników na różnych szczeblach i badania pracowników służby cywilnej w Zjednoczonym Królestwie wykazały, że osoby zajmujące niższe stanowiska w organizacji są czterokrotnie bardziej narażone na wystąpienie chorób układu krążenia niż osoby na najwyższych szczeblach, które nie muszą znosić humorów takich szefów, jakimi same są[14]. Wśród pracowników, którzy czują się niesłusznie krytykowani albo których przełożony nie słucha, kiedy mówią o swoich problemach, choroba naczyń wieńcowych występuje o 30 procent częściej niż u tych, którzy uważają, że są traktowani sprawiedliwie[15].

W sztywnych hierarchiach przełożeni bywają na ogół despotyczni – swobodniej wyrażają pogardę dla podwładnych, którzy z kolei czują naturalną, nieprzyjemną mieszaninę wrogości, strachu i niepewności[16]. Zniewagi, których rzucanie może się stać zwyczajowym postępowaniem takiego despotycznego szefa, służą utwierdzaniu jego władzy, natomiast podwładnych napełniają uczuciami bezradności i bezbronności[17]. A ponieważ ich zarobki i same posady zależą od szefa, pracownicy zaczynają mieć na tym punkcie obsesję, interpretując nawet umiarkowanie negatywne uwagi jako złowieszcze. I faktycznie, ogólnie biorąc, prawie każda rozmowa z osobą zajmującą w organizacji wyższą pozycję podnosi ciśnienie krwi pracownika bardziej niż podobna rozmowa ze współpracownikami[18].

Zastanówmy się, jak przyjmujemy zniewagi. W stosunkach z osobami równymi sobie możemy przeciwstawić się zniewadze i żądać przeprosin. Kiedy jednak zniewaga pada z ust osoby, która dzierży całą władzę, podwładni (być może mądrze) tłumią złość, reagując z pełną rezygnacji wyrozumiałością. Ta bierność – i puszczanie zniewagi płazem – oznacza jednak ciche przyzwolenie dla przełożonego, który może dalej postępować w ten sposób.

U ludzi, którzy znoszą zniewagi w milczeniu, występuje znaczący wzrost ciśnienia krwi. Jeśli te poniżające uwagi trwają przez dłuższy czas, ich adresat, który powstrzymuje się od okazania złości czy oburzenia, czuje się coraz bardziej bezsilny, niespokojny, a w końcu przygnębiony, co – gdy stan ten się przedłuża – znacznie zwiększa prawdopodobieństwo wystąpienia choroby układu sercowo-naczyniowego[19].

W jednym z badań sto mężczyzn i kobiet nosiło aparaty, które mierzyły ich ciśnienie krwi za każdym razem, kiedy wchodzili z kimś w kontakt[20]. Kiedy przebywali z rodziną albo miłymi znajomymi, ich ciśnienie krwi spadało; kontakty z tymi osobami były przyjemne i kojące. Kiedy byli z kimś, kto był dokuczliwy czy nieznośny, następował u nich wzrost ciśnienia krwi. Do największego skoku dochodziło wtedy, kiedy znajdowali się w towarzystwie ludzi, którzy budzili w nich ambiwalentne uczucia: apodyktycznego rodzica, nieprzewidywalnego partnera romantycznego albo ambitnego przyjaciela. Zmienny w nastrojach szef góruje nad całą resztą, ale ta dynamika jest charakterystyczna dla wszystkich naszych związków.

Staramy się unikać ludzi, których uważamy za nieprzyjemnych, ale wiele osób, z którymi nie możemy uniknąć kontaktów, plasuje się w tej „mieszanej" kategorii: czasami czujemy się w ich towarzystwie dobrze, czasami strasznie. Ambiwalentne związki obciążają nas emocjonalnie – każdy kontakt jest nieprzewidywalny, może potencjalnie grozić wybuchem, a zatem wymaga od nas zwiększonej czujności i wysiłku.

Medycyna odkryła biologiczny mechanizm, który bezpośrednio łączy toksyczny związek z chorobą naczyń wieńcowych. Ochotnicy biorący udział w eksperymencie z dziedziny badań nad stresem musieli się bronić przed fałszywym oskarżeniem o kradzież w sklepie[21]. Kiedy mówili, ich układy odpornościowy i sercowo-naczyniowy mobilizowały się do działania w potencjalnie zabójczym połączeniu. Układ odpornościowy wydzielał limfocyty T, podczas gdy ścianki naczyń krwionośnych substancję, która wiązała się z tymi limfocytami, uruchamiając tworzenie się blokujących arterie blaszek miażdżycowych na śródbłonku[22].

Najbardziej zdumiewające z medycznego punktu widzenia było to, że mechanizm ten zdawały się uruchamiać nawet względnie błahe niepowodzenia. Przypuszczalnie owa reakcja łańcuchowa, od niepokoju do śródbłonka, naraziłaby nas na ryzyko choroby wieńcowej, gdyby takie stresujące kontakty stały się nieodłącznym elementem naszego codziennego życia.

Łańcuch przyczynowo-skutkowy

To znakomicie, że udało się znaleźć ogólną korelację między stresującymi związkami i złym zdrowiem oraz odkryć jeden czy dwa możliwe związki przyczynowo-skutkowe, ale mimo sporadycznych badań sugerujących istnienie pewnych mechanizmów biologicznych, sceptycy często twierdzą, że w grę wchodzić mogą zupełnie inne czynniki. Jeśli na przykład trudny związek doprowadzi kogoś do tego, że zacznie za dużo pić lub palić albo źle sypiać, to właśnie może stać się bezpośrednią przyczyną złego stanu zdrowia. A zatem badacze nadal poszukują widocznego ogniwa biologicznego, dającego się wyraźnie oddzielić od pozostałych przyczyn.

I tu wkracza Sheldon Cohen, psycholog z Carnegie Mellon University, który celowo zaraża setki ludzi[23]. Nie robi tego złośliwie – to wszystko jest w interesie nauki. W drobiazgowo kontrolowanych warunkach systematycznie zaraża ochotników wirusem wywołującym pospolite przeziębienie. U około jednej trzeciej osób narażonych na zetknięcie z tym wirusem rozwija się pełen zespół objawów, natomiast reszta odchodzi, ledwie pociągając nosem. Kontrolowane warunki pozwalają Cohenowi określić, dlaczego tak się dzieje.

Jego metody są rygorystyczne. Ochotników zgłaszających się do udziału w eksperymencie poddaje się przed wystawieniem na działanie wirusa dwudziestoczterogodzinnej kwarantannie, by mieć pewność, że nie złapali przeziębienia gdzie indziej. Przez następnych pięć dni (i za 800 dolarów) ochotnicy zgrupowani są na specjalnym oddziale, przy czym każdy trzymany jest w odległości co najmniej trzech stóp od innego, żeby kogoś nie zaraził.

Przez tych pięć dni bada się im wydzielinę z nosa, szukając technicznych wskaźników przeziębienia (takich jak ogólny ciężar śluzu) i konkretnych rhinowirusów, oraz krew na obecność przeciwciał. W ten sposób Cohen uzyskuje pomiary przeziębienia z dokładnością wykraczającą daleko poza liczenie cieknących nosów i kichnięć.

Wiemy, że prawdopodobieństwo infekcji zwiększają niski poziom witaminy C, palenie i złe sypianie. Pytanie brzmi, czy do tej listy można dodać stresujący związek z inną osobą. Odpowiedź Cohena: zdecydowanie tak.

Czynnikom, które sprawiają, że jedna osoba łapie przeziębienie, podczas gdy inna pozostaje zdrowa, Cohen przypisuje precyzyjne wartości liczbowe. Osoby pozostające w stałym konflikcie z kimś innym są 2,5 razy bardziej narażone na przeziębienie niż inne, co stawia burzliwe związki międzyludzkie w jednym rzędzie przyczyn z niedoborem witaminy C i niedosypianiem. (Palenie, najbardziej szkodliwy z niezdrowych zwyczajów, sprawia, że osoby znajdujące się w szponach tego nałogu są trzykrotnie bardziej podatne na infekcję.) Konflikty, które trwają miesiąc lub dłużej, zwiększają podatność na przeziębienie, ale zdarzające się od czasu do czasu sprzeczki nie stanowią żadnego zagrożenia dla zdrowia[24].

Chociaż nieustające kłótnie są złe dla naszego zdrowia, to jeszcze gorsze jest izolowanie się od innych. W porównaniu z osobami mającymi bogatą sieć powiązań towarzyskich, te, które utrzymują najmniej zażyłych związków, są 4,2 razy bardziej narażone na złapanie przeziębienia, przez co samotność staje się bardziej ryzykowna niż palenie.

Im bujniejsze prowadzimy życie towarzyskie, tym mniej stajemy się podatni na przeziębienia. Pogląd ten wydaje się sprzeczny z intuicją: czy nie zwiększamy prawdopodobieństwa zarażenia się wirusem przeziębienia, częściej kontaktując się z innymi ludźmi? Oczywiście, że tak. Ale ożywione kontakty poprawiają nam nastrój, zmniejszając poziom kortyzolu i zwiększając wydolność układu odpornościowego w stresujących sytuacjach[25]. Same związki z innymi zdają się chronić nas przed ryzykiem zarażenia się wirusem przeziębienia, które stwarzają.

Postrzeganie złośliwości

Elysa Yanowitz nie jest jedyną osobą, która musiała znosić upokorzenia w pracy. Pewna kobieta zatrudniona w firmie farmaceutycznej przysłała mi list elektroniczny o następującej treści: „Mam spięcia z szefową, która nie jest zbyt miłą osobą. Po raz pierwszy w mojej karierze zawodowej została podkopana moja pewność siebie, a ponieważ przyjaźni się ona ze wszystkimi ze szczytu hierarchii w firmie, w której pracuję, czuję, że nie mam wyjścia. To wszystko sprawia, że z powodu stresu jestem fizycznie chora".

Czy związek między toksyczną szefową i fizyczną chorobą jest tylko wytworem wyobraźni tej kobiety? Być może.

Jej trudne położenie zgadza się jednak z wynikami analizy 208 badań, w których wzięły udział 6153 osoby poddane szerokiemu zakresowi stresorów, od nieznośnych dźwięków po konfrontacje z równie nieznośnymi ludźmi[26]. Ze wszystkich tych czynników stresujących najgorszym okazywała się sytuacja, w której ktoś stawał się obiektem ostrej krytyki, a jednocześnie był wobec niej bezsilny – jak Yanowitz i pracowniczka firmy farmaceutycznej, która ścierała się ze swoją przełożoną.

Dlaczego tak jest, pokazała Margaret Kemeny, specjalistka z zakresu medycyny behawioralnej Wydziału Medycyny University of California w San Francisco, która, wraz ze współpracowniczką, Sally Dickerson, przeanalizowała setki badań nad stresem. Pogróżki czy wyzwania – powiedziała mi Kemeny – są najbardziej stresujące, „Kiedy masz publiczność i czujesz, że jesteś osądzany".

We wszystkich tych badaniach mierzono reakcje stresowe wzrostem poziomu kortyzolu[27]. Największe skoki tego poziomu pojawiały się, kiedy źródłem stresu była sytuacja interpersonalna, na przykład gdy osoba biorąca ochotniczo udział w badaniu miała jak najszybciej głośno odjąć 17 od 1242, potem tę samą liczbę od wyniku tego odejmowania i tak dalej, i była przy tym oceniana. Kiedy ktoś wykonywał tak trudne zadanie, będąc jednocześnie oceniany, jak sobie z tym radzi, miało to około trzykrotnie większy wpływ na poziom kortyzolu niż wtedy, kiedy sytuacja była porównywalnie stresująca, ale bezosobowa[28].

Wyobraź sobie na przykład, że jesteś na rozmowie wstępnej w sprawie pracy. Podczas gdy opowiadasz o swoich talentach i wiedzy specjalistycznej, które – jak sądzisz – dają ci kwalifikacje do wykonywania tej pracy, dzieje się coś, co wyprowadza cię z równowagi. Widzisz, że twój rozmówca słucha cię z kamienną twarzą, bez uśmiechu, robiąc chłodno notatki. Potem, jakby tego było mało, wypowiada uwagi krytyczne, pomniejszając twoje umiejętności.

W takim działającym na nerwy położeniu znaleźli się ochotnicy biorący udział w iście diabelskich pomiarach stresu społecznego. Wszyscy oni faktycznie byli w trakcie starań o pracę i przyszli na szkoleniowe rozmowy kwalifikacyjne. Ale te „rozmowy szkoleniowe" były w rzeczywistości testem stresu. Te eksperymentalne męczarnie, opracowane przez badaczy niemieckich, stosowane są w laboratoriach na całym świecie, ponieważ przynoszą mocne dane. Laboratorium Kemeny rutynowo stosuje pewną odmianę tego testu dla oceny biologicznego oddziaływania stresu społecznego.

Dickerson i Kemeny twierdzą, że bycie ocenianym zagraża społecznemu „ja", temu, w jaki sposób widzimy siebie oczyma innych. To poczucie naszej społecznej wartości i pozycji – a więc i nasza samoocena – bierze się ze skumulowanych komunikatów o tym, jak postrzegają nas inne osoby. Tego rodzaju zagrożenia dla naszej pozycji w oczach innych mają zdumiewająco silny wpływ na naszą biologię, niemal tak potężny jak zagrożenia dla naszego przetrwania. W końcu, jak wynika z tego nieświadomie przeprowadzanego równania, jeśli ocenia się nas jako osoby niepożądane, to możemy nie tylko okryć się wstydem, ale zostać zupełnie odrzuceni[29].

Wytrącająca z równowagi, wroga reakcja osoby przeprowadzającej z nami rozmowę w sprawie pracy pobudza układ podwzgórzowo-przysadkowo-nadnerczowy do produkcji tak dużej ilości kortyzolu, że osiąga on jeden z najwyższych poziomów we wszystkich przeprowadzanych dotąd laboratoryjnych symulacjach sytuacji stresujących. Test stresu społecznego powoduje o wiele większy skok poziomu kortyzolu niż klasyczna laboratoryjna matnia, w której osoby badane rozwiązują pod presją czasu coraz trudniejsze zadania matematyczne w sali, gdzie słychać stłumione odgłosy, a natrętny brzęczyk sygnalizuje złe rozwiązania – ale gdzie nie ma nikogo, kto wydawałby przykre osądy[30]. O mękach w sytuacjach bezosobowych wkrótce się zapomina, natomiast krytyczna kontrola pozostawia wyjątkowo silne – i utrzymujące się – poczucie wstydu[31].

Jest zdumiewające, że równie silny lęk wywołuje sędzia symboliczny, istniejący tylko w naszym umyśle. Kemeny wyjaśnia, że wirtualna widownia może wpływać na układ podwzgórzowo-przysadkowo-nadnerczowy równie silnie jak rzeczywista, ponieważ „w chwili, kiedy o czymś myślisz, tworzysz sobie wewnętrzną reprezentację tego czegoś, która oddziałuje na mózg" zupełnie tak samo jak rzeczywistość, którą przedstawia.

Poczucie bezsilności zwiększa stres. W analizowanych przez Kemeny i Dickerson badaniach poziomu kortyzolu zagrożenia były postrzegane jako znacznie większe, kiedy przekraczały zdolność osoby badanej do poradzenia sobie z nimi w jakikolwiek sposób. Jeśli zagrożenie utrzymuje się bez względu na to, co robimy, nasila się wzrost kortyzolu. Odpowiada to na przykład sytuacji, w której ktoś stanie się obiektem podłych uprzedzeń, albo tej, w której znalazły się obie opisane wyżej kobiety, stając się celem ataków ze strony swoich szefów. Związki, w których jesteśmy stale krytykowani, odtrącani albo dręczeni, wciąż utrzymują układ podwzgórzowo-przysadkowo-nadnerczowy na najwyższych obrotach.

Kiedy źródło stresu wydaje się bezosobowe, jak na przykład nieznośny alarm samochodowy, którego nie możemy wyłączyć, nasza podstawowa potrzeba akceptacji i przynależności nie jest zagrożona. Kemeny stwierdziła, że w przypadku takiego bezosobowego stresu nasz organizm pokonuje nieuchronny skok poziomu kortyzolu w ciągu mniej więcej czterdziestu minut. Jeśli jednak przyczyną stresu jest negatywna ocena społeczna, kortyzol utrzymuje się na wysokim poziomie o 50 procent dłużej, a powrót do stanu normalnego zabiera godzinę albo więcej.

Badania z wykorzystaniem obrazowania mózgu wskazują, które części mózgu mogą tak silnie reagować na postrzeganie złośliwości innych osób. Przypomnij sobie opisaną w rozdziale 5 symulację komputerową, przeprowadzoną w laboratorium Jonathana Cohena w Princeton, gdzie ochotnicy brali udział w „grze ultymatywnej". Zasady tej gry wymagają, żeby dwaj partnerzy podzielili się pewną sumą pieniędzy, przy czym jeden z nich proponuje podział, który drugi może albo zaakceptować, albo odrzucić.

Kiedy osoba badana uważała, że druga strona złożyła niesprawiedliwą propozycję, fMRI pokazywał wzbudzenie w przedniej części wyspy, która – jak wiadomo naukowcom – aktywuje się podczas odczuwania złości i odrazy. Zgodnie z tym osoby te wykazywały oznaki goryczy i było bardziej prawdopodobne, że odrzucą nie tylko tę propozycję, ale również następną, choćby była dla nich bardzo korzystna. Kiedy jednak wierzyły, że „partnerem" w tej grze jest tylko program komputerowy, wyspa „siedziała cicho", bez względu na to, jak jednostronna zdawała się oferta. Mózg społeczny przeprowadza wyraźne rozróżnienie między wyrządzoną „mu" przypadkową a zamierzoną krzywdą i reaguje silniej, jeśli zdaje się ona wynikać ze złośliwości.

Odkrycie to może być rozwiązaniem zagadki, przed którą stoją klinicyści starający się zrozumieć zespół stresu pourazowego: dlaczego katastrofy o podobnych rozmiarach częściej prowadzą do trwałego cierpienia, jeśli ich ofiary uważają, że uraz został spowodowany nie przypadkowym działaniem natury, ale celowym działaniem innego człowieka. Huragany, trzęsienia ziemi i inne klęski żywiołowe wywołują stres pourazowy u znacznie mniejszej liczby ofiar niż nikczemne działania człowieka, takie jak gwałt i przemoc fizyczna. Skutki urazu, podobnie jak wszystkich pozostałych rodzajów stresu, są tym gorsze, im bardziej jego ofiara jest przekonana, że stała się czyimś celem.

Maturzyści z roku 1957

Był rok 1957. Elvis Presley wdarł się do narodowej świadomości Amerykanów, pojawiając się w nadawanym w sobotnie wieczory programie *Ed Sullivan Show*, który miał w tamtych czasach najwyższą oglądalność w telewizji. Gospodarka amerykańska była wówczas w środku długiego okresu powojennej koniunktury, prezydentem był Dwight D. Eisenhower, samochody miały groteskowe „płetwy ogonowe", a nastolatki udzielały się towarzysko pod czujnym okiem rodziców na szkolnych potańcówkach.

W tym właśnie roku naukowcy z University of Wisconsin zaczęli badać około dziesięciu tysięcy maturzystów, prawie jedną trzecią uczniów ostatnich klas szkół średnich w całym stanie. Te ówczesne nastolatki zbadano ponownie, kiedy dobiły do czterdziestki, i jeszcze raz, gdy były w wieku około pięćdziesięciu pięciu lat. Następnie, kiedy zbliżały się do sześćdziesiątego piątego roku życia, pewną ich grupę namówił do dalszych badań Richard Davidson z University of Wisconsin i sprowadził do Laboratorium Obrazowania Czynnościowego Mózgu i Zachowania im. W. M. Kecka. Używając metod pomiaru tak wyrafinowanych, że w 1957 roku nikt nie był nawet w stanie wyobrazić ich sobie, Davidson zabrał się do korelowania historii ich życia społecznego, aktywności mózgu i sprawności układu odpornościowego.

Jakość związków łączących przez całe dotychczasowe życie tych maturzystów z innymi została poznana i oceniona we wcześniejszych wywiadach. Teraz porównano ją ze „zużyciem" ich organizmów. Zostali oni ocenieni według ciągłego funkcjonowania układów, które zmienia się w miarę radzenia sobie ze stresem. Badano między innymi ciśnienie krwi, poziom cholesterolu oraz kortyzolu i innych hormonów stresowych. Suma tych i podobnych pomiarów pozwala przewidzieć nie tylko prawdopodobieństwo wystąpienia chorób układu sercowo-naczyniowego, ale także upośledzenia w późnym wieku sprawności umysłowej i fizycznej. Bardzo wysoki wynik ogólny jest prognostykiem wcześniejszej śmierci[32]. Badacze stwierdzili, że ważne były związki z innymi osobami – występowała silna korelacja między fizycznym profilem wysokiego ryzyka i niekorzystnym ogólnym tonem emocjonalnym w najważniejszych w życiu związkach z innymi[33].

Weźmy na przykład anonimową maturzystkę z 1957 roku, którą będę nazywał Jane. Jej życie towarzyskie źle się układało, było – można powiedzieć– jednym ciągiem rozczarowań. Oboje rodzice byli alkoholikami; przez większość dzieciństwa rzadko widywała ojca. Kiedy była w szkole średniej, molestował ją. Jako osoba dorosła bardzo bała się ludzi, na przemian złoszcząc się i lękając tych, którzy byli jej najbliżsi. Chociaż wyszła za mąż, wkrótce się rozwiodła, a jej ubogie życie towarzyskie nie dawało jej wiele pociechy. W będących częścią programu Davidsona badaniach lekarskich stwierdzono u niej dziewięć z dwudziestu dwóch powszechnych objawów niedomagań.

Natomiast Jill, jedna z koleżanek Jane z klasy maturalnej, była znakomitym przykładem bujnego życia towarzyskiego. Chociaż jej ojciec zmarł, kiedy miała zaledwie dziewięć lat, matka otaczała ją niezwykle troskliwą opieką. Jill miała silną więź z mężem i czterema synami i uważała, że jej życie rodzinne jest niezwykle szczęśliwe. Tyle samo satysfakcji dawało jej aktywne życie społeczne, wypełnione kontaktami z wieloma bliskimi przyjaciółkami i powiernicami. Po sześćdziesiątce uskarżała się jedynie na trzy spośród owych dwudziestu dwóch objawów.

I znowu – korelacja to nie związek przyczynowy. By wykazać, że między jakością stosunków z innymi osobami i zdrowiem istnieje związek przyczynowy, trzeba odkryć konkretne mechanizmy biologiczne, które stosunki te wyzwalają. Tutaj, w wyniku prowadzonych przez Davidsona badań aktywności mózgu, klasa maturalna z 1957 roku dostarczyła kilku ważnych wskazówek.

Jill, kobieta, która miała troskliwą matkę, dające dużo satysfakcji kontakty z innymi i po sześćdziesiątce bardzo mało kłopotów ze zdrowiem, należała do tej grupy maturzystów z roku 1957, u której występowała najwyższa aktywność kory przedczołowej w lewej półkuli mózgu w porównaniu z prawą. Davidson stwierdził, że ten wzór aktywności mózgu wskazuje, iż życie Jill upływało przeważnie w przyjemnym nastroju.

U Jane, której rodzice byli alkoholikami i która się rozwiodła, a po sześćdziesiątce miała wiele kłopotów ze zdrowiem, występował przeciwstawny wzór aktywności mózgu. Miała najwyższą spośród całego rocznika aktywność w prawym obszarze przedczołowym w porównaniu z lewym. Wzór ten wskazuje, że Jane częściej reagowała na przeciwności życiowe silnym przygnębieniem i wolno dochodziła do siebie po niepowodzeniach emocjonalnych.

Lewy obszar przedczołowy, jak odkrył Davidson we wcześniejszych badaniach, reguluje funkcjonowanie obwodów nerwowych w niższych partiach mózgu, które decydują o czasie potrzebnym nam na otrząśnięcie się z przygnębienia, to znaczy o naszej odporności na stres[34]. Im większa jest aktywność tego obszaru (względem strony prawej), tym jesteśmy lepsi w opracowywaniu poznawczych strategii regulacji emocji i tym szybciej zdrowiejemy emocjonalnie. To z kolei decyduje o tym, jak szybko kortyzol powraca do normalnego poziomu.

Zdrowie zależy częściowo od tego, jak dobrze droga wysoka nauczyła się panować nad niską.

We wcześniejszych badaniach Davidson posunął się o krok dalej. Jego zespół badawczy odkrył, że aktywność w tym samym, lewym obszarze przedczołowym silnie koreluje ze zdolnością naszego układu odpornościowego do reagowania na szczepionkę przeciw grypie. Układ odpornościowy osób o najwyższej aktywacji tej części kory przedczołowej mobilizował przeciwciała grypy trzykrotnie silniej niż układ innych osób[35]. Davidson jest przekonany, że są to różnice klinicznie istotne, innymi słowy, że u osób o wysokiej aktywności lewej strony kory przedczołowej ryzyko zachorowania na grypę po zetknięciu się z jej wirusem jest mniejsze.

Davidson uważa, że takie dane umożliwiają nam wgląd w anatomię odporności. Osobista historia zdrowych, bezpiecznych i opartych na wzajemnym zaufaniu związków przyczynia się – jego zdaniem – do tworzenia wewnętrznych zasobów, które dają nam zdolność podnoszenia się po emocjonalnych upadkach i zawodach, jak było w przypadku Jill, która straciła ojca w wieku dziewięciu lat, ale miała kochającą matkę.

Ci maturzyści z Wisconsin, którzy musieli w dzieciństwie znosić nieustający stres, mieli jako dorośli małą zdolność dochodzenia do siebie po przeżytym stresie i dłużej przytłaczało ich przygnębienie. Natomiast u tych, którzy doświadczali w dzieciństwie stresu na poziomie, nad jakim mogli zapanować, stosunek aktywności lewej części kory przedczołowej do prawej był na ogół lepszy. Z tego względu wydaje się, że dla prawidłowego rozwoju dziecka niezbędna jest obecność w jego życiu troskliwej osoby dorosłej, która stwarza mu bezpieczną podstawę emocjonalną do wyzdrowienia emocjonalnego[36].

Epigenetyka społeczna

Laura Hillenbrand, autorka bestsellera *Seabiscuit*, od dawna cierpi na zespół przewlekłego zmęczenia, osłabiającą chorobę, której nawroty sprawiają, że czuje się wyczerpana i miesiącami potrzebuje stałej opieki. Kiedy pisała *Seabiscuit*, opiekował się nią oddany jej mąż, Borden, który – mimo iż zmagał się ze swoją pracą magisterską – znalazł w sobie tyle energii, by być jej pielęgniarzem, pomagać jej jeść, pić, podtrzymywać za każdym razem, kiedy musiała wstać z łóżka, i czytać jej.

Pewnej nocy, leżąc w swojej sypialni, wspomina Hillenbrand, „usłyszała cichy, niski dźwięk". Spojrzała w dół klatki schodowej i zobaczyła Bordena „chodzącego w tę i z powrotem po holu i łkającego". Już chciała do niego krzyknąć, ale się powstrzymała, zdawszy sobie sprawę, że chce być sam.

Następnego ranka Borden jak zwykle był przy niej, by jej pomóc, „pogodny i spokojny jak zawsze"[37].

Borden starał się, jak mógł, nie okazywać swojego cierpienia, by jeszcze bardziej nie przygnębiać będącej i tak w kiepskim stanie żony. Podobnie jak Borden, każdy, kto musi pielęgnować dniem i nocą ukochaną osobę, znajduje się w niezwykle silnym, stałym stresie. A napięcie to odbija się bardzo niekorzystnie na zdrowiu i dobrostanie najbardziej nawet oddanego opiekuna.

Najmocniejszych danych na ten temat dostarczył znakomity międzydyscyplinarny zespół badawczy z Ohio State University, kierowany przez psycholog Janice Kiecolt-Glaser i jej męża, immunologa Ronalda Glasera[38]. W eleganckiej serii badań wykazali oni, że skutki stałego stresu sięgają aż do poziomu ekspresji genów w komórkach odpornościowych, niezbędnych dla zwalczania infekcji i gojenia się ran.

Zespół ten badał dziesięć kobiet po sześćdziesiątce, opiekujących się mężami cierpiącymi na chorobę Alzheimera[39]. Były one w ciągłym stresie, na posterunku przez dwadzieścia cztery godziny na dobę, czując się strasznie osamotnione i same pozbawione opieki. Wcześniejsze badanie kobiet żyjących w podobnym stresie wykazało, że nie odniosły praktycznie żadnych korzyści z zaszczepienia się przeciw grypie – ich układ odpornościowy nie był w stanie wytworzyć przeciwciał, do czego normalnie stymuluje go ta szczepionka[40]. Teraz badacze podjęli bardziej drobiazgowe badania układu odpornościowego, które ujawniły, że kobiety z grupy opiekunek osób cierpiących na chorobę Alzheimera miały niepokojące wyniki w szerokim zakresie wskaźników.

Głośne stały się zwłaszcza dane genetyczne. Gen, który reguluje cały szereg ważnych mechanizmów odpornościowych, ulegał u owych opiekunek o 50 procent mniejszej ekspresji niż u innych kobiet w ich wieku. Ów osłabiony gen, GHmRNA, zwiększa tworzenie się limfocytów, a także aktywność komórek – naturalnych zabójców i makrofagów, które niszczą atakujące bakterie[41]. Może to również wyjaśniać wcześniejsze odkrycie, że zagojenie się drobnej ranki po ukłuciu trwało u zestresowanych kobiet dziewięć dni dłużej niż u kobiet z nie zestresowanej grupy porównawczej.

Decydującym czynnikiem wpływającym na osłabienie funkcji układu odpornościowego może być ACTH (adrenokortykotropina), prekursor kortyzolu i jeden z hormonów wydzielanych, kiedy układ podwzgórzowo-przysadkowo-nadnerczowy wpada w amok. ACTH hamuje wytwarzanie ważnego czynnika odporności, interferonu, i zmniejsza zdolność reagowania limfocytów, krwinek białych, które organizują atak na wnikające do organizmu bakterie. Konkluzja: stały stres spowodowany niezmordowaną opieką nad inną osobą, sprawowaną w izolacji społecznej, osłabia kontrolę mózgu nad układem podwzgórzowo-przysadkowo-nadnerczowym, co z kolei zmniejsza zdolność genów układu odpornościowego, takich jak GHmRNA, do wykonywania ich zadania, którym jest zwalczanie choroby.

Szkodliwy wpływ przewlekłego stresu zdaje się odbijać na samym DNA opiekunek, przyspieszając tempo starzenia się komórek i dodając lat do ich wieku biologicznego. Inni naukowcy, prowadzący badania genetyczne DNA matek opiekujących się cierpiącymi na przewlekłe choroby dziećmi, odkryli, że im dłużej były one obciążone tymi obowiązkami, tym bardziej zestarzały się na poziomie komórkowym.

Tempo starzenia się określano, mierząc długość telomerów w białych krwinkach matek. Telomer jest kawałkiem DNA na końcu chromosomu komórki, który ulega skróceniu za każdym razem, kiedy komórka się dzieli, by wytworzyć komórki potomne. Komórki reprodukują się wielokrotnie podczas swojego życia, by naprawić tkankę albo – w przypadku krwinek białych – walczyć z chorobą. Po dziesięciu do pięćdziesięciu podziałach (w zależności od rodzaju komórki) telomer staje się zbyt krótki, by brać udział w dalszej replikacji, i komórka „przechodzi w stan spoczynku", co jest genetyczną miarą utraty żywotności.

Na podstawie tej miary stwierdzono, że matki opiekujące się przewlekle chorymi dziećmi były średnio o dziesięć lat biologicznie starsze od innych kobiet w tym samym wieku „chronologicznym". Do wyjątków należały te, które mimo iż czuły się przeciążone, były wspierane przez inne osoby. Chociaż opiekowały się niepełnosprawnymi dziećmi, miały młodsze komórki.

Kolektywna inteligencja społeczna może stworzyć alternatywę dla przytłaczającego ciężaru opieki nad osobą, która jest bez niej bezradna. Weźmy taką scenę z Sandwich w stanie New Hampshire, gdzie w piękny jesienny dzień siedzi na wózku inwalidzkim Philip Simmons, w otoczeniu przyjaciół i sąsiadów. U Simmonsa, nauczyciela angielskiego w college'u, z dwójką małych dzieci, stwierdzono w wieku trzydziestu pięciu lat zwyrodnieniową chorobą neurologiczną, chorobę Lou Gehriga, i dano mu dwa do pięciu lat życia. Czas ten już minął, a Simmons nadal żyje, ale teraz paraliż przesuwa się z dolnej części jego ciała na ręce, przez co nie jest on w stanie wykonywać nawet rutynowych czynności. W tym momencie dał przyjacielowi książkę pod tytułem *Share the Care* [Podziel się opieką], która opisuje, jak stworzyć stałą grupę wsparcia dla poważnie chorej osoby.

Trzydziestu pięciu sąsiadów zjednoczyło się, by pomóc Simmonsowi i jego rodzinie. Koordynując swój harmonogram głównie telefonicznie i za pomocą poczty elektronicznej, pracowali jako kucharki, kierowcy, niańki do dzieci, pomoce domowe oraz – jak owego jesiennego dnia – ogrodnicy i pielęgniarze przez ostatnich kilka lat życia Simmonsa, do jego śmierci w wieku czterdziestu pięciu lat. Ta wirtualna rodzina rozszerzona wszystko zmieniła w życiu Simmonsa i jego żony Kathryn Field. Pomoc sąsiadów pozwoliła zwłaszcza Field, profesjonalnej artystce, kontynuować pracę, zmniejszając obciążenia finansowe i dając rodzinie – według jej własnych słów – „poczucie, że są kochani przez całą społeczność"[42].

Jeśli chodzi o tych, którzy utworzyli FOPAK (Friends of Phil and Kathryn – Przyjaciół Phila i Kathryn), jak się sami nazwali, większość z nich przyznała, że to oni otrzymali ten dar.

Rozdział 17

Biologiczni sprzymierzeńcy

Kiedy moja matka, nauczycielka akademicka, przeszła na emeryturę, znalazła się sama w dużym, pustym domu, nie mając nikogo, kto wypełniłby tę pustkę. Wszystkie jej dzieci mieszkały w innych miastach, niektóre całkiem daleko, a mój ojciec zmarł kilka lat wcześniej. Była profesor zrobiła wtedy ruch, który z perspektywy czasu wydaje się mądrym społecznym posunięciem – zaoferowała pokój za darmo magistrantom ze swojej uczelni, najchętniej pochodzącym z kultur wschodnioazjatyckich, w których docenia się i szanuje starszych ludzi.

Na emeryturze jest już od ponad trzydziestu lat i układ ten trwa nadal. Miała wielu zmieniających się lokatorów z takich miejsc, jak Japonia, Tajwan, a obecnie z Pekinu, z dużą – jak się zdaje – korzyścią dla swojego dobrostanu. Kiedy pewnej parze, która mieszkała u niej, urodziło się dziecko, dziewczynka traktowała moją matkę jak własną babcię. Mając dwa lata, mała każdego ranka wchodziła do sypialni mojej matki, żeby sprawdzić, czy już wstała, i przez cały dzień ją obściskiwała.

Dziecko to urodziło się, kiedy moja matka miała prawie dziewięćdziesiąt lat, ale przy tym rozkosznym szkrabie buszującym po domu przez parę lat matka wydawała się młodnieć, zarówno fizycznie, jak umysłowo. Nigdy się nie dowiemy, w jakiej części zawdzięcza długowieczność tym warunkom życiowym, ale dowody świadczą, że jej decyzja była aktem inżynierii społecznej.

Rozgałęzienia połączeń społecznych starszych osób są przycinane, ponieważ starzy znajomi i przyjaciele jeden po drugim umierają albo się gdzieś przenoszą. Jednocześnie starsi ludzie sami selektywnie przerzedzają sieci tych powiązań, zachowując kontakty pozytywne[1]. Z biologicznego punktu widzenia ta strategia ma sens. W miarę starzenia się nasze zdrowie staje się nieuchronnie coraz słabsze; kiedy starzeją się i umierają komórki, nasz układ immunologiczny i inne szańce chroniące nasze zdrowie funkcjonują coraz gorzej. Wycofywanie się z nie dających satysfakcji więzi społecznych może być posunięciem wyprzedzającym w celu poprawy naszych stanów emocjonalnych. I rzeczywiście, w przełomowych badaniach Amerykanów w podeszłym wieku, którzy starzeli się „łagodnie", stwierdzono, że im większe wsparcie mieli w związkach z innymi, tym niższe były ich wskaźniki stresu biologicznego, takie jak poziom kortyzolu[2].

Oczywiście nasze najważniejsze związki niekoniecznie muszą być najprzyjemniejszymi i najbardziej pozytywnymi w naszym życiu – bliski krewny może być osobą, z którą kontakty zamiast sprawiać nam radość, doprowadzają nas do szału. Być może na szczęście, u wielu starszych ludzi zrywających mniej ważne więzi społeczne zdaje się rozwijać większa zdolność radzenia sobie z komplikacjami emocjonalnymi, takimi jak mieszanka uczuć pozytywnych i negatywnych, którą wzbudza dany związek[3].

W jednym z badań stwierdzono, że jeśli starsi ludzie prowadzili sympatyczne życie społeczne i mogli liczyć na pomoc innych, to siedem lat później odznaczali się lepszymi zdolnościami poznawczymi niż ci, którzy takiego życia nie wiedli[4]. Paradoksalnie, samotność nie ma nic albo ma niewiele wspólnego z tym, ile czasu ludzie spędzają faktycznie w czterech ścianach, ani z tym, ile kontaktów towarzyskich mają danego dnia. Do samotności prowadzi za to niedostatek zażyłych, przyjacielskich stosunków. Liczy się jakość naszych kontaktów z innymi: ich ciepło lub dystans emocjonalny, ich ożywczy lub negatywny charakter. Ze zdrowiem koreluje bezpośrednio nie tyle sama liczba znajomości i kontaktów, ile poczucie samotności – im bardziej samotna czuje się dana osoba, tym słabszy ma układ odpornościowy i sercowo-naczyniowy[5].

Za celowym uczestniczeniem w życiu interpersonalnym, kiedy się starzejemy, przemawia jeszcze jeden argument biologiczny. Neurogeneza, codzienne tworzenie się w mózgu nowych neuronów, trwa również w podeszłym wieku, chociaż w wolniejszym tempie niż we wcześniejszych dziesięcioleciach życia. Niektórzy neurobiolodzy twierdzą zresztą, że nawet to spowolnienie nie musi być zjawiskiem nieuniknionym, ale jest raczej skutkiem ubocznym monotonii. Zwiększenie złożoności naszego społecznego otoczenia toruje drogę nowemu uczeniu się, przyspieszając tempo tworzenia przez mózg nowych komórek. Z tego powodu niektórzy neurobiolodzy współpracują z architektami przy projektowaniu domów starości, tak by w rezultacie ich mieszkańcy musieli podczas swych codziennych czynności nawiązywać więcej kontaktów z innymi, czyli robić to, co moja matka sama sobie załatwiła[6].

Małżeńskie pole bitwy

Kiedy wychodziłem ze sklepu spożywczego w małym miasteczku, podsłuchałem rozmowę dwóch starszych mężczyzn siedzących na ławce na zewnątrz. Jeden z nich spytał, jak się ma jakieś miejscowe małżeństwo. „Wiesz, jak to jest – odparł lakonicznie drugi. – Mieli tylko jedną kłótnię – i wciąż ją mają".

Jak widzieliśmy, takie emocjonalne zużycie w związku ma przykre konsekwencje biologiczne. Dlaczego małżeństwo, które się popsuło, może osłabić zdrowie, odkryto w badaniu nowożeńców – z których wszyscy uważali, że są „bardzo szczęśliwi" w swoim związku – polegającym na obserwowaniu poziomu hormonów podczas trzydziestominutowej rozmowy na jakiś sporny temat[7]. Podczas tej sprzeczki zmienił się poziom pięciu z sześciu mierzonych hormonów wydzielanych przez korę nadnerczy, włącznie z ACTH, który wzrósł, wskazując na mobilizację układu podwzgórzowo-przysadkowo-nadnerczowego. Podniosło się też ciśnienie krwi osób badanych, a wskaźniki funkcjonowania układu odpornościowego pozostawały obniżone przez kilka godzin.

Wiele godzin później zaobserwowano długotrwałe zmiany na gorsze w zdolności układu odpornościowego do obrony przed atakującymi drobnoustrojami. Im bardziej wrogi przebieg miała kłótnia, tym większe były te zmiany. Układ wewnątrzwydzielniczy, konkludują badacze, „jest jedną z ważnych bram między związkami z innymi i zdrowiem", wyzwala bowiem uwalnianie hormonów stresowych, które upośledzają zdolności zarówno układu sercowo-naczyniowego, jak i układu odpornościowego[8]. Kiedy para się kłóci, cierpią na tym ich układy wewnątrzwydzielniczy i odpornościowy, a jeśli kłótnie te trwają latami, ich szkodliwy wpływ zdaje się kumulować.

W ramach tych samych badań nad konfliktami małżeńskimi zaproszono do laboratorium na dokładnie monitorowane sprzeczki małżeństwa mające po sześćdziesiąt kilka lat (pozostające w związku średnio od czterdziestu dwóch lat). Również tym razem sprzeczka powodowała niezdrowy spadek wydolności układów wewnątrzwydzielniczego i odpornościowego – im większa była uraza, tym głębszy spadek. Ponieważ starzenie się osłabia układy wewnątrzwydzielniczy i sercowo-naczyniowy, wrogość między starszymi partnerami może mieć większy niekorzystny wpływ na ich zdrowie. Jak można się było spodziewać, te negatywne zmiany biologiczne były u starych małżeństw jeszcze większe niż u młodożeńców, ale tylko u żon[9].

Ten zdumiewający efekt pojawiał się zarówno u świeżo poślubionych, jak i od dawna zamężnych kobiet. Jest zrozumiałe, że te młode żony, u których występowało największe osłabienie sprawności układu odpornościowego podczas „kłótni" i po niej, były rok później najbardziej niezadowolone ze swojego małżeństwa.

Kiedy mężowie zamykali się w sobie podczas sprzeczek, u kobiet występował gwałtowny wzrost hormonów stresowych. Z drugiej strony, u żon, których mężowie wykazywali dobroć i empatię w czasie sporu, ulga znajdowała odzwierciedlenie w niższych poziomach tych hormonów. Ale u mężów, bez względu na to, czy rozmowa miała ostry czy łagodny przebieg, układ wewnątrzwydzielniczy nawet nie drgnął. Jedynym wyjątkiem byli mężczyźni, którzy – według ich relacji – najbardziej zażarcie kłócili się z żonami w domu. W tych trwających w stanie wiecznej wojny parach zarówno u mężów, jak i żon układ odpornościowy funkcjonował słabiej niż u osób żyjących w bardziej harmonijnych związkach.

Dane z wielu źródeł wskazują, że żony ponoszą dużo większe koszta w burzliwych związkach małżeńskich niż mężowie, chociaż ich ogólna reaktywność biologiczna nie wydaje się większa niż u mężczyzn[10].

Wyjaśnieniem tego może być fakt, że kobiety bardziej cenią najściślejsze więzi z innymi[11]. Wiele badań pokazuje, że dla Amerykanek pozytywne relacje są głównym źródłem zadowolenia z życia i dobrego samopoczucia. Natomiast dla Amerykanów pozytywne związki mają mniejsze znaczenie niż poczucie osobistego rozwoju albo niezależności.

W dodatku kobiecy instynkt opiekuńczości oznacza, że przyjmują większą osobistą odpowiedzialność za los osób, o które się troszczą, co sprawia, że łatwiej niż mężczyźni ulegają przygnębieniu z powodu kłopotów ukochanych[12]. Kobiety bardziej też przeżywają wzloty i upadki w swoich związkach, są więc bardziej podatne na uleganie huśtawce nastrojów[13].

Inne odkrycie: żony poświęcają dużo więcej czasu niż ich mężowie na rozmyślanie o przygnębiających wydarzeniach i bardziej szczegółowo odtwarzają je w myślach. (Lepiej pamiętają też dobre chwile i poświęcają więcej czasu na ich rozpamiętywanie.) Ponieważ złe wspomnienia mogą być natarczywe, często powracając wbrew naszej woli, a samo przypomnienie sobie o konflikcie może wyzwolić biologiczne zmiany, które mu towarzyszyły, skłonność do rozmyślania o swoich kłopotach ma niekorzystne następstwa fizyczne[14].

Z wszystkich tych powodów kłopoty w bliskim związku z inną osobą wpływają u kobiet na reakcje biologiczne silniej niż u mężczyzn[15]. Na przykład w cytowanych wcześniej badaniach byłych maturzystów z Wisconsin poziom cholesterolu u kobiet był bezpośrednio związany z poziomem stresu w ich małżeństwie – o wiele mocniej niż u mężczyzn z rocznika 1957.

Badania pacjentów z prawokomorową niewydolnością krążenia pokazały, że prawdopodobieństwo, iż burzliwe małżeństwo doprowadzi do śmierci, było dużo większe w przypadku kobiet niż w przypadku mężczyzn[16]. Kobiety są też bardziej narażone na zawał serca, kiedy przeżywają stres emocjonalny spowodowany ciężkim kryzysem w małżeństwie, takim jak rozwód czy śmierć, podczas gdy u mężczyzn przyczyną bywa częściej wyczerpanie fizyczne. Starsze kobiety wydają się bardziej podatne niż mężczyźni na zagrażające życiu skoki hormonów stresowych w reakcji na wstrząs emocjonalny, taki jak niespodziewana śmierć ukochanej osoby, co lekarze nazywają „zespołem złamanego serca”[17].

Większa biologiczna reaktywność kobiet na wzloty i upadki ich związków jest zaczątkiem odpowiedzi na starą zagadkę naukową: dlaczego małżeństwo zdaje się przynosić pożytki zdrowotne mężczyznom, ale nie kobietom. Odkrycie to potwierdzają co i rusz badania nad małżeństwem i zdrowiem, a mimo to niekoniecznie musi być ono prawdziwe. Sytuację zaciemniał zwykły brak naukowej wyobraźni.

Zupełnie inny obraz wyłonił się, kiedy w prowadzonych przez blisko trzynaście lat badaniach pięciuset zamężnym kobietom po pięćdziesiątce zadano proste pytanie: „Na ile z a d o w o l o n a jesteś ze swojego małżeństwa?” Rezultaty były jasne jak słońce: im bardziej kobieta była zadowolona ze swojego małżeństwa, tym lepiej odbijało się to na jej zdrowiu[18]. Kiedy cieszyła się chwilami spędzanymi z partnerem, uważała, że się dobrze porozumiewają i zgadzają w takich sprawach jak finanse, mają udane życie seksualne, podobne zainteresowania i gusta, widać to było w wynikach jej badań lekarskich. Zadowolone kobiety miały niższe ciśnienie krwi, niższy poziom glukozy i złego cholesterolu niż te, które czuły się w małżeństwie nieszczęśliwe.

We wcześniejszych badaniach dane szczęśliwych i nieszczęśliwych żon wrzucano do jednego worka. A zatem chociaż kobiety okazują się bardziej wrażliwe biologicznie na wzloty i upadki w małżeństwie, skutki tej emocjonalnej karuzeli zależą od charakteru przejażdżki na niej. Kiedy kobieta doznaje w małżeństwie więcej upadków niż wzlotów, cierpi na tym jej zdrowie, ale kiedy dostarcza jej ono więcej okazji do wzlotów, jej zdrowie korzysta na tym podobnie jak zdrowie jej męża.

Ratownicy emocjonalni

Wyobraź sobie kobietę w paszczy MRI, leżącą na plecach na wózku, który wsunięto w zagłębienie o kształcie człowieka, tak że od ścian i sufitu otworu w tej ogromnej maszynie dzieli ją zaledwie kilka cali. Słyszy niepokojący świst wirujących wokół niej potężnych elektromagnesów i patrzy na monitor umieszczony parę cali nad jej twarzą.

Na ekranie monitora pojawia się co dwanaście sekund ciąg kolorowych figur geometrycznych – zielony kwadrat, czerwony trójkąt. Powiedziano jej, że kiedy ukaże się pewien kształt i kolor, otrzyma wstrząs elektryczny, niezbyt bolesny, ale mimo wszystko nieprzyjemny.

Czasami oczekuje tego sama. Niekiedy trzyma ją za rękę obca osoba. A czasami czuje dające otuchę dotknięcie ręki męża.

W takiej sytuacji znalazło się osiem kobiet, które zgłosiły się ochotniczo do badań w laboratorium Richarda Davidsona, mających na celu zbadanie, w jakim stopniu ludzie, których kochamy, mogą nam w chwilach stresu i zaniepokojenia zapewnić biologiczne wsparcie. A oto wyniki: kiedy badana kobieta trzymała rękę męża, czuła dużo mniejszy niepokój niż wtedy, kiedy musiała sama stawić czoło wstrząsowi[19].

Trzymanie ręki osoby obcej też trochę pomagało, ale nawet w przybliżeniu nie tak jak dotyk ręki męża. Co ciekawe, zespół Davidsona przekonał się, że nie sposób przeprowadzić tego badania tak, by kobiety nie wiedziały, czyją rękę trzymają: zawsze prawidłowo zgadywały, czy jest to ręka męża czy obcego.

Kiedy kobiety czekały na wstrząs w samotności, analiza fMRI pokazywała aktywność rejonów mózgu, które pobudzają układ podwzgórzowo-przysadkowo-nadnerczowy do reagowania na zagrożenie, pompując hormony do organizmu[20]. Gdyby zagrożeniem nie był wstrząs elektryczny, ale człowiek – powiedzmy wrogo nastawiona osoba przeprowadzająca rozmowę kwalifikacyjną – rejony te byłyby prawie na pewno jeszcze bardziej pobudzone.

Te zmienne obwody uspokajał jednak zaskakująco dobrze kojący uścisk mężowskiej dłoni. Wyniki tego badania wypełniają ważną lukę w zrozumieniu tego, jakie biologiczne znaczenie, w sensie zarówno pozytywnym, jak negatywnym, mogą mieć nasze związki z innymi. Dysponujemy teraz zdjęciem mózgu otrzymującego pomoc emocjonalną.

Równie wymowne było inne odkrycie: im bardziej żona czuje się zadowolona z małżeństwa, tych większy czerpie biologiczny pożytek z pomocnej dłoni. Daje to rozstrzygającą odpowiedź na starą naukową zagadkę, dlaczego w niektórych przypadkach małżeństwo stanowi wyzwanie dla zdrowia kobiety, a w innych je chroni.

Kontakt fizyczny, podczas którego skóra styka się ze skórą, jest szczególnie kojący, ponieważ pobudza wydzielanie oksytocyny, podobnie jak ciepło i wibracje (co może wyjaśniać, dlaczego dużą ulgę w stresie przynosi masaż albo czułe przytulanie). Oksytocyna działa jak hamulec hormonów stresowych, powściągając aktywność układów podwzgórzowo-przysadkowo-nadnerczowego i współczulnego, która, jeśli zbyt długo jest wysoka, stwarza zagrożenie dla zdrowia[21].

Kiedy wydziela się oksytocyna, w organizmie następuje wiele zdrowych zmian[22]. Gdy ogarnia nas pogodny nastrój wywołany aktywnością układu przywspółczulnego, spada ciśnienie krwi. Dzięki temu ze spowodowanego stresem pobudzenia dużych mięśni do stanu gotowości do ucieczki przechodzimy w stan odnowy, w którym energia wydatkowana jest na gromadzenie czynników odżywczych, wzrost i zdrowienie. Spada poziom kortyzolu, co świadczy o obniżeniu aktywności układu podwzgórzowo-przysadkowo-nadnerczowego. Wzrasta próg odczuwania bólu, stajemy się więc mniej wrażliwi na dolegliwości. Nawet rany szybciej się goją.

Czas połowicznego zaniku oksytocyny w mózgu jest krótki – po paru zaledwie minutach już jej nie ma. Ale względnie stałym źródłem „dostaw" oksytocyny mogą się stać bliskie, pozytywne, długotrwałe związki – każdy uścisk, przyjazny dotyk i chwila czułości mogą nieco utorować drogę temu neurochemicznemu balsamowi. Jeśli oksytocyna wydziela się wciąż od nowa – co zdarza się, kiedy przyjemnie spędzamy czas z kochanymi osobami – zbieramy, jak się wydaje, długotrwałe pożytki z sympatii. A zatem ten sam związek chemiczny, który zbliża nas do kochanych przez nas ludzi, przemienia te ciepłe uczucia w nasz biologiczny dobrostan[23].

Wróćmy do Tołstojów. Mimo wszystkich odnotowanych w ich dziennikach urazów dochowali się trzynaściorga dzieci. Oznacza to, że żyli w domu, gdzie było w bród okazji do czułości. Ci małżonkowie nie musieli liczyć jedno na drugiego; otoczeni byli emocjonalnymi ratownikami.

Pozytywne zarażenie

Zaledwie czterdziestoletni Anthony Radziwill leżał na oddziale intensywnej opieki medycznej pewnego nowojorskiego szpitala. Umierał na włókniakomięsak, nowotwór złośliwy. Jak opowiada wdowa po nim, Carole, Anthony'ego odwiedzał jego kuzyn, John F. Kennedy Junior, który sam miał zginąć w tym samym roku, kiedy pilotowany przez niego samolot rozbił się w pobliżu wyspy Martha's Vineyard.

John, wciąż w smokingu po oficjalnym przyjęciu, z którego właśnie wyszedł, otrzymał po wejściu na OIOM wiadomość, że lekarze dają jego kuzynowi tylko parę godzin życia. A zatem, ująwszy go za dłoń, John cicho zanucił *The Teddy Bears' Picnic*, kołysankę, którą śpiewała im obu jego matka, Jackie, kiedy byli mali.

Anthony, chociaż bliski śmierci, przyłączył się do niego.

John, jak wspomina Carole Radziwill, „zabrał go w najbezpieczniejsze miejsce, jakie mógł znaleźć"[24].

Ten miły dotyk na pewno ulżył Anthony'emu w ostatnich chwilach. Świadczy on też o połączeniu, które intuicyjnie wydaje się najlepszym sposobem dopomożenia ukochanej osobie w trudnych momentach.

Na poparcie słuszności tego intuicyjnego podejścia mamy teraz solidne dane: fizjolodzy wykazali, że kiedy ludzie stają się emocjonalnie współzależni, każdy z nich odgrywa aktywną rolę w regulacji procesów fizjologicznych drugiej strony. To biologiczne wciągnięcie oznacza, że sygnały, które każde z partnerów odbiera od drugiego, mają szczególną moc wpływania na ich organizm, bez względu na to, czy wychodzi im to na dobre, czy na złe.

W ożywczych związkach partnerzy pomagają sobie wzajemnie uporać się z przygnębiającymi emocjami, tak samo jak opiekuńczy rodzice dzieciom. Kiedy jesteśmy zestresowani albo przygnębieni, partnerzy pomagają nam przemyśleć to, co wywołuje nasze przygnębienie, być może po to, by lepiej na to zareagować albo po prostu spojrzeć na wydarzenia z pewnej perspektywy, ale tak czy inaczej zmniejszając negatywną kaskadę reakcji hormonalnych.

Długotrwała separacja od osób, które kochamy, pozbawia nas tej intymnej pomocy; tęsknota za ludźmi, których nam brakuje, wyraża częściowo tęsknotę za tym biologicznie pomocnym związkiem. A całkowita dezorganizacja, którą odczuwamy po śmierci ukochanej osoby, odzwierciedla bez wątpienia brak owej wirtualnej części nas samych. Ta strata ważnego sojusznika biologicznego może też pomóc wyjaśnić podwyższone ryzyko choroby lub zgonu po śmierci małżonka.

Również tu widać intrygujące różnice między płciami. Pod wpływem stresu mózg kobiety wydziela więcej oksytocyny niż mózg mężczyzny. Wywiera to uspokajający wpływ i skłania kobiety do zwracania się ku innym osobom – do zaopiekowania się dziećmi albo do rozmowy z przyjaciółką. Kiedy kobiety, jak odkryła psycholog Shelley Taylor z University of California w Los Angeles, opiekują się dziećmi albo podtrzymują więzi przyjaźni, ich organizm wydziela jeszcze więcej oksytocyny, która jeszcze bardziej je relaksuje[25]. Ten impuls do opiekowania się i zaprzyjaźniania może być charakterystyczny tylko dla kobiet. Androgeny – męskie hormony płciowe – niwelują uspokajający wpływ oksytocyny. Estrogeny, żeńskie hormony płciowe, wzmagają jej działanie. Różnica ta zdaje się prowadzić do zupełnie odmiennych reakcji kobiet i mężczyzn w obliczu zagrożenia – kobiety szukają towarzystwa, natomiast mężczyźni samotności. Na przykład kiedy mówi się kobietom, że otrzymają wstrząs elektryczny, wolą na to czekać razem z innymi uczestnikami eksperymentu, podczas gdy mężczyźni wolą być wtedy sami. Mężczyźni zdają się posiadać lepszą zdolność uśmierzania swojego niepokoju przez odwrócenie uwagi od jego źródła – mogą wystarczyć telewizor i piwo.

Im bliższe przyjaciółki mają kobiety, tym mniej jest prawdopodobne, że w miarę starzenia się pojawi się u nich upośledzenie fizyczne, i tym bardziej prawdopodobne, że w późniejszych latach będą wiodły radosne życie. Okazuje się, że wpływ ten jest tak silny, iż brak przyjaciółek jest równie szkodliwy dla zdrowia kobiety jak palenie czy otyłość. Nawet po doznaniu ogromnego ciosu, jakim jest śmierć małżonka, kobiety mające bliską przyjaciółkę i powiernicę mają większe szanse na uniknięcie jakiegoś nowego upośledzenia fizycznego czy utraty witalności. W każdym bliskim związku nasz arsenał środków radzenia sobie z emocjami – od poszukiwania pociechy po przemyślenie tego, co nas przygnębia – wzbogacany jest przez drugą osobę, która może służyć radą lub zachętą albo pomóc nam bardziej bezpośrednio poprzez zarażenie emocjonalne. Pierwotny schemat nawiązywania ścisłej więzi biologicznej z najbliższymi nam osobami ukształtowany został we wczesnym dzieciństwie, w intymnej fizjologii naszych pierwszych interakcji. Te mechanizmy łączące mózg z mózgiem utrzymują się przez całe życie, wiążąc naszą biologię z tymi, do których jesteśmy najbardziej przywiązani.

Psychologia ma niefortunny termin na określenie tego zlewania się dwóch osób w jedno: „wzajemnie regulująca się jednostka psychobiologiczna", co oznacza radykalne zatarcie granic psychicznej i biologicznej, oddzielających zwykle Ja i Ty[26]. Ta płynność granic między ludźmi, którzy czują wzajemną bliskość, pozwala na dwukierunkową regulację, wzajemne wpływanie dwojga osób na swoją biologię. Krótko mówiąc, pomagamy (albo szkodzimy) sobie nie tylko emocjonalnie, ale także na p o z i o m i e   b i o l o g i c z n y m. Twoja wrogość podnosi moje ciśnienie krwi; twoja opiekuńcza miłość je obniża[27].

Jeśli mamy życiowego partnera, bliskiego przyjaciela czy przyjaciółkę albo serdecznego krewnego czy krewną, na którym możemy polegać i który daje nam bezpieczną bazę, mamy biologicznego sojusznika. Biorąc pod uwagę nowe medyczne zrozumienie tego, ile znaczą dla naszego zdrowia związki z innymi, pacjenci cierpiący na poważne albo przewlekłe choroby mogą skorzystać z dostrojenia swoich emocjonalnych więzi. Oprócz stosowania się do zaleceń ściśle medycznych, warto mieć sprzymierzeńców biologicznych, bo są oni dobrym lekarstwem.

Uzdrawiająca obecność

Kiedy wiele lat temu mieszkałem na indyjskiej wsi, zaintrygowało mnie, że szpitale w tym regionie na ogół nie zapewniały pacjentom wyżywienia. Bardziej zdumiewający był dla mnie powód takiego postępowania – kiedy przyjmowano pacjenta, przybywała z nim rodzina i obozowała w jego pokoju, gotując mu posiłki i pomagając w inny sposób w opiece nad nim.

Jakie to cudowne, myślałem, mieć wokół siebie dzień i noc osoby, które nas kochają i nie pozwalają, by przygniótł nas emocjonalny ciężar fizycznego cierpienia. Jakiż stanowi to kontrast z izolacją społeczną, tak częstą w opiece medycznej na Zachodzie.

System opieki zdrowotnej, który wykorzystuje wsparcie społeczne i opiekę bliskich w celu poprawy jakości życia pacjenta, może zwiększać samą jego zdolność powrotu do zdrowia. Na przykład pacjentka leżąca w szpitalnym łóżku i czekająca na poważną operację, której ma zostać nazajutrz poddana, musi się martwić. W każdej sytuacji to, co silnie czuje jedna osoba, przechodzi z reguły na innych, a im bardziej ktoś jest zestresowany i bezbronny, tym staje się wrażliwszy, a przez to bardziej podatny na zarażenie się tymi uczuciami[28]. Jeśli zmartwiona pacjentka dzieli pokój z inną, która też czeka na operację, obie mogą wzbudzić u siebie nawzajem jeszcze większy lęk i strach. Ale jeśli dzieli ona pokój z kobietą, która jest już po udanej operacji – a zatem czuje się względnie odprężona i spokojna – wpływ emocjonalny tej drugiej będzie bardziej kojący[29].

Kiedy zapytałem Sheldona Cohena, który prowadził badania nad zarażeniem się rhinowirusem, co zalecałby pacjentom w szpitalach, zasugerował, by celowo poszukiwali biologicznych sojuszników. Na przykład, dowodził, opłaca się „włączać nowe osoby do twojej sieci powiązań społecznych, zwłaszcza osoby, przed którymi możesz się otworzyć". Kiedy u mojego przyjaciela rozpoznano prawdopodobnie śmiertelną formę raka, podjął mądrą decyzję medyczną – zaczął się widywać z psychoterapeutą, przed którym mógł się wygadać, kiedy nim i jego rodziną targała zawierucha niepokoju.

Jak powiedział mi Cohen: „Najbardziej zdumiewającym odkryciem dotyczącym związków z innymi i zdrowia fizycznego jest to, że ludzie zintegrowani społecznie – ci, którzy mają małżonków, bliską rodzinę i przyjaciół, należą do ugrupowań społecznych i religijnych i biorą żywy udział w tych sieciach – szybciej dochodzą do zdrowia po chorobie i dłużej żyją. Około osiemnastu badań pokazuje silny związek między więziami społecznymi i umieralnością".

Poświęcanie więcej czasu i energii na przebywanie z ludźmi, którzy mają na nas najbardziej ożywczy wpływ, mówi Cohen, jest korzystne dla naszego zdrowia[30]. Gorąco namawia pacjentów, żeby w miarę możliwości zmniejszyli liczbę emocjonalnie toksycznych kontaktów, a zwiększyli liczbę kontaktów ożywczych.

Cohen radzi też, by szpitale, zamiast powierzać komuś obcemu zadanie poinstruowania osoby po zawale serca, jak ma unikać powtórnego zawału, wciągały do tego osoby bliskie pacjentom, ucząc je, jak mogą stać się ich sojusznikami w dokonywaniu niezbędnych zmian w stylu życia.

Chociaż dla osób starszych i chorych wsparcie społeczne jest bardzo ważne, inne siły przeszkadzają w zaspokojeniu ich potrzeby ciepłych stosunków. Nie najmniej istotne są skrępowanie i niepokój, które rodzina i przyjaciele często odczuwają w obecności chorego. Szczególnie wtedy, kiedy pacjent cierpi na chorobę napiętnowaną społecznie albo kiedy zagląda mu w oczy śmierć, osoby, które są mu normalnie bliskie, mogą stać się zbyt nieufne albo być zbyt przestraszone, by zaoferować pomoc – czy choćby przyjść w odwiedziny.

„Większość otaczających mnie ludzi odsunęła się" – wspomina Laura Hillenbrand, pisarka przykuta przez wiele miesięcy do łóżka z powodu zespołu przewlekłego zmęczenia. Znajomi często pytali innych znajomych, jak się miewa, ale „po jednej czy dwóch kartkach z życzeniami powrotu do zdrowia przestałam otrzymywać od nich wieści". Kiedy sama przejęła inicjatywę i dzwoniła do starych przyjaciół, rozmowy były często niezręczne i kończyły się tym, że czuła się głupio, iż zadzwoniła.

Mimo to, jak każdy odcięty od życia towarzyskiego przez chorobę, Hillenbrand tęskniła do kontaktów, do więzi z sojusznikami biologicznymi, których jej brakowało. Jak mówi Sheldon Cohen, odkrycia naukowe „wysyłają do rodzin i przyjaciół pacjentów komunikat, by ich nie ignorowali ani nie izolowali się od nich – nawet jeśli nie bardzo wiesz, co powiedzieć, ważne jest, żebyś ich po prostu odwiedzał".

Rada ta wskazuje tym wszystkim z nas, którzy troszczą o kogoś cierpiącego na jakąś chorobę, byśmy zawsze ofiarowali mu pełną miłości obecność, nawet jeśli czujemy, że brak nam słów. Sama obecność może mieć zdumiewające znaczenie, nawet dla pacjentów w stanie wegetacji, z poważnymi uszkodzeniami mózgu, którzy wydają się zupełnie nieświadomi tego, co się do nich mówi, którzy znajdują się – jak się to określa w medycznym żargonie – „w stanie minimalnej świadomości". Kiedy osoba emocjonalnie blisko związana z takim pacjentem wspomina wydarzenia z ich wspólnej przeszłości albo lekko go dotyka, wzbudza to te same obwody nerwowe co u ludzi z nieuszkodzonym mózgiem[31], mimo że tacy chorzy wydają się całkowicie pozbawieni kontaktu z rzeczywistością, niezdolni do zareagowania choćby jednym słowem czy spojrzeniem.

Przyjaciółka mówi mi, że przypadkiem przeczytała artykuł o ludziach, którzy obudzili się ze śpiączki; opowiadali, że chociaż często słyszeli i rozumieli, co do nich mówiono, nie byli w stanie poruszyć nawet jednym mięśniem. Tak się złożyło, że czytała ten artykuł w autobusie, jadąc do matki, która była minimalnie świadoma po reanimacji, której została poddana po prawokomorowej niewydolności serca. Spostrzeżenia tam zawarte zmieniły jej stosunek do nieprzytomnej matki – siedzenie przy jej łóżku było teraz innym doświadczeniem.

Bliskość emocjonalna pomaga najbardziej, kiedy pacjenci są słabi – mają przewlekłą chorobę, upośledzony układ odpornościowy albo są bardzo starzy. Chociaż taka troskliwość nie jest panaceum, pojawiające się dane wskazują, że może klinicznie dużo zmienić. W tym sensie miłość jest czymś więcej niż tylko sposobem zmiany emocjonalnego tonu życia pacjenta – jest biologicznie aktywnym składnikiem opieki medycznej.

Z tego powodu lekarz Mark Pettus gorąco nas namawia, byśmy rozpoznawali trudno dostrzegalne komunikaty, które sygnalizują, że pacjent odczuwa potrzebę choćby chwilowej troskliwej więzi, i przyjmowali „zaproszenia do wejścia", które przybierają postać „łzy, śmiechu, spojrzenia, a nawet milczenia".

Własny syn Pettusa znalazł się w szpitalu w oczekiwaniu na operację – przytłoczony, przestraszony, zdezorientowany – nie mogąc zrozumieć, co się dzieje, ponieważ był opóźniony w rozwoju i nie nauczył się jeszcze mówić[32]. Po operacji leżał w łóżku, otoczony siecią rurek: wkłuta w ramię igła kroplówki, w nosie rurka prowadząca do żołądka, również w nozdrzach rurki doprowadzające tlen do płuc, inna, którą dostarczano środek znieczulający do rdzenia kręgowego, jeszcze inna prowadząca przez prącie do pęcherza.

Pettus i jego żona byli zrozpaczeni, że ich ukochane dziecko musi przez to wszystko przechodzić. Ale widzieli w jego oczach, że mogą mu pomóc drobnymi gestami ludzkiej sympatii: podtrzymującymi na duchu dotknięciami, płynącymi z głębi serca spojrzeniami, samą swoją obecnością.

Jak mówi Pettus: „Naszym językiem była miłość".

Rozdział 18

Ludzka recepta

Lekarz odbywający staż w klinice chorób kręgosłupa jednego z najlepszych szpitali na świecie przeprowadzał wywiad z kobietą po pięćdziesiątce, która bardzo cierpiała z powodu poważnego zwyrodnienia kręgów szyjnych. Doskwierało jej to od lat, ale nigdy wcześniej nie poszła z tym do lekarza. Zamiast tego chodziła do kręgarza, którego zabiegi przynosiły jej na pewien czas ulgę. Ból jednak stopniowo się nasilał, a z nim strach.

Kobieta ta i jej córka zasypały stażystę pytaniami, dając wyraz swoim wątpliwościom i obawom. Przez jakieś dwadzieścia minut starał się rozwiać ich troski i uśmierzyć obawy, ale niezupełnie mu się to udało.

W tym momencie weszła do gabinetu sprawująca nad nim opiekę lekarka i szybko opisała, na czym polegają zastrzyki, które zalecała w celu zlikwidowania zapalenia, oraz zabiegi fizjoterapeutyczne, którym powinna się następnie poddać pacjentka, by rozciągnąć i wzmocnić mięśnie szyi. Córka pacjentki nie mogła zrozumieć, w jaki sposób zabiegi te mogą pomóc matce, skierowała więc do lekarki, która już szła w stronę drzwi, strumień pytań.

Ignorując wysłany przez lekarkę cichy sygnał, że rozmowa dobiega końca, córka zadawała pytanie za pytaniem. Po wyjściu lekarki z gabinetu stażysta został z obiema kobietami jeszcze dziesięć minut, aż w końcu pacjentka zgodziła się na zastrzyki.

Krótko potem lekarka wzięła stażystę na bok i powiedziała:

– To było bardzo miłe z twojej strony, ale nie możesz sobie pozwolić na luksus prowadzenia tak długiej rozmowy z pacjentem. Mamy przeznaczone piętnaście minut na pacjenta i obejmuje to również czas dyktowania. Wyleczysz się z tego, kiedy spędzisz parę bezsennych nocy na dyktowaniu swoich notatek, a wczesnym rankiem następnego dnia będziesz musiał wrócić na cały dzień do kliniki.

– Ale mnie zależy na związku z pacjentami – zaprotestował stażysta. – Chcę ustanowić więź porozumienia, naprawdę ich zrozumieć. – Gdybym mógł, poświęciłbym każdemu pół godziny.

Wtedy lekarka, nieco zirytowana, zamknęła drzwi, by mogli porozmawiać prywatnie.

– Słuchaj – powiedziała – na korytarzu czeka ośmiu innych pacjentów, więc ta kobieta postąpiła egoistycznie, siedząc tak długo w gabinecie. Po prostu nie możesz poświęcić żadnemu pacjentowi więcej niż dziesięć minut. Tylko tyle mamy na to czasu.

Następnie wprowadziła stażystę w zawiłości obliczeń, ile czasu poświęca się w tym szpitalu pacjentowi i jaka część zapłaty trafia do kieszeni lekarza po odliczeniu „podatków", to znaczy ubezpieczenia za błędy w sztuce lekarskiej, kosztów ogólnych szpitala i składek na inne uprzywilejowane grupy. A oto rezultaty tych obliczeń: jeśli lekarz wystawi co roku pacjentom rachunki na 300 tysięcy dolarów, to zostanie dla niego tylko około 70 tysięcy. Jedynym sposobem podniesienia zarobków jest upchnięcie jak największej liczby pacjentów w jak najkrótszym czasie.

Nikomu nie podoba się zbyt długie czekanie na przyjęcie przez lekarza i zbyt krótka wizyta u niego. Z powodu rozpowszechnienia się w opiece medycznej mentalności księgowego cierpią nie tylko pacjenci. Również lekarze coraz bardziej skarżą się, że nie mogą poświęcić pacjentom tyle czasu, ile chcą. Problem ten nie ogranicza się do Stanów Zjednoczonych. Pewien europejski neurolog, który pracuje w służbie zdrowia w swoim kraju, lamentował: „Stosują do ludzi logikę maszyny. Informujemy, kiedy używamy jakich procedur, i na tej podstawie wyliczają, ile czasu powinniśmy spędzić z każdym pacjentem. Ale nie uwzględniają czasu, który powinniśmy przeznaczyć na rozmowę z pacjentami, na to, byśmy mogli poprawić ich samopoczucie. Wielu lekarzy jest sfrustrowanych – chcą mieć czas na leczenie pacjenta, a nie tylko choroby".

Recepta na wypalenie zawodowe lekarza zapisana jest w przytłaczających godzinach nauki na wydziale medycyny i podczas stażu. Połącz to nieustające przeciążenie pracą z ekonomiką medycyny, która wymaga od lekarzy coraz więcej, i trudno się dziwić, że rośnie wśród nich desperacja. Ankiety pokazują, że u 80–90 procent praktykujących lekarzy widać co najmniej część oznak wypalenia, a więc jest to już istna epidemia[1]. Objawy te są wyraźne: związane z pracą wyczerpanie emocjonalne, silne poczucie niezadowolenia i bezosobowy stosunek „ja–to" do pacjenta.

Zorganizowana bezduszność

Na oddział 4D przyjęto pacjentkę z odpornym na wiele leków zapaleniem płuc. Zważywszy na jej zaawansowany wiek i wiele innych kłopotów zdrowotnych, rokowania były marne.

W ciągu tygodni, które spędziła na oddziale, między nią i pielęgniarzem z dyżuru nocnego zawiązało się coś w rodzaju przyjaźni. Poza tym nikt jej nie odwiedzał, nie wskazała żadnej osoby, którą należałoby powiadomić w przypadku jej śmierci, nie miała żadnych krewnych ani przyjaciół. Jedynym jej gościem był ów pielęgniarz, który wpadał do niej podczas nocnych obchodów, a jego wizyty ograniczały się do krótkich rozmów, na które mógł znaleźć czas.

Teraz jej funkcje życiowe słabły, więc pielęgniarz zorientował się, że pacjentka na 4D jest bliska śmierci. Starał się zatem spędzać w jej pokoju każdą wolną minutę podczas swojej zmiany, po to tylko, by być przy niej. W ostatnich chwilach jej życia trzymał ją za rękę.

Jak zareagowała na ów gest ludzkiej dobroci jego przełożona? Udzieliła mu nagany z wpisaniem do akt za marnowanie czasu.

„Nasze instytucje są zorganizowaną bezdusznością", napisał bez ogródek Aldous Huxley w *Filozofii wieczystej*. Maksyma ta odnosi się do każdego systemu, w którym na ludzi patrzy się wyłącznie w kategoriach relacji „ja–to". Kiedy traktuje się ludzi jako ponumerowane jednostki, wymienne części nie mające same w sobie żadnej wartości, poświęca się empatię na rzecz wydajności albo opłacalności.

Weźmy powszechną sytuację, pacjenta leżącego w szpitalu, którego prześwietlenie zaplanowano w danym dniu. Powiedziano mu z samego rana: „Pójdzie pan na radiologię zrobić sobie prześwietlenie".

Nikt mu jednak nie powie, że (przynajmniej w Stanach Zjednoczonych) szpital zarabia więcej na prześwietleniach i zdjęciach rentgenowskich robionym pacjentom z zewnątrz niż na prześwietleniach „swoich" pacjentów, które są częścią „pakietu" usług opłacanych przez firmy ubezpieczeniowe. Szpital musi się zadowolić pewną sumą za ten pakiet, bez względu na to, co on obejmuje, przez co prześwietlenie jest dla niego potencjalną stratą pieniędzy.

I tak pacjenci szpitalni są ostatni w kolejce, czekając – często z niecierpliwością – na zabieg, przekonani, że nastąpi on za pięć minut, ale naprawdę mogą mu zostać poddani dopiero za pięć godzin. Co gorsza, przed niektórymi badaniami pacjenci muszą zacząć pościć już od północy, a więc jeśli opóźniają się one aż do popołudnia, biedny chory nie dostaje ani śniadania, ani obiadu.

„Sposobami świadczenia usług kieruje zasada uzyskania dochodu – powiedział mi jeden z dyrektorów szpitala. – Nie zastanawiamy się nad tym, jak sami byśmy się czuli, gdybyśmy to my musieli czekać. Nie zwracamy dostatecznej uwagi na oczekiwania naszych pacjentów, nie mówiąc już o tym, że nie postępujemy z nimi tak dobrze, jak moglibyśmy. Nasze działania i przepływ informacji nastawione są na wygodę personelu, nie pacjentów".

Jednak nasza wiedza o roli, jaką odgrywają emocje w zachowaniu zdrowia, wskazuje, że ignorowanie pacjentów jako ludzi, nawet w interesie jakiejś osławionej skuteczności, sprawia, że tracimy ważnego biologicznego sojusznika – poczucie, że inni się o nas troszczą. Nie mam zamiaru przekonywać tutaj, że trzeba być „miękkim", bo nawet współczujący chirurg musi kroić, a współczująca pielęgniarka stosować bolesne zabiegi. Zabiegi te są jednakowoż mniej bolesne, kiedy towarzyszy im atmosfera dobroci i troski. To, że ktoś nas zauważa, wie, co czujemy, i opiekuje się nami, łagodzi ból. Przygnębienie i odmowa go nasilają.

Jeśli mamy przejść do bardziej humanitarnych organizacji, muszą nastąpić zmiany na dwóch poziomach: w sercach i umysłach tych, którzy zapewniają opiekę, oraz w podstawowych – zarówno pisanych, jak i niepisanych – zasadach działania tej instytucji. Oznaki pragnienia takich zmian pojawiają się coraz liczniej.

Ujrzenie w chorym człowieka

Wyobraź sobie lekarza, znakomitego kardiochirurga, którego dzieli emocjonalny dystans od pacjentów. Nie tylko brakuje mu współczucia, ale odnosi się do nich i ich uczuć z lekceważeniem, a nawet z pogardą.

Kilka dni temu operował pacjenta, który w samobójczej próbie wyskoczył z okna na czwartym piętrze i odniósł poważne obrażenia. Teraz, w obecności swoich studentów, samych stażystów, mówi temu pacjentowi, że jeśli chciał się ukarać, to zrobiłby lepiej, zaczynając grać w golfa. Studenci się śmieją, ale twarz pacjenta wyraża ból i rozpacz.

Kilka dni później ten sam chirurg zostaje pacjentem. Czuje łaskotanie w gardle i kaszle, plując krwią. Bada go laryngolog z tego samego szpitala i kiedy rozgrywa się ta scena, na twarzy kardiochirurga ukazuje się wyraz strachu, zmieszania, skrępowania i dezorientacji. Specjalista chorób gardła kończy badanie, mówiąc naszemu bohaterowi, że ma narośl na strunach głosowych, trzeba więc będzie zrobić mu biopsję i inne próby laboratoryjne. Kiedy wychodzi, żeby przejść do innego pacjenta, mruczy pod nosem: „Ciężki dzień! Ciężki dzień!"

Historię tę opowiedział nieżyjący już Peter Frost, profesor zarządzania, który zainicjował kampanię na rzecz współczucia wśród personelu medycznego po własnych przeżyciach na oddziale onkologicznym[2]. Kluczowym elementem nieobecnym w tym scenariuszu, wskazywał Frost, jest zwykłe dojrzenie w pacjencie człowieka, osoby walczącej o godność, nawet o życie.

To ludzkie podejście zbyt często się gubi w bezosobowym mechanizmie współczesnej medycyny. Niektórzy twierdzą, że prowadzi to do niepotrzebnego „cierpienia jatrogennego", dodatkowego bólu powodowanego tym, że personel medyczny zostawia serca w domu. Nawet u osób umierających suche komunikaty pozbawionych wrażliwości lekarzy mogą czasami stać się źródłem większego cierpienia emocjonalnego niż sama choroba[3]. Świadomość tego stanu rzeczy doprowadziła do narodzin ruchu na rzecz medycyny „skupionej na pacjencie" albo „skupionej na związku międzyludzkim", który próbuje poszerzać widzenie medyków tak, by – oprócz samego rozpoznania choroby – objęło ono również leczoną osobę i zaowocowało poprawieniem jakości związku między lekarzem i pacjentem.

Ów ruch na rzecz przyznania komunikacji i empatii w medycynie więcej miejsca wydobywa na światło dzienne różnicę między deklarowanymi i rzeczywistymi postawami wobec pacjentów. Pierwsza zasada Kodeksu Etyki Medycznej American Medical Association zobowiązuje lekarzy do stosowania zabiegów medycznych z e w s p ó ł c z u c i e m. W większości programów szkół medycznych znajduje się nauka relacji między lekarzem i pacjentem; praktykującym już lekarzom i pielęgniarzom oferuje się rutynowo kurs odświeżający ich umiejętności interpersonalne i komunikacyjne. Jednak dopiero w ostatnich kilku latach zaczęto w obowiązujących w Stanach Zjednoczonych egzaminach na licencję medyczną uwzględniać ocenę zdolności lekarza do nawiązywania wzajemnego zrozumienia z pacjentem i komunikowania się z nim.

Te surowsze, nowe normy wynikają po części z postawy obronnej. W szeroko omawianym studium sposobów rozmawiania lekarzy z pacjentami, opublikowanym w 1997 roku w „Journal of the American Medical Association", stwierdzono, że o tym, iż dany lekarz został pozwany do sądu pod zarzutem popełnienia błędu w sztuce, jego nieumiejętność nawiązania kontaktu z pacjentem decydowała w większym stopniu niż rzeczywista liczba pomyłek[4]. Natomiast lekarze, z którymi pacjenci znajdowali większe wzajemne zrozumienie, pozywani byli rzadziej. Robili oni proste rzeczy, które jednak pomagały: mówili pacjentom, czego mogą się spodziewać od wizyty czy od kuracji, wdawali się z nimi w pogaduszki, dodawali im otuchy dotykiem i częściej śmiali się wspólnie z nimi, a humor szybko prowadzi do wzajemnego zrozumienia[5]. Poza tym upewniali się, czy pacjenci rozumieją ich uwagi, pytali ich o opinie, wyjaśniali wszystkie wątpliwości i zachęcali ich do rozmowy. Krótko mówiąc, przejawiali zainteresowanie osobą, nie diagnozą.

Jednym z najważniejszych elementów takiej opieki jest czas – wizyty u tych lekarzy trwały o około trzy i pół minuty dłużej niż u tych, którym groziło pozwanie do sądu. Im krótsza wizyta, tym większe prawdopodobieństwo, że pacjent spotka się z lekarzem w sądzie. Dojście do stanu wzajemnego zrozumienia zajmuje parę minut, co jest niepokojącym spostrzeżeniem, biorąc pod uwagę coraz większą presję ekonomiczną wywieraną na lekarzy, by w krótszym czasie przyjmowali więcej pacjentów.

Mimo to istnieją jeszcze silniejsze argumenty przemawiające za znajdowaniem wspólnego języka. Na przykład przegląd badań wykazał, że pacjenci byli najbardziej zadowoleni, kiedy uważali, że lekarz odnosił się do nich z empatią i udzielał im pożytecznych informacji[6]. Ale poczucie pacjenta, że lekarz usłyszał pełną informację, brało się nie tylko z tego, j a k i c h informacji mu udzielał, ale również stąd, j a k to robił. Ton głosu lekarza, który świadczył o jego trosce i zaangażowaniu emocjonalnym, wydawał się bardziej pomocny. Premia: im bardziej pacjent zadowolony, tym lepiej pamięta wskazówki lekarza i tym dokładniej się do nich stosuje[7].

Poza medycznym uzasadnieniem budowania więzi wzajemnego zrozumienia istnieje też powód ekonomiczny. „Wywiady w sprawie odejścia", przeprowadzone z pacjentami, którzy postanowili zrezygnować z dotychczasowej opieki zdrowotnej, pokazują, że przynajmniej w Stanach Zjednoczonych, gdzie na rynku usług medycznych panuje coraz wyższa konkurencja, 25 procent pacjentów odchodzi, bo: „Nie podoba mi się sposób, w jaki komunikował się ze mną mój lekarz"[8].

Przemiana doktora Robina Youngsona zaczęła się w dniu, w którym jego córka została odwieziona do szpitala ze złamanym karkiem. Przez dziewięćdziesiąt dni, kiedy ich córka przykuta była do łóżka i mogła patrzeć tylko na sufit, Youngson i jego żona cierpieli katusze.

Udręka ta zainspirowała doktora Youngsona, anestezjologa z Auckland w Nowej Zelandii, do rozpoczęcia kampanii na rzecz zmiany kodeksu praw pacjentów. Chce, by do istniejących już praw pacjenta do godności i szacunku dodano prawo do traktowania go ze współczuciem.

„Przez dużą część mojej lekarskiej kariery – wyznaje – sprowadzałem znajdującego się przede mną człowieka do «fizjologicznego preparatu»". Teraz zdaje sobie jednak sprawę z tego, że postawa „ja–to" osłabia potencjał uzdrawiającego związku. Jak mówi, hospitalizacja córki „przywiodła mnie z powrotem do traktowania pacjentów po ludzku".

Oczywiście w każdym systemie opieki zdrowotnej są ludzie o dobrym sercu, ale sama kultura medycyny tłumi często lub niszczy wyrażanie empatycznej troski, przez co troskliwa opieka nad pacjentem pada ofiarą nie tylko rachunku ekonomicznego, ale również – jak to określa doktor Youngson – „dysfunkcjonalnych stylów myślenia i przekonań lekarzy: linearnych, redukcjonistycznych, nadmiernie krytycznych i pesymistycznych, nie tolerujących wieloznaczności. Uważamy, że «dystans klinicysty» jest kluczem do jasnego widzenia. Nieprawda".

Według diagnozy doktora Youngsona, jego profesja cierpi na wyuczone upośledzenie: „Zupełnie straciliśmy współczucie". Głównym wrogiem, mówi, są nie tyle serca lekarzy i pielęgniarek – jego koledzy chętnie przyznają się do życzliwości wobec chorych – ile niepowstrzymana presja, by polegać na technologii medycznej, oraz niepohamowane rozkawałkowanie opieki medycznej, w której pacjenta przesyła się od jednego specjalisty do drugiego, i naciski na pielęgniarki i pielęgniarzy, by obsługiwali coraz więcej pacjentów. Często kończy się to tak, że nadzór nad opieką medyczną sprawują sami pacjenci, bez względu na to, czy są do tego przygotowani czy nie.

Harmonogram opieki

Nancy Abernathy prowadziła dla studentów pierwszego roku medycyny seminarium ze zdolności interpersonalnych i podejmowania decyzji, kiedy doszło do najgorszego: jej zaledwie pięćdziesięcioletni mąż zmarł na zawał serca, biegając na nartach w lesie w okolicy ich domu w Vermoncie. Stało się to podczas przerwy zimowej.

Owdowiała nagle Abernathy, wychowując sama dwóch nastoletnich synów, brnęła przez następny semestr, dzieląc się ze studentami uczuciami bolesnej straty i żałoby – rzeczywistością, z którą mieli się rutynowo stykać w przyszłości, rozmawiając z rodzinami zmarłych pacjentów.

W pewnym momencie Abernathy wyznała, że obawia się przyszłego roku, zwłaszcza zajęć, na których ona i ich uczestnicy pokazują zdjęcia swoich rodzin. Zastanawiała się, jakie zdjęcia przyniesie i w jakim stopniu podzieli się z innymi swoim smutkiem. Czy uda się jej powstrzymać szloch, kiedy będzie opowiadała o śmierci męża?

Mimo tych wątpliwości i rozterek podpisała umowę na prowadzenie tego kursu w następnym roku i pożegnała się ze studentami.

Jesienią, w dniu, w którym miały się odbyć zajęcia, których tak się obawiała, przyszła wcześniej i stwierdziła, że część miejsc w sali jest już zajęta. Ku swojemu zdumieniu zobaczyła, że zajęli ją jej byli studenci z poprzedniego roku. Będąc obecnie słuchaczami drugiego roku medycyny, przyszli po prostu po to, by wspierać ją swoją obecnością.

„To jest współczucie – twierdzi Abernathy – prosty ludzki związek między tym, kto cierpi, i tym, kto uzdrawia"[9].

Ludzie, których misją jest opieka nad innymi, muszą się też opiekować sobą. W każdej organizacji świadczącej takie usługi wzajemna troska personelu wpływa na jakość opieki zapewnianej innym.

Wzajemna troska personelu jest dorosłą wersją stwarzania bezpiecznej bazy. Można to dostrzec w prozaicznych, poprawiających nastrój interakcjach, do których dochodzi codziennie w każdym miejscu pracy, od zwykłego znalezienia czasu dla kolegi czy koleżanki po wysłuchanie jego czy jej narzekań. Może to też przybrać formę okazania szacunku, słów podziwu czy pochwały lub docenienia czyjejś pracy.

Kiedy ludzie zawodowo pomagający innym nie mają poczucia, że ci, z którymi lub dla których pracują, zapewniają im bezpieczną bazę, stają się bardziej podatni na „znużenie litością”[10]. Ważne jest przytulenie, nadstawienie ucha, współczujące spojrzenie, ale łatwo o tym zapomnieć w wirze gorączkowych działań, typowych dla każdej organizacji zajmującej się pomaganiem ludziom.

Dokładna obserwacja może dać mapę wzajemnych świadczeń osób okazujących sobie taką troskliwość. I faktycznie wynikiem trzyletnich obserwacji Williama Kahna, który przyglądał się okiem antropologa codziennym kontaktom personelu agencji usług socjalnych, stał się wirtualny harmonogram opieki[11]. Agencja ta zajmowała się zapewnieniem bezdomnym dzieciom towarzystwa dorosłego ochotnika, który miał być dla nich mentorem i wzorem do naśladowania. Jak wiele organizacji nie nastawionych na zysk, agencja borykała się z dwoma problemami – niedostatkiem funduszy i personelu.

Kahn odkrył, że troskliwe interakcje nie są niczym szczególnym; są one niejako wpisane w życie codzienne w każdym miejscu pracy. Na przykład kiedy nowa pracownica socjalna przedstawiła na cotygodniowym zebraniu trudny przypadek, bardziej doświadczona koleżanka wysłuchała z uwagą jej narzekań, zadała kilka dociekliwych pytań, powstrzymała się od najbardziej negatywnych ocen i powiedziała, że zaimponowała jej wrażliwość nowicjuszki. Był to naturalny pokaz wielorakich sposobów sprawowania opieki.

Jednak na innym zebraniu, podczas którego kierowniczka tych pracownic socjalnych miała omówić z nimi najbardziej kłopotliwe przypadki, sprawy przybrały zupełnie inny obrót. Kierowniczka niefrasobliwie zignorowała cel spotkania, wygłaszając monolog o problemach administracyjnych, które bardziej ją martwiły.

Przez cały czas patrzyła w swoje notatki, unikając kontaktu wzrokowego, nie dała swoim podwładnym prawie żadnych szans na pytania, nie mówiąc już o wysłuchaniu ich opinii, i nie zadała sobie najmniejszego trudu, by poznać ich opinie. Nie wyraziła ani odrobiny empatii dla przeciążonych pracownic, a kiedy jedna z nich zapytała o harmonogram prac, nie potrafiła przedstawić istotnych informacji. Ocena jej troskliwości – zero.

Jeśli chodzi o przepływ troskliwości w tej agencji, zacznijmy od góry. Dyrektor wykonawczy miał szczęście, bo zarząd entuzjastycznie go popierał. Personel zarządu był modelowym przykładem bezpiecznej bazy, wysłuchiwał życzliwie opowieści dyrektora o jego kłopotach i rozczarowaniach, oferował mu pomoc i zapewniał, że zarząd nie opuści go w potrzebie, dając mu jednocześnie dużą swobodę w prowadzeniu agencji i załatwianiu spraw po swojemu.

Jednak ów dyrektor wykonawczy nie odnosił się z taką troskliwością do przeciążonych pracownic socjalnych, które wykonywały gros zadań. Nigdy nie pytał, jak się czują, nie zachęcał do starań i nie okazywał ani odrobiny szacunku dla ich heroicznych zmagań. Jego związek z nimi był emocjonalnie pusty – rozmawiając z nimi, używał bardzo abstrakcyjnych terminów, nie zważał na frustrację i oburzenie, które wyrażały w rzadkich chwilach, gdy dawał im na to szansę. Rezultatem był brak porozumienia.

Mimo to ów dyrektor odnosił się z pewną troskliwością do jednej z osób znajdujących się niżej na drabinie hierarchii służbowej, a mianowicie do swojego kwestarza, który odpłacał mu tym samym. Ci dwaj tworzyli mikrospołeczność wzajemnego wsparcia, wysłuchując nawzajem opowieści o swoich kłopotach, służąc sobie radą i pociechą. Żaden z nich nie dawał jednak nic nikomu innemu z agencji.

Paradoksalnie, szefowa pracownic socjalnych, która składała dyrektorowi raporty, dawała mu więcej wsparcia niż on jej. Tego rodzaju odwrotna troskliwość jest zdumiewająco powszechna, przy czym podwładni okazują nieodwzajemnioną troskę o przełożonych. Ten skierowany w górę przepływ przypomina dynamikę dysfunkcjonalnych rodzin, z których rodzice zrzekają się odpowiedzialności i zamieniają się rolami z dziećmi, oczekując od nich opieki.

Z podobną sytuacją mieliśmy do czynienia w przypadku szefowej pracownic socjalnych, która nie wykazywała praktycznie żadnej troski o nie, szukając jej u nich. Na przykład na zebraniu, kiedy jedna z podwładnych zapytała, czy dowiedziała się już w innej agencji, jak mają wypełniać formularze doniesień o maltretowaniu dzieci, odpowiedziała, że starała się zasięgnąć języka, ale nie dopisało jej szczęście. Na to inna pracownica zaproponowała, że się tym zajmie. Pracownice socjalne przejmowały również wiele innych obowiązków kierowniczki, takich jak układanie harmonogramu zajęć, i chroniły ją przed emocjonalnym wpływem jej przygnębienia.

Z najtroskliwszym traktowaniem pracownice społeczne spotykały się ze strony koleżanek. Porzucone emocjonalnie przez kierowniczkę, poddane ogromnej presji swojej pracy, broniąc się przed wypaleniem, starały się otoczyć jedna drugą emocjonalnym kokonem. Na spotkaniach bez udziału kierowniczki wypytywały się nawzajem, jak sobie radzą, słuchały uważnie, służyły emocjonalnym i konkretnym wsparciem i generalnie pomagały sobie.

Mimo to pracownice socjalne miały stale rosnący emocjonalny debet – dawały więcej, niż otrzymywały. Mimo wzajemnego wspierania się, czuły, jak podczas pracy z podopiecznymi wycieka z nich energia. Z każdym miesiącem coraz bardziej dystansowały się emocjonalnie od swojej pracy, wypalały się i w końcu odchodziły. W ciągu dwóch i pół roku przez sześć stanowisk pracy socjalnej przewinęło się czternaście osób.

Pozbawieni możliwości doładowania emocjonalnych akumulatorów, opiekunowie w końcu się wyczerpują. Pracownicy służby zdrowia, którzy czują, że inni udzielają im emocjonalnego wsparcia, dają lepsze wsparcie swoim pacjentom. Natomiast wypalony pracownik socjalny, lekarz czy pielęgniarka nie mają żadnych zasobów emocjonalnych, z których mogliby czerpać.

Uzdrawianie uzdrowicieli

Jest jeszcze jeden pragmatyczny argument przemawiający za zwiększeniem roli współczucia w medycynie, a mianowicie ekonomiczny, który dla wielu organizacji jest niepodważalnym kryterium – otóż pomaga ono zatrzymać cenny personel. Przytoczone niżej dane pochodzą ze studium „pracy emocjonalnej", wykonywanej przez pracowników opieki medycznej, głównie przez pielęgniarzy i pielęgniarki[12].

Pielęgniarki, które praca bardziej przygnębiała, traciły poczucie misji, były słabszego zdrowia i najbardziej chciały porzucić swój zawód. Badacze doszli do wniosku, że problemy te wynikały stąd, iż zaraziły się one przygnębieniem, stykając się z rozpaczą, złością i lękiem osób, którymi się zajmowały. Ów negatywny wpływ rozciągał się na ich interakcje z innymi ludźmi, zarówno pacjentami, jak i współpracownikami.

Jeśli zaś pielęgniarka miała ożywcze kontakty z pacjentami i często czuła, że poprawia im nastrój, sama zyskiwała na tym emocjonalnie.

Tak proste rzeczy jak ciepła rozmowa i okazywanie sympatii sprawiały, że pielęgniarze odczuwali mniejszy stres w pracy. Podobnie oddziaływały na nich spotkania integracyjne, organizowane dla pacjentów czy personelu. Ci mający lepsze kontakty pielęgniarze i pielęgniarki cieszyli się lepszym zdrowiem i mieli poczucie, że wykonują ważne zadania. No i byli o wiele mniej skłonni do porzucenia swojego zawodu.

Z im większym przygnębieniem pacjentów styka się pielęgniarka albo w im większe wprawia ich przygnębienie, tym bardziej sama się nim zaraża, a im bardziej poprawia samopoczucie pacjentom i ich rodzinom, tym lepiej sama się czuje. Oczywiście każdego dnia robi ona i jedno, i drugie, ale dane wskazują, że im częściej stymuluje dobre uczucia, tym lepiej sama się czuje. Ten stosunek pozytywnych reakcji emocjonalnych do negatywnych zależy w dużym stopniu od niej.

Emocjonalnym zadaniem, które często prowadzi do zarażania się przygnębieniem, jest wysłuchiwanie czyichś zmartwień. Problem ten określa się mianem „znużenia litością", a pojawia się on, kiedy osoba pomagająca sama czuje się przytłoczona cierpieniem tych, którym stara się pomóc. Remedium na to jest nie tyle niewysłuchiwanie pacjentów, ile raczej znalezienie wsparcia emocjonalnego. We współczującym otoczeniu medycznym osoby takie jak pielęgniarze, które działają na pierwszej linii frontu walki z bólem i rozpaczą, potrzebują pomocy, by „metabolizować" to nieuniknione cierpienie i stać się bardziej odporni emocjonalnie. Instytucje opieki medycznej muszą dołożyć starań, by pielęgniarki i pozostały personel mieli tyle wsparcia, żeby odnosić się do pacjentów z empatią, nie wypalając się.

Tak jak ludzie wykonujący pracę, w której narażeni są na ciągłe napięcie mięśni i muszą robić przerwy, by się rozciągnąć i zrelaksować, również osoby pracujące w zawodach stresujących emocjonalnie powinny mieć możliwość korzystania z przerw w celu uspokojenia się przed ponownym ruszeniem do boju. Jednak takie regenerujące przerwy nigdy nie staną się rutyną, jeśli praca emocjonalna wykonywana przez członków profesji medycznych nie zostanie doceniona przez aparat administracyjny i uznana za ważną, nawet decydującą część ich zadań, którą muszą wykonywać razem z innymi obowiązkami, a nie – jak to jest w tej chwili – wbrew nim.

Emocjonalnego składnika zawodów z zakresu opieki zdrowotnej nie traktuje się zwykle jako „prawdziwej" pracy. Gdyby jednak uznano potrzebę opieki emocjonalnej za istotną część tego, co robią, pracownicy służby zdrowia mogliby lepiej wykonywać swoją pracę. Problemem, który wymaga natychmiastowego rozwiązania, jest wprowadzenie tego do obecnie praktykowanej medycyny. Tego rodzaju pracy emocjonalnej nie można znaleźć w żadnych obowiązujących dzisiaj opisach kwalifikacji pracowników służby zdrowia.

Co gorsza, w medycynie może istnieć skłonność do popełniania najpowszechniejszego błędu przy wyborze personelu kierowniczego, którą pewien zgryźliwy obserwator nazwał tendencją awansowania ludzi zgodnie z ich poziomem niekompetencji. Ktoś ma duże szanse zostania dyrektorem oddziału albo placówki służby zdrowia dzięki swoim świetnym indywidualnym osiągnięciom, na przykład jako chirurg, bez uwzględnienia tak istotnych zdolności jak empatia.

„Kiedy awansuje się ludzi do kierownictwa, opierając się na ich umiejętnościach medycznych, a nie na umiejętności postępowania z innymi – zauważa Joan Strauss, starsza kierowniczka projektu usprawnienia usług w Massachusetts General, znanej klinice Harvard Medical School – to czasami potrzebują oni dodatkowego przygotowania. Mogą na przykład nie wiedzieć, jak czynić kogoś odpowiedzialnym za coś w otwarty i wyrażający szacunek sposób, nie wychodząc z jednej strony na naiwniaków, a z drugiej nie stając się nowym wcieleniem wodza Hunów, Attyli".

Badania, w których porównywano znakomitych szefów z przeciętnymi, wykazały, że zdolności, które odróżniają w usługach medycznych najlepszych od najgorszych, nie mają nic albo prawie nic wspólnego z wiedzą specjalistyczną, ale zależą całkowicie od inteligencji społecznej lub emocjonalnej[13]. Oczywiście w przypadku szefów instytucji opieki zdrowotnej wiedza medyczna jest ważna, ale jest ona warunkiem niezbędnym, progiem kompetencji, które musi mieć każdy profesjonalista w tej dziedzinie. To, co w y r ó ż n i a liderów w medycynie, daleko wykracza poza tę wiedzę, w sferę umiejętności interpersonalnych, takich jak empatia, rozwiązywanie konfliktów i rozwój ludzi. Współczująca medycyna potrzebuje troskliwych przywódców, którzy sami dadzą personelowi medycznemu poczucie, że mają bezpieczną emocjonalną bazę, z której mogą operować.

Uzdrawiające związki

Kenneth Schwartz, renomowany prawnik bostoński, miał czterdzieści lat, kiedy stwierdzono u niego raka płuc. Na dzień przed zaplanowaną operacją przyjechał do oddziału przedoperacyjnego szpitala i siedział w zatłoczonej poczekalni, a wokół biegały zaaferowane pielęgniarki.

W końcu wyczytano jego nazwisko i wszedł do gabinetu, gdzie pielęgniarka przeprowadzała wywiad przedoperacyjny. Początkowo wydawała się dość szorstka – Schwartz czuł się jak kolejny anonimowy pacjent. Jednak kiedy powiedział, że ma raka płuc, jej twarz złagodniała. Wzięła go za rękę i zapytała, jak sobie radzi.

Porzucili nagle role pielęgniarki i pacjenta, kiedy opowiedział jej o swoim dwuletnim synku, Benie. Odparła, że jej siostrzeniec też ma na imię Ben. Pod koniec rozmowy ocierała łzy z jego oczu. Chociaż normalnie nie chodziła na oddział chirurgiczny, bo nie wymagały tego od niej obowiązki, obiecała, że go odwiedzi.

Następnego dnia, kiedy siedział w wózku, czekając na zawiezienie na salę operacyjną, była tam. Trzymała go za rękę i z wilgotnymi oczami życzyła mu powodzenia.

Był to tylko jeden z serii kontaktów ze współczującym personelem, aktów dobroci, które – jak ujął to wówczas Schwartz – uczyniły „nieznośne znośnym”[14].

Krótko przed śmiercią, zaledwie kilka miesięcy później, Schwartz utworzył fundusz, który – miał nadzieję – sprawi, że takie chwile dobroci staną się udziałem większej liczby pacjentów. Założył Kenneth B. Schwartz Center w Massachusetts General Hospital w celu „wspierania i wspomagania pełnej współczucia opieki zdrowotnej”, która daje pacjentom nadzieję, a osobom opiekującym się nimi wsparcie i pomaga w procesie leczenia[15].

Centrum Schwartza przyznaje co roku Compassionate Caregiver Award (nagrodę dla współczującego opiekuna) członkom personelu medycznego, którzy wykazali się nadzwyczajną dobrocią w opiece nad pacjentami, a zatem mogą służyć jako wzorce do naśladowania. Inną obiecującą innowacją ośrodka jest pewna odmiana standardowych spotkań, na których personel szpitala zaznajamia się z nowinkami w medycynie. Natomiast spotkania organizowane przez Centrum Schwartza dają członkom personelu możliwość zebrania się w celu podzielenia się z innymi swoimi troskami i obawami. Inicjatywa ta opiera się na założeniu, że dzięki wglądowi w swoje reakcje i uczucia pracownicy szpitala będą mogli nawiązywać lepsze relacje z pacjentami[16].

„Kiedy zorganizowaliśmy pierwsze spotkanie Centrum Schwartza – relacjonuje doktor Beth Lown z Mount Auburn Hospital w Cambridge w stanie Massachusetts – spodziewaliśmy się nie więcej niż sześćdziesięciu czy siedemdziesięciu osób, co byłoby dobrym wynikiem. Ku naszemu zdziwieniu przyszło około 160 członków personelu medycznego. Spotkania te naprawdę świadczą, że odczuwamy potrzebę uczciwego rozmawiania ze sobą o tym, jak to jest z wykonywaniem naszej pracy".

Jako urzędniczka American Academy on Physician and Patient, doktor Lown ma wyjątkową możliwość obserwacji tego, co dzieje się w świecie medycyny: „Pobudka do nawiązywania więzi z ludźmi, która przyciąga tak wiele osób do medycyny, jest z wolna zastępowana kulturą szpitalną – orientacją biomedyczną, znajdującą się pod wpływem techniki i nastawioną na jak najszybsze przyjmowanie i wypisywanie pacjentów. Trzeba sobie odpowiedzieć nie na pytanie, czy uczyć empatii, ale na pytanie, co takiego robimy, że pozbawia to jej studentów medycyny".

Fakt, że medyczne egzaminy dyplomowe obejmują obecnie ocenę zdolności interpersonalnych, dowodzi, że przykłada się w tej chwili wagę do rozwijania przez lekarzy takich umiejętności, jak nawiązywanie więzi i tworzenie atmosfery wzajemnego zrozumienia. Jednym z punktów znajdujących się w centrum uwagi jest przeprowadzanie wywiadu lekarskiego, co przeciętny lekarz robi do dwustu tysięcy razy w ciągu kariery[17]. Rozmowa ta jest dla lekarza i pacjenta najlepszą okazją do zawarcia dobrego sojuszu.

Zawsze analityczny umysł medyczny rozbił wywiad z pacjentem na siedem odrębnych części, od rozpoczęcia rozmowy, przez zebranie i podzielenie się informacjami, po ułożenie planów leczenia. We wskazówkach dotyczących przeprowadzania wywiadu podkreśla się nie aspekty medyczne – bo przyjmuje się je za pewnik – ale raczej ludzkie.

Nakłania się na przykład lekarzy, by zamiast kierować rozmową od pierwszych sekund, pozwolili pacjentowi powiedzieć, z czym przychodzi, i wydobyli z niego wszelkie obawy i pytania. Muszą nawiązać z pacjentem osobistą więź i zrozumieć, jak postrzega on chorobę i leczenie. Innymi słowy, muszą wykazywać się empatią i budować więź porozumienia.

Takich umiejętności, mówi doktor Lown, „można uczyć i nauczyć się wiele, ale trzeba je ćwiczyć i rozwijać jak każdą inną umiejętność kliniczną". Dzięki temu, twierdzi, nie tylko sprawniej pracują lekarze, ale pacjenci lepiej przestrzegają ich wskazówek i są bardziej zadowoleni z opieki.

Kenneth Schwartz, pisząc na kilka miesięcy przed śmiercią, ujął to bardziej bezpośrednio: „Ciche akty człowieczeństwa wydawały się bardziej uzdrawiające niż duże dawki promieniowania i chemioterapii, które podtrzymują nadzieję na wyleczenie. Chociaż nie wierzę, że sama nadzieja i dobre samopoczucie mogą pokonać raka, to z pewnością dla mnie bardzo dużo zmieniały".

Część VI

Konsekwencje społeczne

Rozdział 19

Nastawienie na osiągnięcia

„Jedziesz do pracy, planując ważne spotkanie z kolegą i co rusz powtarzając sobie, że musisz pamiętać, by na światłach skręcić nie, jak zwykle, w prawo, ale w lewo, bo masz oddać garnitur do pralni chemicznej.

Nagle słyszysz za sobą syrenę karetki pogotowia ratunkowego, więc pospiesznie usuwasz się z drogi. Czujesz, że serce bije ci szybciej.

Starasz się wrócić do planowania spotkania, ale twoje myśli są teraz chaotyczne i nie możesz się skupić. Kiedy docierasz do pracy, wściekasz się na siebie, bo zapomniałeś pojechać do pralni".

Nie jest to scenariusz z jakiegoś podręcznika dla początkujących biznesmenów, lecz z czasopisma naukowego „Science", a konkretnie początek artykułu pod tytułem *The Biology of Being Frazzled* [Biologia rozstrojenia][1]. Artykuł podsumowuje wpływ łagodnego rozstrojenia – wyczerpania codziennymi kłopotami – na myślenie i działanie.

Rozstrojenie jest stanem nerwowym, w którym falowanie emocji upośledza pracę ośrodka wykonawczego mózgu. Kiedy jesteśmy rozstrojeni, nie możemy się skupić ani jasno myśleć. Ma to bezpośrednie konsekwencje dla osiągnięcia optymalnej atmosfery emocjonalnej, tak w szkole, jak i w biurze.

Z punktu widzenia mózgu znakomite wyniki w szkole i w pracy wiążą się z jednym i tym samym stanem – nastawieniem mózgu na osiągnięcia. Biologia niepokoju wytrąca nas z tego stanu.

Hasłem nieżyjącego już guru kontroli jakości W. Edwardsa Deminga było: „Porzuć strach". Widział ten strach w zakładach pracy: pracownicy niechętnie zabierali głos, dzielili się nowymi pomysłami i koordynowali swoje działania, nie mówiąc już o jakości ich produkcji. To samo hasło odnosi się również do szkoły – strach rozstraja umysł, przeszkadzając w uczeniu się.

Podstawowa neurobiologia rozstrojenia odzwierciedla program organizmu przewidziany na wypadek niebezpieczeństwa. Kiedy jesteśmy pod wpływem stresu, włącza się do działania na pełnych obrotach układ podwzgórzowo-przysadkowo-nadnerczowy, przygotowując ciało na kryzys. Między innymi biologicznymi manewrami ciało migdałowate uzyskuje kontrolę nad korą przedczołową, ośrodkiem kierowniczym mózgu. To przejęcie władzy przez drogę niską prowadzi do faworyzowania automatycznych zwyczajów, bo ciało migdałowate polega na odruchowych reakcjach, żeby nas uratować. Na ten czas mózg myślący zostaje odstawiony na boczny tor – droga wysoka jest zbyt wolna[2].

Kiedy mózg przekazuje funkcje decyzyjne drodze niskiej, tracimy zdolność sprawnego myślenia. Im silniejsza jest presja, tym bardziej cierpią na tym nasza wydajność i myślenie[3]. Dominujące ciało migdałowate upośledza naszą zdolność uczenia się, przechowywania informacji w pamięci roboczej, elastycznego i kreatywnego reagowania, dowolnego skupiania uwagi oraz skutecznego planowania i organizacji. Wpadamy w stan określany przez neurobiologów mianem „dysfunkcji poznawczej"[4].

„Najgorszy okres, przez który przeszedłem w pracy – zwierza się przyjaciel – zdarzył się, kiedy firma została poddana restrukturyzacji i codziennie «znikali» ludzie, a potem pojawiały się kłamliwe notatki służbowe, że odeszli «z powodów osobistych». Kiedy ten strach wisiał w powietrzu, nikt nie mógł się skupić. Nie wykonywano żadnej prawdziwej pracy".

Trudno się temu dziwić. Im większy odczuwamy niepokój, tym bardziej osłabiona jest poznawcza sprawność mózgu. W tym stanie psychicznej niedoli przykre myśli rozpraszają naszą uwagę i drenują nasze zasoby poznawcze. Ponieważ silny niepokój prowadzi do skurczenia się przestrzeni dostępnej dla naszej uwagi, zmniejsza naszą zdolność do przyswajania nowych informacji, nie wspominając już o zdolności snucia świeżych pomysłów. Nastrój bliski paniki jest wrogiem uczenia się i kreatywności.

Neuronalna autostrada dysforii biegnie od ciała migdałowatego do prawej strony kory przedczołowej. Kiedy obwód ten zostanie wzbudzony, nasze myśli skupiają się na tym, co wywołało przygnębienie czy niepokój. A jeśli nie daje nam spokoju, powiedzmy, zmartwienie czy uraza, cierpi na tym lotność naszego umysłu. I podobnie, kiedy odczuwamy smutek, spada poziom pobudzenia kory przedczołowej, która tworzy w związku z tym mniej myśli[5]. Skrajny niepokój i złość z jednej strony, a smutek z drugiej przesuwają aktywność mózgu poza sferę jego wydajnej pracy.

Własną mgłą niewydajności zasnuwa mózg nuda. Kiedy myśli błądzą, tracimy koncentrację i znika motywacja. Na każdym zebraniu, które trwa zbyt długo (a tak najczęściej bywa), nieobecny wyraz oczu osób siedzących przy stole jak w potrzasku zdradza, że duchem są gdzieś daleko od sali konferencyjnej. A wszyscy pamiętamy te nudne dni w szkole, kiedy gapiliśmy się bezmyślnie w okno.

Stan optymalny

Klasa licealna rozwiązuje w parach krzyżówki. Oboje partnerzy mają przed sobą tę samą krzyżówkę, ale tam, gdzie w kopii jednego wpisane są słowa, w kopii drugiego znajdują się puste kratki. Zadanie polega na tym, by pomóc partnerowi odgadnąć brakujące słowa, udzielając mu wskazówek. A ponieważ jest to lekcja hiszpańskiego, nie tylko słowa w krzyżówkach są hiszpańskie, ale i wskazówki mają być w tym języku.

Uczniowie są tak pochłonięci zabawą, że zupełnie nie zwracają uwagi na dzwonek. Nikt nie wychodzi – wszyscy chcą kontynuować rozwiązywanie krzyżówek. Nie przypadkiem następnego dnia, kiedy piszą wypracowania po hiszpańsku, używając słów, których nauczyli się z krzyżówek, wykazują znakomite opanowanie nowego słownictwa; świetnie się bawili, ucząc się „słówek", a mimo to doskonale je opanowali. Takie chwile całkowitego pochłonięcia i przyjemności mogą charakteryzować najwydajniejsze uczenie się.

Porównaj tę lekcję hiszpańskiego z lekcją angielskiego. Tematem są dzisiaj zasady stawiania przecinków. Jedna z uczennic, znudzona i roztargniona, wsuwa rękę do torby i ukradkiem wyciąga katalog sklepu z odzieżą. Zupełnie jakby w pasażu handlowym wyszła z jednego sklepu i poszła do innego.

Sam Intrator, pedagog, poświęcił cały rok na obserwację takich jak te lekcji w liceum[6]. Kiedy był świadkiem tak absorbujących zajęć jak to rozwiązywanie krzyżówki na lekcji hiszpańskiego, przeprowadzał wśród uczniów sondaż, pytając ich, co myśleli i czuli.

Jeśli większość uczniów relacjonowała stan całkowitego pochłonięcia tym, czego ich uczono, oceniał on taką chwilę jako „inspirującą". Te inspirujące chwile miały wspólne aktywne składniki: silne połączenie pełni uwagi, entuzjastycznego zainteresowania i intensywnie pozytywnych emocji. W takich momentach uczenie się sprawia nam radość.

Takie radosne momenty, mówi neurobiolog z University of Southern California, Antonio Damasio, oznaczają „optymalną koordynację fizjologiczną i gładki przebieg operacji życiowych". Damasio, jeden z czołowych neurobiologów na świecie, jest od dawna pionierem w łączeniu odkryć w nauce o mózgu z codziennym doświadczeniem. Damasio twierdzi, że radosne stany nie tylko pozwalają nam znosić codzienny kierat obowiązków, ale też rozkwitać, dobrze żyć i cieszyć się dobrym samopoczuciem. Tego rodzaju optymistyczne stany, zauważa, dają nam „większą swobodę możliwości działania", zapewniają większą harmonię funkcjonowania, która umożliwia nam lepsze działanie w każdej dziedzinie. Nauka o poznaniu, dodaje, badając neuronalne sieci, które kierują procesami umysłowymi, odkrywa podobne stany i nazywa je „maksymalnie harmonijnymi".

Kiedy umysł pracuje z taką wewnętrzną harmonią, łatwość, wydajność, szybkość i zdolności osiągają najwyższy poziom. W podobnych chwilach czujemy dreszczyk emocji. Obrazowanie mózgu pokazuje, że kiedy jesteśmy w takim rozkosznym, optymistycznym nastroju, najbardziej aktywnym obszarem mózgu jest kora przedczołowa, główny węzeł komunikacyjny drogi wysokiej.

Podwyższona aktywność kory przedczołowej zwiększa takie zdolności umysłowe, jak twórcze myślenie, elastyczność poznawcza i przetwarzanie informacji[7]. Nawet lekarze, owe wzory racjonalności, myślą jaśniej, gdy są w dobrym nastroju. Radiolodzy (którzy odczytują zdjęcia rentgenowskie, by pomóc innym lekarzom stawiać diagnozy) pracują szybciej i dokładniej po otrzymaniu drobnego, podnoszącego nastrój upominku, a ich opisy zawierają bardziej pomocne sugestie co do dalszego leczenia oraz propozycje dalszych konsultacji[8].

Odwrócone U

Wykres zależności między sprawnością umysłową (i ogólnie wydajnością) a spektrum nastrojów przybiera kształt podobny do odwróconej litery U z nieco „rozstawionymi nogami". U dołu jednej nogi leży nuda, drugiej – niepokój. U szczytu tej krzywej występują radość, sprawność poznawcza i wybitne osiągnięcia. Im większą czujemy apatię czy niepokój, tym gorzej sobie radzimy, czy to z referatem na zaliczenie semestru, czy ze sprawozdaniem w biurze[9].

Otrząsamy się z otumanienia nudą, kiedy jakieś wyzwanie wzbudzi nasze zainteresowanie, dzięki czemu wzrośnie nasza motywacja i skupi się uwaga. Szczyt sprawności umysłowej osiągamy wtedy, kiedy na przecięciu się trudności zadania i naszych zdolności sprostania mu motywacja i skupienie uwagi wznoszą się na najwyższy poziom. W punkcie znajdującym się ponad tym szczytem sprawności poznawczej zadania zaczynają przerastać nasze zdolności, a więc krzywa dzwonowa (odwróconego U) zaczyna opadać.

Czujemy smak paniki, gdy uświadamiamy sobie, że – powiedzmy – zwlekamy zbyt długo z ukończeniem sprawozdania czy pracy semestralnej. Od tego momentu wzrastający niepokój zmniejsza naszą wydajność poznawczą[10]. Kiedy zadania sprawiają coraz większą trudność, a wyzwanie przeradza się w przeciążenie, coraz bardziej uaktywnia się droga niska. W miarę jak wyzwania przekraczają nasze zdolności, droga wysoka się rozstraja i mózg oddaje ster drodze niskiej. To przekazanie kontroli przez drogę wysoką niskiej wyjaśnia, dlaczego odwrócone U ma taki kształt[11].

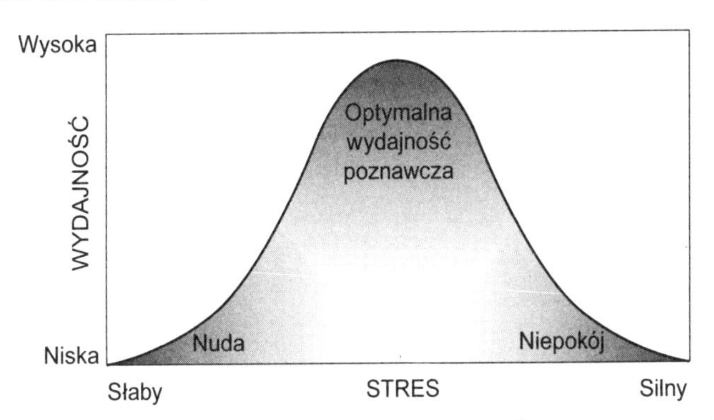

Odwrócone U (krzywa dzwonowa) jest graficznym przedstawieniem związku między stresem i sprawnością umysłową w takich sferach, jak uczenie się czy podejmowanie decyzji. Stres zmienia się wraz z wyzwaniem; jeśli jest małe, rodzi brak zainteresowania i nudę, kiedy natomiast wyzwanie się zwiększa, pobudza zainteresowanie, uwagę i motywację, które na optymalnym poziomie prowadzą do maksymalnej wydajności poznawczej i największych osiągnięć. Gdy wyzwania nadal rosną i przekroczą naszą zdolność podołania im, wzmaga się stres; przy jego krańcowym nasileniu uczenie się i wykonywanie zadań się załamują.

Odwrócone U odzwierciedla wpływ dwóch różnych układów nerwowych na uczenie się i wydajność, które są tym lepsze, im bardziej wzmożona uwaga i motywacja zwiększają aktywność układu glikokortykoidowego; zdrowy poziom kortyzolu mobilizuje nas do zaangażowania[12]. Pozytywny nastrój powoduje wydzielanie kortyzolu na umiarkowanym poziomie, łączącym się z lepszym uczeniem się.

Jeśli stres po przekroczeniu owego optymalnego punktu, w którym najlepiej idzie nam nauka i wykonywanie zadań, nadal wzrasta, włącza się drugi układ, kierujący wydzielaniem noradrenaliny do wysokiego poziomu, który stwierdza się, kiedy czujemy zwyczajny strach[13]. Od tego momentu – początku zjazdu po krzywej aż do paniki – im silniejszy ogarnia nas stres, tym gorsza staje się nasza wydajność umysłowa i tym gorsze osiągamy wyniki.

W stanie silnego niepokoju mózg wydziela duże ilości kortyzolu i noradrenaliny, które zakłócają płynne działanie mechanizmów neuronalnych uczenia się i zapamiętywania. Kiedy te hormony stresowe osiągną wysoki poziom, wzmagają pracę ciała migdałowatego, ale osłabiają obszary przedczołowe, które tracą zdolność hamowania impulsów dobiegających z ciała migdałowatego.

Jak wie każdy student, który nagle zaczął się pilniej uczyć, bo zbliża się test, odrobina presji zwiększa motywację i pomaga skupić uwagę. Kiedy presja, na przykład w postaci zbliżającego się terminu oddania pracy, bacznie przyglądającego się nauczyciela albo ambitnego zadania, się nasila, selektywna uwaga do pewnego momentu wzrasta. Poświęcanie zadaniu pełniejszej uwagi oznacza, że pamięć robocza działa z większą wydajnością poznawczą, czego kulminacją jest maksymalna łatwość umysłowa.

Jednak po przekroczeniu granicy tego optymalnego stanu – w momencie kiedy wyzwania zaczynają przekraczać zdolności – wzrastający niepokój zaczyna podkopywać wydajność poznawczą. Na przykład uczniowie żywiący lęk przed matematyką, znalazłszy się w tej strefie niemożności, mają przy rozwiązywaniu zadania matematycznego mniejszy dostęp do zasobów uwagi. Lęk i zmartwienie pochłaniają te zasoby, upośledzając ich zdolność rozwiązywania zadań albo przyswajania sobie nowych pojęć[14].

Wszystko to bezpośrednio wpływa na to, jak radzimy sobie w szkole czy w miejscu pracy. Kiedy jesteśmy przygnębieni albo zrozpaczeni, nie myślimy jasno i tracimy zainteresowanie nawet tymi celami, które są dla nas ważne[15]. Psycholodzy, którzy badają wpływ nastroju na uczenie się, dochodzą do wniosku, że kiedy uczniowie nie uważają na lekcjach ani nie są zadowoleni, przyswajają sobie tylko ułamek podawanej im wiedzy[16].

Odnosi się to zresztą również do nauczycieli, a także szefów firm. Podłe samopoczucie osłabia empatię i troskę. Dla przykładu – menedżerowie w złym nastroju wydają więcej negatywnych ocen pracy podwładnych, skupiając się jedynie na minusach czy niedociągnięciach, a ich opinie są bardziej krytyczne[17]. Z pewnością to samo dotyczy nauczycieli.

Najlepsze wyniki osiągamy, kiedy jesteśmy w umiarkowanym stresie, natomiast pod ogromną presją nasz umysł się rozstraja[18].

Neuronalny klucz do uczenia się

Jest lekcja chemii w szkole średniej i w sali panuje wyczuwalne napięcie. Uczniowie są podenerwowani, bo wiedzą, że nauczyciel może w każdej chwili wezwać któregoś z nich na chybił trafił do tablicy, by rozwiązał trudny wzór reakcji chemicznej. Wszyscy, z wyjątkiem najbystrzejszych, „wykładają się" przy tych pytaniach. Dla zdolnego dziecka to chwila dumy, dla reszty – wstydu.

Tego rodzaju stres, który najbardziej pobudza wydzielanie hormonów stresowych, a zatem podnosi poziom kortyzolu, czai się w klasie w postaci zagrożeń społecznych, takich jak strach przed oceną wystawioną przez nauczyciela albo strach, by nie wydać się „głupim" w oczach kolegów. Takie obawy społeczne silnie upośledzają działanie mózgowych mechanizmów uczenia się[19].

Ludzie różnią się szczytowym punktem odwróconego U. Uczniów, którzy potrafią znieść największy stres bez szkody dla swoich zdolności poznawczych, nie wytrąci z równowagi wezwanie do tablicy, bez względu na to, czy rozwiążą zadanie poprawnie czy nie. (Jako osoby dorosłe pewnie rozkwitną w rolach graczy giełdowych, którzy potrafią zarobić albo stracić fortunę w mgnieniu oka.) Dla osób o bardziej wrażliwym na pobudzenie układzie podwzgórzowo-przysadkowo-nadnerczowym, które zastygną umysłowo przy małym nawet stresie – i bez względu na to, czy nie są przygotowane do tego chemicznego quizu, czy wolno się uczą – wezwanie do tablicy oznacza tylko niedolę.

Naszym głównym organem uczenia się jest hipokamp, znajdujący się w śródmózgowiu, obok ciała migdałowatego. Struktura ta umożliwia nam przekształcanie zawartości pamięci roboczej – nowych informacji przechowywanych krótko w korze przedczołowej – w postać nadającą się do długiego przechowywania. Ten neuronalny akt jest sednem uczenia się. Kiedy nasz umysł połączy te informacje z tym, co już wiemy, będziemy je mogli przywołać wiele tygodni czy lat później.

To, co uczeń usłyszy na lekcji albo przeczyta w książce, podróżuje tymi drogami, kiedy opanowuje on nowy element wiedzy. Faktycznie wszystko, co się nam przydarza, wszystkie szczegóły naszych przeżyć, pozostaje w pamięci dzięki hipokampowi. Ciągłe zachowywanie wspomnień wymaga gorączkowej aktywności neuronalnej. W istocie neurogeneza – tworzenie się w mózgu nowych neuronów i ich połączeń z innymi neuronami – ma w ogromnej większości miejsce w hipokampie.

Hipokamp jest szczególnie wrażliwy na ciągłe cierpienia emocjonalne z powodu destrukcyjnego wpływu kortyzolu. Podczas przedłużającego się stresu kortyzol atakuje komórki nerwowe hipokampa, spowalniając tempo ich powstawania, a nawet zmniejszając ich całkowitą liczbę, co ma katastrofalny wpływ na uczenie się. Do tego faktycznego zabijania neuronów hipokampa dochodzi podczas utrzymującego się przez długi czas zalewu kortyzolu, wywołanego na przykład ostrą depresją albo silnym urazem. (Jednak po wyjściu z tego stanu hipokamp odzyskuje neurony i znowu się powiększa[20].)Nawet kiedy stres nie jest skrajny, przeciągające się okresy utrzymywania się kortyzolu na wysokim poziomie zdają się hamować powstawanie tych neuronów.

Kortyzol pobudza ciało migdałowate, natomiast upośledza funkcje hipokampa, zmuszając nas do skupienia uwagi na emocjach, które czujemy, a jednocześnie ograniczając naszą zdolność do przyswajania nowych informacji. Zamiast tego wdrukowujemy sobie to, co nas irytuje lub przygnębia. Po panice spowodowanej wywołaniem do tablicy uczeń będzie pamiętał szczegóły tej paniki dużo lepiej niż materiał zadania, które miał rozwiązać.

Podczas symulacji wpływu kortyzolu na uczenie się studenci ochotnicy otrzymali zastrzyki podnoszące ich poziom kortyzolu, po czym starali się zapamiętać ciągi słów i obrazów. Wynik dał wykres w postaci odwróconego U: po dwóch dniach kortyzol w przedziale od łagodnego do umiarkowanego poziomu pomagał badanym zapamiętać to, czego się uczyli, natomiast przy wysokim poziomie utrudniał zapamiętywanie, najwidoczniej dlatego, że hamował główną funkcję hipokampa[21].

Wynikają stąd ważne wnioski dla tworzenia w klasie i sali ćwiczeń atmosfery, która sprzyja uczeniu się. Pamiętaj, że środowisko społeczne wpływa na liczbę i los nowo tworzonych komórek mózgowych. Ich dojrzewanie trwa miesiąc, a pełne połączenie się z innymi kolejne cztery miesiące; w tym okresie o ostatecznym kształcie i funkcji komórki decyduje częściowo środowisko. Nowe komórki, które ułatwiają zapamiętywanie podczas semestru, zakodują w swoich połączeniach to, czego się w tym czasie uczyłeś, a im bardziej sprzyjająca uczeniu się będzie atmosfera, tym lepiej będzie przebiegało to kodowanie.

Lęk przeszkadza się uczyć. Jedno z klasycznych odkryć w tym względzie dokonane zostało niemal pół wieku temu, w 1960 roku, kiedy Richard Alpert, zatrudniony wówczas w Stanford University, wykazał eksperymentalnie to, o czym wiedział już każdy uczeń i student, a mianowicie, że silny niepokój upośledza zdolność rozwiązywania testów[22]. Nowsze badania studentów przystępujących do egzaminu z matematyki ujawniły, że kiedy mówiono im, iż test jest tylko ćwiczeniem, uzyskiwali wyniki o 10 procent lepsze, niż kiedy myśleli, że należą do zespołu, od którego wyniku zależy zdobycie nagrody pieniężnej – pod wpływem stresu społecznego ich pamięć robocza działała gorzej. Ciekawe, że niedobór tej podstawowej zdolności poznawczej największy był u najbystrzejszych studentów[23].

W krajowym teście zdolności matematycznych w najlepszej, 5-procentowej grupie, uplasowało się grono szesnastolatków[24]. Niektórzy z nich radzili sobie bardzo dobrze na lekcjach matematyki, ale inni – mimo talentu do tego przedmiotu – wypadali kiepsko. Podstawowa różnica polegała na tym, że uzyskujący znakomite wyniki uczniowie odczuwali przyjemność i byli skupieni przez około 40 procent czasu poświęcanego na naukę – znacznie częściej niż odczuwali niepokój (przez około 30 procent tego czasu). Natomiast ci, którzy mieli marne oceny, znajdowali się w takim optymalnym stanie tylko przez 16 procent czasu, a przez 55 procent czuli silny niepokój.

Biorąc pod uwagę to, jak emocje wpływają na wydajność i wyniki, przed nauczycielami i szefami przedsiębiorstw stoi to samo zadanie – pomagać uczniom i pracownikom dojść jak najbliżej szczytu odwróconego U i zostać tam jak najdłużej.

Władza a przepływ emocji

Za każdym razem kiedy pojawiała się groźba, że uczestników zebrania ogarnie apatia, prezes firmy rozpoczynał nagle krytykę kogoś z siedzących przy stole (zwykle dyrektora do spraw marketingu, który był jego najlepszym przyjacielem). Następnie, przykuwszy uwagę wszystkich obecnych, szybko wracał do tematu zebrania. Taktyka ta nieodmiennie ożywiała całą grupę i poprawiała jej słabnącą koncentrację. Prezes zręcznie prowadził zebranych zboczem odwróconego U od nudy do zaangażowania.

W pokazach niezadowolenia przywódca może wykorzystywać zarażenie emocjonalne. Nawet wybuch złości, umiejętnie wyskalowany, może przykuć uwagę podwładnych i wyzwolić w nich motywację do działania. Wielu skutecznych przywódców wyczuwa, że – podobnie jak pochwały – dobrze obliczone dozy irytacji mogą pobudzać ludzi. Miarą tego, jak dobrze skalkulowano przekaz o niezadowoleniu, jest to, czy pobudza ludzi do osiągnięcia maksymalnej wydajności, czy też sprawia, że przekraczają oni punkt przechylenia i osuwają się w strefę, w której niepokój powoduje jej erozję.

Nie wszyscy partnerzy emocjonalni są równi. W zarażeniu emocjonalnym mamy do czynienia z dynamiką siły, decydującą o tym, czyj mózg przyciągnie drugi na swoją emocjonalną orbitę. Narzędziami przywództwa są neurony lustrzane – emocje przepływają ze szczególną siłą od osoby bardziej społecznie dominującej do osoby mniej dominującej.

Jednym z powodów tego jest naturalna skłonność członków każdej grupy do zwracania większej uwagi i przypisywania większego znaczenia temu, co robi i mówi najsilniejsza osoba w tej grupie. Potęguje to siłę oddziaływania każdego komunikatu emocjonalnego wysyłanego przez przywódcę, sprawiając, że jego emocje stają się szczególnie zaraźliwe. Słyszałem, jak szef małej organizacji mówił raczej smutno: „Kiedy jestem pełen złości, inni łapią to jak grypę".

Emocjonalny ton lidera może mieć zdumiewający wpływ. Kiedy pewien dyrektor przekazał złą wiadomość (rozczarowanie, że jeden z pracowników nie osiągnął właściwych wyników) z pogodną miną, jego podwładni mimo to ocenili tę rozmowę pozytywnie. Kiedy natomiast dobra wiadomość (zadowolenie z faktu, że cele zostały osiągnięte) przekazana została z ponurym wyrazem twarzy, podwładni, wychodząc z zebrania, czuli się, paradoksalnie, źle[25].

Tę siłę oddziaływania emocjonalnego zbadano, wprawiając pięćdziesięciu sześciu szefów symulowanych zespołów pracowniczych w dobry lub zły nastrój, a następnie oceniając ich wpływ emocjonalny na grupy, którymi kierowali[26]. Członkowie zespołów z optymistycznie nastawionymi przywódcami informowali, że są w lepszym nastroju. Być może bardziej istotne jest to, że lepiej koordynowali oni swoją pracę, robiąc więcej i wkładając w to mniej wysiłku. Natomiast zespoły mające zrzędzących szefów traciły synchronizację działań, przez co były niewydajne; co gorsza, ich podejmowane w panice starania zadowolenia przywódcy prowadziły do podejmowania złych decyzji i wyboru złych strategii.

Podczas gdy umiejętnie dozowane niezadowolenie szefa może być skutecznym bodźcem, wybuchanie złością jest taktyką, która przynosi skutki odwrotne do zamierzonych. Kiedy przywódcy regularnie dają pokazy złego humoru, by zmotywować podwładnych do wysiłku, może się wydawać, że ci drudzy wykonują więcej pracy, ale niekoniecznie musi to być lepsza praca. A utrzymujący się stale podły nastrój może zepsuć klimat emocjonalny, upośledzając zdolność mózgu do pracy na najwyższych obrotach.

W tym sensie przywództwo sprowadza się do ciągu kontaktów społecznych, poprzez które szef może doprowadzić podwładnego do lepszego lub gorszego stanu emocjonalnego. W relacjach wysokiej jakości podwładny czuje, że szef odnosi się do niego pozytywnie, z uwagą i empatią i udziela mu wsparcia. W relacjach niskiej jakości czuje się osamotniony i przestraszony.

Przenoszenie się nastroju od przywódcy do szeregowego członka organizacji jest typowe dla wszystkich relacji, w których jedna osoba ma władzę nad drugą, takich, jakie istnieją między nauczycielem i uczniem, lekarzem i pacjentem czy rodzicem i dzieckiem. Mimo różnic w zakresie władzy, wszystkie te relacje mają dobroczynny potencjał: pobudzanie rozwoju, kształcenia czy leczenia słabszej osoby.

Inny ważny powód, by przywódcy uważali na to, co mówią podwładnym, jest taki, że negatywne kontakty z szefem przypominamy sobie lepiej, z większą liczbą szczegółów i częściej niż pozytywne. Łatwość, z jaką szef może szerzyć zniechęcenie, powinna go tym bardziej skłaniać do działania w sposób, który wywołuje dodające otuchy emocje[27].

Nieczułość szefa nie tylko zwiększa ryzyko utraty dobrych pracowników, ale osłabia też wydajność poznawczą. Społecznie inteligentny przywódca pomaga ludziom zapanować nad emocjonalnym cierpieniem i otrząsnąć się z przygnębienia. Chociażby tylko z punktu widzenia biznesu każdy szef postąpiłby mądrze, gdyby reagował z empatią, nie z obojętnością, i działał, opierając się na niej.

Szefowie: dobrzy, źli i odrażający

Każda grupa ludzi pracy może sobie łatwo przypomnieć dwa rodzaje szefów, których dane im było poznać: takich, dla których lubili pracować, i takich, od których chcieli jak najprędzej uciec. Prosiłem o listy jednych i drugich w dziesiątkach miejsc i sytuacji – od zebrań dyrektorów generalnych po kongresy nauczycieli, w miastach tak jak São Paulo, Bruksela i St Louis. Listy stworzone przez różne grupy, obojętnie gdzie się te grupy znajdują, są zdumiewająco podobne do tej:

Dobry szef	**Zły szef**
Znakomity słuchacz	Głuchy na zdanie innych
Zachęcający	Wątpiący
Komunikatywny	Skryty
Odważny	Budzący postrach
Z poczuciem humoru	Wybuchowy
Współodczuwający	Egocentryk
Zdecydowany	Niezdecydowany
Odpowiedzialny	Obwiniający
Skromny	Arogancki
Dzielący się władzą	Nieufny

Najlepsi szefowie są ludźmi godnymi zaufania, współodczuwającymi i kontaktowymi, którzy dbają o to, byśmy czuli się spokojni, doceniani i zainspirowani do działania. Najgorsi – wyniośli, trudni w kontaktach i aroganccy – sprawiają, że czujemy się skrępowani albo nawet żywimy do nich urazę.

Te przeciwstawne zbiory cech dobrze odpowiadają z jednej strony rodzicowi, który zapewnia bezpieczeństwo, z drugiej takiemu, który budzi lęk. Prawdę mówiąc, dynamika emocji, z którą mamy do czynienia w kierowaniu pracownikami, ma wiele wspólnego z wychowaniem dziecka. W dzieciństwie rodzice tworzą nam podstawowy wzór bezpiecznej bazy, ale w późniejszym życiu inni dokładają się do tego. W szkole pozycję taką zajmują nauczyciele, w pracy – szef.

„Bezpieczna baza jest źródłem ochrony, energii i otuchy, pozwala nam wyzwolić naszą własną energię", powiedział mi George Kohlrieser. Ów psycholog i profesor z zakresu kierowania w International Institute for Management Development w Szwajcarii jest zdania, że bezpieczna baza w pracy ma decydujące znaczenie dla wysokiej wydajności.

Poczucie bezpieczeństwa, dowodzi Kohlrieser, pozwala człowiekowi lepiej się skupić na bieżących zadaniach, osiągać cele i postrzegać przeszkody jako wyzwania, nie zagrożenia. Natomiast ci, którzy czują lęk lub niepokój, łatwiej przejmują się widmem porażki, obawiając się, że zostaną odtrąceni albo porzuceni (w tym kontekście – zwolnieni), a więc działają ostrożnie.

Ludzie, którzy czują, że szef zapewnia im bezpieczną bazę, stwierdza Kohlrieser, swobodniej zgłębiają problemy, podejmują ryzyko, wprowadzają innowacje i podejmują nowe wyzwania. A oto inna korzyść dla firmy: jeśli szefowie tworzą taką atmosferę zaufania i bezpieczeństwa, to kiedy kogoś krytykują, osoba ta nie tylko pozostaje bardziej otwarta, ale widzi pożytek z otrzymywania nawet trudnych do przyjęcia opinii.

Podobnie jak rodzic, szef nie powinien chronić pracowników przed każdym napięciem czy stresem; odporność bierze się z odrobiny niewygody spowodowanej niezbędną presją w pracy. Ponieważ jednak zbyt duży stres przytłacza, przenikliwy szef stwarza u podwładnych poczucie, że mają bezpieczną bazę, zmniejszając, jeśli to możliwe, tę przytłaczającą presję, a przynajmniej jej nie zwiększając.

Na przykład kierownik średniego szczebla mówi: „Mój szef jest znakomitym buforem. Bez względu na to, jakie naciski na finansową wydajność wywiera na niego centrala – a są one znaczne – nie przekazuje ich nam w dół. Natomiast szef siostrzanego oddziału w naszej korporacji robi to, poddając co kwartał wszystkich swoich podwładnych osobistej ocenie zysków i strat, chociaż produkty, które tworzą, potrzebują dwóch do trzech lat, żeby wejść na rynek".

Jeśli członkowie zespołu są odporni, mają wysoką motywację i są dobrzy w tym, co robią – innymi słowy, jeśli mieszczą się wysoko na krzywej dzwonowej – szef może być wymagający, a mimo to uzyskiwać dobre wyniki. Przejście takiego przywódcy do firmy, w której panuje mniej bojowy klimat, może się jednak skończyć katastrofą. Bankier zajmujący się inwestycjami mówi mi o „żyłującym ludzi, zasadniczym" szefie, który wrzeszczał, kiedy był niezadowolony. Po połączeniu jego firmy z inną „ten styl, który przedtem się sprawdzał, odstraszył od niego wszystkich menedżerów w pozyskanej firmie, którzy uważali go za nieznośnego człowieka. Po dwóch latach od połączenia akcje firmy wciąż nie poszły w górę".

Żadne dziecko nie może uniknąć emocjonalnego cierpienia podczas dorastania i podobnie toksyczność emocjonalna wydaje się normalnym produktem ubocznym życia organizacyjnego – zwalnia się ludzi, zarząd uprawia niesprawiedliwą politykę, sfrustrowani pracownicy odnoszą się do siebie ze złością. Przyczyn tego jest mnóstwo: grubiańscy przełożeni albo niemili współpracownicy, frustrujące procedury, chaotyczne zmiany. Różne są też reakcje – od bólu i wściekłości po utratę zaufania lub rozpacz.

Być może na szczęście nie musimy polegać tylko na szefie. Koledzy, zespół, przyjaciele w pracy, a nawet sama organizacja, mogą stwarzać poczucie bezpiecznej bazy. Każdy w danym miejscu pracy wnosi wkład do tego emocjonalnego kotła, ogólnej sumy nastrojów, powstających w wyniku interakcji, do których dochodzi każdego roboczego dnia. Bez względu na to, jaka jest wyznaczona nam rola, to, w jaki sposób wykonujemy swoją pracę, jak odnosimy się do innych i jakie budzimy w nich uczucia, składa się na ogólny klimat emocjonalny.

Bez względu na to, czy osobą, do której możemy się zwrócić, kiedy jesteśmy przygnębieni, niezadowoleni albo zdenerwowani, jest przełożony czy kolega, sama jej obecność ma krzepiący wpływ. Dla wielu ludzi pracy koledzy z zakładu stają się czymś w rodzaju „rodziny", grupą, której członkowie czują wzajemne silne przywiązanie. Dzięki temu są wobec siebie szczególnie lojalni. Im silniejsze są więzi między pracownikami, tym większą mają motywację i tym bardziej są wydajni i zadowoleni z pracy.

Poczucie zaangażowania i satysfakcji w pracy jest po części wynikiem setek codziennych interakcji, czy to z przełożonym, czy z kolegami, czy z klientami. Liczba i częstotliwość momentów pozytywnych w stosunku do negatywnych w dużym stopniu określa nasze zadowolenie z tego, co robimy, i wydajność; krótkie wymiany zdań – pochwała za dobre wykonanie zadania, słowo wsparcia po niepowodzeniu – przyczyniają się do naszego samopoczucia w pracy[28].

Nawet jedna osoba, na którą możemy liczyć w firmie, może mieć dodatni wpływ na to, jak się czujemy. Badania ponad pięciu milionów osób pracujących w blisko pięciuset organizacjach wykazały, że jednym z najlepszych prognostyków dobrego samopoczucia w pracy była zgoda z twierdzeniem: „Mam w pracy najlepszego przyjaciela”[29].

Im więcej mamy w pracy takich źródeł emocjonalnego wsparcia, w tym lepszej jesteśmy formie psychicznej. Spójny zespół, z zapewniającym poczucie bezpieczeństwa – i na rzecz tego poczucia działającym – przywódcą stwarza atmosferę, która bywa tak zaraźliwa, że odprężają się nawet osoby, które są na ogół bardzo niespokojne.

Szef osiągającego znakomite wyniki zespołu badawczego powiedział mi: „W moim laboratorium nigdy nie zatrudniam nikogo, kto nie popracował z nami przez pewien czas na próbę. Potem proszę o opinię o nim pozostałe osoby i zdaję się na nie. Jeśli nie ma między nim a resztą dobrej chemii interpersonalnej, nie chcę ryzykować zatrudnienia go, bez względu na to, jak skądinąd mógłby być dobry”.

Społecznie inteligentny przywódca

Wydział kadr dużej korporacji zorganizował całodniowe warsztaty, które miał poprowadzić słynny specjalista z dziedziny, w której działała ta firma. Chętnych do wzięcia w nich udziału było więcej, niż się spodziewano, więc w ostatniej chwili przeniesiono spotkanie do większej sali, która mogła pomieścić wszystkich, ale była kiepsko wyposażona w sprzęt audiowizualny.

W rezultacie osoby z tyłu sali niezbyt dobrze widziały i słyszały prelegenta. W czasie porannej przerwy do szefa wydziału kadr podeszła kobieta, trzęsąc się ze złości, i poskarżyła się, że nie mogła nawet zerknąć na ekran, na którym pokazywano owego specjalistę, ani zrozumieć jego słów.

„Wiem, że mogłem jej tylko wysłuchać, okazać empatię, zgodzić się z nią i powiedzieć, że zrobię, co będę mógł, żeby to naprawić – opowiadał mi szef kadr. – Widziała, że podszedłem do ludzi obsługujących sprzęt audiowizualny i przynajmniej postarałem się, żeby podniesiono ekran wyżej. W sprawie złej akustyki mogłem niewiele zrobić.

Pod koniec dnia znowu spotkałem tę kobietę. Powiedziała mi, że słyszała i widziała niewiele lepiej, ale teraz za bardzo się tym nie przejmowała. Doceniła, że jej wysłuchałem i starałem się pomóc”.

Kiedy ludzie w organizacji czują złość i przygnębienie, przywódca może, jak ów szef działu kadr, przynajmniej wysłuchać ich z empatią, pokazać, że się tym przejmuje, i starać się dokonać zmian na lepsze. Bez względu na to, czy te starania rozwiążą problem, będą miały dobry wpływ na emocje pracowników. Zwracając uwagę na uczucia pracownika, szef pomaga mu się z nimi uporać, dzięki czemu człowiek ten, zamiast nadal kipieć złością, może kontynuować swoją pracę.

Szef niekoniecznie musi zgadzać się ze stanowiskiem czy reakcją tej osoby. Jednak uznając po prostu jej punkt widzenia, a następnie przepraszając, jeśli to konieczne, albo szukając jakiegoś innego środka zaradczego, rozładowuje napięcie i sprawia, że owe destrukcyjne emocje stają się mniej toksyczne i szkodliwe. W ankiecie przeprowadzonej w siedmiuset firmach większość pracowników stwierdziła, że troskliwy szef jest dla nich ważniejszy niż wysokość zarobków[30]. Odkrycie to ma znaczenie wykraczające poza wzbudzanie dobrego samopoczucia u pracowników. Ta sama ankieta wykazała bowiem, że sympatia do szefa jest u podwładnych głównym bodźcem do wydajności i powodem, dla którego zostają w danym miejscu pracy. Mając wybór, ludzie nie chcą pracować pod kierunkiem toksycznego przełożonego za prawie żadną cenę, chyba że dostawaliby tyle pieniędzy „za krzywdy moralne", by pogodzić się z brakiem poczucia bezpieczeństwa.

Warunkiem wstępnym inteligentnego społecznie przywództwa jest pełen kontakt i znalezienie wspólnego języka z podwładnymi. Kiedy szef się w to zaangażuje, może dojść do głosu cały wachlarz umiejętności składających się na inteligencję emocjonalną, od w miarę bezproblemowych interakcji po wprawianie ludzi w pozytywny nastrój. Nie ma żadnej cudownej recepty na to, co zrobić w każdej sytuacji, żadnego „programu pięciu kroków przejawiania inteligencji społecznej w miejscu pracy". Jednak bez względu na to, co robimy w naszych kontaktach z podwładnymi, jedyną miarą powodzenia tego sposobu czy stylu będzie pozycja każdego z nich na wykresie odwróconego U.

Firmy są na pierwszej linii frontu korzystania z inteligencji społecznej. Ponieważ pracujemy coraz dłużej, firmy stają się niejako naszą zastępczą rodziną, wioską i siecią powiązań towarzyskich, a mimo to każdy z nas może zostać w każdej chwili wyrzucony na życzenie zarządu. Ta wewnętrzna dwuznaczność oznacza, że w coraz większej liczbie organizacji szerzą się nadzieja i strach.

Zajmując się zarządzaniem, nie można lekceważyć tych podskórnych strumieni afektywnych, bo mają one realny wpływ na ludzi i na ich wydajność. A ponieważ emocje są tak zaraźliwe, każdy szef, na każdym poziomie kierownictwa, musi pamiętać, że może albo polepszyć, albo pogorszyć sprawy.

Szczególny związek

Szkoła Maevy znajdowała się w jednej z najuboższych dzielnic Nowego Jorku. Mając trzynaście lat, Maeva była dopiero w szóstej klasie, dwa lata za swoimi rówieśnikami. Dwukrotnie powtarzała klasę.

Miała przy tym opinię uczennicy sprawiającej kłopoty. Wśród nauczycieli znana była z tego, że potrafi nagle podczas lekcji wyjść z klasy i nie chce wrócić, przez większość dnia szkolnego włócząc się po korytarzach.

Zanim Pamela, nowa nauczycielka angielskiego Maevy, zaczęła pracę, ostrzeżono ją, że ta dziewczyna na pewno będzie jej sprawiać kłopoty swoim zachowaniem. A zatem pierwszego dnia zajęć, poleciwszy uczniom wydobycie głównej myśli z fragmentu lektury, Pamela podeszła do Maevy, żeby jej pomóc.

Po minucie czy dwóch zorientowała się, na czym polega problem Maevy – jej umiejętność czytania była na poziomie zerówki.

„A więc często niewłaściwe zachowanie bierze się stąd, że uczeń czuje się niepewnie co do swojej zdolności poradzenia sobie z zadaniem – powiedziała mi Pamela. – Maeva nie potrafiła nawet przeczytać słów. Byłam zaszokowana, że dotarła do szóstej klasy, nie nauczywszy się czytać".

Owego dnia Pamela pomogła Maevie odpowiedzieć na pytania, czytając jej tekst. Później, tego samego dnia, wyszukała nauczycielkę szkoły specjalnej, do której zadań należało pomaganie takim uczniom. Obie uważały, że jest to ostatnia szansa, żeby Maeva nie „wyleciała" ze szkoły. Nauczycielka szkoły specjalnej zgodziła się codziennie uczyć Maevę czytania, poczynając od zupełnie podstawowego poziomu.

Mimo to, jak ostrzegali Pamelę inni nauczyciele, Maeva nadal stwarzała problemy. Rozmawiała na lekcjach, odnosiła się po chamsku do innych uczniów i wszczynała awantury, głównie po to, by uniknąć czytania. I jakby tego było mało, wykrzykiwała w pewnej chwili: „Nie chcę tego robić", wypadała jak burza z klasy i znowu włóczyła się po korytarzach.

Pamela mimo oporu Maevy wytrwale pomagała jej podczas lekcji, a kiedy ta naskoczyła na koleżankę czy kolegę, brała ją na korytarz i skłaniała do ponownego przemyślenia sytuacji i znalezienia lepszego rozwiązania.

Przeważnie Pamela pokazywała Maevie, że jej na niej zależy. „Żartowałyśmy, spędzałyśmy razem ponadwymiarowy czas. Przychodziła do mnie po lunchu. Spotykałam się z jej mamą".

Matka Maevy była tak samo zaskoczona jak Pamela, że córka nie umie czytać. Musiała się jednak opiekować siódemką pozostałych dzieci, więc w rozgardiaszu życia domowego także nie dostrzeżono kłopotów Maevy. Pamela namówiła matkę Maevy, by pomogła córce zmienić zachowanie na lepsze, poświęciła jej więcej uwagi i pomogła przy odrabianiu prac domowych.

Wykaz ocen Maevy za pierwszy semestr – kiedy miała poprzednią nauczycielkę angielskiego – wskazywał, że zawaliła prawie wszystkie przedmioty, jak było od lat. Ale zaledwie po czterech miesiącach lekcji prowadzonych przez Pamelę pojawiły się wyraźne oznaki, że może być lepiej.

Pod koniec drugiego semestru przestawała ukrywać frustrację włóczeniem się po korytarzach i siedziała w klasie. Co najważniejsze, na wykazie ocen miała teraz pozytywne oceny z prawie wszystkich przedmiotów – wprawdzie z większości zaledwie mierne, ale zadziwiająco wysokie z matematyki. W ciągu zaledwie kilku miesięcy opanowała umiejętność czytania z dwóch lat.

A potem nadeszła chwila, w której Maeva uświadomiła sobie, że czyta lepiej niż paru innych uczniów, w tym pewien chłopiec, który niedawno przyjechał z Afryki Zachodniej. Podjęła się więc zadania wyjaśnienia mu sekretów czytania.

Ów szczególny związek między Pamelą i Maevą ilustruje użyteczność jednego ze znakomitych narzędzi, które mogą pomóc dzieciom w nauce. Coraz więcej badań pokazuje, że uczniowie, którzy czują się związani ze szkołą – z nauczycielami, kolegami, z samą szkołą – osiągają lepsze wyniki w nauce[31]. Lepiej też radzą sobie z zagrożeniami, które stwarza dorastanie we współczesnym świecie – wśród emocjonalnie związanych ze sobą uczniów jest mniejszy odsetek aktów przemocy, zastraszania i wandalizmu, niższy poziom lęku i depresji, mniej jest narkomanów i samobójców, wagarowiczów i porzucających szkołę.

„Poczucie więzi" nie odnosi się tutaj do jakiejś nieokreślonej subtelności, lecz do konkretnych związków emocjonalnych między uczniem i innymi osobami z jego szkoły: kolegami, nauczycielami i personelem administracyjnym. Jedną z najlepszych metod tworzenia takich więzi jest relacja między osobą dorosłą i uczniem, którą zaoferowała Maevie Pamela. Stała się dla Maevy bezpieczną bazą.

Zobaczmy, co mogłoby to znaczyć dla 10 procent uczniów, którym – jak Maevie – grozi klęska. W badaniu 910 pierwszoklasistów, próby reprezentacyjnej dla całych Stanów Zjednoczonych, wykwalifikowani obserwatorzy oceniali ich nauczycieli oraz wpływ ich stylu nauczania na to, jak dobrze uczyły się zagrożone dzieci[32]. Stwierdzono, że najlepsze wyniki osiągały one wtedy, kiedy nauczyciele:

- dostrajali się do dziecka, odpowiadali na jego potrzeby, nastroje, zainteresowania i zdolności, pozwalając im kierować ich interakcjami
- stwarzali w klasie optymistyczną atmosferę, z miłymi rozmowami, mnóstwem śmiechu i podniecenia
- promieniowali ciepłem i wykazywali „pozytywny stosunek" do uczniów
- mieli dobry plan każdej lekcji, z jasno sprecyzowanymi, ale elastycznymi oczekiwaniami i ustalonym porządkiem zajęć, dzięki czemu uczniowie sami stosowali się do obowiązujących reguł.

Najgorsze wyniki uczniowie mieli wtedy, gdy nauczyciele przyjmowali postawę „ja–to" i narzucali im swój program bez dostrojenia się do nich albo byli emocjonalnie chłodni i niezaangażowani. Tacy nauczyciele częściej złościli się na uczniów i musieli stosować represyjne metody, żeby przywrócić porządek.

Uczniowie, którzy i tak już sobie dobrze radzili, uczyli się dobrze bez względu na otoczenie. Natomiast kiepscy uczniowie, którzy mieli chłodnych albo surowych nauczycieli, wypadali marnie, nawet jeśli nauczyciele stosowali się do wskazówek pedagogicznych i zasad metodyki nauczania. Badania te ujawniły jednak zdumiewającą różnicę między zagrożonymi uczniami; jeśli mieli oni ciepłego, wrażliwego nauczyciela, poprawiali się i zaczynali się uczyć tak samo jak inne dzieci.

Siła oddziaływania emocjonalnie mającego więź z dziećmi nauczyciela nie kończy się w pierwszej klasie. Szóstoklasiści, którzy mieli takiego nauczyciela, otrzymali lepsze oceny nie tylko w tamtym roku, ale i w następnym[33]. Dobrzy nauczyciele są jak dobrzy rodzice. Zapewniając uczniom bezpieczną bazę, nauczyciel tworzy środowisko, w którym funkcjonują najlepiej, jak mogą. Baza ta staje się bezpieczną przystanią, strefą siły, z której mogą wyruszać na eksploracje, opanowywać coś nowego, zdobywać umiejętności.

Ta bezpieczna baza może zostać zinternalizowana, kiedy uczniów nauczy się lepiej panować nad lękiem, a przez to lepiej skupiać uwagę; zwiększa to ich zdolność do znalezienia się w strefie optymalnej dla uczenia się. Istnieją już dziesiątki programów „uczenia się umiejętności społecznych/emocjonalnych", które tak właśnie działają. Najlepsze z nich są tak skonstruowane, by można je było gładko włączyć do standardowego planu lekcji dla dzieci w każdym wieku, i wpajają im takie umiejętności, jak samoświadomość i panowanie nad bolesnymi emocjami, empatia i nawiązywanie oraz utrzymywanie stosunków z innymi. Autorytatywna metaanaliza ponad stu badań programów wykazała, że uczniowie nie tylko opanowywali zdolności takie, jak uspokajanie się i lepsze radzenie sobie, ale również – co bardziej wiąże się z tematem tego rozdziału – lepiej się uczyli. Poprawiały się ich oceny – uzyskiwali w testach osiągnięć szkolnych wyniki o 12 procent wyższe niż podobni uczniowie, którzy nie korzystali z tych programów[34].

Programy te są najskuteczniejsze wtedy, kiedy uczniowie czują, że nauczycielom naprawdę zależy na nich. Jednak bez względu na to, czy szkoła ma taką ofertę czy nie, za każdym razem gdy nauczyciele tworzą empatyczne i reagujące na ich potrzeby otoczenie, uczniowie nie tylko mają lepsze oceny i wyniki z testów, ale chętniej się uczą[35]. Dla ucznia ważna jest nawet jedna pomocna osoba dorosła w szkole[36].

Każda Maeva potrzebuje swojej Pameli.

Rozdział 20

Resocjalizujące więzi

Oto lista blizn, które zaledwie piętnastoletni Martin zaznaczył na rysunku przedstawiającym jego ciało, zaczynając od dołu:

W wieku jedenastu i dwunastu lat złamał obie stopy. Obie ręce pokryte były szramami po ranach odniesionych w bójkach i „poplamione" w wyniku kontaktów z narkotykami i kradzionymi rzeczami oraz „złych stosunków seksualnych". Na jednym ramieniu miał ślady po poparzeniach, których doznał, paląc marihuanę; na drugim bliznę po ciosie zadanym nożem.

Od jedenastego roku życia Martin cierpi na bezsenność, uraz emocjonalny, którego doznał, będąc od drugiego roku życia maltretowany i molestowany seksualnie (w tym przez własnego ojca, kiedy miał siedem lat) oraz uszkodzenia mózgu po próbie samobójczej, którą podjął w wieku jedenastu lat. Od ósmego roku życia, jak sam zauważył, jego mózg „się smażył" na „pigułkach, trawie, amfie, alkoholu, grzybkach i opium".

Przerażająca lista ran Martina jest typowa dla wielu nastolatków odbywających właśnie karę w więzieniach dla młodocianych. Więzienie dla młodzieży coraz częściej staje się pozornie nieuchronnym położeniem kresu przestępczej karierze osób wykorzystywanych i maltretowanych w dzieciństwie, które przechodzą gładko w alkoholizm, narkomanię i społeczne drapieżnictwo.

Chociaż w wielu krajach bardziej humanitarne systemy społeczne kierują takich nastolatków na leczenie, zamiast do zakładów karnych, w Stanach Zjednoczonych nazbyt często nad młodocianymi roztacza się „opiekę" w więzieniu, które jest złym środowiskiem dla leczenia. Większość więzień dla młodocianych jest szkołą przestępczości, nie przepustką do uczciwego życia.

Martin jest jednym ze szczęśliwców – mieszka w Missouri, stanie, który wytycza kierunek leczeniu młodych przestępców, a nie tylko karaniu ich. Missouri przeszło długą drogę; główny ośrodek poprawczy dla młodzieży w tym stanie został kiedyś określony przez sąd federalny jako zakład, w którym panuje „atmosfera karno-wojskowa", i potępiony za częste umieszczanie niesfornych skazańców w ciemnej izolatce, zwanej przez nich „dziurą". Były dyrektor tego zakładu wyznał: „Widziałem u chłopców podbite oczy, sińce na twarzach i złamane nosy. Normalną procedurą resocjalizacyjną stosowaną przez strażników było powalenie chłopca pięścią, a potem kopnięcie w krocze. Wielu z tych ludzi było sadystami"[1].

Ten opis sprzed kilkudziesięciu lat może być nadal prawdziwy dla wielu więzień. Jednak teraz, kiedy stan Missouri wybrał leczenie młodocianych przestępców, zakład Martina stwarza dającą nadzieję alternatywę. Mieszka on w jednym z sieci małych „quasi-rodzinnych" domów dla takich jak on zaburzonych, łamiących prawo nastolatków. Zostały one założone w 1983 roku; część z nich mieści się w starych budynkach szkolnych i innych, jeden w opuszczonym klasztorze.

Każdy z nich jest domem dla grupy około czterdziestu nastolatków i niewielkiego personelu, składającego się z osób dorosłych. Nastolatki te nie są anonimowymi trybikami w jakiejś ogromnej instytucji; w każdym z tych domów wszyscy znają się po imieniu. Żyją jak „rodzina" i dają pensjonariuszom możliwość kontaktów w cztery oczy z troszczącymi się o nich dorosłymi.

Nie ma tam krat, cel, na klucz zamkniętych jest tylko parę drzwi i niewiele można by tam znaleźć zabezpieczeń, chociaż kamery śledzą, co się dzieje. Atmosfera bardziej przypomina dom niż więzienie. Nastolatki podzielone są na liczące około dziesięciu osób grupy, a członkowie każdej z nich odpowiedzialni są za pilnowanie, by wszyscy przestrzegali regulaminu. Jedzą, śpią, uczą się i biorą prysznic razem – zawsze pod nadzorem dwojga specjalistów z zakresu opieki nad młodocianymi.

Jeśli pensjonariusz sprawia jednak kłopoty, nie umieszcza się go w izolatce, nie krępuje ani nie zakłada kajdanek, a więc nie korzysta się z zestawu typowego dla większości zakładów poprawczych dla młodzieży. Zamiast tego uczy się poszczególne zespoły bezpiecznie obezwładniać każdego członka, który stwarza dla kogoś zagrożenie. Chwytają go za ręce i nogi i powalają na ziemię. Potem trzymają go w takiej pozycji, dopóki się nie uspokoi i nie odzyska równowagi emocjonalnej. Dyrektor programu donosi, że tego rodzaju obezwładnianie nigdy nie wyrządziło nikomu poważnej krzywdy, a bójki prawie się nie zdarzają. Kilka razy dziennie grupa tworzy krąg i każdy mówi, jak się czuje. Członek grupy może poprosić o dodatkowe utworzenie kręgu, by porozmawiać o jakiejś skardze (najczęściej dotyczą one spraw bezpieczeństwa, uprzejmości lub szacunku). Dzięki temu uwaga może się przenieść z lekcji, ćwiczeń czy sprzątania na ważne podskórne prądy emocjonalne, które – gdyby zostały zignorowane – mogłyby doprowadzić do wybuchu. Członkowie grup spotykają się każdego popołudnia na zajęciach, których celem jest wzmocnienie więzów koleżeństwa i współpracy, rozbudzanie empatii i trafnego wzajemnego dostrzegania swoich potrzeb oraz przyswajanie umiejętności porozumiewania się i zaufania.

To wszystko tworzy bezpieczną bazę i kształtuje zdolności społeczne, których ci nastolatkowie rozpaczliwie potrzebują. Decydującą rolę odgrywa atmosfera bezpieczeństwa, zwłaszcza przy nakłanianiu tych nastolatków do otwarcia się i mówienia o ich niespokojnej przeszłości. Kluczem jest zaufanie: jeden po drugim opowiadają grupie historię swojego życia – są to opowieści o przemocy domowej i wiktymizacji seksualnej, maltretowaniu i zaniedbywaniu. Mówią też o własnych złych uczynkach i przestępstwach, które zaprowadziły ich do więzienia.

Leczenie nie kończy się w dniu opuszczenia zakładu. Zamiast zostać przydzieleni przeciążonemu pracą kuratorowi sądowemu – co jest standardową praktyką w większości takich miejsc – młodociani przestępcy z Missouri spotykają się ze swoimi koordynatorami działań po wyjściu na wolność już w chwili przybycia do więzienia. Dzięki temu w chwili zwolnienia znają się już od dawna z osobą, która będzie ich na powrót wprowadzała w życie lokalnej społeczności.

Opieka po zwolnieniu z więzienia jest istotną częścią tego programu. Każdy nastolatek spotyka się często ze swoim koordynatorem, a jeszcze częściej z „obserwatorem" – na ogół osobą ze swojego miasta albo studentem miejscowej uczelni – który śledzi jego codzienne postępy i pomaga.

Czy cała ta rozbudowana resocjalizacja prowadzi do jakichś istotnych zmian? Niewiele jest badań nastolatków zwolnionych z zakładów poprawczych, ale w jednym z nich, z 1999 roku, stwierdzono, że w ciągu trzech lat po wyjściu na wolność odsetek recydywy młodocianych uczestniczących w programie w Missouri wyniósł 8, podczas gdy w Marylandzie w ciągu trzech lat po zwolnieniu 30 procent młodocianych znalazło się z powrotem w więzieniu. W innym badaniu porównano stosunek nastolatków osadzonych ponownie w zakładach poprawczych dla młodocianych, więzieniach dla dorosłych i oddanych pod nadzór kuratorski. W Missouri było to tylko 9 procent w porównaniu z 29 procentami na Florydzie[2].

Trzeba też wspomnieć o ludzkich kosztach osadzania młodocianych w strasznych więzieniach. W ostatnich czterech latach w zakładach karnych dla nastolatków w całym kraju 110 osób popełniło samobójstwo. W ciągu dwudziestu lat realizacji programu w Missouri nie było ani jednego samobójstwa.

Przykład Kalamazoo

W miasteczku Kalamazoo w Michigan wrzało; wyborcy byli podzieleni z powodu referendum w sprawie zebrania 140 milionów dolarów na nowe więzienie dla młodocianych. Wszyscy zgadzali się, że stare jest przepełnione i że panują w nim nieludzkie warunki, nie to było więc kością niezgody. Spór toczył się o to, czym powinien zostać zastąpiony przestarzały budynek.

Niektórzy występowali zażarcie za unowocześnieniem zakładu, założeniem lepszego drutu kolczastego i zamków w drzwiach cel oraz zwiększeniem nieco ich przestrzeni. Ich przeciwnicy replikowali, że przede wszystkim potrzebne są lepsze sposoby powstrzymywania młodocianych przed wkraczaniem na przestępczą drogę i powrotem na nią, jeśli złamali prawo.

Jeden z miejscowych sędziów zaproponował, by obie strony przedyskutowały sprawę na jednodniowej sesji wyjazdowej w znajdującym się nieopodal Fetzer Institute. Przybyli tam wszyscy zaangażowani w spór: przywódcy Kościołów, grupy występujące na rzecz więźniów, szeryf, sędziowie, dyrektorzy szkół, pracownicy ośrodków zdrowia psychicznego oraz część najbardziej liberalnych demokratów i najbardziej konserwatywnych republikanów.

Owo spotkanie w Kalamazoo jest symbolem coraz prężniej rozwijającego się w Stanach Zjednoczonych ruchu obywateli zatroskanych tym, że system więziennictwa nie chroni ich przed przestępcami, którzy po prostu robią to, na czym się najlepiej znają, czyli popełniają przestępstwa. W różnych miejscach tworzą się grupy, które formułują na nowo samo znaczenie „resocjalizacji".

W kręgach związanych z systemem karnym dominuje filozofia, zgodnie z którą skazani dopuścili się czynów stawiających ich poza nawiasem społeczeństwa, a zatem muszą cierpieć za swoje przestępstwa. Oczywiście rozróżnia się rodzaje przestępstw i zgodnie z tym dzieli się więźniów, umieszczając ich na odmiennych poziomach ludzkiej szpetoty, którą muszą znosić dzień po dniu. Dla wielu z nich zakład karny jest piekłem, w którym skazani walczą zębami i pazurami, każdy stara się zdobyć szacunek reszty, a twardość daje prestiż. Dziedziniec więzienny staje się dżunglą, w której zwycięża siła i rządzi strach. To raj dla psychopatów, gdzie zwycięża wyrachowane okrucieństwo.

Nauki neuronalne zdobywane w świecie, w którym panują relacje typu „ja–to", należą z pewnością do najgorszych. Przetrwanie tam wymaga posiadania ciała migdałowatego nastawionego na paranoiczną hiperczujność oraz ochronny dystans emocjonalny i gotowość do walki. Nie moglibyśmy stworzyć lepszego środowiska dla umacniania skłonności przestępczych.

Czy są to najlepsze „szkoły", do jakich społeczeństwo ma wysyłać swoich członków, zwłaszcza tych, którzy mają dopiero po kilkanaście czy dwadzieścia parę lat i całe życie przed sobą? Jeśli przez wiele miesięcy czy lat żyją w takim otoczeniu, to trudno się dziwić, że po wyjściu na wolność tak wielu z nich powraca na przestępczą drogę i kończy w tych ropiejących dziurach.

Zamiast polegać na podejściach, które tylko zwiększają przestępczość, moglibyśmy się zastanowić, co znaczy „resocjalizacja" z punktu widzenia neuroplastyczności społecznej, kształtowania obwodów mózgu poprzez dobre interakcje. Wiele z osób osadzonych w więzieniach znajduje się tam zapewne z powodu niedoborów w mózgu społecznym, takich jak upośledzenie zdolności empatii i panowania nad impulsami.

Jednym z neuronalnych kluczy do samokontroli jest zbiór komórek w korze oczodołowej, który może powstrzymać złe impulsy płynące z ciała migdałowatego. Ludzie z niedoborem tych komórek są skłonni do brutalności, kiedy popęd do przemocy przekracza zdolność kory oczodołowej do jego zahamowania. Nasze więzienia są domem dla wielu takich przestępców. Okazuje się, że jednym z neuronalnych schematów leżących u podłoża tej wymykającej się spod kontroli agresywności jest zbyt mała aktywacja płatów czołowych, będąca często skutkiem doznanych w dzieciństwie urazów[3].

Niedobór ten dotyczy głównie obwodu biegnącego z kory oczodołowej do ciała migdałowatego, neuronalnego połączenia wykorzystywanego przez mózg jako hamulec destrukcyjnych popędów[4]. Osoby z uszkodzeniami płatów czołowych kiepsko sobie radzą z – jak to nazywają psycholodzy – „kontrolą poznawczą": nie potrafią dowolnie kierować swoimi myślami, zwłaszcza kiedy ogarnięte są silnymi uczuciami negatywnymi[5]. Niezdolność ta sprawia, że są bezradne wobec naporu emocji destrukcyjnych; ponieważ ich neuronalne hamulce są niesprawne, nic nie powściąga okrutnych impulsów.

Ten ważny obwód rozrasta się i jest kształtowany aż do mniej więcej dwudziestego piątego roku życia[6]. Z perspektywy neuronalnej podczas uwięzienia przestępcy społeczeństwo ma wybór pomiędzy wzmocnieniem jego obwodów wrogości, impulsywności i agresywności a wzmocnieniem obwodów samokontroli, myślenia przed działaniem i samej zdolności przestrzegania prawa. Być może największą straconą szansą systemu karnego jest resocjalizacja młodszych więźniów, którzy są wciąż w okresie, kiedy mózg społeczny zachowuje największą plastyczność. Lekcje, które otrzymują codziennie w więzieniu, mają głęboki i trwały wpływ na ich lepszą lub gorszą przyszłość neuronalną.

Na razie mają one wpływ najgorszy. Jest to podwójna tragedia, bo nie tylko tracimy okazję do przekształcenia obwodów nerwowych, które pomogłyby wrócić młodocianym na właściwą drogę, ale też wtrącamy ich do szkoły przestępczości. W skali kraju odsetek recydywy wśród więźniów do dwudziestego piątego roku życia – a więc będących dopiero u progu kariery przestępczej – jest najwyższy ze wszystkich grup wiekowych.

Dowolnego dnia w Stanach Zjednoczonych znajduje się w więzieniach ponad dwa miliony osób, czyli 482 na 100 tysięcy mieszkańców, co plasuje nas na jednym z najwyższych miejsc na świecie pod względem wskaźnika „uwięzienia"; za nami znajdują się Wielka Brytania, Chiny, Francja i Japonia[7]. Populacja osadzonych jest dzisiaj siedmiokrotnie większa niż trzydzieści lat temu. Koszty utrzymania zakładów karnych wzrosły jeszcze bardziej, od około 9 miliardów dolarów w latach osiemdziesiątych ubiegłego wieku do ponad 60 miliardów w 2005 roku, i są one najszybciej rosnącymi wydatkami w Stanach, plasując się za kosztami opieki zdrowotnej. Nieubłagany wzrost liczby osadzonych w więzieniach amerykańskich doprowadził do eksplozji ich populacji i niebezpiecznego przepełnienia zakładów karnych, a powiaty takie jak Kalamazoo do gorączkowych poszukiwań sposobów ich utrzymania.

Ważniejsze od ekonomicznych są koszty ludzkie – kiedy już ktoś znajdzie się w systemie więziennictwa, szanse na to, że ucieknie przed jego przyciąganiem, są bardzo nikłe. Dwie trzecie z osób zwolnionych z amerykańskich więzień w okresie trzech lat znowu do nich wraca[8].

Takie były nagie fakty, które rozważali zatroskani obywatele Kalamazoo. Pod koniec spotkania doszli do porozumienia, by „uczynić z Kalamazoo najbezpieczniejszą i najsprawiedliwszą wspólnotę w Stanach Zjednoczonych". Przeprowadzili więc w całym kraju poszukiwania tego, co się najlepiej sprawdza: podejść, które rzeczywiście obniżają recydywę, i innych konkretnych korzyści oraz twardych danych, które to potwierdzają.

Rezultatem jest prawdziwa rzadkość, poparty dowodami jego skuteczności plan zmieniania życia, w głównej mierze przez odtworzenie owej tkanki łącznej spajającej ludzi mających kłopoty z tymi, których obchodzi, co się z nimi dzieje[9]. Propozycja grupy z Kalamazoo obejmuje wysiłki w celu przede wszystkim zapobiegania przestępstwom, a następnie owocnego wykorzystywania czasu spędzanego przez osadzonych w więzieniach i ponownego wprowadzania ich w sieć powiązań społecznych, która pomoże im pozostać poza więzieniem.

Pierwsza zasada przewodnia mówi, że wspomagające związki zapobiegają przestępczości i że związki te trzeba zaczynać tworzyć w otoczeniu, w którym żyją młodzi ludzie najbardziej podatni na wejście na przestępczą drogę.

Społeczności powiązane

W zapuszczonej dzielnicy na South Side w Bostonie przekształcono pustą działkę budowlaną w ogród warzywny, w którym każdej wiosny i latem spotykają się sąsiedzi hodujący tam kapustę, jarmuż i pomidory. Odręczny napis na płocie zwraca się do wszystkich: „Prosimy – szanujcie nasze wysiłki".

To skromne przesłanie nadziei wzywa do gotowości dopomożenia bliźniemu. Czy pozwoli się grupie sterczących na rogu nastolatków zastraszyć przechodzące obok mniejsze dziecko? Czy też może dorosły powie im, by się rozeszli, a nawet wezwie rodziców? Szacunek i troska wiele zmieniają nie tylko na tej opuszczonej i zaśmieconej działce, niegdyś odwiedzanej przez handlarzy narkotyków, a obecnie zmienionej we wspólny ogród warzywny[10].

W połowie lat dziewięćdziesiątych ubiegłego wieku koalicja czarnych pastorów wyszła na ulice Bostonu, by się zająć włóczącymi się po nich dziećmi i zachęcić je do udziału w prowadzonych przez osoby dorosłe programach zajęć pozalekcyjnych. Liczba morderstw w Bostonie spadła ze 151 w 1991 roku do 35 dziesięć lat później, podobnie jak w innych dużych miastach w całym kraju.

Spadek przestępczości w latach dziewięćdziesiątych przypisywano głównie ożywieniu gospodarczemu. Niezależnie od takich potężnych sił, pozostaje jednak pytanie: czy rozwijanie więzi między ludźmi, jak robili to ci czarni pastorzy, może samo w sobie doprowadzić do zmniejszenia przestępczości w danym kwartale miasta? Odpowiedź na nie przyniosła największa dotąd analiza zaangażowania społeczności i poziomu przestępczości, dziesięcioletnie badania prowadzone przez psychiatrę Feltona Earlsa z Harvardu. Wynika z nich, że odpowiedzią jest zdecydowane „tak".

Wspólnie z zespołem badawczym Earls nagrał na kasetach wideo obrazki z życia ulicznego w 1408 kwartałach 196 dzielnic Chicago, włącznie z najbiedniejszymi i najbardziej dotkniętymi przestępczością. Udokumentowano wszystkie rodzaje wydarzeń, od przykościelnej sprzedaży ciast po handel narkotykami. Nagrania porównano z rejestrami przestępstw popełnionych w tych dzielnicach oraz z wywiadami przeprowadzonymi z 8782 ich mieszkańcami[11].

Zespół Earlsa stwierdził, że na poziom przestępczości mają wpływ dwa główne czynniki. Pierwszym jest ogólny poziom biedy w dzielnicy – od dawna wiadomo, że nędza prowadzi do wzrostu liczby przestępstw (podobnie jak inny ukryty czynnik – analfabetyzm). Drugim jest stopień powiązania i intensywność kontaktów mieszkańców dzielnicy. Mieszanka ubóstwa i braku powiązań wpływa na poziom przestępczości w danym rejonie silniej niż przytaczane zwykle standardowe czynniki, w tym rasa, środowisko etniczne i struktura rodziny.

Earls odkrył, że nawet w najbiedniejszych dzielnicach pozytywne kontakty osobiste wiązały się nie tylko z niższą przestępczością, ale także niższym poziomem narkomanii wśród młodzieży, mniejszą liczbą młodocianych zachodzących w ciążę i wzrostem osiągnięć szkolnych wśród dzieci. Wiele społeczność Afroamerykanów o niskich dochodach ma silną tradycję pomocy wzajemnej, świadczonej przez Kościoły i rodziny wielopokoleniowe. Earls uważa, że ów duch pomagania sąsiadom jest owocną strategią w walce z przestępczością[12].

Jeśli lokalna grupa zmywa graffiti ze ścian, prawdopodobieństwo pojawienia się nowych jest mniejsze, niż gdy zajmą się tym służby porządkowe miasta. Działająca w kwartale czy dzielnicy obywatelska grupa tropiąca zachowania przestępcze oznacza, że miejscowe dzieci, wiedząc, że są pod czujnym okiem, mają większe poczucie bezpieczeństwa. W świecie zubożałych dzielnic postawa ta liczy się najbardziej, kiedy chodzi o sąsiadów podejmujących działania we wzajemnej ochronie, a zwłaszcza w ochronie swoich dzieci.

Koniec z parszywym myśleniem

Syn starego przyjaciela – nazwę go Bradem – jako nastolatek zaczął się upijać, a kiedy był pijany, stawał się wojowniczy, a nawet wszczynał zwady. Zachowanie to doprowadziło do serii zatargów z prawem, aż w końcu został skazany na więzienie za poważne zranienie podczas bójki kolegi z akademika.

Kiedy odwiedziłem go w więzieniu, powiedział mi: „Bez względu na to, o co ich oskarżono, wszyscy faceci są tutaj z powodu wybuchowego temperamentu". Brad miał to szczęście, że objęto go specjalnym pilotażowym programem dla więźniów, którzy rokują zmianę stylu życia. Ci, którzy umieszczeni zostali w tym specjalnym, składającym się z sześciu cel oddziale, uczestniczą codziennie w seminariach na takie tematy jak określanie różnicy między działaniami podejmowanymi na podstawie „twórczego myślenia, parszywego myślenia i zupełnej bezmyślności".

W pozostałych częściach więzienia bójki i przybieranie groźnych póz w celu zastraszania innych są na porządku dziennym. Brad wie, że wyzwaniem, któremu on musi stawić czoło, będzie nauczenie się panowania nad złością w świecie społecznym, w którym przemoc i twardość określają miejsce każdego w hierarchii więzienia. Ten świat, mówi mi, opiera się na paranoicznym przeciwstawieniu my kontra oni i każda osoba w mundurze, podobnie jak wszyscy, którzy z nimi współpracują, są „wrogami".

„Wszyscy ci faceci łatwo się wkurzają, irytują się z powodu najmniejszego drobiazgu. A każdy spór załatwiają bójką. Ale w moim programie nie musisz żyć w ten sposób". Mimo to Brad też miał kłopoty. „Był tu taki chłopak, mniej więcej w moim wieku, który też wszedł do tego programu. Stale ze mnie szydził i drwił, nabijał się. Naprawdę mnie wnerwiał, ale nie pozwalałem, żeby złość wzięła nade mną górę. Najpierw po prostu odchodziłem, ale łaził za mną wszędzie, gdzie poszedłem, zawsze na widoku. Wtedy mu powiedziałem, że jest po prostu głupi, i nie przejmuję się tym, co mówi. Ale robił to nadal, bez przerwy. W końcu pozwoliłem sobie poczuć tyle złości, że mogłem na niego nawrzeszczeć. Dotrzymałem mu placu – wykrzyczałem mu prosto w twarz, jaki jest głupi. Potem piorunowaliśmy się wzrokiem. Wyglądało na to, że zaraz zaczniemy się bić.

Walki urządza się tu tak, że idziecie razem do celi i zamykacie za sobą drzwi. Dlatego nie widzą cię strażnicy. Walczy się, dopóki jeden się nie podda, a potem wychodzi. No więc poszliśmy do mojej celi i zamknęliśmy drzwi. Wcale nie chciałem się bić. Powiedziałem mu: «Jeśli chcesz, to rzuć się na mnie i przywal mi, zrób to teraz. Dostałem już dużo ciosów, mogę przyjąć i ten. Ale nie mam zamiaru walczyć z tobą».

Nie uderzył mnie. Skończyło się na tym, że rozmawialiśmy przez godzinę czy dwie. Powiedział mi, o co mu chodziło, a ja jemu, o co mnie chodziło. Następnego dnia został przeniesiony na inny oddział. Kiedy go teraz spotykam na dziedzińcu, już się mnie nie czepia".

Program, w którym bierze udział Brad, jest przykładem tego, co zespół z Kalamazoo uznał za najlepsze dla młodocianych przestępców. Nastolatki odbywające wyroki za przestępstwa z użyciem przemocy, które przechodzą przez podobne programy treningowe – w ich ramach uczą się pomyśleć, zanim zareagują, rozpatrzyć możliwe sposoby rozwiązania problemu i konsekwencje różnych reakcji oraz zachować spokój – wdają się w mniej bójek i są mniej impulsywni i nieelastyczni[13].

W odróżnieniu od mojego młodego znajomego większość więźniów nie ma jednak okazji skorygować swoich nawyków i okoliczności, które sprawiają, że tkwią w błędnym kole zwolnienia, recydywy i powrotu do więzienia. Ponieważ tylko mniejszości zwolnionych więźniów udaje się uniknąć ponownego pobytu w zakładzie, terminy „poprawa" i „resocjalizacja" wydają się tragicznym nieporozumieniem – nic nie zostaje naprawione, więzień pozostaje niezresocjalizowany.

Zamiast tego większość zakładów karnych jest szkołami przestępczości, wzmacniając u osadzonych skłonność do popełniania przestępstw i rozwijając przestępcze umiejętności. Młodsi więźniowie nawiązują tam kontakty najgorszego rodzaju, pobierając nauki od bardziej doświadczonych kryminalistów, dlatego też w dniu zwolnienia są zahartowanymi, pełnymi złości i zręczniejszymi przestępcami[14].

Obwody mózgu społecznego odpowiedzialne za współodczuwanie i regulację impulsów emocjonalnych – cechy, których niedobór jest chyba najbardziej rażący w populacji więźniów – należą do tych części ludzkiego mózgu, które uzyskują dojrzałość anatomiczną jako ostatnie. Rejestr osadzonych w więzieniach stanowych i federalnych pokazuje, że około jednej czwartej jest w wieku poniżej dwudziestu pięciu lat, a więc nie jest za późno, by skłonić te obwody do funkcjonowania według wzoru charakterystycznego dla osób bardziej przestrzegających prawa[15]. Staranna ocena istniejących obecnie więziennych programów resocjalizacji wykazała, że te, które przeznaczone są dla młodocianych przestępców, należą do najskuteczniej zapobiegających powrotowi na przestępczą drogę[16].

Programy te mogłyby być jeszcze skuteczniejsze, gdyby wykorzystano w nich metody zapożyczone z wielu dobrze potwierdzonych szkolnych kursów uczenia się społecznego i emocjonalnego[17]. Na kursach tych uczy się takich podstawowych umiejętności, jak panowanie nad złością i rozwiązywanie konfliktów, empatia i odpowiedzialność za własne życie. Doprowadziły one do zmniejszenia liczby bójek w szkołach o 69 procent, aktów zastraszania o 75 procent i nękania o 67 procent[18]. Pytanie tylko, w jakim stopniu dałoby się przystosować te metody do użytku w populacji nastoletnich czy dwudziestoparoletnich (a może nawet starszych) więźniów[19].

Perspektywa zmiany charakteru więzień tak, by oferowały skazanym korekcyjne kształcenie nerwowe, jest intrygująca jako nowa forma nacisku społecznego. W zależności od tego, jak szeroko rozpowszechnione zostaną takie programy dla osób, które popełniły przestępstwo po raz pierwszy, i dla młodych przestępców, w miarę upływu lat na pewno w mniejszym lub większym stopniu spadnie liczba więźniów w kraju. Powstrzymanie młodych kryminalistów przed kontynuowaniem przestępczego życia znacznie się przyczyni do osuszenia rzek zalewających teraz nasze więzienia.

Wyczerpująca analiza losów 272 111 więźniów zwolnionych w 1994 roku z amerykańskich zakładów karnych wykazała, że w czasie swojej przestępczej kariery zostali aresztowani za ogółem prawie 4 877 000 przestępstw, czyli że średnio każdy z nich popełnił ich siedemnaście. A były to tylko przestępstwa, o których popełnienie zostali oskarżeni[20]. Przy zastosowaniu właściwych środków resocjalizacji rejestr ten mógłby w wielu przypadkach zakończyć się na początku. Tak jednak, jak się sprawy mają, istnieje duże prawdopodobieństwo, że ci, którzy po raz pierwszy złamali prawo, będą kontynuowali karierę przestępczą, wzbogacając z upływem lat swoją kartotekę kryminalną.

Kiedy byłem uczniem, nazywaliśmy więzienia dla młodocianych „zakładami poprawczymi". Rzeczywiście mogłyby nimi być, gdyby zostały zaprojektowane jako otoczenie, w którym ludzie uczą się umiejętności potrzebnych do tego, by nie wrócić do więzienia: i nie tylko pisania i czytania oraz umiejętności zawodowych (i znajdowania pracy), ale także samoświadomości, samokontroli i empatii. Gdyby tego uczono, więzienie mogłoby się stać miejscem, w którym dosłownie poprawia się nawyki nerwowe, zakładem poprawczym w najgłębszym sensie tego terminu.

Jeśli chodzi o Brada, to kiedy skontaktowałem się z nim dwa lata później, był już z powrotem na uczelni i zarabiał na utrzymanie jako pomocnik kelnera w wykwintnej restauracji. Najpierw mieszkał w domu, który wynajmował z kilkoma ze swoich starych przyjaciół z liceum. Ale, jak mi powiedział: „Zupełnie niepoważnie traktowali studia – w głowie były im tylko pijaństwa i bójki. Postanowiłem więc się wyprowadzić". Wprowadził się do ojca i skupił na nauce. Chociaż było to równoznaczne ze straceniem kilku starych przyjaciół, mówi: „W ogóle tego nie żałuję. Jestem zadowolony".

Umacnianie więzi

Pewnego czerwcowego dnia 2004 roku, wczesnym rankiem, kryty most Mooda, który od dawna był charakterystycznym obiektem w powiecie Bucks w Pensylwanii, zniszczył pożar. Kiedy dwa miesiące później aresztowano podpalaczy, miejscowa społeczność przeżyła wstrząs.

Tych sześciu młodych ludzi było dobrze znanymi maturzystami lokalnego liceum; wszyscy pochodzili z „dobrych" rodzin. Ludzie byli zdumieni i oburzeni; cała społeczność czuła się sponiewierana, obrabowana z cennej więzi z bardziej idyllicznymi czasami.

Na spotkaniu ludności miasteczka z podpalaczami ojciec jednego z nich dał upust złości na obcych, którzy zaatakowali go i jego syna w lokalnych środkach przekazu. Zapytany o to, jak przyjął wiadomość, że przestępstwo popełnił jego syn, przyznał jednak, że stale o tym myśli, nie może spać i ma ściśnięty żołądek. A potem, zupełnie przybity, się rozpłakał.

Słuchając, ile bólu zadali swoim rodzinom i sąsiadom, młodzi ludzie byli zrozpaczeni i wyrażali skruchę. Przeprosili wszystkich i powiedzieli, że chcieliby naprawić to, co zrobili[21].

Zebranie to było ćwiczeniem ze „sprawiedliwości rekompensującej", która opiera się na zasadzie, że oprócz poniesienia kary przestępca powinien stawić czoło emocjonalnym konsekwencjom swojego czynu i jeśli to możliwe, wyrównać szkody[22]. W programie przyjętym w Kalamazoo kładzie się nacisk na ten aspekt, traktując go jako jeden z aktywnych składników skutecznej walki z przestępczością.

W takich programach mediatorzy uzgadniają często sposób, w jaki przestępca może naprawić wyrządzone krzywdy, czy to płacąc za szkody, czy słuchając, jak wygląda jego czyn z punktu widzenia ofiary, czy też wyrażając szczery żal i przepraszając ofiarę. Mówiąc słowami kierownika jednego z takich programów, realizowanego w pewnym kalifornijskim więzieniu: „Sesje z udziałem ofiary są bardzo emocjonalne. Wielu z tych mężczyzn ma po raz pierwszy okazję dostrzec związek między popełnionym przez nich przestępstwem i ofiarą".

Jednym z więźniów uczestniczących w tym kalifornijskim programie był niejaki Emarco Washington. Będąc uzależniony od kokainy, dokonywał rozbojów i rabunków, by zdobyć środki na jej kupno. Szczególnie brutalnie traktował swoją matkę, kiedy nie chciała mu dać pieniędzy na narkotyki. Od młodości do trzydziestki prawie każdy rok spędzał w więzieniu[23].

Po uczestnictwie w programie „sprawiedliwości rekompensacyjnej" – połączonym z kursem zmniejszania agresywności – w więzieniu w San Francisco zrobił w dniu wyjścia na wolność coś zupełnie odmiennego od swoich wcześniejszych zachowań – zadzwonił do matki i przeprosił ją. „Powiedziałem, że kiedy nie chciała mi dawać pieniędzy, byłem zły, ale ostatnią rzeczą, którą chciałem zrobić, było wyrządzenie jej krzywdy. Poczułem się, jakby obmył mnie deszcz. To mi powiedziało, że jeśli zmienię swoje zachowanie, swój język, mogę udowodnić sobie i innym, że nie jestem złym nasieniem".

Emocjonalny podtekst programów sprawiedliwości rekompensacyjnej skłania przestępców do zmiany sposobu postrzegania ofiar z „To" na „Ty", budzi w nich empatię. Wielu młodych ludzi popełnia przestępstwa pod wpływem alkoholu lub narkotyków; w pewnym sensie ofiary nie istnieją dla sprawców, którzy nie mają żadnego poczucia winy za to, że kogoś skrzywdzili. Tworząc między sprawcą i ofiarą więź empatii, sprawiedliwość rekompensacyjna wzbogaca sieć powiązań, które mogą odegrać tak ważną rolę w skierowaniu młodego człowieka na właściwą drogę.

Grupa z Kalamazoo zidentyfikowała jeszcze jeden ważny moment zwrotny – tę niebezpieczną chwilę, kiedy młody przestępca wraca z więzienia do domu. Bez interwencji z zewnątrz młodzi ludzie nazbyt łatwo wracają do swoich starych grup i nawyków, a w konsekwencji nader często również do więzienia.

Spośród różnych podejść, których celem jest utrzymanie byłych więźniów na właściwej drodze, jedno wyróżnia się jako szczególnie skuteczne – terapia wielosystemowa[24]. Słowo „terapia" może się tu wydawać nie na miejscu, program ten nie polega bowiem na pięćdziesięciominutowych rozmowach w cztery oczy w gabinecie psychoterapeuty. Zamiast tego „terapeuta" wkracza w życie podopiecznego – w domu, na ulicy, w szkole – we wszystkich miejscach i w kontaktach ze wszystkimi ludźmi, z którymi były więzień spędza czas.

Ów terapeuta czy doradca towarzyszy przestępcy jak cień, by poznać jego prywatny świat. Szuka w nim zalet czy cnót, takich jak dobry chłopak, który mógłby zostać przyjacielem jego podopiecznego, wuj, który mógłby pełnić rolę mentora, Kościół, który mógłby zapewnić mu namiastkę rodziny. Później pilnuje, by spędzał on czas z tymi, mającymi na niego pozytywny wpływ, osobami.

Nie ma w tym żadnych wymyślnych metod terapii. Podejście jest pragmatyczne: trzeba zwiększyć dyscyplinę i ciepło w domu, zmniejszyć ilość czasu spędzanego z kolegami, którzy mają skłonność do wpędzania siebie i innych w kłopoty, postarać się, by podopieczny bardziej się przykładał do nauki albo znalazł pracę i zaczął uprawiać jakiś sport. I, co najważniejsze, rozwijać i podtrzymywać sieć zdrowych związków, dzięki której przestępca znajdzie się w otoczeniu ludzi, którzy troszczą się o jego los i mogą być dla niego wzorem bardziej odpowiedzialnego sposobu życia. Wszystko robi się dzięki ludziom: rodzinie, przyjaciołom i sąsiadom[25].

Chociaż terapia wielosystemowa trwa tylko cztery miesiące, wydaje się skuteczna. Stopień recydywy wśród młodych przestępców, którzy biorą udział w tym programie, wynosi w ciągu trzech lat od zwolnienia z więzienia od 25 do 70 procent. Co więcej, są to wyniki w grupie najbardziej opornych byłych więźniów, którzy popełniali poważne przestępstwa z użyciem przemocy.

Według rządowego rejestru więźniów, najszybciej rosnącą grupą wiekową skazanych są osoby w średnim wieku; praktycznie wszyscy z nich mają za sobą lata „odsiadki"[26]. Większość doszła do nieuniknionego końca przestępczego życia, które zaczęło się wraz z pierwszym aresztowaniem, w młodości.

Owo pierwsze aresztowanie jest znakomitą okazją do interwencji, do odwrócenia wektora ich życia w kierunku przeciwnym do przestępczości. Jest to moment decydujący, w którym młody człowiek może znaleźć się albo w obrotowych drzwiach zakładu karnego, albo za nimi.

Jeśli przyjmiemy skuteczne programy, takie jak przekształcanie mózgu społecznego, wszyscy na tym skorzystamy. Oczywiście każdy wyczerpujący program, taki jak ten, który przyjęto w Kalamazoo, składa się z wielu części; to, co się sprawdza, obejmuje również umiejętność czytania i pisania oraz pracę zapewniającą środki wystarczające do przeżycia, jak też branie odpowiedzialności za swoje czyny. Wszystkie z nich służą zaś jednemu celowi – dopomożeniu byłym więźniom, by nauczyli się być lepszymi ludźmi, nie przestępcami.

Rozdział 21

Od nich do nas

Działo się to w ostatnich latach apartheidu, istniejącego w Republice Południowej Afryki systemu całkowitej segregacji rasowej, oddzielającego rządzących tym krajem potomków holenderskich kolonistów, Afrykanerów, od ludności „kolorowej". Od czterech dni zbierało się potajemnie trzydzieści osób. Połowę z nich stanowili biali szefowie różnych firm, drugą połowę organizatorzy czarnej ludności. Uczono ich prowadzić wspólnie seminaria z zakresu przywództwa, by zaszczepić czarnej społeczności umiejętność rządzenia.

Ostatniego dnia siedzieli jak przykuci przed telewizorem, kiedy prezydent F. W. de Klerk wygłaszał słynne przemówienie, obwieszczające koniec apartheidu. De Klerk zalegalizował długą listę organizacji, których działalność była wcześniej zakazana, i nakazał zwolnić wielu więźniów politycznych.

Anne Loersebe, jedna z obecnych tam przywódczyń czarnej społeczności, promieniała – kiedy padała nazwa każdej z tych organizacji, wyłaniała się przed oczami jej wyobraźni twarz jakiejś znanej jej osoby, która teraz będzie mogła wyjść z ukrycia.

Po transmisji przemówienia zebrani rozpoczęli pożegnalny rytuał, zgodnie z którym każdy miał okazję powiedzieć parę słów na do widzenia. Większość po prostu stwierdzała, że szkolenie było bardzo ważne i że bardzo się cieszą, że mogli w nim uczestniczyć.

Piąty z kolei wysoki, powściągliwy Afrykaner wstał i spojrzał na Anne. „Chcę, żeby pani wiedziała – powiedział – że wychowano mnie tak, bym myślał, że jest pani zwierzęciem". A potem się rozpłakał[1].

„My–Oni" wyraża relację „ja–to" w liczbie mnogiej, leżąca u podstaw obu tych postaw dynamika jest ta sama. Jak ujął to Walter Kaufmann, angielski tłumacz Martina Bubera, słowami „My–Oni" „dzieli się świat na dwoje – dzieci światła i dzieci ciemności, ziarna i plewy, wybranych i potępionych"[2].

Związek między jednym z Nas i jednym z Nich jest na mocy definicji pozbawiony empatii, a co dopiero dostrojenia. Gdyby jeden z Nich ośmielił się odezwać do jednego z Nas, jego głos nie byłby tak dobrze słyszany jak głos jednego z Nas – jeśli w ogóle dotarłby do nas.

Przepaść, która oddziela Nas od Nich, tworzy się wraz z wyciszaniem empatii. A przez tę przepaść możemy rzutować na Nich, co się nam podoba. Kaufmann dodaje: „Prawość, inteligencja, słuszność, człowieczeństwo i zwycięstwo są prerogatywami Nas, natomiast niegodziwość, głupota, hipokryzja i ostateczna porażka to cechy Ich".

Kiedy odnosimy się do kogoś jako do jednego z Nich, tłumimy nasze altruistyczne impulsy. Weźmy na przykład eksperymenty, w których pytano ochotników, czy zgodziliby się w zastępstwie innej osoby zaaplikować komuś wstrząs elektryczny. Haczyk tkwił w tym, że nie widzieli oni potencjalnej ofiary, a tylko usłyszeli jej opis. Im bardziej niepodobna była do nich według tego opisu – w im większym stopniu miała cechy Ich – tym bardziej nie byli skłonni przyjść jej z pomocą[3].

„Nienawiść – powiedział Elie Wiesel, ocalały z holokaustu laureat pokojowej Nagrody Nobla – jest rakiem, który przenosi się z jednej osoby na inną, z jednego narodu na inny"[4]. Historia ludzkości jest kroniką nie mającego końca strumienia okrucieństw popełnianych przez jedną grupę na innej, i to nawet wtedy, kiedy między tymi grupami istnieje więcej podobieństw niż różnic. Północnoirlandzcy protestanci i katolicy, podobnie jak Serbowie i Chorwaci, toczą ze sobą wojny od lat, mimo iż genetycznie są rodzeństwem.

Stajemy wobec wyzwań, które niesie ze sobą życie w cywilizacji globalnej, z mózgiem, który rodzi w nas przywiązanie głównie do naszego rodzinnego plemienia. Jak ujął to psychiatra, który dorastał podczas zawieruchy etnicznej na Cyprze, grupy, które są do siebie bardzo podobne, przechodzą z kategorii Nas do kategorii Oni wskutek „narcyzmu drobnych różnic", koncentrującego się na mało istotnych cechach różniących obie grupy, a ignorującego ogromne podobieństwa. Kiedy inni zostaną odsunięci na dystans psychologiczny, mogą się stać obiektem nienawiści.

Proces ten jest wypaczeniem normalnej funkcji poznawczej – kategoryzacji. Umysł ludzki opiera się na kategoriach, by nadać porządek i znaczenie otaczającemu światu. Zakładając, że następny byt, który napotkamy w danej kategorii, ma te same główne cechy co ostatni, wytyczamy sobie drogę w stale zmieniającym się środowisku.

Kiedy jednak zaczyna się tworzyć uprzedzenie, nasze soczewki zachodzą mgłą. Mamy skłonność do wychwytywania wszystkiego, co potwierdza to negatywne nastawienie, i ignorowania wszystkiego, co mu przeczy. Uprzedzenie jest w tym sensie hipotezą, która rozpaczliwie stara się znaleźć potwierdzenie. A zatem kiedy spotykamy kogoś, do kogo uprzedzenie to może się odnosić, zniekształca ono nasze postrzeganie, sprawiając, że niemożliwe staje się sprawdzenie, czy ów stereotyp rzeczywiście przystaje do tej osoby. Otwarcie wrogie stereotypy członków jakiejś grupy są – w takim stopniu, w jakim opierają się na niesprawdzonych założeniach – wypaczonymi kategoriami umysłowymi.

Początkiem wypaczania kategorii poznawczej może się stać nieokreślone poczucie lęku, ukłucie strachu czy zwykłe zakłopotanie z powodu nieznajomości Ich sygnałów kulturowych. Umysł gromadzi „dowody" przeciwko tej czy innej grupie lub osobie za każdym razem, gdy odczuwamy niepokój, natrafimy w środkach przekazu na niepochlebny jej opis, uważamy, że zostaliśmy źle potraktowani. W miarę mnożenia się takich sytuacji lęk przekształca się w antypatię, a antypatia przeradza się w antagonizm.

Nieskrywana złość toruje drogę uprzedzeniu nawet u osób, u których negatywne nastawienie nie jest silne. Antagonizm, niczym zapałka podłożona pod podpałkę, katalizuje przejście od „My i Oni" (samego dostrzegania różnicy) do „My przeciw Nim", czyli jawnej wrogości.

Złość i strach, reakcje, którymi kieruje ciało migdałowate, potęgują destrukcyjny charakter rozwijającego się uprzedzenia. Kiedy droga niska zdobywa kontrolę nad wysoką, zalane tymi silnymi emocjami obszary przedczołowe tracą zdolność działania. Upośledza to jasne myślenie, powstrzymując nas przed korygującą odpowiedzią na podstawowe pytanie: czy on naprawdę ma wszystkie te złe cechy, które przypisuję Im? A jeśli utrwalił się już pogląd potępiający Ich, pytania tego nie zadajemy sobie nawet wtedy, kiedy złość czy strach nie zaciemniają nam jasności widzenia.

Uprzedzenia ukryte

Relacja „My i Oni" przybiera wiele form, od zaciekłej nienawiści po niepotrzebne stereotypy, które nieraz są tak subtelne, że umykają nawet uwagi osób, które je mają. Tego rodzaju trudno zauważalne uprzedzenia ukrywają się na drodze niskiej, w postaci „ukrytych" nastawień, automatycznych i nieświadomych stereotypów. Owe milcząco przyjmowane założenia zdają się posiadać moc kierowania naszymi reakcjami – takimi, jak decyzja zatrudnienia jednej z ubiegających się o pracę, tak samo wykwalifikowanych osób – nawet kiedy nie zgadzają się z naszymi świadomie żywionymi przekonaniami[5].

Jak ukazują pomysłowe miary poznawcze, ludzie, którzy nie zdradzają najmniejszych zewnętrznych oznak uprzedzenia i opowiadają się otwarcie za pozytywnym poglądem na temat jakiejś grupy, mogą mimo to mieć do niej ukryte negatywne nastawienie. Na przykład w teście ukrytych skojarzeń dostajesz jakieś słowo i masz jak najszybciej przyporządkować je do pewnej kategorii[6]. W skali ukrytych postaw wobec pytania, czy kobiety mają takie same kwalifikacje jak mężczyźni do zrobienia kariery w naukach ścisłych, trzeba dopasować takie słowa, jak „fizyka" i „nauki humanistyczne" do kategorii „mężczyźni" lub „kobiety".

Zestawienia takiego dokonujemy najszybciej, kiedy jakaś idea zgadza się ze sposobem, w jaki już o czymś myślimy. Osoba przekonana o tym, że mężczyźni są w naukach ścisłych lepsi od kobiet, szybciej dopasowałaby do „mężczyzn" słowa odnoszące się do tych dziedzin. Różnice w wykonaniu tego zadania mierzy się w dziesiątych częściach sekundy, dostrzegalne są więc one tylko dzięki analizie komputerowej.

Tego rodzaju ukryte nastawienia, chociaż słabe, zdają się wypaczać oceny osób z danej grupy, takie decyzje jak ta, czy pracować z daną osobą, oraz ocenę winy oskarżonego[7]. Kiedy istnieją jasne reguły, których musimy się trzymać, ukryte uprzedzenia mają mniejszy wpływ na nasze decyzje, ale im bardziej nieostre są kryteria w danej sytuacji, tym wpływ ten jest większy.

Pewna przedstawicielka nauki o poznaniu przeżyła wstrząs, gdy odkryła, że test ukrytych uprzedzeń wykazał, iż nieświadomie podpisuje się pod stereotypem, że kobiety naukowcy, takie jak ona sama, są gorsze od mężczyzn! Zmieniła więc wystrój swojego gabinetu, otaczając się zdjęciami słynnych przedstawicielek nauki, takich jak Maria Skłodowska-Curie.

Czy mogło to wpłynąć na zmianę jej nastawienia? Być może.

Niegdyś psycholodzy uważali nieświadome kategorie psychiczne, takie jak ukryte postawy, za utrwalone na zawsze; ponieważ wpływają na nasze działania i zachowania automatycznie, poza naszą świadomością, przyjmowano, że nie możemy się spod tego wpływu wyzwolić. W końcu w powstawaniu i utrzymywaniu ukrytego uprzedzenia (podobnie jak w nieskrywanej niechęci) kluczową rolę odgrywa ciało migdałowate[8]. A obwody drogi niskiej wydawały się wyjątkowo oporne na zmianę nastawienia.

Nowsze badania pokazały jednak, że automatyczne stereotypy i uprzedzenia są płynne, to znaczy nie odzwierciedlają „prawdziwych" uczuć danej osoby i mogą się zmienić[9]. Na poziomie neuronalnym płynność ta może wynikać z faktu, że nawet droga niska chętnie się uczy przez całe życie.

Weźmy prosty eksperyment z dziedziny zwalczania stereotypów[10]. Ludziom, którzy żywili ukryte uprzedzenie do czarnych, pokazywano zdjęcia szeroko podziwianych przedstawicieli tej grupy, takich jak Bill Cosby czy Martin Luther King, i budzących awersję białych, takich jak seryjny zabójca Jeffrey Dahmer. Była to krótka, zaledwie piętnastominutowa sesja oglądania starannie dobranego zestawu fotografii.

Ta krótka lekcja dla ciała migdałowatego doprowadziła do radykalnej zmiany nastawienia osób badanych; test ukrytych postaw wykazał, że zniknęło uprzedzenie wobec naszych. Ta pozytywna zmiana utrzymywała się jeszcze dwadzieścia cztery godziny później. Gdyby osoby wcześniej uprzedzone oglądały od czasu do czasu w ramach sesji „wzmacniających" (albo, powiedzmy, w ulubionych programach telewizyjnych) takie przedstawienia podziwianych członków, przypuszczalnie zmiana ta okazałaby się trwała. Ciało migdałowate ciągle się uczy, a zatem nie musi trwać w nieprzychylnym nastawieniu.

Dowiedziono, że ukryte uprzedzenia, choćby tylko na pewien czas, usuwa wiele metod[11]. Kiedy osobom badanym mówiono, że test IQ wykazał, iż mają wysoką inteligencję, ich ukryte negatywne nastawienia znikały, ale kiedy mówiono im, że test wykazał, iż mają niską inteligencję, nastawienia te się nasilały. Ukryte uprzedzenia wobec czarnych zmniejszały się, kiedy osoby je żywiące chwalone były przez czarnego szefa.

Taki sam skutek przynieść mogą wymogi życia społecznego – u osób umieszczonych w otoczeniu społecznym, w którym uprzedzenia „nie uchodzą", odnotowuje się osłabienie ukrytego nastawienia negatywnego wobec tej czy innej grupy. Usunąć tego rodzaju uprzedzenia może nawet wyraźne postanowienie, by ignorować przynależność danej osoby do nie darzonej sympatią grupy[12].

Odkrycie to współgra z innym, wskazującym na coś w rodzaju neuronalnego judo: kiedy myślimy lub mówimy o swoich tolerancyjnych postawach, wzbudzeniu ulegają obszary przedczołowe, natomiast ciało migdałowate, owo siedlisko ukrytych uprzedzeń, się uspokaja[13]. Kiedy droga wysoka angażuje się w myślenie pozytywne, droga niska traci moc wzbudzania uprzedzeń. Być może z tą dynamiką neuronalną mamy do czynienia u osób uczestniczących w programach wyraźnego zwiększania tolerancji.

Zupełnie odmienną i dość nowatorską metodę zmniejszania uprzedzeń odkryto w Izraelu podczas eksperymentów, w których subtelnymi sposobami zwiększano poczucie bezpieczeństwa osób badanych, na przykład skłaniając je do myślenia o ich ukochanych. Chwilowe poczucie większego bezpieczeństwa sprawiało, że uczestnicy eksperymentu zmieniali swoją postawę wobec takich grup, jak Arabowie czy ultraortodoksyjni Żydzi, do których początkowo byli uprzedzeni, na bardziej pozytywną. Kiedy mówiono im, że mogą spędzić jakiś czas z Arabem czy ultrakonserwatywnym Żydem, przyjmowali tę propozycję o wiele chętniej niż zaledwie kilka minut wcześniej.

Nikt nie twierdzi, że takie ulotne poczucie bezpieczeństwa może doprowadzić do rozwiązania starych historycznych i politycznych konfliktów. Mimo to eksperyment ów dowodzi, że można zmniejszyć nawet ukryte uprzedzenia[14].

Most nad przepaścią wrogości

Nad tym, co może zasypać przepaści między Nami i Nimi, trwa od lat gorąca dyskusja wśród psychologów, którzy badają relacje międzygrupowe. Rozwiązanie znacznej części tych kwestii przyniosły prace Thomasa Pettigrew, psychologa społecznego, który zajmuje się badaniem uprzedzeń od czasu, gdy amerykański ruch na rzecz praw obywatelskich doprowadził do usunięcia barier międzyrasowych. Pettigrew, rodowity Wirginijczyk, był jednym z pierwszych psychologów, który wniknął w sedno mieszanki rasowej. Zaczynał jako student Gordona Allporta, psychologa społecznego, który dowodził, że długie przyjazne kontakty osłabiają uprzedzenia.

Teraz, trzydzieści lat później, Pettigrew dokonał wraz z zespołem najszerszej jak dotąd analizy studiów rodzajów kontaktów, które zmieniają wzajemnie wrogie postrzeganie się różnych grup. Odnaleźli oni 515 badań z okresu od lat czterdziestych ubiegłego wieku do 2000 roku i poddali je jednej wielkiej analizie statystycznej, obejmującej reakcje aż 250 493 osób z trzydziestu ośmiu krajów. W badaniach tych podział na Nas i Nich obejmował szeroki wachlarz relacji, od stosunków między białymi i czarnymi w Stanach Zjednoczonych po różnorodne etniczne, rasowe i religijne animozje na całym świecie oraz negatywne postawy wobec osób starszych, inwalidów i umysłowo upośledzonych[15].

A oto wniosek poparty mocnymi dowodami: wzajemne zaangażowanie emocjonalne dwojga osób stojących po przeciwstawnych stronach przepaści wrogości oddzielającej dwie grupy sprawia, że każda zaczyna w dużo większym stopniu akceptować grupę, do której należy druga. Na przykład, jak odkryto w jednym z badań Afroamerykanów, którzy jako dzieci bawili się z białymi (chociaż, zgodnie z zasadami segregacji rasowej, chodzili do innych szkół), bawienie się z dzieckiem z innej grupy na ogół uodparnia ludzi na uleganie przesądom w późniejszych okresach życia. To samo działo się w okresie apartheidu, kiedy żyjące na wsi Afrykanerki zaprzyjaźniały się z Murzynkami zatrudnionymi jako pomoce domowe.

Trzeba podkreślić, że badania, w których śledzono przebieg przyjaźni ponad barierami, pokazują, że do zmniejszenia uprzedzeń prowadzi sama bliskość. Jednak przypadkowy kontakt na ulicy czy w pracy zmienia wrogie stereotypy w niewielkim, jeśli w ogóle jakimś, stopniu[16]. Pettigrew dowodzi, że przezwyciężanie uprzedzeń wymaga przede wszystkim silnej emocjonalnej więzi. W miarę upływu czasu ciepłe uczucia, jakie czują do siebie osoby z uprzedzonych wobec siebie grup, uogólniają się na wszystkich Nich. Na przykład w Europie osoby, które miały przyjaciół po drugiej stronie podziału etnicznego – Niemcy wśród Turków, Francuzi wśród emigrantów z Afryki Północnej, Anglicy wśród przybyszów z Indii Zachodnich – żywiły o wiele mniej uprzedzeń wobec grupy, do której należeli ich przyjaciele[17].

„Możesz nadal mieć ich ogólny stereotyp – powiedział mi Pettigrew – ale nie łączy się on już z silnymi negatywnymi uczuciami".

Decydującą rolę kontaktu – lub jego braku – w utrzymywaniu się uprzedzenia wykazał Pettigrew w badaniach, które przeprowadził ze swoimi niemieckimi kolegami. „Niemcy ze Wschodu są, średnio biorąc, dużo bardziej uprzedzeni wobec wszystkich innych grup, od Polaków po Turków, niż ludzie z zachodnich Niemiec – powiedział Pettigrew. – Na przykład aktów przemocy, których ofiarami padają członkowie mniejszości, dochodzi o wiele częściej w byłej NRD niż RFN. Badając osoby aresztowane za takie zachowania, odkryliśmy dwie rzeczy: są one silnie uprzedzone i nie miały praktycznie żadnych kontaktów z grupą, której tak nienawidzą.

We wschodnich Niemczech, nawet kiedy komunistyczny rząd przyjął duże grupy Kubańczyków czy Afrykanów, były one trzymane w izolacji od miejscowej ludności – zauważa Pettigrew. – Natomiast w zachodnich Niemczech przyjaźnie ponad granicami grupowymi trwały od dziesiątek lat. I stwierdziliśmy, że im większy kontakt mieli Niemcy z mniejszościami, tym przyjaźniej byli nastawieni do całej grupy"[18]. Kiedy To staje się Tobą, Oni upodabniają się do Nas.

A co z ukrytymi uprzedzeniami, tymi stereotypami, które pozostają niewykrywalne nawet dla radarów osób twierdzących, że ich nie mają? Czy one też są nieistotne? Pettigrew odnosi się do tej kwestii sceptycznie.

„W grupach często utrzymują się stereotypy, które są powszechne w ich kulturze – zauważa Pettigrew. – Ja na przykład jestem Szkotem; moi rodzice byli imigrantami. Stereotyp Szkota to dusigrosz. Ale ja to odwracam, mówiąc, że jesteśmy po prostu oszczędni. Stereotyp pozostaje, ale zmienia się jego emocjonalna wartość".

Testy ukrytych uprzedzeń pozwalają zerknąć na kategorie poznawcze osoby badanej, które są same w sobie zimnymi abstrakcjami, wypranymi z wszelkich uczuć. Tym, co leczy się w stereotypie, dowodzi Pettigrew, jest towarzyszące temu uczucie; samo uleganie stereotypowi jest mniej ważne niż przyłączanym do niego sądom wartościującym.

W sytuacji kiedy między różnymi grupami występują silne napięcia, a nawet dochodzi do aktów przemocy, martwienie się ukrytymi uprzedzeniami może być luksusem zastrzeżonym dla miejsc, w których niechęć do innych stopniała do tego stopnia, że wyraża się w niuansach zachowań, a nie w jawnym demonstrowaniu wrogości. Kiedy dwie grupy są w otwartym konflikcie, tym, co się liczy, są emocje. Jeśli w miarę zgodnie ze sobą współżyją, psychiczne ostoje nieskrywanych uprzedzeń liczą się tylko w takim stopniu, w jakim popychają do subtelniejszych ich przejawów.

Badania Pettigrew pokazują, że negatywne uczucia wobec jakiejś grupy są o wiele lepszym prognostykiem podjęcia wrogich akcji przeciw niej niż niepochlebny stereotyp Ich[19]. Nawet jeśli osoby należące do wrogich grup się zaprzyjaźnią, stereotypy całkowicie nie znikną. Ich wzajemne uczucia staną się jednak cieplejsze, i na tym polega różnica. „Teraz ich lubię, chociaż nadal mam o nich to samo ogólne, stereotypowe wyobrażenie – przypuszcza Pettigrew. – Ukryte uprzedzenie może pozostać, ale jeśli zmienią się moje emocje, zmieni się też moje zachowanie".

Rozwiązaniem jest układanka

Dziewczęta z Portoryko i Dominikany zawarły sojusz i stworzyły klikę, by bronić się przed międzygrupowymi tarciami w swoim dużym liceum na Manhattanie. Ale w tej zgranej paczce dochodziło od czasu do czasu do zgrzytów między frakcjami dominikańską i portorykańską.

Pewnego dnia doszło do bójki między dwiema dziewczętami, kiedy jedna z Portorykanek zarzuciła dziewczynie z Dominikany, że za bardzo zadziera nosa jak na świeżą imigrantkę. W ten sposób stały się swoimi wrogami i rozbiły spójność i lojalność grupy.

W całej Ameryce uczniowie szkół średnich znajdują się w stale zmieniającej się mieszaninie etnicznej. W tym nowym globalnym mikrokosmosie ciągle zmieniają się standardowe kryteria podziałów – sposoby definiowania Nas i Ich[20]. Stare kategorie, takie jak podział na białych i czarnych, zastąpione zostały innymi, bardziej szczegółowymi. W owej szkole na Manhattanie podziały te obejmowały nie tylko Latynosów i czarnych, ale również Azjatów, wśród których istniały bariery między urodzonymi w Stanach Chińczykami i tymi, którzy właśnie zeszli ze statków. W świetle prognoz emigracji w najbliższych kilkudziesięciu latach ta wielowarstwowa mieszanka etniczna, ze stale rosnącą liczbą zbliżających się i oddalających od siebie grup, doprowadzi do zagęszczenia podziałów na Nas i Ich.

Jedną z otrzeźwiających lekcji na temat podziałów stała się strzelanina, do której doszło 20 kwietnia 1999 roku w liceum w Columbine, kiedy dwóch odrzucanych przez resztę uczniów jako „outsiderzy" chłopców dokonało na nich zemsty, zabijając kilkunastu kolegów, nauczyciela i na końcu siebie. Tragedia ta zainspirowała psychologa Elliota Aronsona do zbadania problemu, który jego zdaniem ma źródło w panującej w szkołach atmosferze „rywalizacji, klikowości i wykluczenia".

Aronson uważa, iż w takim otoczeniu „nastolatki dręczy fakt, że panuje ogólna atmosfera wyszydzania i odrzucania wśród ich rówieśników, która sprawia, iż szkoła dostarcza nieprzyjemnych przeżyć. Dla niektórych przeżycia te są bardziej niż nieprzyjemne – opisują szkołę jako piekło na ziemi, gdzie nie mają poczucia bezpieczeństwa, nie spotykają się z sympatią kolegów, są przygnębieni i zaszczuci"[21].

Nie tylko Stany Zjednoczone, ale i inne kraje, od Norwegii po Japonię, zmagają się z problemem, jak powstrzymać dzieci od zastraszania rówieśników. Wszędzie są „swoi" i „obcy", uczniowie, których inni unikają i odtrącają.

Niektórym ten fakt może się wydawać banalnym skutkiem ubocznym normalnych prądów społecznych, które jednych uczniów wynoszą i czynią z nich „gwiazdy", a innych wciągają i wymazują z mapy szkoły. Jednak badania osób, które mają poczucie wyłączenia albo którym co i rusz przypomina się, że należą do grupy „nieswoich", pokazują, że takie odrzucenie doprowadzić może do stanu roztargnienia, zaabsorbowania sobą, bezwładu i poczucia, że życie nie ma sensu[22]. Ogromna większość niepokojów, jakie targają nastolatkami, bierze się z głębokiego poczucia wykluczenia.

Pamiętajmy, że ból spowodowany ostracyzmem rejestruje ten sam węzeł mózgu społecznego, który reaguje na ból fizyczny. Odrzucenie społeczne może pogorszyć wyniki uczniów[23]. Ich pamięć robocza – odgrywająca kluczową rolę w przyswajaniu nowych informacji zdolność poznawcza – zostaje upośledzona w takim stopniu, że znajduje to wyraźne odzwierciedlenie w opanowywaniu nowych umiejętności z zakresu choćby matematyki[24]. Oprócz kiepskich wyników w nauce, uczniowie tacy charakteryzują się na ogół skłonnością do aktów przemocy i „rozrabiania" na lekcjach, częściej wagarują i stanowią wyższy odsetek tych, którzy nie kończą szkoły.

Społeczny świat szkoły jest ośrodkiem życia nastolatków. Jak pokazują dane na temat alienacji, jest to wprawdzie zagrożeniem, ale daje też nadzieję, ponieważ szkoła staje się dla każdego nastolatka swoistym laboratorium, w którym może się on uczyć „na żywo" sposobów zadzierzgania więzi z innymi.

Aronson podjął się zadania dopomożenia uczniom w nawiązywaniu zdrowych związków. Znał dorobek psychologii społecznej i wiedział, że dynamika przechodzenia od Nich do Nas polega między innymi na tym, że kiedy członkowie wrogich wobec siebie grup pracują razem, dążąc do wspólnego celu, zaczynają się lubić.

Zgodnie z tym Aronson zaczął propagować metodę, którą nazwał „układanką klasową". Polega ona na tym, że uczniowie wykonują zadania domowe w zespołach. Podobnie jak w układance, każdy członek takiego zespołu opanowuje fragment wiedzy niezbędnej dla zrozumienia całości. Na przykład podczas omawiania II wojny światowej każdy z członków zespołu zajmuje się jednym z jej aspektów, np. kampaniami we Włoszech. Ów „specjalista" zbiera materiały do swojej dziedziny wspólnie z uczniami z innych grup. Później wraca do swojej macierzystej grupy i przekazuje zdobytą wiedzę jej pozostałym członkom.

Aby opanować materiał, cała grupa musi uważnie słuchać tego, co każdy z jej członków ma do powiedzenia. Jeśli ktoś przeszkadza albo się wyłącza, bo nie lubi prelegenta, naraża się na uzyskanie słabej oceny ze sprawdzianu. Uczenie się staje się czymś w rodzaju laboratorium, które zachęca do słuchania, współpracy i szacunku.

Uczniowie z takich grup szybko wyzbywają się negatywnych stereotypów. Badania prowadzone w szkołach, do których chodzą dzieci z wielu grup kulturowych, pokazują, że im więcej przyjaznych kontaktów mają ze sobą uczniowie z obu stron bariery społecznej, tym mniejsze są ich wzajemne uprzedzenia[25].

Weźmy Carlosa, który nagle musiał opuścić szkołę, do której uczęszczała większość takich jak on dzieci meksykańskiego pochodzenia, i jeździć na drugi koniec miasta, do szkoły w dzielnicy osób zamożnych. Uczniowie tej szkoły mieli ze wszystkich przedmiotów wiedzę większą niż on i wyśmiewali jego akcent. Carlos stał się natychmiast outsiderem, bojaźliwym i pozbawionym poczucia bezpieczeństwa.

W klasie, w której nauka przebiegała na zasadzie układanki, ci sami uczniowie, którzy z niego szydzili, musieli jednak polegać na części wiedzy zdobytej przez niego, by odnieść sukces. Na początku czepiali się go, ponieważ przedstawiając ją, zacinał się; to jeszcze bardziej pogarszało sprawę i wszyscy dostawali kiepskie oceny. Zaczęli więc pomagać mu i dodawać otuchy. Im bardziej mu pomagali, tym bardziej stawał się spokojny i wymowny. Kiedy grupa zaczęła postrzegać go w korzystnym świetle, jego wyniki się poprawiły.

Parę lat później, ni z tego, ni z owego, Aronson dostał list od Carlosa, który właśnie kończył uniwersytet. Carlos wspominał, jak się bał, jak nienawidził szkoły i myślał, że jest głupi, a koledzy byli do niego wrogo nastawieni i okrutni. Kiedy jednak znalazł się na lekcjach prowadzonych w formie układanki, wszystko się zmieniło, a dotychczasowi prześladowcy stali się przyjaciółmi[26].

„Zacząłem lubić się uczyć – pisał Carlos. – A teraz wybieram się na Wydział Prawa na Harvardzie".

Przebaczanie i zapominanie

Był zimny, grudniowy dzień, a Jego Ekscelencja James Parks Morton, były dziekan nowojorskiej katedry Kościoła episkopalnego, wówczas zaś dyrektor Interfaith Center*, miał do przekazania personelowi bardzo złą wiadomość. Najważniejsi sponsorzy się wycofali i ośrodek nie ma funduszy na opłacenie kosztów wynajmu budynku. Ośrodkowi zajrzało w oczy widmo bezdomności.

Oto na parę dni przed Bożym Narodzeniem pojawił się zbawiciel, którego nikt się nie spodziewał. O trudnym położeniu Interfaith Center dowiedział się szejk Moussa Drammeh, imigrant z Senegalu, i zaproponował pomieszczenia w budynku, w którym miał wkrótce otworzyć ośrodek opieki dziennej.

Dzięki udzielonej przez muzułmanina pomocy ośrodek, w którym spotykali się buddyści, chrześcijanie, żydzi i muzułmanie, by dyskutować o wspólnych problemach, mógł nadal działać. Dziekan Morton traktuje to jako przypowieść ilustrującą cel działania jego organizacji. Jak ujął to Drammeh: „im więcej wiemy o sobie i im większą mamy chęć usiąść, napić się i pośmiać razem, tym mniej jesteśmy skłonni do przelewania krwi"[27].

Cóż jednak począć z nienawiścią ludów, które przelały krew? Międzygrupowe akty przemocy rodzą nieuchronnie uprzedzenia i wrogość.

---

* Ośrodek dialogu między wyznawcami różnych wiar (przyp. tłum.).

Kiedy ustaną wrogie działania, na harmonijnie układające się stosunki między niedawnymi nieprzyjaciółmi przemożny wpływ mają relacje interpersonalne, które przyspieszają proces pojednania. Jedna z przyczyn ma charakter biologiczny – trwanie w nienawiści i żywienie uraz odbija się ujemnie na naszym organizmie. Badania ludów, między którymi doszło do konfliktu, pokazują, że za każdym razem, kiedy ich członkowie choćby pomyślą o znienawidzonej grupie, ich organizm reaguje z trudem powstrzymywaną złością – zalewają go hormony stresowe, które podnoszą ciśnienie krwi i upośledzają sprawność układu odpornościowego. Można przypuszczać, że im częściej dochodzi do tych okresów tłumionej wściekłości, tym bardziej wzrasta ryzyko trwałych skutków biologicznych.

Jednym z antidotów jest przebaczenie[28]. Wybaczenie komuś, do kogo żywiliśmy urazę, odwraca kierunek reakcji biologicznej i obniża ciśnienie krwi, spowalnia rytm serca, zmniejsza ból i przygnębienie[29].

Wybaczenie może mieć konsekwencje społeczne, na przykład pojednanie się i zaprzyjaźnienie z byłymi wrogami, ale nie musi przybierać tej formy. Zwłaszcza w sytuacji, kiedy rany są zbyt świeże, nie wymaga to rozgrzeszania za doznane krzywdy, zapomnienia o nich czy pogodzenia się z ich sprawcami; sprowadza się jedynie do znalezienia sposobu wyzwolenia się ze szponów obsesyjnego rozpamiętywania ran.

Psycholodzy uczyli przez tydzień siedemnaście osób z Irlandii Północnej, mężczyzn i kobiety, katolików i protestantów, jak przebaczać. Każdy z uczestników tego programu stracił bliską osobę w konflikcie religijnym. Podczas spotkań w tym tygodniu pogrążeni w żałobie dawali upust swoim żalom i smutkom, ale pomagano im też znaleźć nowe sposoby myślenia o tej tragedii. Większość postanowiła, że zamiast jątrzyć rany, uczci pamięć o swoich bliskich działaniami na rzecz lepszej przyszłości. Wielu z nich zaofiarowało się z pomocą innym, którzy chcieliby przejść przez ten rytuał wybaczania. Uczestnicy tego programu nie tylko czuli później mniejszy uraz emocjonalny, ale mówili też, że znacznie zmniejszyły się jego fizyczne objawy, takie jak brak apetytu czy bezsenność[30].

Wybacz, owszem, ale nie zapomnij, przynajmniej nie zupełnie. Akty ucisku i przemocy są dla ludzkości ważnymi lekcjami. Trzeba zachować je w pamięci i przekazać przyszłym pokoleniom jako umoralniające opowieści. Jak mówi rabin Lawrence Kushner o holokauście: „Chcę pamiętać o tych okropnościach choćby dlatego, by mieć pewność, że nic takiego nigdy już nie spotka ani mnie, ani nikogo innego"[31]. Kushner powiada, że najlepszą reakcją na ową najstraszniejszą lekcję na temat tego, „co znaczy stać się ofiarą technokratycznego państwa, które oszalało", jest pomaganie innym narodom, którym teraz grozi ludobójstwo.

Ten właśnie motyw legł u podłoża produkcji *New Dawn*, radiowej opery mydlanej, popularnej w Ruandzie, gdzie w latach 1990–1994 Hutu zgładzili siedemset tysięcy swoich sąsiadów z plemienia Tutsi i wielu swoich umiarkowanych współplemieńców, którzy mogliby się sprzeciwiać tym zbrodniom. Głównym wątkiem tego słuchowiska, osadzonego w czasach obecnych, jest spór, który dwie biedne wioski toczą o leżącą między nimi urodzajną ziemię.

Niczym w *Romeo i Julii*, Batamuliza, młoda kobieta, zakochuje się w Shemie, młodzieńcu z drugiej wioski. Starszy brat Batamulizy, Rutanagira, przewodzi ugrupowaniu, które stara się wzbudzić nienawiść do mieszkańców tej wioski i sprowokować napaść na nich, co służy zagęszczeniu akcji. Rutanagira próbuje też zmusić Batamulizę do poślubienia jednego z ich kuzynów. Ona jednak należy do grupy, która ma przyjaciół w obu wioskach. Ci młodzi ludzie wymyślają różne sposoby przeciwstawienia się podżegaczom, ostrzegając na przykład osoby, które mają się stać celem ich ataku, i otwarcie występując przeciw siewcom nienawiści.

Takiego aktywnego oporu przeciw nienawiści zabrakło kilkanaście lat temu. Podtekstem *New Dawn*, wspólnego projektu holenderskich filantropów i amerykańskich psychologów, jest krzewienie chęci i zdolności zwalczania nienawiści[32]. „Wpajamy ludziom zrozumienie wpływów, które prowadziły do ludobójstwa i pokazujemy im, co mogą zrobić, żeby się to już nigdy nie powtórzyło", powiedział Ervin Staub, psycholog z University of Massachusetts w Amherst, jeden z pomysłodawców tego słuchowiska.

Staub zna dynamikę ludobójstwa nie tylko z badań, ale również z osobistego doświadczenia. Jako dziecko był jednym z kilkudziesięciu tysięcy węgierskich Żydów, których ocalił przed nazistami ambasador Szwecji Raoul Wallenberg.

Książka Stauba *The Roots of Evil* (Korzenie zła) przedstawia siły psychiczne, które prowadzą do takich masowych zbrodni[33]. Podstawy dają im poważne wstrząsy społeczne, takie jak kryzysy ekonomiczne i polityczny chaos w miejscach, gdzie istnieje od dawna głęboki podział między grupą dominującą i słabszą. Zamęt ten sprawia, że członkowie grupy dominującej zaczynają uważać za pociągające ideologie, które obarczają winą za wszystkie niepowodzenia grupę słabszą, rysując wizję lepszej przyszłości, w której osiągnięciu przeszkadzają Oni. Nienawiść szerzy się jeszcze szybciej, gdy większościowa grupa była sama w przeszłości ofiarą i czuje się nadal zraniona lub skrzywdzona. Postrzegając już i tak świat jako groźny, czuje potrzebę zastosowania przeciw Nim przemocy, nawet jeśli ta „samoobrona" urasta do rozmiarów ludobójstwa.

Przemoc tę ułatwiają różne czynniki, kiedy ofiary nie mogą zabrać głosu w swojej obronie, a postronni widzowie – którzy mogliby się temu sprzeciwić – i sąsiednie narody nic nie mówią i nie robią w tej sprawie. „Jeśli inni przyglądają się biernie, kiedy po raz pierwszy krzywdzisz ofiary, interpretujesz to milczenie jako przyzwolenie – mówi Staub. – A kiedy ludzie wkroczą na drogę przemocy, krok po kroku wyłączają swoje ofiary ze sfery moralności. Później nic już ich nie powstrzyma".

Staub, we współpracy z Laurie Ann Pearlman, dzielił się tymi obserwacjami – i wiedzą na temat środków zwalczania nienawiści – z grupami ruandyjskich polityków, dziennikarzy i przywódców lokalnych społeczności[34]. „Prosimy ich, by porównali te obserwacje z własnymi doświadczeniami. Mają one silne oddziaływanie. Staramy się działać na rzecz powrotu tej społeczności do zdrowia i tworzyć narzędzia umożliwiające przeciwstawianie się przemocy".

Badania pokazują, że zarówno Hutu, jak i Tutsi, którzy przeszli takie szkolenie, czują mniejszy uraz z powodu tego, co ich spotkało, i bardziej akceptują drugą grupę. Dla zasypania przepaści dzielącej Nas od Nich trzeba jednak czegoś więcej. Przebaczenie może nie pomóc, jeśli wrogie grupy nadal żyją obok siebie, stwierdza Staub, a winowajcy nie chcą się przyznać do tego, co zrobili, nie wykazują skruchy i nie wyrażają empatii dla osób, które ocalały z pogromów. Ta nierównowaga nasila się, kiedy wybaczenie jest jednostronne.

Staub odróżnia wybaczenie od pojednania, które jest szczerym rachunkiem sumienia, wyznaniem win i podjęciem wysiłków w celu ich odkupienia, co robiła po upadku apartheidu w Republice Południowej Afryki Komisja Prawdy i Pojednania. W swoich realizowanych w Ruandzie programach Staub zabiega o to, by sprawcy przyznali się do tego, co zrobili, a ludzie z obu wrogich sobie stron zaczęli się postrzegać bardziej realistycznie. Wytycza to obu narodom drogę do wspólnego, innego życia.

„Tutsi ci powiedzą – stwierdza Staub – że niektórzy Hutu starali się ocalić im życie. Chcę z nimi pracować dla dobra naszych dzieci. Jeśli Oni przeproszą, ja sam wybaczę".

Zakończenie

Co jest naprawdę ważne

Spotkałem kiedyś człowieka, który dostał zaproszenie na tygodniowe wczasy na prywatnym jachcie opływającym wyspy greckie. Nie był to jacht, jakich wiele, ale „superjacht", właściwie miniparowiec, tak długi, że umieszczony został w specjalnym rejestrze największych statków wycieczkowych na świecie. Egzemplarz tego rejestru leżał na stole w salonie jachtu, a było to opasłe, bogato ilustrowane tomisko, w którym opisowi szczegółów pełnego przepychu wyposażenia każdego superjachtu poświęcone były dwie strony.

Kilkunastu gości na pokładzie zachwycało się luksusami i samym ogromem eleganckiego jachtu, dopóki nie stanął na kotwicy jeszcze większy. Po sprawdzeniu w rejestrze goście odkryli, że ich nowy sąsiad jest jednym z pięciu największych jachtów na świecie i należy do saudyjskiego księcia. Na domiar tego towarzyszył mu drugi jacht z zapasami i sprzętem, między innymi dużą trampoliną do skoków do wody na dziobie, niemal równy wielkością ich jachtowi.

Czy może istnieć coś takiego jak zawiść żeglarska? Zdaniem Daniela Kahnemana, psychologa z Princeton University, zdecydowanie tak. Bierze się ona z – jak to nazywa Kahneman – „hedonistycznej karuzeli". Kahneman, laureat Nagrody Nobla z ekonomii, odwołuje się do tego urządzenia w celu wyjaśnienia, dlaczego wyższy poziom życia, większe bogactwo, kiepsko koreluje z zadowoleniem z życia.

Tłumacząc, dlaczego najzamożniejsi ludzie nie są najszczęśliwsi, dowodzi on, że kiedy zarabiamy więcej pieniędzy, rosną nasze oczekiwania, gonimy więc za jeszcze większymi i kosztowniejszymi przyjemnościami, co jest niczym karuzela, która nigdy nie staje, nawet w przypadku miliarderów. Kahneman ujmuje to tak: „Bogaci mogą mieć więcej przyjemności niż biedni, ale potrzebują też więcej przyjemności, by odczuć takie samo zadowolenie”[1].

Badania Kahnemana wskazują jednak także sposób, w jaki możemy uniknąć hedonistycznej karuzeli – jest to wiele dających satysfakcję związków z innymi. Wraz ze swoim zespołem przeprowadził wśród Amerykanek ankietę, prosząc je o ocenę wszystkich ich zajęć w danym dniu pod względem tego, co robiły, z kim były i jak się czuły. Najsilniejszy wpływ na to, jak szczęśliwe się czuły, miały nie ich dochody, nie praca ani stan cywilny, lecz ludzie, z którymi spędzały czas[2].

Dwiema najprzyjemniejszymi czynnościami były dla nich, co nikogo nie zdziwiło, uprawianie miłości i udzielanie się towarzyskie. Do najmniej przyjemnych należały dojazdy do pracy i sama praca. A ranking osób, z którymi przebywanie sprawiało radość? Oto ta lista:

Przyjaciółki
Krewni
Mąż lub partner
Dzieci
Klienci
Współpracownicy
Szef
Przebywanie w samotności

W rezultacie Kahneman radzi, byśmy sporządzili bilans osób z naszego życia i przyjemności, którą czerpiemy z przebywania w ich towarzystwie, a następnie starali się „zoptymalizować” nasz dzień, spędzając z nimi więcej czasu w sposób, który sprawia nam satysfakcję (w takim stopniu, w jakim pozwalają na to inne zajęcia i pieniądze). Poza takimi oczywistymi rozwiązaniami logistycznymi istnieje też możliwość nadania naszym związkom z innymi form, dzięki którym staną się dla obu stron bardziej ożywcze.

Z pewnością to, co sprawia, że warto żyć, sprowadza się w dużej mierze do uczuć dobrostanu – zadowolenia i poczucia spełnienia – a jednym z najsilniejszych źródeł tych uczuć są dobre związki z innymi. Zarażenie emocjonalne oznacza, że wiele nastrojów ogarnia nas dzięki wzajemnym relacjom z innymi. Budzące rezonans związki są w pewnym sensie czymś w rodzaju emocjonalnych witamin, podtrzymujących nas w ciężkich chwilach i ożywczych na co dzień.

Wśród narodów całego świata panuje powszechna zgoda, że cechą dobrego życia są ożywcze relacje z innymi. Chociaż detale różnią się w różnych kulturach, wszyscy ludzie uznają ciepłe kontakty z innymi za fundamentalną właściwość „optymalnej ludzkiej egzystencji"[3].

Jak przekonaliśmy się w rozdziale 15, badacz zajmujący się małżeństwami, John Gottman, odkrył, że w szczęśliwym związku małżonkowie mają około pięciu pozytywnych przeżyć na jedno negatywne. Być może ten sam stosunek, pięć do jednego, jest przybliżonym złotym środkiem we wszystkich naszych związkach w życiu. W teorii moglibyśmy dokonać oceny „odżywczej" wartości każdego z nich.

Jeśli, powiedzmy, proporcja interakcji negatywnych do pozytywnych byłaby odwrócona i wynosiła pięć do jednej, oznaczałoby to, że związek z tą osobą pilnie potrzebuje naprawy. Oczywiście taki stosunek niekoniecznie musi świadczyć, że powinniśmy zerwać z kimś kontakty tylko dlatego, że są one czasami (a nawet zbyt często) trudne. Chodzi o to, byśmy zmienili sprawiające problemy zachowanie na lepsze, a nie izolowali się od tej osoby. Rozwiązania takich spraw proponują całe armie ekspertów. Niektóre z tych rozwiązań przynoszą efekty tylko wtedy, kiedy również druga strona gotowa jest z nich skorzystać. Jeśli nie, możemy zwiększać naszą odporność i inteligencję społeczną, zmieniając w ten sposób naszą rolę w emocjonalnym tangu.

Oczywiście musimy też rozważyć, jak my sami wpływamy na życie bliskich nam osób. Mówi to o tym, jak wywiązujemy się z naszych obowiązków jako małżonkowie, krewni, przyjaciele i członkowie społeczności.

Relacje „ja–ty" z innymi pozwalają na przejście od empatii do kolejnego naturalnego etapu – troskliwego działania. Wówczas nasz mózg społeczny działa jak system przewodni miłosierdzia, dobrych uczynków i aktów współczucia. W surowej rzeczywistości społecznej i ekonomicznej naszych czasów ta troska i wrażliwość mogą być na wagę złota.

Inżynieria społeczna

Martin Buber uważał, że stale rosnąca we współczesnych społeczeństwach przewaga relacji „ja–to" zagraża ludzkiemu dobrostanowi.

Przestrzegał przed „urzeczowieniem" ludzi – depersonalizacją związków z innymi, która powoduje erozję jakości naszego życia i samego ludzkiego ducha[4].

Prorocze słowa, które zabrzmiały przed Buberem, wyszły z ust George'a Herberta Meada, amerykańskiego filozofa z początku dwudziestego wieku. Mead stworzył ideę „społecznego ja", poczucia tożsamości, które formujemy, przeglądając się w lustrze naszych związków. Postulował, by celem postępu społecznego uczynić „udoskonaloną inteligencję społeczną", charakteryzującą się wyższym wzajemnym zrozumieniem[5].

Takie utopijne ideały ludzkiej społeczności mogą się wydawać zupełnie oderwane od tragedii i tarć dwudziestego pierwszego wieku, a naukowcy w ogóle – nie tylko psycholodzy – od dawna czują się nieswojo w związku z wymiarem moralnym przedmiotu i metod swoich badań i najchętniej zostawiliby te kwestie filozofii czy teologii. Ogromna wrażliwość społeczna mózgu wymaga jednak, byśmy nie tylko zdawali sobie sprawę z naszych emocji, lecz także pozwolili, aby samą naszą biologię kształtowali i kierowali nią na dobre i na złe inni i żebyśmy my z kolei brali odpowiedzialność za to, jak oddziałujemy na innych.

W swoim przesłaniu Buber przestrzega przed obojętnością na cierpienia innych osób i wykorzystywaniem umiejętności społecznych dla czysto egoistycznych celów. Poleca natomiast empatyczną i troskliwą postawę odpowiedzialności za siebie i za innych.

Dychotomia ta ma implikacje dla samej neurobiologii społecznej. Jak zawsze, te same obserwacje naukowe mogą znaleźć złe lub dobre zastosowanie. Iście orwellowskim zastosowaniem byłoby wykorzystanie odkryć neurobiologii społecznej, powiedzmy, w reklamie czy propagandzie; przecież odczyty fMRI reakcji grupy docelowej na dany komunikat mogłyby posłużyć lepszemu jego dostrojeniu do odbiorcy i zwiększeniu jego oddziaływania emocjonalnego. W takim scenariuszu nauka się degeneruje i staje narzędziem, które pozwala manipulatorom zręczniej sterować przekazami mającymi na celu wykorzystywanie innych.

To nic nowego – niezamierzone skutki nowych wynalazków są nieuniknioną ciemną stroną postępu technicznego. Każda nowa generacja gadżetów zalewa społeczeństwo, zanim w pełni zdamy sobie sprawę ze zmian, do których prowadzi. Wprowadzenie do użytku każdej nowej rzeczy jest zawsze eksperymentem społecznym w toku.

Z drugiej strony neurobiolodzy społeczni planują już wykorzystanie swoich odkryć dla dobra nas wszystkich. Jedno z nich, logarytm empatii – fizjologiczne dopasowanie się dwojga osób w chwilach wzajemnego zrozumienia – posłużyć ma uczeniu stażystów i psychoterapeutów lepszego współodczuwania z pacjentami. Innym praktycznym zastosowaniem wyników badań ma być pomysłowe urządzenie bezprzewodowe monitorujące procesy fizjologiczne. Pacjenci mogliby nosić je w domu dwadzieścia cztery godziny na dobę, za każdym razem, kiedy wykrywałoby ono oznaki wskazujące, powiedzmy, na to, że pacjent zaczyna się pogrążać w depresji, wysyłałoby ono sygnał, działając jak wirtualny psychiatra na zawołanie[6].

Narastające zrozumienie mózgu społecznego i wpływu naszych związków osobistych na naszą biologię wskazuje też inne sposoby możliwych przekształceń instytucji społecznych dla dobra ogółu. Biorąc pod uwagę ożywcze działanie zdrowych relacji międzyludzkich, trzeba się zastanowić nad sposobami traktowania przez nas osób chorych, ludzi starszych i więźniów.

Na przykład dla osób przewlekle chorych czy umierających moglibyśmy zrobić więcej, niż tylko zbierać ochotników do pomocy z kręgu ich rodzin i przyjaciół; moglibyśmy pomóc tym, którzy pomagają osobom starszym, obecnie izolowanym od świata w ponurym otoczeniu, moglibyśmy stworzyć domy rodzinne, gdzie żyliby i jadali razem ludzie w różnym wieku, odtwarzając rodzinę wielopokoleniową, która przez większość naszych dziejów była dla takich osób przystanią. Jak się przekonaliśmy, możemy też przekierunkować nasz system więziennictwa w taki sposób, by zamiast odcinać osadzonych od tych ludzkich więzi, które pomogłyby im wejść na uczciwą drogę, zapewnić im przyzwoite związki z innymi.

Następnie weźmy pod uwagę personel wszystkich tych instytucji, od szkół przez szpitale po więzienia. Wszystkie te sektory są ofiarami złudzeń księgowego, że cele społeczne można oceniać tylko za pomocą miar fiskalnych. Mentalność ta ignoruje więzi społeczne, które zwiększają naszą zdolność do funkcjonowania – i pracy – na najwyższym poziomie.

Szefowie muszą zdać sobie sprawę z tego, że oni sami w dużej mierze nadają emocjonalny ton organizacjom, którymi kierują, i że ten ton wpływa na stopień osiągania zbiorowych celów – bez względu na to, czy poziom ten mierzy się wynikami testów osiągnięć szkolnych, wynikami sprzedaży czy liczbą pielęgniarek nie odchodzących z zawodu.

Dlatego właśnie, jak postulował Edward Thorndike w 1920 roku, musimy pielęgnować mądrość społeczną, cechy pozwalające rozkwitać ludziom, z którymi mamy więzi.

Szczęście narodowe brutto

Małe himalajskie królestwo Bhutanu traktuje poważnie „szczęście narodowe brutto", które uważa za równie ważne jak produkt krajowy brutto, standardowy wskaźnik ekonomiczny[7]. Polityka społeczna, oświadczył król, powinna być powiązana nie tylko z gospodarką, ale również z poczuciem dobrostanu poddanych. Oczywiście do filarów szczęścia narodowego w Bhutanie należą samodzielność finansowa kraju, czyste środowisko, opieka zdrowotna, oświata chroniąca miejscową kulturę i demokracja, ale wzrost gospodarczy sam w sobie jest jedynie częścią tego równania.

Szczęście narodowe brutto jest sprawą nie tylko Bhutanu; za ideą przywiązywania do szczęścia ludzi i poczucia zadowolenia z życia równie dużej albo nawet większej wagi jak do wzrostu gospodarczego opowiada się mała, ale rosnąca, międzynarodowa grupa ekonomistów. Uważają oni za błędne przyjmowanie przez kręgi polityków na całym świecie założenia, że konsumpcja coraz większej ilości dóbr oznacza, że ludzie czują się lepiej. Ekonomiści ci opracowują nowe sposoby mierzenia samopoczucia nie tylko w kategoriach dochodu i zatrudnienia, ale również zadowolenia ze związków osobistych i poczucia sensu życia[8].

Daniel Kahneman zauważył dobrze udokumentowany brak korelacji między korzyściami ekonomicznymi i szczęściem (oprócz dużego wzrostu jego poczucia na samym dole, kiedy ludzie wychodzą z nędzy i zaczynają dysponować środkami umożliwiającymi skromne życie)[9]. Ostatnio wśród ekonomistów zaczęła się pojawiać świadomość, że ich hiperracjonalne modele nie biorą pod uwagę drogi niskiej – i w ogóle emocji – i wskutek tego nie można na ich podstawie przewidywać z całkowitą precyzją wyborów, których będą dokonywać ludzie, nie mówiąc już o przewidywaniu, co ich uszczęśliwi[10].

Termin „dawka technologii" – oznaczający technologiczne interwencje w ludzkie sprawy – ukuł Alvin Weinberg, wieloletni dyrektor Oak Ridge National Laboratory i założyciel Institute for Energy Analysis.

Weinberg osiągnął pełnoletność w nauce w latach pięćdziesiątych i sześćdziesiątych dwudziestego wieku, w erze przywiązanej do utopijnej wizji, zgodnie z którą przyszłe technologie przyniosą panaceum na niemal wszystkie ludzkie i społeczne choroby[11]. Jeden z przedstawionych wówczas projektów przewidywał stworzenie ogromnego systemu elektrowni jądrowych, które miały radykalnie obniżyć koszty energii, a gdyby zbudowane zostały na brzegu oceanu, dostarczyć mogły wielkich ilości wody pitnej, zwiększając dobrobyt całych narodów. (Ostatnio pewna liczba enwironmentalistów wyraziła poparcie dla rozwoju energetyki jądrowej jako rozwiązania problemu globalnego ocieplenia.)

Teraz, kiedy Weinberg dobiegł dziewięćdziesiątki, zaczął do tego podchodzić ostrożniej i bardziej filozoficznie. „Technika sprawia, że jest coraz łatwiej oderwać się od innych ludzi i od siebie – powiedział mi. – Cywilizacja jest w stadium coraz większej samotności jednostek. To, co miało kiedyś znaczenie, zostało wymazane. Przeżywa się życie, siedząc przed ekranem komputera, nawiązując kontakty osobiste na dystans. Żyjemy w metaświecie, z uwagą skupioną na najnowszej technologii. Ale najważniejsze sprawy to rodzina, społeczność i odpowiedzialność społeczna".

Jako doradca prezydenta do spraw nauki w latach sześćdziesiątych ubiegłego wieku, Weinberg napisał głośny artykuł o „kryteriach wyboru naukowego". Prezentował w nim koncepcję, zgodnie z którą wyborów w sprawie finansowania nauki można by dokonywać, opierając się na wartościach, które są ważną kwestią w filozofii nauki. Teraz, prawie pół wieku później, nadal zastanawia się nad tym, co jest „pożyteczne" czy wartościowe przy ustalaniu priorytetowych wydatków państwa. „Według konwencjonalnego poglądu jedynym wydajnym sposobem alokacji zasobów jest kapitalizm – mówił mi. – Brak mu jednak współczucia".

„Zastanawiam się, czy nie wyczerpują się możliwości naszych modeli ekonomicznych – i czy wysoki poziom globalnego bezrobocia, którego jesteśmy teraz świadkami, jest naprawdę cechą strukturalną, a nie przemijającym zjawiskiem. Może zawsze będzie duża – i prawdopodobnie rosnąca – liczba ludzi, którzy po prostu nie będą mogli znaleźć dobrej pracy. A skoro tak, to zastanawiam się, jak moglibyśmy zmodyfikować nasz system, żeby był nie tylko wydajny, ale i współczujący".

Również Paul Farmer, bojownik o zdrowie publiczne, słynny z pracy na Haiti i w Afryce, potępia „strukturalną przemoc" stosowaną przez system ekonomiczny, który sprawia, że tak wielu biednych na świecie jest zbyt chorych, by wydobyć się ze swojego trudnego położenia[12]. Według niego, rozwiązaniem jest traktowanie opieki zdrowotnej jako prawa człowieka i zadbanie o otoczenie go nią jak najszybciej, a nie po zastanowieniu. Zgodnie z tą linią rozumowania, Weinberg postuluje, by „współczujący kapitalizm wymagał od nas zmiany priorytetów i przeznaczenia dużej części krajowego budżetu na dobre uczynki. Zmodyfikowanie systemu ekonomicznego tak, by stał się odpowiednio współczujący, sprawiłoby też, że byłby dużo stabilniejszy politycznie".

Jednak teorie ekonomiczne, którymi obecnie kieruje się polityka wielu krajów, w znikomym stopniu uwzględniają ludzkie cierpienie (chociaż rutynowo szacuje się ekonomiczne koszty takich klęsk, jak powodzie czy głód). Jednym z najdrastyczniejszych rezultatów jest polityka, która obciąża najbiedniejsze kraje tak ogromnymi długami, że zostaje im za mało pieniędzy, by mogły zapłacić za żywność czy opiekę medyczną dla dzieci.

Ta postawa ekonomiczna wydaje się przejawem ślepoty umysłowej, która pozbawia zdolności wyobrażenia sobie rzeczywistości, w której żyją inni. Współczującemu kapitalizmowi, w którym ważne są ludzka niedola i potrzeba jej ulżenia, konieczna jest empatia.

Przemawia to za rozwijaniem w społeczeństwie zdolności współczucia. Na przykład ekonomiści dobrze by zrobili, gdyby przestudiowali, jakie pożytki przyniosłoby społeczeństwu społecznie inteligentne wychowanie w rodzinie i programy nauczania umiejętności społecznych i emocjonalnych, zarówno w systemie oświaty, jak i w więziennictwie[13]. Takie podejmowane w całym społeczeństwie starania zoptymalizowania pracy mózgu społecznego mogłyby przynieść trwałe korzyści zarówno dzieciom, jak i środowiskom, w których będą przeżywały swoje życie. Przypuszczam, że pośród tych pożytków byłyby lepsze osiągnięcia w szkole i lepsza wydajność w pracy, większe zadowolenie i zdolności społeczne dzieci, jak też większe bezpieczeństwo w społecznościach i lepsze zdrowie przez całe życie. A największy wkład do gospodarki wnoszą ludzie, którzy są lepiej wykształceni, zdrowsi i czują się bezpieczniej.

Pozostawiając na boku wielkie spekulacje, można śmiało przyjąć, że cieplejsze stosunki społeczne przyniosłyby nam wszystkie bezpośrednie korzyści.

Cichy przepływ uczuć sympatii

Walt Whitman ujął to lirycznie w swoim podniosłym hymnie *Opiewam ciało elektryczne*:

> Dostrzegłem, że wystarczy być z tymi, których lubię,
> Wystarczy zatrzymać się wieczorem w towarzystwie pozostałych,
> Wystarczy być otoczonym przez pięknych, ciekawych, oddychających, śmiejących się ludzi [...]
>
> Nie proszę o żadną większą radość, pływam w tym jak w morzu.
> Jest *coś* w bliskości mężczyzn i kobiet i patrzeniu na nich,
> i w kontakcie z nimi, i w ich zapachu, co sprawia duszy dużą przyjemność.
>
> Duszy wszystko sprawia przyjemność, ale to największą.

Same kontakty z innymi, zwłaszcza związki przepełnione miłością, zapewniają nam witalność. Osoby, na których najbardziej nam zależy, są dla nas czymś w rodzaju eliksiru, stale odnawiającego się źródła energii. Wymiana emocji między rodzicem i dzieckiem, dziadkiem i wnuczkiem, między kochankami czy zadowoloną ze współżycia parą albo między dobrymi przyjaciółmi ma ewidentne zalety.

Teraz, kiedy neurobiologia potrafi przyporządkować temu cichemu przypływowi uczuć sympatii wartości liczbowe, określić ilościowo wynikające z nich pożytki, musimy zwracać uwagę na wpływ życia społecznego na naszą biologię. Ukryte zależności między naszymi związkami z innymi, funkcjonowaniem naszych mózgów i naszym zdrowiem oraz dobrostanem mają oszałamiające wręcz implikacje.

Musimy porzucić gładko dotąd przyjmowane założenie, że jesteśmy odporni na toksyczne kontakty z innymi. Przypuszczamy często, że – jeśli nie liczyć przejściowego wzburzenia – nasze interakcje mają na nas niewielki wpływ na jakimkolwiek poziomie biologicznym. Okazuje się, że jest to wygodnym złudzeniem. Tak jak łapiemy od kogoś wirusa grypy, możemy też złapać „mikroba" emocji, który zmniejsza naszą odporność na wirusa grypy albo w inny sposób pogarsza nasz dobrostan.

Z tego punktu widzenia silne emocje negatywne, takie jak pogarda, odraza i złość, są emocjonalnymi odpowiednikami biernego palenia, które niepostrzeżenie uszkadza płuca osób wdychających papierosowy dym, mimo iż same nie są uzależnione od tytoniu. Interpersonalnym odpowiednikiem stwarzania korzystniejszych warunków dla utrzymania zdrowia byłoby wprowadzenie do naszego otoczenia pozytywnych emocji.

W tym sensie odpowiedzialność społeczna zaczyna się tu i teraz, od działania w sposób, który pomoże innym osiągnąć stan optymalny. Starajmy się przy tym, by odczuwali to nie tylko ci, których darzymy największą miłością, ale również osoby, z którymi spotykamy się przypadkowo czy okazjonalnie. Jeden z naukowców badających, jakie znaczenie dla przetrwania ma towarzyskość, twierdzi – w zgodzie z Whitmanem – że sprowadza się to dla nas wszystkich do konkretnej wskazówki: „Pielęgnuj swoje związki społeczne".

To wszystko pięknie, jeśli chodzi o nasze życie osobiste, ale unoszą nas przecież silne społeczne i polityczne prądy czasów, w których żyjemy. Ostatnie stulecie pokazało dobitnie, co nas dzieli, doprowadzając nas do granic zbiorowej empatii i współczucia.

Przez większą część ludzkiej historii można było w czysto logistyczny sposób zapanować nad ostrymi antagonizmami będącymi pożywką dla międzygrupowej nienawiści – ograniczone dostępne środki zniszczenia pozwalały na wyrządzenie względnie małych szkód. Jednak w dwudziestym wieku postęp techniczny i sprawność organizacyjna nieporównanie zwiększyły destrukcyjny potencjał tej nienawiści. Jak wieszczył poeta W. H. Auden, „Musimy się albo nawzajem pokochać, albo umrzeć".

Jego brutalnie szczere słowa są wyrazem zaniepokojenia tym, że w pewnej chwili nie da się powstrzymać zagłady spowodowanej nienawiścią. Ale nie musimy być bezradni. Ten sam niepokój może doprowadzić do zbiorowego przebudzenia, przypominając nam, że głównym wyzwaniem naszego stulecia będzie poszerzenie kręgu osób, które zaliczamy do Nas, i zmniejszenie liczby tych, których zaliczamy do Nich.

Nowa nauka o inteligencji społecznej daje nam narzędzia do przesuwania krok po kroku tej granicy coraz dalej od nas. Przede wszystkim nie musimy akceptować przepaści, które tworzy nienawiść, ale raczej starać się obejmować empatią coraz szersze kręgi ludzi, by zrozumieć się mimo różnic i zasypać te przepaści. Wszystkich nas łączą w samej istocie człowieczeństwa obwody mózgu społecznego.

Dodatek A

Drogi wysoka i niska. Przypis

Droga niska działa automatycznie, poza naszą świadomością i z dużą szybkością. Droga wysoka podlega kontroli naszej woli, wymaga wysiłku i świadomego zamiaru, a przy tym jest wolniejsza. Ten wprowadzony tu przeze mnie dychotomiczny podział pomaga nam lepiej wyróżnić ośrodki i obwody, które odgrywają ważną rolę w kierowaniu naszym zachowaniem, ale może też prowadzić do nadmiernie uproszczonego opisu niezwykle złożonych połączeń między nimi[1].

Neuronalne szczegóły obu układów nie zostały jeszcze w pełni odkryte i wyjaśnione i są nadal przedmiotem dyskusji. Pomocne podsumowanie dotychczasowych dociekań zrobił Matthew Lieberman z University of California w Los Angeles. Nazywa on ów automatyczny tryb działania mózgu „układem X" (który obejmuje między innymi ciało migdałowate), a tryb kontrolowany „układem C" (który obejmuje przednią część zakrętu obręczy: okolice kory przedczołowej oraz inne)[2].

Te rozległe układy działają równolegle, mieszając w różnych proporcjach funkcje automatyczne z kontrolowanymi. Na przykład kiedy czytamy, decydujemy o tym, na co mamy patrzeć, i intencjonalnie zastanawiamy się nad znaczeniem tego, co widzimy – wykorzystując zdolności drogi wysokiej – natomiast mnóstwo automatycznych mechanizmów wykonuje funkcje pomocnicze, takie jak rozpoznawanie struktur zdań, znaczenia, dekodowanie składni i tym podobne. W rzeczywistości nie ma być może żadnych funkcji umysłu wykonywanych całkowicie przez drogę wysoką, chociaż na pewno jest wiele takich, które należą do zadań drogi niskiej. Prawdę mówiąc, to, co opisuję tutaj jako dychotomię – drogę wysoką i niską – jest w rzeczywistości szerokim spektrum.

Tak oto typologia drogi wysokiej i niskiej sprowadza dwa wymiary opozycji – poznawczy – afektywny i automatyczny – kontrolowany do jednego w każdej z tych dziedzin: automatyczno-afektywnego i poznawczo-kontrolowanego. Dla celów niniejszego omówienia wyłączam z tego takie przypadki, jak emocje wzbudzane intencjonalnie (rzadkie, ale spotykane u aktorów, którzy mogą wedle swojej woli wprawiać się w dowolny stan emocjonalny)[3].

Automatyczne procesy zachodzące na drodze niskiej wydają się czymś w rodzaju programu domyślnego, na który przestawia się mózg, gdy nie absorbują go inne zadania, i pracuje według niego dniem i nocą. Droga wysoka włącza się przeważnie wtedy, kiedy coś – niespodziewane wydarzenie, pomyłka albo nasze intencjonalne zmaganie się z myślami, na przykład przy podejmowaniu trudnej decyzji – przerwie te automatyczne procesy. W tym ujęciu duża, a może większa część strumienia naszych myśli płynie automatycznie, rutynowym schematem, zostawiając to, co musimy przemyśleć, rozważyć, poprawić albo, czego musimy się nauczyć, drodze wysokiej.

Mimo to droga wysoka, jeśli wydamy jej takie polecenie, może w pewnym stopniu zapanować nad niską. Zdolność ta daje nam możliwość dokonywania wyborów.

Dodatek B

Mózg społeczny

Po to, by w filogenezie mózgu wytworzył się i utrwalił nowy zespół połączeń, musi on mieć dużą wartość dla osobników, u których pojawił się w ontogenezie, zwiększając szanse ich przeżycia na tyle długo, by przekazały geny kodujące go następnym pokoleniom. Takim właśnie zespołem, przystosowaniem do nowych warunków, był ten, który umożliwiał u zarania naczelnych życie w grupach. Wszystkie naczelne żyją wśród innych osobników swojego gatunku, które pomagają sobie nawzajem sprostać wyzwaniom, zwielokrotniając tym samym zasoby dostępne jednemu członkowi grupy i nadając dużą wartość gładkim interakcjom społecznym. Mózg społeczny zdaje się należeć do adaptacyjnych mechanizmów natury umożliwiających sprostanie wyzwaniu, jakim jest przetrwanie w charakterze członka grupy.

Co mają na myśli neurobiolodzy, kiedy mówią o „mózgu społecznym"? Koncepcja, że mózg składa się z odrębnych rejonów, z których każdy zajmuje się w izolacji od pozostałych jakimś konkretnym zadaniem, wydaje się równie przestarzała jak dziewiętnastowieczne frenologiczne mapy, które „wyjaśniały" znaczenie guzów na głowie. W rzeczywistości obwody nerwowe wykonujące dane zadanie nie znajdują się w jednym miejscu, ale w różnych rejonach mózgu, a im bardziej skomplikowane jest to zadanie, tym szersza jest ich sieć.

Różne okolice mózgu mają oszałamiającą wręcz liczbę połączeń, w związku z czym terminy takie jak „mózg społeczny", mimo iż pomocne, są fikcją. Naukowcy przyglądają się – bo tak jest wygodniej – nie całemu mózgowi, ale jego pewnym zgranym układom, które współdziałają przy wykonywaniu danego typu zadań. I tak ośrodki ruchu ujmuje się pojęciowo razem, określając je jako „mózg motoryczny (ruchowy)", natomiast pracę ośrodków przetwarzających informacje docierające z narządów zmysłów jako „mózg sensoryczny (czuciowy)". Niektóre „mózgi" odnoszą się do precyzyjniej anatomicznie wyodrębnionych struktur, takich jak „mózg gadzi", tych niższych rejonów kierujących odruchami bezwarunkowymi i podobnymi, których rodowód sięga tak daleko w naszą przeszłość ewolucyjną, że są wspólne nam i gadom. Te heurystyczne etykiety są najbardziej przydatne w sytuacjach, kiedy neurobiolodzy chcą się skupić na wyższych poziomach organizacji mózgu, modułach i sieciach neuronów, które zgrywają się podczas konkretnej funkcji.

I tak „mózg społeczny" – szeroka sieć neuronalnych modułów, które współpracują ze sobą, kiedy wchodzimy w relacje z innymi ludźmi – składa się z obwodów znajdujących się w jego różnych częściach. Nigdzie w mózgu nie ma żadnego ośrodka kierującego interakcjami społecznymi. Mózg społeczny jest raczej zbiorem różnych, ale szeroko rozgałęzionych sieci połączeń neuronalnych, które synchronizują swoją pracę w czasie naszych kontaktów z innymi osobami. Działa na poziomie systemów, na których te znajdujące się w różnych obszarach mózgu anatomicznego sieci koordynują swoje funkcje, by służyć wspólnemu celowi.

Na razie nie ma mapy mózgu społecznego, którą zgodnie przyjmowaliby wszyscy neurobiolodzy, chociaż ich badania zaczynają się skupiać na okolicach mózgu, które są najbardziej aktywne podczas interakcji społecznych. Według jednej z pierwszych hipotez składały się nań struktury obszarów przedczołowych, zwłaszcza pewne okolice kory oczodołowej i przedniej części zakrętu obręczy, działające wspólnie z pewnymi strukturami podkorowymi, szczególnie z ciałem migdałowatym[1]. Nowsze badania pokazują, że hipoteza ta jest słuszna, i wzbogacają ją o inne szczegóły[2].

Skoro na mózg społeczny składają się tak szeroko rozmieszczone obwody nerwowe, to, które z nich zostaną włączone do działania, zależy w dużym stopniu od kontaktu społecznego, który nawiązujemy. I tak podczas zwykłej rozmowy wspólny język zapewnia nam pewien zbiór ośrodków mózgu, natomiast inny (chociaż częściowo pokrywający się z tamtym) układ może zostać wzbudzony, kiedy zastanawiamy się nad tym, czy kogoś lubimy. A oto szybki przegląd dotychczasowych odkryć ukazujących, który obwód zostaje pobudzony podczas tego czy innego zachowania.

Mózg nafaszerowany jest neuronami lustrzanymi. Te, które znajdują się w korze przedczołowej i obszarach ciemieniowych (i być może w innych), przechowują wspólnie reprezentacje rzeczywistości – obrazy, które przychodzą nam na myśl, kiedy rozmawiamy z kimś o czymś, na czym oboje się znamy. Inne neurony lustrzane, biorące udział w ruchu, ulegają pobudzeniu, kiedy po prostu obserwujemy czyjeś działania, w tym ów złożony taniec gestów i zmian położenia ciała, który jest częścią każdej rozmowy. Kiedy natomiast zgrywamy nasze ruchy z ruchami rozmówcy, zabierają się do pracy komórki w prawej nakrywce ciemieniowej, które kodują reakcje kinestetyczne i sensoryczne.

Jeśli chodzi o odczytywanie komunikatów emocjonalnych przekazywanych przez rozmówcę tonem głosu, neurony lustrzane pobudzają obwody, które łączą wyspę i korę przedruchową z układem limbicznym, zwłaszcza z ciałem migdałowatym. W czasie rozwijania się i trwania rozmowy połączenia ciała migdałowatego z pniem mózgu kontrolują reakcje naszego układu wegetatywnego, przyspieszając rytm serca, kiedy jej temperatura rośnie.

Zadaniem neuronów obszaru wrzecionowatego w płacie skroniowym jest rozpoznawanie i odczytywanie emocji z wyrazu twarzy oraz śledzenie, gdzie przenosi się wzrok rozmówcy. Obszary czuciowo-ruchowe włączają się, kiedy wyczuwamy stan rozmówcy oraz własny stan, będący reakcją na tamten. A kiedy odpowiadamy mu, wysyłając komunikaty o naszych emocjach, wypustki komórek pnia sięgające do naszych nerwów twarzy kierują jej wyrazem, wywołując, odpowiednio, grymas, uśmiech czy uniesienie brwi.

Kiedy dostrajamy się do innej osoby, mózg przechodzi przez dwie odmiany empatii: szybki, „niskodrogowy" przepływ połączeniami między korą czuciową, wzgórzem i ciałem migdałowatym ku naszej reakcji; wolniejszy przepływ drogą wysoką, od wzgórza do kory nowej, a stamtąd do ciała migdałowatego, który wywołuje bardziej przemyślaną reakcję. Do zarażenia emocjonalnego dochodzi tą pierwszą drogą, która pozwala na automatyczne naśladowanie uczuć rozmówcy. Natomiast druga droga, która prowadzi do mózgu myślącego, daje możliwość bardziej rozważnego współodczuwania, dzięki czemu możemy wedle własnej woli albo dostroić się do drugiej osoby, albo od niej odciąć.

Tutaj wchodzi do gry połączenie układu limbicznego z korą oczodołową i korą przedniej części zakrętu obręczy. Obszary te są aktywne podczas postrzegania emocji innej osoby i dostrajania do niej naszej reakcji emocjonalnej. Zadanie modulowania naszych emocji we właściwy i skuteczny sposób spoczywa na korze przedczołowej; jeśli to, co mówi inna osoba, niepokoi nas, obszar przedczołowy pozwala nam kontynuować rozmowę i skupiać na niej uwagę mimo irytacji czy przygnębienia.

Jeśli musimy się zastanowić, co począć z emocjonalnym komunikatem przesłanym nam przez rozmówcę, w przeanalizowaniu tego, co to wszystko znaczy, i rozważeniu naszych możliwych reakcji pomagają nam grzbietowoboczne i brzusznoprzyśrodkowe okolice kory przedczołowej. Jaka, na przykład, reakcja byłaby stosowna w sytuacji, w której się akurat znajdujemy, a jednocześnie służyła osiągnięciu dalekosiężnych celów?

Za kulisami sceny, na której trwa ten interpersonalny taniec, cały czas pracuje niestrudzenie móżdżek znajdujący się u podstawy mózgu, dbając o to, by nasza uwaga była tak skupiona na rozmówcy, żeby nie umykały jej nawet najdrobniejsze zmiany wyrazu jego twarzy. Nieświadoma, niewerbalna synchronizacja – powiedzmy złożona choreografia rozmowy – wymaga, byśmy wychwytywali jak najwięcej z kaskady sygnałów społecznych. To z kolei jest zadaniem starych struktur znajdujących się w pniu mózgu, zwłaszcza w móżdżku i zwojach podstawy. Rola, jaką odgrywają w ułatwianiu interakcji z innymi, wyznacza tym niższym rejonom mózgu służebną pozycję w mózgu społecznym[3].

Wszystkie te obszary łączą się w koordynacji interakcji społecznych (nawet tych, które rozgrywają się w wyobraźni), tak więc uszkodzenie któregokolwiek z nich upośledza naszą zdolność dostrajania się do innych. Im bardziej złożony charakter ma taka interakcja, tym więcej włącza się do niej wzajemnie połączonych sieci neuronów. Ujmując to krótko: w funkcjonowaniu mózgu społecznego, terytorium, które zaczęliśmy dopiero odkrywać, pełnią swoje role różne obwody i ośrodki nerwowe.

Jednym ze sposobów nakreślania mapy najważniejszych obwodów mózgu społecznego mogłoby być ustalenie minimum sieci nerwowych aktywnych podczas danego zachowania społecznego[4]. Na przykład naukowcy z University of California w Los Angeles przedstawili taki oto ciąg zazębiających się działań ośrodkowego układu nerwowego leżących u podstaw samego aktu postrzegania i naśladowania emocji innej osoby. Kora górnych części płatów skroniowych pozwala na wstępną wizualną percepcję innej osoby, po czym przesyła ten opis do komórek nerwowych w okolicach płatów ciemieniowych, które mogą porównać obserwowany akt z jego wykonaniem. Następnie neurony te wzbogacają ów opis o dodatkowe informacje sensoryczne i somatyczne. Ten bardziej rozbudowany opis wędruje do dolnych części kory czołowej, a ta dekoduje cel zachowania, które będzie naśladowane. Później sensoryczne kopie zachowań odsyłane są do górnych części kory skroniowej, które monitorują wynikające stąd działania.

Jeśli chodzi o empatię, „gorące" obwody afektywne muszą połączyć się z tymi „zimnymi" obwodami czuciowymi i ruchowymi, to znaczy „pozbawiony emocji" układ czuciowo-ruchowy musi skontaktować się z ośrodkiem afektywnym w układzie limbicznym. Zespół z University of California w Los Angeles uważa, że – z anatomicznego punktu widzenia – tym punktem kontaktowym jest najprawdopodobniej pewna okolica wyspy, która łączy obszary limbiczne z okolicami kory czołowej[5].

Naukowcy z National Institute for Mental Health (NIMH) twierdzą, że sporządzając mapę mózgu społecznego, powinniśmy mówić nie o jednym układzie nerwowym, ale raczej o zazębiających się układach, które przy wykonywaniu pewnych zadań mogą pracować wspólnie, a przy wykonywaniu innych osobno[6]. Na przykład powstawaniem empatii pierwotnej – bezpośredniego przekazywania uczuć jednej osobie przez drugą, czyli zarażania emocjonalnego – kierują drogi łączące korę czuciową ze wzgórzem i ciałem migdałowatym, a stamtąd biegnące do obwodów nerwowych, których zaangażowania wymaga odpowiednia reakcja. Natomiast w empatii poznawczej, kiedy wyczuwamy czyjeś myśli, rolę taką pełnią drogi biegnące przez wzgórze z kory do ciała migdałowatego.

Z kolei jeśli chodzi o współodczuwanie konkretnych emocji, naukowcy z NIMH sugerują, że można w tym zakresie dokonać bardziej szczegółowych rozróżnień. Na przykład niektóre uzyskane przez nich dane świadczą, że odczytywanie strachu i złości innej osoby angażuje odmienne obwody nerwowe. Ekspresja strachu zdaje się pobudzać ciało migdałowate, ale rzadko korę oczodołową, natomiast objawy złości przeciwnie – aktywują korę oczodołową, ale nie ciało migdałowate. Różnica ta może mieć związek z odmiennymi funkcjami tych emocji – w obliczu strachu nasza uwaga skupia się na tym, co go spowodowało, podczas gdy w przypadku złości koncentrujemy się na tym, co zrobić, by zmienić reakcję tej osoby. A jeśli chodzi o odrazę, ciało migdałowate w ogóle się do tego nie miesza; całe to uczucie jest dziełem zwojów podstawy i dolnych części wyspy[7]. Wszystkie te specyficzne dla poszczególnych emocji obwody ulegają wzbudzeniu zarówno wtedy, kiedy przeżywamy daną emocję, jak i wtedy, kiedy jesteśmy świadkami tego, jak ktoś ją wyraża.

Naukowcy z NIMH są zdania, że w innej odmianie empatii poznawczej, polegającej nie tylko na wyrobieniu sobie pewnego pojęcia o nastawieniu innej osoby, ale obejmującej również podjęcie decyzji o tym, co powinniśmy zrobić w reakcji na to, bierze udział jeszcze inny obwód. Wydaje się, że kluczową rolę odgrywają w nim kora czołowa, górna bruzda skroniowa i płat skroniowy.

Związek między empatią i naszym poczuciem dobra i zła ma podstawę na poziomie neuronalnym. Badania pacjentów z uszkodzeniami mózgu, które sprawiły, że osoby te wyrzekły się swoich wcześniejszych norm moralnych albo były w rozterce, stając wobec problemu, co jest dobre, a co złe, wskazują, że po to, byśmy mogli dokonywać osądów etycznych, musimy mieć nieuszkodzone obszary mózgu kierujące wywoływaniem i interpretowaniem stanów „trzewnych"[8]. W skład tych obwodów – biegnących od pewnych części pnia mózgu (zwłaszcza móżdżku) – wchodzą ciało migdałowate, wzgórze, wyspa i wyższe części pnia mózgu. Wszystkie te obwody biorą również udział w postrzeganiu uczuć, zarówno naszych własnych, jak i innej osoby. Uważa się, że w empatii kluczową rolę pełni obwód biegnący od płata czołowego do przedniej części płata skroniowego (obejmujący też ciało migdałowate i korę wyspy).

Funkcje mózgu można poznać, studiując inne zdolności, które zostały upośledzone u osób z uszkodzeniami układu nerwowego. Porównano na przykład pacjentów z uszkodzeniami różnych obwodów emocjonalnych mózgu społecznego z pacjentami, którzy doznali uszkodzeń innych części mózgu[9]. Chociaż osoby z obu grup równie dobrze radziły sobie z zadaniami poznawczymi, na przykład z odpowiadaniem na pytania testu inteligencji, w związkach z innymi osobami nie spisywali się tylko pacjenci z upośledzonym funkcjonowaniem obszarów odpowiadających za emocje – podejmowali złe decyzje interpersonalne, błędnie oceniali uczucia innych osób i nie potrafili sprostać wymogom życia społecznego.

Wszyscy pacjenci z tym niedoborem umiejętności społecznych mieli uszkodzenia w różnych miejscach sieci układów nerwowych nazwanych przez neurologa z University of Southern California Antonia Damasio, w którego laboratorium przeprowadzono badania, „markerem somatycznym". Ów marker, łączący okolice brzusznoprzyśrodkowe kory przedczołowej, ciemieniowej i zakrętu obręczy, włącza się do działania za każdym razem, gdy podejmujemy decyzję, zwłaszcza w sprawach z naszego życia osobistego i społecznego[10]. Rozwijane przez tę ważną część mózgu społecznego zdolności towarzyskie są niezbędne dla gładkiego przebiegu naszych kontaktów z innymi. Na przykład osoby z uszkodzeniami markera somatycznego kiepsko odczytują i wysyłają sygnały emocjonalne, przez co nieraz podejmują decyzje, które katastrofalnie odbijają się na ich związkach z innymi.

Somatyczne markery Damasio mają wiele punktów wspólnych z układami nerwowymi modelu postrzegania–działania, który zaproponowali Stephanie Preston i Frans de Waal. W obu tych modelach zakłada się, że kiedy postrzegamy u kogoś innego jakąś emocję, neurony lustrzane wzbudzają drogi wywołujące u nas to samo uczucie oraz obwody tworzące związane z nim obrazy umysłowe i działania (albo impulsy do działania). Inne badania, przeprowadzone z wykorzystaniem fMRI, świadczą o tym, że wyspa łączy ten układ lustrzany z rejonem limbicznym, tworząc w ten sposób emocjonalny składnik owej sieci neuronalnej[11].

Jak pokazują prowadzone przy użyciu fMRI badania różnych sytuacji społecznych, o tym, które rejony mózgu przystąpią do działania podczas naszej reakcji, decydują oczywiście konkretne szczegóły danej interakcji. Na przykład obrazy mózgów ochotników słuchających opowieści o żenujących sytuacjach towarzyskich (w jednej z nich relacjonowano, jak na oficjalnym przyjęciu któryś z jego uczestników wypluwał na talerz jedzenie) ukazały większą aktywność w przyśrodkowej okolicy kory przedczołowej i rejonach skroniowych (i jedne, i drugie ulegają wzbudzeniu, kiedy współodczuwamy z kimś) oraz w bocznej okolicy kory oczodołowej[12]. Te same obszary uaktywniały się, kiedy według relacji wypluwanie to było mimowolne (uczestnik kolacji się zakrztusił). Ta sama sieć nerwowa zdaje się zajmować ogólniejszą sprawą podejmowania decyzji, czy dane działanie będzie stosowne towarzysko – jednej z nieskończonego ciągu tych, przed którymi stajemy w życiu interpersonalnym.

Badania kliniczne pacjentów, którzy nie podejmują dobrych decyzji w tej sferze – a zatem stale popełniają nietakty towarzyskie albo dopuszczają się innych społecznie niestosownych zachowań – pokazują, że doznali oni uszkodzeń brzusznoprzyśrodkowej części kory przedczołowej. Antoine Bechara, współpracownik Damasia, zauważa, że rejon ten odgrywa kluczową rolę w integracji układów pamięci, emocji i uczuć; jego uszkodzenie upośledza podejmowanie decyzji w sprawach społecznych. We wspomnianych wyżej badaniach żenujących zachowań najbardziej aktywne układy zdawały się świadczyć o istnieniu alternatywnej sieci w znajdujących się w pobliżu przyśrodkowych okolicach kory przedczołowej, w obszarze, który obejmuje zakręt obręczy[13]. Damasio odkrył, że rejon ten jest „wąskim gardłem" łączącym obwody, które kierują ruchami, emocjami, uwagą i pamięcią roboczą. Są to, według niego, nęcące wskazówki, ale po to, by rozplątać sieć życia społecznego, trzeba się dowiedzieć o wiele więcej.

Dodatek C

Przemyślmy na nowo, czym jest inteligencja społeczna

Mózg społeczny rozwinął się najbardziej u tych gatunków ssaków, które żyją w grupach, ewoluując jako jeden z mechanizmów przetrwania[1]. Te układy mózgowe, które odróżniają ludzi od innych ssaków, rozwijały się proporcjonalnie do powstawania pierwotnych więzi między nami[2]. Niektórzy naukowcy uważają, że tym, co pozwoliło *Homo sapiens* usunąć w cień inne człowiekowate, była sprawność społeczna, nie lepsze zdolności poznawcze ani przewaga fizyczna[3].

Psycholodzy ewolucyjni twierdzą, że mózg społeczny – a zatem i inteligencja społeczna – rozwinął się po to, by nasi przodkowie potrafili sprostać wyzwaniom, które stawiało przed nimi poruszanie się między społecznymi prądami w grupie. Daje on każdemu człowiekowi takiej grupy zdolności niezbędne dla oceniania, kto jest samcem alfa, na kogo można liczyć w obronie, komu i jak można sprawić przyjemność (odpowiedzią na to pytanie są zwykle zabiegi pielęgnacyjne). Ewolucją mózgu i – ogólnie inteligencji u nas, ludzi, kierowała potrzeba uczestniczenia w społecznym rozumowaniu, zwłaszcza w sprawach wymagających koordynacji i kooperacji oraz – z drugiej strony – rywalizacji[4].

Główne funkcje mózgu społecznego – synchronizacja podczas wzajemnych kontaktów, rodzaje empatii, poznanie społeczne, umiejętności interpersonalne i troska o innych – sugerują, że mogą istnieć różne odmiany inteligencji społecznej. Ewolucyjny punkt widzenia zmusza nas do przemyślenia na nowo miejsca, które inteligencja społeczna zajmuje w taksonomii ludzkich zdolności, i przyjęcia do wiadomości, że „inteligencja" może obejmować zdolności niepoznawcze. (Słuszność takiego podejścia udowodnił Howard Gardner w swojej przełomowej pracy o inteligencjach wielorakich.)

Nowe odkrycia w neurobiologii mogą się stać ożywczym impulsem dla nauk społecznych i o zachowaniu. Dla przykładu raczkująca dyscyplina, jaką jest „neuroekonomia", która bada mózg podczas podejmowania decyzji, zakwestionowała podstawowe założenia ekonomii[5]. Odkrycia tej dyscypliny wstrząsnęły posadami wiedzy ekonomicznej, podważając w szczególności przekonanie, że ludzie podejmują racjonalne decyzje o gospodarowaniu swoimi pieniędzmi zgodnie ze wzorami logicznego schematu decyzyjnego. Ekonomiści zdają sobie teraz sprawę z tego, że na podejmowanie tego rodzaju rozstrzygnięć układy drogi niskiej mają dużo większy wpływ, niż przewidują to modele racjonalnego myślenia. Wydaje się, że również podstawowe założenia teorii i testów inteligencji wymagają ponownego przemyślenia.

W ostatnich latach inteligencja społeczna znalazła się na marginesie nauki i większość psychologów społecznych i badaczy inteligencji po prostu ją ignorowała. Wyjątkiem był pewien wzrost zainteresowania badaniami nad inteligencją emocjonalną, zainspirowany w 1990 roku pracą Johna Mayera i Petera Saloveya[6].

Jak wykazał mi Mayer, w pierwotnej wersji Thorndike przyjmował istnienie trzech rodzajów inteligencji – mechanicznej, abstrakcyjnej i społecznej – ale nie udało mu się znaleźć sposobu mierzenia tej ostatniej. W latach dziewięćdziesiątych ubiegłego wieku, kiedy lepiej pojęto umiejscowienie emocji w mózgu, zrozumiano, że – jak zauważył Mayer: „Można pielęgnować inteligencję emocjonalną jako członka zastępczego triumwiratu, w którym zawiodła inteligencja społeczna".

Pojawienie się neurobiologii społecznej oznacza, że nadszedł czas renesansu inteligencji społecznej, która powinna uzyskać taki sam status jak jej siostra, inteligencja emocjonalna. Ponowne zastanowienie się nad inteligencją społeczną powinno dać asumpt do pełniejszego odzwierciedlenia działań mózgu społecznego, często pomijanych lub lekceważonych zdolności, które wszakże odgrywają ogromną rolę w naszych stosunkach z innymi.

Model inteligencji społecznej, który przedstawiam w tej książce, nie jest bynajmniej ostateczną, lecz jedynie proponowaną formą takiego ujęcia. Inni mogą inaczej uporządkować jej różne aspekty albo przedstawić własną koncepcję, moja jest tylko jednym z możliwych sposobów

Jak zdolności z zakresu inteligencji społecznej pasują do modelu inteligencji emocjonalnej

Inteligencja emocjonalna	Inteligencja społeczna
Samoświadomość	**Świadomość społeczna** Empatia pierwotna Dokładność empatyczna Słuchanie Poznanie społeczne
Panowanie nad sobą	**Łatwość nawiązywania kontaktów** (albo **panowanie nad związkami z innymi**) Synchronizacja Samoprezentacja Wpływ Troska

kategoryzacji. W miarę pojawiania się nowych odkryć powstawać będą solidniejsze i lepsze modele. Moim celem jest po prostu pobudzić ludzi do myślenia.

Niektórzy psycholodzy mogą narzekać, że charakterystyczne cechy inteligencji społecznej, które proponuję tu przyjąć, dodają do standardowych definicji „inteligencji" zdolności ze sfer niepoznawczych. Ale taki właśnie przyświeca mi cel – jeśli chodzi o inteligencję w życiu społecznym, sam mózg miesza ze sobą różne zdolności. Zdolności niepoznawcze, takie jak empatia pierwotna, synchronia i troska, są adaptacyjnymi aspektami repertuaru środków przetrwania gatunku ludzkiego. I z pewnością pozwalają nam lepiej stosować się do zasady, którą Thorndike nazwał „mądrym postępowaniem" w naszych związkach z innymi.

Stare pojęcie inteligencji społecznej jako czysto poznawczej zakłada – jak twierdziło wielu wczesnych teoretyków – że może ona nie odróżniać się od samej inteligencji ogólnej. Niektórzy przedstawiciele nauki o poznaniu dowodziliby bez wątpienia, że te dwie zdolności są identyczne. W końcu dyscyplina, którą uprawiają, wzoruje życie psychiczne na komputerze, a moduły przetwarzania informacji działają na czysto racjonalnych zasadach, zgodnie z logiką obliczeniową.

Skupienie się wyłącznie na umysłowych zdolnościach wchodzących w skład inteligencji społecznej prowadzi jednak do zignorowania nieocenionej roli afektów i drogi niskiej. Proponuję zmianę podejścia i obranie takiego, w którym wykraczalibyśmy poza wiedzę o życiu społecznym i włączali do tej inteligencji owe automatyczne zdolności, które tak bardzo się liczą przy nawiązywaniu przez nas kontaktów z innymi, zarówno drogą niską, jak i wysoką. Różne modne obecnie teorie inteligencji społecznej biorą pod uwagę te wzajemnie połączone zdolności tylko wybiórczo i w dziwnie małym stopniu.

Poglądy teoretyków inteligencji na umiejętności społeczne można lepiej zrozumieć, analizując je w świetle ich teorii pola. W 1920 roku, kiedy Edward Thorndike przedstawił po raz pierwszy pojęcie inteligencji społecznej, koncepcja ilorazu inteligencji zaczynała dopiero kształtować nową dziedzinę wiedzy, psychometrię, której zadaniem było opracowanie metod pomiaru ludzkich zdolności. W tamtych dniach zrozumiałe podniecenie wywołały sukcesy psychologii przydzielającej na podstawie wyników testu inteligencji milionów amerykańskich żołnierzy podczas II wojny światowej stanowiska, na których mogli się najlepiej sprawdzić.

Pierwsi teoretycy inteligencji społecznej poszukiwali odpowiednika ilorazu inteligencji, który odnosiłby się do talentu w życiu społecznym. Kierując się zasadami rodzącej się wówczas psychometrii, starali się znaleźć sposoby mierzenia różnic w umiejętnościach społecznych, które byłyby odpowiednikiem – powiedzmy – stwierdzanych w testach inteligencji różnic w zdolnościach orientacji przestrzennej i werbalnych.

Te wczesne próby zakończyły się fiaskiem, głównie dlatego, że zdawały się mierzyć jedynie intelektualną ocenę sytuacji społecznych, w których znajdowały się osoby badane. Na przykład w jednym z pierwszych testów inteligencji społecznej oceniano zdolności poznawcze, takie jak rozpoznawanie sytuacji towarzyskiej, w której najbardziej odpowiednie byłoby wygłoszenie danego zdania. Pod koniec lat pięćdziesiątych dwudziestego wieku David Wechsler, który opracował jedną z najszerzej używanych miar ilorazu inteligencji, podważył znaczenie inteligencji społecznej, widząc w niej „inteligencję ogólną wykorzystywaną w sytuacjach społecznych”[7]. Osąd ten przyjął się w psychologii i inteligencja społeczna zniknęła z map ludzkiej inteligencji.

Wyjątkiem był złożony model inteligencji przedstawiony przez J. P. Guilforda pod koniec lat sześćdziesiątych dwudziestego wieku. Guilford wyliczył 120 odrębnych zdolności umysłowych, z których trzydzieści łączyło się z inteligencją społeczną[8]. Jednak mimo wysiłków Guilforda, na podstawie tej koncepcji nie można było trafnie przewidzieć, jak ludzie będą sobie radzić w świecie społecznym. Lepsze okazały się późniejsze modele uwzględniające inteligencję społeczną – „inteligencji praktycznej" Roberta Sternberga i „inteligencji interpersonalnej" Howarda Gardnera[9], ale psychologii nie udało się stworzyć spójnej teorii inteligencji społecznej, która wyraźnie odróżniałaby ją od ilorazu inteligencji i miała zastosowania praktyczne.

Zgodnie ze starym poglądem inteligencja społeczna jest inteligencją ogólną, wykorzystywaną w sytuacjach społecznych, a więc zdolnością poznawczą. W podejściu tym inteligencję społeczną traktuje się jedynie jako skarbnicę wiedzy o świecie społecznym, nie odróżniając jej od czynnika „g", czyli inteligencji ogólnej.

Co zatem odróżnia inteligencję społeczną od „g"? Na razie nie ma dobrej odpowiedzi na to pytanie. Jedną z przyczyn tego stanu rzeczy jest to, że psychologia jest naukową podkulturą, której reguły przyswajają sobie ludzie ją uprawiający, zdobywając dyplomy i przechodząc innego rodzaju szkolenie zawodowe. W rezultacie psycholodzy mają skłonność do postrzegania świata przede wszystkim przez obiektyw swojej dyscypliny. Skłonność ta może upośledzać zdolność psychologii do zrozumienia prawdziwej natury inteligencji społecznej.

Kiedy poproszono zwykłych ludzi o sporządzenie listy zdolności, dzięki którym ktoś jest inteligentny, znalazła się na tej liście jako ważna cecha naturalna kompetencja społeczna. Kiedy natomiast poproszono o ułożenie podobnej listy psychologów, uważanych za ekspertów w sprawie inteligencji, położyli oni nacisk na zdolności poznawcze, takie jak umiejętności werbalne i umiejętność rozwiązywania problemów[10]. Pogląd Wechslera, że nie ma czegoś takiego jak inteligencja społeczna, zdaje się wynikać z ukrytych założeń tej dziedziny nauki.

Psychologom, którzy starali się mierzyć inteligencję społeczną, mieszała szyki zaskakująco duża korelacja między uzyskiwanymi przez nich wynikami i rezultatami testów ilorazu inteligencji, która zdawała się świadczyć o tym, że między zdolnościami poznawczymi i społecznymi nie ma właściwie żadnej różnicy[11]. Stało się to jednym z głównych powodów zarzucenia badań nad inteligencją społeczną. Wydaje się jednak, że problem ten jest skutkiem przyjmowania błędnej definicji inteligencji społecznej jako zdolności poznawczej wykorzystywanej w sferze społecznej.

Zgodnie z tym podejściem talent interpersonalny ocenia się na podstawie tego, czy osoby badane zgadzają się z takimi stwierdzeniami, jak: „Rozumiem zachowanie innych ludzi" i „Wiem, jak moje działania wpływają na uczucia innych osób".

Są to pytania z niedawno opracowanej skali inteligencji społecznej[12]. Psycholodzy, który stworzyli ten test, poprosili czternastu innych profesorów psychologii, tak zwany „panel ekspertów", o zdefiniowanie inteligencji społecznej. Będąca rezultatem tego definicja głosiła, że jest to „zdolność rozumienia innych ludzi i tego, jak zareagują na różne sytuacje społeczne", innymi słowy, czyste poznanie społeczne[13]. Mimo to psycholodzy owi wiedzieli, że definicja ta nie wystarczy. A zatem ułożyli pytania sprawdzające, jak ludzie radzą sobie w rzeczywistości w kontaktach z innymi, na przykład, czy zgadzają się z takimi stwierdzeniami, jak „Potrzebuję dużo czasu, by kogoś dobrze poznać".

Byłoby jednak lepiej, gdyby autorzy tego testu, podobnie jak innych, posunęli się krok dalej i oszacowali zdolności drogi niskiej, które mają tak duże znaczenie dla bogatego życia towarzyskiego. Neurobiologia społeczna opisuje szczegółowo, jak włączają się do działania różne drogi poznawania i robienia, kiedy wchodzimy w kontakty z innymi. Oczywiście sposoby te obejmują zdolności drogi wysokiej, jak choćby poznanie społeczne, ale inteligencja społeczna opiera się również na funkcjach drogi niskiej, takich jak synchronizacja i dostrojenie, intuicja społeczna i empatia oraz – rzecz jasna – współczucie. Nasze ujęcie tego, co sprawia, że ktoś jest inteligentny w świecie społecznym, byłoby pełniejsze, gdyby obejmowało również te zdolności.

Są to zdolności niewerbalne, a przejawiamy je w ułamkach sekund, szybciej niż umysł zdołałby sformułować o nich jakieś myśli. Chociaż niektórym osobom zdolności drogi niskiej mogą się wydać banalne, tworzą one podstawę dla gładkiego przebiegu życia społecznego. Ponieważ są one niewerbalne, umykają testom typu ołówek i papier, a taka jest większość obecnych testów inteligencji społecznej[14]. Skutkiem tego wypytują drogę wysoką o niską, co jest wątpliwą taktyką.

Colwyn Trevarthen, psycholog rozwojowy z University of Edinburgh, dowodzi przekonująco, że szeroko przyjmowane pojęcia poznania społecznego prowadzą do wielkiego niezrozumienia stosunków międzyludzkich i roli emocji w życiu społecznym[15]. Chociaż nauka o poznaniu dobrze się przysłużyła językoznawstwu i badaniom nad sztuczną inteligencją, jeśli chodzi o relacje między ludźmi, ma ograniczenia. Nie uwzględnia zdolności niepoznawczych, takich jak empatia pierwotna i synchronia, dzięki którym wiążemy się z innymi osobami.

Rewolucja afektywna (nie wspominając o społecznej) w neurobiologii poznawczej nie przeniosła się jeszcze w sferę teorii inteligencji.

Solidniejsza miara inteligencji społecznej powinna obejmować nie tylko drogę wysoką (kwestionariusze do jej mierzenia są świetne), ale również testy do mierzenia niskiej, takie jak PONS czy Ekmana test mierzenia mikroekspresji[16]. Można by też stawiać osoby badane w symulowanych sytuacjach społecznych (może w rzeczywistości wirtualnej) albo przynajmniej prosić inne osoby o ocenę ich zdolności społecznych. Dopiero wtedy uzyskalibyśmy bardziej zadowalający profil czyjejś inteligencji społecznej[17].

Mało wspomina się o tym, że same testy badające iloraz inteligencji nie opierają się na żadnej wystarczającej podstawie teoretycznej. Zostały one skonstruowane *ad hoc*, w celu przewidywania sukcesów w szkole. Jak zauważają John Kihlstrom i Nancy Cantor, test IQ jest niemal całkowicie „ateoretyczny"; został stworzony dla „modelowania tego rodzaju rzeczy, które dzieci robią w szkole"[18].

Ale przecież szkoła jest stosunkowo świeżym dziełem cywilizacji. Zapewne dużo potężniejszą siłą w architekturze mózgu jest potrzeba wytyczania szlaków w świecie społecznym niż chęć zdobywania piątek. Teoretycy ewolucji dowodzą, że inteligencja społeczna była pierwotnym talentem ludzkiego mózgu, co znalazło odbicie w jego ogromnej korze, i że to, co określamy obecnie mianem „inteligencji", dostało się do niego niejako na gapę, podróżując na układach neuronalnych wykorzystywanych dla radzenia sobie w złożonej grupie. Ci, którzy twierdzą, że inteligencja społeczna to coś nieznacznie tylko wykraczającego poza inteligencję ogólną wykorzystywaną w sytuacjach społecznych, zrobiliby lepiej, odwracając kierunek swojego rozumowania i rozważając możliwość, że inteligencja ogólna jest tylko pochodną inteligencji społecznej, chociaż wysoko cenioną w naszej kulturze.

Podziękowania

Wiele osób dostarczyło mi bodźców do myślenia podczas przygotowywania tej książki, chociaż wnioski, które wyciągam z tych rozważań, są moje. Mam szczególny dług wdzięczności wobec specjalistów z różnych dziedzin, którzy przeczytali i ocenili poszczególne jej rozdziały, a zwłaszcza wobec Cary'ego Chernissa z Rutgers University, Jonathana Cohena z Princeton University, Johna Crabbe'a z Oregon Health and Science Center i Portland VA Hospital, Johna Cacioppo z University of Chicago, Richarda Davidsona z University of Wisconsin, Owena Flanagana z Duke University, Denise Gottfredson z University of Maryland, Josepha LeDoux z New York University, Matthew Liebermana z UCLA, Kevina Ochsnera z Columbia University, Phillipa Shavera z University of California w Davis, Ariany Vory z Harvard Medical School i Jeffreya Walkera z JPMorgan Partners. Jeśli czytelnicy znajdą w tekście błędy rzeczowe, proszę, by powiadomili mnie o nich pocztą elektroniczną (mój adres internetowy: www.danielgoleman.info), a postaram się poprawić je w przyszłych dodrukach.

Spośród innych, którzy pobudzili mnie do myślenia, dziękuję:

Elliotowi Aronsonowi ze Stanford University, Nealowi Ashkanasy'emu z University of Queensland w Brisbane w Australii, Warrenowi Bennisowi z USC, Richardowi Boyatzisowi z Case Western Reserve University, Sheldonowi Cohenowi z Carnegie Mellon University, Jonathanowi Cottowi z Nowego Jorku, Fransowi de Waal z Emory University, Georgesowi Dreyfusowi z Williams College, Markowi Epsteinowi z Nowego Jorku, Howardowi Gardnerowi z Harvard University, Paulowi Ekmanowi z University of California w San Francisco, Johnowi Gottmanowi z University of Washington, Samowi Harrisowi z UCLA, Fredowi Gage'owi z Salk Institute, Layne'owi Habibowi z Shokan, Judith Hall z Northeastern University, Kathy Hall z American International College, Judith Jordan z Wellesley College, Johnowi Kolodinowi z Hadley, Jerome'owi Kaganowi z Harvard University, Danielowi Kahnemanowi z Princeton University, Margaret Kemeny z University of California w San Francisco, Johnowi Kihlstromowi z University of California w Berkeley, George'owi Kohlrieserowi z International Institute for Management Development w Lozannie, Robertowi Levensonowi z University of California w Berkeley, Carey Lowell z Nowego Jorku, Beth Lown z Harvard Medical School, Pemie Latshang z New York City Departament of Education, Annie Mekee z Teloks Leadership Institute, Carlowi Marciemu z Harvard Medical School, Johnowi Mayerowi z University of New Hampshire, Michaelowi Meaneyowi z McGill University, Mario Mikulincerowi z Uniwersytetu Bar-Ilian w Ramat Gan w Izraelu, Mudicie Nisker i Danowi Clurmanowi z Communication-Options, Stephanowi Nowickiemu z Emory University, Stephanie Preston z University of Iowa Hospitals and Clinics, Hershowi Shefrinowi z University of Santa Clara, Thomasowi Pettigrew z University of California w Santa Cruz, Stefanowi Rechstaffenowi z Omega Institute, Ronaldowi Riggio z Claremont McKenna College, Robertowi Rosenthalowi z University of California w Riverside, Susan Rosenbloom z Drew University, Johnowi F. Sheridanowi z Ohio State University, Joan Strauss z Massachusetts General Hospital, Danielowi Siegelowi z UCLA, Davidowi Spiegelowi ze Stanford Medical School, Ervinowi Staubowi z University of Massachusetts, Danielowi Sternowi z University of Geneva, Erice Vorze z St. Cloud State University, Davidowi Sluyterowi z Fetzer Institute, Leonardowi Wolfowi z Nowego Jorku, (emerytowanemu) Alvinowi Weinbergowi z Institute for Energy Analysis, Robinowi Youngsonowi z Clinical Leaders Association of New Zealand.

Rachel Brod, moja główna asystentka zajmująca się wyszukiwaniem materiałów, zapewniła mi łatwy dostęp do źródeł naukowych. Wielkie dzięki należą się Rowanowi Fosterowi, który zawsze gotów jest zrobić to, co trzeba, i dba o to, by wszystko szło gładko, Toni Burbank nadal jest znakomitą redaktorką, z którą przyjemnie jest współpracować. Jak zwykle czuję też nieskończoną wdzięczność wobec Tary Bennett-Goleman, wnikliwej partnerki przy pisaniu i w życiu, przewodniczki po krainie inteligencji społecznej.

Przypisy

Wstęp. Przedstawienie nowej nauki

[1] Ten reportaż o żołnierzach w meczecie został przedstawiony w audycji *All Things Considered*, w National Public Radio 4 kwietnia 2003.

[2] W kwestii najmniejszej koniecznej siły, zobacz na przykład wzory kompetencji w organach ochrony porządku publicznego, w: *MOSAIC Competencies: Professional & Administrative Occupations* (US Office of Personnel Management 1996); Elizabeth Brondolo i in., *Correlates of Risk for Conflict Among New York City Traffic Agents*, w: Gary VandenBos i Elizabeth Bulatao (red.), *Violence on the Job*, American Psychological Association Press, Washington 1996.

[3] Aby przekonać się, jak poszerza to pole naszego dyskursu, wystarczy rozważyć różnicę między empatią i dobrymi stosunkami. Empatia jest zdolnością, cechą indywidualną, natomiast dobre stosunki rodzą się między ludźmi jako cecha wynikająca z ich wzajemnych kontaktów.

[4] Moją intencją jest tutaj, podobnie jak w *Inteligencji emocjonalnej*, przedstawienie tego, co postrzegam jako nowy paradygmat psychologii i jej nieodłącznej partnerki, neurobiologii. Chociaż pojęcie inteligencji emocjonalnej napotykało gniazda oporu wśród psychologów, przez innych, zwłaszcza przez pokolenie magistrantów, którzy uczynili je przedmiotem swoich badań, zostało chętnie przyjęte. Każda nauka rozwija się dzięki temu, że jej przedstawiciele zajmują się prowokacyjnymi i owocnymi pomysłami, a nie bezpiecznymi, ale jałowymi tematami. Mam nadzieję, że przedstawione tutaj nowe pojmowanie istoty związków międzyludzkich i mózgu społecznego wzbudzi podobną falę badań. W psychologii od dawna nawoływano do skupienia się na tym, co – w odróżnieniu od procesów zachodzących w psychice jednostki – dzieje się w stosunkach między jednostkami, ale postulat ten najczęściej ignorowano. Zob. na przykład: Frank Bernieri i in., *Synchrony, Pseudosynchrony, and Dissynchrony: Measuring the Entrainment Prosody in Mother–Infant Interactions*, „Journal of Personality and Social Psychology" 2 (1988), s. 243-253.

[5] O napadach złości, zob.: Cynthia Garza, *Young Students Seen as Increasingly Hostile*, „Fort Worth Star-Telegram", 15 sierpnia 2004, s. 1A.

[6] American Academy of Pediatrics zaleca, by dzieci poniżej drugiego roku życia w ogóle nie oglądały telewizji, a starsze siedziały przed ekranem telewizora nie dłużej niż dwie godziny dziennie. Raport o telewizji i maluchach przedstawiony został przez Laurę Certain na dorocznym zebraniu Pediatric Academic Societies, które odbyło się 30 kwietnia 2003 roku w Baltimore.

[7] Robert Putnam, *Bowling Alone*, Simon & Schuster, New York 2000.

[8] Cyt. za: *The Glue of Society*, „Economist", 16 lipca 2005, s. 13-17.

[9] O Hot & Crusty zob.: Warren St. John, *The World at Ear's Length*, „New York Times", 15 lutego 2004, sec. 9., s. 1.

[10] Dane o sprawdzaniu poczty elektronicznej cyt. za: Anne Fisher, *Does Your Employer Help You Stay Healthy*? „Fortune", 12 lipca 2005, s. 60.

[11] O oglądaniu telewizji na świecie doniosła Eurodata TV Worldwide, *One Television Year in the World: 2004 Issue*, Médiamétrie, Paris 2004.

[12] W sprawie korzystania z Internetu, zob.: Norman H. Nie, *What Do Americans Do on the Internet*?, Stanford Institute for the Quantitative Study of Society; www.stanford.edu/group/siqss; relacja w: John Markoff, *Internet Use Said to Cut into TV Viewing and Socializing*, „New York Times", 30 grudnia 2004.

[13] Najwcześniejsza wzmianka o terminie „neurobiologia społeczna", do której udało mi się dotychczas dotrzeć, znajduje się w artykule Johna Cacioppo i Gary'ego Berntsona z 1992 roku. Zob.: *Social Psychological Contributions to the Decade of the Brain: Doctrine of the Brain: Doctrine of Multilevel Analysis*, „American Psychologist" 47 (1992), s. 1019-1028. W 2001 roku został opublikowany artykuł Matthew Liebermana (obecnie na University of California w Los Angeles) i Kevina Ochsnera (obecnie w Columbia University), głoszący powstanie tej nowej dyscypliny naukowej pod alternatywną nazwą, „społecznej neurobiologii kognitywnej". Zob.: Matthew Liebermann i Kevin Ochsner, *The Emergence of Social Cognitive Neuroscience*, „American Psychologist" 56 (2001), s. 717-734. Daniel Siegel ukuł termin „neurobiologia interpersonalna" na określenie połączenia interpersonalnego i neurobiologicznego wymiaru ludzkiego umysłu, byśmy mogli pełniej zrozumieć powstanie umysłowego dobrostanu; wyznacza to jeszcze jeden korzeń neurobiologii społecznej. Zob.: Daniel Siegel, *The Developing Mind: How Relationships and the Brain Interact to Shape Who We Are*, Guilford Press, New York 1999.

[14] Trzeba było dziesięciu lat, by neurobiologia społeczna osiągnęła jako dziedzina nauki masę krytyczną, ale obecnie badaniami tymi zajmują się dziesiątki laboratoriów naukowych. Pierwszą konferencję na temat społecznej neurobiologii kognitywnej zorganizowano w dniach 28–30 kwietnia 2001 roku na University of California w Los Angeles. Wzięło w niej udział trzydziestu mówców i ponad trzystu uczestników z kilku krajów. W 2004 roku Thomas Insel, dyrektor National Institute for Mental Health, oświadczył, że dziesięć lat badań wykazało, iż neurobiologia społeczna dojrzała jako dziedzina nauki. Przewidywał, że poszukiwania mózgu społecznego przyniosą dane korzystne dla dobra ogółu. Zob.: Thomas Insel, Rusell Fernald, *How the Brain Processes Social Information: Searching for the Social Brain*,

„Annual Review of Neuroscience" 27 (2004), s. 697-722. W 2007 roku Oxford University Press zacznie wydawać czasopismo pod tytułem „Social Neuroscience", pierwsze w tej dziedzinie.

[15] Określenie „mózg społeczny" weszło w ostatnich kilku latach do powszechnego obiegu w neurobiologii. Na przykład w dniach 25–27 marca 2003 roku odbyła się w Göteborgu w Szwecji międzynarodowa konferencja pod hasłem „The Social Brain" [Mózg społeczny]. W tym samym roku ukazał się pierwszy zbiór artykułów naukowych na ich temat: Martin Brüne i in., *The Social Brain: Evolution and Pathology*, John Wiley, Sussex 2003. Pierwszą międzynarodową konferencję poświęconą mózgowi społecznemu zorganizowano w Niemczech, na Uniwersytecie Bochum, w listopadzie 2000.

[16] W sprawie pierwszej definicji inteligencji społecznej zob.: Edward Thorndike, *Intelligence and Its Use*, „Harper's Magazine" 140 (1920), s. 227-235, na s. 228.

[17] Zastrzeżenie: Czytelnicy szukający klasycznego przeglądu psychologicznego pojęcia „inteligencji społecznej" nie znajdą go tutaj. Polecam im znakomite streszczenie autorstwa Johna Kihlstroma i Nancy Cantor. Książkę tę napisałem z zamiarem zachęcenia nowego pokolenia psychologów, by wychodzili poza granice obecnie przyjmowanych pojęć i włączali do swoich badań odkrycia neurobiologii społecznej, zamiast zasklepiać się w standardowych kategoriach, które w psychologii noszą miano „inteligencji społecznej". Zob.: John Kihlstrom i Nancy Cantor, *Social Intelligence*, w: Robert Sternberg (red.), *Handbook of Intelligence*, II wyd., Cambridge University Press, Cambridge 2000, s. 359-379.

[18] Thorndike, *Intelligence*, s. 228.

CZĘŚĆ I

Rozdział 1. Ekonomia społeczna

[1] Kiedy piszę o ciele migdałowatym czy innej konkretnej części mózgu, mam zwykle na myśli nie tylko ten rejon, ale również jego połączenia nerwowe z innymi obszarami. Wyjątkiem od tego jest sytuacja, w której omawiam jakiś aspekt samej tej struktury.

[2] Brooks Gump i James Kulik, *Stress, Affiliation, and Emotional Contagion*, „Journal of Personality and Social Psychology" 72, nr 2 (1997), s. 305-319.

[3] Z tej roli śledczego ciało migdałowate wywiązuje się za pośrednictwem połączeń z korą, która kieruje naszą uwagę na niezbadane niewiadome. Kiedy w reakcji na możliwe zagrożenie ciało migdałowate zostaje wzbudzone, poleca ośrodkom korowym, by skupiły naszą uwagę na możliwym niebezpieczeństwie, i odczuwamy wtedy napięcie, niepokój, a nawet lekki strach. A zatem jeśli ktoś ma ciało migdałowate ulegające silnej aktywacji, to świat tej osoby jest zagadkowym, stale pełnym zagrożeń miejscem. Silny uraz, spowodowany na przykład tym, że ktoś stał się ofiarą napaści, może wzmóc czujność ciała migdałowatego, podnosząc poziom neuroprzekaźników, które zmuszają nas do ciągłego wypatrywania zagrożeń. Oznakami nadmiernie reaktywnego ciała migdałowatego jest większość objawów

stresu pourazowego, takich jak przesadne reagowanie na obojętne wydarzenia, które trochę przypominają sytuację, w jakiej doszło do urazu. Zob.: Dennis Charney i in., *Psychobiologic Mechanisms of Posttraumatic Stress Disorder*, „Archives of General Psychiatry" 50 (1993), s. 294-305.

[4] Zob. na przykład: Beatrice de Gelder i in., *Fear Fosters Flight: A Mechanism for Fear Contagion When Perceiving Emotion Expressed by a Whole Body*, „Proceedings of the National Academy of Sciences" 101, nr 47 (2004), s. 701-706.

[5] Jest to w każdym razie jeden sposób rozpoznawania przez nas emocji. Istnienie innych mogłoby na przykład znaczyć, że nie musimy czuć się szczęśliwi, by zorientować się, że ktoś inny tak się czuje.

[6] Ślepotę afektywną, stan, w którym osoba funkcjonalnie niewidoma wskutek pewnych uszkodzeń mózgu potrafi rozpoznawać za pośrednictwem ciała migdałowatego emocje innej osoby na podstawie wyrazu jej twarzy, stwierdzono również u innych pacjentów. Zob. np. J. S. Morris i in., *Differential Extrageniculostriate and Amygdala Responses to Presentation of Emotional Faces in a Cortically Blind Field*, „Brain" 124, nr 6 (2001), s. 1241-1252.

[7] Klasyczną pracą na temat zarażenia emocjonalnego jest Elaine Hatfield i in., *Emotional Contagion*, Cambridge University Press, Cambridge 1994.

[8] Droga wysoka może być jednak wykorzystywana do intencjonalnego wywoływania emocji; stale robią to aktorzy. Innym przykładem jest systematyczne wywoływanie współczucia w praktykach religijnych; przy tym celowym wywoływaniu emocji wykorzystuje się drogę wysoką dla pokierowania niską.

[9] Oczywiście zrozumienie i emocje nie zawsze kłócą się z sobą. Przez większość czasu układy „drogi wysokiej" i „drogi niskiej" współdziałają ze sobą, a przynajmniej obie drogi prowadzą równolegle do tego samego miejsca. Podobnie rozum i emocje na ogół współdziałają bez zakłóceń, motywując nas i kierując naszym zachowaniem, byśmy zmierzali do celów, które sobie wyznaczyliśmy. Jednak w pewnych okolicznościach drogi te się rozchodzą. Owe rozbieżności stają się przyczyną dziwactw i zachowań irracjonalnych, które tak bardzo intrygowały behawiorystów (włącznie z psychologami i ekonomistami). Mówią nam też one dużo o odmiennych cechach tych dwóch różnych układów w mózgu – kiedy obydwa ściśle ze sobą współdziałają, trudno się zorientować, który do czego się przyczynia, kiedy natomiast rywalizują ze sobą, łatwiej rozróżnić, co każdy z nich wnosi.

[10] Ciało migdałowate, znajdujące się w śródmózgowiu pod korą, kieruje automatycznymi procesami emocjonalnymi; kora przedczołowa, pełniąc funkcję kierowniczą, odbiera sygnały wejściowe z wielu innych rejonów mózgu, scala je i zgodnie z tym układa plany działania. Zob.: Timothy Shallice i Paul Burgess, *The Domain of Supervisory Processes and Temporal Organization of Behaviour*, „Philosophical Transactions of the Royal Society B: Biological Sciences" 351 (1996), s. 1405-1412.

[11] Droga wysoka nie jest jednak uodporniona na uprzedzenia i wypaczenia percepcji. O drodze wysokiej i niskiej zob.: Mark Williams i in., *Amygdala Responses to Fearful and Happy Facial Expressions Under Conditions of Binocular Suppression*, „Journal of Neuroscience" 24, nr 12 (2004), s. 2898-2904.

[12] Zob.: John Dewey, *Experience and Nature*, LaSalle 1925, s. 256.

[13] Roland Neumann i Fritz Strack, *„Mood Contagion": The Automatic Transfer of Mood Between Persons*, „Journal of Personality and Social Psychology" 79, nr 2 (2000), s. 3022-3514.

[14] O naśladowaniu ekspresji emocji na twarzy, zob.: Ulf Dimberg i Monika Thunberg, *Rapid Facial Reactions to Emotional Facial Expression*, „Scandinavian Journal of Psychology" 39 (2000), s. 39-46; Ulf Dimberg, *Facial EMG and Emotional Reactions*, „Psychophysiology" 27 (1990), s. 481-494.

[15] Zob.: Ulf Dimberg, Monika Thunberg i Kurt Elmehed, *Unconscious Facial Reactions to Emotional Facial Expressions*, „Psychological Science" 11 (2000), s. 86-89.

[16] Cyt. za: Robert Levenson i in., *Voluntary Facial Action Generates Emotion-Specific Autonomic Nervous System Activity*, „Psychophysiology" 27 (1990), s. 363-384.

[17] David Denby, *The Quick and The Dead*, „New Yorker" 80 (29 marca 2004), s. 103-105.

[18] O wpływie filmów na mózg, zob.: Uri Hasson i in., *Intersubject Synchronization of Cortical Activity During Natural Vision*, „Science" 303, nr 5664 (2004), s. 1634-1640.

[19] Zob. na przykład: Stephanie D. Preston i Frans B. M. de Waal, *Empathy: Its Ultimate and Proximate Bases*, „Behavioral and Brain Sciences" 25 (2002), s. 1-20.

[20] Nasz mózg jest przypuszczalnie zaprogramowany, by zwracać maksymalną uwagę na takie sygnały, dlatego że w dziczy chwile silnych doznań spostrzegawczych i emocjonalnych mogą sygnalizować niebezpieczeństwo. Jednak w dzisiejszym świecie mogą one po prostu sygnalizować to, co jest dzisiaj grane.

[21] Emily Butler i in., *The Social Consequences of Expressive Suppression*, „Emotion" 3, nr 1 (2003), s. 48-67.

[22] Już sama próba stłumienia emocji rodzi nieustannie powracające myśli o tym; myśli te przeszkadzają nam skupić się na czymś innym czy po prostu się odprężyć. Mimo pragnienia zapanowania nad naszymi naturalnymi impulsami i przeciwstawienia się im nie zawsze udaje się nam to w stu procentach. Jeśli celowo tłumimy nasze szczere emocje – przybierając spokojną minę, kiedy faktycznie jesteśmy zaniepokojeni – to i tak znajdą sobie ujście. Nasze stosunki z innymi stają się bliższe, kiedy bardziej otwarcie okazujemy im nasze uczucia. Na tej samej zasadzie, im bardziej się staramy stłumić te uczucia i im są one silniejsze, tym bardziej, wbrew własnej woli, wzmagamy wiszące w powietrzu napięcie. Zna to z własnego doświadczenia każda osoba, której partner czy partnerka „ukrywa" silnie odczuwane emocje. O kosztach tłumienia emocji zob.: E. Kennedy-Moore i J. C. Watson, *How and When Does Emotional Expression Help?*, „Review of General Psychology" 5 (2001), s. 187-212.

[23] Informacje dostarczone przez ten radar skupiały się w brzusznoprzyśrodkowej okolicy kory przedczołowej. Zob.: Jean Decety i Thierry Chaminade, *Neural Correlates of Feeling Sympathy*, „Neuropsychologia" 41 (2003), s. 127-138.

[24] O wiarygodności, zob.: Ralph Adolphs i in., *The Human Amygdala in Social Judgement*, „Nature" 393 (1998), s. 410-474.

[25] Zob.: J. S. Winston i in., *Automatic and Intentional Brain Responses During Evaluation of Trustworthiness of Faces*, „Nature Neuroscience" 5, nr 3 (2002), s. 277-283. Krótko mówiąc, ciało migdałowate bada każdego, kogo spotykamy, dokonując

automatycznej oceny jego wiarygodności. Kiedy oceni, że ktoś jest „niewiarygodny", prawa wyspa ulega wzbudzeniu, by przekazać tę informację do trzewi, a na zdjęciach fMRI rozjarza się zakręt wrzecionowaty. Kiedy natomiast ciało migdałowate oceni, że ktoś jest „wiarygodny", silniej reaguje kora oczodołowa. Prawa górna bruzda skroniowa zaczyna działać jako kora kojarzeniowa, przetwarzając informacje zawarte w tym werdykcie, które następnie opatrywane są przez układy emocjonalne, włącznie z ciałem migdałowatym i korą oczodołową, odpowiednią etykietką.

[26] O kierunku spojrzenia i kłamstwach, zob.: Paul Ekman, *Telling Lies: Clues to Deceit in the Marketplace, Politics, and Marriage*, W. W. Norton, New York 1985 [wyd. polskie: *Kłamstwo i jego wykrywanie w biznesie, polityce i małżeństwie*, przeł. S. E. Draheim, M. Kowalczyk, Wyd. Nauk. PWN, Warszawa 2003].

[27] O wskazówkach kłamania, zob. powyżej.

[28] O kontroli poznawczej i kłamaniu, zob.: Sean Spence, *The Deceptive Brain*, „Journal of the Royal Society of Medicine" 97 (2004), s. 6-9. Mówienie kłamstw wymaga od obwodów nerwowych dodatkowego wysiłku poznawczego i emocjonalnego. Odkrycie to rozbudziło nadzieje, że pewnego dnia można będzie użyć fMRI jako wykrywacza kłamstw. Jednak ten dzień nadejdzie dopiero wtedy, kiedy osoby wykorzystujące tę technikę obrazowania rozwiążą skomplikowane problemy logistyczne, na przykład artefaktów pojawiających się w sygnale, kiedy ktoś mówi.

[29] O tym, w jaki sposób słabszy partner wnosi większy wkład w zbliżenie, zob.: Cameron Anderson, Dacher Keltner i Oliver P. John, *Emotional Convergence Between People over Time*, „Journal of Personality and Social Psychology" 84, nr 5 (2003), s. 1054-1068.

[30] Frances La Barre, *On Moving and Being Moved: Nonverbal Behavior in Clinical Practice*, Analytic Press, Hillsdale 2001.

[31] Chociaż w latach pięćdziesiątych i sześćdziesiątych ubiegłego wieku przeprowadzono serię badań nad nawiązującymi wzajemne kontakty dwiema osobami, ówczesne metody nie były wystarczająco precyzyjne ani rzetelne i ten kierunek badań z wolna zamarł. Powrócono do nich dopiero w latach dziewięćdziesiątych.

[32] O empatii i tych samych stanach fizjologicznych, zob.: Robert Levinson i Anna Ruef, *Empathy: A Physiological Substrate*, „Journal of Personality and Social Psychology" 63 (1992), s. 234-236.

Rozdział 2. Recepta na dobre stosunki

[1] O tych badaniach psychoterapii, zob.: Stuart Ablon i Carl Marci, *Psychotherapy Process: The Missing Link*, „Psychological Bulletin" 130 (2004), s. 664-668; Carl Marci i in., *Physiologic Evidence for the Interpersonal Role of Laughter During Psychotherapy*, „Journal of Nervous and Mental Disease" 192 (2004), s. 689-695.

[2] Składniki wzajemnego zrozumienia, zob.: Linda Tickle-Degnan i Robert Rosenthal, *The Nature of Rapport and Its Nonverbal Correlates*, „Psychological Inquiry" 1, nr 4 (1990), s. 285-293.

[3] Frank J. Bernieri i John S. Gillis, *Judging Rapport*, w: Judith A. Hall i Frank

J. Bernieri, *Interpersonal Sensitivity: Theory and Measurement*, Erlbaum, Mahwah 2001.

[4] Po to, by doszło do wzajemnego zrozumienia, muszą pojawić się równocześnie pełna uwaga, pozytywne uczucia i synchronia. Do ścisłej koordynacji fizycznej, ale bez uczuć pozytywnych, dochodzi podczas walki bokserskiej. Podobnie, podczas sprzeczki małżeńskiej mamy do czynienia z obopólną uwagą i pewną koordynacją, ale brak jest sympatii. Połączenie obopólnej uwagi i koordynacji bez pozytywnych uczuć typowe jest dla dwóch obcych osób zbliżających się do siebie na zatłoczonym chodniku; mogą się niemal otrzeć o siebie i nie zainteresować się sobą.

[5] Krzywienie się i kontakt wzrokowy, zob.: J. B. Bavelas i in., *I* Show *How You Feel: Motor Mimicry as a Communicative Act*, „Journal of Social and Personality Psychology" 50 (1986), s. 322-329. Z podobną sytuacją mamy do czynienia, kiedy wspólny temat tak wciąga obie osoby, że są całkowicie pochłonięte rozmową, a wejście trzeciej sprawia, że urok konwersacji pryska.

[6] O krytycznych opiniach wyrażanych z ekspresją emocji pozytywnych, zob.: Michael J. Newcombe i Neal M. Ashkanasy, *The Code of Affect and Affective Congruence in Perceptions of Leaders: An Experimental Study*, „Leadership Quarterly" 13 (2002), s. 601-604.

[7] Systematyczne badania zwyczaju dawania kelnerom napiwków wykazały, że największe napiwki za lepszą ich zdaniem obsługę wręczają klienci wieczorem. Autorzy sprawozdania z jednego z tych badań podają, że dodatkowe zarobki najbardziej docenianej w ten sposób kelnerki wyniosły 17 procent sumy rachunków, a tej, która dostawała najniższe napiwki, 12 procent. Po uśrednieniu w skali roku oznacza to istotny wzrost dochodu. Zob.: Michael Lynn i Tony Simons, *Predictors of Male and Female Servers' Average Tip Earnings*", „Journal of Applied Social Psychology" 30 (2000), s. 241-252.

[8] O dopasowaniu się i wspólnym zrozumieniu, zob.: Tanya Chartrand i John Bargh, *The Chameleon Effect: The Perception-Behavior Link and Social Behavior*, „Journal of Personality and Social Psychology" 76 (1999), s. 893-910.

[9] Badania te przeprowadził student Franka Bernieriego. Zob.: Mark Greer, *The Science of Savoir Faire*, „Monitor on Psychology", styczeń 2005.

[10] Zsynchronizowane ruchy, zob.: Frank Bernieri i Robert Rosenthal, *Interpersonal Coordination: Behavior Matching and Interactional Synchrony*, w: Robert Feldman i Bernard Rimé, *Fundamentals of Nonverbal Behavior*, Cambridge University Press, New York 1991.

[11] Chociaż osoby obce sobie potrafią osiągnąć odpowiednią koordynację niewerbalną nawet podczas pierwszego spotkania, zwiększa się ona wraz z trwaniem znajomości. Najłatwiej tworzą sunącą bez potknięć w niewerbalnym tańcu parę starzy przyjaciele, po części dlatego, że znają się wystarczająco dobrze, by przystosować się do osobistych dziwactw, które mogą odstręczać innych.

[12] O oddychaniu podczas rozmowy, zob.: David McFarland, *Respiratory Markers of Conversational Interaction*, „Journal of Speech, Language, and Hearing Research" 44 (2001), s. 128-145.

[13] O wzajemnym zrozumieniu między uczniem i nauczycielem, zob.: M. La-

France, *Nonverbal Synchrony and Rapport: Analysis by Cross-lag Technique*, „Social Psychology Quarterly" 42 (1979), s. 66-70; M. LaFrance i M. Broadbent, *Group Rapport: Posture Sharing as a Nonverbal Behavior*, w: Martha Davis (red.), *Interaction Rhythms*, Human Sciences Press, New York 1982. Choreografia ta może być czasami sprzeczna z intuicją; wzajemne zrozumienie w rozmowie twarzą w twarz odczuwa się najsilniej wtedy, kiedy naśladowanie gestów wygląda jak ich zwierciadlane odbicie, tzn. kiedy osoba A podnosi prawą rękę w reakcji na podniesienie lewej przez osobę B.

[14] O synchronii mózgów muzyków, E. Roy John, informacja osobista.

[15] O oscylatorach adaptacyjnych, zob.: R. Post i T. Van Gelder, *Mind as Motion: Explorations in the Dynamics of Cognition*, MIT Press, Cambridge 1995.

[16] O modelach synchronii, zob.: D. N. Lee, *Guiding Movements by Coupling Taus*, „Ecological Psychology" 10 (1998), s. 221-250.

[17] Przegląd tych badań, zob.: Bernieri i Rosenthal, *Interpersonal Coordination.*

[18] Ta synchronizacja ruchu i mowy może być niezwykle subtelna. Na przykład jest bardziej prawdopodobne, że dojdzie do niej w „zdaniach fonemicznych", naturalnych zbitkach ciągu sylab, spajanych w jednostki przez ton, rytm i głośność. (Słowa osoby mówiącej tworzą łańcuchy takich „zdań", w których każde kończy się ledwie zauważalnym spowolnieniem tempa mowy, zanim zacznie się następne.) Zob. powyżej.

[19] O synchronizacji ruchów kończyn, zob.: Richard Schmidt, *Effects of Visual and Verbal Interaction on Unintended Interpersonal Coordination*, „Journal of Experimental Psychology: Human Perception and Performance" 31 (2005), s. 62-79.

[20] Joseph Jaffe i in., *Rhythms of Dialogue in Infancy*, „Monographs of the Society for Research in Child Development" 66, nr serii 264 (2001). Około czwartego miesiąca dzieci zaczynają przenosić zainteresowanie z idealnie zsynchronizowanych z ich zachowaniami zachowań innych osób na działania, które są wprawdzie skoordynowane, ale niezbyt zgrane w czasie z zachowaniem innych osób. Zob. G. Gergely i J. S. Watson, *Early Socio-Emotional Development: Contingency Perception and the Social Feedback Model*, w: Philippe Rochat (red.), *Early Social Cognition*, Erlbaum, Hillsdale 1999.

[21] O interakcjach matki z dzieckiem, zob.: Beatrice Beebe i Frank M. Lachmann, *Representation and Internalization in Infancy: Three Principles of Salience*, „Psychoanalytic Psychology" 11 (1994), s. 127-166.

[22] Colwyn Trevarthen, *The Self Born in Intersubjectivity: The Psychology of Infant Communicating*, w: Ulric Neisser (red.), *The Perceived Self: Ecological and Interpersonal Sources of Self-knowledge*, Cambridge University Press, New York 1993, s. 121-173.

Rozdział 3. Neuronalna dokładność bezprzewodowa

[1] O strachu, mimikrze i zarażeniu, zob.: Brooks Gump i James Kulik, *Stress, Affiliation, and Emotional Contagion*, „Journal of Personality and Social Psychology" 72 (1997), s. 305-319.

[2] Zob. na przykład: Paul J. Whalen i in., *A Functional MRI Study of Human Amygdala Responses to Facial Expressions of Fear Versus Anger*, „Emotion" 1 (2001), s. 70-83; J. S. Morris i in., *Conscious and Unconscious Emotional Learning in the Human Amygdala*, „Nature" 393 (1998), s. 467-470.

[3] Osoba, która widzi przerażoną twarz innej osoby, doświadcza takiego samego pobudzenia, ale mniej intensywnie. Główna różnica polega na poziomie reaktywności ich autonomicznego układu nerwowego, który jest maksymalny u osoby przerażonej i dużo niższy u osoby ją widzącej. Im bardziej uaktywnia się wyspa świadka, tym silniejsza jest jego reakcja emocjonalna.

[4] O naśladowaniu, zob.: J. A. Bargh, M. Chen i L. Burrows, *Automaticity of Social Behavior: Direct Effects of Trait Construct and Stereotype Activation on Action*, „Journal of Personality and Social Psychology" 71 (1996), s. 230-244.

[5] O szybkości percepcji strachu, zob.: Luiz Pessoa i in., *Visual Awareness and the Detection of Fearful Faces*, „Emotion" 5 (2005), s. 243-247.

[6] O odkryciu neuronów lustrzanych, zob.: G. di Pelligrino i in., *Understanding Motor Events: A Neurophysiological Study*, „Experimental Brain Research" 91 (1992), s. 176-180.

[7] O neuronie reagującym na ukłucie szpilką, zob.: W. D. Hutchinson i in., *Pain-related Neurons in the Human Cingulate Cortex*, „Nature Neuroscience" 2 (1999), s. 403-405. Inne badania z wykorzystaniem fMRI pokazują, że kiedy ktoś obserwuje ruch palca i wykonuje ten sam ruch, wzbudzeniu ulegają identyczne obszary mózgu; w jednym z tych badań wzbudzenie było najsilniejsze, kiedy osoba badana wykonywała ten ruch w reakcji na taki sam ruch innej osoby, to jest gdy ją naśladowała: Marco Iacoboni i in., *Cortical Mechanisms of Human Imitation*, „Science" 286 (1999), s. 2526-2528. Z drugiej strony, w pewnych badaniach stwierdzono, że obserwowanie ruchu pobudzało inny zespół rejonów mózgu niż wyobrażanie sobie tego ruchu. Zinterpretowano to w ten sposób, że obszary biorące udział w rozpoznawaniu ruchu różnią się od tych, które uczestniczą w jego wykonaniu, w tym wypadku schwytaniu przedmiotu. Zob.: S. T. Grafton i in., *Localization of Grasp Representations in Humans by PET: Observation Compared with Imagination*, „Experimental Brain Research" 112 (1996), s. 103-111.

[8] O odzwierciedlaniu u ludzi, zob. na przykład: L. Fadiga i in., *Motor Facilitation During Action Observation: A Magnetic Stimulation Study*, „Journal of Neurophysiology" 73 (1995), s. 2608-2626.

[9] Blokowanie to jest skutkiem działania neuronów hamujących w korze przedczołowej. Pacjenci z uszkodzeniami tego rejonu kory przedczołowej mówią i robią bez żadnych zahamowań wszystko, co przyjdzie im do głowy. Albo okolice przedczołowe mogą mieć bezpośrednie połączenia hamujące, albo mogą być pobudzane tylne rejony korowe, które mają miejscowe połączenia hamujące.

[10] Do chwili obecnej odkryto neurony lustrzane w kilku rejonach mózgu; oprócz kory przedruchowej należą do nich tylny płat ciemieniowy, górna bruzda skroniowa i wyspa.

[11] O neuronach lustrzanych u ludzi, zob.: Iacoboni i in., *Cortical Mechanisms.*

[12] Zob.: Kiyoshe Nakahara i Yasushi Miyashita, *Understanding Intentions: Through*

the Looking Glass, „Science" 308 (2005), s. 644-645; Leonardo Fogassi, *Parietal Lobe: From Action Organization to Intention Understanding*, „Science" 308 (2005), s. 662-666.

[13] Zob.: Stephanie D. Preston i Frans de Waal, *The Communication of Emotions and the Possibility of Empathy in Animals*, w: Stephen G. Post i in. (red.), *Altruism and Altruistic Love: Science, Philosophy, and Religion in Dialogue*, Oxford University Press, New York 2002.

[14] Jeśli działania innej osoby mają dla nas dużą wartość emocjonalną, to automatycznie wykonujemy lekki ruch albo robimy miny, które pokazują, że czujemy to samo. Niektórzy neurobiolodzy wysuwają hipotezę, że ta „zapowiedź" uczucia albo ruchu mogła mieć istotne znaczenie w rozwoju języka i komunikacji między ludźmi. Według jednej z tych hipotez, ewolucję języka zapoczątkowała aktywność neuronów lustrzanych, najpierw w postaci idiomu gestu, a potem formy wokalnej. Zob.: Giacomo Rizzolatti i M. A. Arbib, *Language Within Our Grasp*, „Trends in Neuroscience" 21 (1998), s. 188-194.

[15] Cyt. za: Sandra Blakelee, *Cells That Read Minds*, „New York Times", 10 stycznia 2006, s. C3.

[16] Daniel Stern, *The Present Moment in Psychotherapy and Everyday Life*, W. W. Norton, New York 2004, s. 76.

[17] Paul Ekman, *Telling Lies: Clues to Deceit in the Marketplace, Politics, and Marriage*, W. W. Norton, New York 1985 [wyd. pol.: *Kłamstwo i jego wykrywanie...*, cyt.].

[18] Robert Provine, *Laughter: A Scientific Investigation*, Viking Press, New York 2000.

[19] O preferowaniu przez mózg zadowolonych twarzy, zob.: Jukka Leppanen i Jari Hietanen, *Affect and Face Perception*, „Emotion" 3 (2003), s. 315-326.

[20] Barbara Fraley i Arthur Aron, *The Effect of a Shared Humorous Experience on Closeness in Initial Encounters*, „Personal Relationships" 11 (2004), s. 61-78.

[21] Obwody śmiechu znajdują się w najstarszych częściach mózgu, w pniu. Zob.: Stephen Sivvy i Jaak Panksepp, *Juvenile Play in the Rat*, „Physiology and Behavior" 41 (1987), s. 103-114.

[22] O najlepszych przyjaciołach, zob.: Brenda Lundy i in., *Same-sex and Opposite-sex Best Friend Interactions Among High School Juniors and Seniors*, „Adolescence" 33 (1998), s. 279-288.

[23] Za: Josh Tyrangiel, *Why Can't You Ignore Kanye*, „Time", 21 sierpnia 2005.

[24] Za: *Bling is Not Their Thing: Hip-hop Takes a Relentlessly Positive Turn*, „Daily News of Los Angeles", 24 lutego 2005.

[25] O memach, zob.: Susan Blackmore, *The Meme Machine*, Oxford University Press, Oxford 1999 [wyd. polskie: *Maszyna memowa*, przeł. N. Radomski, DW REBIS, Poznań 2002].

[26] Dokładniejszy opis torowania, zob.: E. T. Higgins, *Knowledge Activation: Accessibility, Applicability, and Salience*, w: *Social Psychology: Handbook of Basic Principles*, Guilford Press, New York 1996.

[27] O torowaniu uprzejmości, zob.: Bargh, Chen i Burrows, *Automaticity of Social Behavior*, s. 71.

[28] O automatycznym strumieniu myśli, zob.: John A. Bargh, *The Automaticity of Everyday Life*, w: R. S. Wyer (red.), *Advances in Social Cognition*, Erlbaum, Hillsdale 1997, vol. 10.

[29] O dokładności czytania w myślach, zob.: Thomas Geoff i Garth Fletcher, *Mind-reading Accuracy in Intimate Relationships: Assessing the Roles of the Relationship, the Target, and the Judge*, „Journal of Personality and Social Psychology" 85 (2003), s. 1079-1094.

[30] O zbieżności dwóch umysłów, zob.: Colwyn Trevarthen, *The Self Born in Intersubjectivity: The Psychology of Infant Communication*, w: Ulric Neisser (red.), *The Perceived Self: Ecological and Interpersonal Sources of Self-knowledge*, Cambridge University Press, New York 1993, s. 121-173.

[31] Do emocjonalnego połączenia dochodziło bez względu na to, czy dana para uważała, że się zaprzyjaźniła. Cameron Anderson, Dacher Keltner i Oliver P. John, *Emotional Convergence Between People over Time*, „Journal of Personality and Social Psychology" 84, nr 5 (2003), s. 1054-1068.

[32] Podczas haniebnych zamieszek na stadionie Heysel w 1985 roku angielscy chuligani zaatakowali kibiców belgijskiej drużyny, w wyniku czego runął mur i trzydzieści dziewięć osób poniosło śmierć. Od tamtej pory w całej Europie zdarzają się wszczynane przez kibiców burdy ze śmiertelnymi albo ciężko rannymi ofiarami.

[33] Elias Canetti, *Crowds and Power*, Continuum, New York 1973 [wyd. polskie: *Masa i władza*, przeł. E. Borg, M. Przybyłowska, „Czytelnik", Łódź 1996].

[34] Ogromną szybkość zmiany nastroju grupy zauważają Robert Levenson i Anna Reuf, *Emotional Knowledge and Raport*, w: William Ickes (red.), *Empathic Accuracy*, Guilford Press, New York 1997, s. 44-72.

[35] O udzielaniu się emocji, zob.: Elaine Halfield i in., *Emotional Contagion*, Cambridge University Press, Cambridge 1994.

[36] O emocjonalnym zarażeniu w zespołach, zob.: Sigal Barsade, *The Ripple Effect: Emotional Contagion and Its Influence on Group Behavior*, „Administrative Science Quarterly" 47 (2002), s. 644-675.

[37] Zapętlenie nastroju w grupie pozwala wszystkim nadawać na tej samej fali. W grupach podejmujących decyzje umacnia to ów rodzaj więzi, który pozwala na otwarte przedstawienie różnych zdań, bez strachu i wybuchów złości. Harmonia w grupie umożliwia pełne rozpatrzenie najszerszego wachlarza opinii i podjęcie najlepszych decyzji – jeśli członkowie grupy czują, że mogą swobodnie przedstawić zdanie odmienne. Podczas zażartej dyskusji trudno przyjąć to, co mówi inna osoba, a co dopiero dostroić się do niej.

Rozdział 4. Instynkt altruizmu

[1] Eksperyment z dobrym Samarytaninem, majstersztyk w zakresie psychologii społecznej, zob.: J. M. Darley i C. D. Batson, *From Jerusalem to Jericho*, „Journal of Personality and Social Psychology" 27 (1973), s. 100-108. Przytoczyłem te badania w mojej książce wydanej w 1985 roku, *Vital Lies, Simple Truths*.

[2] Podobnie jak w przypadku tych spieszących się studentów, sytuacje społeczne wpływają na to, jaki stopień połączenia wydaje się odpowiedni, a nawet na to, czy w ogóle do niego dochodzi. Odczuwalibyśmy na przykład niezbyt silną potrzebę przyjścia z pomocą jęczącej osobie, gdybyśmy widzieli nadjeżdżającą karetkę pogotowia. A ponieważ najłatwiej zadzierzgamy więź porozumienia z osobami, które wydają się do nas podobne, i tym trudniej, im więcej dostrzegamy między nami a innymi osobami różnic, jesteśmy bardziej skłonni zaoferować pomoc znajomemu niż nieznajomemu.

[3] O dobrym Samarytaninie i pomaganiu, zob. na przykład: C. Daniel Batson i in., *Five Studies Testing Two New Egoistic Alternatives to the Empathy-Altruism Hypothesis*, „Journal of Personality and Social Psychology" 55 (1988), s. 52-57.

[4] W języku angielskim zdaje się brakować słowa, które odpowiadałoby znaczeniem *kandou*, stanowi, który doczekał się nazwy w językach azjatyckich. W sanskrycie na przykład słowo *mudita* znaczy „znajdowanie przyjemności w dobroci wyświadczanej albo przyjmowanej przez kogoś innego". Za to w angielskim łatwo przyjęło się *Schadenfreude*, antonim *mudity*. Zob. też: Tania Singer i in., *Empathy for Pain Involves the Affective but Not Sensory Components of Pain*, „Science" 303 (2004), s. 1157-1162.

[5] Zob.: Jonathan D. Haidt i Corey L. M. Keyes, *Flourishing: Positive Psychology and the Life Well Lived*, American Psychological Association Press, Washington 2003.

[6] Mózg ryb, zob.: Joseph Sisneros i in., *Steroid-Dependent Auditory Plasticity Leads to Adaptive Coupling of Sender and Receiver*, „Science" 305 (2004), s. 404-407.

[7] Jeśli niemowlę czuje się zmęczone albo przygnębione, zachowuje się odwrotnie, poruszając się w sposób, który wyłącza jego układy spostrzegania, zwijając się i czekając, aż zostanie wzięte na ręce albo będzie pieszczone, by się uspokoiło. Zob.: Colwyn Trevarthen, *The Self Born in Intersubjectivity: The Psychology of Infant Communicating*, w: Ulric Neisser (red.), *The Perceived Self: Ecological and Interpersonal Sources of Self-knowledge*, Cambridge University Press, New York 1993, s. 121-73.

[8] O empatii w procesie ewolucji i u różnych rodzajów zwierząt, zob.: Charles Darwin, *The Descent of Man*, Princeton University Press, Princeton 1998 (wyd. pierwotne 1872) [wyd. polskie: *O pochodzeniu człowieka*, przeł. T. Masłowski, Lwów 1884].

[9] S. E. Shelton i in., *Aggression, Fear and Cortisol in Young Rhesus Monkeys*, „Psychoneuroendocrinology" 22, supplement 2 (1997), s. 198.

[10] O towarzyskich pawianach, zob.: J. B. Silk i in., *Social Bonds of Female Baboons Enhance Infant Survival*, „Science" 302 (2003), s. 1231-1234.

[11] Wcześniej uważano, że tym, co pozwoliło, by u ludzi rozwinął się tak duży i inteligentny mózg, była nasza zdolność trzymania i wytwarzania narzędzi. W ostatnich kilkudziesięciu latach coraz więcej zwolenników zdobywa pogląd, że to życie społeczne było korzystne dla przetrwania – i dla wychowania dzieci, które przeżyją do wieku, kiedy same będą mogły spłodzić potomków.

[12] Stephen Hill, *Storyteller, Recovering from Head-on Crash*, za: *Miracle of Mothers Day*, „Daily Hampshire Gazette", 11 maja 2005, s. B1.

[13] Pogląd, że empatia wiąże się ze współodczuwaniem emocji innej osoby, jest od dawna obecny w psychologii. Jeden z pierwszych teoretyków, William McDougall, stwierdził w 1908 roku, że podczas współczucia stan fizyczny pierwszej osoby wywołuje ten sam stan u drugiej. Osiemdziesiąt lat później Leslie Brothers postawiła hipotezę, że zrozumienie emocji innej osoby wymaga, byśmy w jakimś stopniu odczuli tę samą emocję. A w 1992 roku Robert Levenson i Anna Reuf, donosząc o zgodności rytmu serc u partnerów podczas emocjonalnej dyskusji, zasugerowali, że to podobieństwo fizjologiczne może być podstawą empatii.

[14] Tym neurobiologiem jest Christian Keysers z Uniwersytetu Groningen w Holandii. Cyt. za: Greg Miller, *New Neurons Strive to Fit In*, „Science" 311 (2005), s. 938-940.

[15] Za: Jonathan Cott, *On a Sea of Memory*, Random House, New York 2005, s. 138.

[16] Obwody nerwowe biorące w tym udział omówione są w: Kevin Ochsner i in., *Reflecting upon Feelings: An fMRI Study of Neural Systems Supporting the Attribution of Emotion to Self and Others*, „Journal of Cognitive Neuroscience" 16 (2004), s. 1746-1772.

[17] Obwody nerwowe aktywne podczas oglądania albo naśladowania ekspresji emocji, zob.: Laurie Carr i in., *Neural Mechanisms of Empathy in Humans: A Relay from Neural Systems for Imitation to Limbic Areas*, „Proceedings of the National Academy of Sciences" 100, nr 9 (2003), s. 5407-5502. Obszary pobudzone: kora przedruchowa, dolna część kory przedczołowej i przednia część wyspy oraz ciało migdałowate w prawej półkuli (w którym zaobserwowano znaczny wzrost aktywności podczas przejścia od przyglądania się do naśladowania).

[18] Zob.: Theodore Lipps, za: Vittorio Gallese, *The Shared „Manifold" Hypothesis: From Mirror Neurons to Empathy*, „Journal of Consciousness Studies" 8, nr 5-7 (2001), s. 33-50.

[19] Empatia i mózg, zob.: Stephanie D. Preston i Frans B. M. de Waal, *Empathy: Its Ultimate and Proximate Bases*, „Behavioral and Brain Sciences" 25 (2002), s. 1-20.

[20] To podobieństwo niekoniecznie jednak wskazuje na empatię. Może być tak, że przy dokładności pomiaru używanych przez nas obecnie instrumentów szczęście lub zadowolenie wypływające z dwóch źródeł neuronalnych wygląda podobnie.

[21] Obwody nerwowe mózgu aktywne w empatii, zob. Stephanie D. Preston i in., *Functional Neuroanatomy of Emotional Imagery: PET of Personal and Hypothetical Experiences*, „Journal of Cognitive Neuroscience April Supplement", 126.

[22] W kategoriach technicznych ta neuronalna droga na skróty jest „obliczeniowo wydajna", zarówno jeśli chodzi o przetwarzanie informacji, jak miejsce potrzebne do ich przechowywania. Preston i de Waal, *Empathy*.

[23] Zob.: Antonio Damasio, *The Feeling of What Happens*, Harcourt, New York 2000 [wyd. polskie: *Tajemnica świadomości: ciało i emocje współtworzą świadomość*, przeł. M. Karpiński, DW REBIS, Poznań 2000].

[24] Zob.: J. Aubrey, *Brief Lives, Chiefly of Contemporaries, set down by John Aubrey, Between the years 1669 and 1696*, opracował A. Clark, Clarendon Press, London 1898, t. I.

[25] Łagodniejszą wersję tezy „każdy sam dla siebie" przedstawił osiemnastowieczny filozof angielski Adam Smith, który głosił, że należy zdobywać majątek w gospodarce rządzącej się zasadami leseferyzmu. Zachęcał nas, byśmy uwierzyli, że własny interes jednostek doprowadzi do powstania sprawiedliwych rynków, co stało się jednym z ekonomicznych założeń systemu wolnego rynku. Zarówno Hobbesa, jak i Smitha często cytuje się we współczesnych pracach, których autorzy próbują dociec, co jest mechanizmem napędzającym ludzkie zachowania. Powołują się na nich zwłaszcza ci, którzy stawiają na pierwszym miejscu własne korzyści, osiągane – jak u Hobbesa – brutalnymi albo – jak u Smitha – racjonalnymi sposobami.

[26] Stephanie D. Preston i Frans de Waal, *The Communication of Emotions and the Possibility of Empathy in Animals*, w: S. Post i in. (red.), *Altruism and Altruistic Love: Science, Philosophy, and Religion in Dialogue*, Oxford University Press, New York 2002, dowodzą, że z ewolucyjnego punktu widzenia, z którego wiele różnych zachowań zinterpretować można jako formalnie „egoistyczne", podział na postawy samolubne i altruistyczne jest nieistotny.

[27] Za: Frans de Waal, *The Ape and the Sushi Master: Cultural Reflections by a Primatologist*, Basic Books-Perseus, New York 2001, s. 256. Mencjusz twierdzi, że jeśli dziecko ma za chwilę wpaść do studni, każdy, kto to widzi, odczuwa impuls, by skoczyć mu na ratunek.

[28] Jean Decety i Thierry Chaminade, *Neural Correlates of Feeling Sympathy*, „Neuropsychologia" 41 (2003), s. 127-138.

[29] Ap Dijksterhuis i John A. Bargh, *The Perception-Behavior Expressway: Automatic Effects of Social Perception on Social Behavior*, „Advances in Experimental Social Psychology" 33 (2001), s. 1-40.

[30] Charles Darwin, *The Expresion of Emotions in Man and Animals*, z komentarzem Paula Ekmana, Oxford University Press, New York 1998 (wyd. pierwotne) [wyd. polskie: *O wyrazie uczuć u człowieka i zwierząt*, przeł. Z. Majlert, K. Zaćwilichowska, PWN, Warszawa 1988].

[31] Beatrice de Gelder i in., *Fear Fosters Flight: A Mechanism for Fear Contagion When Perceiving Emotion Expressed by a Whole Body*, „Proceedings of the National Academy of Sciences" 101 (2004), s. 16701-16706. Obwód łączący korę przedczołową z przednią częścią zakrętu obręczy, który reaguje na bodźce społeczne, takie jak zdjęcia cierpiących ludzi, aktywuje z kolei inne układy, zgodnie z charakterem wyzwania.

[32] O podobieństwie, zob. na przykład: Dennis Krebs, *Empathy and Altruism: An Examination of the Concept and a Review of the Literature*, „Psychological Bulletin" 73 (1970), s. 258-302; C. D. Batson, *The Altruism Question: Toward a Scientific Answer*, Erlbaum, Mahwah 1991. Przyjęte w psychologii społecznej paradygmaty eksperymentalne mogą nie przedstawiać ludzkich potrzeb jako na tyle naglących, by ukazywały drogi łączące empatię z działaniem. Pytanie, czy osoba badana złożyłaby datek na organizację dobroczynną, przemawia do układów poznawczych, jak i emocjonalnych. Ale odpowiednik próby Mencjusza – widok dziecka, które może zaraz wpaść do studni – powinien uruchomić inny obwód nerwowy, a zatem dać kontrastujące ze sobą wyniki.

[33] Preston i de Waal, *Communication of Emotions*, stawiają hipotezę, że łączenie

się w bólu z inną osobą ma różne stopnie nasilenia. Zarażenie emocjonalne prowadzi do powstania u widza tak samo silnego stanu wewnętrznego jak u osoby cierpiącej, rozmywając granicę między „ja" a inną osobą. W empatii widz wchodzi w podobny – chociaż słabszy – stan emocjonalny, ale utrzymuje się wyraźna granica między „ja" a inną osobą. W empatii poznawczej widz odczuwa to samo co osoba cierpiąca, myśląc o jej trudnym położeniu, ale podchodząc do tego z pewnym dystansem. Natomiast współczucie jest wyczuciem cierpienia innej osoby przy minimalnym albo zgoła żadnym przeżywaniu tego bólu. Prawdopodobieństwo przyjścia z pomocą wzrasta wraz ze stopniem emocjonalnego współprzeżywania.

[34] Zob.: Jerome Kagan, w: Anne Harrington i Arthur Zajonc (red.), *The Dalai Lama at MIT*, Harvard University Press, Cambridge 2006.

[35] Podejście filozoficzne, które stara się pogodzić te stanowiska: Owen Flanagan, *Ethical Expressions: Why Moralists Scowl, Frown, and Smile*, w: Jonathan Hodge i Gregory Radick, *The Cambridge Companion to Darwin*, Cambridge University Press, New York 2003.

Rozdział 5. Neuroanatomia pocałunku

[1] Korę oczodołową nazwano „strefą największego zbiegu połączeń nerwowych". Wśród najważniejszych obszarów mózgu mających silne połączenia z tą korą są: grzbietowo-boczna część kory przedczołowej, która reguluje procesy uwagi; kora czuciowa, odpowiedzialna za spostrzeganie zmysłowe; kora somatosensoryczna i pień mózgu, przetwarzające informacje płynące z wnętrza organizmu; podwzgórze, ośrodek neuroendokrynalny mózgu, regulujący poziom hormonów; autonomiczny układ nerwowy, regulujący czynności życiowe niezależne od naszej woli, takie jak rytm serca i trawienie; przyśrodkowa część płata skroniowego, zajmująca się pamięcią; kora kojarzeniowa, odpowiedzialna za myślenie abstrakcyjne; oraz ośrodki znajdujące się w pniu mózgu, takie jak twór siatkowaty, regulujący poziom pobudzenia. Funkcje kory oczodołowej i połączonych z nią struktur mózgu, zob. na przykład: Allan Schore, *Affect Regulation and the Origin of the Self: The Neurobiology of Emotional Development*, Erlbaum, Hillsdale 1994; Simon Baron-Cohen, *Mindblindness: An Essay on Autism and Theory of Mind*, MIT Press, Cambridge 1995; Antonio Damasio, *Descartes' Error: Emotion, Reason and the Human Brain*, Grosset-Putnam, New York 1994 [wyd. polskie: *Błąd Kartezjusza: emocje, rozum i ludzki mózg*, przeł. M. Karpiński, DW REBIS, Poznań 1999].

[2] Kora oczodołowa (pola Brodmanna 11, 12, 14 i 47) reguluje szeroki zakres zachowań społecznych. Ma bogatą sieć połączeń z ciałem migdałowatym, korą przedniej części zakrętu obręczy i obszarami somatosensorycznymi. Silnie powiązanym z innymi strukturami mózgu obszarem kory jest też płat skroniowy, odgrywający decydującą rolę w identyfikacji obiektu i rozpoznawaniu znaczenia sytuacji. Wszystkie te rejony biorą udział w płynnej koordynacji interakcji społecznych. Płat oczodołowy ma rozległą sieć wypustek biegnących do ośrodków emocji, które pozwalają mu modulować reakcje emocjonalne. Jedną z głównych funkcji tych sieci

podczas interakcji wydaje się hamowanie reakcji emocjonalnych i koordynowanie ich z danymi wejściowymi o znaczeniu społecznym w celu dobrego dostrojenia naszych reakcji do sytuacji. Zob. na przykład: Schore, *Affect Regulation.* Zob. też: Jennifer S. Beer i in., *The Regulatory Function of Self-Conscious Emotion: Insights from Patients with Orbitofrontal Damage*", „Journal of Personality and Social Psychology" 85 (2003), s. 594-604; Jennifer S. Beer, *Orbitofrontal Cortex and Social Behavior: Integrating Self-monitoring and Emotion-Cognition Interactions*, „Journal of Cognitive Neuroscience" 18 (2006), s. 871-880.

[3] Kora oczodołowa ma bezpośrednie połączenia z układem autonomicznym, dzięki czemu jest ośrodkiem kontrolnym pobudzania i odprężania. Do innych obszarów korowych mających połączenia z układem autonomicznym należą kora przedniej części zakrętu obręczy i przyśrodkowa okolica kory przedczołowej.

[4] W chwilach przypływu macierzyńskiej miłości kora oczodołowa praktycznie zalewa impulsami inne obszary mózgu, przypuszczalnie uruchamiając napływ ciepłych myśli. Zob.: Jack B. Nitschke i in., *Orbitofrontal Cortex Tracks Positive Mood In Mothers Viewing Pictures of Their Newborn Infants*, „NeuroImage" 21 (2004), s. 583-592.

[5] O pierwszym wrażeniu, zob.: Michael Sunnafrank i Artemio Ramirez Jr., *At First Sight: Persistent Relationship Effects of Get-Acquainted Conversations*, „Journal of Social and Personal Relationships" 21, nr 3 (2004), s. 361-379. Jak można się było spodziewać, strona, która odczuwa mniejszy pociąg do drugiej, ma największy wpływ na to, czy znajomość rozkwitnie. Jeśli jedna osoba chce nawiązać stosunki, a druga nie, strona niechętna ma prawo weta. Innymi słowy, jeśli nie chcesz być moim przyjacielem, nic na to nie poradzę. Okazało się, że dwa czynniki, które intuicyjnie wydawały się ważne – początkowy pociąg i poczucie podobieństwa – nie odgrywają w tym roli.

[6] Kora przedniej części zakrętu obręczy bierze udział w wielu funkcjach, zwłaszcza w kierowaniu uwagi, odczuwaniu bólu, zauważaniu błędów i regulacji czynności organów wewnętrznych, takich jak oddychanie i rytm serca. Ta część kory ma gęste połączenia z ośrodkami emocji, takimi jak ciało migdałowate, znajdującymi się w niższych partiach mózgu; niektórzy neuroanatomowie przypuszczają, że rozwinęła się ona jako styk łączący nasze myśli z uczuciami. Dzięki temu odgrywa ona kluczową rolę w funkcjonowaniu świadomości społecznej.

[7] O komórkach wrzecionowatych, zob.: John M. Allman i in., *The Anterior Cingulate Cortex: The Evolution of an Interface Between Emotion and Cognition*, „Annals of the New York Academy of Sciences" 935 (2001), s. 107-117.

[8] Chociaż większość z setek rodzajów neuronów występujących w ludzkim mózgu można znaleźć u innych ssaków, komórki wrzecionowate są rzadkim wyjątkiem. Mają je tylko nasi najbliżsi krewni, małpy człekokształtne. U orangutanów, naszych dalszych kuzynów, jest ich kilkaset, u naszych genetycznie najbliższych krewnych – goryli, szympansów i bonobo – dużo więcej. My mamy ich najwięcej, blisko sto tysięcy.

[9] Zob.: A. D. Craig, *Human Feelings: Why Are Some More Aware Than Others*, „Trends in Cognitive Sciences" 8 (2004), s. 239-241.

[10] O korze przedniej części zakrętu obręczy i przenikliwości społecznej, zob.: R. D. Lane i in., *Neural Correlates of Levels of Emotional Awareness: Evidence of an Interaction Between Emotion and Attention in the Anterior Cingulate Cortex*, „Journal of Cognitive Neuroscience" 10 (1998), s. 525-535. U osób pogrążonych w chronicznej depresji, którym nie pomagają leki, ta część kory wykazuje na ogół niezwykle słabą aktywność.

[11] O emocjach społecznych, zob.: Andrea Bartels i Semir Zeki, *The Neural Basis of Romantic Love*, „NeuroReport" 17 (2000), s. 3829-3834. Pole F1 kory oczodołowej i pole Z4 kory przedniej części zakrętu obręczy obfitują w komórki wrzecionowate.

[12] O roli kory oczodołowej i kory przedniej części zakrętu obręczy w ocenianiu innych osób, zob.: Don M. Tucker i in., *Corticolimbic Mechanisms in Emotional Decisions*, „Emotion" 3, nr 2 (2003), s. 127-149.

[13] Tanya Chartrand i John Bargh, *The Chameleon Effect: The Perception-Behavior Link and Social Interaction*, „Journal of Personality and Social Psychology" 76 (1999), s. 893-910.

[14] Kora przedniej części zakrętu obręczy może być tylko jednym z wielu rejonów w szeroko rozgałęzionym neuronalnym układzie sympatii–antypatii. Wśród innych obszarów kandydujących do tego układu jest wyspa.

[15] Henry James, *The Golden Bowl*, Penguin, New York 1987, s. 147-149 (wyd. pierwotne 1904).

[16] Zob.: J. P. Mitchell i in., *Distinct Neural Systems Subserve Person and Object Knowledge*, „Proceedings of the National Academy of Sciences" 99, nr 23 (2002), s. 15238-15243. Obwody nerwowe, które uaktywniają się podczas wydawania osądów o innych osobach: grzbietowa i brzuszna część przyśrodkowej kory przedczołowej, prawa bruzda międzyciemieniowa, prawy zakręt wrzecionowaty, kora górnej i przyśrodkowej części prawego płata skroniowego, kora ruchowa lewej półkuli i rejony kory potylicznej. Trzy, które są aktywne, podczas gdy mózg odpoczywa, to: grzbietowa i brzuszna część przyśrodkowej kory przedczołowej oraz obszary bruzdy międzyciemieniowej.

[17] Matthew Lieberman jest dyrektorem Social Cognitive Neuroscience Laboratory na University of California w Los Angeles. W 2001 roku dokonał wspólnie z Kevinem Ochsnerem niesłychanego wyczynu. Artykuł, który napisali, będąc skromnymi magistrantami na Harvardzie, został przyjęty przez najbardziej prestiżowe czasopismo psychologiczne, „The American Psychologist", w którym nawet słynnym profesorom trudno jest coś zamieścić. Ich artykuł obwieszczał połączenie psychologii społecznej, nauki o poznaniu i nauk o mózgu, wyznaczając jeden z głównych kierunków neurobiologii społecznej. Lieberman będzie redaktorem naczelnym pierwszego czasopisma naukowego z tej dziedziny, „Social, Cognitive, and Affective Neuroscience", które ma zacząć się ukazywać w 2006 roku.

[18] O aktywności standardowej mózgu, zob.: Marco Iacoboni i in., *Watching Social Interactions Produces Dorsomedial Prefrontal and Medial Paretial BOLD fMRI Signal Increases Compared to a Resting Baseline*, „NeuroImage" 21 (2004), s. 1167-1173.

[19] O emocjach jako systemie wartości mózgu, zob. na przykład: Daniel J. Siegel, *The Developing Mind: How Relationships and the Brain Interact to Shape Who We Are*, Guilford Press, New York 1999.

[20] Ta alternatywna decyzja wywołuje charakterystyczne wzbudzenie komórek według wzoru „tak" lub „nie", które jest neuronalnym odpowiednikiem kiwnięcia lub pokręcenia głową. Ta neuronalna sygnatura decyzji utrzymuje się zaledwie jedną dwudziestą sekundy, ale jest to wystarczający czas, by inne obszary miały szansę ją odczytać. Ostateczne wyraźne zarejestrowanie wzorca tak/nie w korze oczodołowej trwa prawie dziesięciokrotnie dłużej, około 500 milisekund. To początkowe stadium decyzji o sympatii/antypatii zabiera z grubsza pół sekundy.

[21] Jeśli jest to sesja przetargowa, to znaczy z szansami na powtórne interakcje, odmowa staje się w rzeczywistości zachowaniem racjonalnym (i powszechnym), ponieważ wyznacza stanowisko przetargowe, które może przynieść korzyści podczas późniejszych pertraktacji. Odmowa jest „nieracjonalna", tylko jeśli pada w jednorazowej sytuacji, w której nie ma żadnych możliwości ustalenia pozycji przetargowej podczas rozmowy z aktualnym partnerem.

[22] Zob.: Alan G. Sanfey i in., *The Neural Basis of Economic Decision-making in the Ultimatum Game*, „Science" 300 (2003), s. 1755-1757.

[23] W grzbietowobocznej płaszczyźnie kory przedczołowej znajduje się sieć hamująca, która przystępuje do działania, kiedy świadomie powstrzymujemy impuls. Inna droga hamująca biegnie przez przyśrodkowy obszar kory przedczołowej, gdzie mieszczą się neurony pobudzające, które aktywują neurony hamujące w ciele migdałowatym. Zob.: Gregory J. Quirk i Donald R. Gehlert, *Inhibition of the Amygdala: Key to Pathological States?*, „Annals of the New York Academy of Science" 985 (2003), s. 263-272. Nie ma jednak wśród neurobiologów zgody co do szczegółów dróg hamujących.

[24] Zob.: Natalie Camille i in., *The Involvement of the Orbitofrontal Cortex in the Experience of Regret*, „Science" 304 (2004), s. 1167-1170.

[25] Kora oczodołowa jest tylko jednym z mechanizmów wykorzystywanych przez drogę wysoką do powściągania ciała migdałowatego. Innym rejonem kory przedczołowej spełniającym tę samą rolę jest obszar brzusznoprzyśrodkowy. Wpływ jest obustronny, ponieważ również ciało migdałowate oddziałuje na korę przedczołową. Nie odkryto jeszcze, jakie dokładnie warunki decydują o tym, czy kora oczodołowa i ciało migdałowate nawzajem się hamują lub też działają synergicznie.

[26] Ta nieświadomość zwana jest „anosognią społeczną", niezdolnością dostrzeżenia niestosowności swoich zachowań. O uszkodzeniach kory oczodołowej i gafach towarzyskich, zob.: Beer i in., *Orbitofrontal Cortex and Social Behavior.*

[27] Kora oczodołowa zdaje się odgrywać ważną rolę w ukrytej regulacji zachowań, natomiast grzbietowoboczna część kory przedczołowej w ich regulacji wyraźnej. Jeśli ta druga pozostaje nieuszkodzona, pacjenci ci mogą poprawić niektóre swoje zachowania, kiedy uświadomią sobie wyraźnie, że zachowali się niewłaściwie. Rzecz w tym, że muszą najpierw zauważyć, że zrobili coś niestosownego.

[28] Zob.: Kate G. Niederhoffer i James W. Pennebaker, *Linguistic Style Matching in Social Interaction*, „Journal of Language and Social Psychology" 21 (2002), s. 337-360.

[29] Świadectwem pozbywania się przez kilkunastoletnie dziewczęta zahamowań w Internecie jest „cybernetyczne terroryzowanie", okrutne prześladowanie, doku-

czanie i rozpuszczanie plotek, które doprowadza ofiarę do łez. Zob.: Kristin Palpini, *Computer Harassment: Meanness Bottled in a Message*, „Daily Hampshire Gazette", 17 grudnia 2005, s. 1. Bardziej złowieszczym minusem pozbycia się zahamowań w sieci są plugawe praktyki dorosłych, którzy poprzez Internet nakłaniają młodzież do dokonywania za zapłatą aktów seksualnych przed podłączonymi do komputerów kamerami. Zob.: Kurt Eichenwald, *Through His Webcam, a Boy Joins a Sordid Online World*, „New York Times", 19 grudnia 2005, s. 1.

[30] Kevin Ochsner i in., *Rethinking Feelings: An fMRI Study of the Cognitive Regulation of Emotion*, „Journal of Cognitive Neuroscience" 14 (2002), s. 1215-1229. Myśli tej kobiety zostały zrekonstruowane na podstawie opisu badań.

[31] W niektórych badaniach prowadzonych za pomocą fMRI zamiast lusterka używa się gogli, przez które pokazuje się obrazy.

[32] Grzbietowoboczna płaszczyzna kory przedczołowej zdaje się brać udział w poszukiwaniu nowego „rozwiązania" problemu emocjonalnego za pomocą języka i pamięci roboczej, a więc na drodze jasnego, celowego rozumowania. Natomiast kora oczodołowa reguluje prawdopodobnie emocje poprzez reprezentacje kontekstu społecznego, reguł życia społecznego i tak dalej, które nie są wyraźnie werbalizowane. Kevin Ochsner postrzega ten proces w kategoriach reprezentacji skojarzeniowych, które łączą działania z wartościami afektywnymi. Grzbietowobrzuszna część kory przedczołowej może zapamiętywać opisy tych skojarzeń i na ich podstawie kierować naszymi zachowaniami. Zob.: Kevin Ochsner i James Gross, *The Cognitive Control of Emotion*, „Trends in Neuroscience" 9 (2005), s. 242-249.

[33] Drogi alternatywne, zob.: Kevin Ochsner i in., *For Better or for Worse: Neural Systems Supporting the Cognitive Down- and Up-regulation of Negative Emotion*, „NeuroImage" 23 (2004), s. 483-499.

[34] Kevin Ochsner, *How Thinking Controls Feeling: A Social Cognitive Neuroscience Approach*, w: P. Winkleman and E. Harmon-Jones (red.), *Social Neuroscience*, Oxford University Press, New York 2006.

[35] Zob.: A. R. Hariri i in., *Modulating Emotional Response: Effects of a Neocortical Network on the Limbic System*, „NeuroReport" 8 (2000), s. 11-43; Matthew D. Lieberman i in., *Putting Feelings Into Words: Affect Labeling Disrupts Affect-related Amygdala Activity*, UCLA, maszynopis niepublikowany.

[36] Chociaż w pierwszej chwili tworzenia pętli emocjonalnej z inną osobą mózg dopasowuje nasze emocje do emocji, którą spostrzegamy, droga wysoka daje nam w pewnym momencie możliwość wyboru – możemy wybrać jeden z dwóch rodzajów reakcji. Wybierając jeden z nich, dostrajamy się nadal do uczuć danej osoby – jej radość cieszy nas, jej cierpienie przygnębia. Wybierając drugi, odczuwamy na przykład zazdrość z powodu jej radości albo *Schadenfreude* z powodu jej cierpienia.

[37] Zob.: David Guy, *Trying to Spaek: A Personal History*, „Tricycle", lato 2003.

[38] O ciele migdałowatym i fobii społecznej, zob. na przykład: M. B. Stein i in., *Increased Amygdala Activation to Angry and Contemptuous Faces in Generalized Social Phobia*, „Archives of General Psychiatry" 59 (2002), s. 1027-1034.

[39] W bocznej części ciała migdałowatego jest miejsce, gdzie najpierw rejestrowane

są wszystkie informacje zmysłowe; według Josepha LeDoux, w znajdującym się obok obszarze środkowym mieszczą się komórki, które przyswajają sobie strach.

[40] Zob.: prace Karima Nadera z McGill University, cytowane przez Josepha LeDoux w referacie na spotkaniu Consortium for Research on Emotional Intelligence in Organizations, Cambridge, 14 grudnia 2004.

[41] Strategia ta wykorzystywana jest zarówno w terapii poznawczej, jak i w leczeniu farmakologicznym, na przykład propranololem. Jeśli chodzi o pokonanie strachu, który jest wynikiem urazu, rekonsolidacja tego wspomnienia odbywa się, według LeDoux, bezpośrednio w komórkach nerwowych. Neurony, które przechowują pamięć o przerażającej treści wspomnienia, znajdują się w części ciała migdałowatego nie mającej bezpośrednich połączeń z tym obszarem kory przedczołowej, który odszukuje świadome aspekty wspomnienia, takie jak szczegóły tego, co, gdzie i z kim się wydarzyło. Jednak celowa relaksacja – jak w terapii wygaszania – wykorzystuje część obszaru przedczołowego, który łączy się bezpośrednio z ośrodkiem strachu w ciele migdałowatym, i daje możliwość zmiany przerażającego wspomnienia przez rekonsolidację. LeDoux stawia hipotezę, że za każdym razem, kiedy ponownie przeżywamy ów pierwotny strach, mamy dwie godziny na rekonsolidację przerażającego wspomnienia. Przyjęcie w tym okresie proplanololu, który hamuje aktywność komórek ciała migdałowatego (i, przypuszczalnie, głęboka relaksacja, jak w terapii wygaszania), zmienia rekonsolidację w taki sposób, że ciało migdałowate nie będzie już reagowało takim strachem następnym razem, kiedy zostanie przywołane traumatyczne wspomnienie.

[42] Alternatywna teoria głosi, że psychoterapia wzmacnia obwody przedczołowe, które łączą się z obwodem hamowania w ciele migdałowatym. Zob.: Quirk i Gehlert, *Inhibition of Amygdala*.

[43] O zmniejszaniu złości, zob.: Elizabeth Brondolo i in., *Exposure-based Treatment for Anger Problems: Focus on the Feeling*, „Cognitive and Behavioral Practice" 4 (1997), s. 75-98. Wystawienie na bodziec jest coraz częściej wirtualne, jak w symulacjach lotu samolotem.

[44] O terapii fobii społecznej, zob.: David Barlow, *Anxiety and Its Disorders*, Guilford Press, New York 1988.

[45] LeDoux używa tutaj terminów „droga wysoka" i „droga niska" w sensie „technicznym", określając nimi drogi dopływu do ciała migdałowatego informacji o bodźcach zewnętrznych ze „wzgórza sensorycznego" i kory czuciowej. „Drogą niską" docierają szybko surowe informacje (wrażenia), natomiast drogą wysoką informacje już przetworzone, a więc dokładniejsze i w większej ilości. Droga niska, inaczej niż wysoka, potrafi odróżnić węża od gałęzi leżącej na ziemi. Droga niska się asekuruje – lepiej dmuchać na zimne. W kategoriach opozycji między automatycznym a kontrolowanym opracowywaniem informacji – to znaczy w sensie heurystycznym, w jakim ja używam tych terminów – obie drogi LeDoux, wysoka i niska, są „niskie", ponieważ opracowują informacje szybko i automatycznie.

[46] Znakomity neurobiolog Michael Gazzaniga użył określenia „mózg społeczny" w innym sensie – nie jako nazwy części mózgu aktywnych podczas interakcji społecznych, lecz jako metafory odnoszącej się do struktury i funkcjonowania całego mózgu. Dowodzi on, że mózg działa jak mała społeczność, której wyraźnie

niezależne od siebie moduły współpracują ze sobą w celu wykonania jakiegoś zadania, zupełnie jak ludzie, którzy zgadzają się pracować przez pewien czas wspólnie nad jakimś projektem. Jednak w znaczeniu, w jakim ja używam tu tego określenia, „mózg społeczny" jest tym modułem, który organizuje nasze zachowania podczas kontaktów z innymi osobami.

[47] Każdy obszar mózgu uczestniczy w wielu funkcjach, a więc żaden nie jest wyłącznie „społeczny", może oprócz wyspecjalizowanych obwodów, takich jak neurony lustrzane. Fakt, że jakiś obszar uaktywnia się podczas danego procesu społecznego, nie znaczy, że „powoduje" ten proces, bo uczestnictwo nie jest sprawstwem. Więcej ostrzeżeń przed łączeniem aktywności neuronalnej z procesem społecznym, zob.: Daniel Willingham i Elizabeth Dunn, *What Neuroimaging and Brain Localization Can Do, Cannot Do, and Should Not Do for Social Psychology*, „Journal of Personality and Social Psychology" 85 (2003), s. 662-671.

[48] Zob.: Michael Gershon, *The Second Brain*, Harper, New York 1999; Michael Gershon, *Plasticity in Serotonin Control Mechanisms in the Gut*, „Current Opinion in Pharmacology" 3 (1999), s. 600.

[49] Które dokładnie sieci zostaną zaangażowane, zależy od konkretnego działania; wszystkie te obwody, łącznie wzięte, tworzą mózg społeczny. O „drodze relacji", zob.: Stephanie D. Preston i Frans B. M. de Waal, *Empathy: Its Ultimate and Proximate Bases*, „Behavioral and Brain Science" 25 (2005), s. 1-20.

Rozdział 6. Czym jest inteligencja społeczna?

[1] Świadkiem tej interakcji była Dee Speese-Linehan, dyrektorka Social Development Department w New Haven Public Schools.

[2] Edward L. Thorndike, *Inteligence and Its Use*, „Harper's Monthly Magazine" 140 (1920), s. 227-235. Zdolności składające się na inteligencję społeczną ujęte są w moim modelu inteligencji emocjonalnej w kategoriach „świadomość społeczna" i „kierowanie związkami z innymi".

[3] Spostrzeżenie to potwierdzają setki niezależnych badań przeprowadzonych w różnych organizacjach w celu odkrycia kompetencji, które odróżniają najlepszych pracowników, zwłaszcza najbardziej utalentowanych szefów, od przeciętnych. Zob.: Lyle Spencer i Signe Spencer, *Competence at Work*, John Wiley, New York 1993; Daniel Goleman, *Working with Emotional Intelligence*, Bantam Books, New York 1998 [wyd. polskie: *Inteligencja emocjonalna w praktyce*, przeł. A. Jankowski, Media Rodzina, Poznań 1999]; Daniel Goleman, Richard Boyatzis i Annie McKee, *Primal Leadership*, Harvard Business School Press, Boston 2002.

[4] David Wechsler, *The Measurement and Appraisal of Adult Intelligence*, IV wyd., Williams and Wilkins, Baltimore 1958, s. 75.

[5] Brian Parkinson, *Emotions Are Social*, „British Journal of Psychology" 87 (1996), s. 663-683; Catherine Norris i in., *The Interaction of Social and Emotional Processes in the Brain*, „Journal of Cognitive Neuroscience" 16, nr 10 (2004), s. 1819-1829.

[6] Prototyp inteligencji emocjonalnej opracowany przez Johna Mayera i Petera Saloveya obejmuje aspekty inteligencji emocjonalnej. Dylematowi temu stawił

odważnie czoło Reuven Bar-On, zmieniając nazwę swojego modelu inteligencji emocjonalnej na model inteligencji „emocjonalno-społecznej". Zob.: Reuven Bar-On, *The Bar-On Model of Emotional-Social Intelligence (ESI)*, „Psicothema" 17 (2005). Dodatek C wyjaśnia, w jaki sposób inteligencja społeczna została włączona do mojego modelu.

[7] Potrzebę rozróżnienia między umiejętnościami intrapersonalnymi i interpersonalnymi dostrzegł Howard Gardner w swojej przełomowej pracy *Frames of Mind: The Theory of Multiple Intelligences*, Basic Books, New York 1983.

[8] O empatii pierwotnej i neuronach lustrzanych, zob.: Greg Miller, *New Neurons Strive to Fit In*, „Science" 311 (2005), s. 938-940.

[9] Judith A. Hall, *The PONS Test and the Psychometric Approach to Measuring Interpersonal Sensitivity*, w: Judith A. Hall i Frank J. Bernieri, *Interpersonal Sensitivity: Theory and Measurement*, Erlbaum, Mahwah 2001. PONS bada wrażliwość na każdy kanał niewerbalnych sygnałów emocji; respondenci proszeni są o odgadnięcie, na jaką sytuację społeczną wskazują, PONS może więc nie być testem jedynie empatii pierwotnej (zresztą nie dla jej mierzenia został skonstruowany). Jednak pewne aspekty PONS zdają się obejmować ten wymiar.

[10] O teście odczytywania myśli z wyrazu oczu, zob.: Simon Baron-Cohen, *The Essential Difference: Men, Women, and the Extreme Male Brain*, Allen Lane, London 2003.

[11] W sprawie przeglądu teorii i praktyki słuchania, zob.: A. D. Wolvin i C. G. Coakley (red.), *Perspectives on Listening*, Ablex, Norwood 1993. Zob. też: B. R. Witkin, *Listening Theory and Research: The State of Art*, „Journal of the International Listening Association" 4 (1990), s. 7-32.

[12] Dotyczy to sytuacji, w których czyjś sukces zależy od starań o to, by stali klienci firmy byli zadowoleni. O gwiazdach w tej dziedzinie, zob.: Spencer i Spencer, *Competence.*

[13] C. Bechler i S. D. Johnson, *Leading and Listening: A Study of Member Perception*, „Small Group Research" 26 (1995), s. 77-85. S.D. Johnson i C. Bechler, *Examining the Relationship Between Listening Effectiveness and Leadership Emergence: Perceptions, Behaviors, and Recall*, „Small Group Research" 29 (1998), s. 452-471; S. C. Wilmington, *Oral Communication Skills Necessary for Successful Teaching*, „Educational Research Quarterly" 16 (1992), s. 5-17.

[14] O wybijających się przedstawicielach zawodów polegających na pomaganiu innym, zob.: Spencer i Spencer, *Competence.*

[15] Zob.: Edward Hollowell, *The Human Moment at Work*, „Harvard Business Review", styczeń-luty 1999, s. 59.

[16] O synchronii fizjologicznej i słuchaniu, zob.: Robert Levenson i Anna Reuf, *Emotional Knowledge and Rapport*, w: William Ickes (red.), *Empathic Accuracy*, s. 2.

[17] O trafności empatycznej, zob.: Ickes, *Empathic Accuracy*, s. 2.

[18] W odczuwaniu empatii pierwotnej zdają się brać udział drogi nerwowe łączące korę sensoryczną ze wzgórzem i ciałem migdałowatym oraz drogi biegnące do tych dwóch struktur z obszarów, których zaangażowania wymaga odpowiednia reakcja. Natomiast w empatii poznawczej – na przykład dokładności empatycznej i teorii

umysłu – biorą prawdopodobnie udział drogi biegnąc ze wzgórza przez korę do ciała migdałowatego, a stamtąd do obwodów wyzwalających daną reakcję. Zob.: James Blair i Karina Perschardt, *Empathy: A Unitary Circuit or a Set of Dissociable Neuro-cognitive Systems?*, w: Stephanie D. Preston i Frans B. M. de Waal, *Empathy: Its Ultimate and Proximate Bases*, „Behavioral and Brain Science" 25 (2002), s. 1-72.

[19] Znacznie różnimy się między sobą w dokładności dostrzegania, nie mówiąc już o odczytywaniu tych stale docierających do nas sygnałów, ale szerokie spektrum tej zdolności w każdej danej grupie ludzi wskazuje, że właśnie mierzenie tej trafności empatycznej jest sposobem oceniania różnic osobniczych, owej specjalności psychometrii. Zob.: William Ickes, *Measuring Empathic Accuracy*, w: Judith A. Hall i Frank J. Bernieri, *Interpersonal Sensitivity: Theory and Measurement*, Erlbaum, Mahwah 2001.

[20] Victor Bissonette i in., *Empathic Accuracy and Marital Conflict Resolution*, w: Ickes, *Empathic Accuracy.*

[21] Levenson i Reuf, *Emotional Knowledge.*

[22] Używam tutaj terminu „poznanie społeczne" w węższym sensie, niż ma on w psychologii społecznej. Zob. na przykład: Ziva Kunda, *Social Cognition*, MIT Press, Cambridge 1999.

[23] Osoby, które są zbyt pobudzone albo zdezorientowane, by dobrze spostrzegać, albo zbyt impulsywne w szukaniu remedium, kiepsko sobie z tym radzą. Stąd biorą się u osób z zaburzeniami psychicznymi trudności w rozwiązywaniu problemów społecznych. Zob.: Edward Chang i in. (red.), *Social Problem Solving*, American Psychological Association Press, Washington 2004.

[24] Miary inteligencji społecznej, zob.: K. Jones i J. D. Day, *Discrimination of Two Aspects of Cognitive-Social Intelligence from Academic Intelligence*, „Journal of Educational Psychology" 89 (1997), s. 486-497.

[25] Synergia elementów świadomości społecznej, którą tutaj proponuję, jest oczywiście hipotezą wymagającą sprawdzenia.

[26] Chociaż wiele badań nad synchronią interakcji przeprowadzono w latach siedemdziesiątych i osiemdziesiątych ubiegłego wieku, tematyka ta przestała być modna i mimo niedawnych prób jej ożywienia jest przeważnie ignorowana przez socjologię i psychologię społeczną. Jedną z barier utrudniających te badania – ogromny wysiłek, jaki trzeba włożyć w obliczanie synchronii – uda się być może pokonać dzięki zastosowaniu analizy komputerowej, chociaż niektórzy badacze dowodzą, że nasze zdolności spostrzegania nadal górują nad możliwościami komputerów, jeśli chodzi o rozpoznawanie schematów. Zob.: Frank Bernieri i in., *Synchrony, Pseudosynchrony, and Dissynchrony: Measuring the Entrainment Prosody in Mother-Infant Interactions*, „Journal of Personality and Social Psychology" 2 (1988), s. 243-253. Mimo to korelacja nie jest przyczynowością – związek ten może działać w innym kierunku. Niewerbalne czynniki ułatwiające wzajemne zrozumienie, zob.: metaanaliza osiemnastu badań w: Linda Tickle-Degnan i Robert Rosenthal, *The Nature of Rapport and Its Nonverbal Correlates*, „Psychological Inquiry" 1, nr 4 (1990), s. 285-293.

[27] Badacze z Emory University w Atlancie opracowali odmianę PONS do diagnozowania tego problemu u dzieci. Test pokazuje twarze dzieci i dorosłych

wyrażające jedną z czterech głównych emocji: radość, smutek, złość i strach. Słyszą one też zdanie o neutralnej treści – na przykład „Wychodzę teraz z pokoju, ale później wrócę" – wypowiadane tonem charakterystycznym dla każdej z tych czterech emocji. Większość dzieci – ale nie dzieci dyssemiczne – potrafi w wieku dziesięciu lat dobrze zidentyfikować te uczucia. Zob.: Stephen Nowicki i Marshall P. Duke, *Nonverbal Receptivity: The Diagnostic Analysis of Nonverbal Accuracy (DANVA)*, w: Hall i Bernieri, *Interpersonal Sensitivity.*

[28] Ponieważ te podstawowe umiejętności społeczne są tak istotne dla tworzenia dających satysfakcję związków z innymi, istnieją obecnie programy pomagające w tym zakresie dzieciom cierpiącym na dyssemię. Zob.: Stephen Nowicki, *The Diagnostic Analysis of Nonverbal Accuracy-2: Remediation*, maszynopis niepublikowany, Emory University i Marshall P. Duke i in., *Teaching Your Child the Language of Social Success*, Peachtree Press, Atlanta 1996. Inną przyczyną niemożności znalezienia wspólnego języka może być stan nazywany obecnie przez część specjalistów „zaburzeniami przetwarzania informacji czuciowych". Zob.: Carol Stock Kranowitz, *The Out-of-Synch Child: Recognizing and Coping with Sensory Processing Disorder*, Penguin, New York 2005.

[29] Lista objawów, zob.: Nowicki i Duke, *Nonverbal Receptivity.*

[30] O dyssemii u dorosłych, zob.: Nowicki i Marshall P. Duke, *Will I Ever Fit In?* Free Press, New York 2002.

[31] O tym, co powoduje dyssemię: Stephen Nowicki, informacja osobista.

[32] O programach korygujących dyssemię u dorosłych, zob.: Nowicki i Duke, *Will I Ever...* O programach dla dzieci, zob.: Duke i in., *Teaching Your Child.* Nowicki, który jako pierwszy rozpoznał dyssemię i opracował programy korygujące, uważa, że – bez względu na przyczynę tego deficytu – każdy może go w jakimś stopniu usunąć, ucząc się umiejętności interpretowania sygnałów niewerbalnych, chociaż u osób upośledzonych neurologicznie lub emocjonalnie trwa to dłużej.

[33] W eksperymentach, podczas których porównywano naturalną synchronizację z celowymi próbami wpłynięcia na inną osobę za pomocą, powiedzmy, uśmiechu czy nachmurzonej miny, sztuczna manipulacja wypadła znacznie gorzej. Zob. na przykład: Brooks B. Gump i James A. Kulik, *Stress, Affiliation, and Emotional Contagion*, „Journal of Personality and Social Psychology" 72 (1997), s. 305-319.

[35] Z drugiej strony sprytna inscenizacja wystąpienia może wzmocnić aurę czyjejś potęgi. Jak dobrze wiedzą doradcy polityków, silnie oddziałujące symbole i rekwizyty, takie jak morza flag, imponująca scena i krzyki przyjaznego tłumu, mogą wyczarować aurę charyzmy otaczającą osoby, którym brakuje niezbędnej siły wyrazu lub siły charakteru.

[36] O synchronii tłumu, zob.: Frank Bernieri, za: Mark Greer, *The Science of Savoir Faire*, „Monitor on Psychology", styczeń 2005.

[37] O płci i normach regulujących okazywanie emocji, zob.: Ursula Hess i in., „Cognition and Emotion" 19 (2005), s. 515-536.

[38] Elizabeth Brondolo i in., *Correlates of Risk for Conflict Among New York City Traffic Agents*, w: Gary VandenBos i Elizabeth Brondolo (red.), *Violence on the Job*, American Psychological Association Press, Washington 1996.

[39] Ronald Riggio i Howard Friedman, *Impression Formation: The Role of Expressive Behavior*, „Journal of Personality and Social Psychology" 50 (1986), s. 421-427.

[40] Przypuśćmy, że jedna strona mówi szczerą, ale nieprzyjemną prawdę drugiej, której sprawia to ból lub przykrość. W takim przypadku większa trafność empatyczna mogłaby wywołać wątpliwości i stworzyć nieprzyjemną atmosferę, szkodzącą stosunkom wzajemnym. W takich sytuacjach Ickes proponuje rozwiązanie alternatywne: „życzliwe błędne zrozumienie". Zob.: Jeffrey Simpson i in., *When Accuracy Hurts, and When It Helps: A Test of the Empathic Accuracy Model in Marital Interactions*, „Journal of Personality and Social Psychology" 85 (2003), s. 881-893. O chwilach, w których empatia nie pomaga, zob.: William Ickes i Jeffrey A. Simpson, *Managing Empathic Accuracy in Close Relationships*, w: Ickes, *Empathic Accuracy*.

[41] W badaniach Amerykanów pochodzenia chińskiego i Amerykanów pochodzenia meksykańskiego stwierdzono, że chociaż nie było między nimi żadnych różnic w emocjach, które przeżywali, grupa meksykańska była nieodmiennie bardziej ekspresywna niż Chińczycy. Zob.: Jose Soto i in., *Culture of Moderation and Expression*, „Emotion" 5 (2005), s. 154-165.

[42] We wcześniejszych wersjach opracowanych przez Reuvena Bar-Ona miar inteligencji emocjonalnej i społecznej empatię i odpowiedzialność społeczną oceniano osobno. Jednak późniejsze badania wykazały, że obie te zdolności są ze sobą tak ściśle związane, że badacze zdawali się mierzyć te same cechy. Ewolucję skali Bar-Ona można prześledzić, porównując model przedstawiony w: Reuven Bar-On i James D. A. Parker (red.), *The Handbook of Emotional Intelligence*, Jossey-Bass, San Francisco 2000 i jego późniejszą korektę, opisaną w: Bar-On, *Bar-On Model*.

[43] A. R. Weisenfeld i in., *Individual Differences Among Adult Women in Sensitivity to Infants: Evidence in Support of an Empathy Concept*, „Journal of Personality and Social Psychology" 46 (1984), s. 118-124.

[44] O datkach, zob.: Theo Schuyt i in., *Constructing a Philanthropy Scale: Social Responsibility and Philanthropy*, referat przedstawiony na 33 konferencji Association for Research on Nonprofit Organizations and Voluntary Action, która odbyła się w listopadzie 2004 roku w Los Angeles.

[45] O trosce empatycznej, zob.: Paul D. Hastings i in., *The Development of Concern for Others in Children with Behavior Problems*, „Developmental Psychology" 36 (2000), s. 531-546.

[46] O treningu odczytywania mikroekspresji, zob.: MicroExpression Training Tool (METT), CD dostępna na: www.PaulEkman.com. Na razie nie ma żadnych opublikowanych danych walidacyjnych METT, chociaż na podanej tu stronie internetowej prezentowane są dane wstępne. Po to, by ocenić, jak długo się utrzymują pożytki z tego szkolenia i na ile się przydają w świecie rzeczywistym, trzeba prowadzić dalsze badania.

[47] O tę historię pytałem Josepha LeDoux w lutym 1997 roku na www.Edge.com.

[48] LeDoux napisał krytyczną opinię o badaczach emocji, którzy ignorują drogę niską. „Powszechnie wiadomo – pisał – że większość procesów poznawczych zachodzi w nieświadomości, do świadomości zaś docierają jedynie ich produkty końcowe, a i to czasami. Jednak badacze emocji nie dokonali tego skoku pojęciowego", tak jak

nie dokonali go ci teoretycy inteligencji społecznej, którzy nadal pozostają skupieni na poznaniu społecznym. Zob.: Joseph LeDoux, *Emotion Circuits in the Brain*, „Annual Review of Neuroscience" 23 (2000), s. 156.

[49] Zob. na przykład: Karen Jones i Jeanne Day, *Cognitive Similarities Between Academically and Socially Gifted Students*, „Roeper Review" 18 (1996), s. 270-274; zob. też: John Kihlstrom i Nancy Cantor, *Social Intelligence*, w: Robert Sternberg (red.), *Handbook of Intelligence*, II wyd., Cambridge University Press, Cambridge 2000, s. 359-379.

[50] Moim zdaniem, przekonujące są argumenty Colwyna Trevarthena, psychologa rozwojowego z University of Edinburgh, który dowodzi, że szeroko przyjmowane pojęcia poznania społecznego są przyczyną głębokiego niezrozumienia relacji międzyludzkich i miejsca emocji w życiu społecznym. Zob.: Trevarthen, *The Self Born in Intersubjectivity: The Psychology of Infant Communicating* w: Ulric Neisser (red.), *The Perceived Self: Ecological and Interpersonal Sources of Self-knowledge*, Cambridge University Press, Cambridge 1993, s. 121-173.

[51] Lawrence Kohlberg, przedmowa do: John Gibbs i Keith Widaman, *Social Intelligence*, Prentice Hall, Englewood Cliffs 1982.

CZĘŚĆ II
Rozdział 7. To i ty

[1] Zob.: David Bakan, *The Duality of Human Existence*, Beacon Press, Boston 1966. Od lat pięćdziesiątych ubiegłego wieku, poczynając od ważnego modelu Timothy'ego Leary'ego, w konkretnych modelach życia interpersonalnego wykorzystuje się traktowanie instrumentalne i wspólnotę emocjonalną jako dwa główne wymiary, na których organizuje się zachowanie. Zob.: Timothy Leary, *Interpersonal Diagnosis of Personality*, Roland, New York 1957. Podejście to przeżywa ostatnio renesans, zob.: Leonard M. Horowitz, *Interpersonal Foundations of Psychopathology*, American Psychological Association Press, Washington 2004.

[2] O pytaniach z zaimkiem „ty", zob.: Marcelle S. Fischler, *Vows: Allison Charney and Adam Epstein*, „New York Times", 25 stycznia 2004, dział 9, s. 11. W liście elektronicznym Allison Charney Epstein napisała mi, że nie miała nawet okazji nastawić stopera.

[3] Psychoanalityczne wyjaśnienie intersubiektywności, zob.: Daniel Stern, *The Present Moment in Psychotherapy and Everyday Life*, W. W. Horton, New York 2004.

[4] O „ja–ty", zob.: Martin Buber, *I and Thou*, przekład Walter Kauffman, 1937, Simon & Schuster, New York 1990. W tym aforystycznym tekście Buber koncentrował się głównie na sposobie relacji, który sakralizuje codzienne kontakty z innymi, i na relacji człowieka ze świętym wymiarem bytu. [Wyd. polskie: *Ja i Ty*, przeł. z j. niemieckiego J. Doktór, PAX, Warszawa 1992].

[5] Buber zaobserwował, że więź tę może zainicjować każda ze stron relacji; początkowo nie musi ona wynikać z inicjatywy obu stron, chociaż kiedy jedna osoba dostroi się do drugiej, wzrasta prawdopodobieństwo obustronnego zrozumienia.

W przeprowadzonych w Szwecji badaniach poddane im osoby mówiły, że za każdym razem, kiedy stawały się przedmiotem czyjejś empatii, czuły, że druga osoba podziela ich uczucia, rozumie je i przejawia autentyczną troskę. Zob.: Jakob Hakansson i Henry Montgomery, *Empathy as an Interpersonal Phenomenon*, „Journal of Social and Personal Relationships" 20 (2003), s. 267-284.

[6] O *amae*, zob.: Takeo Doi, *The Anatomy of Dependence*, Kodansha International, New York 1973.

[7] Zob. na przykład: Emmanuel Lévinas, *Martin Buber and the Theory of Knowledge*, w: Sean Hand (red.), *The Lévinas Reader*, Blackwell, Oxford 1989.

[8] O podobieństwach umysłowych, zob.: Roy F. Baumeister i M. R. Leary, *The Need to Belong: Desire for Interpersonal Attachments as a Fundamental Human Motivation*, „Psychological Bulletin" 117 (1995), s. 497-529.

[9] Niektórzy teoretycy przywołują poczucie jedności w celu wyjaśnienia, jak bardzo jesteśmy skłonni pomóc innej osobie, na przykład komuś, kto ma być eksmitowany. Badania pokazują, że na decyzję o pomocy tak samo silnie wpływa postrzegana bliskość związku z tą osobą, jak i powaga jej sytuacji. Tego poczucia więzi nie można ograniczać do osób, które są nam drogie; jednakowy wpływ ma samo postrzeganie bliskości z kimś. Zob.: Robert Cialdini i in., *Reinterpreting the Empathy-Altruism Relationship: When One into One Equals Oneness*, „Journal of Personality and Social Psychology" 73 (1997), s. 481-494.

[10] O walidacji o dużej intensywności, zob.: Lynn Fainsilber Katz i Erica Woodin, *Hostility, Hostile Detachment, and Conflict Engagement in Marriages: Effects on Child and Family Functioning*, „Child Development" 73 (2002), s. 636-652.

[11] Buber, *I and Thou*, s. 11 [wyd. polskie: *Ja i Ty*, cyt.].

[12] Zob.: Nicholas D. Kristof, *Leaving the Brothel Behind*, „New York Times", 19 stycznia 2005, s. A19.

[13] Zob.: Stephanie D. Preston i Frans de Waal, *The Communication of Emotions and the Possibility of Empathy in Animals*, w: S. Post i in. (red.), *Altruism and Altruistic Love: Science, Philosophy, and Religion in Dialogue*, Oxford University Press, New York 2002.

[14] Jean-Paul Sartre, *Being and Nothingness*, przekład Hazel Barnes, Philosophical Library, New York 1959, s. 59 [wyd. polskie: *Problem bytu i nicości*, przeł. M. Kowalska, J. Krajewski, De Agostini 2001].

[15] O wzajemnym zrozumieniu w stosunkach z osobami, które zawodowo pomagają innym, zob.: Linda Tickle-Degnan i Robert Rosenthal, *The Nature of Rapport and Its Nonverbal Coordinates*, „Psychological Inquiry" 1, nr 4 (1990), s. 285-293.

[16] Historia Mary Duffy została opowiedziana w: Benedict Carey, *In the Hospital, a Degrading Shift from Person to Patient*, „New York Times", 16 sierpnia 2005, s. A1.

[17] O odtrąceniu i bólu, zob.: Naomi Eisenberger i Matthew Lieberman, *Why Rejection Hurts: A Common Neural Alarm System for Physical and Social Pain*, „Science" 87 (2004), s. 294-300.

[18] O neuronalnym systemie alarmowym, zob.: Matthew Lieberman i in., *A Pain by Any Other Name (Rejection, Exclusion, Ostracism) Still Hurts the Same: The Role

of Dorsal Anterior Cingulate Cortex in Social and Physical Pain, w: J. Cacioppo i in. (red.), *Social Neuroscience: People Thinking About People*, MIT Press, Cambridge 2005.

[19] O śmiechu i łzach, zob.: Jaak Panksepp, *The Instinctual Basis of Human Affect*, „Consciousness and Emotion" 4 (2003), s. 197-206.

[20] O liczbie kontaktów i samotności, zob. na przykład: Louise Hawkley i in., *Loneliness in Everyday Life: Cardiovascular Activity, Psychological Context, and Health Behaviors*, „Journal of Personality and Social Psychology" 85 (2003), s. 105-120.

[21] O psychoanalityku, zob.: George Ganick Fishman, *Knowing Another from a Dynamic System Point of View: The Need for a Multimodal Concept of Empathy*, „Psychoanalytic Quarterly" 66 (1999), s. 1-25.

[22] Cytat z Hume'a został tu nieco sparafrazowany. Zob.: David Hume, *A Treatise on Human Nature*, Clarendon Press, London 1990 (wyd. pierwotne 1888), s. 224; cyt. za: Stephanie D. Preston i Frans B. M. de Waal: *Empathy: Its Ultimate and Proximate Bases*, „Behavioral and Brain Sciences" 25 (2002), s. 18.

Rozdział 8. Ponura trójca

[1] Delroy Paulhus i Kevin Williams, *The Dark Triad of Personality: Narcissism, Machiavellianism, and Psychopathy*, „Journal of Research in Personality" 36, nr 6 (2002), s. 556-563.

[2] Harry Wallace i Roy Baumeister, *The Performance of Narcissists Rises and Falls with Perceived Opportunity for Glory*, „Journal of Personality and Social Psychology" 82 (2002), s. 819-834.

[3] O narcystycznych przywódcach, zob.: Michael Maccoby, *Narcissistic Leaders*, „Harvard Business Review" 78 (styczeń-luty 2000), s. 68-77.

[4] Ów profesor szkoły biznesu, zob.: Howard S. Schwartz, *Narcissistic Process and Corporate Decay*, New York University Press, New York 1990.

[5] Brad J. Bushman i in., *Narcissism, Sexual Refusal, and Aggression: Testing a Narcissistic Reactance Model of Sexual Coercion*, „Journal of Personality and Social Psychology" 84, nr 5 (2003), s. 1027-1040.

[6] Constantine Sedikides i in., *Are Normal Narcissists Psychologically Healthy? Self-esteem Matters*, „Journal of Personality and Social Psychology" 87, nr 3 (2004), s. 40-416, tu s. 400.

[7] Delroy Paulhus i in., *Shedding Light on the Dark Triad of Personality: Narcissism, Machiavellianism, and Psychopathy*, referat przedstawiony na konferencji Society for Personality and Social Psychology w San Antonio w 2001 roku.

[8] Robert Raskin i Calvin Hall, *Narcissistic Personality Inventory*, „Psychological Reports" 45 (1979), s. 450-457.

[9] O dobrym samopoczuciu narcyzów, zob.: Sedikides i in., *Normal Narcissists*.

[10] Shinobu Kitayama i Hazel Markus, *The Pursuit of Happiness and the Realization of Sympathy*, w: Ed Diener i Eunbook Suh (red.), *Culture and Subjective Well-being*, MIT Press, Cambridge 2000.

[11] Oczywiście Machiavelli zachęcał tyranów do działania w taki sposób, by poddani ich kochali, choćby po to tylko, żeby odsunąć groźbę powstań.

[12] Paulhus i in., *Shedding Light*.

[13] Brak empatii u narcyza jest szczególnie uderzający, kiedy porówna się go z osobami, które zakładają, że inni ludzie są zasadniczo godni zaufania; takie osoby bardzo dokładnie dostrajają się do uczuć innych. Zob.: Mark Davis i Linda Kraus, *Personality and Empathic Accuracy*, w: William Ickes (red.), *Empathic Accuracy*, Guilford Press, New York 1997.

[14] O dezorientacji emocjonalnej, zob.: Henry Krystal, *Integration and Self-Healing*, Analytic Press, Hillsdale 1988.

[15] Nawet w pracach naukowych na temat makiawelików pobrzmiewa ton dezaprobaty moralnej. U podłoża tego niesmaku leży założenie, że osoba makiaweliczna wybrała złą drogę życiową. Jedna z nowszych analiz mechanizmu psychologicznego popychającego pewne osoby do oportunistycznego manipulowania innymi świadczy jednak o tym, że czyny typów makiawelicznych nie są całkowicie dowolne. Teoria ta twierdzi, że starają się one po prostu jak mogą żyć dobrze, mimo autentycznej konsternacji powodowanej uczuciami innych osób. Zob.: Colin Wastell i Alexandra Booth, *Machiavellianism: An Alexithymic Perspective*, „Journal of Social and Clinical Psychology" 22 (2003), s. 730-744.

[16] O przypadku Petera, zob.: Leo J. Potts i in., *Comprehensive Treatment of a Severely Antisocial Adolescent*, w: William H. Reid i in. (red.), *Unmasking the Psychopath*, W. W. Norton, New York 1986.

[17] John McHoskey i in., *Machiavellianism and Psychopathy*, „Journal of Clinical and Social Psychology" 74 (1998), s. 192-210.

[18] John Edens i in., *Further Validation of the Psychopathic Inventory Among Offenders: Personality and Behavioral Correlats*, „Journal of Personality Disorders" 15 (2001), s. 403-415.

[19] Zob. na przykład: Christopher Patrick, *Emotion in the Criminal Psychopath: Fear Imaging Processing*, „Journal of Abnormal Psychology" 103 (1994), s. 523-534; Adrian Raine i P. H. Venables, *Skin Conductance Responsivity in Psychopaths to Orienting, Defensive, and Consonant-Vowel Stimuli*, „Journal of Psychophysiology" 2 (1988), s. 221-225.

[20] Paulhus, *Shedding Light*.

[21] O niskim poziomie lęku u psychopatów, zob.: Paulhus i Williams, *Dark Triad of Personality*.

[22] O obrazowaniu mózgu u psychopatów, zob.: K. A. Kiehl i in., *Limbic Abnormalitiecs in Affective Processing by Criminal Psychopaths as Revealed by fMRI*, „Biological Psychiatry" 50 (2001), s. 677-684; Adriane Raine i in., *Reduced Prefrontal Gray Matter Volume and Reduced Autonomic Activity in Antisocial Personality Disorder*, „Archives of General Psychiatry" 57 (2000), s. 119-127; Antonio Damasio, *A Neural Basis for Sociopathy*, „Archives of General Psychiatry" 57 (2000), s. 128-129.

[23] O braku emocjonalnego rezonansu u psychopatów, zob.: Linda Mealey i Stuart Kinner, *The Perception-Action Model of Empathy and the Psychopathic „Coldheartedness"*, „Behavioral and Brain Sciences" 25 (2002), s. 42-43.

[24] O braku u psychopatów impulsu skłaniającego do udzielania pomocy, zob.: Linda Mealey, *The Sociobiology of Sociopathy*, „Behavioral and Brain Sciences" 18 (1995), s. 523-599.

[25] O zwycięskich psychopatach, zob.: Sharon Ishikawa i in., *Autonomic Stress Reactivity and Executive Functions in Successful and Unsuccessful Criminal Psychopaths from the Community*, „Journal of Abnormal Psychology" 110 (2001), s. 423-432.

[26] O socjopatycznym gwałcicielu, zob.: Robert D. Hare, *Without Conscience: The Disturbing World of the Sociopaths Among Us*, Pocket Books, New York 1993, s. 14 [wyd. polskie: *Psychopaci są wśród nas*, przeł. A. Skucińska, Znak, Kraków 2006].

[27] O Johnie Chaneyu, zob.: Matt Vautour, *Temple Extends Chaney's Suspension*, „Hampshire Daily Gazette", 26 lutego 2005, s. D1.

[28] O wystawach w supermarketach, zob.: G. R. Semin i A. Manstaed, *The Social Implications of Embarrassment Displays and Restitution Behavior*, „European Journal of Social Psychology" 12 (1982), s. 367-377.

[29] O pacjentach z uszkodzeniami kory oczodołowej, zob.: Jennifer S. Beer i in., *The Regulatory Function of Self-conscious Emotion: Insights from Patients with Orbitofrontal Damage*, „Journal of Personality and Social Psychology" 85 (2003), s. 594-604.

[30] O słusznej złości, zob.: D. J. de Quervain i in., *The Neural Basis of Altruistic Punishment*, „Science" 305 (2004), s. 1254-1258.

Rozdział 9. Ślepota umysłowa

[1] O zespole Aspergera, zob.: Simon Baron-Cohen, *The Essential Difference: Men, Women, and the Extreme Male Brain*, Allen Lane, London 2003.

[2] O badaniu widzenia umysłowego u dzieci, zob.: David Bjorklund i Jesse Bering, *Big Brains, Slow Development and Social Complexity: The Developmental and Evolutionary Origins of Social Cognition*, w: Martin Brüne i in. (red.), *The Social Brain: Evolution and Pathology*, John Wiley, Sussex 2003. Termin „mindsight" (widzenie umysłowe) na określenie ludzkiej zdolności wyczuwania stanu umysłu u siebie i u innych ukuł Daniel Siegel, zob.: Daniel Siegel, *The Developing Mind: How Relationships and the Brain Interact to Shape Who We Are*, Guilford Press, New York 1999.

[3] Autentyczne małpy (w tym przypadku szympansy), grając w pewną odmianę „Podłej małpy", nie potrafią wyciągnąć z tej gry nauki, że inne osobniki mogą mieć pragnienia odmienne od ich pragnień. W wersji szympansiej jedno zwierzę z pary ma wybrać, który z dwóch smakołyków może zjeść, ale ten wybrany zawsze dostaje się drugiemu. U szympansów – w przeciwieństwie do czteroletnich dzieci – nauka ta idzie zawsze w las. Wydaje się, że dzieje się tak dlatego, iż szympansy nie potrafią powściągnąć pragnienia bardziej soczystego kąska, a nawet po prostu wybrać mniejszego, po to, by w końcu dostać to, czego chcą.

[4] O stadiach rozwoju empatii u dzieci, zob.: Phillipe Rochat, *Various Kinds of Empathy as Revealed by the Developing Child, not the Monkey's Brain*, „Behavioral and Brain Science" 25 (2002), s. 45-46.

[5] O neuronach lustrzanych, zob.: Marco Iacoboni, referat przedstawiony na dorocznym spotkaniu American Academy for the Advancement of Science w lutym 2005 roku, za: Greg Miller, *New Neurons Strive to Fit In*, „Science" 311 (2005), s. 938-940.

[6] C. A. Sanderson, J. M. Darley i C. S. Messinger, *„I'm not as thin as you think I am": The Development and Consequences of Feeling Discrepant from the Thinness Norm*, „Personality and Social Psychology Bulletin" 27 (2001), s. 172-183; Mark Cherrington, *The Sin in the Thin*, „Amherst" (lato 2004), s. 28-31.

[7] Zob.: Temple Grandin i Catherine Johnson, *Animals in Translation: Using the Mysteries of Autism to Decode Animal Behavior*, Scribner, New York 2005.

[8] We wszystkich tych pomiarach osoby autystyczne i z zespołem Aspergera radzą sobie słabiej niż większość mężczyzn.

[9] Różnice między, jak to nazywa Baron-Cohen, mózgiem „męskim" i „kobiecym" pojawiają się jedynie na końcach krzywej dzwonowej stosunku empatii do systematyzowania, u 2 czy 3 procent mężczyzn i kobiet, których mózgi charakterystyczne są dla największych skrajności. Kolejne zastrzeżenie: Baron-Cohen nie ma najmniejszego zamiaru przypisywać mózgu „męskiego" wszystkim mężczyznom ani wzorca mózgu „kobiecego" wszystkim kobietom. Niektórzy mężczyźni mają mózg „kobiecy", a niektóre kobiety „męski" – prawie jedna na pięć osób autystycznych jest kobietą. I chociaż nie ma żadnego szybkiego i łatwego sposobu oceny liczby mężczyzn, którzy mają znakomitą zdolność współodczuwania, to są zasadne powody, by przypuszczać, że jest równie wielu mężczyzn z tym talentem do dostrajania się do uczuć innych osób jak kobiet ze zdolnością do myślenia systemowego.

[10] Layne Habib jest członkinią Circle of Friends w Shokan w stanie Nowy Jork.

[11] Historyjka o Marie, która została wykorzystana w teście rozumienia opowieści stosowanym w ramach teorii umysłu, pochodzi z: S. Channon i S. Crawford, *The Effects of Anterior Lesions on Performance of a Story Comprehension Test: Left Anterior Impairment on a Theory of Mind-type Task*, „Neuropsychologia" 38 (2000), s. 1006-1017, za: R. G. Morris i in., *Social Cognition Following Prefrontal Cortical Lesions*, w: Brüne i in., *Social Brain*, s. 235.

[12] Na przykład oczywiste, wydawać by się mogło, fakty społeczne wprawiają w zakłopotanie nie tylko osoby autystyczne, ale również osoby z wszelkiego rodzaju zaburzeniami klinicznymi, które wynikają z uszkodzeń głównych części obwodów nerwowych leżących u podłoża inteligencji społecznej, takich jak powszechnie spotykany uraz mózgu spowodowany wypadkiem samochodowym. Niedobory te upośledzają zdolność dokładnego widzenia umysłowego, skutkiem czego osobom, u których występują, brak trafnego wyczucia tego, co inni myślą, czują czy zamierzają. O urazach mózgu, zob.: Skye McDonald i Sharon Flanagan, *Social Perception Deficits After Traumatic Brain Injury*, „Neuropsychology" 18 (2004), s. 572-579. Pokrewne badania pokazują, że aktywność okolicy rozpoznawania twarzy skoordynowana jest z rozgałęzioną siecią połączeń nerwowych, obejmującą ciało migdałowate, przyśrodkowe części kory przedczołowej i górny zakręt skroniowy, które wspólnie interpretują, jak mamy odczytywać interakcje społeczne i na nie reagować. Sieć ta wykonuje decydujące zadanie rozpoznawania ludzi i odczytywania

ich emocji oraz zrozumienia istoty związków międzyludzkich. Paradoksalnie, osoby z niedoborami w tych obwodach nerwowych mają czasami wyjątkowe zdolności w innych dziedzinach. O sieciach połączeń nerwowych leżących u podłoża interakcji, zob. na przykład: Robert Schultz i in., *fMRI Evidence for Differences in Social Affective Processing in Autism*, referat przedstawiony 23 października 2003 roku w National Institute of Child Health and Development. Inna mózgowa podstawa autyzmu zdaje się mieścić w zakręcie wrzecionowatym, który – jak wynika z badań za pomocą rezonansu magnetycznego i innych – jest u osób autystycznych mniejszy niż u nieautystycznych. Niedobór ten prowadzić może do trudności w uczeniu się tego, jakie związki istnieją między postrzeganiem społecznym i reakcjami, być może na najbardziej podstawowym poziomie – niezwracaniu uwagi na właściwe bodźce. Brak koordynacji uwagi z inną osobą sprawia, że dzieci autystyczne nie dostrzegają najbardziej podstawowych sygnałów społecznych i emocjonalnych, co upośledza ich zdolność do podzielania uczuć innych osób, a co dopiero empatii. O braku uwagi, zob.: Preston i de Waal, *Empathy*.

[13] F. Gougoux, *A Functional Neuroimaging Study of Sound Localization: Visual Cortex Activity Predicts Performance in Eearly-Blind Individuals*, „Public Library of Science: Biology" 3 (2005), s. 27 (opublikowane w Internecie).

[14] K. M. Dalton i in., *Gaze-fixation and the Neural Circuitry of Face Processing in Autism*, „Nature Neuroscience" 8 (2005), s. 519-526.

[15] Zob.: Simon Baron-Cohen i in., *Social Intelligence in the Normal and Autistic Brain: An fMRI Study*, „European Journal of Neuroscience" 11 (1999), s. 1891-1898. W dodatku częścią tego obrazu są niedobory neuronów lustrzanych, zob.: Lindsay M. Oberman i in., *EEG Evidence for Mirror Neuron Dysfunction in Autism Spectrum Disorders*, „Cognitive Brain Research" 24 (2005), s. 190-198.

CZĘŚĆ III

Rozdział 10. Geny nie przesądzają o naszym losie

[1] Jeszcze gorętsze spory wzbudzał w latach siedemdziesiątych inny teoretyk z Harvardu, biolog Edward O. Wilson, który zaczął formułować zręby swojej teorii socjobiologii, i antropolog Irven DeVore oraz jego wybijający się student, Robert Trivers, którzy zaczynali właśnie rozwijać szeroko dzisiaj znaną teorię psychologii ewolucyjnej. Tym szkołom myślenia zaciekle przeciwstawiała się grupa naukowców z paleontologiem Stephenem Jayem Gouldem i genetykiem Richardem Lewontinem, również członkami kadry Harvardu, na czele.

[2] John Crabbe i in., *Genetics of Mouse Behavior: Interactions with Laboratory Environment*, „Science" 284 (1999), s. 1670-1672.

[3] Niektórzy genetycy behawioralni kwestionowali to odkrycie, postrzegając je jako coś w rodzaju stwierdzenia, że król jest nagi, ponieważ w dołączonym do niego komentarzu podkreślano ten punkt widzenia. Jednak z poważniejszej lektury tego artykułu wypływał wniosek, że nie wystarczy już przeprowadzenie jednego testu danego zachowania; badania te podniosły poprzeczkę reprezentantom tej dziedziny.

Teraz, jak skomentował to Crabbe, „Kiedy ktoś wyeliminuje gen lęku, to widzisz, że dla pokazania tego efektu używają trzech testów, podczas gdy wcześniej zadowalali się jednym".

[4] Cząsteczka metylu składa się tylko z czterech atomów – atomu węgla i trzech atomów wodoru; sposób, w jaki przyłącza się do jednego genu, decyduje o tym, co się stanie. W jednym układzie grupa metylowa dezaktywuje gen, skręcając jego DNA ciaśniej, tak że gen nie może ulec ekspresji. W innej konfiguracji grupa metylowa poluźnia skręty DNA, umożliwiając genowi syntezę charakterystycznych dla niego cząsteczek RNA (a zatem kodowanego przezeń białka).

[5] O genach i środowisku, zob.: Robert Plomin i John Crabbe, *DNA*, „Psychological Bulletin" 126 (2000), s. 806-828.

[6] Michael J. Meaney, *Nature, Nurture, and the Disunity of Knowledge*, „Annals of the New York Academy of Sciences" 935 (2001), s. 50-61.

[7] O plastyczności mechanizmów genetycznych, które regulują zachowanie, zob.: Elizabeth Hammock i Larry Young, *Microsattelite Instability Generates Diversity in Brain and Sociobehavioral Traits*, „Science" 308 (2005), s. 1630-1634.

[8] O złych rodzinach biologicznych i dzieciach adoptowanych przez dobre lub złe rodziny, zob.: R. J. Cadoret i in., *Genetic-Environmental Interaction in the Genesis of Aggressivity and Conduct Disorders*, „Archives of General Psychiatry" 52 (1995), s. 916-924.

[9] Michael Meaney, *Maternal Care, Gene Expression, and the Transmission of Individual Differences in Stress Reactivity Across Generations*, „Annual Review of Neuroscience" 24 (2001), s. 1161-1192.

[10] O genetyce behawioralnej, zob.: S. McGuire i J. Dunn, *Nonshared Environment in Middle Childhood*, w: J. C. DeFries i in. (red.), *Nature and Nurture During Middle Childhood*, Blackwell, Oxford 1994.

[11] O genetycznej bliskości, zob.: David Reiss i in., *The Relationship Code*, Harvard University Press, Cambridge 2000.

[12] W genetyce behawioralnej odbieranie przez każde dziecko tej samej rodziny w inny, niepowtarzalny sposób nazywa się „środowiskiem niewspólnym". Zob.: Judy Dunn i Robert Plomin, *Unshared Lives: Why Siblings Are So Different*, Basic Books, New York 2000.

[13] Zgodnie z genetycznym harmonogramem proces ten staje się coraz bardziej złożony. W badaniach tych odkryto na przykład, że około jednej trzeciej genów, które wpływają na zachowania aspołeczne w początkach okresu młodzieńczego, przestaje oddziaływać w połowie tego okresu, zastępują je wtedy nowe czynniki społeczne i genetyczne, które nie działały wcześniej.

[14] Z drugiej strony towarzyskie niemowlę, które robi słodkie miny i lubi się przymilać, jest w zamian częściej przytulane przez rodziców. Rosnąc, takie dziecko nadal wywołuje ciepłe reakcje i zaangażowanie ze strony innych, co z kolei wzmacnia jego towarzyskość. Tak czy inaczej, to, w jaki sposób rodzice traktują dziecko, zdaje się nasilać ekspresję odpowiednich genów, wzmacniając jeden lub drugi typ jego reakcji.

[15] O neurogenezie, Fred Gage z Salk Institute, informacja osobista.

[16] Na przykład na poziomie komórkowym proces uczenia się wiąże się z aktywacją przez glutaminian receptora w jednym neuronie i otworzeniem przez wapń kanałów w innym, co uruchamia w ciele komórki syntezę białek, które „sklejają" swoje receptory. Połączenie to wywołuje silniejsze reakcje, przekazywane od komórki do komórki. A zatem na poziomie komórkowym uczenie się oznacza, że informacje wejściowe z jednej komórki przetwarzane są na większą ilość informacji wyjściowych. Joseph LeDoux, referat przedstawiony 12 grudnia 2004 roku, na zebraniu Consortium for Research on Emotional Intelligence in Organizations, które odbyło się w Cambridge w stanie Massachusetts

[17] O doświadczeniu i rozwoju układu nerwowego, zob.: B. J. Casey, *Imaging the Developing Brain: What Have We Learned About Cognitive Development?* „Trends in Cognitive Science" 9 (2005), 104-110.

[18] Taki stres wpływa niekorzystnie na neurogenezę, zmniejsza objętość hipokampa, wywołuje zmiany w funkcjonowaniu układu podwzgórzowo-przysadkowo-nadnerczowego i prowadzi do nadaktywności emocjonalnej. zob.: C. L. Coe i in., *Prenatal Stress Diminishes Neurogenesis in the Dentate Gyrus of Juvenile Rhesus Monkeys*, „Biological Psychiatry" 54 (2003), s. 1025-1034.

[19] Zob.: Gerald Edelman, *Neural Darwinism*, Basic Books, New York 1987.

[20] O komórkach wrzecionowatych i stresie podczas ich migracji na właściwe miejsce, zob.: John Allman i in., *The Anterior Cingulate Cortex: The Evolution of an Interface Between Emotion and Cognition*, „Annals of the New York Academy of Science" 935 (2001), s. 107-117.

[21] Davidson dodaje, że musimy dokładniej stwierdzić, które obwody są bardziej plastyczne przez całe życie, a które mogą być bardziej plastyczne we wczesnym okresie życia, ale stają się względnie stałe po osiągnięciu przez nas dorosłości.

[22] Jerome Kagan i Nancy Snidman, *The Long Shadow of Temperament*, Harvard University Press, Cambridge 2004.

[23] Carl Schwartz i in., *Inhibited and Uninhibited Infants „Grown Up": Adult Amygdalar Response to Novel Versus Newly Familiar Faces*, „Science" 399 (2003), s. 1952-1953.

[24] O bojaźliwym niegdyś chłopcu, zob.: Kagan i Snidman, *Long Shadow*, s. 28-29.

Rozdział 11. Bezpieczna baza wypadowa

[1] O pacjencie ze skłonnościami samobójczymi, zob.: John Bowlby, *A Secure Base: Parent-Child Attachment and Healthy Human Development*, Basic Books, New York 1988.

[2] O bezpiecznych (czy ufnie przywiązanych) dzieciach, zob.: Mary Ainsworth i in., *Infant-Mother Attachment and Social Development: Socialization as a Product of Reciprocal Responsiveness to Signals*, w: M. P. M. Richards (red.), *The Integration of a Child into a Social World*, Cambridge University Press, London 1974.

[3] O protokonwersacji i myśleniu, zob.: Trevarthen, *The Self Born in Intersubjectivity: The Psychology of Infant Communicating*, w: Ulric Neisser (red.), *The Perceived*

Self: Ecological and Interpersonal Sources of Self-knowledge, Cambridge University Press, New York 1993, s. 121-173.

[4] O mózgowych obwodach przywiązania, zob.: Jaak Panksepp, *Affective Neuroscience: The Foundations of Human and Animal Emotions*, Oxford University Press, New York 1998.

[5] Obwody przywiązania obejmują według Pankseppa, *Affective Neuroscience*, s. 249: „korę zakrętu obręczy, przegrodę, jądro podstawne prążka krańcowego, przedwzrokowe i przyśrodkowe obszary podwzgórza z ich połączeniami ze śródmózgowiem". Uszkodzenia jądra podstawnego prążka krańcowego, w którym znajduje się mnóstwo receptorów oksytocyny, poważnie upośledzają opiekę macierzyńską nad dzieckiem.

[6] O ufnych dzieciach i ich matkach, zob.: Russell Isabella i Jay Belsky, *Interactional Synchrony and the Origins of Infant-Mother Attachments: A Replication Study*, „Child Development" 62 (1991), s. 373-394.

[7] Zob. na przykład: M.J. Bakermans-Kranenburg i in., *The Importance of Shared Environment in Infant-Father Attachment: A Behavioral Genetic Study of the Attachment Q-Sort*, „Journal of Family Psychology" 18 (2004), s. 545-549; C. L. Bokhorst i in., *The Importance of Shared Environment in Mother-Infant Attachment Security: A Behavioral Genetic Study*, „Child Development" 74 (2003), s. 1769-1782.

[8] O stylu przywiązania, zob.: Erik Hesse, *The Adult Attachment Interview: Historical and Current Perspectives*, w: Jude Cassidy i Phillip Shaver (red.), *Handbook of Attachment: Theory, Research and Clinical Applications*, Guilford Press, New York 1999.

[9] Synchronię między niemowlętami i ich matkami oceniano na podstawie ich jednoczesnych ruchów, podobnego tempa działań i koordynacji ich interakcji. Frank Bernieri i in., *Synchrony, Pseudosynchrony, and Dissynchrony: Measuring the Entrainment Prosody in Mother-Infant Interactions*, „Journal of Personality and Social Psychology" 2 (1988), s. 243-253.

[10] Włoski tekst: *Batti, batti, le manine,/Che tra poco vie-ne papa./Ti porta le caramel-line/Fabiana le man-ge-ra.*

[11] O przygnębionej matce i dziecku, zob. Colwyn Trevarthen, *Development of Intersubjective Motor Control in Infants*, w: M. G. Wade i H. T. A. Whiting, *Motor Development in Children*, Martinus Nijhoff, Dordrecht 1986, s. 209-261.

[12] Zob. Edward Z. Tronick, *Emotions and Emotional Communication in Infants*, „American Psychologist" 44 (1989), s. 112-119.

[13] Meaney twierdzi, że bardziej sensowne jest identyfikowanie nie tylko odpowiednich genów, ale również stylu wychowania (i innych podobnych czynników), który może zmieniać poziom ekspresji genów depresji. Innymi słowy, jakie doświadczenia mogą uodpornić dziecko na depresję. Odpowiedzi na to pytanie mogą następnie wyznaczać rodzaj interwencji obniżających ryzyko późniejszego popadnięcia dziecka w depresję. Zob.: Michael Meaney, *Maternal Care, Gene Expression.*

[14] O matkach w depresji i poziomie kortyzolu u niemowląt, zob.: Tiffany Field i in., *Maternal Depression Effects on Infants and Early Interventions*, „Preventive Medicine" 27 (1998), s. 200-203.

[15] O zapobieganiu przekazywania obniżonego nastroju, zob.: A. Cumberland-Li i in., *The Relation of Parental Emotionality and Related Dispositional Traits to Parental Expression of Emotion and Children's Social Functioning*, „Motivation and Emotion" 27, nr 1 (2003), s. 27-56.

[16] O dzieciach matek pogrążonych w depresji, zob.: Tronick, *Emotions and Emotional Communication*.

[17] O rozpoznawaniu emocji przez zaniedbywanie dzieci, zob.: Seth Pollak i in., *Recognizing Emotion in Faces: Developmental Effects of Child Abuse and Neglect*, „Developmental Psychology" 36 (2000), s. 679-688.

[18] Przejmującym, krańcowym tego przykładem są tysiące niemowląt umieszczonych w rumuńskich sierocińcach podczas poważnych kłopotów gospodarczych w latach osiemdziesiątych ubiegłego wieku. Dzieci te spędzały do dwudziestu godzin dziennie w łóżeczkach i w tym czasie nikt nie zajmował się zaspokajaniem ich potrzeb. Grupa tych dzieci adoptowanych przez amerykańskie rodziny w wieku ośmiu lat nadal wykazywała niepokojące objawy i zachowywała stoicki spokój, nie płacząc ani nie wyrażając bólu; nie interesowały się zabawą i gromadziły jedzenie. Wiele z ich problemów zniknęło, kiedy zintegrowały się z przybranymi rodzinami. Mimo to obrazy ich mózgów pokazywały, że kluczowe obszary ich mózgu społecznego, w tym kora oczodołowa, były mało aktywne. Zob.: Harry Chugani i in., *Local Brain Functional Activity Following Early Deprivation: A Study of Postinstitutionalized Romanian Orphans*, „NeuroImage" 14 (2001), s. 1290-1301.

[19] O maltretowanych dzieciach i minach wyrażających złość, zob.: Seth Pollak i in., *P3b Reflects Maltreated Children's Reactions to Facial Displays of Emotion*, „Psychophysiology" 38 (2001), s. 267-274.

[20] O wypatrywaniu oznak złości, zob.: Seth Pollak i Stephanie Tolley-Schell, *Selective Attention to Facial Emotion in Physically Abused Children*, „Journal of Abnormal Psychology" 112 (2003), s. 328-338.

[21] O wpływie rodziców na kształtowanie się kory oczodołowej, zob.: Allan Schore, *Affect Regulation and the Origin of the Self: The Neurobiology of Emotional Development*, Erlbaum, Hillsdale 1994.

[22] O usuwaniu urazów z dzieciństwa, zob.: Daniel J. Siegel, *The Developing Mind: How Relationships and the Brain Interact to Shape Who We Are*, Guilford Press, New York 1999.

Rozdział 12. Stały poziom szczęścia

[1] E. Z. Tronick i J. F. Cohn, *Infant-Mother Face-to-Face Interaction: Age and Gender Differences in Coordination and the Occurrence of Miscoordination*, „Child Development" 60 (1989), s. 85-92.

[2] O wrogo nastawionych do siebie małżonkach i przedszkolakach, zob.: Lynn Fainsilber i Erica Woodin, *Hostility, Hostile Detachment, and Conflict Engagement in Marriages: Effect on Child and Family Functioning*", „Child Development" 73 (2002), s. 636-652.

[3] O ocenach dzieci wydawanych przez rodziców i nauczycieli, zob.: John Gottman i Lynn Fainsilber Katz, *Parental Meta-emotion Philosophy and the Emotional Life of Families: The Theoretical Models and Preliminary Data*, „Journal of Family Psychology" 10 (1996), s. 243-268.

[4] O pozytywnym rdzeniu afektywnym, zob.: Robert Emde, *The Pre-presentational Self and Its Affective Core*, „Psychoanalytic Study of the Child" 38 (1983), s. 165-192.

[5] Trzy scenariusze, zob.: Daniel J. Siegel, *The Developing Mind: How Relationships and the Brain Interact to Shape Who We Are*, Guilford Press, New York 1999.

[6] O korze oczodołowej, zob.: Allan Schore, *Affect Regulation and the Origin of the Self: The Neurobiology of Emotional Development*, Erlbaum, Hillsdale 1994.

[7] Dostrajanie to zaczyna się w pierwszym roku życia, kiedy włącza się do gry nerwowy układ współczulny, który rozgałęzia się poza mózgiem, w ciele, by kontrolować wzbudzanie fizjologiczne, na przykład rytm serca. Układ współczulny działa jako mechanizm pobudzający organizm, wytwarzając pozytywne emocje, takie jak podniecenie i zainteresowanie, przyjemność i radość – żywiołową szczęśliwość niemowlęctwa. Kiedy rodzice odpowiedzą na to z taką samą energią – powiedzmy, łącząc się z dzieckiem w radości – uczą je, że radość i inne pozytywne stany ducha można dzielić z innymi i że mogą się czuć bezpiecznie, dając im wyraz. W zdrowych rodzinach komunikacja między rodzicami i dzieckiem w pierwszym roku jego życia polega na wspólnym przeżywaniu pozytywnych uczuć. W drugim roku rozwija się układ przywspółczulny, który działa jak hamulec, tonując albo hamując impulsy – uspokaja nas i odpręża. Zwróć uwagę na trafne dostosowanie rozwoju układu przywspółczulnego: dojrzewa akurat wtedy, kiedy dzieci stają się bardziej ruchliwe i niezależne – mogą się wdrapać na stół z lampą. Zob. powyżej.

[8] O stylach wychowania, zob.: Siegel, *Developing Mind.*

[9] O wiele rzadsi są rodzice, którzy w przypływie wściekłości zrzucają lampę. Reagują na dziecko jako „to", nie jako „ty". W takich chwilach nie czują ani odrobiny empatii i dają się ponieść najgorszym impulsom. Kiedy taki rodzic reaguje na psotne zachowanie dziecka zupełną utratą kontroli nad własnym impulsem emocjonalnym, napełnia je przerażeniem. Uczy się ono wtedy obawiać o swoje bezpieczeństwo. Siegel twierdzi, że – z neurobiologicznego punktu widzenia – jego układ nerwowy zalewają jednocześnie dwie przeciwstawne fale, jakby przyspieszając i hamując w tym samym czasie. Rodzic – często sam mający za sobą niespokojne dzieciństwo – nieświadomie daje mu wzór wprowadzający dziecko w dezorientację i staje się dla niego stałym źródłem strachu, zamiast stworzyć mu bezpieczną bazę. Dziecko doznaje „podwójnej zniewagi", ponieważ ogarnia je strach przed rodzicem, a jedyny związek, który pomógłby mu przetrwać emocjonalnie, zapewniając poczucie bezpieczeństwa, zostaje zerwany. W życiu dojrzałym związki takich dzieci z najbliższymi osobami są burzliwe i chaotyczne; historia ich pożycia z partnerami czy partnerkami pełna jest silnych emocji i tragicznych rozstań.

[10] Emily Fox Gordon, *In the Garden of Childish Delights*, „Time", 17 stycznia 2005, s. A22.

[11] Mary Ainsworth i in., *Patterns of Attachment*, Erlbaum, Hillsdale 1978.

[12] O mózgowym obwodzie zabawy, zob.: Jaak Panksepp, *Affective Neuroscience: The Foundations of Human and Animal Emotions*, Oxford University Press, New York 1998.

[13] Tamże.

[14] O zabawie i epigenetyce, zob.: Nakia Gordon i in., *Socially Induced Brain „Fertilization": Play Promotes Brain-Derived Neurotrophic Factor Transcription in the Amygdala and Dorsolateral Frontal Cortex in Juvenile Rats*, „Neuroscience Letters" 341 (2003), s. 17.

[15] Panksepp, *Affective Neuroscience*.

[16] O łaskotaniu, zob.: Jaak Panksepp i in., *Empathy and the Action-Perception Resonances of Basic Socio-emotional Systems of the Brain*, „Behavioral and Brain Sciences" 25 (2002), s. 43-44.

[17] O ADHD i zabawie, zob.: Panksepp, *Affective Neuroscience*. Pomysł o daniu dzieciom możliwości wyhasania się przed lekcjami, zauważa autor, nigdy nie został drobiazgowo sprawdzony i pozostaje w sferze spekulacji. Ponieważ jednak przedłużające się zażywanie leków powszechnie przepisywanych dzieciom z ADHD spowodować może trwałe zmiany w ich systemie katecholaminergicznym, takie niefarmakologiczne metody mogłyby być bardziej pożądane, gdyby okazały się skuteczne.

[18] O charyzmie, zob.: Panksepp, *Affective Neuroscience*.

[19] O stałym punkcie samopoczucia emocjonalnego, zob.: R. J. Davidson i W. Irwin, *The Functional Neuroanatomy of Emotion and Affective Style*, „Trends in Cognitive Neuroscience" 3 (1999), s. 11-21.

[20] Jak zauważa sam Davidson, dane te wprawdzie świadczą o związku między sposobem, w jaki się nas wychowuje, a utrzymującym się przez całe życie poczuciem szczęścia, ale w żadnej mierze nie są dowodem na jego istnienie. Może być po prostu tak, że zadowolone z życia osoby dorosłe lepiej pamiętają dobre niż złe chwile z dzieciństwa, a zatem oceniają swoich rodziców jako troskliwszych, niż byli w rzeczywistości. W celu ustalenia z większą naukową pewnością związku między rodzajem opieki, którą otoczeni jesteśmy jako dzieci, a zdolnością naszego mózgu do radowania się w życiu dojrzałym należy przeprowadzić kilkudziesięcioletnie badania obserwacyjne wielu dzieci.

[21] Rodzice muszą dołożyć wszelkich starań, by nie zaprzeczać dziecku, kiedy mówi, że się boi albo cierpi, ani nie zbywać tego byle czym, lecz starać się okazać mu empatię, a następnie upewnić się, czy sami nie zarazili się złym nastrojem dziecka, i stawić czoło sytuacji z podnoszącym na duchu poczuciem, że można coś zrobić. Wykorzystując chwile niepokoju czy rozpaczy jako okazje do okazania empatii i ciepła oraz dopomożenia dziecku w uczeniu się odporności, rodzice stają się instruktorami sztuki radzenia sobie ze zmiennymi kolejami życia – dowody świadczą, że takie wychowanie zmienia nie tylko zachowanie dziecka, ale również jego mózg. Oznaką tej biologicznej zmiany jest osiągnięcie przez fizjologię dziecka większej zdolności powrotu do stanu normalnego po niekorzystnym pobudzeniu przez stres. Zob.: Siegel, *Developing Mind*.

[22] O przedszkolakach i układzie podwzgórzowo-przysadkowo-nadnerczowym, zob.: M. R. Gunnar i in., *Temperament, Social Competence and Adrenocortical Activity in Preschoolers*, „Developmental Psychobiology" 31 (1997), s. 65-85.

[23] Dla dziecka najważniejsza lekcja sprowadza się do tego, jak przejść od niepokoju do spokoju. Nie posiadając zdolności łatwego opanowywania niepokoju, dzieci mogą nauczyć się błędnych sposobów minimalnego choćby poprawiania sobie nastroju. Niektóre reagują przesadnie, tłumiąc niepokój poprzez ścisłą kontrolę swojego zachowania. Inne są po prostu sparaliżowane lękiem. Jeśli takie strategie obronne wejdą w nawyk, mogą się usztywnić i wdrukować na całe życie w mózg jako zabiegi psychiczne stosowane dla ustrzeżenia się przed wszelkiego rodzaju dysforią.

[24] O sajmiri, zob.: Karen Parker i in., *Prospective Investigation of Stress Inoculation in Young Monkeys*, „Archives of General Psychiatry" 61 (2004), s. 933-941.

CZĘŚĆ IV

Rozdział 13. Sieci przywiązania

[1] Różnice między tymi trzema odmiennymi rodzajami miłości są krystalicznie jasne na poziomie biochemicznym. Pożądanie rodzą i podsycają – zgodnie ze swoją rolą – hormony płciowe: androgeny i estrogeny. Pociąg seksualny, niezbędny warunek przywiązania romantycznego, zdaje się wywoływać współwystępowanie wysokich poziomów dopaminy i noradrenaliny (które zwiększają uczucia przyjemności i odprężenia) oraz niskiego poziomu serotoniny (która dodaje do tego miły nastrój). Chemia, która sprawia, że związek trwa, podsyca życzliwość i rodzi opiekuńczość, które to słabną, to rosną wraz ze zmianami poziomów oksytocyny i wazopresyny. Zob.: Helen Fisher *Why We Love*, Henry Holt, New York 2004 [wyd. polskie: *Dlaczego kochamy*, przeł. A. Jankowski, DW REBIS, Poznań 2004].

[2] John Bowlby, *Attachment and Loss*, t. 1, *Attachment*, wyd. II, Basic Books, New York 1982.

[3] M. K. McClintock, *A Functional Approach to the Behavioral Endocrinology of Rodents*, w: D. Crews (red.), *Psychobiology of Reproductive Behavior*, Prentice Hall, Englewood Cliffs 1987, s. 176-203.

[4] O zalotnym kobiecym spojrzeniu, zob.: Sarah-Jayne Blakemore i Uta Firth, *How Does the Brain Deal with the Social World?*, „NeuroReport" 15 (2004), s. 119-128. O czterech minach, zob.: Knut Kampe i in., *Reward Value of Attractiveness and Gaze*, „Nature" 413 (2001), s. 589.

[5] To klasyczne studium flirtowania jest dziełem Irenäusa Eibl-Eibesfeldta, który robił specjalnym, ukrytym aparatem fotograficznym zdjęcia romantycznych par na Samoa, w Brazylii, Paryżu i Nowym Jorku. Zob.: I. Eibl-Eibesfeldt, *Human Ethology*, Aline de Gruyter, New York 1989.

[6] O podobieństwach między zalecaniem się kochanków i małych dzieci, zob.: Jaak Panksepp, *Affective Neuroscience: The Foundations of Human and Animal Emotions*, Oxford University Press, New York 1998.

[7] Przy ocenie potencjalnego partnera rozwiązania te odgrywają u kobiet większą rolę niż u mężczyzn, co może być jednym z powodów szybszego zakochiwania się mężczyzn niż kobiet.

[8] O miłości jako uzależnieniu, zob.: Jaak Panksepp, *Affective Neuroscience.*

[9] O uzależnieniu od narkotyków, zob.: R. Z. Goldstein, *Drug Addiction and Its Underlying Neurobiological Basis: Neuroimaging Evidence for the Involvement of the Frontal Cortex*, „American Journal of Psychiatry" 159 (2002), s. 1642-1652. Badania te pokazują, że oprócz rejonów podkorowych, o których od dawna wiadomo, że odgrywają pewną rolę w uzależnieniu, biorą w tym udział obszary przedczołowe, które dostarczają zdecydowanie pozytywnej oceny narkotyku i upośledzają neuronalne układy hamujące impulsy.

[10] Brenda i Bob są przykładem podanym w: Eileen Kennedy-Moore i Jeanne C. Watson, *Expressing Emotion: Myths, Realities and Therapeutic Strategies*, Guilford Press, New York 1999.

[11] O stylach przywiązania, zob.: Jude Cassidy i Phillip Shaver (red.), *Handbook of Attachment Theory: Research and Clinical Applications*, Guilford Press, New York 1999.

[12] Judith Feeney, *Adult Romantic Attachment and Couple Relationships*, w: powyżej. Feeney zauważa, że istnieją różne typologie stylów przywiązania, w tym takie, które wyodrębniają nie trzy, lecz cztery typy, oraz że style te niekoniecznie muszą być „zastygłe", tj. że wraz ze zmieniającymi się doświadczeniami z pozostawania w różnych związkach człowiek może przyjmować różne style. Między tymi typami nie ma też ściśle określonych granic; ludzie mogą je mieszać albo manifestować jeden styl w odniesieniu do pewnych osób, a inny w odniesieniu do innych.

[13] O ufnym partnerze, zob.: Deborah Cohn i in., *Working Models of Childhood Attachments and Couple Relationships*, „Journal of Family Issues" 13, nr 4 (1992), s. 432-449.

[14] O stylach przywiązania i mechanizmie mózgowym, zob.: Omri Gallath i in., *Attachment-style Differences and Ability to Suppress Negative Thoughts: Exploring the Neural Correlates*, „NeuroImage" (w druku).

[15] Główny obwód nerwowy odpowiedzialny za styl przywiązania zdaje się rozciągać między charakterystycznymi punktami dróg wysokiej i niskiej: obszarem oczodołowym, ciałem migdałowatym, przednim biegunem skroniowym, przednią częścią zakrętu obręczy i hipokampem. Ciało migdałowate wzbudza drogę niską podczas odczuwania przez nas strachu, przedni biegun skroniowy podczas odczuwania smutku. Droga wysoka otwiera się, kiedy angażuje się obszar oczodołowy, na przykład kiedy staramy się przemyśleć nasz związek i pokonać jakieś związane z tym przygnębiające emocje.

[16] Wszystkie te struktury ulegają wzbudzeniu w prawej półkuli mózgu, która zdaje się brać większy udział w przeżywaniu przykrych emocji.

[17] To przywoływanie niepokoju sygnalizowała wzmożona aktywacja ich hipokampa, struktury, która zajmuje się odtwarzaniem wszelkich śladów pamięciowych.

[18] Grzbietowa część zakrętu obręczy nastawiona jest na wychwytywanie sytuacji, które wymagają większej kontroli ze strony kory przedczołowej, takich jak przygnębiające emocje. Zob.: Matthew M. Botvinick i in., *Conflict Monitoring and Anterior Cingulate Cortex: An Update*, „Trends in Cognitive Sciences" 8, nr 12 (2004), s. 539-546.

[19] O stylu „unikającym", zob.: Mario Mikulincer i Phillip Shaver, *The Attachment*

Behavioral System in Adulthood: Activation, Psychodynamics, and Interpersonal Processes, w: Mark P. Zanna (red.), *Advances in Experimental Social Psychology*, 35, Academic Press, San Diego 2003, s. 53-152.

[20] Te schematy aktywności mózgu zdają się wyjaśniać odkrycia dokonane przez zespół Shavera podczas wcześniejszych badań. Na przykład kiedy osoby pozostające od dawna w związkach romantycznych wyobrażały sobie żywo, że partner porzuca je dla kogoś innego, te z nich, które były niespokojnie przywiązane, nie potrafiły powstrzymać strumienia niepokojących myśli, natomiast osoby ufnie przywiązane i skryte przerywały te przygnębiające rozmyślania. O odganianiu zmartwień, zob.: R. C. Fraley i R. P. Shaver, *Adult Attachment and the Suppression of Unwanted Thoughts*, „Journal of Personality and Social Psychology" 73 (1997), s. 1080-1091. Ale chociaż przezwyciężanie tego rodzaju zmartwień przychodzi łatwo osobom ufnym, tłumienie przygnębiających myśli o związku wymaga stałego wysiłku psychicznego od osób skrytych. Zob.: Mario Mikulincer i in., *Attachment-Related Strategies During Thought-Suppression: Ironic Rebounds and Vulnerable Self-representations*, „Journal of Personality and Social Psychology" 87 (2004), s. 940-956.

[21] O typach nieufnych, zob.: Feeney, *Adult Romantic Attachment*, w: Cassidy i Shaver, *Handbook*.

Rozdział 14. Pożądanie – jego i jej

[1] O obrazowaniu mózgu podczas patrzenia na zdjęcie ukochanej osoby, zob.: H. A. Fisher i in., *Early Stage Intense Romantic Love Activates Cortical-basal Ganglia Reward/Motivation, Emotion, and Attention Systems*, prezentacja plakatowa na dorocznym spotkaniu Society for Neuroscience, Nowy Orlean, 11 listopada 2003.

[2] Ośrodkami tymi są jądro ogoniaste i przegroda.

[3] O przypadkowych stosunkach seksualnych, zob.: Helen Fisher, *Why We Love*, Henry Holt, New York 2004 [wyd. polskie: *Dlaczego kochamy*, przeł. A. Jankowski, DW REBIS, Poznań 2004].

[4] O atrakcyjnych cechach, zob.: David Buss, *Sex Differences in Human Mate Preference: Evolutionary Hypotheses Tested in 37 Cultures*, „Behavioral and Brain Sciences" 12 (1989), s. 1-49.

[5] O badaniach nad wpływem zapachu potu, zob.: Charles Wysocki, *Male Axillary Extracts Contain Pheromones that Affect Pulsatile Secretion of Luteinizing Hormone and Mood in Women Recipients*, „Biology of Reproduction" 68 (2003), s. 2107-2113.

[6] O stosunku obwodu w biodrach do obwodu w pasie i w biuście, zob.: Buss, *Sex Differences*.

[7] Devendra Singh, *Female Mate Value at a Glance: Relationship of Hip-to-Waist Ratio to Health, Fecundity, and Attractiveness*, „Neuroendocrinology Letters", suplement 4 (2002), s. 81-91.

[8] Do głównych obszarów wzbudzanych podczas miłości romantycznej należą przyśrodkowa okolica wyspy, kora przedniej części zakrętu obręczy, jądro ogoniaste i skorupa w obu półkulach mózgowych. Rozjarzają się one, kiedy czujemy się bardzo

szczęśliwi. Co równie ważne, deaktywacji ulegają okolice zakrętu i ciała migdałowatego, które ulegają wzbudzeniu podczas dysforii. Zob.: Andrea Bartels i Semir Zeki, *The Neural Basis of Romantic Love*, „NeuroReport" 17 (2000), s. 3829-3834.

[9] O pobudzeniu seksualnym i obwodach nerwowych u mężczyzn, zob.: Serge Stoleru i in., *Neuroanatomical Correlates of Visually Evoked Sexual Arousal in Human Males*, „Archives of Sexual Behavior" 28 (1999), s. 1-21; S. L. Rauch i in., *Neural Activation During Sexual and Competitive Arousal in Healhy Men*, „Psychiatry Research" 91 (1999), s. 1-10.

[10] Obwody nerwowe seksu obejmują wyższą część układu limbicznego, a więc takie struktury, jak okolica przegrody, jądro łożyskowe prążka krańcowego i okolice przedwzrokowe, które łączą się przez przednią część podwzgórza z przyśrodkową wiązką przodomózgowia bocznej okolicy podwzgórza. Zob.: Jaak Panksepp, *Affective Neuroscience: The Foundations of Human and Animal Emotions*, Oxford University Press, New York 1998.

[11] Obwody agresji koncentrują się w płatach skroniowych, które są okolicami bardziej aktywnymi u mężczyzn; obwód czułej opieki, skupiony w rejonie zakrętu obręczy, jest bardziej aktywny u kobiet. Jak wszędzie w mózgu, także tutaj to, co się zdarza, zależy od szczegółów – testosteron różnie wpływa na pożądanie u kobiet, zależnie od dawki; umiarkowany jego poziom zwiększa siłę libido, natomiast bardzo wysoki tłumi je. Zob.: R. C. Gur i in., *Sex Differences in Regional Cerebral Glucose Metabolism During a Resting State*, „Science" 267 (1995), s. 528-531.

[12] Dopamina podnosi poziom testosteronu, a zatem grupa leków przeciwdepresyjnych, które podwyższają poziom dopaminy, zwiększa również popęd płciowy. Zob. J. P. Heaton, *Central Neuropharmacological Agents and Mechanisms in Erectile Dysfunction: The Role of Dopamine*, „Neuroscience and Biobehavioral Reviews" 24 (2000), s. 561-569.

[13] Wazopresyna może też powodować agresję. Wazopresyna i oksytocyna oddziaływają na mózgi mężczyzn i kobiet, przy czym ta pierwsza wzmacnia prawdopodobnie asertywny aspekt macierzyństwa u kobiet, a druga pobudza łagodniejszy aspekt ojcostwa u mężczyzn.

[14] Ten uproszczony opis neurochemii miłości oparty jest na: Panksepp, *Affective Neuroscience*. Panksepp zauważa, że w seksualności wchodzi w grę dużo szerszy wachlarz występujących w mózgu związków chemicznych, a rola większości z nich jest na razie słabo poznana.

[15] O grze końcowej, zob.: C. S. Carter, *Oxytocin and Sexual Behavior*, „Neuroscience and Behavioral Reviews" 16 (1992), s. 131-144.

[16] O młodej prawniczce i jej narzeczonym, zob.: Mark Epstein, *Open to Desire*, Gotham, New York 2005.

[17] Anne Rice opowiadała o swoich fantazjach seksualnych w: Katharine Ramsland, *Roquelaure Reader: A Companion to Anne Rice's Erotica*, Plume, New York 1996.

[18] O powszechnych tematach fantazji seksualnych, zob.: Harold Leitenberg i Kris Henning, *Sex Fantasy*, „Psychological Bulletin" 117 (1995), s. 469-496.

[19] Nie wszystkie fantazje erotyczne mają postać dopracowanej w szczegółach

sceny; niektóre są jedynie podobnymi myślami czy wyobrażeniami romantycznych albo seksualnych zachowań. Przegląd współczesnych zgodnych opinii psychologów, zob.: powyżej.

[20] O snuciu fantazji, zob.: Sigmund Freud, *Creative Writers and Daydreaming*, w: James Strachey (red.), *The Standard Edition of the Complete Psychological Works of Sigmund Freud*, t. 9, Hogarth Press, London 1962 (1909), s. 146.

[21] O marzeniach i uprawianiu miłości, zob. na przykład: G. D. Wilson i R. J. Lang, *Sex Differences in Sexual Fantasy Patterns*, „Personality and Individual Differences" 2 (1981), s. 343-346.

[22] Jeśli narzuca się drugiej stronie, bez jej zgody, urzeczywistnienie swojej fantazji, to relacja „ja–ty" przechodzi w relację seksualną typu „ja–to", „to mnie podnieca", zamiast „ty mnie podniecasz". Etykieta poruszania się wzdłuż granicy między zgodą a przymusem została – jak się wydaje – dobrze określona w podkulturze sadomasochistycznej, gdzie sama natura fantazji może łatwo doprowadzić do interpersonalnej katastrofy.

[23] Michael J. Bader, *The Secret Logic of Sexual Fantasies*, St. Martin's Press, New York 2002, s. 157.

[24] O narcyzach i ich poglądach na temat seksu, zob.: Brad J. Bushman i in., *Narcissism, Sexual Refusal, and Aggression: Testing a Narcissistic Reactance Model of Sexual Coercion*, „Journal of Personality and Social Psychology" 48 (2003), s. 1027-1040.

[25] O kobietach zmuszanych do stosunków seksualnych, zob.: Edward O. Laumann i in., *The Social Organization of Sexuality: Sexual Practices in the United States*, University of Chicago Press, Chicago 1994.

[26] E. J. Kanin, *Date Rapists: Differential Sexual Socialization and Relative Deprivation*, „Archives of Sexual Behavior" 14 (1985), s. 219-231.

[27] O wymuszonych stosunkach seksualnych jako podniecających i zniechęcających, zob.: Bethany Lohr i in., *Sexual Arousal to Erotic and Aggressive Stimuli in Sexually Coercive and Noncoercive Men*, „Journal of Abnormal Psychology" 106 (1997), s. 230-242.

[28] K. E. Dean i N. M. Malamuth, *Characteristics of Men Who Aggress Sexually and of Men Who Imagine Aggressing*, „Journal of Personality and Social Psychology" 72 (1997), s. 449-455.

[29] O testosteronie, zob.: Alan Booth i James Dabbs Jr, *Testosterone and Men's Marriages*, „Social Forces" 72, nr 2 (1993), s. 463-478.

[30] O podnieceniu seksualnym spowodowanym przedstawieniami gwałtu, zob.: G. Hall i in., *The Role of Sexual Arousal in Sexually Aggressive Bohavior: a Meta-analysis*, „Journal of Clinical and Consulting Psychology" 61 (1993), s. 1091-1095.

[31] O braku empatii u skazanych gwałcicieli, zob.: D. Scully, *Understanding Sexual Violence*, HarperCollinsAcademic, London 1990.

[32] O gwałcicielach i negatywnych komunikatach, zob.: E. C. McDonell i R. M. McFall, *Construct Validity of Two Heterosocial Perception Skill Measures for Assessing Rape Proclivity*, „Violence and Victims" 6 (1991), s. 17-30.

[33] Dowody kliniczne zdają się świadczyć, że sprawcy przestępstw na tle seksual-

nym regularnie się masturbują, snując ulubione fantazje. W niektórych więzieniach dla pedofilów, gwałcicieli i ekshibicjonistów władze starają się zmniejszyć stopień recydywy po zwolnieniu osadzonych, proponując im programy leczenia. Przez kilkadziesiąt lat programy te skupiały się na próbach zmiany fantazji snutych przez przestępców, za pomocą takich środków jak łączenie scenariusza aktu seksualnego z przyprawiającym o mdłości zapachem albo podawanie leków hamujących wydzielanie hormonów, w celu ugaszenia będącego przyczyną kłopotów pożądania. Jednak obecnie uważa się, że takie podejście, bez jednoczesnego stosowania metody zwiększającej empatię wobec ofiar, jest niewystarczające. A zatem częścią kuracji mogą być spotkania przestępcy z ofiarami osób podobnych do niego i słuchanie ich opowieści o bólu i cierpieniu, które wtedy czuły. Leczenie ma również na celu zmianę wypaczonego poglądu sprawcy o tym, jak postrzegają go jego ofiary. Ekshibicjonistom na przykład uświadamia się, że kobiety, przed którymi się obnażają, uważają ich na ogół raczej za osobników żałosnych niż budzących strach. Terapie te zwalczają również pokrętne sposoby myślenia, które pozwalają sprawcom tego rodzaju przestępstw racjonalizować je jako nieszkodliwe czyny. Z drugiej strony, próby stłumienia niebezpiecznych fantazji mogą mieć odwrotne skutki – zamiast zmniejszać ich częstotliwość, mogą ją zwiększać, im bardziej staramy się ich unikać. Tak więc w ramach najskuteczniejszych programów przestępcy, zamiast stłumić swoje groźne fantazje, uczą się, jak unikać powtórnego wejścia w konflikt z prawem, poprzez wczesne wykrywanie tych niebezpiecznych fantazji i duszenie w zarodku nawyków, które w przeszłości prowadziły do urzeczywistniania tych scenariuszy. Zob.: Leitenberg i Henning, *Sex Fantasy.*

[34] Zob. na przykład: Neil Malamuth, *Predictors of Naturalistic Sexual Aggression*, „Journal of Personality and Social Psychology" 50 (1986), s. 953-962.

[35] O pożądaniu z empatią, zob.: Judith Jordan, *Clarity in Connection: Empathic Knowing, Desire, and Sexuality*, w: *Women's Growth in Diversity*, Guilford Press, New York 1997. O orgazmie ego, zob. na przykład: Masud Khan, *Ego-Orgasm in Bisexual Love*, „International Review of Psycho-analysis" 1 (1974), s. 143-149.

Rozdział 15. Biologia współczucia

[1] Cytat ten jest lekką parafrazą fragmentu z: John Bowlby, *A Secure Base*, Basic Books, New York 1988, s. 62.

[2] O partnerach romantycznych, zob.: Brooke Feeny, *A Secure Base: Responsive Support of Goal Strivings and Exploration in Adult Intimate Relationships*, „Journal of Personality and Social Psychology" 87, nr 5 (2004), s. 631-648.

[3] Z drugiej strony osoba, której brakuje wiary w swoją zdolność radzenia sobie w świecie, może czerpać otuchę z postępowania partnera, który przejmuje kontrolę, witając z ulgą jego wtrącanie się w jej sprawy, a fakt, że jest od niego zależna, podnosi ją na duchu.

[4] O niepokoju wynikającym z nieufnego przywiązania i opiekuńczości, zob.: Mario Mikulincer i in., *Attachment, Caregiving and Altruism: Boosting Attachment*

Security Increases Compassion and Helping, „Journal of Personality and Social Psychology" 89 (2005), s. 817-839.

[5] O egoistycznym altruizmie, zob.: R. B. Cialdini i in., *Empathy-based Helping: Is It Selflessly or Selfishly Motivated?*, „Journal of Personality and Social Psychology" 52 (198), s. 749-758.

[6] Osoby o ufnym stylu przywiązania oferowały tej kobiecie pomoc nawet wtedy, kiedy jej kłopoty wydawały się jeszcze poważniejsze: mówiono im, że nie tylko jest ona bez środków do życia, ale także pogrążona w ciężkiej depresji. Przypuszczalnie nawet gdyby jej pomogły, byłaby nadal przygnębiona, ale mimo to wyrażały gotowość podania jej pomocnej dłoni. Wydaje się, że zadaje to kłam teoriom, według których ludzie pomagają innym dla przyjemności, jaką sprawia uszczęśliwianie kogoś, interpretowane przez twórców i wyznawców tych teorii jako „egoistyczny" motyw współczucia.

[7] Jack Nitschke i in., *Orbitofrontal Cortex Tracks Positive Mood in Mothers Viewing Pictures of Their Newborn Infants*, „NeuroImage" 21 (2004), s. 583-592.

[8] Oksytocyna wytwarzana jest w jądrach podwzgórza, skąd płynie do przysadki, a potem uwalniana jest do krwiobiegu. Płynąc innymi drogami z podwzgórza, oddziałuje też na wiele innych obszarów, takich jak ciało migdałowate, jądra szwu i miejsce sinawe (między innymi) oraz płyn mózgowo-rdzeniowy.

[9] O nornikach preriowych i oksytocynie, zob.: C. Sue Carter, *Neuroendocrine Perspectives on Social Attachment and Love*, „Psychoneuroimmunology" 23, nr 8 (1998), s. 779-818.

[10] O złożonych związkach między oksytocyną i testosteronem, zob.: Helen Fisher, *Why We Love*, Henry Holt, New York 2004 [wyd. polskie: *Dlaczego kochamy*, przeł. A. Jankowski, DW REBIS, Poznań 2004].

[11] O alergiach społecznych, zob.: Michael R. Cunningham i in., *Social Allergies in Romantic Relationships: Behavioral Repetition, Emotional Sensitization, and Dissatisfaction in Dating Couples*, „Personal Relationships" 12 (2005), s. 273-295. Fragment o mokrych ręcznikach i rolce papieru toaletowego, cyt. za: film Roba Reinera z 2000 roku *The Story of Us*.

[12] O podstawowych układach nerwowych, zob.: Jaak Panksepp, *Affective Neuroscience: The Foundations of Human and Animal Emotions*, Oxford University Press, New York 1998.

[13] O zaspokajaniu potrzeb emocjonalnych, zob.: John Gottman, *The Relationship Cure*, Three Rivers Press, New York 2002.

[14] Zob.: John Gottman, *What Predicts Divorce: The Relationship Between Marital Processes, and Marital Outcomes*, Erlbaum, Hillsdale 1993.

[15] O podobieństwie twarzy małżonków, zob.: R. B. Zajonc i in., *Convergence in the Physical Appearance of Spouses*, „Motivation and Emotion" 11 (1987), s. 335-346.

[16] S. M. Drigotas i in., *Close Partner as Sculptor of the Ideal Self*, „Journal of Personality and Social Psychology" 77 (1999), s. 293-323.

[17] Erik Filsinger i Stephen Thoma, *Behavioral Antecedents of Relationship Stability and Adjustment: A Five-Year Longitudinal Study*, „Journal of Marriage and the Family" 50 (1988), s. 785-795.

[18] Zob. na przykład: Gottman, *What Predicts Divorce*.

[19] O starszych małżeństwach i przyjemności, zob.: Robert W. Levenson i in., *The Influence of Age and Gender on Affect, Physiology, and Their Interrelations: A Study of Long-term Marriages*, „Journal of Personality and Social Psychology", 67, nr 1 (1994), s. 56-68.

[20] O proporcji pięć do jednego, zob.: Gottman, *Relationship Cure.*

CZĘŚĆ V

Rozdział 16. Stres ma przyczyny społeczne

[1] Opowieść o małżeństwie Tołstojów, zob.: William L. Shirer, *Love and Hatred: The Stormy Marriage of Leo and Sonya Tolstoy*, Simon and Schuster, New York 1994.

[2] O przeżyciu po prawokomorowej niewydolności krążenia, zob.: H. M. Krumholz i in., *The Prognostic Importance of Emotional Support for Elderly Patients Hospitalized with Heart Failure*, „Circulation" 97 (1988), s. 958-964.

[3] U mężczyzn, którzy twierdzili, że są najmocniej kochani, choroba wieńcowa była najmniej zaawansowana. Podczas gdy kochający partner zapewnia ochronę przed chorobą, usidlenie w toksycznym związku może być szkodliwe dla zdrowia. Zob.: T. E. Seemann i S. L. Syme, *Social Networks and Coronary Heart Disease: A Comparative Analysis of Network Structural and Support Characteristics*, „Psychosomatic Medicine" 49 (1987), s. 341-354.

[4] O kiepskich związkach jako zagrożeniu dla zdrowia, zob.: Janice Kiecolt-Glaser i in., *Marital Stress: Immunologic, Neuroendocrine, and Autonomic Correlates*, „Annals of the New York Academy of Sciences" 840 (1999), s. 656-663.

[5] O związkach i chorobie, zob.: Teresa Seeman, *How Do Others Get Under Our Skin: Social Relationships and Health*, w: Carol Ryff i Burton Singer (red.), *Emotion, Social Relationships, and Health*, Oxford University Press, New York 2001.

[6] Wzbudzenie układu podwzgórzowo-przysadkowo-nadnerczowego zaczyna się, kiedy podwzgórze wydziela czynnik uwalniający kortykotropinę (CRF), który z kolei pobudza przysadkę do wydzielania adrenokortykotropiny (ACTH), mobilizującej korę nadnerczy do uwalniania kortyzolu, który przenika do krwiobiegu i wywiera wpływ na różne organy. Zob.: Robert Sapolsky i in., *How Do Glucocorticoids Influence Stress Responses?*", „Endocrine Reviews" 21 (2000), s. 55-89. Laboratorium Sapolsky'ego jako jedno z pierwszych wykazało, że przedłużający się stres może uszkadzać hipokamp, rejon mózgu odgrywający główną rolę w uczeniu się i pamięci. Jego zespół ustalił, że decydującą rolę w tej neurotoksyczności odgrywają glikokortykoidy, klasa hormonów sterydowych wydzielanych podczas stresu przez korę nadnerczy. Poza tym jako pierwsi wykazali, że glikokortykoidy upośledzają zdolność komórek hipokampa do przetrwania różnych chorób neurologicznych, w tym udaru mózgu i epilepsji. Jednym z głównych tematów, na których koncentrują się prace prowadzone w tym laboratorium, jest zbadanie komórkowych i molekularnych wydarzeń leżących u podłoża umierania neuronów hipokampa i odkrycie składników tego procesu, pogarszanego przez glikokortykoidy.

[7] Kluczowe obszary znajdują się w przedrąbkowej części zakrętu obręczy.

[8] Poprzez mózg społeczny kontakty z innymi mogą mieć biologiczne znaczenie dla naszej odporności w obliczu zagrożeń dla naszego zdrowia. W tej chwili jednak badacze mogą tylko naszkicować same zaczątki mapy biorących w tym udział mechanizmów mózgowych. Mówiąc dokładniej, informacje społeczne przetwarzane są najpierw przez układy czuciowe kory nowej, a następnie kierowane przez płat skroniowy do ciała migdałowatego i hipokampa, które następnie wysyłają sygnały do układu podwzgórzowo-przysadkowo-nadnerczowego i układów noradrenergicznych i serotonergicznych. Zob.: Seemann, *How Do Others*.

[9] Jak stwierdzono w badaniach nad związkiem między stresem i chorobą naczyń wieńcowych, którym poddawano przez dziesięć lat tysiące mężczyzn i kobiet, ważne jest stałe, trwające latami nagromadzenie takich emocji, a nie nieliczne epizody silnego, ale przemijającego stresu. Jeśli stres rósł tylko w pierwszym albo tylko w dziesiątym roku, prawdopodobieństwo, że zakończy się to wystąpieniem chorób układu sercowo-naczyniowego, było dużo niższe, ponieważ stres nie był przewlekły, lecz tymczasowy. Natomiast osoby, u których poziom stresu był wysoki zarówno w pierwszym, jak i dziesiątym roku – co wskazywało, że jest on prawdopodobnie stałym składnikiem ich diety emocjonalnej – były bardziej narażone na chorobę naczyń wieńcowych. Zob.: James House i in., *Social Relationships and Health*, „Science" 24 (1989), s. 540-545.

[10] O przypadku Elysy Yanowitz, zob.: Steven Greenhouse, *Refusal to Fire Unattractive Saleswoman Led to Dismissal, Suit Contends*, „New York Times", 11 kwietnia 2003, s. A14.

[11] Przyczyny nadciśnienia są oczywiście złożone. Medycyna przypuszcza, że zawsze wchodzą w grę predyspozycje genetyczne, chociaż również stres (podobnie jak dieta i ćwiczenia fizyczne) określa, jak szybko czy silnie predyspozycje te doprowadzą do rozwinięcia się choroby. Określenie konkretnej osoby mianem „przyczyny" nadciśnienia wydaje się dyskusyjne.

[12] Nadia Wager, George Feldman i Trevor Hussey, *Impact of Supervisor Interactional Style on Employees' Blood Pressure*, „Consciousness and Experiential Psychology" 6 (2001).

[13] Chociaż ława przysięgłych nie wydała jeszcze werdyktu w sprawie nadciśnienia Elysy Yanowitz, dane medyczne świadczą, że jej pełni dezaprobaty szefowie odegrali przynajmniej pewną rolę w podniesieniu jej ciśnienia krwi. Powtarzające się przez długi czas skoki ciśnienia mogą podwyższyć ustalony punkt, do którego powraca ciśnienie krwi po podniesieniu się, prowadząc w ten sposób stopniowo do nadciśnienia. Epigenetyka twierdzi, że osobę z genetyczną skłonnością do nadciśnienia można wpędzić w tę chorobę, stwarzając podobne do tych, utrzymujące się przez długi czas, przygnębiające albo niepokojące warunki. Z drugiej strony, doprowadzić do tego może zwykła hydraulika płynów. Zob. na przykład: B. D. Perry i in., *Persisting Psychophysiological Effects of Traumatic Stress: The Memory of States*, „Violence Update" 1, nr 8 (1991), s. 1-11. Zob. też jednak sceptyczną recenzję: Samuel A. Mann, *Job Stress and Blood Pressure: A Critical Appraisal of Reported Studies*, „Current Hypertension Reviews" 2 (2006), s. 127-138.

[14] S. P. Wamala i in., *Job Stress and the Occupational Gradient in Coronary Heart Disease Risk in Women*, „Social Science and Medicine 51 (2000), s. 481-498; M. G. Marmot i M. J. Shipley, *Do Socio-economic Differences in Mortality Persist after Retirement? 25-Year Follow-up of Civil Servants in the First Whitehall Study*, „British Medical Journal" 313 (1996), s. 1177-1180.

[15] O sprawiedliwości i szefach, zob.: M. Kivimaki i in., *Justice At Work and Reduced Risk of Coronary Heart Disease Among Employees: The Whilehall II Study*, „Archives of Internal Medicine" 165 (2005), s. 2245-2251.

[16] Niektórzy twiedzą, że wyższy wskaźnik chorób wśród osób zatrudnionych na niższych szczeblach bierze się z ich niższego wykształcenia, niższych zarobków albo mniejszej kontroli nad wykonywaniem swoich zadań. Czynniki te mogą z pewnością odgrywać pewną rolę, ale po szeroko zakrojonych analizach okazało się, że decydującą zmienną są toksyczne stosunki między przełożonymi i podwładnymi. Zob.: R. G. Wilkinson, *Unhealthy Societies: The Afflictions of Inequality*, Routledge, London 1996.

[17] Y. Gabriel, *An Introduction to the Social Psychology of Insults in Organizations*, „Human Relations" 51 (1998), s. 1329-1354.

[18] O pozycji w miejscu pracy i ciśnieniu krwi, zob.: James Lynch, *The Broken Heart*, Basic Books, New York 1979.

[19] O podwyższonym ryzyku zapadnięcia na chorobę układu sercowo-naczyniowego, zob. na przykład: S. P. Thomas, *Women's Anger: Relationship of Suppression to Blood Pressure*, „Nursing Research" 46 (1997), s. 324-330; T. M. Dembroski i in., *Components of Type A, Hostility, and Anger-in: Relationship to Angiographic Findings*, „Psychosomatic Medicine" 47 (1985), s. 219-233.

[20] O ciśnieniu krwi podczas interakcji, zob.: Julianne Holt-Lunstad i in., *Social Relationships and Ambulatory Blood Pressure: Structural and Qualitative Predictors of Cardiovascular Function During Everyday Social Interactions*, „Health Psychology" 22, nr 4 (2003), s. 388-397.

[21] O fałszywym oskarżeniu i chorobie naczyń wieńcowych, zob.: Joe A. Bosch i in., *Acute Stress Evokes Selective Motibliation of T Cells that Differ in Chemokine Receptor Expression: A Potential Pathway Linking Reactivity to Cardiovascular Disease*, „Brain, Behavior and Immunity" 17 (2003), s. 251-259.

[22] Prowokowało to komórki T do zaatakowania śródbłonka, gdzie zaczyna się tworzenie śmierścionośnych płytek. Ta rekrutacja komórek T, które – zwalczając inwazyjne bakterie – wywołują zapalenie tkanki, zgadza się z rodzącym się zrozumieniem kluczowej roli tego zapalenia w tworzeniu się blaszek miażdżycowych.

[23] Cohen oceniał jakość emocjonalną interakcji społecznych w jednej z grup ochotników na parę dni przed ich przyjściem do laboratorium. Nieprzyjemne kontakty, zwłaszcza przedłużające się konflikty (jak przy podwyższonym poziomie kortyzolu), pozwalały przypuszczać, że jest bardziej prawdopodobne, iż dana osoba zapadnie na ostre przeziębienie. Zob.: Sheldon Cohen, *Social Relationships and Susceptibility to the Common Cold*, w: Ryff i Singer, *Emotion, Social Relationships*, s. 221-244.

[24] Sheldon Cohen i in., *Sociability and Susceptibility to the Common Cold*, „Psychological Science" 14 (2003), s. 389-395. W badaniach tych mierzono kontakty

społeczne w tygodniach poprzedzających narażenie na rhinowirusy, a nie w dniach podczas wystawienia na ich działanie i po tym wystawieniu (ponieważ wtedy ochotnicy poddani byli kwarantannie), a zatem nie odpowiadają one na pytanie, czy przyjemne albo nieprzyjemne kontakty tuż przed lub w dniu wystawienia na wirusy mają wpływ na obronę organizmu. Takie badania trzeba dopiero przeprowadzić.

[25] Towarzyskość – wyszukiwanie innych w przyjazny, miły sposób – łączyła się z lepszym nastrojem, lepszym sypianiem i niższym poziomem kortyzolu, co z kolei zapowiadało mniejsze ryzyko przeziębienia. Ale, zauważa doktor Cohen, szukanie silniejszego związku mogłoby dokładniej pokazać, jak towarzyskość „może wniknąć do naszego organizmu", co jest kwestią, która pozostaje tajemnicą do bardziej wnikliwego rozwiązania. Zob. Sheldon Cohen, *Psychosocial Models of Social Support in the Etiology of Physical Disease*, „Health Psychology" 7 (1988), s. 269-297. Związki z małżonkiem, wnukami, sąsiadami, przyjaciółmi, innymi osobami biorącymi udział w eksperymencie czy członkami tej samej wspólnoty religijnej są prognostykiem, że dana osoba będzie mniej podatna na przeziębienie po zetknięciu się z rhinowirusem. Zob.: Sheldon Cohen, *Social Relationships and Health*, „American Psychologist" (listopad 2004), s. 676-684.

[26] Metaanaliza, zob.: Sally Dickerson i Margaret Kemeny, *Acute Stressors and Cortisol Responses: A Theoretical Integration and Synthesis of Laboratory Research*, „Psychological Bulletin" 130 (2004), s. 355-391.

[27] W części tych badań mierzono również poziom ACTH, innego hormonu stresowego wydzielanego przez układ podwzgórzowo-przysadkowo-nadnerczowy. Skutki były prawie takie same, chociaż ACTH działa szybciej, osiągając najwyższy poziom po około dziesięciu-dwudziestu minutach od wystawiania na stresor, natomiast kortyzol później, mniej więcej trzydzieści do czterdziestu minut po pierwszym wystawieniu. Są dwie szeroko stosowane miary kortyzolu: ilości wydzielanej przez organizm i czasu potrzebnego do powrotu tej ilości do normalnego poziomu. Ludzie znacznie różnią się między sobą czasem dochodzenia do siebie; niektórzy po stresującej chwili szybko powracają do normy, inni zdają się długo pozostawać w podłym nastroju.

[28] Z jakiegoś powodu możemy nie zdawać sobie sprawy z tego, jak silnie stres społeczny wpływa na naszą biologię. Subiektywnie osoby badane oceniały ów hałas jako równie stresujący jak zadanie polegające na odejmowaniu, mimo iż powodował on większy wzrost poziomu kortyzolu.

[29] Stres społeczny pobudza następujące rejony mózgu (z których wszystkie pełnią ważne funkcje w mózgu społecznym): korę przedczołową prawej półkuli, ciało migdałowate, przednią część zakrętu obręczy, hipokamp i wyspę.

[30] Kiedy uważali, że są oceniani podczas rozwiązywania zadań matematycznych, ich poziom kortyzolu był znowu wyższy, niż kiedy rozwiązywali je, będąc sami w pokoju. Zob.: Tara Gruenewald i in., *Acute Threat to the Social Self: Shame, Social Self-esteem and Cortisol Activity*, „Psychosomatic Medicine" 66 (2004), s. 915-924.

[31] Kiedy krytyczny obserwator czynił upokarzające uwagi, osoby badane je rozpamiętywały – i tak podtrzymywały pobudzenie stresowe – jeszcze długo potem. Nie

przejmowały się tym jednak nawet w przybliżeniu tak długo, kiedy źródło upokorzenia było bezosobowe, na przykład gdy wstrząsnęła nimi informacja, że komputer odkrył, iż zbyt wolno naciskają guzik po usłyszeniu sygnału. Zob.: Laura Glynn i in., *The Role of Rumination in Recovery from Reactivity: Cardiovascular Consequences of Emotional States*, „Psychosomatic Medicine" 64 (2002), s. 714-726.

[32] Zob.: Teresa Seeman i in., *The Price of Adaptation: Allostatic Load and Its Health Consequences*, „Archives of Internal Medicine" 157 (1997), s. 2259-2268; Teresa Seeman i in., *Exploring a New Concept of Cumulative Biologie Risk: Allostatic Load and Its Health Consequences*, „Proceedings of the National Academy of Sciences" 98 (2001), s. 4770-4775.

[33] O ogólnym tonie emocjonalnym związków z innymi i zdrowiu, zob.: Ryff i Singer, *Emotion, Social Relationships*. Negatywny wpływ związków z innymi na zdrowie większy był u mężczyzn niż u kobiet, głównie dlatego, że mieli większe nasilenie objawów chorób serca, natomiast u kobiet ów negatywny wpływ przejawiał się znacznie podwyższonym poziomem hormonów stresowych.

[34] Mówiąc dokładnie, grzbietowo-górna okolica kory przedczołowej.

[35] O związkach z innymi i sprawności układu odpornościowego, zob.: Rosenkrantz i in., *Affective Style and In Vivo Immune Response: Neurobehavioral Mechanisms*, „Proceedings of the National Academy of Sciences" 100 (2003), s. 11, 148-152.

[36] Badając, jak myszy traktują swoje młode, Michael Meaney odkrył, że różnice w opiekuńczości wpływają na geny w hipokampie, które kontrolują wydajność układu podwzgórzowo-przysadkowo-nadnerczowego poprzez pewien glikokortykoid, prekursor kortyzolu. Glikokortykoidy są sterydami regulującymi zmiany w poziomie glukozy we krwi, rytmie serca i funkcjonowaniu neuronów. Badania genetyczne skomplikowanych sposobów, w jakie regulowany jest poziom samych glikokortykoidów, pokazują, że mają na nie silny wpływ kontakty społeczne, zwłaszcza stresujące. Młode myszy w badaniach Meaneya, które były często lizane i iskane przez matki, miały później geny, których ekspresja wyzwalała mało hormonu stresu, natomiast te, które były zaniedbywane, geny kierujące wydzielaniem dużej jego ilości. U zadbanych mysiąt geny regulujące hormony stresowe były dwukrotnie bardziej aktywne niż u zaniedbywanych. Wydaje się, że u maturzystów z Wisconsin kluczową rolę odgrywa ta sama strefa kory przedczołowej lewej półkuli, którą u gryzoni Meaneya zmieniał stopień troskliwości matek w okresie „niemowlęctwa".

Badania Meaneya doprowadziły do odkrycia mechanizmów, które łączą pielęgnowanie w dzieciństwie z reakcją organizmu na stres. Pod wpływem stresu reakcja mózgu zaczyna się od wydzielania przez komórki podwzgórza czynnika uwalniającego kortykotropinę (CRF), który daje mózgowi sygnał do mobilizacji. CRF wzbudza komórki przysadki, które wydzielają ACTH do krwi, uruchamiając w korze nadnerczy wytwarzanie glikokortykoidów. Hormony te wędrują do mózgu, gdzie pobudzają komórki hipokampa, które kontrolują poziom CRF, a one z kolei sygnalizują innym komórkom w hipokampie, że trzeba obniżyć jego poziom. Ten układ regulacji poziomu CRF działa stale. Jak zauważa Meaney, sposób, w jaki owe geny są modyfikowane w dzieciństwie, ma skutki utrzymujące się przez całe życie osobnika; kiedy zostanie ustalony poziom ich ekspresji, nie ulega zmianie aż do jego śmierci. Meaney stwierdził, że dobra opieka rodzicielska otwiera geny, które sprawiają, iż hipokamp lepiej kontroluje hormony stresowe, dzięki czemu w stresujących sytuacjach wydzielane są one na poziomie optymalnym, zwiększając odporność danego osobnika. My, ludzie, mamy takie same obwody nerwowe sterujące wydzielaniem hormonów stresowych jak wszystkie inne ssaki, włącznie z gryzoniami. Zob.: Michael Meaney, *Maternal Care, Gene Expression, and the Transmission of Individual Differences in Stress Reactivity Across Generations*, „Annual Review of Neuroscience" 24 (2001), s. 1161-1192.

[37] Zob.: Laura Hillenbrand, *A Sudden Illness-How My Life Changed*, „The New Yorker" 7 lipca 2003.

[38] W skład tego zespołu, oprócz kierujących nim Janice Kiecolt-Glaser, psycholożki, i jej męża, Ronalda Glasera, immunologa, wchodzili William B. Malarkey, lekarz z Ohio State College of Medicine i John T. Cacioppo, twórca neurobiologii społecznej, obecnie pracujący na University of Chicago. Zob. na przykład: John T. Cacioppo i in., *Autonomic, Endocrine, and Immune Response to Psychological Stress: The Reactivity Hypothesis*, „Annals of the New York Academy of Sciences" 840 (1998), s. 664-673.

[39] O kobietach opiekujących się chorymi mężami, zob.: William B. Malarkey i in., *Chronic Stress Down-Regulates Growth Hormone Gene Expression in Peripheral Blood Mononuclear Cells of Older Adults*, „Endocrine" 5 (1996), s. 33-39.

[40] O wcześniejszych badaniach, zob: Janice Kiecolt-Glaser i in., *Slowing of Wound Healing by Psychological Stress*, „Lancet" 346 (1995), s. 1194-1196.

[41] O starzeniu się komórek, zob.: Elissa Epel i in., *Accelerated Telomere Shortening in Response to Life Stress*, „Proceedings of the National Accademy of Science" 101 (2004), s. 17, 312-315.

[42] Suki Casanave, *Embracing this Imperfect Life*, „Hope" (marzec/kwiecień 2002), s. 32-35.

Rozdział 17. Biologiczni sprzymierzeńcy

[1] O wybieraniu przyjemnych związków, zob.: Robert W. Levenson i in., *The Influence of Age and Gender on Affect, Physiology, and Their Interrelations: A Study of Long-Term Marriages*, „Journal of Personality and Social Psychology" 67, nr 1 (1994), s. 55-68.

[2] O wsparciu emocjonalnym i stresie biologicznym, zob.: Teresa Seeman i in., *Social Ties and Support and Neuroendocrine Function*, MacArthur Studies of Successful Aging, „Annals of Behavioral Medicine" 16 (1994), s. 95-106. We wcześniejszych badaniach stwierdzono ten sam związek – wsparcie emocjonalne zmniejszało zagrożenie, a także wyniki wielu innych miar biologicznych, włącznie ze spowolnieniem rytmu serca, obniżeniem ciśnienia oraz poziomu cholesterolu i noradrenaliny: Teresa Seeman, *How Do Others Get Under Our Skin?*, w: Carol Ryff i Burton Singer (red.), *Emotion, Social Relationships, and Health*, Oxford University Press, New York 2001.

[3] O starszych osobach i złożoności emocjonalnej, zob.: L. L. Carstensen i in., *Emotional Experience in Everyday Life Across the Lifespan*, „Journal of Personality and Social Psychology" 79 (2005), s. 644-655.

[4] O starszych ludziach i wspierającym środowisku, zob.: Teresa E. Seeman i in., *Social Relationships, Social Support, and Patterns of Cognitive Aging in Healthy, High-functioning Older Adults*, „Health Psychology" 4 (2001), s. 243-255.

[5] O samotności i zdrowiu, zob.: Sarah Pressman i in., *Loneliness, Social Network Size, and Immune Response to Influenza Vaccination in College Freshmen*, „Health Psychology" 24 (2005), s. 297-306.

[6] O przyspieszających neurogenezę wynikach inżynierii społecznej w domach starości, zob.: Fred Gage, *Neuroplasticity*, referat przedstawiony na dwunastym spotkaniu Mind and Life Institute, które odbyło się w dniach 18–22 października 2004 roku w Dharamśali w Indiach.

[7] O sporach nowożeńców, zob.: Janice Kiecolt-Glaser i in., *Marital Stress: Immunologic, Neuroendocrine, and Autonomic Correlates*, „Annals of the New York Academy of Sciences" 840 (1999), s. 656-663.

[8] Powyżej, s. 657.

[9] U starszych mężów związek między utarczkami słownymi i wynikami pomiarów hormonów był słaby.

[10] Tom Wagner i Kelvin Ochsner, *Sex Differences in the Emotional Brain*, „NeuroReport" 16 (2005), s. 85-87.

[11] O znaczeniu związków osobistych, zob.: Carol Ryff i in., *Elective Affinities and Uninvited Agonies: Mapping Emotion with Significant Others Onto Health*, w: Ryff i Singer, *Emotion, Social Relationships*. Od wieku średniego mężczyźni przywiązują coraz większą wagę do swoich związków z innymi, ale nadal mniejszą niż kobiety.

[12] O kobietach i opiekuńczości, zob.: R. C. Kessler i in., *The Costs of Caring: A Perspective on the Relationship Between Sex and Psychological Distress*, w: I. G. Sarason i B. R. Sarason (red.), *Social Support: Theory, Research and Applications*, Martinus Nijhoff, Boston 1985, s. 491-507.

[13] O większej wrażliwości kobiet, zob.: M. Corriel i S. Cohen, *Concordance in the Face of a Stressful Event*, „Journal of Personality and Social Psychology" 69 (1995), s. 289-299.

[14] O wspomnieniach i zmianach biologicznych, zob.: Kiecolt-Glaser i in., *Marital Stress*.

[15] W licznych badaniach stwierdza się silniejsze reakcje układów odpornościowego, wewnątrzwydzielniczego i sercowo-naczyniowego u kobiet niż u mężczyzn. Zob. na przykład: Janice Kiecolt-Glaser i in., *Marital Conflict in Older Adults: Endocrinological and Immunological Correlates*, „Psychosomatic Medicine" 59 (1997), s. 339-349; T. J. Mayne i in., *The Differential Effects of Acute Marital Distress on Emotional, Physiological and Immune Functions in Maritally Distressed Men and Women*, „Psychology and Health" 12 (1997), s. 277-288; T. W. Smith i in., *Agency, Communion, and Cardiovascular Reactivity During Marital Interaction*, „Health Psychology" 17 (1998), s. 537-545.

[16] O zgonach kobiet spowodowanych niewydolnością serca, zob.: James Coyne

i in., *Prognostic Importance of Marital Quality for Survival of Congestive Heart Failure*, „American Journal of Cardiology" 88 (2001), s. 526-529.

[17] O zespole złamanego serca, zob.: Ilan Wittstein i in., *Neurohumoral Features of Myocardial Stunning Due to Sudden Emotional Stress*, „New England Journal of Medicine" 352 (2005), s. 539-548.

[18] O zadowoleniu i zdrowiu kobiet, zob.: Linda Gallo i in., *Marital Status and Quality in Middle-aged Women: Associations with Levels and Trajectories of Cardiovascular Risk Factors*, „Health Psychology" 22, nr 5 (2003), s. 453-463.

[19] O trzymaniu za rękę, zob.: J. A. Coan i in., *Spouse, But Not Stranger, Hand Holding Attenuates Activation in Neural Systems Underlying Response to Threat*, „Psychophysiology" 42 (2005), s. 544; J. A. Coane i in., *Lending a Hand: Social Regulation of the Neural Response to Threat*, „Psychological Science" (2006), w druku.

[20] Obwód ten obejmuje wyspę, podwzgórze, prawą korę przedczołową i zakręt obręczy.

[21] O neuroendokrynologii i oksytocynie, zob.: C. Sue Carter, *Neuroendocrine Perspectives on Social Attachment and Love*, „Psychoneuroimmunology" 23 (1998), s. 779-818. Dane świadczące o korzystnym wpływie oksytocyny na stan zdrowia są solidne, ale tworząc mapę biologicznego wpływu związków z innymi, badacze niewątpliwie stwierdzą, że biorą w tym udział również inne drogi neurowewnątrzwydzielnicze.

[22] O tych pożytkach dla zdrowia, zob.: Kerstin Uvnäs-Moberg, *Oxytocin Linked Antistress Effects: The Relaxation and Growth Responses*, „Acta Physiologica Scandinavica" 161 (1997), s. 38-42. Chociaż oksytocyna ma krótki okres półrozpadu – zaledwie parę minut – zdaje się uruchamiać kaskadę mechanizmów wtórnych, które mają korzyści dla zdrowia.

[23] O ciśnieniu krwi i oksytocynie, zob.: powyżej.

[24] Carole Radziwill, *What Remains: A Memoire of Fate, Friendship, and Love*, Scribner's, New York 2005.

[25] O kobietach i stresie, zob.: Shelley E. Taylor i in., *Female Responses to Stress: Tend-and-Befriend, not Fight-or-Flight*, „Psychological Review" 107 (2000), s. 411--429. Zob. też: Shelley E. Taylor, *The Tending Instinct*, Times Books, New York 2002.

[26] O związkach z innymi jako regulatorach emocji, zob.: Lisa Diamond i Lisa Aspinwall, *Emotion Regulation Across the Life Span: An Integrative Perspective Emphasizing Self-regulation, Positive Affect, and Dyadic Processes*, „Motivation and Emotion" 27, nr 2 (2003), s. 125-156.

[27] Niektórzy dowodzą, że ogólny schemat aktywności układów sercowo-naczyniowego i odpornościowego zmienia się w znacznym stopniu jako funkcja emocjonalnego stanu naszych najważniejszych związków z innymi. Zob. na przykład: John Cacioppo, *Social Neuroscience: Autonomic, Neuroendocrine, and Immune Responses to Stress*, „Psychophysiology" 31 (1994), s. 113-128.

[28] O stresie i zarażeniu emocjonalnym, zob.: Brooks Gump i James Kulik, *Stress, Affiliation, and Emotional Contagion*, „Journal of Personality and Social Psychology" 72, nr 2 (1997), s. 305-319.

[29] O pacjentach i operacjach, zob.: James Kulik i in., *Stress and Affiliation: Hospital Roommate Effects on Preoperative Anxiety and Social Interaction*, „Health Psychology" 12 (1993), s. 118-124.

[30] W tym sensie sieć osób, które żywią głęboką troskę o dobrostan pacjenta, jest zbyt mało wykorzystywanym źródłem zdrowia.

[31] O aktywności mózgu u pacjentów minimalnie świadomych, zob.: N. D. Schaff i in., *fMRI Reveals Large-scale Network Activation in Minimally Conscious Patients*, „Neurology" 64 (2005), s. 514-523.

[32] Mark Pettrus, *The Savvy Patient*, Capital Books, Richmond 2004.

Rozdział 18. Ludzka recepta

[1] O stopniu wypalenia, zob.: Sameer Chopia i in., *Physician Burnout*, „Student JAMA" 291 (2004), s. 633.

[2] O kardiochirurgu w roli pacjenta, zob.: Peter Frost, *Why Compassion Counts!* „Journal of Management Inquiry" 8 (1999), s. 127-133. Opowieść ta jest luźno oparta na historii Fitzhugh Mulltana, lekarza, który opisał swoje przejście z roli władczego lekarza do roli bezradnego pacjenta cierpiącego na raka, w: *Vital Signs: A Young Doctor's Struggle with Cancer*, Farrar, Straus and Giroux, New York 1982. Ja z kolei nieco zmodyfikowałem i skróciłem wersję Frosta.

[3] David Kuhl, *What Dying People Want*, Doubleday, Garden City 2002.

[4] O wzajemnym zrozumieniu i pozwach sądowych, zob.: W. Levinson i in., *Physician-Patient Communication: The Relationship with Malpractice Claims Among Primary Care Physicians and Surgeons*, „Journal of the American Medical Association" 277 (1997), s. 553-559.

[5] Fabio Sala i in., *Satisfaction and the Use of Humor by Physicians and Patients*, „Psychology and Health" 17 (2002), s. 269-280.

[6] O zadowoleniu pacjentów, zob.: Debra Roter, *Patient-centered Communication*, „British Medical Journal" 328 (2004), s. 303-304.

[7] Okazuje się, że lekarze nie potrafią najlepiej ocenić, jak dobrze rozumieją ich pacjenci. Kiedy pytano pacjentów po zawale serca i zapaleniu płuc o plany ich leczenia po wyjściu ze szpitala, tylko 57 procent odparło, że rozumieją te plany. Kiedy natomiast zadawano to samo pytanie lekarzom, którzy układali te plany i wyjaśniali je pacjentom, twierdzili, że zrozumiało je 89 procent pacjentów. Przepaść ta pojawiła się znowu, kiedy okazało się, że tylko 58 procent pacjentów wiedziało, iż może powrócić do normalnych czynności, podczas gdy lekarze zapewniali badaczy, że wie o tym 95 procent. Zob.: Carolyn Rogers, *Communications 101*, „American Academy of Orthopedic Surgeons' Bulletin" 147 (1999), s. 5.

[8] Zob. powyżej.

[9] O studentach II roku medycyny, zob.: Nancy Abernathy, *Empathy in Action*, „Medical Encounter" (zima 2005), s. 6.

[10] O poczuciu bezpieczeństwa i litości, zob.: Omri Gillath i in., *An Attachment--Theoretical Approach to Compassion and Altruism*, w: P. Gilbert (red.), *Compassion:*

Conceptualizations, Research, and Use in Psychotherapy, Routledge and Kegan Paul, London 2004.

[11] O harmonogramie opieki, zob.: William Kahn, *Caring for Caregivers: Patterns of Organizational Caregiving*, „Administrative Science Quarterly" 38 (1993), s. 539-563.

[12] Lyndall Strazdins, *Emotional Work and Emotional Contagion*, w: Neal Ashkanasy i in. (red.), *Managing Emotions in the Workplace*, M. E. Sharpe, Armonk 2002.

[13] Szczegółowe studium doskonałości kierownictwa w sektorze medycznym i ogólnie w sektorze usług, zob.: Lyle Spencer i Signe Spencer, *Competence At Work: Models for Superior Performance*, John Wiley, New York 1993.

[14] O czynieniu nieznośnego znośnym, zob.: Kenneth B. Schwartz, *A Patient's Story*, „Boston Globe Magazine", 16 lipca 1995.

[15] Kenneth B. Schwartz Center ma stronę internetową na www.theschwartzcenter.org.

[16] Na spotkaniach tych omawia się wszelkie tematy związane z osobistymi aspektami opieki nad pacjentem, od obchodzenia się z trudnym lub wrogo nastawionym pacjentem albo jego rodziną po radzenie sobie z emocjonalną oceną opieki nad poważnie chorymi. Odbywają się one regularnie w Mass General (jak potocznie nazywa się cieszącą się największą renomą klinikę Harvard Medical School), a za przykładem tego szpitala poszło ponad siedemdziesiąt innych. Schwartz Center służy pomocą innym szpitalom zainteresowanym organizacją takich spotkań.

[17] Mack Lipkin i in., *The Medical Interview*, Springer-Verlag, New York 1995.

CZĘŚĆ VI

Rozdział 19. Nastawienie na osiągnięcia

[1] Amy Arnstein, *The Biology of Being Frazzled*, „Science" 280 (1998), s. 1711-1713.

[2] Świadczy to o mądrości planu natury w sytuacjach ekstremalnych – przynajmniej w odniesieniu do osób, które mogą polegać na swojej rzetelnej wiedzy fachowej. Problem powstaje wtedy, kiedy ta sama reakcja zostaje wyzwolona w sytuacji, w której nie ma żadnego zagrożenia dla życia, istnieją jedynie symboliczne niebezpieczeństwa we współczesnym świecie. W większości tych sytuacji musimy skorzystać z ośrodka wykonawczego mózgu, nie z naszych pierwotnych odruchów. Po to, byśmy pracowali najlepiej, jak potrafimy, droga niska musi wspierać wysoką, a nie dyrygować nią.

[3] O nasileniu stresu i pogorszeniu wydajności, zob.: J. T. Noteboom i in., *Activation of the Arousal Response and Impairment of Performance Increase with Anxiety and Stressor Intensity*, „Journal of Applied Psychology" 91 (2001), s. 2039-2101.

[4] Chociaż dysfunkcja ta polega na tymczasowym sparaliżowaniu działania ośrodków wykonawczych, mózg nadal stara się pracować jak najlepiej. Weźmy badania ludzi pracujących w najwyższym stresie – strażaków, członków oddziałów szturmowych i drużyn koszykarskich. Pod presją okoliczności najbardziej doświadczeni przywódcy osiągali najlepsze rezultaty, polegające na ukształtowanych w ciągu

lat nawykach i swojej wiedzy fachowej. Na przykład dowódca jednostki strażackiej potrafił kierować swoimi ludźmi w warunkach niepewności, chaosie i trwodze spowodowanych przez pożar, ufając swojej intuicji, ukształtowanej w ciągu wielu lat radzenia sobie w podobnych sytuacjach. Podczas gdy stare wygi instynktownie wiedzą, co robić w tak trudnych chwilach, nowicjusza może zawieść znajomość najlepszej nawet teorii. Zob.: Fred Fiedler, *The Curious Role of Cognitive Resources in Leadership*, w: Ronald E. Riggio i in. (red.), *Multiple Intelligences and Leadership*, Erlbaum, Mahwah 2002.

[5] O mózgowych korelatach smutku i radości, zob.: Antonio R. Damasio i in., *Subcortical and Cortical Brain Activity During the Feeling of Self-generated Emotions*, „Nature Neuroscience" 3 (2002), s. 1049-1056.

[6] Sam Intrator, *How Teaching Can Inspire Real Learning in the Classroom*, Yale University Press, New Haven 2003.

[7] Na przykład pozytywny nastrój może sprawić, że mamy bardziej realistyczne spojrzenie na świat. Kiedy ludzie o dobrym samopoczuciu chcą osiągnąć ważny cel, wyszukują potencjalnie użyteczne informacje, nawet jeśli są one negatywne i przygnębiające. Zob. na przykład: C. G. Aspinwall, *Rethinking the Role of Positive Affect in Self-regulation*, „Motivation and Emotion" 22 (1998), s. 1-32. Z drugiej strony, podwyższony nastrój nie musi gwarantować najlepszego wykonania każdego zadania; euforia ma raczej kiepski wpływ na pracę, która wymaga drobiazgowej analizy, taką jak np. sprawdzenie umowy. I faktycznie, będąc w ponurym nastroju, postrzegamy często sytuację bardziej realistycznie, niż kiedy jesteśmy w dobrym. W odpowiedniej chwili opłaca się być poważnym. Zob.: Neal M. Ashkanasy, *Emotions in Organizations: A Multi-level Perspective*, w: Neal Ashkanasy i in. (red.), *Emotions in the Workplace: Research, Theory, and Practice*, Quorum Books, Westport 2000.

[8] O diagnozach radiologów, zob.: C. A. Estrada i in., *Positive Affect Facilitates Integration of Information and Decreases Anchoring in Reasoning Among Physicians*, „Organizational Behavior and Human Decision Processes" 72 (1997), s. 117-135.

[9] Im większe napotykamy trudności, wykonując dane zadanie, tym bardziej rozproszona i nieskoordynowana jest praca aktywnych miejsc w naszym mózgu. Z taką sytuacją mamy do czynienia na przykład wtedy, kiedy jesteśmy znudzeni i śnimy na jawie albo kiedy jesteśmy w stanie silnego niepokoju. Wzór aktywacji mózgu podczas najwyższej wydajności poznawczej jest bardzo specyficzny dla zadania, którym się akurat zajmujemy. Obrazy mózgu zrobione w trakcie wykonywania przez osobę badaną jakiegoś zadania pokazują, że mobilizuje on obszary najbardziej istotne dla tej czynności, a nie te, które nie odgrywają przy jej wykonywaniu żadnej roli (a więc dotyczą spraw ubocznych albo zgoła takich, które rozpraszają naszą uwagę). Wydajność poznawcza wymaga, by mózg do wykonania bieżącego zadania używał w dobrze skoordynowany sposób odpowiednich do tego narzędzi.

[10] Lęk i niepokój obniżają sprawność poznawczą. Na przykład uczniowie, którzy boją się matematyki, mają podczas rozwiązywania zadań matematycznych mniejszą pojemność pamięci roboczej. Lęk zajmuje przestrzeń potrzebną dla matematyki, upośledzając ich zdolność rozwiązywania zadań albo zrozumienia nowego pojęcia. Zob.: Mark Ashcroft i Elizabeth Kirk, *The Relationship Among Working Memory,*

Math Anxiety, and Performance, „Journal of Experimental Psychology" 130, nr 2 (2001), s. 224-227.

[11] Argument ten, używając terminów „system X" i „system C" (które z grubsza odpowiadają drodze niskiej i wysokiej), wysuwają Matthew Lieberman i in., *A Pain by Any Other Name (Rejection, Exclusion, Ostracism) Still Hurts the Same: The Role of Dorsal Anterior Cingulate Cortex in Social and Physical Pain*, w: J. Cacioppo i in. (red.), *Social Neuroscience: People Thinking About Thinking People*, MIT Press, Cambridge 2005.

[12] O kortyzolu i odwróconym U, zob.: Heather C. Abercrombie i in., *Cortisol Variation in Humans Affects Memory for Emotionally Laden and Neutral Information*, „Behavioral Neuroscience" 117 (2003), s. 505-516.

[13] Umiarkowany stres sprzyja skupieniu uwagi. Zob.: Eran Chajut i Daniel Algom, *Selective Attention Improves Under Stress: Implications for Theories of Social Cognition*, „Journal of Personality and Social Psychology" 130 (2001), s. 224-227.

[14] O lęku i pamięci roboczej, zob.: Mark Ashcroft i Elizabeth Kirk, *The Relationship Among Working Memory, Math Anxiety, and Performance*, „Journal of Experimental Psychology" 89 (2005), s. 817-839.

[15] Zob. na przykład: Mario Mikulincer i in., *Attachment, Caregiving and Altruism: Boosting Attachment Security Increases Compassion and Helping*, „Journal of Personality and Social Psychology" 89 (2005), s. 817-839.

[16] Mihalyi Csikszentmihalyi i Reed Larson, *Being Adolescent: Conflict and Growth in the Teenage Years*, Basic Books, New York 1984.

[17] O menedżerach w złym humorze, zob.: J. M. George i A. P. Brief, *Motivational Agendas in the Workplace*, „Research in Organizational Behaviour" 18 (1996), s. 75-109.

[18] Opisując związek między nastrojem i wydajnością w formie odwróconego U, trochę za bardzo to upraszczam. Każda silna emocja ma wpływ na to, jak myślimy. Nastrój oddziałuje na nasze oceny; kiedy jesteśmy w kwaśnym humorze, znacznie cześciej zdarza się, że nie podoba się nam to, co widzimy, natomiast kiedy jesteśmy w optymistycznym nastroju, jesteśmy bardziej skłonni do wybaczania i doceniania czyichś starań. Zob.: Neal M. Ashkanasy, *Emotions in Organizations: A Multilevel Perspective*, w: Neal Ashkanasy i in. (red.), *Emotions in the Workplace: Research, Theory, and Practice*, Quorum Books, Westport 2000. Chociaż z dobrego nastroju mamy wielkie pożytki, w pewnych sytuacjach korzystne mogą być emocje negatywne. Zły nastrój może dodatnio wpłynąć na pewnego rodzaju prace, takie jak zwracanie uwagi na szczegóły podczas wyszukiwania w czymś błędów, albo dokładniejszą analizę różnych możliwości wyboru. Opisał to szczegółowo John Mayer z University of New Hampshire. Przegląd sposobów, w jakie nastrój wpływa na wyniki naszych działań, zob.: David Caruso i in., *The Emotionally Intelligent Manager*, Jossey Bass, San Francisco 2004. Neurobiolodzy zaczęli sporządzać mapę sposobów, w jakie różne stany emocjonalne mogą zwiększyć poszczególne zdolności umysłowe. Nastrój, przynajmniej w zakresie jego łagodnych form, może ułatwić wykonanie konkretnych zadań, natomiast w ograniczonym zbiorze specyficznych zadań zły humor czasami pomaga, a dobry może szkodzić. Na przykład lęk (przynajmniej na poziomie wzbudzanym przez oglądanie filmu grozy) zdaje się zwiększać zdolność wykonywania

zadań, przy których realizacji dużą rolę w przetwarzaniu informacji odgrywa kora przedczołowa prawej półkuli, takich jak rozpoznawanie twarzy. Zadowolenie (wywołane oglądaniem komedii filmowej) zwiększa zdolność do wykonywania zadań dla lewej półkuli, takich jak zachowania werbalne. Zob.: Jeremy R. Gray i in., *Integration of Emotion and Cognition in the Lateral Prefrontal Cortex*, „Proceedings of the National Academy of Sciences" 199 (2002), s. 4115-4120.

[19] O stresie społecznym i upośledzeniu pamięci roboczej, zob.: Bernet Elizuya i Karin Rochlofs, *Cortisol-Induced Impairments of Working Memory Requires Acute Sympathetic Activation*, „Behavioral Neuroscience" 119 (2005), s. 98-103.

[20] Zniszczenie hipokampa kładzie kres zdolności uczenia się; pacjenci z uszkodzeniami tej części mózgu przeżywają każdą chwilę tak, jakby to, co się stało w poprzedniej, nigdy się nie wydarzyło. Pewne stany psychiczne – zwłaszcza uraz psychiczny i przewlekła depresja – powodują kurczenie się hipokampa w wyniku niszczenia jego komórek. Kiedy zaburzenia te mijają, hipokamp stopniowo powraca do pierwotnej wielkości.

[21] O kortyzolu i odwróconym U, zob.: Abercrombie i in., *Cortisol Variation in Humans.*

[22] R. Alpert i R. N. Haber, *Anxiety in Academic Achievement Situation*, „Journal of Abnormal and Social Psychology" 61 (1960), s. 207-215.

[23] Sian Beilock i Thomas Carr, *When High-powered People Fail: Working Memory and „Choking Under Pressure" in Math*, „Psychological Science" 16 (2005), s. 101-105.

[24] Jeanne Nakamura, *Optimal Experience and the Uses of Talent*, w: Mihalyi i Isabella Csikszentmihalyi (red.), *Optimal Experience: Psychological Studies of Flow in Consciousness*, Cambridge University Press, New York 1988.

[25] To dziwne, ale przekazanie dobrej wiadomości z ponurym wyrazem twarzy odbierane było jeszcze gorzej niż przekazanie ponurym tonem złej. O skutkach pozytywnej ekspresji twarzy u menedżerów, zob.: Michael T. Newcombe i Neal M. Ashkanasy, *The Code of Affect and Affective Congruence in Perceptions of Leaders: An Experimental Study*, „Leadership Quarterly" 13 (2002), s. 601-604.

[26] Thomas Sy i in., *The Contagious Leader: Impast of the Leader's Mood on the Mood of the Group Members, Group Affective Tone, and Group Processes*, „Journal of Applied Psychology" 90 (2005), s. 295-305.

[27] M. T. Dasborough, *Cognitive Assymmetry in Employee Emotional Reactions to Leadership Behaviors*, „Leadership Quarterly" 17 (2006), s. 163-178.

[28] Neal Ashkanasy i in., *Managing Emotions in a Changing Workplace*, w: Ashkanasy i in., *Emotions in the Workplace.*

[29] James Harter, Gallup Organization, raport niepublikowany, grudzień 2004.

[30] Wyniki tych badań przytacza Amy Zipkin, *The Wisdom of Thoughtfulness*, „New York Times" 31 maja 2000, s. C5.

[31] Uczniowie czują się tym bardziej związani ze szkołą, im bardziej pomocnych i troskliwych mają nauczycieli i im więcej mają w szkole przyjaciół i ulubionych zajęć pozalekcyjnych. Zob.: wydanie specjalne „Journal of School Health" 74, nr 7, wrzesień 2004.

[32] W kwestii stylu nauczania i osiągnięć uczniów, zob.: Bridget Hamre i Robert Pianta, „Child Development" 76 (2005), s. 949-967.

[33] K. Wentzel, *Are Effective Teachers Like Good Parents? Teaching Styles and Student Adjustment in Early Adolescence*, „Child Development" 73 (2002), s. 287-301.

[34] Joseph Durlak i Roger Weisberg, *A Major Meta-Analysis of Positive Youth Development Programs*, referat przedstawiony na dorocznym spotkaniu American Psychological Association, które odbyło się w sierpniu 2005 roku w Waszyngtonie.

[35] O edukacyjnych pożytkach z opiekuńczego otoczenia, zob. na przykład: K. F. Osterman, *Students' Needs for Belonging in the School Community*, „Review of the Educational Research" 70 (2000), s. 323-367.

[36] Zob. na przykład: wydanie specjalne „Journal of School Health" (wrzesień 2004) o więziach w szkole.

Rozdział 20. Resocjalizujące więzi

[1] Były naczelnik więzienia John Tindall, cytat z *St. Louis Dispatch* z 1949 roku, za: Annie E. Casey Foundation, *Small Is Beautiful*, Missouri Division of Youth Services 2003. Mój opis systemu istniejącego wówczas w Missouri opiera się na tym raporcie.

[2] Producent recydywistów, zob.: powyżej. Jednak do porównań między różnymi stanami należy podchodzić ostrożnie, bo mogą być wynikiem stosowania odmiennych miar. Lepsze byłoby porównanie wszystkich stanów, w których prześledzono by w identyczny sposób dalsze losy osób zwolnionych z więzień. Na razie nie ma takich danych.

[3] O uszkodzeniach kory przedczołowej, zob.: Adriane Raine i in., *Brain Abnormalities in Murderers Indicated by Positron Emission Tomography*, „Biological Psychiatry" 42 (1997), s. 495-508.

[4] Adriane Raine i in., *Reduced Prefrontal Gray Matter Volume and Reduced Autonomic Activity in Antisocial Personality Disorder*, „Archives of General Psychiatry" 57 (2000), s. 119-127. U wielu skłonnych do przemocy osób występuje atrofia ciała migdałowatego, zob.: R. J. Davidson, K. M. Putnam i C. L. Larson, *Dysfunction in the Neural Circuitry of Emotion Regulation – A Possible Prelude to Violence*, „Science" 289 (2000), s. 591-594.

[5] O płacie przedczołowym i kontroli poznawczej, zob.: E. K. Miller i J. D. Cohen, *An Integrative Theory of Prefrontal Cortex Function*, „Annual Review of Neuroscience" 24 (2001), s. 167-202.

[6] Ta neurologiczna granica czasowa stała się podstawą wydanego w 2005 roku postanowienia Sądu Najwyższego, które nie dopuszczało wykonania wyroku śmierci na młodocianym, gdyż jego mózg nie dojrzał jeszcze na tyle, by uzyskać taką zdolność do podejmowania decyzji i panowania nad impulsami jak mózg osoby dorosłej.

[7] W całych Stanach Zjednoczonych roczny koszt utrzymania więzień przekroczył w 2002 roku 60 miliardów dolarów. Populacja więźniów, zob.: Bureau of Justice Statistics, US Departament of Justice, listopad 2005.

[8] Koszty i odsetek recydywy, zob.: Patrick Langer i David Levin, *Recidivism of Prisoners Released in 1994*, sprawozdanie Bureau of Justice Statistics, NCJ 193427 (czerwiec 2002).

[9] Kalamazoo County Coalition on Criminal Justice, *A Plan for Integrating Prevention, Intervention, Corrections, and Reintegration Programs in the Kalamazoo County Criminal Justice System*, 15 września 2004.

[10] O więziach społecznych i przestępczości, zob.: Wywiad z doktorem Feltonem Earlsem przeprowadzony przez Dana Hurleya i opublikowany w artykule pod tytułem *On Crime as a Science (A Neighbor at a Time)* w: „New York Times", 6 stycznia 2004, s. C1.

[11] O analizie dzielnic, zob. Robert J. Sampson i in., *Neighborhoods and Violent Crime: A Multi-level Study of Collective Efficacy*, „Science" 277 (1997), s. 918-924.

[12] Stworzenie większej spójności społecznej to eksperyment, na który wciąż czekamy.

[13] Nancy Guerra i Ronald Slaby, *Cognitive Mediators of Aggression in Adolescent Offenders: 2. Intervention*, „Developmental Psychology" 26 (1990), s. 269-277.

[14] O młodych więźniach, zob.: *Childhood on Trial: The Failure of Trying and Sentencing Youth in Adult Criminal Court*, Coalition for Juvenile Justice, 2005 Annual Report.

[15] Obwody te dają się w pewnym stopniu kształtować przez całe życie; jeśli osoba w dowolnym wieku ma motywację do nauki, może odnieść pewien sukces, jeśli ma się na kim wzorować. Jednak kiedy w wieku dwudziestu paru lat okres największej plastyczności się skończy, kształtowanie tych obwodów wymaga dużo więcej czasu i wysiłku, a zatem osoba taka musi mieć bardzo silną motywację i trzeba jej o wiele bardziej pomagać. Dobry model uczenia się, zob.: Część druga Daniela Golemana i in., *Primal Leadership*, Harvard Business School Press, Boston 2002. Zob. też: „Best Practices" na www.eiconsortium.org.

[16] O resocjalizacji w więzieniach, zob.: James McGuire (red.), *What Works: Reducing Reoffending*, John Wiley, New York 1995; James McGuire, *Offender Rehabilitation and Treatment*, John Wiley, New York 2002.

[17] Programy uczenia się umiejętności społecznych i emocjonalnych, zob.: www.casel.org.

[18] Zob.: Wendy Garrard, *Does Conflict Resolution Education Reduce Antisocial Behavior in Schools? The Evidence Says Yes*, referat przedstawiony na dorocznym spotkaniu Ohio Commission on Dispute Resolution and Conflict Management, które odbyło się w listopadzie 2005 roku w Columbus w Ohio.

[19] Pilotażowym programem, w którym nauczanie umiejętności społecznych i emocjonalnych dostosowano do potrzeb młodych więźniów, jest National Emotional Literacy Project for Youth-at-Risk (www.lionheart.org). W ramach innego pilotażowego programu naucza się młodocianych osadzonych w więzieniach w Connecticut umiejętności wchodzących w skład inteligencji społecznej, na przykład lepszego rozwiązywania problemów społecznych i sposobów wyzbywania się złości. Zob.: Zak Stambor, *Can Teaching Troubled Teens Social Problem-solving Keep Than Out of Trouble?*, „Monitor on Psychology" (grudzień 2005), s. 90-91.

[20] O najwyższym stopniu recydywy wśród najmłodszych i mających najobszerniejsze kartoteki więźniów, zob.: Bureau of Justice Statistics 2005.

[21] O zebraniu mieszkańcow Bucks County, zob.: Laura Mirsky, *Directing Burning Bridges, a Documentary About a Restorative Conference*, na www. realjustice.org.

[22] O sprawiedliwości rekompensacyjnej, zob.: Gerry Johnstone, *Restorative Justice*, Willan Publisher, London 2001.

[23] Zob.: Kathleen Kenna, *Justice for All*, „Greater Good" (wiosna/lato 2005).

[24] O recydywie w terapii wielosystemowej, zob.: C. M. Boruin i in., *Multisystemic Treatment of Serious Juvenile Offenders: Long-term Prevention of Criminality and Violence*, „Journal of Consulting and Clinical Psychology" 63 (1995), s. 569-578.

[25] Powyżej.

[26] O wieku więźniów, zob.: Paige Harrison i Alan J. Beck, *Prisoners in 2003*, „Bulletin", Bureau of Justice Statistics, Washington, listopad 2004.

Rozdział 21. Od nich do nas

[1] Świadkiem rozmowy owego Afrykanera z Anne był Peter Senge, który opisał ją w: Peter Senge i in., *Presence: Human Purpose and the Field of the Future*, Society for Organizational Learning, Cambridge 2004.

[2] O Nas i o Nich, zob.: Walter Kaufmann, wstęp do: Martin Buber, *I and Thou*, Simon and Schuster, New York 1990, s. 13.

[3] O podobieństwie i wstrząsie, zob. na przykład: Dennis Krebs, *Empathy and Altruims: An Examination of the Concept and a Review of the Literature*, „Psychological Bulletin" 73 (1970), s. 258-302; C. Daniel Batson, *The Altruism Question: Toward a Scientific Answer*, Erlbaum, Hillsdale 1991.

[4] Uwagami tymi podzielił się Elie Wiesel z okazji sześćdziesiątej rocznicy wyzwolenia obozu koncentracyjnego w Auschwitz. Zob.: „Jerusalem Post", 25 stycznia 2005.

[5] Na przykład dane uzyskane w pomiarach testem ukrytych skojarzeń wskazują, że w Stanach Zjednoczonych większość białych i około połowy czarnych szybciej kojarzy terminy pozytywne, takie jak „radość", z białymi, a negatywne, takie jak „bomba", z czarnymi. Ku swojemu rozczarowaniu, o tym, że są zakładnikami takich stereotypów, przekonują się również ludzie, którzy otwarcie występują przeciw rasizmowi.

[6] O teście ukrytych skojarzeń, zob.: Anthony Greenwald i in., *Measuring Individual Differences in Implicite Cognition: The Implicit Association Test*, „Journal of Personality and Social Psychology" 74 (1998), s. 1464-1480.

[7] T. Andrew Poehlman i in., *Understanding and Using the Implicit Association Test: III. Meta-analysis of Predictive Validity*, maszynopis niepublikowany.

[8] Badania z wykorzystaniem obrazowania mózgu pokazują, że im silniejsze ukryte uprzedzenia żywi dana osoba, tym bardziej uaktywnia się jej ciało migdałowate podczas oglądania zdjęć ludzi z grupy będącej przedmiotem uprzedzeń. Zob.: Alan Hart i in., *Differential Response in the Human Amygdala to Racial Out-group Versus*

In-group Face Stimuli, „NeuroReport" 11 (2000), s. 2351-2355; Elizabeth Phelps i Mahzarin R. Banaji, *Performance on Indirect Measures of Race Evaluation Predicts Amygdala Activation*, „Journal of Cognitive Neuroscience" 12 (2000), s. 729-738. Kiedy zaś obrazy twarzy osób z grupy „Ich" pokazuje się szybko (albo maskuje), tak że świadomy umysł nie ma pojęcia, co zobaczył, ciało migdałowate reaguje silniej na te, które zaledwie mignęły nam przed oczami, niż na świadomie postrzegane. Zob. też: William A. Cunningham i in., *Separable Neural Components in the Processing of Black and White Faces*, „Psychological Science" 15 (2004), s. 806-813.

[9] Irene V. Blair, *The Malleability of Automatic Stereotypes and Prejudice*, „Personality and Psychology Review" 202 (2002), s. 242-261.

[10] O usuwaniu stereotypu, zob.: Nilanjana Dasgupta i Anthony Greenwald, *On the Malleability of Automatic Attitudes: Combating Automatic Prejudice with Images of Admired and Disliked Individuals*, „Journal of Personality and Social Psychology" 81 (2001), s. 800-814.

[11] O metodach usuwania ukrytego nastawienia, zob.: Blair, *The Malleability*.

[12] Jest interesujące, że ludzie, którzy chcą się pozbyć negatywnych stereotypów, potrafią je tłumić, dopóki są świadomi, że widzą osobę z grupy mieszczącej się w stereotypie. Kiedy jednak postrzegają ją podświadomie (w mgnieniu oka, czyli 33 tysięcznych sekundy), ich ukryte uprzedzenia się utrzymują. Zob.: Blair, *Malleability*.

[13] O aktywności kory przedczołowej i ciała migdałowatego, zob.: Matthew Lieberman i in., *A Pain by Any Other Name (Rejection, Exclusion, Ostracism) Still Hurts the Same: The Role of Dorsal Anterior Cingulate Cortex in Social and Physical Pain*, w: J. Cacioppo i in. (red.), *Social Neuroscience: People Thinking About Thinking People*, MIT Press, Cambridge 2005.

[14] Badania te wskazują też, dlaczego demagodzy wywołują zawsze strach i złość połączoną z nienawiścią do Nich. Poczucie bezpieczeństwa grupy stanowi zawsze zagrożenie dla uprzedzeń.

[15] O badaniach międzygrupowych, zob.: Thomas Pettigrew i Linda Tropp, *A Meta-analytic Test of Intergroup Contact Theory*, „Journal of Personality and Social Psychology" (2006, w druku).

[16] Zob.: Rolf van Dick i in., *Role of Perceived Importance in Intergroup Conflict*, „Journal of Personality and Social Psychology" 87, nr 2 (2004), s. 211-227.

[17] O etnicznych podziałach w Europie, zob.: Thomas Pettigrew, *Generalized Intergroup Contact Effects on Prejudice*, „Personality and Social Psychology Bulletin" 23 (1997), s. 173-185.

[18] O Niemczech i uprzedzeniach narodowościowych, zob.: Ulrich Wagner i in., *Ethnic Prejudice in East and West Germany: The Explanatory Power of Intergroup Contact*, „Group Processes and Intergroup Relations" 6 (2003), s. 22-36.

[19] O uczuciach przeciwstawianych kategoriom poznawczym, zob.: Pettigrew i Tropp, *Meta-analytic Test*.

[20] O załamywaniu się kategorii, zob.: Susan Rakosi Rosenbloom i Niobe Way, *Experiences of Discrimination Among African American, Asian American and Latino Adolescents in an Urban High School*, „Youth & Society" 35 (2004), s. 420-451.

[21] Elliot Aronson, *Nobody Left to Hate*, W. H. Freeman, New York 2000, s. 15.

[22] O kosztach braku przynależnośći do grupy, zob.: Mean Twenge i in., *Social Exclusion and the Deconstructed State: Time Perception, Meaninglessness, Lethargy, Lack of Emotion, and Self-awareness*, „Journal of Personality and Social Psychology" 85 (2003), s. 409-423.

[23] National Center for Chronic Disease Prevention and Health Promotion, Division of Adolescent and School Health, *School Connectedness: What We Know That Makes a Difference in Students' Lives*, Atlanta 2004.

[24] O upośledzeniu pamięci roboczej, zob.: Toni Schmader i Michael Johns, *Converging Evidence that Stereotype Threat Reduces Working Memory Capacity*, „Journal of Personality and Social Psychology" 85 (2003), s. 440-452.

[25] Samuel Gaertner i in., *The Contact Hypothesis*, w: Judith Nye i Aaron Brower, *What's* Social *about Social Cognition?*, Sage, Thousand Oaks 1996.

[26] O tym liście, zob.:Aronson, *Nobody Left*, s. 151.

[27] O tym dane, zob.: Joseph Berger, *A Muslim Santa's Gift to an Interfaith Group: Free Rent*, „New York Times", 24 grudnia 2004, s. B3.

[28] Oczywiście wybaczenie jest dużo łatwiejsze, kiedy winowajca składa szczere przeprosiny. Jak zaproponowała pewna Izraelka, przywódcy obu stron konfliktu w Izraelu mogliby złożyć rytualne przeprosiny, na przykład w takiej formie: „Przeszliście tak dużo z naszego powodu. Jest nam przykro, bo nie chcieliśmy was krzywdzić, chcieliśmy tylko stworzyć naród". Mogłoby to pomóc w procesie pokojowym. Zob.: Lucy Benjamin, *Impasse: Israel and Palestine*, konferencja w Columbia University, która odbyła się 20 listopada 2004 roku.

[29] O fizjologii wybaczania, zob.: Fred Luskin, *Forgive for Good*, HarperSanFrancisco, San Francisco 2001.

[30] O wybaczaniu w Irlandii Północnej, zob. powyżej.

[31] Wywiad z rabinem Lawrence'em Kushnerem, zob.: Jonathan Cott, *On a Sea of Memory*, Random House, New York 2005, s. 153.

[32] Producentem *New Dawn* jest George Weiss, La Benevulencija Productions, Amsterdam. Projekt ruandyjski ma stronę internetową: www.heal-reconcile-Rwanda.org.

[33] Ervin Staub, *The Roots of Evil*, Cambridge University Press, New York 1992.

[34] Ervin Staub i Laurie Anne Pearlman, *Advancing Healing and Reconciliation in Rwanda and Other Post-conflict Settings*, w: L. Barbanel i R. Sternberg (red.), *Psychological Interventions in Times of Crisis*, Springer-Verlag, New York 2006.

Zakończenie. Co jest naprawdę ważne

[1] O karuzeli hedonistycznej, zob.: Daniel Kahneman i in., *A Survey Metod for Characterizing Daily Life Experience: The Day Reconstruction Metod*, „Science" 306 (2004), s. 1776-1780; cyt.: s. 1779.

[2] Innymi czynnikami mającymi silny wpływ na poczucie osób badanych, że są nieszczęśliwe, były depresja i złe sypianie, które mogą czasami być bezpośrednimi miarami jakości związku.

[3] O żywych związkach, zob.: Ryff i Singer, *The Contours of Positive Human Health*, „Psychological Inquiry" 9 (1988), s. 1-28.

[4] O „urzeczowieniu" czy uprzedmiotowieniu, zob.: James Gustafson, *G. H. Mead and Martin Buber on the Interpersonal Self*, w: Ulric Neisser (red.), *The Perceived Self*, Cambridge University Press, New York 1993.

[5] O udoskonalonej inteligencji społecznej, zob.: George Herbert Mead, *Mind, Self, and Society*, University of Chicago Press, Chicago 1934, s. 310 [wyd. polskie: *Umysł, osobowość i społeczeństwo*, PWN, Warszawa 1975].

[6] Carl Marci z Massachusetts General Hospital zaproponował, by uczyć empatii za pomocą fizjologicznego logarytmu i skonstruował już (we współpracy z kolegami z MIT Media Lab) prototyp urządzenia monitorującego pacjenta.

[7] Chociaż król Bhutanu zadeklarował to już kilkadziesiąt lat temu, dopiero w 2004 roku pomysł ten wzbudził takie zainteresowanie, że zorganizowano w stolicy tego kraju międzynarodową konferencję. Sprawozdanie z wcześniejszego seminarium opublikowało w 1999 roku Centre for Bhutan Studies pod tytułem *Gross National Happiness: A Set of Discussion Papers*, Thimbu, Bhutan.

[8] Jedna z propozycji miary dobrostanu narodowego zawierałaby czynniki wpływające na zadowolenie z życia, takie jak oparte na zaufaniu i sympatii związki z innymi, które byłyby bardziej całościową oceną polityki społecznej. Wskaźniki dobra społecznego, zob.: www.neweconomics.org.

[9] David Myers, *The Pursuit of Happiness*, William Morrow, New York 1992.

[10] Colin Camerer i in., *Neuroeconomics: How Neuroscience Can Inform Economics*, „Journal of Economic Literature" 43 (2005), s. 9-64.

[11] Alvin Weinberg był przez kilkadziesiąt lat dyrektorem jednego z największych amerykańskich laboratoriów fizyki jądrowej w Oak Ridge w Tennessee, a także doradcą prezydenta do spraw nauki. Laboratorium, którym kierował, przewodziło ruchowi głoszącemu hasło „przekujemy miecze na pługi". Członkowie tego ruchu szukali pokojowych zastosowań technologii jądrowej i pokrewnych lub związanych z nią, wytyczając drogę między innymi badaniom z zakresu medycyny jądrowej, poszukiwaniu alternatywnych źródeł energii, badaniom globalnych zmian klimatu i biomedycznym technikom pomiaru. Zob.: Alvin Weinberg, *Reflections on Big Science*, MIT Press, Cambridge 1967.

[12] O przemocy strukturalnej, zob.: Paul Farmer, *Pathologies of Power*, University of California Press, Berkeley 2003.

[13] Informacja o programach nauczania rodziców, zob. na przykład: www.familiesfirst.org. Programy uczenia umiejętności społecznych i emocjonalnych, włącznie z danymi o ich skuteczności i dodatnim wpływie na osiągnięcia w szkole, zob.: www.casel.org.

[14] Susan Alberts, biolog z Duke University, cyt. za: *Social Baboons Make Better Mums*, „New Scientist", listopad 2003.

Dodatek A. Drogi wysoka i niska. Przypis

[1] Dokładniejsze omówienie tych systemów, zob.: Colin Camerer, *Neuroeconomics: How Neuroscience Can Inform Economics*, „Journal of Economic Literature" 43 (2005), s. 9-64.

[2] Lieberman uważa, że układ X tworzą ciało migdałowate, zwoje podstawy, boczna kora skroniowa, brzusznoprzyśrodkowa część kory przedczołowej i grzbietowa część kory przedniej części zakrętu obręczy. W skład układu kontrolnego wchodzą, między innymi, przednia część zakrętu obręczy, boczna kora przedczołowa, tylna część kory ciemieniowej i hipokamp. Zob.: Matthew D. Lieberman, *The X-and C-systems: The Neural Basis of Automatic and Controlled Social Cognitions*, w: E. Harmon-Jones i P. Winkielman, *Social Neuroscience*, Guilford Press, New York 2006. Inny dychotomiczny podział na drogi niską i wysoką proponuje Daniel Siegel, nazywając „wysokim" nienaruszony i dobrze funkcjonujący aparat społeczny i emocjonalny, a „niskim" tryb, w którym jego funkcjonowanie jest upośledzone. Zob.: Daniel Siegel, *The Developing Mind: How Relationships and the Brain Interact to Shape Who We Are*, Guilford Press, New York 1999.

[3] Niektórzy kognitywiści dowodziliby, że wiele reakcji emocjonalnych jest mieszaniną poznania i afektu, w pewnym stopniu automatyczną, w pewnym kontrolowaną, co w inny sposób upraszcza złożoność tego zjawiska.

Dodatek B. Mózg społeczny

[1] Leslie Brothers, *The Social Brain: A Project for Integrating Primate Behavior and Neurophysiology in a New Domain*, „Concept in Neuroscience" 1 (1990), s. 27-51.

[2] Na przykład inną hipotetyczną mapę mózgu społecznego przedstawili Preston i de Waal w przeglądzie neuroanatomii empatii. Zob.: Stephanie Preston i Frans B. M. de Waal, *Empathy: Its Ultimate and Proximate Bases*, „Behavioral and Brain Sciences" 25 (2002), s. 1-20.

[3] Powyżej.

[4] O minimum obwodów nerwowych, zob.: Marco Iacoboni i Gian Ligi Lenzi, *Mirror Neurons, the Insula, and Empathy*, „Behavioral and Brain Sciences" 25 (2002), s. 39-40.

[5] O rezonansie emocjonalnym, zob.: Marco Iacoboni, *Understanding Intentions Through Imitation*, w: Scott Johnson (red.), *Taking Action: Cognitive Neuroscience Perspectives on Intentional Acts*, MIT Press, Cambridge 2003, s. 107-138.

[6] O zazębiających się i niezależnych obwodach, zob.: James R. Blair i Karina S. Perschardt, *Empathy: A Unitary Circuit or a Set of Dissociable Neuro-Cognitive Systems?*, „Behavioral and Brain Sciences" 25 (2002), s. 27-28.

[7] O odrazie, zob.: Anthony Atkinson, *Emotion-specific Clues to the Neural Substrate of Empathy*, „Behavioral and Brain Sciences" 25 (2002), s. 22-23.

[8] O osądach moralnych i empatii, zob.: Paul J. Eslinger i in., *Emotional and Cognitive Processing in Empathy and Moral Behavior*, „Behavioral and Brain Sciences" 25 (2002), s. 34-35; Iacoboni i Lenzi, *Mirror Neurons*.

[9] O mózgu emocjonalnym i związkach z innymi, zob.: Reuven Bar-On i in., *Exploring the Neurological Substrates of Emotional and Social Intelligence*, „Brain" 126 (2003), s. 1790-1800.

[10] O markerach somatycznych, zob.: Antonio Damasio, *Looking for Spinoza: Joy, Sorrow, and the Feeling Brain*, Harcourt, New York 2003 [wyd. polskie: *W poszukiwaniu Spinozy: radość, smutek i czujący mózg*, przeł. J. Szczepański, DW REBIS, Poznań 2005].

[11] O roli wyspy, zob.: Iacoboni i Lenzi, *Mirror Neurons*.

[12] O żenujących momentach, zob.: S. Berthoz i in., *An fMRI Study of Intentional and Unintentional Embarrassing Violations of Social Norms*, „Brain" 125 (2002), s. 1696-1708.

[13] Zob. Antoine Bechara, *The Neurology of Social Cognition*, „Brain" 125 (2002), s. 1673-1675.

Dodatek C. Przemyślmy na nowo, czym jest inteligencja społeczna

[1] Stephanie D. Preston i Frans B. M. de Waal, *Empathy: Its Ultimate and Proximate Bases*, „Behavioral and Brain Sciences" 25 (2002), s. 1-20.

[2] Im więcej członków liczy grupa danego gatunku naczelnych, tym większa jest kora nowa w stosunku do reszty mózgu. Zob.: T. Sawaguchi i H. Kudo, *Neocortical Development and Social Structures in Primates*, „Primates" 31 (1990), s. 283-289.

[3] Sarah-Jayne Blakemore i Uta Firth, *How Does the Brain Deal with the Social World?*, „NeuroReport" 15 (2004), s. 119-128.

[4] O społecznej genezie inteligencji, zob.: Denise Cummins, *Human Reasoning: An Evolutionary Perspective*, Bradford MIT Press, Cambridge 1997.

[5] O neuroekonomii, zob.: Colin Camerer i in., *Neuroeconomics: How Neuroscience Can Inform Economics*, „Journal of Economic Literature" 43 (2005), s. 9-64.

[6] Mayer, psycholog z University of New Hampshire, wyznaczył wraz ze swoimi kolegami wzór do naśladowania w teorii i badaniach tej dziedziny. W ujęciu Saloveya i Mayera (oraz innych, w tym mnie) pojęcie inteligencji emocjonalnej nakłada się na pojęcie inteligencji społecznej. Zob. na przykład: John Mayer i Peter Salovey, *Social Intelligence*, w: Christopher Peterson i Martin E. P. Seligmann (red.), *Character Strengths and Virtues: A Handbook and Classification*, Oxford University Press, New York 2004.

[7] David Wechsler, *The Measurement and Appraisal of Adult Intelligence*, wyd. IV, Williams and Wilkins, Baltimore 1958, s. 75.

[8] J. P. Guilford, *The Nature of Intelligence*, McGraw-Hill, New York 1967.

[9] Zob. na przykład: Robert Hogan, *Development of an Empathy Scale*, „Journal of Consulting and Clinical Psychology" 33 (1969), s. 307-316; Robert Sternberg, *Beyond IQ: A Triarchic Theory of Human Intelligence*, Cambridge University Press, New York 1985; Howard Gardner, *Multiple Intelligences: The Theory in Practice*, Basic Books, New York 1993 [wyd. polskie: *Inteligencje wielorakie. Teoria w praktyce*, przeł. A. Jankowski, Media Rodzina, Poznań 2002].

[10] O tym, co sprawia, że ktoś jest inteligentny, zob.: Robert Sternberg i in., *People's Conceptions of Intelligence*, „Journal of Personality and Social Psychology" 41 (1981), s. 37-55.

[11] O wysokich korelacjach z IQ, zob. na przykład: Ronald Riggio i in., *Social and Academic Intelligence: Conceptually Distinct but Overlapping Domains*, „Personality and Individual Differences" 12 (1991), s. 695-702.

[12] David H. Silvera i in., *The Tromso Social Intelligence Scale*, „Scandinavian Journal of Psychology" 42 (2001), s. 313-319.

[13] W innym badaniu psycholodzy, specjaliści z zakresu badania inteligencji, poproszeni o zrobienie podobnej listy, zignorowali praktyczne umiejętności społeczne, uwypuklając rolę abstrakcyjnych umiejętności poznawczych, takich jak umiejętności werbalne i umiejętności rozwiązywania abstrakcyjnych problemów. Zob.: Sternberg i in., *People's Conceptions*.

[14] W psychometrii uznawano do niedawna testy typu papier i ołówek za najwygodniejsze, a zatem przeważały te aspekty inteligencji, które można oceniać w ten sposób. Może to być jednym z ukrytych czynników przesądzających o dominacji zdolności poznawczych w używanych obecnie metodach oceniania inteligencji społecznej. Bez wątpienia droga niska zacznie się coraz bardziej uwidaczniać w pomiarach inteligencji społecznej w miarę niepowstrzymanego rozwoju środków cyfrowych.

[15] Colwyn Trevarthen, *The Self Born in Intersubjectivity: The Psychology of Infant Communicating*, w: Ulric Neisser (red.), *The Perceived Self: Ecological and Interpersonal Sources of Self-knowledge*, Cambridge University Press, New York 1993, s. 121-173.

[16] Jedną z takich szeroko używanych miar jest PONS (profil wrażliwości niewerbalnej). Metoda mierzenia zdolności wykrywania emocji Paula Ekmana jest już nowatorskim sposobem oceny czyjejś zdolności współodczuwania na poziomie niepoznawczym, która jest niezbędna dla dostrojenia się emocjonalnego. W niektórych testach inteligencji emocjonalnej (pokrywającej się częściowo ze społeczną), takich jak MSCEIT, wykorzystuje się już pewne miary zachowań niewerbalnych; zob. na przykład: John Mayer i in., *Emotional Intelligence: Theory, Findings, and Implications*, „Psychological Inquiry" 60 (2004), s. 197-215. Metoda Ekmana oceny mikroemocji dostępna jest na www.paulekman.com. Zachęcające jest to, że ocena Ekmana ukazuje, iż mózg społeczny chętnie się uczy odczytywania mikroemocji, co świadczy o możliwości podnoszenia inteligencji społecznej przez elektroniczne środki przekazu.

[17] Model inteligencji społecznej, który tutaj proponuję, jest heurystyczny i ma pobudzić nowe o niej myślenie. Przypuszczam, że zostanie skrytykowany i uzupełniony, miejmy nadzieję, na podstawie danych uzyskanych dzięki nowym teoriom. Do istniejących obecnie modeli inteligencji społecznej dodaję cztery cechy, które, o ile mi wiadomo, nie znalazły się dotąd w żadnym jej inwentarzu: empatię pierwotną, dostrojenie, synchronię i troskę. Dla niektórych osób zajmujących się tą dziedziną będą one kontrowersyjne. Moim zdaniem inteligencja społeczna powinna odzwierciedlać zdolności mózgu społecznego, a w tym względzie logika neuronalna

niekoniecznie stosuje się do potocznej mądrości. Niemniej jednak istnieje już pewna liczba testów i skal oceniania różnych aspektów tych „miękkich" umiejętności. Niestety, nie ma takiej, która łączyłaby je wszystkie. Najlepszą miarą byłaby taka, która obejmowałaby cały zakres inteligencji społecznej i pozwalała na ustalenie, kto jest gwiazdą w stosunkach interpersonalnych, a kto ma w tej dziedzinie konkretne braki. Zob.: John Kihlstrom i Nancy Cantor, *Social Intelligence*, w: Robert Sternberg (red.), *Handbook of Intelligence*, wyd. II, Cambridge University Press, Cambridge UK 2000, s. 359-379.

[18] Kihlstrom i Cantor, powyżej.

Indeks